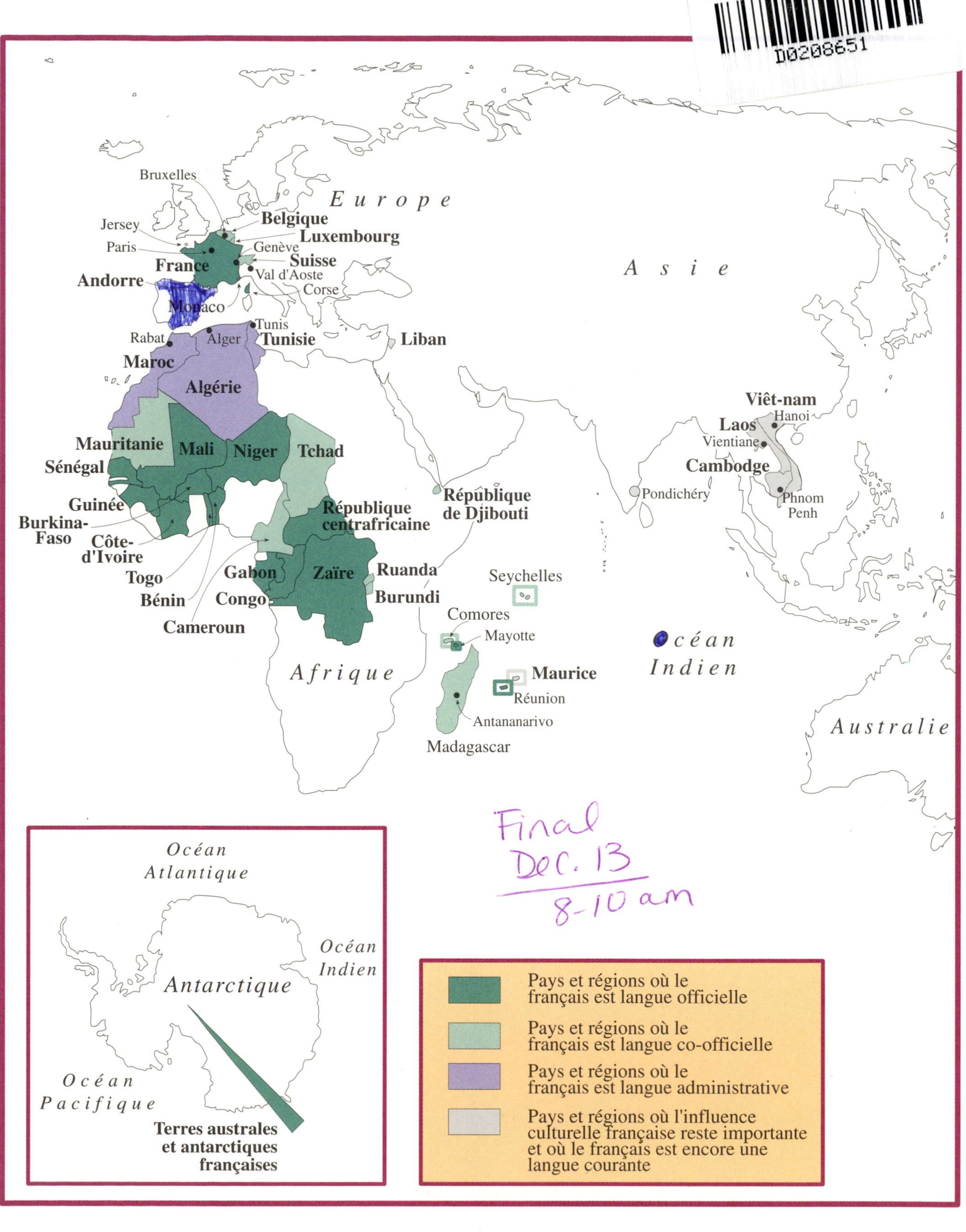
Europe
Asie
Afrique
Océan Indien
Australie
Bruxelles
Jersey
Paris
Belgique
Luxembourg
Genève
Suisse
France
Val d'Aoste
Andorre
Corse
Monaco
Rabat
Alger
Tunis
Tunisie
Liban
Maroc
Algérie
Mauritanie
Mali
Niger
Tchad
Sénégal
Guinée
Burkina-Faso
Côte-d'Ivoire
Togo
Bénin
Cameroun
Gabon
Congo
Zaïre
République centrafricaine
Ruanda
Burundi
République de Djibouti
Seychelles
Comores
Mayotte
Maurice
Réunion
Antananarivo
Madagascar
Viêt-nam
Hanoi
Laos
Vientiane
Cambodge
Pondichéry
Phnom Penh
Océan Atlantique
Océan Indien
Antarctique
Océan Pacifique
Terres australes et antarctiques françaises
Pays et régions où le français est langue officielle
Pays et régions où le français est langue co-officielle
Pays et régions où le français est langue administrative
Pays et régions où l'influence culturelle française reste importante et où le français est encore une langue courante

« J'veux bien! »

MANUEL DE CLASSE

Jeannette D. Bragger
The Pennsylvania State University

Donald B. Rice
Hamline University

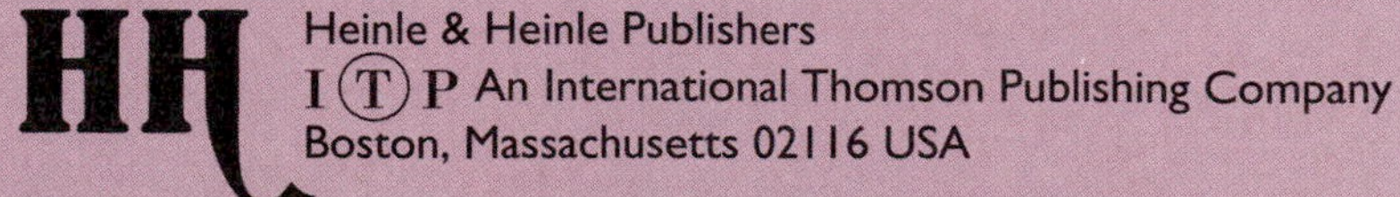

Heinle & Heinle Publishers
I(T)P An International Thomson Publishing Company
Boston, Massachusetts 02116 USA

The publication of «*J'veux bien!*» was directed by the members of the Heinle & Heinle College French Publishing Team:

TEAM LEADER: Erek Smith
EDITORIAL DIRECTOR: Patricia L. Ménard
MANAGING DEVELOPMENTAL EDITOR: Beth Kramer
MARKETING DEVELOPMENT DIRECTOR: Marisa Garman
PRODUCTION SUPERVISORS: Barbara Browne and Gabrielle B. McDonald

Also participating in the publication of this program were:

PUBLISHER: Stanley J. Galek
EDITORIAL PRODUCTION MANAGER: Elizabeth Holthaus
PROJECT MANAGER: Anita L. Raducanu/A+ Publishing Services
DEVELOPMENTAL EDITOR: Amy Lawler
ASSISTANT EDITOR: Mary McKeon
PRODUCTION ASSISTANT: Laura Ferry
MANUFACTURING COORDINATOR: Jerry Christopher
ILLUSTRATOR: Sarah Sloane
INTERIOR DESIGN: ImageSet Design
COVER DESIGN: Jean Hammond
END PAPER MAPS: Magellan Geographix

Manufactured in the United States of America

Library of Congress Cataloging in Publication Data

Bragger, Jeannette D.
J'veux bien : manuel de classe / Jeannette D. Bragger, Donald B. Rice.
p. cm.
French and English.
Includes index.
ISBN 0-8384-4475-X
1. French language--Textbooks for foreign speakers--English.
I. Rice, Donald, 1937– . II. Title.
PC2129.E5B66 1994
448.2'421--dc20 93-43926
CIP

ISBN: 0-8384-4475-X Student Edition
ISBN: 0-8384-4476-8 Instructor's Annotated Edition

10 9 8 7 6 5 4 3

ACKNOWLEDGMENTS

We would like to thank the following people at Heinle & Heinle Publishers who worked closely with us on the «*J'veux bien!*» program: Charles H. Heinle and Stan Galek, who enthusiastically accepted our proposal to write another first-year textbook and allowed us to be creative with its format; Beth Kramer, who oversaw the project with insight and constructive suggestions; Barbara Browne and Gabrielle McDonald, who smoothly and efficiently guided the materials through production. We would also like to thank: our editorial assistant, Mary McKeon; our copyeditor, Sharon Inglis; our native reader and realia collector, Sophie Masliah; our proofreader, Florence Brodsky; the illustrator, Sarah Sloane, and the photographer, Stuart Cohen.

We would like to acknowledge the contribution of the following colleagues who reviewed the manuscript and made numerous excellent suggestions:

Victor Acker
John Jay College

Diane Adler
North Carolina State University

Theresa Antes
Wayne State University

Judith Aydt
Southern Illinois University

Tom Blair
San Francisco Community College

Mary Jane Davis
Cornell University

Nadine DeVito
University of Chicago

Robert Fischer
Southwest Texas State University

Janice Hennessy
University of New Hampshire

Suzanne Hendrickson
Arizona State University

Christine Hoppe
University of New Hampshire

Richard Kern
University of California, Berkeley

André Klein
Thunderbird, American Graduate School of International Management

Eveline Leisner
Los Angeles Valley College

Josy McGinn
Syracuse University

Robert Neely
University of California, Hayward

Kathy Marshall Pederson
Wheaton College

Manon Ress
Temple University

Danielle Roth-Johnson
University of Texas, Arlington

Ellen S. Silber
Marymount College

Alice Slaton
Ventura College

Jerome Wagnild
University of California, Davis

Hannah Zinni
Slippery Rock University

We also wish to express our great appreciation to Jan Solberg, for her imaginative testing program; to Robert Ariew, for making the **Manuel de préparation** come alive on the computer screen; and to Josy McGinn, whose video adds an exciting cultural complement to the program.

Our very special thanks go to: Anita Raducanu of A⁺ Publishing Services, who expertly and creatively transformed our words and thoughts into the colorful, eye-pleasing, and functional materials with which you and your classes will be able to work; and to the students of French 111 and 112 at Hamline University, who patiently and with good humor allowed us to test and fine tune «*J'veux bien!*» during the 1993–1994 academic year.

Finally, and as always, this collaborative project could not have been completed without the support and encouragement of Baiba, May, Alex, and Hilary. They accepted without protest the many hours at the computer, the numerous lengthy telephone conversations, and the frequent trips that left them to fend for themselves. **Merci mille fois!**

J.D.B.
D.B.R.

TABLE DES MATIÈRES

Présentations 2

Chapitre préliminaire
Je vais m'acheter un compact disc 4

CONTEXTE: Qu'est-ce que tu vas acheter? 6
- Ce qu'on achète à la Fnac 6
- Une scène à la Fnac 7
- À vous la parole! 8

CONTEXTE: Quelle musique préférez-vous? 9
- Le hit-parade 9
- Les nombres de 1 à 20 9
- À vous la parole! 10
- Lecture: «Cœur des rockers? Pas seulement!» 11
- Au rayon des CD 12
- Pour vous exprimer: Les expressions de préférence 13
- À vous la parole! 13

UNITÉ 1ère ◆ AU CENTRE COMMERCIAL: LES 4 TEMPS 14

Chapitre 1er *C'est combien?* 16

CONTEXTE: Une rencontre aux 4 Temps 17
- Ce qu'on peut trouver aux 4 Temps 17
- À vous la parole! 17
- Dans la rue des Arcades 18
- Pour vous exprimer: Les salutations et les présentations 19
- Chez nous 20
- À vous la parole! 20

RAPPEL: L'article indéfini et défini 21
- Contrôle 21

PERSPECTIVE CULTURELLE: Le centre commercial 22
- Note culturelle: Shopping centers in France and in the United States 22
- Lecture: «Le Guide des 4 Temps» 23
- Pour lire: Skimming and scanning 23

RAPPEL: Le verbe **aller;** la préposition **à** + l'article défini 26
- Contrôle 26
- Parlons de vous! 27

CONTEXTE: On va payer 28
Au magasin de hi-fi 28
Les nombres de 20 à 69 28
À vous la parole! 28
Parlons de vous! 29
CONTEXTE: On va payer (suite) 30
À la caisse 30
À vous la parole! 30
RAPPEL: Les verbes en **-er;** l'expression négative **ne... pas** 32
Contrôle 32
CONTEXTE: On va manger quelque chose? 33
Les restaurants des 4 Temps 33
Chez nous 35
À vous la parole! 36
Parlons de vous! 38
CONTEXTE: On va manger quelque chose? (suite) 40
À La Croissanterie 40
Pour vous exprimer: Pour parler de ce que vous mangez / Pour parler d'une personne que vous connaissez 41
À vous la parole! 41
INTÉGRATION 42
DÉBROUILLEZ-VOUS! 43
Pour vous exprimer: Pour dire que vous (n')aimez (pas) quelque chose 45
EXPANSION: Menu 47
Profil: Paris 48
Lecture: «Zap! Pizza!» 50
Activité orale et écrite: Une interview 51
Profil: Dakar 52
Activité orale: Notre centre commercial 54
Activité culturelle: La musique populaire française et francophone 55

Chapitre 2 *Vous le prenez?* 56

CONTEXTE: Au niveau 1 57
Au magasin de matériel électronique 57
À vous la parole! 57
Les téléviseurs en couleur 58
Les nombres de 70 à 1 000 000 59
Au magasin de vêtements 61
À vous la parole! 61
Au rayon de vêtements pour hommes 62
Les couleurs 62
Les tailles 63
À vous la parole! 64
RAPPEL: Le verbe **prendre** 64
Contrôle 64
Parlons de vous! 65
PERSPECTIVE CULTURELLE: La diversité des Français 65

CONTEXTE: On prend le métro? 66
Quelle direction? 66
Chez nous 68
À vous la parole! 68
RAPPEL: Le verbe **avoir;** quelques expressions avec **avoir** 69
Contrôle 69
Parlons de vous! 70
CONTEXTE: Qu'est-ce que tu as acheté? 70
J'ai acheté une chemise! 71
À vous la parole! 71
RAPPEL: Les questions d'information 73
Contrôle 73
LECTURE: «Plan et horaires» 73
Pour lire: Predicting from context and format 74
INTÉGRATION 76
DÉBROUILLEZ-VOUS! 78
EXPANSION: Menu 83
Lecture/Activité: «Le métro de Montréal» 84
Profil: Le Québec 86
Lecture: «Pour toi mon amour» (Jacques Prévert) 88
Activité culturelle: «Les noms de métro parisiens» 89

UNITÉ 2 ◆ CHEZ LES BATAILLER 90

Chapitre 3 *En famille* 93

CONTEXTE: L'arrivée de Cecilia 94
La maison des Batailler 94
À vous la parole! 95
Le tour de la maison 96
Pour vous exprimer: Pour se situer 96
À vous la parole! 97
RAPPEL: Les adjectifs de description 98
Contrôle 98
Parlons de vous! 99
PERSPECTIVE CULTURELLE: Le logement 100
Note culturelle: Where do the French live? 100
Lecture: Les petites annonces 101
Pour lire: False cognates 101
CONTEXTE: La famille 104
La famille Batailler 104
À vous la parole! 105
La famille de Cecilia 105
Pour vous exprimer: Les professions / Les nationalités 106
À vous la parole! 107
Chez nous 108
RAPPEL: Les adjectifs possessifs 109
Contrôle 109
Parlons de vous! 109

CONTEXTE: Ils sont vraiment très gentils, nos enfants. 110
Les deux Gaston 110
Pour vous exprimer: Pour décrire une personne 111
À vous la parole! 111
Et les enfants? 111
À vous la parole! 112
RAPPEL: Le verbe **être** et les adjectifs de description (formes irrégulières) 112
Contrôle 113
Parlons de vous! 113
PERSPECTIVE CULTURELLE: La famille 114
Note culturelle: The French family 114
Lecture: «Ma famille» 115
Pour lire: Words of the same family 115
CONTEXTE: La journée des enfants Batailler 117
L'emploi du temps 117
À vous la parole! 118
Les questions de Cecilia 118
Pour vous exprimer: Pour parler de l'heure 119
À vous la parole! 119
Chez nous 120
RAPPEL: Les verbes pronominaux 121
Contrôle 121
Parlons de vous! 121
INTÉGRATION 122
DÉBROUILLEZ-VOUS! 122
EXPANSION: Menu 125
Lecture: «Je suis...» 126
Profil: La Côte-d'Ivoire 128
Activité culturelle: La famille ivoirienne 130
Lecture/Activité écrite: «L'horoscope» 130
Lecture: «Familiale» (Jacques Prévert) 132
Activité orale: Encore une rencontre aux 4 Temps 133
Activité culturelle: Les cathédrales 133

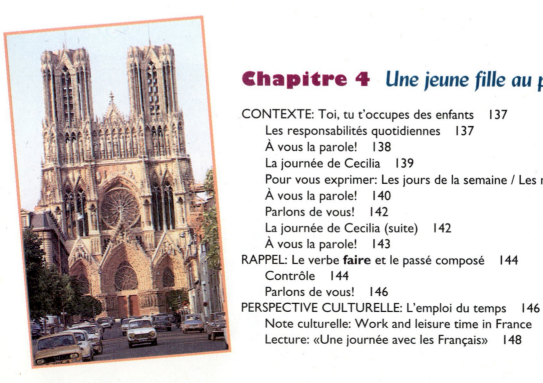

Chapitre 4 *Une jeune fille au pair à Reims* 136

CONTEXTE: Toi, tu t'occupes des enfants 137
Les responsabilités quotidiennes 137
À vous la parole! 138
La journée de Cecilia 139
Pour vous exprimer: Les jours de la semaine / Les mois de l'année / La date 139
À vous la parole! 140
Parlons de vous! 142
La journée de Cecilia (suite) 142
À vous la parole! 143
RAPPEL: Le verbe **faire** et le passé composé 144
Contrôle 144
Parlons de vous! 146
PERSPECTIVE CULTURELLE: L'emploi du temps 146
Note culturelle: Work and leisure time in France 146
Lecture: «Une journée avec les Français» 148

CONTEXTE: «Et voilà la cathédrale!» 150
La ville 150
À vous la parole! 150
Chez nous 151
Un petit tour de la ville de Reims 153
Pour vous exprimer: Pour demander et donner des renseignements 153
À vous la parole! 154
RAPPEL: Le verbe **voir** et les pronoms **le, la, l', les** et **y** 156
Contrôle 156
Parlons de vous! 157
CONTEXTE: Tu tournes à gauche... 158
La ville de Reims 158
À vous la parole! 158
Pour aller au théâtre municipal 159
Pour vous exprimer: Pour expliquer comment aller quelque part 159
Chez nous 160
À vous la parole! 160
RAPPEL: Le verbe **vouloir;** l'emploi du subjonctif et de l'infinitif avec **il faut** et avec **vouloir** 161
Contrôle 162
Parlons de vous! 162
PERSPECTIVE CULTURELLE: Les villes 163
Note culturelle: French towns and cities 163
Lecture: La ville de Bamako 164
CONTEXTE: Allô, allô... 165
Le téléphone 165
À vous la parole! 166
Tu veux aller au cinéma? 167
Pour vous exprimer: Pour proposer une activité / Pour accepter / Pour refuser / Pour fixer un rendez-vous / Pour exprimer son plaisir, son indifférence, sa déception 168
À vous la parole! 169
RAPPEL: Les verbes **venir** et **pouvoir;** l'expression **venir de** 170
Contrôle 171
Parlons de vous! 171
LECTURE: «Le 22 à Asnières» (Fernand Raynaud) 171
INTÉGRATION 173
PERSPECTIVE CULTURELLE: La France et le Minitel 175
DÉBROUILLEZ-VOUS! 176
EXPANSION: Menu 179
Profil: La Champagne 180
Lecture: «Premier jour» (Jacques Prévert) 182
Lecture/Activité culturelle: Petit guide des vins 182
Profil: Le Mali 184
Activité orale: Rendez-vous aux 4 Temps 186
Activité culturelle: Festival du film français et francophone 186

UNITÉ 3 ◆ UN VOYAGE DE RETOUR 188

Chapitre 5 *En route* 191

CONTEXTE: À l'Hôtel Chaplain 192
- Un hôtel parisien 192
- Chez nous 193
- À vous la parole! 194
- L'arrivée à l'hôtel 194
- Pour vous exprimer: Pour demander une chambre d'hôtel / Pour préciser le type de chambre / Pour se renseigner à l'hôtel 195
- À vous la parole! 196

RAPPEL: Le futur 196
- Contrôle 197
- Parlons de vous! 197

PERSPECTIVE CULTURELLE: Voyager en France 198
- Note culturelle: Means of transportation in France 198
- Lecture: «Le Guide Michelin» 200

CONTEXTE: Paris–Vesoul par le train 202
- L'horaire du train 202
- À vous la parole! 204
- Chez nous 204
- À la gare 206
- Pour vous exprimer: Pour réserver sa place dans le train 206
- À vous la parole! 207

RAPPEL: Les verbes **sortir, partir** et **quitter** 207
- Contrôle 208
- Parlons de vous! 209

CONTEXTE: Vesoul–Calmoutier en voiture 210
- La carte routière 210
- Chez nous 211
- À vous la parole! 212
- Dans la voiture 213
- Pour vous exprimer: Pour parler des saisons et du temps 214
- À vous la parole! 215

RAPPEL: Les noms géographiques, les prépositions et le pronom **y** 217
- Contrôle 217
- Parlons de vous! 218

LECTURE: «Le village de Calmoutier» 219
- Parlons de vous! 221

INTÉGRATION 222

DÉBROUILLEZ-VOUS! 224

EXPANSION: Menu 225
- Profil: La Franche-Comté 226
- Collage: Le département de la Haute-Saône 228
- Lecture: «Les autonautes de la cosmoroute» (extraits) (Julio Cortazar) 230
- Activité culturelle: Quelques musées de France 232
- Lecture: «L'homme qui te ressemble» (René Philombe) 237
- Profil: La Suisse 238
- Lecture: «Les trains de la Gare du Nord» (Jacques Charpentreau) 240
- Activité orale: L'été prochain 241
- Activité orale et écrite: Itinéraire d'un voyage 241
- Activité culturelle: Les provinces et les départements de France 242

Chapitre 6 *Un repas de fête* 244

CONTEXTE: Conversation à table—les repas 245
- Les plats 245
- Pour vous exprimer: Pour identifier les repas / Pour identifier les parties d'un repas et les plats 246
- Chez nous 248
- À vous la parole! 250
- Bon appétit! 251
- Pour vous exprimer: Pour inviter quelqu'un à s'asseoir/ Pour offrir à boire ou à manger / Comment accepter l'offre / Comment refuser l'offre / Pour trinquer / Pour demander quelque chose / Pour offrir de l'aide 252
- À vous la parole! 252

RAPPEL: Les expressions de quantité et le pronom **en** 253
- Contrôle 253
- Parlons de vous! 254

CONTEXTE: Conversation à table—les loisirs 254
- Les sports 254
- Les activités à la maison 255
- À vous la parole! 255
- On se détend 256
- Pour vous exprimer: Pour parler des loisirs 257
- À vous la parole! 257
- Chez nous 257

RAPPEL: L'imparfait 259
- Contrôle 260
- Parlons de vous! 260

LECTURE: «La vie active» 260

CONTEXTE: Conversation à table—les jeunes 263
- Les relations avec les parents 263
- Parlons de vous! 264
- Le fossé entre les générations 264
- À vous la parole! 265

PERSPECTIVE CULTURELLE: La vie quotidienne des enfants et des adolescents français 265

RAPPEL: Le comparatif et le superlatif 267
- Contrôle 267
- Parlons de vous! 268

LECTURE: «Les quatre familles» 269

CONTEXTE: Conversation à table—questions de santé 270
- Les parties du corps 270
- À vous la parole! 271
- Je ne me sens pas bien 272
- Chez nous 273
- Pour vous exprimer: Pour parler des symptômes / Pour demander un médicament dans une pharmacie / Pour demander un médicament particulier 274
- À vous la parole! 274
- Pour vous exprimer: Pour parler de sa taille 275
- À vous la parole! 276

RAPPEL: L'imparfait et le passé composé 276
- Contrôle 277
- Parlons de vous! 277

LECTURE: «Les Français et la santé» 278

INTÉGRATION 280

DÉBROUILLEZ-VOUS! 281

EXPANSION: Menu 283
- Lecture: «La nuit la mère et l'enfant» (André Verdet) 284
- Lecture: «L'amoureuse» (Paul Eluard) 285
- Profil: La Guadeloupe 286
- Activité culturelle: Notre-Dame du Haut à Ronchamp 288
- Collage: La vie à Calmoutier 291
- Lecture: «Le Lion de Belfort» 292
- Mon arbre généalogique 294
- Lecture/Activité orale: La Franche-Comté 294
- Activité orale: Autrefois 295
- Activité orale: Les loisirs 295

UNITÉ 4 ◆ ÉTUDES ET TRAVAIL 296

Chapitre 7 *Une famille toulousaine* 298

CONTEXTE: Jacques Chartier, cadre supérieur 299
- Le travail dans une société française 299
- Je suis délégué régional 300
- À vous la parole! 300
- Pour vous exprimer: Pour identifier les lieux de travail / Pour parler du travail / Pour identifier les catégories d'emplois 301
- À vous la parole! 301

PERSPECTIVE CULTURELLE: Le monde du travail 302

RAPPEL: Les expressions **depuis quand**, **depuis combien de temps** et **depuis** 304
- Contrôle 304
- Parlons de vous! 305

EXERCICE D'ÉCOUTE: Portrait de Lon Sar, chauffeur de taxi 305

CONTEXTE: Delphine Chartier, professeur d'anglais 307
- L'université de Toulouse–Le Mirail 307
- Plan de l'université 308
- Chez nous 310
- À vous la parole! 310
- La rentrée 311
- Pour vous exprimer: Pour identifier les facultés / Pour parler d'une université / Pour parler des études 312
- À vous la parole! 312

PERSPECTIVE CULTURELLE: L'enseignement supérieur en France 313

RAPPEL: La place des adjectifs 314
- Contrôle 314
- Parlons de vous! 315

CONTEXTE: Daphné Chartier, étudiante en sciences sociales 316
- Les cours 316
- L'emploi du temps d'un étudiant de première année inscrit en anglais 316
- Pour vous exprimer: Pour identifier les disciplines et les matières / Pour parler des programmes / Pour parler des examens 317
- À vous la parole! 318
- Mes études 319
- À vous la parole! 319
- Chez nous 320

RAPPEL: Les pronoms objets **me, te, nous,** et **vous** 321
Contrôle 321
LECTURE: «Page d'écriture» (Jacques Prévert) 322
PERSPECTIVE CULTURELLE: Les étudiants étrangers en France 323
INTÉGRATION 325
DÉBROUILLEZ-VOUS! 328
EXPANSION: Menu 329
Profil: Toulouse 330
Profil: La Tunisie 331
Lecture: «Le Bourgeois gentilhomme» (extrait) (Molière) 332
Activité culturelle: La francophonie 334
Lecture: «Famille et médias: la formation permanente» 338
Activité orale: Études en France 340
Activité orale: Projets pour le week-end 341
Lecture: «Programme des enseignements d'anglais» 342

Chapitre 8 *Les jeunes mariés* 344

CONTEXTE: Yvan Rouard à la recherche d'un poste 346
Les petites annonces 346
À vous la parole! 348
Chez nous 349
Voilà le travail qu'il me faut! 350
Pour vous exprimer: Pour parler des conditions de travail / Verbes utiles 351
À vous la parole 351
RAPPEL: Les pronoms objets **lui** et **leur** 352
Contrôle 353
Parlons de vous! 353
CONTEXTE: Yvan pose sa candidature 354
Une lettre de candidature 354
À vous la parole! 355
Au téléphone 356
À vous la parole! 356
PERSPECTIVE CULTURELLE: Le travail en France 358
Chez nous: Les femmes au travail 360
RAPPEL: Les expressions négatives 361
Contrôle 361
Parlons de vous! 362
CONTEXTE: Rêves et aspirations 362
Les projets d'avenir 362
À vous la parole! 363
Le pour et le contre 363
Pour vous exprimer: Pour dire ce qu'on veut faire 364
À vous la parole! p.364
RAPPEL: Le conditionnel 365
Contrôle 365
Parlons de vous! 366
LECTURE: «Les «générations» 367
INTÉGRATION 370
DÉBROUILLEZ-VOUS! 371

EXPANSION: Menu 373
- Activité orale: Cherchons un poste 374
- Profil: Strasbourg 374
- Lecture: «Mon rêve familier» (Verlaine) 376
- Lecture: «Europe: la France moins chère» 378
- Lecture/Activité écrite: «Les femmes au travail» 380
- Lecture: «Le cahier des métiers: libraire» 382
- Lecture: «Séjours linguistiques: apprendre un langue en voyageant» 383
- Activité orale: Nos priorités 385

Conjugaison des verbes 387

Lexique: français-anglais 396

Lexique: anglais-français 411

Index 425

- *Structures et expressions grammaticales* 425
- *Pour se débrouiller* 427
- *Thèmes et contextes* 427

Photo Credits 429

Text/Realia Credits 431

«J'veux bien!»

PRÉSENTATIONS

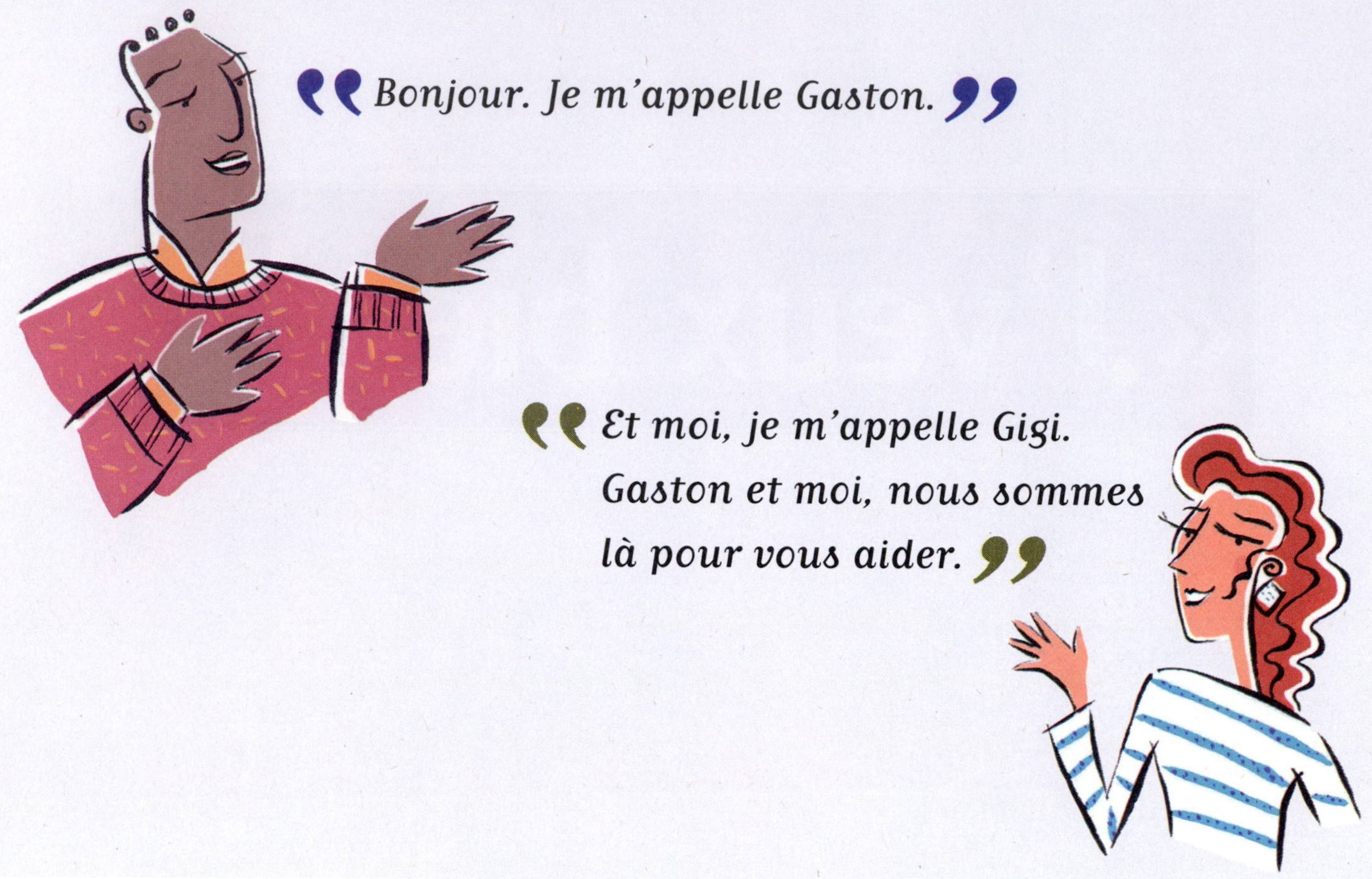

« Bonjour. Je m'appelle Gaston. »
« Et moi, je m'appelle Gigi. Gaston et moi, nous sommes là pour vous aider. »

That's right! We're here to help you make your way through the ***« J'veux bien! »*** program. We'll be your guides as you set out to learn French. You'll find us in this book (the **Manuel de classe**), which you'll be using with your instructor and classmates during the class hour, as well as in its companion book (the **Manuel de préparation**), where you'll find most of your out-of-class work. We'll be offering you models and explanations that we hope will answer many of the questions you may have about French.

And we won't be alone. As we move with you from the public world of the shopping mall to the private world of a family, and then on to worlds where the public and the private intersect (a small town, a university, a large provincial city), other French-speaking people will join us:

- Marc Vandrisse, a young working person from Paris;
- André and Hélène Batailler, a professional couple from Reims, along with their children, Benoît and Adeline, and their **au pair**, Cecilia
- an extended family, the Buhlers, from Calmoutier, a small town in eastern France; and
- the Chartier family from Toulouse: the mother (Delphine), the father (Jacques), their daughter (Daphné), and her new husband (Yvan).

With their help you'll encounter a variety of people—male and female, young and old, French and Francophone—and a wide range of situations typical of the French-speaking world.

The **« *J'veux bien!* »** program—oh, by the way, the title means *Gladly, I want to, I'm quite willing to*—is designed to make it possible for you to begin to *communicate* in French. Communication in a foreign language means both *understanding* what others say (orally or in writing) and *transmitting* (again, orally or in writing) your own messages in ways that avoid misunderstandings. As you learn to do this, you'll make the kinds of errors that are necessary to language learning. *Don't be afraid to make mistakes!* Instead, try to see errors as positive steps toward effective communication. Errors won't hold you back; they'll advance you in your efforts.

« *J'veux bien!* » has been written to facilitate the task of learning to communicate. Whether you're working with vocabulary or grammar, it leads you from controlled exercises (that show you just how a word or structure is used) to bridging exercises (that allow you to work in a more personalized context) to open-ended activities (in which you're asked to handle a situation much as you might in actual experience). These situations are intended to give you the freedom to be creative and to express yourself without anxiety. They're the *real* test of what you can DO with the French you've learned.

One tip from your new **copains** (that's French for *buddies* or *pals*): the **« *J'veux bien!* »** program has built in a very tight relationship between what you'll be doing in class (the **Manuel de classe)** and what you'll be expected to do outside of class. It will definitely be to your advantage to get in the habit of doing the assigned work in the **Manuel de préparation** *before* each class hour. The more carefully and conscientiously you work outside of class, the more fun both you and your classmates will have in class.

So, now that we've talked a little about what's in store for you, Gaston and I are all ready. Let's get started!

« J'veux bien, moi! »
« Moi aussi. Et vous? »

CHAPITRE PRÉLIMINAIRE

Je vais m'acheter un compact disc

***Je vais m'acheter:** I'm going to buy myself*

CHAPTER SUPPORT MATERIALS

MP: pp. 1–16

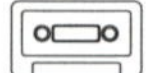

Student Tape
Segments 1, 2

EXTÉRIEUR D'UN MAGASIN FNAC

INTÉRIEUR DE LA FNAC: RAYON DES COMPACT DISCS

"You said you were ready.
***Alors, on y va!** Here we go!*

In this preliminary chapter, we're going to follow two Parisian teenagers, Stéphanie and her friend Julien, as they meet in their favorite music store, **la Fnac.** There are actually numerous **Fnac** stores. The one we're visiting, located near the **place Charles de Gaulle-Étoile,** sells books and photographic equipment as well as cassettes, CDs, videos, and video games."

CONTEXTE: QU'EST-CE QUE TU VAS ACHETER?

Ce qu'on achète à la Fnac

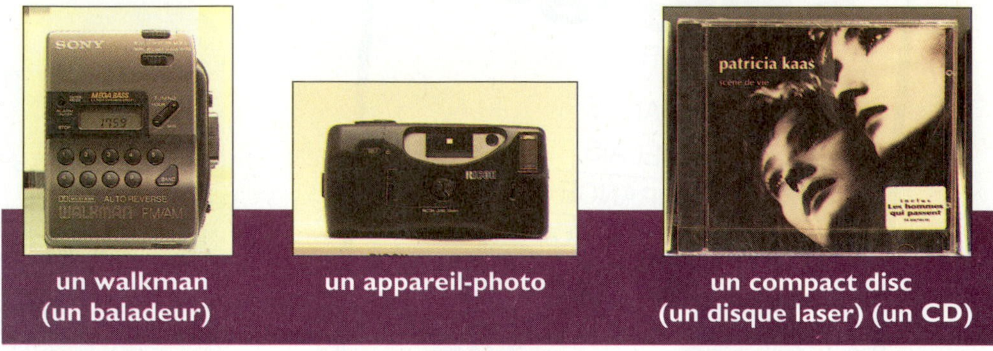

un walkman (un baladeur) | un appareil-photo | un compact disc (un disque laser) (un CD)

« Qu'est-ce que tu vas acheter, toi? »

« Moi, j'vais acheter une cassette. »

une cassette

un livre (un bouquin)

une calculatrice

« **À propos** *(By the way)*, if I were to *write* **« j'vais »,** I would have to spell it **je vais.** What you see in our little exchanges reflects how we drop letters (and sometimes short words) when we speak informally. While you should never use spelling of spoken language when writing, you'll continue to encounter similar spellings in dialogues and other orally-based exchanges. »

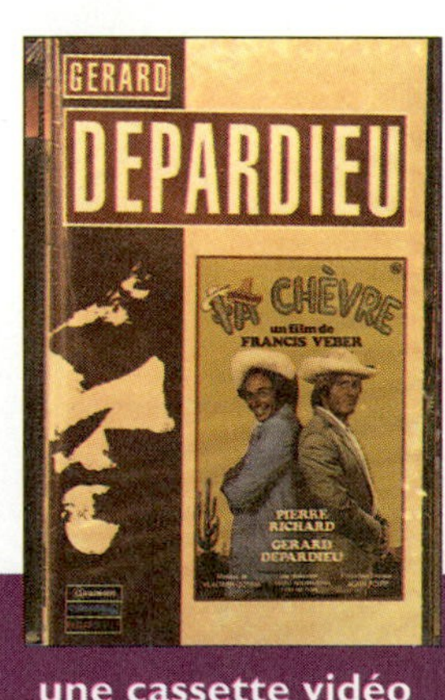

une cassette vidéo

un jeu vidéo

UNE SCÈNE À LA FNAC

*Stéphanie et Julien **se rencontrent*** (run into each other) *à la Fnac.*

JULIEN: **Tiens!** Salut, Stéphanie. Ça va? *Hey!*

STÉPHANIE: Oui, ça va. Et toi?

JULIEN: Oh, oui, ça va.

JULIEN: **Qu'est-ce que tu as là?** *What've you got there?*

STÉPHANIE: C'est une cassette d'Indochine.

À vous la parole!

A. Qu'est-ce que tu vas acheter, toi? Find out what your friends are going to buy. They will respond according to the drawings below.

MODÈLE: — *Qu'est-ce que tu vas acheter, toi?*
— *Moi, j'vais acheter une cassette.*
— *Une cassette? Ah, c'est une bonne idée, ça.* (That's a good idea.)

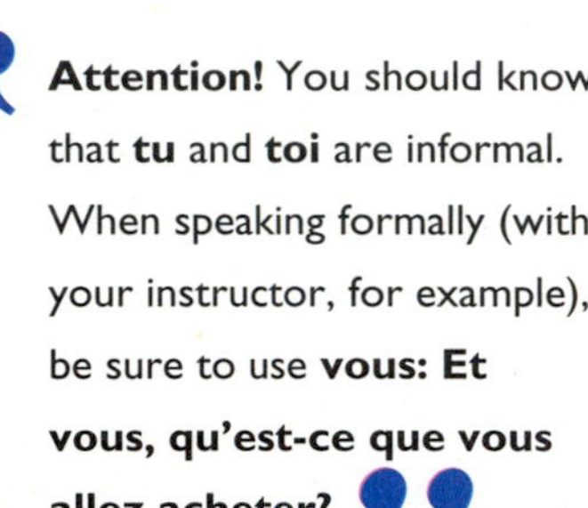

1. **2.**

Attention! You should know that **tu** and **toi** are informal. When speaking formally (with your instructor, for example), be sure to use **vous: Et vous, qu'est-ce que vous allez acheter?**

3. **4.** **5.**

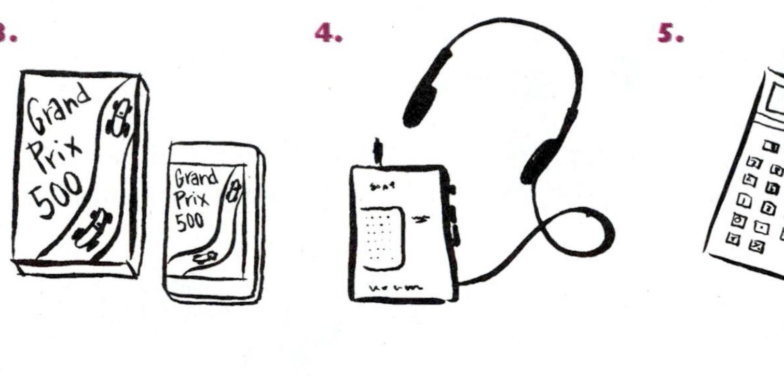

6. **7.**

B. Salut!... Qu'est-ce que tu as là? While shopping at **la Fnac,** you run into a friend. Greet this person and find out what he or she is looking at. Your friend will respond, using one of the items given in ***Exercise A.***

MODÈLE: — *Salut, (Richard). Ça va?*
— *Oui, ça va. Et toi?*
— *Oh, oui, ça va. Qu'est-ce que tu as là?*
— *C'est un walkman (un disque de...).*

→ ***Do À faire! (CP-1) on page 2 of the* Manuel de préparation.**

CONTEXTE: QUELLE MUSIQUE PRÉFÉREZ-VOUS?

Le hit-parade

FRANCE

1	WHAT IS LOVE?	Haddaway
2	ALL THAT SHE WANTS	Ace of Base
3	INFORMER	Snow
4	DARLA DIRLADADA	G.O. Culture
5	NO LIMITS	2 Unlimited
6	CAN'T HELP FALLING IN LOVE	UB40
6	TRIBAL DANCE	2 Unlimited
8	ENCORE	Dire Straits
9	SING HALLELUJAH	Dr. Alban
10	JE SERAI LÀ	Johnny Hallyday
11	MR. VAIN	Culture Beat
12	CHRONOLOGIE	Jean-Michel Jarre
13	PARISIAN WALKWAYS	Gary Moore
14	TU TATUTA TUTA TA	Pin-nocchio
15	REGG'LYSS...METS DE L'HUILE	Regg'lyss
16	UN AMOUR DE VACANCES	C. Rippert
17	ZIGGY	Céline Dion
18	PEOPLE EVERYDAY	Arrested Development
19	MR LOVERMAN	Shabba Ranks
20	WE ARE THE CHAMPIONS	Queen

ÉTATS-UNIS

1	CAN'T HELP FALLING IN LOVE	UB40
2	WHOOMP! (THERE IT IS)	Tag Team
3	WEAK	SWV
4	I'M GONNA BE (500 MILES)	Proclaimers
5	SLAM	Onyx
6	LATELY	Jodeci
7	IF I HAD NO LOOT	Tony! Toni! Tone!
8	RUNAWAY TRAIN	Soul Asylum
9	I DON'T WANNA FIGHT	Tina Turner
10	IF	Janet Jackson
11	WHOOT, THERE IT IS	95 South
12	SHOW ME LOVE	Robin S.
13	DREAMLOVER	Miariah Carey
14	WHAT'S UP	4 Non Blondes
15	THAT'S THE WAY LOVE GOES	Janet Jackson
16	I'LL NEVER GET OVER YOU	Expose
17	DAZZEY DUKS	Duce
18	KNOCKIN' DA BOOTS	H-Town
19	RIGHT HERE/DOWNTOWN	SWV
20	HAVE I TOLD YOU LATELY	Rod Stewart

ANGLETERRE

1	PRAY	Take that
2.	LIVING ON MY OWN	Freddie Mercury
3	WHAT'S UP	4 Non Blondes
4	TEASE ME	Chaka Demus & Pliers
5	DREAMS	Gabrielle
6	THE KEY THE SECRET	Urban Cookie
7	RAIN	Madonna
8	ALMOST UNREAL	Roxette
9	WHAT IS LOVE	Haddaway
10	THIS IS IT	Danini Minogue
11	LUV 4 LUV	Robin S
12	THE RIVER OF DREAMS	Billy Joel
13	ONE NIGHT IN HEAVEN	M People
14	IF	Janet Jackson
15	RUN TO YOU	Whitney Houston
16	YOU'RE THE ONE I WANT	Craig McLachlan & Debbie Gibson
17	LOOKING UP	Michelle Gayle
18	CAN'T HELP FALLING IN LOVE	UB40
19	IT KEEPS RAININ'	Bitty McLean
20	DOWN THAT ROAD	Shara Nelson

EUROPE

1	CAN'T HELP FALLING IN LOVE	UB40
2	WHAT IS LOVE	Haddaway
3	MR. VAIN	Culture Beat
4	WHAT'S UP	4 Non Blondes
5	TWO PRINCES	Spin Doctors
6	ALL THAT SHE WANTS	Ace of Base
7	DREAMS	Gabrielle
8	PRAY	Take That
9	TRIBAL DANCE	2 Unlimited
10	INFORMER	Snow

“Cette semaine, le numéro **un** en France, c'est Haddaway, *What is love.*
Le numéro **deux,** c'est Ace of Base, *All that she wants.*
Numéro **trois... quatre... cinq... six... sept... huit... neuf... dix.**”

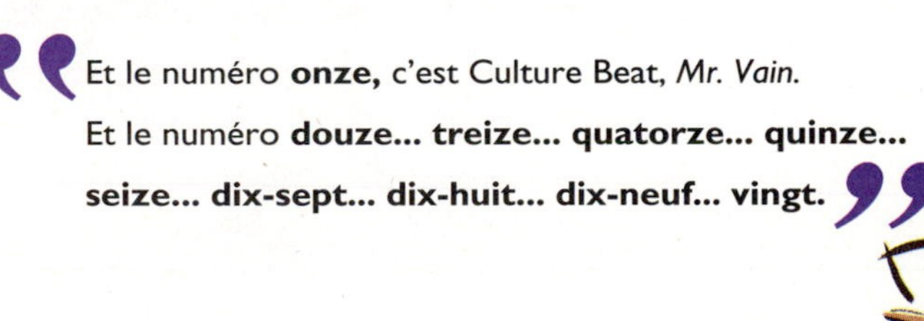

“Et le numéro **onze,** c'est Culture Beat, *Mr. Vain.*
Et le numéro **douze... treize... quatorze... quinze... seize... dix-sept... dix-huit... dix-neuf... vingt.**”

À vous la parole!

C. Le numéro un en France. Music magazines often list the best-selling records not only in France (**en France**), but also in Europe (**en Europe**), in the United Kingdom (**en Angleterre**), and in the United States (**aux États-Unis**). Consult the Hit Parade listings and indicate the place that each of the following stars or records occupies in the area indicated.

MODÈLE: Haddaway / en France
Haddaway est le numéro un en France.

1. Spin Doctors / en Europe
2. Freddie Mercury / en Angleterre
3. The Proclaimers / aux États-Unis
4. Céline Dion / en France
5. Gabrielle / en Europe
6. Soul Asylum / aux États-Unis
7. Johnny Hallyday / en France
8. Shara Nelson / en Angleterre
9. Jean-Michel Jarre / en France
10. Culture Beat / en Europe

Now indicate what artist or group occupies the places indicated below.

MODÈLE: 15 / en France
Le numéro 15 en France, c'est Regg'lyss.

11. 2 / aux États-Unis
12. 10 / en Europe
13. 17 / en France
14. 13 / en Angleterre
15. 1 / aux États-Unis et en Europe
16. 16 / en France
17. 7 / en Angleterre
18. 9 / en Europe
19. 14 / aux États-Unis
20. 20 / en France

LECTURE: Cœur de rockers? Pas seulement!

CŒURS DE ROCKERS ?
Pas seulement !

« Si vous écoutez de la musique, quels genres de musique préférez-vous ? »

Rock	*55,5 %*
Chansons	*48 %*
Reggae-salsa	*31,8 %*
Autre	*20,7 %*
Classique	*17,4 %*
Folk	*16,9 %*
Jazz	*10,3 %*
Musiques populaires	*9,1 %*
Création contemporaine	*6,1 %*

I.N.R.P. : les Goûts des 15–18 ans scolarisés, mai 1985.

« Moi, j'aime le folk. »

« Moi, je n'aime pas beaucoup le folk. Je préfère le rock. »

AU RAYON DES CD

Stéphanie et Julien continuent la conversation.

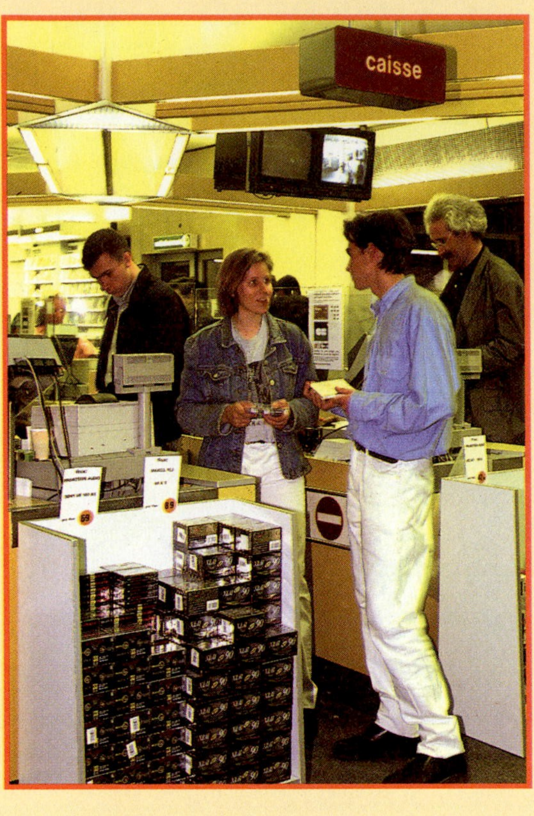

I don't like ... very much

JULIEN: Moi, **je n'aime pas beaucoup** le jazz. Je préfère le rap. J'vais acheter un compact disc.

STÉPHANIE: Ah, *10.9.8.7...* de Benny B. C'est le numéro onze au hit-parade.

OK, good-bye, I'm leaving. See you soon.
Bye!

JULIEN: Oui, oui. **Allez, au revoir, je m'en vais. À bientôt.**

STÉPHANIE: Oui, à bientôt. **Ciao!**

POUR VOUS EXPRIMER

Les expressions de préférence

J'aime...
J'aime beaucoup...
J'aime bien...

Je n'aime pas...
Je n'aime pas beaucoup...
Je n'aime pas tellement...

Je préfère...

À vous la parole!

D. Et vous, qu'est-ce que vous aimez? Compare your likes and dislikes to those of your classmates.

MODÈLE: le jazz / le rock / le folk / le punk / la musique classique
JEANNE: *Moi, j'aime (beaucoup) le jazz. Et toi?*
FRANÇOIS: *Moi, j'aime le jazz aussi* (also). *Et toi?*
CLAUDE: *Moi, je n'aime pas beaucoup le jazz. Je préfère le folk.*
MARTINE: *Moi, je n'aime pas le jazz non plus* (either). *Je préfère la musique classique. Et toi? ...*

1. le jazz / le rock / le folk / le punk / la musique classique / le swing / le rap / ?
2. les romans *(novels)* / les livres d'histoire *(history)* / les bandes dessinées *(comics)* / les best-sellers / ?
3. Prince / Garth Brooks / Gloria Estefan / Mariah Carey / Janet Jackson / ?
4. les comédies / les films d'aventure / les films policiers *(detective)* / les films d'espionnage / ?
5. Super Mario 3 / Grand Prix 500 / Clue / ?

E. Moi, je vais acheter... You run into a friend when you both are about to buy something. Greet your friend, find out what he/she has in his/her hand, give your reaction, indicate what you're going to buy, then say good-bye. Have this conversation with several different classmates, each time indicating a different purchase.

"**Attention!** Use **aussi** *(also)* only when you share a positive opinion: **J'aime le rock aussi.** If you share a negative opinion, use **ne... pas... non plus: Je n'aime pas le rap non plus.** Of course, you can simplify your answer by responding **Moi aussi** or **Moi non plus.**"

→ *Do À faire! (CP-2) on page 8 of the* **Manuel de préparation.**

LEXIQUE:
See pages 15–16 of the **Manuel de préparation.**

1ère UNITÉ

Au centre commercial: Les 4 Temps

OBJECTIVES

In this unit, you will learn to:

- greet people and make introductions;
- order food and beverages;
- take the subway;
- buy clothing;
- have short conversations about the above activities.

In order to perform these activities, you will learn to use:

- definite and indefinite articles;
- **-er** verbs;
- the verbs **aller** *(to go)*, **prendre** *(to take, to have)*, **avoir** *(to have)*;
- the numbers 21–1,000,000;
- basic information question-words.

You will also read and/or hear about fast-food restaurants, shopping, and public transportation in France, Montreal (Canada), and Dakar (Senegal).

“In Unit One we’re going to follow a young Parisian,

Marc Vandrisse, as he spends part of a day at a large shopping mall called **Les 4 Temps** (*The 4 Seasons*). The mall is located just outside of Paris in a section called **la Défense**. A prime example of urban redevelopment, this **quartier** *(section of the city)* is reserved for pedestrians; roads and parking lots are all underground. That’s right! When you walk among the office and apartment buildings that make up **la Défense**, there is no traffic, no exhaust fumes, no impatient motorists beeping their horns!”

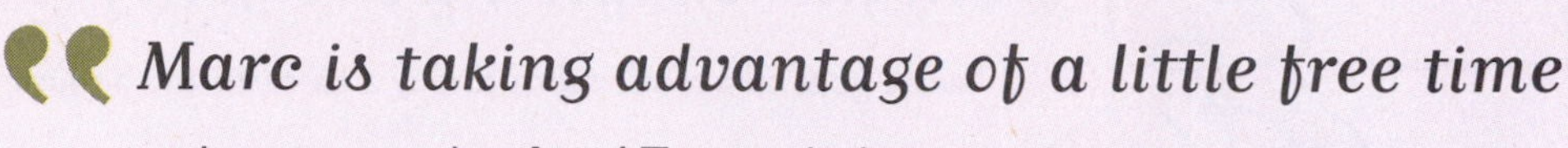

“Marc is taking advantage of a little free time

to do some errands at **Les 4 Temps**, the largest **centre commercial** in Europe. Who is this Marc? Why don’t you take a moment to look over **la fiche** *(information card)* next to the picture.”

MARC VANDRISSE

28 ans

Paris

musicien, compositeur;
il donne des leçons de piano

Préférences: musique classique, films policiers, cuisine chinoise et vietnamienne

LES 4 TEMPS — UN CENTRE COMMERCIAL (*SHOPPING CENTER*) PARISIEN

CHAPITRE 1er

C'est combien?

CHAPTER SUPPORT MATERIALS

MP: pp. 17–56

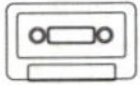
Student Tape
Segments 3–8

In this chapter, we're going to follow Marc as he goes to a music store to buy a cassette and a music magazine. As he walks through the shopping center, he twice runs into people he knows. The second time, he and his friend Christine decide to have a bite to eat. **Et pourquoi pas** *(and why not)?*

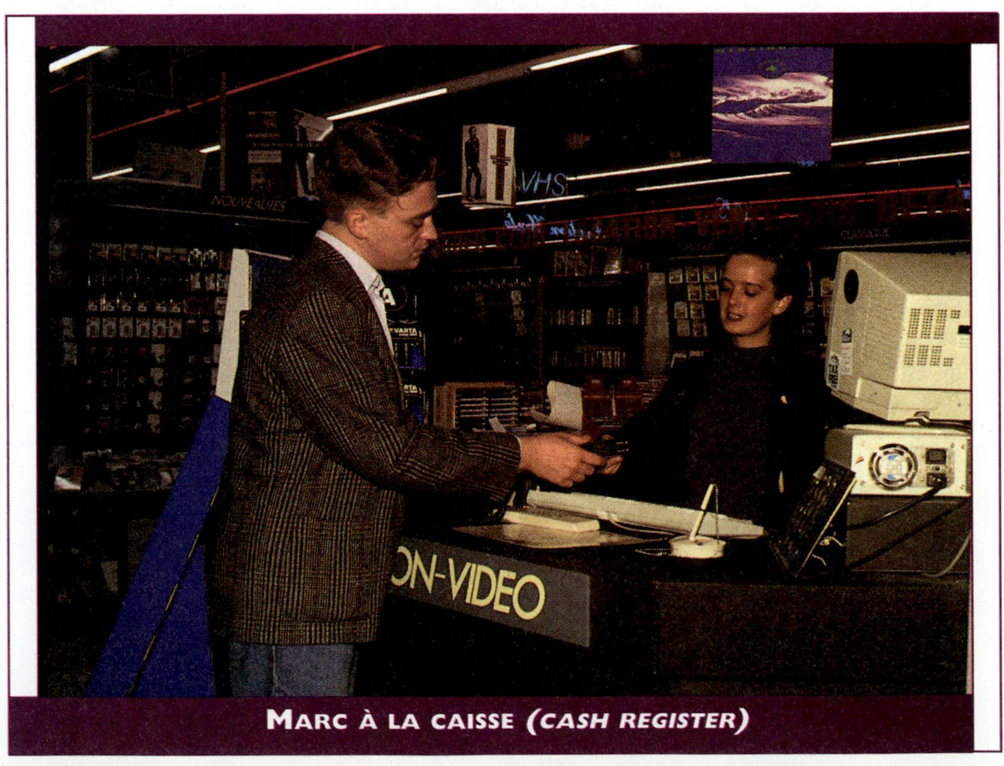

MARC À LA CAISSE *(CASH REGISTER)*

CONTEXTE: UNE RENCONTRE AUX 4 TEMPS

Ce qu'on peut trouver aux 4 Temps

Une rencontre: *chance meeting, encounter* / Ce qu'on peut trouver: *What one can find*

un magasin de vêtements

une bijouterie

un magasin de sports

un fast-food

un magasin de musique

une parfumerie

une librairie-papeterie

un magasin de matériel électronique

À vous la parole!

A. Où aller? You and your family (they don't speak any French) are at **Les 4 Temps**. When one of your group indicates what he/she is looking for, you tell that person the French name of the place he/she needs to look for.

MODÈLE: "I want to buy some earrings."
You're looking for ***une bijouterie.***

1. "I'd like to get some tennis balls."
2. "Where can I find some writing paper and envelopes?"
3. "I wonder if they sell blank cassettes anywhere around here?"
4. "I need a new pair of shorts."
5. "Where can we buy a bracelet or a pin to send to Grandma for her birthday?"
6. "I think my girlfriend would rather have some French perfume."
7. "My friend Diane wants me to bring back a sample of popular French music."
8. "Is there anywhere I can buy a book about Paris?"
9. "I'm starved. Where can we get a quick bite to eat?"

DANS LA RUE DES ARCADES

Marc rencontre son ami (his friend) *Philippe aux 4 Temps.*

PHILIPPE: Marc! Marc! Comment ça va?
MARC: Ça va bien, Philippe. Et toi?
PHILIPPE: Oh, ça va **assez bien**.

pretty good

PHILIPPE: **Dis, tu connais** Valérie et **son amie** Isabelle?
MARC: Oui, oui. Bonjour, Valérie. Bonjour, Isabelle.
VALÉRIE ET ISABELLE: Bonjour, Marc.

Say, do you know / her friend

POUR VOUS EXPRIMER

Entre gens qui se connaissent

(Among people who know each other well)

Les salutations	***Les réponses***	
Bonjour.	Bonjour.	
Salut.	Salut.	
Comment ça va?	Ça va (assez) bien. / **Pas mal.**	*Not bad.*
Ça va?	Oui, ça va. Et toi?	

Les présentations	***Les réponses***
Tu connais ... ?	Bonjour, (...) .
Yvonne, François.	Bonjour, (François). (Bonjour, Yvonne.)

On prend congé (Saying good-bye)

Au revoir.	**À tout à l'heure.**	*See you in a while.*
Allez, au revoir.	Ciao.	
Salut.	À bientôt.	

Entre gens qui ne se connaissent pas bien

(Among people who don't know each other well)

Les salutations	***Les réponses***	
Bonjour, Monsieur (Madame, Mademoiselle).	Bonjour, Madame (Monsieur, Mademoiselle).	
Comment allez-vous?	Très bien, merci. Et vous?	*How are you?*

Les présentations	***Les réponses***	
Je voudrais vous présenter (...) .	Bonjour, Monsieur (Madame, Mademoiselle).	*I'd like to introduce you to*
	Enchanté(e), Monsieur (Madame, Mademoiselle).	*Delighted*

On prend congé

Au revoir, Monsieur (Madame, Mademoiselle).

Chez nous

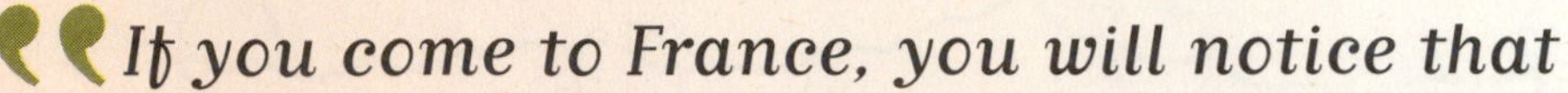

If you come to France, you will notice that people often shake hands when they greet each other and when they say good-bye. This is true of men and women, young and old alike. If two people are related or are very good friends, instead of shaking hands they often kiss each other on both cheeks. That kind of kiss is called **une bise.**

While some of the expressions you just saw can be used both with friends and in more formal situations, others can't. For example, expressions such as **Salut, ça va?** and **Allez, au revoir** would not be appropriate to use with older people you don't know very well. On the other hand, you'd sound pretty silly and pretentious if you used **Comment allez-vous?** and **Je voudrais vous présenter** with students and other young people.

❖ ***À discuter:*** *How do people in your country greet each other and say good-bye? When do you shake hands? Do you ever kiss each other on the cheek?*

À vous la parole!

B. Que dites-vous *(What do you say)?* Give an appropriate response to each of the following utterances. Pay attention to the level of language (formal or informal).

1. Salut, (...) .
2. Bonjour, Mademoiselle (Monsieur).
3. Comment ça va?
4. Salut, (...) . Ça va?
5. Comment allez-vous?
6. Je voudrais vous présenter Jean-Luc Rivoire.
7. (...) , Marianne Gueneau.
8. Allez, au revoir.
9. Au revoir, Monsieur (Mademoiselle).
10. Salut, (...) . À bientôt.

C. Salut,... ! Bonjour,... ! With a partner, go around the class. Greet people that you know, make introductions when appropriate, then say good-bye. Include the instructor in your round of greetings and introductions.

→ *Do* À faire! (1-1) *on page 18 of the* Manuel de préparation.

RAPPEL

L'article indéfini et l'article défini

L'ARTICLE INDÉFINI	L'ARTICLE DÉFINI
un	**le (l')**
une	**la (l')**
des	**les**

Contrôle

D. Tu veux écouter... *(Do you want to listen to . . .)?* Find out from a classmate what kind of CD, etc. he or she has just chosen. Then ask a second classmate if he or she wants to listen to it. This classmate will answer **Oui, j'veux bien** *(Yes, I'd love to)* or **Non, pas vraiment** *(No, not really)* according to his or her taste in music.

MODÈLE: CD de Roch Voisine
JEANNE: *Qu'est-ce que tu as là, Georges?*
GEORGES: *Un CD de Roch Voisine.*
JEANNE: *Mireille, tu veux écouter le CD de Roch Voisine?*
MIREILLE: *Oui, j'veux bien. J'aime beaucoup les CD de Roch Voisine (la musique de Roch Voisine) (le rock).*
OU
Non, pas vraiment. Je n'aime pas (beaucoup) la musique de Roch Voisine (les CD de Roch Voisine) (le rock).

1. CD de François Feldman
2. cassette de...
3. sonates de Mozart
4. album de...
5. compact disc de...
6. symphonies de Beethoven

E. Au magasin de musique. While shopping in the music store **Madison,** you run into a friend.

(1) Greet your friend.
(2) Find out what he/she is buying.
(3) Indicate what you're going to get.
(4) Find out if your friend would like to listen to your music choice.
(5) If he/she would, suggest that you go ahead and do it (**Bon. Allons-y!**); if not, say good-bye.

MODÈLE:
— *Salut, (Beth). Comment ça va?*
— *Ça va bien. Et toi?*
— *Oh, ça va. Qu'est-ce que tu as là?*
— *Une cassette de... Et toi, qu'est-ce que tu vas acheter?*
— *Une symphonie de... Tu veux écouter la symphonie?*
— *Oui, j'veux bien. (Non, pas vraiment. Je n'aime pas beaucoup la musique classique.)*
— *Bon, allons-y! (Bon. À bientôt, alors.)*
— *(À bientôt.)*

Perspective culturelle

Le centre commercial

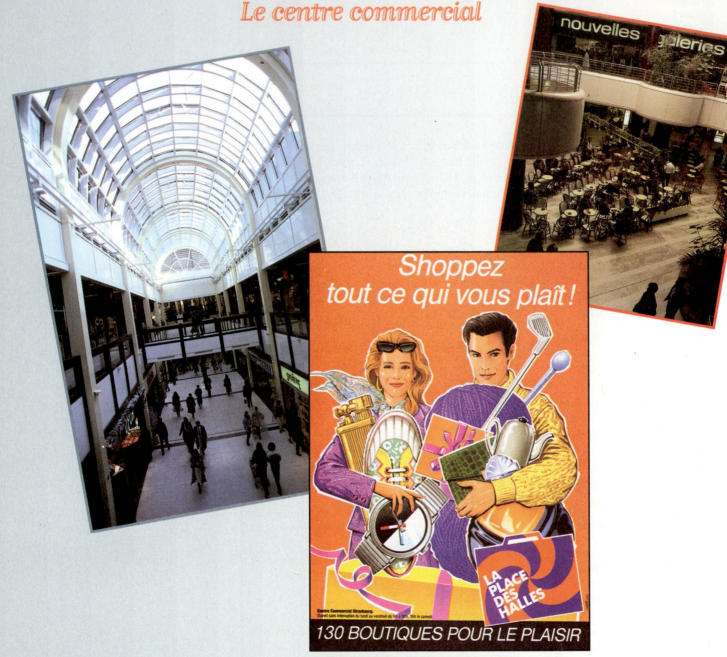

Note culturelle: Shopping centers in France and in the United States

One of the many "cultural exports" from the United States to France is the shopping mall. Like their counterparts from across the Atlantic, French **centres commerciaux** bring together a variety of stores in one location. Unlike American shopping centers, however, the French versions tend to be located in the city rather than in the suburbs; consequently, many people use public transportation to go there and those who drive leave their cars in **parkings souterrains** *(underground parking lots)*. In France, you are likely to find—in addition to clothing stores and specialty shops, furniture stores and sporting goods outlets, inexpensive restaurants and movie theaters—small stands and shops offering a variety of services, such as locksmiths (**Clés minute**), shoe repair (**Ressemelage rapide**), and dry cleaning (**Pressing à sec**), as well as food stores (bakery shops, cheese stores, delicatessens, butcher shops). In France, by law, most stores (including those in **centres commerciaux**) are closed on Sundays. Crowds are therefore largest on Saturdays. It is customary for many working-class families to spend all of Saturday afternoon at the mall. However, French shopping malls are much less a "teenage hangout" than are American malls.

❖ ***À discuter:*** *What is the impact of shopping malls on the buying habits of the people you know? on the economic life of your area? Should we consider the* ***centre commercial*** *as one of our best contributions to life in other countries? Why or why not?*

LECTURE: «LE GUIDE DES 4 TEMPS»

Pour lire: Skimming and scanning

Skimming and scanning are two techniques you can use when your main concern is to get information from a document or text. *Skimming* involves looking over the material to get a general idea of the type of text you are dealing with and its basic content. When you skim, you make use of the physical layout and design of the text as well as any cognate words that are immediately apparent. *Scanning* involves looking over the material in search of a certain limited type of information. When you scan, you focus your attention on the specific detail(s) you need while ignoring unrelated information.

Skimming and scanning are skills that you constantly make use of when reading your own language. They usually occur simultaneously and are very useful when you have a specific need for information but are confronted with a long text. They are especially helpful when reading a foreign language in cases where you must deal with a large amount of unfamiliar vocabulary.

F. Le guide des 4 Temps. *Scan* the excerpts of the brochure from Les 4 Temps and indicate the types of information available to shoppers visiting the mall.

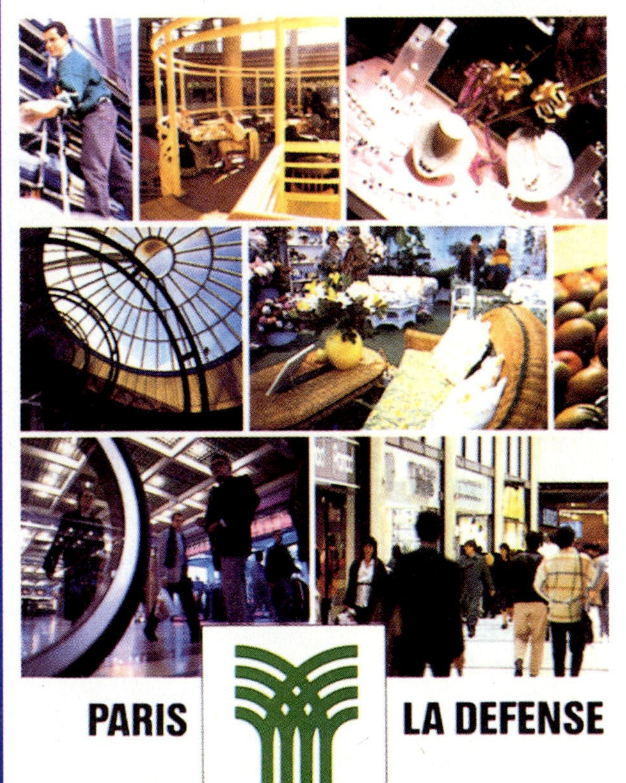

MAGASIN	NIVEAU	TÉLÉPHONE
GRANDE SURFACE		
Auchan	1 et 2	47.76.43.03
ALIMENTATION / TRAITEUR		
Boucherie Coucaud	0	47.78.80.40
Boulanger Paul	1	47.73.51.68
Café Meo (Les)	1	47.73.55.53
Candice	0 et 1	47.73.59.76
Dame Nature	1	47.73.55.19
Degras fromager	1	47.73.68.90
BIJOUX		
Cléopâtre	0	47.74.90.27
Elle, Elles	1	47.67.05.17
Guérin	2	47.73.78.14
Histoire d'Or	1	47.73.08.35
Lilas Or	1	47.73.05.09
Minéraux (Les)	2	47.73.66.43
Pop bijoux	2	47.74.79.41
Tourmalines (Les)	1	47.73.52.61
Ufor	1	47.78.75.48
CADEAUX		
Art de Beijing	1	47.73.63.83
Bathroom Graffiti	2	47.73.06.57
Carterie (La)	1	47.73.64.48
Herbier de Provence (L')	1	47.73.66.65
Jacqueline Avril	2	47.73.71.18
Soho	1	47.67.03.92
CHAUSSEURS - MAROQUINIERS		
André	1	47.73.51.38
Bally	2	47.73.08.07
Bata	1	47.73.52.23
Charles Jourdan / Audréa	2	47.78.92.64
Chausseria (La)	1	47.73.59.21
Till	1	47.75.31.52
Tout simplement	2	49.00.04.61

Accès facile aux 4 Temps. n'hésitez pas à venir en voiture : vous avez toujours une place de parking.
Pour venir en voiture aux 4 Temps, rien n'est plus facile. Tous les grands axes de l'ouest parisien se donnent rendez-vous sur le boulevard circulaire de la Défense.
On atteint directement le **Centre des 4 Temps** à partir des sorties **Défense 4, Défense 7** ou **Défense 8 sur le boulevard circulaire.**
Par la sortie La Défense 4 (après le pont de Neuilly, prendre la file de gauche sur le boulevard circulaire), on accède au **parking Central.**
Par la sortie La Défense 7 (prendre la file de droite sur le boulevard circulaire) on accède aux parkings qui desservent : l'hypermarché Auchan (**parking A**), et les boutiques (**parking B**).
Par la sortie La Défense 8 (prendre la file de gauche sur le boulevard circulaire) on accède directement aux **3 Parkings.**

G. Moi, je cherche... Using your *skimming* and *scanning* skills, help the following people (who do not know French) find a place to buy what they need. In each case, provide them with the name of the store and then indicate as clearly as possible on what level the store is located.

1. "I'd like to buy some jewelry, but nothing real expensive."
2. "We're looking for a baby present for our French friends."
3. "Where can we buy something for the house?"
4. "I want to buy my best friend a nice present."
5. "I need a new camera."
6. "We're starved. Where can we get something to eat? But *not* American-style fast food. We didn't come to France to eat at McDonald's!"

→ **Do À faire! (1-2)** *on page 20 of the* **Manuel de préparation.**

SOINS BEAUTÉ		
Christina	2	47.73.08.10
Coifferie (La)	2	47.73.70.96
Line André	1	47.73.53.53
Sephora	1	47.73.55.02
Yves Rocher	1	47.73.57.15

MODE, PRÊT À PORTER		
Alain Manoukain	2	47.73.63.49
Atomic City	2	47.73.59.09
Aude	1	47.67.08.09
Autre femme (L')	2	49.00.09.07
Bazile	2	47.73.69.73
Benetton	2	47.73.57.32
Blanc Bleu	2	47.73.68.90
Body Skin	2	47.73.54.12
Brighton	1	47.73.98.36
Brummell	2	47.73.08.83
Bulle	1	47.73.06.03
C&A	1 et 2	47.73.83.47
Chabala sweaterie	1	47.73.05.09
Fikipsi	2	47.73.65.59
Franck Baby	1	47.75.12.55
Franck Fourrures	2	47.73.57.81
Guépard	2	47.73.69.20
Harmonia	1	47.78.77.44
Jacadi	2	47.73.59.30
Jacqueline Riu	2	47.73.62.35
Kickers	2	47.73.72.44
Kookaï	1	47.67.04.29
La Redoute	1	47.78.14.20
Re Reggio	1	47.73.62.08
Renato Belli	2	47.67.00.03
René Derhy	2	47.73.59.50
Rodier Femme	2	47.73.67.28
Rodier Homme	2	49.01.00.29
Sarah B	2	49.00.03.92

LINGERIE - BONNETERIE		
Collection 5	1	47.73.05.19
Jules & Jim	1	49.00.17.16
Kiosk	1	47.78.48.62
Nangara Lingerie	2	47.73.66.97
Pingouin	1	47.73.59.94
Sock Shop	1	47.78.88.89

ÉQUIPEMENTS MAISON		
Antiquités	0	47.74.63.49
Art du Bricolage	0	47.76.94.97
Atelier aux Étoffes (L')	2	47.73.55.90
Darty	1	47.73.82.10
Peintres de Demain (Les)	1	49.06.07.07
Pier Import	1	47.73.50.06
Tapis St Maclou	0	47.75.93.33

LOISIRS SERVICES		
Budget train + auto	1	47.78.43.44
Cabinet Médical	2	49.00.18.18
Cinémas	2	47.73.79.19
CPH Immobilier	1	47.76.42.26
PMU Loto	2	49.00.19.18

PHOTO, HI-FI, SON		
Music Show	1	47.73.63.11
Photo Hall	1	47.73.61.58
Photo Service	0 et 1	47.73.90.39
Viséa	1	47.73.60.15

SPORTS		
Auto Moto Équipement	1	47.73.64.30
Courir	2	47.73.67.58
Go Sport	1	47.76.38.87

RESTAURANTS		
Aubépain	2	47.73.72.02
Bierstub (La)	2	47.73.71.03
Bœuf jardinier (Le)	2	47.74.88.15
Café de France (Le)	1	47.76.15.28
Café le Grand Place (Le)	1	47.73.57.06
Cafétéria Casino	2	47.73.53.63
Croissanterie (La)	2	47.73.51.24
Love (Le Pub)	2	47.73.53.95
Mc Donald's	1	47.73.08.53
Pâtes & crêpes	1	47.73.59.45
Pizza (La)	2	47.73.59.93
Pomme de Pain (La)	0	47.74.93.21
Quick Hamburger	2	47.73.76.54
Tequila bar (Le)	0	47.78.40.57

Accès **RER, SNCF, AUTOBUS :** descente station Défense.

Horaires d'ouverture : tous les magasins sont ouverts de **10 h** à **20 h** sauf le lundi de **11 h** à **20 h.**

L'hypermarché AUCHAN : ouvert de **9 h** à **22 h** sauf le lundi de **10 h** à **22 h.**

En semaine et le dimanche : la zone loisirs, restaurants et cinémas est ouverte jusqu'à **24 h.**

RAPPEL

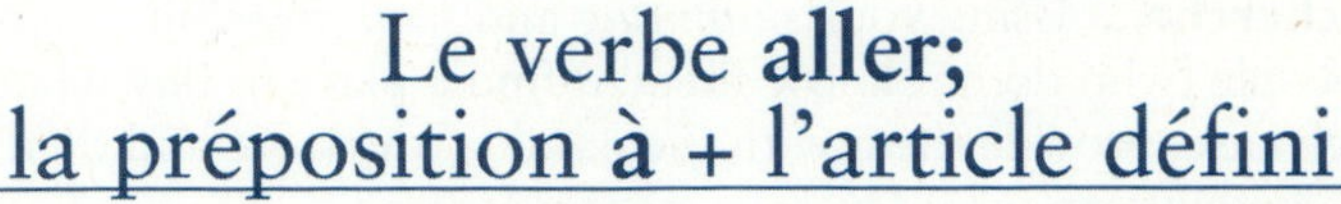

Le verbe **aller**; la préposition **à** + l'article défini

LE VERBE **ALLER**		LA PRÉPOSITION À + L'ARTICLE DÉFINI
je **vais**	nous **allons**	**à + le = au magasin**
tu **vas**	vous **allez**	**à + la = à la Fnac**
il / elle / on **va**	ils / elles **vont**	**à + l' = à l'université**
		à + les = aux Halles

Contrôle

H. Où vas-tu? Find out where the people are going and what they're going to buy.

MODÈLE: tu / bijouterie / magasin de sports / une raquette de tennis
— *Tu vas à la bijouterie?*
— *Non, je vais au magasin de sports.*
— *Qu'est-ce que tu vas acheter?*
— *Une raquette de tennis.*

1. tu / magasin de musique / papeterie / des cartes postales
2. il / parfumerie / bureau de tabac / un journal *(newspaper)*
3. elles / université / Fnac / une calculatrice
4. vous / pâtisserie / magasin de musique / des cassettes
5. elle / cinéma / magasin de sports / un ballon de foot *(soccer ball)*

I. Dans la rue des Arcades. After having had a bite to eat in one of the food places on the **Place de la Patinoire,** you run into a friend. Greet him/her, find out where he/she is going, then indicate where you're going. If you're going to the same place, suggest that you go together (**Allons-y ensemble!**); if you have different destinations, say good-bye.

MODÈLE: — *(Janice)! Salut! Ça va?*
— *Oui. Ça va. Et toi?*
— *Oh, ça va très bien. Où est-ce que tu vas, toi?*
— *Moi, je vais (à la bijouterie). Et toi?*
— *Moi aussi, je vais à la bijouterie. Allons-y ensemble! (Moi, je vais à la papeterie.)*
— *D'accord. Allons-y! (Bon, alors à bientôt. Ciao.)*
— *(Oui. À bientôt.)*

Parlons de vous!

“Gigi, tu vas souvent au centre commercial?”

“Oh, oui. J'y vais souvent... deux ou trois fois par mois. Et toi, Gaston?”

“Moi? Oh, je n'y vais jamais.”

“Jamais?”

“Ben, j'y vais de temps en temps...”

“De temps en temps?”

“Euh... oui, c'est vrai, j'y vais assez souvent.”

“Assez souvent?”

“Bon, d'accord. J'y vais très souvent.
Deux ou trois fois par semaine.
J'adore aller au centre commercial!”

Et vous, vous allez au centre commercial

souvent *(often)?* de temps en temps *(from time to time)?*

quelquefois *(sometimes)?* rarement? ne...jamais *(never)?*

une ou deux fois par semaine *(a week)?* par mois *(a month)?*

par an *(a year)?*

J. Découvrez! Find out from your classmates how frequently they go to the following places.

Tu vas souvent...

au centre commercial?
au cinéma?
au magasin de musique?
à la bijouterie?
au magasin de matériel hi-fi?
à la parfumerie?
dans un fast-food?
dans une librairie?

CONTEXTE: ON VA PAYER

Au magasin de hi-fi

Au magasin de hi-fi, deux **amis** (friends) *vont acheter un compact disc.*

We need . . . more.

— **Il nous faut encore** 62F.

— Voilà 20, 30, 40, 50, 60.
Tu n'as pas deux francs?

Yes. (when contradicting a negative statement)

— **Si.** Voilà... 61, 62.

Les nombres de 20 à 69

20 **vingt**
21 **vingt et un**
22 **vingt-deux**
23 **vingt-trois,** etc.

30 **trente**
31 **trente et un**
32 **trente-deux**
33 **trente-trois,** etc.

40 **quarante**
41 **quarante et un**
42 **quarante-deux**
43 **quarante-trois,** etc.

50 **cinquante**
51 **cinquante et un**
52 **cinquante-deux**
53 **cinquante-trois,** etc.

60 **soixante**
61 **soixante et un**
62 **soixante-deux**
63 **soixante-trois,** etc.

À vous la parole!

K. C'est combien? Indicate the price of each of the items.

MODÈLE:

6F50

un magazine,
six francs cinquante

→ *Do* À faire! (1-3) *on page 26 of the* Manuel de préparation.

Parlons de vous!

L. Quel genre de film préférez-vous? Using the information from the results of the survey about different types of films, compare the film preferences of French young people and adults to those of a classmate. Begin by asking a question about one of the film categories listed below.

MODÈLE: comédies musicales
— *En France, quel pourcentage de jeunes aiment les comédies musicales? Et quel pourcentage d'adultes?*
— *13% (pour cent) des jeunes et 12% des adultes.*
— *Et toi, est-ce que tu aimes les comédies musicales?*
— *Oui, j'aime bien ça.* OU *Je n'aime pas (tellement) les comédies musicales. Je préfère les films d'espionnage.*

films policiers / westerns / dessins animés / histoires d'amour / films fantastiques / films d'histoire / films d'aventure / films d'horreur / films comiques

Quel est le genre de film que vous préférez ?

Le classement des jeunes (en %)		Le classement des adultes	
Films comiques	65	Films comiques	50
Films d'aventure	49	Films d'aventure	33
Films de S.-F., films fantastiques	40	Films policiers, d'espionnage	33
Films policiers, d'espionnage	39	Films d'histoire	24
Films qui font peur, films d'horreur	36	Histoires d'amour	21
Westerns	21	Westerns	21
Histoires d'amour	18	Films de S.-F.	14
Films de karaté	17	Comédies musicales	12
Films d'histoire	14	Films à sujet politique	12
Comédies musicales	13	Films qui font peur	6
Films à sujet politique	12	Karaté	3
Dessins animés	9	Films érotiques	2
Films érotiques	7		

Sondage Louis Harris. TELERAMA, 1981. *Sondage* Phosphore/Louis Harris, *"les 14–18 ans et le cinéma"*, 1983.

CONTEXTE: ON VA PAYER (SUITE)

À la caisse

*Marc **fait des achats*** (is making purchases) *au magasin de musique.*

MARC: Bonjour, Madame.

CAISSIÈRE: Bonjour, Monsieur. Une cassette, 33F... un magazine, 17F50... Ça fait 50F50, Monsieur.

MARC: Voilà 55F.

change — **CAISSIÈRE:** Et voilà votre **monnaie.** Merci, Monsieur.

MARC: Au revoir, Madame.

À vous la parole!

M. À la caisse. Pay for the following items that you've purchased. A classmate will play the role of the cashier.

MODÈLE: un magazine, 20F / Le Monde, 7F
— *Bonjour, Madame (Monsieur, Mademoiselle).*
— *Bonjour, Monsieur (Madame, Mademoiselle). Voyons!* (Let's see!) *Un magazine, 20F...* Le Monde, *7F... Ça fait 27F.*
— *Voilà 30F.*
— *Et voilà votre monnaie... 28, 29 et 30.*
— *Merci, Madame (Monsieur, Mademoiselle).*
— *Au revoir, Monsieur (Madame, Mademoiselle).*

1. un livre, 52F / *Le Figaro,* 6F
2. une cassette audio, 32F50
3. une cassette vidéo, 59F / *Le Monde,* 7F
4. une banane *(waist money pouch),* 48F
5. *Le Monde,* 7F / *Pariscope,* 3F / *L'Express,* 20F

N. À la papeterie. You go to the stationery store to buy two of the items below. While standing in line to pay, you run into a friend who is also making two purchases. Greet each other, discuss your purchases, say hello to the cashier, pay, and say good-bye to both the cashier and your friend.

MODÈLE:

JEAN-LUC:	*Tiens! Salut, Andrée! Ça va?*
ANDRÉE:	*Oui, ça va. Et toi?*
JEAN-LUC:	*Oh, ça va bien. Qu'est-ce que tu as là?*
ANDRÉE:	*Des cartes postales et une gomme. Et toi, qu'est-ce que tu vas acheter?*
JEAN-LUC:	*Moi? Un cahier et des stylos.*
LA CAISSIÈRE:	*Mademoiselle.*
ANDRÉE:	*Bonjour, Madame. Voilà.*
LA CAISSIÈRE:	*Voyons! Une gomme... 4F... et trois cartes postales à 2F... ça fait 6F... 10F, Mademoiselle.*
ANDRÉE:	*Voilà, Madame. Au revoir, Madame. Au revoir, Jean-Luc. À bientôt...*

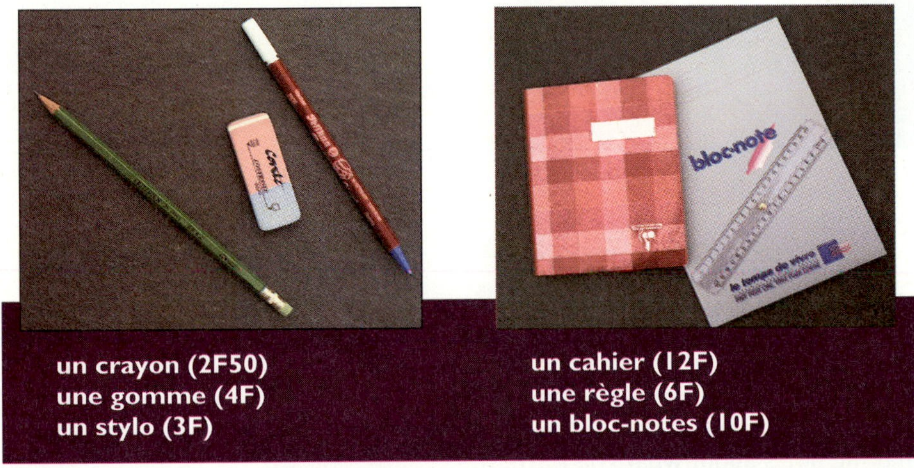

un crayon (2F50)
une gomme (4F)
un stylo (3F)

un cahier (12F)
une règle (6F)
un bloc-notes (10F)

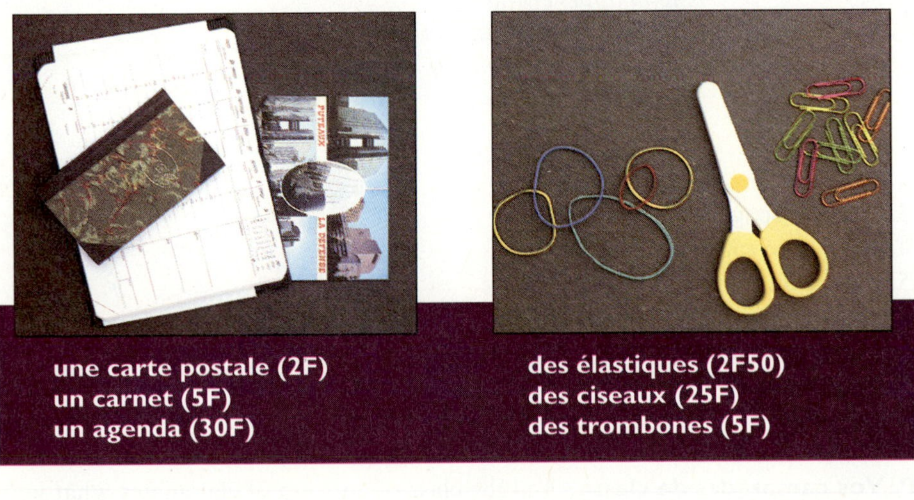

une carte postale (2F)
un carnet (5F)
un agenda (30F)

des élastiques (2F50)
des ciseaux (25F)
des trombones (5F)

→ *Do À faire! (1-4) on page 29 of the* **Manuel de préparation.**

RAPPEL

Les verbes en -er; l'expression négative ne... pas

LE VERBE **CHERCHER**

je **cherche**	nous **cherchons**
tu **cherches**	vous **cherchez**
il / elle / on **cherche**	ils / elles **cherchent**

L'EXPRESSION NÉGATIVE **NE... PAS**

Elle **ne** travaille **pas.**
Je **n'**habite **pas** à Paris.

VERBES:	aimer	manger
	adorer	parler
	chercher	préférer
	écouter	regarder
	étudier	rencontrer
	fumer	travailler
	habiter	voyager

Bien entendu *(Of course)*, if you think you know someone's name, you can say: **Tu t'appelles (Frank), n'est-ce pas?** And he can respond: **Oui (Non), je m'appelle (Paul).**

Contrôle

O. Un sondage *(A survey)*. Using the expressions below as a guide, interview as many of your classmates as you can in the time allotted by your instructor, making notes about what you learn.

MODÈLE: — *Comment tu t'appelles?*
— *Je m'appelle (Marie).*
— *Tu habites à (Madison)?*
— *Oui (Non), j'habite à...*
— *Tu travailles?* etc.

1. habiter
2. travailler
3. parler espagnol
4. aller souvent au cinéma
5. aimer les films d'horreur
6. fumer
7. manger beaucoup
8. préférer

P. Vos camarades de classe. Tell the class or a group of classmates what you learned about the people you interviewed.

CONTEXTE: ON VA MANGER QUELQUE CHOSE?

Les restaurants des 4 Temps

Aux 4 Temps **il y a** beaucoup de restaurants.

there are

Il y a une cafétéria. Là **on peut manger** des **plats** préparés, par exemple: un steak **frites**, un **poulet rôti**, une **salade niçoise.**

you can eat / dishes

French fries / roast chicken / salad with tuna, tomatoes, olives, etc.

un steak frites

Il y a aussi des pizzerias. Là on peut **commander, bien sûr,** une pizza ou aussi des lasagnes ou des spaghettis.

order / of course

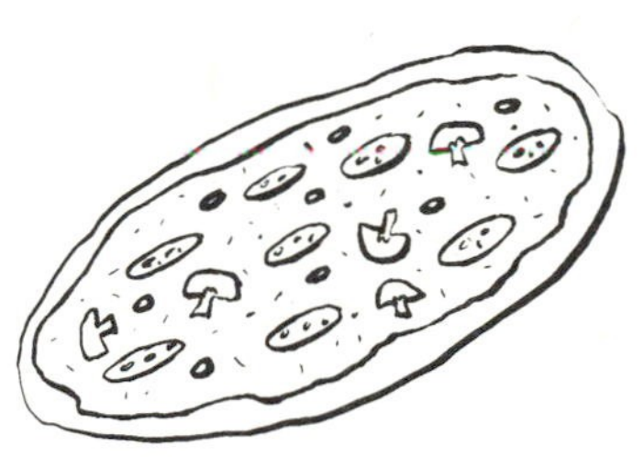

une pizza

On peut acheter à manger dans une croissanterie. Là on trouve des croissants et aussi des sandwiches—au **fromage** et au **jambon.** Avec son croissant et son sandwich on peut **boire quelque chose de chaud**—un café ou un thé—ou quelque chose de **froid**—un Coca ou un Orangina.

cheese / ham

drink something hot

cold

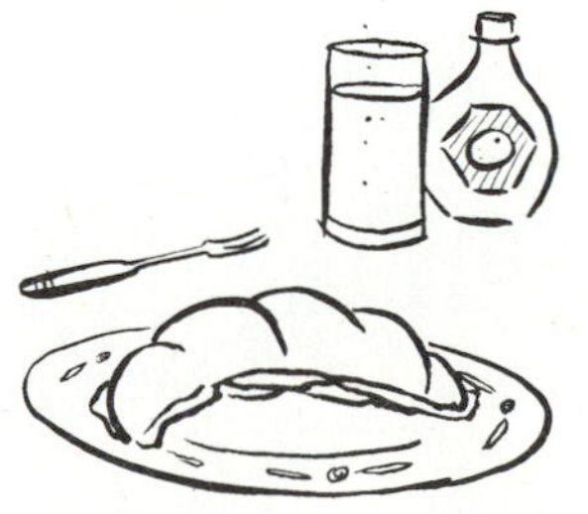

un croissant au jambon et un Orangina

Il y a des fast-foods américains—McDonald's et Burger King—et aussi des fast-foods français—Quick Hamburger et Aubépain. Là on peut manger des hamburgers, des cheeseburgers, des frites et des milkshakes, bien sûr, mais aussi des quiches et des salades.

un Big Bacon, des frites et un milkshake

une quiche provençale et un jus d'orange

Enfin, il y a des cafés traditionnels où on peut manger des sandwiches ou, si on préfère quelque chose de chaud, une omelette—au fromage, au jambon, aux **fines herbes**—ou un **croque-monsieur.** Là on peut boire, bien sûr, un thé ou un café. Ou bien, si on préfère, on peut boire quelque chose d'alcoolisé—une **bière** (un **demi,** par exemple) ou un **verre de vin (blanc ou rouge)**—ou quelque chose de non-alcoolisé—un **Perrier** ou un **Vittel,** un **diabolo citron** ou une **menthe à l'eau.**

Finally

mixed herbs / open-faced grilled ham and cheese sandwich

beer / glass of draught beef

glass of wine (white or red)

brand of non-carbonated mineral water / brand of non-carbonated mineral water / lemon flavoring mixed with a sweet soft drink / mint syrup mixed with water

un croque-monsieur et un demi

un Vittel, un diabolo citron et une menthe à l'eau

Chez nous

When you think of France, one of the first things that probably comes to mind is something to do with food and drink—for example, a three-star restaurant or a sidewalk café. And it's true; we French are very proud of the world-wide reputation that our **cuisine** enjoys. Nevertheless, our culinary habits are in the process of changing. For example, in 1920 France had more than 500,000 cafés. Today, there are fewer than 175,000. A major cause of this decline is the growth of the fast-food industry in France. Fast-food restaurants are becoming almost as popular here as they are **chez vous.** The best known is still McDonald's (we more often call it **Macdo).** The major French fast-food restaurant chain is called **Quick,** run by a supermarket corporation, called **Casino,** that also operates cafeterias. But there are all sorts of fast-food-type restaurants cropping up all over the place. You might find it interesting to study the photos of these establishments in this chapter.

❖ ***À discuter:*** *In what ways do French fast-food establishments seem similar to their American counterparts? Do you notice any differences?*

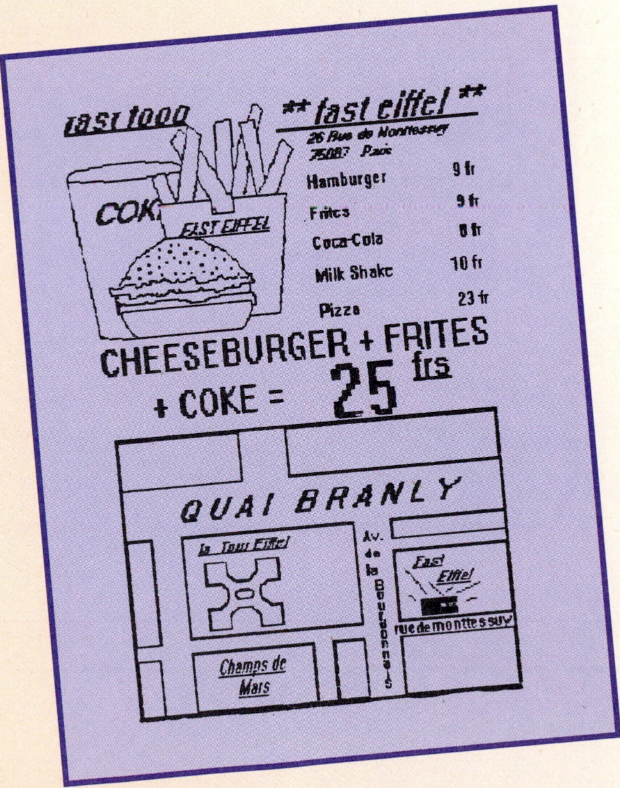

À vous la parole!

Q. Bon, allons... ! When your friend indicates what he/she would like to eat or drink, indicate the type of place where you can go and then, on the basis of the restaurant directory, suggest a specific destination.

MODÈLE: Je voudrais un café.
Bon, allons au Café de France (à la Bierstub).

1. Moi, je voudrais un hamburger.
2. Moi, j'ai envie d' *(I feel like)* un croissant.
3. Moi, je veux manger un steak-frites ou un poulet rôti.
4. Moi, je voudrais une quiche.
5. Moi, j'ai envie de boire *(to drink)* une bière.
6. Moi, je veux manger un sandwich.

Cafés	
La Bierstub	**niveau 2**
Le Café de France	**niveau 1**
Le Café le Grand Place	**niveau 1**
Le Pub Love	**niveau 2**
Le Tequila Bar	**niveau 0**
Cafétérias	
Cafétéria Casino	**niveau 2**
Croissanteries	
La Croissanterie	**niveau 1**
Fast-foods	
Aubépain	**niveau 2**
La Pomme de Pain	**niveau 0**
McDonald's	**niveau 1**
Quick Hamburger	**niveau 2**

“**JE veux manger? JE voudrais une quiche.** Aren't we being elegant? If I were talking, I'd say: **J'veux manger. J'voudrais une quiche.** That's the way we really talk!”

“**Tu sais,** he's right again. When people speak, the **e** of **je** often drops out, even before a consonant. However, when you write, you need to spell it correctly.”

R. Moi, j'ai envie de manger un sandwich. At each of the eating places whose menus are pictured below, you and your friends compare what you would like to eat (**manger**) and drink (**boire**). Use expressions such as **j'ai envie de, je voudrais, je veux manger.**

MODÈLE: Chez Aubépain
— *Moi, j'veux manger un croque monsieur.*
— *Et moi, j'ai envie d'un Parisien.*
— *Moi, j'voudrais une salade Capucine et un Coca.*

LA CROISSANTERIE

VIENNOISERIES:

Grillé aux pommes	9,00	Croissant aux amandes	9,00
Pain aux raisins	6,50	Chausson aux pommes	7,50
Pain au chocolat	5,90	Muffins	9,00
Croissant au beurre	4,90	Danish aux pommes	12,00

SANDWICHES:

1) Croissan'Club:
Le Brestois (thon, tomates, œufs, salade, mayonnaise) 19,00
Le Caraïbe (surimi saveur crabe, tomates, œufs, salade, sauce américaine) 19,00
2) Déjeunette viennoise:
Le Viennois (jambon de Paris, emmenthal, tomates, œufs, salade, mayonnaise) 19,00
L'Océanique (thon, tomates, œufs, salade, mayonnaise) 19,00

Maxi-croissant au jambon 17,00
Quiche lorraine 15,00

BOISSONS:

Jus d'orange	10,00	Eaux	8,00	Bières	12,00
Sodas	12,00	Café, Thé	6,00		

LA PIZZA

LES PIZZAS

Margherita (tomate, fromage, origan)	46,00F	Napolitaine (tomate, fromage, anchois, câpres)	47,50F
Marinara (tomate, ail, origan)	43,50F	Neptune (tomate, thon, olives, origan)	48,50F
Sicilienne (tomate, anchois, olives câpres, origan)	43,50F	Regina (tomate, fromage, champignons)	49,50F

LES PÂTES FRAÎCHES

Spaghetti Bolognèse (sauce tomate, viande hachée)	49,50F	Spaghetti Carbonara (crème fraîche, œuf, parmesan, lardons)	49,50F
Tortelloni à la Crème (épaule, crème fraîche, fromage	49,50F	Lasagne au Four	49,50F

LES BOISSONS

Vittel, Perrier	18,00F	Orangina, Gini	18,90F
Diabolos	21,00F	Limonade	16,50F
Kronenbourg	20,00F	Heineken	23,00F
Kir	22,50F	Porto	30,00F
Expresso	9,00F	Thé	17,50F

Aubépain

ENTRÉES

La Quiche Provençale	14,00
Le Croque Monsieur	16,00

PAINS DE MIE

Le Saule (Crevettes, Concombre)	23,00
L'Épicéa (Poulet au curry, Crudités)	23,00

BAGUETTES

Le Parisien (jambon au Torchon)	24,50
Le Lyonnais (Rosette de Lyon)	25,00
Le Fermier (Poulet, Crudités)	27,50

SALADES

Aubépine (Crevettes, Œuf, Crudités)	27,50
Capucine (Jambon, Fromage, Crudités)	25,00
Églantine (Poulet, Raisins secs, Crudités)	25,00

DESSERTS

Le Croissant	5,00
Le Pain au Chocolat	5,90
Le Chausson aux Pommes	8,00
La Tarte aux Fruits Rouges	13,00
Le Fromage Blanc	12,00

BOISSONS

Bière Française	11,00
Cidre brut	12,50
Jus d'Orange	12,00
Coca-Cola	13,00
Eaux Minérales	8,50

➜ ***Do À faire! (1-5) on page 35 of the* Manuel de préparation.**

Parlons de vous!

S. On va commander quelque chose (*We're going to order something*). You and a friend go to the following places for something to eat and drink. You each order something you like from the waiter (**le garçon, la serveuse**) or the salesperson (**l'employé, l'employée**).

MODÈLE: au Quick
— *Oui, Mademoiselle?*
— *Je voudrais un Big Bacon et... euh... des frites et un jus d'orange.*
— *Oui. Et pour vous, Monsieur?*
— *Euh... je vais prendre un Cheeseburger et une bière.*
— *Très bien. Merci.*

"Notice that the French equivalent of *uh*— you know, that sound you make when you're hesitating and thinking about what you're going to say—is **euh.** It's pronounced with your lips forward. That's right, it's almost as if you're going to whistle."

HAMBURGERS		BOISSONS	
Giant	17,90	Coca Cola, Fanta, Sprite	6,80 / 8,90 / 9,10
BIg Bacon	19,10	Bière	9,90
Chicken Filet	18,80	Eau d'Évian 33cl	6,50
Chicken Dips	18,00	Café - chocolat - thé	4,50
Kingfish	13,50	Lait	4,50
Cheesebacon	12,90	Jus d'orange	9,20
Cheeseburger	8,60		
Hamburger	7,20	DESSERTS	
		Softy (fraise, chocolat, caramel)	9,70
Frites	6,50 / 9,70	Cornet vanille	6,90
Maxi-frite	12,40	Milkshake (banane, chocolat, fraise)	6,90

Casino

NOS PLATS CHAUDS	
OMELETTE NATURE GARNIE	22F00
BROCHETTE CHIPOLATAS MERGUEZ GARNIE	32F80
SUPRÊME DE POULET PANÉ GARNI	32F50

NOS POISSONS	
POISSON AUX CHOUX-FLEURS GARNI	28F50

NOS GLACES	
COUPE TROIS BOULES	07F80
SORBETS FANTAISIE	11F50
BANANA SPLIT	15F50
FRAISES OU FRAMBOISES MELBA	15F50
COUPE CARAMEL	15F50
ASSIETTE DE PROFITEROLES	21F80

NOS BOISSONS	
SODAS (COCA COLA, FANTA, SPRITE)	7F00 / 8F50
BIÈRE	10F40
JUS D'ORANGE	9F50
CAFÉ, CHOCOLAT, THÉ	5F00

Pâtes et Crêpes

Les Crêpes Salées

Au beurre	19,00
À l'œuf	24,00
Au fromage et à l'oignon	27,00
Complète *(fromage, épaule, œuf, salade)*	39,00
Popeye *(épinards, œuf, lardons)*	39,00
Neptune *(thon, salade, œuf, tomate*	44,00
Danoise *(hareng, crême fraîche, citron, salade)*	38,00
Martiniquaise *(ananas, épaule, maïs)*	34,50
Américaine *(hamburger, oignons, œuf, salade, sauce tomate)*	49,00

Les Crêpes Sucrées

Beurre, sucre	19,00
Chocolat	27,00
Chocolat Chantilly	32,00
Miel	24,00
Confitures	26,50
Au citron	26,50
À l'orange	26,50
Crème de marron	26,50
Canadienne *(sirop d'Érable)*	35,00
Flambée au Grand Marnier	37,00
Exotique *(banane fruit, glace noisette, noix de coco)*	39,50

Les Boissons

Cidre brut - la bouteille	45,50
Vittel, Perrier, Badoit	15,50
Coca, Orangina, Gini	18,00
Vin (rouge, rosé, blanc)	
Le verre 15 cl.	15,00
Le pichet 33 cl.	23,00
Kronenbourg, Heineken 25 cl.	23,00
Kir Breton 15 cl.	25,00
Schweppes, Coca	18,00
Expresso	9,00
Capuccino chantilly	15,00
Thé, Infusions	17,00
Chocolat, lait, café crème	15,00

CONTEXTE: ON VA MANGER QUELQUE CHOSE? (SUITE)

À La Croissanterie

Marc et son amie Christine ***prennent*** (are having) *quelque chose à La Croissanterie.*

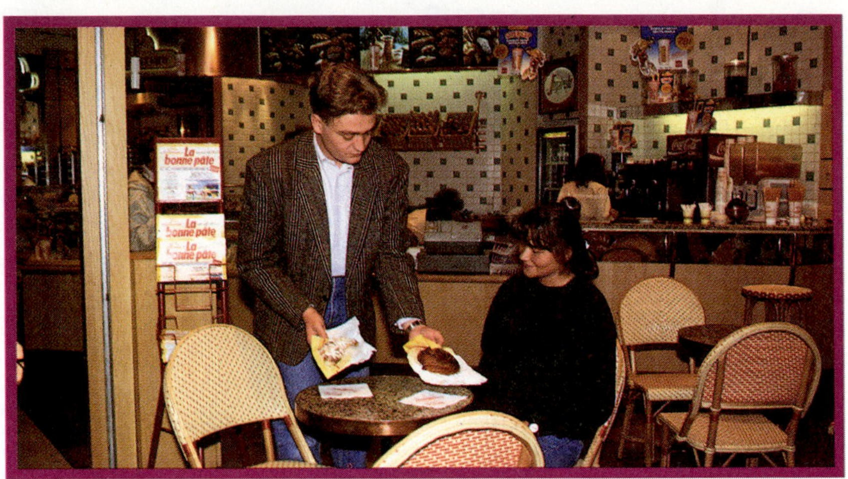

MARC: Voilà. Ça, c'est pour toi... et le croissant aux **amandes,** c'est pour moi. — *almonds*

CHRISTINE: Merci... C'est bon, le croissant aux amandes?

MARC: Ah, oui, c'est très bon. Et le **pain aux raisins?** — *sweet pastry with raisins*

CHRISTINE: C'est délicieux.

In French, the words **le, la, l',** and **les** can also be used in front of verbs to replace a noun that has already been mentioned: **Tu connais Chantal Desmoulins? Non, je ne *la* connais pas.** In this case, the English equivalent of **le, la, l',** or **les** is *him, her, it,* or *them.*

MARC: Tiens! Voilà Monique Lachapelle. **Tu la connais?** — *Do you know her?*

CHRISTINE: Non, je ne la connais pas.

MARC: Elle travaille dans une bijouterie, ici, aux 4 Temps. Elle est très **gentille.** — *nice*

POUR VOUS EXPRIMER

Pour parler de ce que vous mangez

C'est bon!
C'est assez bon *(pretty good)*.
C'est très bon!
C'est délicieux!
C'est pas (très) bon!

Pour parler d'une personne que vous connaissez

Il / Elle est très gentil(le).
Il / Elle est très bien *(great)*.
Il / Elle est très sympa(thique) *(nice)*.

À vous la parole!

T. C'est bon, la pizza? You and a friend have ordered the following fast-food items. Compare reactions to your choices, according to the model.

MODÈLE: le pain aux raisins / le croissant aux amandes
—*Le pain aux raisins, c'est pour toi... et le croissant aux amandes, c'est pour moi.*
—*C'est bon, le croissant aux amandes?*
—*Oui, c'est (assez) bon. Et le pain aux raisins?*
—*C'est bon (délicieux) (pas très bon)!*

1. le Big Bacon / le Giant
2. l'omelette au fromage / l'omelette aux fines herbes
3. la Margherita / la Marinara
4. la crêpe au chocolat / la crêpe au citron

U. Tu la connais? Answer *affirmatively* the questions about whether you know the following people. Instead of repeating their names, use **le, la,** or **les** in front of the verb.

MODÈLES: Tu connais Monique Lachapelle?
Oui, je la connais. Elle est très gentille (sympa[thique], bien).
Tu connais Gérard Couppié?
Oui, je le connais. Il est très bien (sympa, gentil).
Tu connais Michel et Jacqueline Fitoussi?
Oui, je les connais. Ils sont très sympas (gentils, bien).

1. Tu connais Marcelle Dussard?
2. Tu connais Philippe Quesnel?
3. Tu connais Marie-France Collet?
4. Tu connais Denise et Sophie Hurard?
5. Tu connais François Renaudin?
6. Tu connais Roger et Colette Chevalier?

Now answer the same questions negatively.

MODÈLE: Tu connais Gérard Couppié?
Non, je ne le connais pas.

V. À La Croissanterie. You and a friend are having lunch at **La Croissanterie.** Your friend brings the food and you start to eat. After commenting on the food, you notice someone you know passing by. Ask your friend if he/she knows that person. If not, give a piece of information to help identify him/her.

MODÈLE: — *Voilà. (...) , c'est pour toi. Et (...) c'est pour moi.*

— *Merci... C'est bon, (...) ?*

— *Oui, c'est délicieux. Et (...) ?*

— *Oui, c'est très bon. Tiens! Voilà Sylvie Mauron. Tu la connais?*

— *Oui, je la connais. Elle est très sympa.*

— *Ah, oui.*

(—Non, je ne la connais pas.)

(—Elle travaille dans un magasin de sports. Elle est très gentille.)

LA CROISSANTERIE®

INTÉGRATION

W. Trouvez quelqu'un qui... Circulate around the classroom, asking questions in order to find at least one person who fits each of the categories suggested below.

Trouvez quelqu'un qui

1. ... travaille à un centre commercial.
2. ... va souvent au cinéma.
3. ... n'aime pas les films d'horreur.
4. ... aime beaucoup les histoires d'amour.
5. ... ne mange jamais dans un fast-food.
6. ... parle espagnol ou allemand ou italien.
7. ... n'aime pas le rock.
8. ... préfère le thé au café.
9. ... préfère les omelettes aux sandwiches.
10. ... fume.

X. Aux 4 Temps. You and a friend meet at **Les 4 Temps** shopping center and decide to go either to a music store or a stationery store.

1. Make a purchase at that store.
2. While leaving the store, you run into an acquaintance. Make introductions.
3. Together decide to go somewhere for something to eat.
4. Order your food. The two people who have just been introduced try to find out a little about each other.
5. Say good-bye.

➜ *Do* **À faire! (1-6)** *on page 41 of the* **Manuel de préparation.**

DÉBROUILLEZ-VOUS!

Y. Une présentation. Question another student in order to introduce him/her to the class.

Find out . . .

1. where he/she lives,
2. whether or not he/she works
3. what he/she likes to do
4. what kinds of snack food and beverages he/she prefers
5. whether he/she goes to shopping malls very often
6. what he/she does at a shopping mall.

When you have finished, present the student to the whole class or to another group of students.

> VOCABULAIRE UTILE: Est-ce que tu aimes... ? chanter *(to sing)* / danser / nager *(to swim)* / faire du sport (du tennis / du golf / du basket / du volley / du football [américain] / du camping) / aller au théâtre (au concert) / regarder la télé / écouter la radio (des disques laser) / discuter de politique *(to discuss politics)*

Z. Le matériel. By associating words and images, you can learn many new words and expressions in French. For example, find in the ads for electronic equipment the French equivalents of the following expressions.

1. color TV
2. black and white TV
3. VCR
4. camcorder
5. watch
6. walkman
7. stereo set

INTERVISION BTV 18
Téléviseur noir et blanc - Écran 18 cm - Multistandards - Réception UHF/VHF.
REF. 68090

CASIO TV 470
Téléviseur couleur écran LCD 5,6 cm
Sélecteur UHF VHF
Antenne télescopique - Écouteur
Accessoires : 4 piles
et un étui souple
Dim. 81 x 43 x 138 mm -
Poids 260 g.
REF. 68212

DAEWOO ACD550
Chaîne HiFi laser - Télécommande - 2 x 20 W égaliseur 5 bandes - Prise casque, prise micro - Tuner digital PO/GO/FM - Bi-K7 vitesse rapide - Lecture continue
Platine laser - Platine disque semi-automatique - Enceintes 2 voies
REF. 63530

INTERVISION VCR 1010
Magnétoscope VHS - 2 têtes - PAL/SECAM - Télécommande multifonctions - 8 programmes sur un an - Recherche d'index - Dim. 430 x 80 x 360 mm - Cons. 25 W.
REF. 72401

SONY WMEX31
Autoreverse
Sélecteur de bande
Livré avec casque
Alimentation piles.
REF. 58605

INTERTRONIC TL-68
Traducteur : anglais, français, allemand, espagnol, italien et suédois - 24 000 mots - 4 mémoires de taux de change - Horloge (120 villes dans le monde) et alarme
Calculatrice
Piles Lithium 3 volts
Dim. 14,6 x 9 x 1,1 cm
Poids 180 g.
REF. 78076

290F
Intertronic

ROADSTAR CTV 510
Téléviseur couleur écran 15 cm - PAL/SECAM -Télécommande toutes fonctions
Dim. 156 x 154 x 212 mm - Poids 2,4 kg. **REF. 68393**

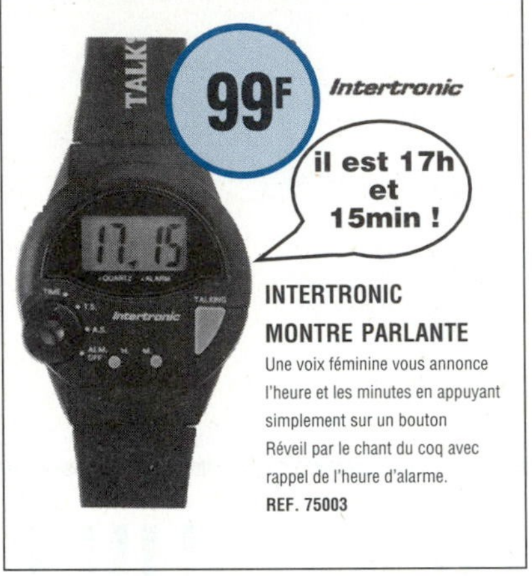

INTERTRONIC
MONTRE PARLANTE
Une voix féminine vous annonce l'heure et les minutes en appuyant simplement sur un bouton
Réveil par le chant du coq avec rappel de l'heure d'alarme.
REF. 75003

THOMSON VM-75
Camescope VHS-C SECAM - Zoom 6 x - Adapteur K7, batterie K7 VHS-C, bandoulière, câble sortie AV adapteur - Alimentation secteur/chargeur
Dim. 121 x 116 x 162 - Poids 760 g.
REF. 73458

5490F

AWIWA HST 33
Baladeur + radio AM/FM
Autoreverse - Dolby B
Sélecteur de K7 Cro2
Mécanisme anti-roulis -
Livré avec casque
Alimentation piles.
REF. 58333

Now, using the reading skills you have already developed, answer the following questions about the products in the ads.

1. What is the difference between the two TV sets?
2. Why does one walkman cost more than the other?
3. What are the most unusual items in these ads?

Finally, use the expressions suggested below to indicate to your partners why you might or might not buy the advertised items.

MODÈLE: *Je voudrais acheter (...) . C'est très pratique et, en plus* (in addition) *c'est un prix très intéressant* (a very attractive price).

POUR VOUS EXPRIMER

Vous l'aimez bien

C'est (très) pratique *(practical).*
utile *(useful).*

C'est chouette *(neat)!*
super!
génial *(great, clever)!*

C'est un bon prix *(a good price).*
un prix intéressant *(an attractive price).*
en solde *(on sale).*

Vous ne l'aimez pas

Ce n'est pas (très) pratique.
utile.

C'est trop cher *(too expensive).*
Ce n'est pas en solde.

AA. Au Caffé Italia. You and a friend are having lunch together before going to a nearby **Fnac.** Order your food from the following menu, then talk about what you're planning to buy. While you are eating, a friend joins you. Make introductions and include him/her in your conversation.

♦♦♦ Caffé Italia ♦♦♦

Les Salades

Salade Mixte *(laitue, tomates, olives, oignons)*	30,00
Salade Italia *(laitue, tomates, betteraves, choux, carottes, céleri, olives)*	38,00
Salade Niçoise *(laitue, tomates, thon, olives, œuf, poivron, anchois)*	49,00

Les Pizzas

Pizzarella *(tomate, fromage, origan)*	46,00
Funghi *(tomate, fromage, champignons)*	48,50
Quatre saisons *(tomate, épaule, fromage, artichauts, champignons, olives)*	48,50
Soufflé Calzone *(épaule, fromage, artichauts, champignons, olives)*	49,50

Les Pâtes fraîches

Spaghetti Napolitaine *(sauce tomate)*	43,50
Spaghetti Bolognèse *(sauce tomate, viande hachée)*	49,50
Spaghetti aux Fruits de Mer *(calamars, scampis, moules)*	49,50
Lasagne al Forno	49,50
Rigatoni au Gratin *(sauce béchamel, fromage, tomate)*	49,50
Ravioli à la Romaine *(crème fraîche, fromage)*	49,50
Tortelloni à la Crème *(épaule, crème fraîche, fromage)*	49,50

Les Desserts

Mousse au Chocolat	23,50
Crème Caramel	23,50
Salade de Fruits	23,50
Tarte aux Pommes	26,00
Tarte aux Framboises	26,00

→ ***Do* À faire! (1-7) *on page 44 of the* Manuel de préparation.**

BB. Où sommes-nous *(Where are we)?* Listen to the short conversations that your instructor plays for you. Each takes place somewhere at **Les 4 Temps** shopping center. Identify where the speakers are and what they're doing.

CHAPITRE 1er

C'est combien?

MENU

VIDÉO	ACTE I
PROFIL: Paris	MC, p. 48
LECTURE: «Zap!Pizza»	MC, p. 50
ACTIVITÉ ORALE ET ÉCRITE: Une interview	MC, p. 51
PROFIL: Dakar	MC, p. 52
ACTIVITÉ ORALE: Notre centre commercial	MC, p. 54
ACTIVITÉ CULTURELLE: La musique populaire française et francophone	MC, p. 55
EXERCICE D'ÉCOUTE: Rencontres	MP, p. 49
LECTURE: «La Dauphine vous propose»	MP, p. 50
ACTIVITÉ ÉCRITE: Trois amis	MP, p. 52
ENREGISTREMENT: Autoportrait	MP, p. 52
JEU: Quelque chose à manger	MP, p. 53

EXPANSION

PROFIL: PARIS

SITUATION: sur la Seine, en Île-de-France

POPULATION: 2 200 000 habitants (8 500 000 avec la banlieue *[suburbs]*)

HISTOIRE: habité par les Gaulois, conquis par les Romains en 52 avant Jésus-Christ *(B.C.)*

SITES TOURISTIQUES: la tour Eiffel, la cathédrale de Notre-Dame, l'arc de Triomphe, le Louvre

• Paris

FRANCE

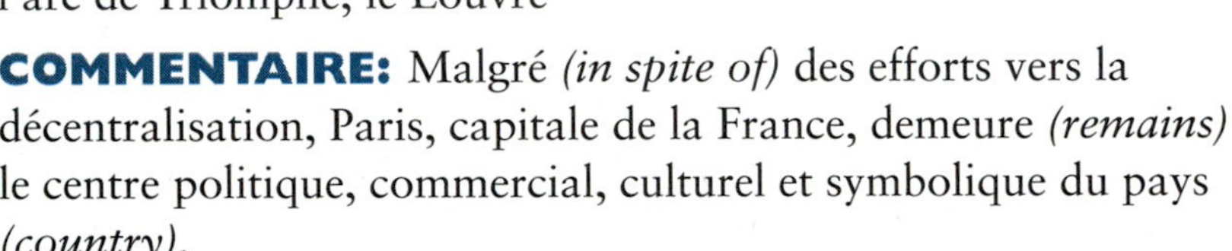

COMMENTAIRE: Malgré *(in spite of)* des efforts vers la décentralisation, Paris, capitale de la France, demeure *(remains)* le centre politique, commercial, culturel et symbolique du pays *(country)*.

❖ ***À discuter:*** *What city (cities) play(s) the role of Paris in the lives and minds of the American people?*

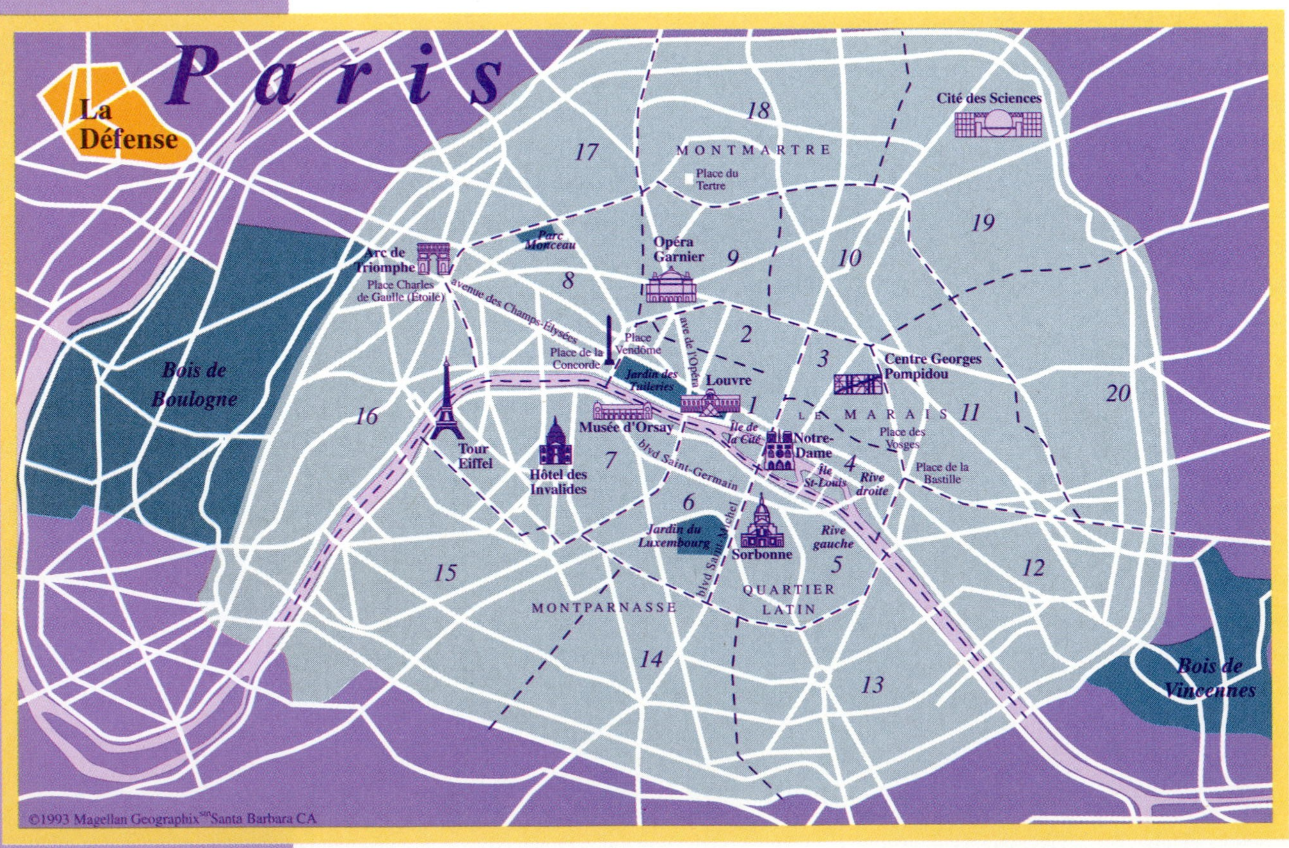

Notre-Dame de Paris

Forum des Halles

Pyramide du Louvre

Arc de Triomphe

Musée d'Orsay

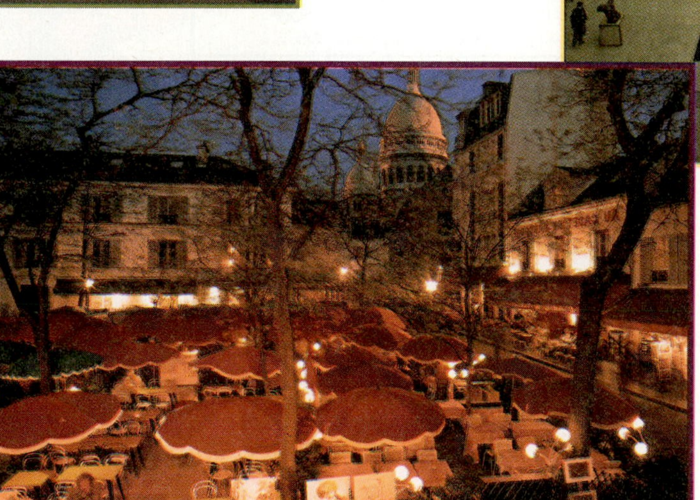

Montmartre

LECTURE: «ZAP!PIZZA»

The physical context and the layout or format of a text can help you understand what you are reading—especially when the layout includes visual images. In addition, if you can recognize cognates and apply the knowledge you already have, you will find that you are able to get a large amount of information from a text written entirely for a French audience. Study, for example, the following brochure. Then answer the questions on page 51.

ZAP!PIZZA®
Les Suggestions du Pizzaïolo
La San Rémo
Tomates, fromage, origan, poivrons, thon.
2 pers. : 64 F
4 pers. : 96 F
La Buffalo
Tomates, fromage, origan, poivrons, boeuf épicé.
2 pers. : 64 F 4 pers. : 96 F
La New Yorkaise
Tomates, fromage, origan, oignons, pepperoni, champignons.
2 pers. : 72 F 4 pers. : 108 F
La Roma
Tomates, fromage, origan, jambon, champignons, olives.
2 pers. : 72 F 4 pers. : 108 F
La Napoli
Tomates, fromage, origan, poivrons, jambon, champignons, artichauts.
2 pers. : 80 F 4 pers. : 120 F
La Méga
9 ingrédients pour le prix de 5.
Tomates, fromage, origan, poivrons, oignons, pepperoni, jambon, champignons, canadian saucisse, olives noires, double fromage, boeuf épicé.
2 pers. : 88 F
4 pers. : 132 F
PIZZA'PERO
Pizza découpée en petits carrés faciles à consommer dans le cadre d'un apéritif, d'une réception chez vous ou dans l'entreprise.
PIZZA TWIN
Vous n'avez pas les mêmes goûts : demandez une composition différente sur chaque moitié de pizza.
Huile piquante aromatisée GRATUITE sur demande

LE N° DE TELEPHONE DE VOTRE QUARTIER

61 63 99 99

VOTRE PIZZA CHAUDE à domicile ou au bureau en moins de 30 minutes

LIVRAISON GRATUITE

7 jours sur 7 de 11h30 à 14h30 et de 18h30 à 23h30

COMPOSEZ VOUS MEME VOTRE PIZZA

A partir d'une base tomates, fromage, origan, rajoutez un ou plusieurs ingrédients

Base commune : (tomates - fromage - origan)

2/3 pers.	4/5 pers.
48 F	72 F

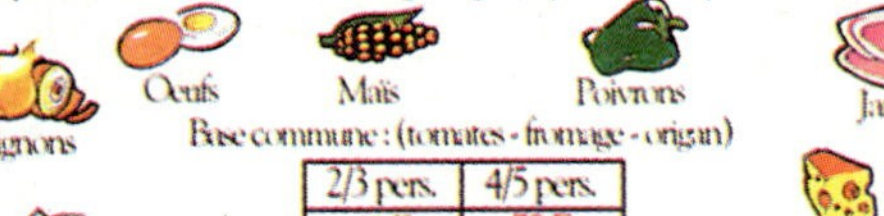

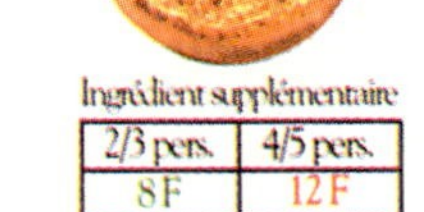

Ingrédient supplémentaire

2/3 pers.	4/5 pers.
8 F	12 F

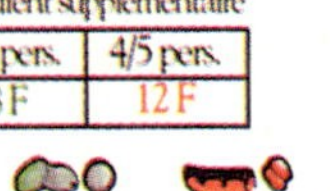

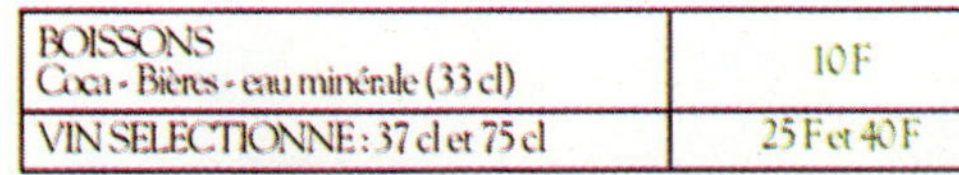

BOISSONS Coca - Bières - eau minérale (33 cl)	10 F
VIN SELECTIONNE : 37 cl et 75 cl	25 F et 40 F

DESSERT 10 F

A partir de votre appel téléphonique, votre pizza est immédiatement travaillée à partir d'une boule de pâte par notre pizzaïolo.

La garniture que vous avez choisie est composée d'ingrédients fraîchement préparés que nous avons sélectionnés pour leur qualité. La pizza est cuite dans un vrai four à pizza.

Dès sa sortie du four, un emballage spécialement conçu permettra au livreur de vous apporter votre pizza chaude dans les meilleures conditions en moins de 30 mn.

Une performance que notre équipe réalise quotidiennement.

Vous êtes cordialement invités à venir assister à la confection des pizzas et au départ de leur livraison.

BON APPETIT.

Mode de règlement : espèces, chèques, tickets restaurants, chèques déjeuner.

RENSEIGNEMENTS ZAP !
61 63 99 99

29 rue des Frères Lion 31000 TOULOUSE

1. What is the name of the business? What kind of service(s) does it offer?
2. Where is this business located? What is its phone number? Which is more important—the address or the phone number? How can you tell? Why is it more important?
3. Read the descriptions of the various items. Which ingredients do you recognize because their French name is a cognate of English? Which other ingredients can you recognize thanks to the drawings? Which ingredients are you still not sure about?
4. If you were going to order from page 1 of the brochure, what would you choose? How much would it cost you? (Don't forget to include something to drink.)
5. If you were going to order from page 2 of the brochure, what would you choose? How much would it cost you this time?
6. Imagine that you're in France and that you're planning to call this phone number. Make a list of expressions that you've already learned that would be useful while talking on the phone with someone at this place of business.

ACTIVITÉ ORALE ET ÉCRITE: UNE INTERVIEW

The French-language newspaper in your area is doing a feature on college students and shopping malls. You've been assigned to interview one of your classmates and then to write up the results. Begin by asking the classmate the following questions, then use the suggested format to summarize the interview.

Questions

1. Où est-ce que tu habites?
2. Est-ce que tu travailles? (Où?)
3. Est-ce que tu aimes les centres commerciaux?
4. Tu y vas souvent? Combien de fois par mois (an)?
5. Est-ce que tu y vas pour acheter quelque chose? Explique *(Explain)*.
6. Est-ce que tu y vas pour manger aussi? Explique.

L'article

MODÈLES: male student
(Byron Halverson) est étudiant. Il habite...

female student
(Nancy McGuire) est étudiante. Elle habite...

PROFIL: DAKAR

SITUATION: à l'extrémité ouest de l'Afrique, sur l'Océan Atlantique

POPULATION: 1 350 000 habitants

IMPORTANCE: capitale du Sénégal

LIEUX D'INTÉRÊT: l'île de Gorée, l'université de Dakar

HISTOIRE: créée en 1857; capitale de l'Afrique-Occidentale française (A.-O. F., fédération regroupant les colonies du Sénégal, de la Mauritanie, du Soudan, de la Haute-Volta, de la Guinée française, du Niger, de la Côte-d'Ivoire et du Dahomey) de 1902 à 1958

COMMENTAIRE: Dakar—avec Abidjan en Côte-d'Ivoire—est la capitale économique de l'Afrique de l'Ouest. C'est aussi un centre culturel. C'est là qu'habite le premier président du Sénégal, Léopold Sédar Senghor, qui est aussi un poète très important. Senghor fut *(was)* un des chefs du mouvement nommé la négritude—effort de revalorisation de la culture africaine.

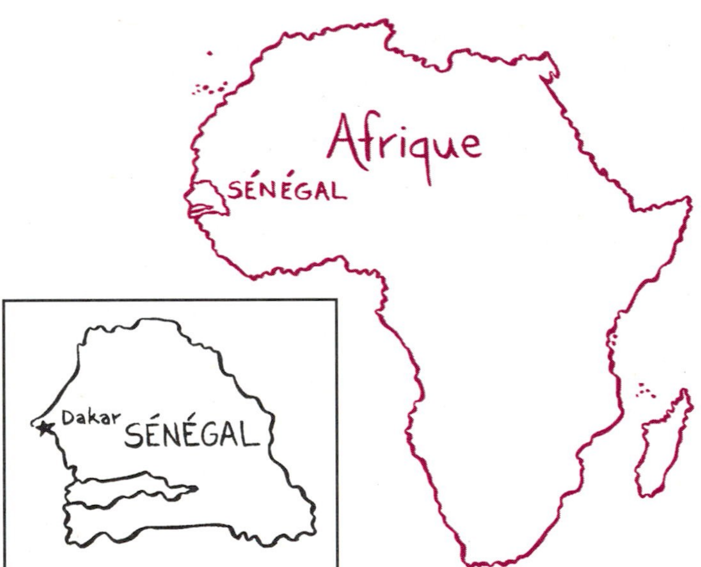

❖ ***À discuter:*** *In addition to the poet-president of Senegal, there is also the Caribbean poet Aimé Césaire who has served for years as the representative from Martinique to the French assembly as well as French presidents, such as De Gaulle and Mitterrand, who distinguished themselves as writers as well as political figures. Do we find a similar interplay between politics and the arts in the United States? Why (not)?*

Dakar

Marché à Dakar

Mosquée islamique à Dakar

Rue à Dakar

Marché à Dakar

Plage à Dakar

ACTIVITÉ ORALE: NOTRE CENTRE COMMERCIAL

Organize in your classroom a miniature version of **Les 4 Temps** shopping center. Each small group of students will choose one store or restaurant to simulate. Decide on a sign, what you will sell, and how much you will charge. Then, while one member of each group remains at the store or restaurant as a salesperson or waiter (waitress), the others circulate in the shopping center doing various things: visiting stores, making purchases, running into friends, getting something to eat and/or drink.

ACTIVITÉ CULTURELLE:
LA MUSIQUE POPULAIRE FRANÇAISE ET FRANCOPHONE

The music industry has shown spectular growth in France in the last decade. Thirty years ago, only 8% of the population owned stereo equipment; today it's well over 50%. In addition, more than two-thirds of young people between the ages of 15 and 19 have their own Walkman. American music is extremely popular in France; American pop music stars are featured in all the music magazines and their albums are often at the top of the French hit parade. However, they have to share the spotlight with native French artists (for example, Jean-Jacques Goldman, Patrick Bruel, Mylène Farmer, Elsa, Julien Clerc) and groups (Indochine, Dépêche Mode). In addition, the listening public is now paying increased interest to artists from the francophone world—for example, Joëlle Ursule (from the Caribbean), Amina (from Tunisia), Youssou N'Dour (from Senegal).

ROCK
CONCERT NEWS

● **Jean-Michel Jarre,** nouvel ambassadeur de l'Unesco, commence son pèlerinage musical le 28 juillet au Mont-Saint-Michel.

● **Amina** vous invite à une nuit sacrée le 28 juillet à Manosque, stade Jean-Le-Bleu. Téléphone : (16) 92 87 37 28.

● **Depeche Mode,** le 28 juillet à Liévin, Stade couvert. Tél. : (16) 21 44 09 00.

Julien Clerc à l'Olympia à partir du 2 novembre
EUROPE 1
Location : 47 42 25 49
Télérama

Amina
L'Orientale pas si désorientée que ça, Amina, la belle Tunisienne, joue les bergères en folie en version vocalises arabo-new wave.

LEXIQUE:
***See page 54 of the* Manuel de préparation**

CHAPITRE 2

Vous le prenez?

In this chapter, we continue following Marc around **Les 4 Temps** shopping mall. We stop off at **Darty,** a large electronics store. We see Marc pick out a shirt at **La Redoute,** a popular chain of clothing stores known also for its mail-order catalog. We go along as he takes the **métro** (the Paris subway) home. And we see him show off his new shirt to his wife, Monique.

CHAPTER SUPPORT MATERIALS

MP: pp. 57–88

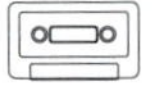

Student Tape
Segments 9–15

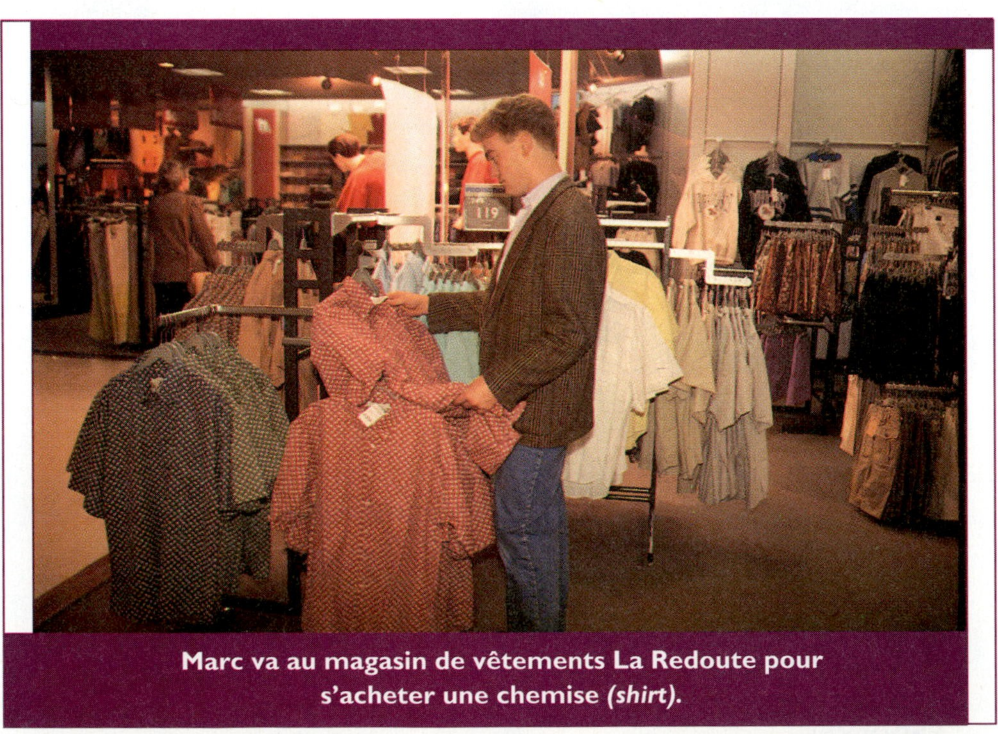

Marc va au magasin de vêtements La Redoute pour s'acheter une chemise *(shirt).*

CONTEXTE: AU NIVEAU 1

Au magasin de matériel électronique

Au niveau 1 des 4 Temps, Marc trouve les deux magasins qu'il cherche: Darty (un magasin d'électroménager [houshold appliances] *et de matériel hi-fi et vidéo) et La Redoute (un magasin de vêtements).*

Chez Darty ***on trouve*** (one finds) *des baladeurs et des calculatrices. On peut y acheter aussi:*

un jeu vidéo

un ordinateur

une chaîne hi-fi

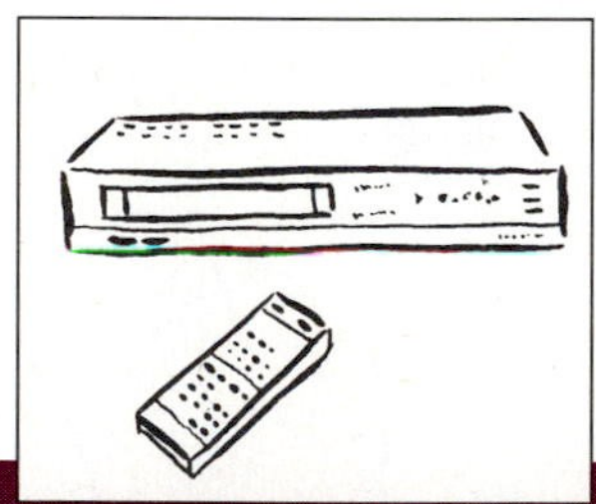

un magnétoscope

un caméscope

un téléviseur

À vous la parole!

A. Est-ce que tu as... *(Do you have...)?* When your partner asks if you have each of the electronic items, give one of the following answers: **Oui, j'ai un(e)... / Non, je n'ai pas de(d')... / Non, mais je voudrais avoir un(e)... .**

MODÈLE: Est-ce que tu as un baladeur?
Oui, j'ai un baladeur. (Non, je n'ai pas de baladeur.)
(Non, mais je voudrais avoir un baladeur.)

1. un téléviseur couleur
2. un magnétoscope
3. un ordinateur
4. une chaîne hi-fi
5. un caméscope
6. des jeux vidéo
7. une calculatrice
8. un baladeur

Les téléviseurs en couleur

Le 36 cm.	Livraison normale	En 3 jours chez vous
Avec télécommande	743.7033. 2490,00 F	743.7034. 2590,00 F
Sans télécommande	743.6983. 2290,00 F	743.6984. 2390,00 F

« Qu'est-ce que tu regardes *(are looking at)*? »

« C'est très intéressant. En 1970, seulement 3% des téléviseurs étaient en couleur. En 1992 le pourcentage est de 92%. »

L'AMIE DE LA FAMILLE

Évolution du taux d'équipement des ménages en téléviseurs (en %) :

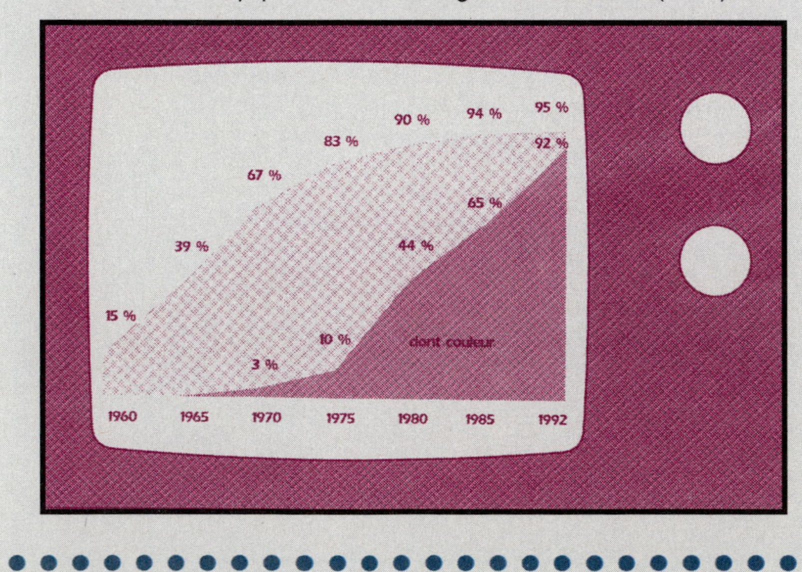

Les nombres de 70 à 1 000 000

70 **soixante-dix**
71 **soixante et onze**
72 **soixante-douze**
73 **soixante-treize**
74 **soixante-quatorze**
75 **soixante-quinze**
76 **soixante-seize**
77 **soixante-dix-sept**
78 **soixante-dix-huit**
79 **soixante-dix-neuf**
80 **quatre-vingts**
81 **quatre-vingt-un**
82 **quatre-vingt-deux**
83 **quatre-vingt-trois**
84 **quatre-vingt-quatre**
85 **quatre-vingt-cinq**
86 **quatre-vingt-six**
87 **quatre-vingt-sept**
88 **quatre-vingt-huit**
89 **quatre-vingt-neuf**
90 **quatre-vingt-dix**
91 **quatre-vingt-onze**
92 **quatre-vingt-douze**
93 **quatre-vingt-treize**
94 **quatre-vingt-quatorze**
95 **quatre-vingt-quinze**
96 **quatre-vingt-seize**
97 **quatre-vingt-dix-sept**
98 **quatre-vingt-dix-huit**
99 **quatre-vingt-dix-neuf**

100 **cent**
101 **cent un**
102 **cent deux**
200 **deux cents**
201 **deux cent un**
202 **deux cent deux**

1 000 **mille**
2 000 **deux mille**

2 500 **deux mille cinq cents**
2 551 **deux mille cinq cent cinquante et un**

1 000 000 **un million**

B. Comptez! Do the following counting exercises.

1. Count from 60 to 100.
2. Give the odd numbers from 1 to 99.
3. Give the even numbers from 0 to 100.
4. Count from 0 to 100 by tens; from 100 to 1,000 by hundreds.
5. Read the following phone numbers:
   64.83.92.42 34.52.76.97
   98.66.54.78 87.91.71.95
6. Read the following population figures:
   Lyon—418 476 Marseille—878 689 Lille—174 039
   Bordeaux—211 197 Paris—2 176 243

C. C'est combien, une chaîne hi-fi? Ask a classmate how much each of the electronic items costs in France. When you hear the answer, comment on it using one of the following expressions: **C'est (très, assez) cher** *(expensive)*. / **C'est un bon prix (un prix intéressant)** [*attractive price*].

MODÈLE: une chaîne hi-fi / 3 990F
— *C'est combien, une chaîne hi-fi?*
— *3 990F (Trois mille neuf cent quatre-vingt-dix francs).*
— *Ah, c'est assez cher.*

"Our money, like currency in the United States, is based on the decimal system. The main unit, the **franc,** is divided into 100 **centimes.** When you're in France, you'll need to be able to distinguish between the following **pièces de monnaie** *(coins)*—**une pièce de 5 (10, 20, 50) centimes; une pièce de 1 (2, 5, 10, 20) francs**—and **billets** *(bills)*—**un billet de 20 (50, 100, 200, 500) francs.**"

"Prices in French are written either with a comma **(22,50)**—you say **vingt-deux cinquante**—or with an **F (22F50)**—you say **vingt-deux francs cinquante.** In recent years, the exchange rate has been approximately five **francs** to the dollar. That means this **chaîne stéréo** costs about $800 (3990F). **C'est pas donné!** *(They're not exactly giving it away!)*"

1. un téléviseur en couleur / 1 990F
2. un magnétoscope / 1 890F
3. un appareil-photo / 570F
4. un ordinateur (avec moniteur) / 3 890F
5. une chaîne hi-fi / 1 950F
6. un jeu vidéo Nintendo / 250F
7. une cassette audio vierge *(blank)* / 12F
8. une calculatrice / 58F

Au magasin de vêtements

À La Redoute on trouve des vêtements pour hommes (for men) *et pour femmes* (for women). *Par exemple, on peut y acheter:*

un tee-shirt 149F **un jean 229F** **un blouson 329F** **un pull ~~219F~~ 179F**

un pantalon 199F **une chemise 135F** **un sweat 149F** **un short ~~249F~~ 139F**

À vous la parole!

D. C'est combien, un pantalon? Using the same format as in Ex. C, find out about clothing prices in France. Ask about each of the items pictured in whatever order you wish. When reacting to the price, you can also use the expression **C'est en solde** *(It's on sale).*

MODÈLE: — *C'est combien, un pantalon?*
— *199F (Cent quatre-vingt-dix-neuf francs).*
— *Ah, c'est un (assez) bon prix.*

AU RAYON DES VÊTEMENTS POUR HOMMES

Marc va à La Redoute, au rayon (in the . . . department) *des vêtements pour hommes. Il parle avec une vendeuse* (saleswoman).

Can I help you?	**VENDEUSE:**	**Je peux vous aider?**
	MARC:	Je cherche une chemise.
	VENDEUSE:	De quelle couleur?
I don't know / yellow / green / red	**MARC:**	**J'sais pas...** euh... **jaune** ou **verte** ou **rouge.**
What size?	**VENDEUSE:**	**Quelle taille?**
	MARC:	42.
	VENDEUSE:	Voici une chemise. Elle est en solde.
	MARC:	Ah, oui! C'est combien?
pretty, nice-looking	**VENDEUSE:**	135F. Elle est très **jolie.**
I'll take it.	**MARC:**	Oui, c'est très bien. Bon. **Je la prends.**

Les couleurs

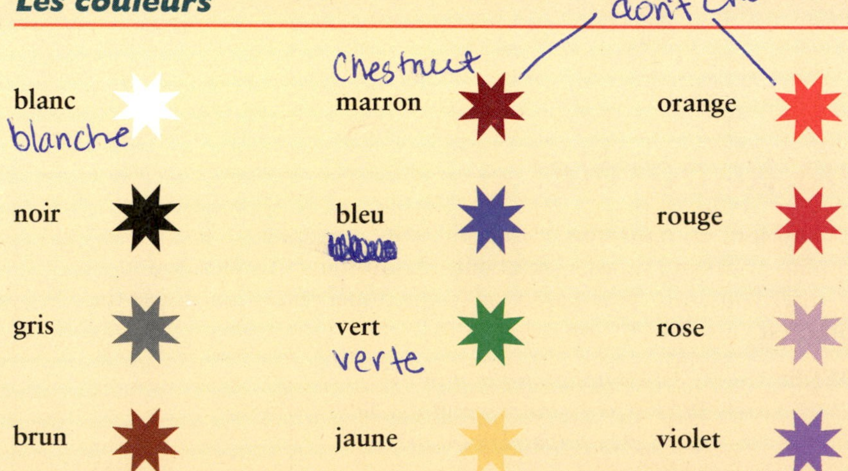

“**Je suis désolée** *(I'm sorry)*, but I have to complicate your lives a bit. The color words in the chart are the masculine forms, so they're OK if you're describing **un pantalon** ou **un pull.** But if you want to talk about **une chemise,** you have to use the feminine form—or example, **la chemise est marron** ou **verte** ou **noire** ou **blanche** ou **violette** ou...”

“**Doucement,** Gigi! Slow down, will you? They'll learn all about adjectives in the next unit. For the moment, just tell them that, when they're speaking, the feminine form usually ends in a consonant sound; so if the masculine ends in a vowel, they need to change it (except for **marron**—which is always the same).”

Les tailles

Femmes: pulls, sweats, chemises

USA	30	32	34	36	38	40	42
France	36	38	40	42	44	46	48

Femmes: jeans, pantalons

USA	4	6	8	10	12	14
France	34	36	38	40	42	44

Hommes: pulls, sweats, chemises

USA	34	36	38	40	42	44	46
France	44	46	48	51	54	56	59

Hommes: jeans, pantalons

USA	26	28	30	32	34	36	38	40
France	36	38	40	42	44	46	48	50

Hommes et femmes: tee-shirts

USA	XS	S	M	L	XL
France	1	2	3	4	5

À vous la parole!

Do À faire! (2-1) on *page 57 of the* Manuel de préparation.

E. Je cherche un(e)... For each of the following items, imagine the conversation you might have with a salesperson. Be sure to mention color, size, and price. A classmate will play the role of the salesperson.

1. un pantalon / 229F
2. un tee-shirt / 109F
3. un blouson / 178F
4. une chemise / 139F
5. un jean / 269F
6. un pull / 199F
7. un sweat / 170F

Le verbe **prendre**

je **prends**	nous **prenons**
tu **prends**	vous **prenez**
il / elle / on **prend**	ils / elles **prennent**

Contrôle

F. Prenons l'autobus! Many people take the bus in Paris. Indicate where each of the following people goes and the number of the bus (or buses) that each takes to get there.

MODÈLE: Gilles / au travail / 38, 72
Pour aller au travail, Gilles prend le 38 et le 72.

1. Nicole / à l'université / 56
2. André et sa femme / au travail / 47, 89
3. nous / à la Défense / 73
4. tu / à Montmartre / 95
5. moi, je / à l'aéroport / 48, 350
6. vous / à la Bastille / 91

G. On le prend ou on ne le prend pas? Shoppers have to make decisions about whether or not to buy what they find in stores. Describe each of the following situations to a classmate who will give his/her opinion as to the shopper's decision.

MODÈLE: Stéphanie / à La Redoute / un blouson (210F)
— *Stéphanie va à La Redoute. Elle y trouve un blouson qui coûte* (costs) *210F. Elle le prend ou elle ne le prend pas?*
— *Elle le prend. C'est un très bon prix.*
OU: *Elle ne le prend pas. C'est trop* (too) *cher.*

1. Marcel / à La Redoute / un pantalon (145F)
2. M. et Mme Havard / chez Darty / un caméscope (5 490F)
3. tu / à Madison / une cassette de Roch Voisine (61F)
4. toi et (Paul), vous / à Go Sport / un vélo d'appartement *(exercise bike)* (999F)
5. Louise / à Pop bijoux / une montre *(watch)* (150F)

Parlons de vous!

H. Échange. Ask a classmate the following questions.

1. Quel moyen de transport est-ce que tu prends pour aller à l'université? pour aller au travail? en ville? pour rentrer chez toi *(to go home)?*
2. Tu prends souvent l'avion? (Oui? Combien de fois par an? Où est-ce que tu vas?) (Non? Tu voudrais le prendre plus [*more*] souvent? Pour aller où?)
3. En France on prend souvent le train. Les Américains prennent-ils le train? Pour aller où? Et toi, tu prends le train de temps en temps?

Perspective culturelle

La diversité des Français

While Americans think of their country historically as a "melting pot" and currently as a multicultural society, they often tend to see other societies as much more homogeneous: i.e., France is inhabited by the French. But just who are the French? A quick look at a French phone directory reveals the varied origins of the French people: traditional "French" names (such as Dupuy, Dubois, Pommier, Lagrange, Lemoine, Cousin, Legrand, Corneille, Lamoureux) share the space with names of foreign origin (Flemish: Huyghe, Mertens; German: Becker, Muller, Schmidt; Italian: Lombardi, Rossi; Basque: Etcheverry; and Breton: Le Goff, Le Hir). Along with these are found the names of more recent immigrants. Today there are more than 4.5 million foreigners living in France; approximately one-half of them come from other European countries (principally Portugal, Italy, and Spain) and another one-third from North Africa (Algeria, Morocco, and Tunisia). When you add the people from France's former West African colonies (such as Senegal,

Cameroon, and the Ivory Coast) and those from its overseas territories (such as Guadeloupe, Martinique, and Reunion), as well as those second and third generations that are automatically citizens of France, the population is truly diverse.

This diversity is particularly evident in Paris. You need only ride a bus or take the **métro** during rush hour, stroll through the Latin Quarter's narrow streets lined with ethnic restaurants (Greek, Vietnamese, Tunisian), and visit immigrant-worker neighborhoods such as the **Goutte d'Or** or **Belleville.** The faces of Paris (and France) are multi-colored; its people carry with them a wide variety of cultural and religious beliefs.

Such a diverse society is not without problems. In the light of the economic crises of recent years, positions have tended to become radicalized. On the one extreme, represented by the political party of Jean-Marie Le Pen (the **Front National**), are those who want to exclude foreigners from France; at the other pole, represented by **S.O.S.-Racisme** (founded by Harlem Désir), are those who seek full integration of all peoples. In between are found the majority of the French, trying to find solutions that are fair to all.

❖ ***À discuter:*** *What similarities do you see between the ethnic and racial makeup of France and the United States? What differences?*

CONTEXTE: ON PREND LE MÉTRO?

Quelle direction?

*À l'extérieur des 4 Temps, un touriste demande l'aide (*asks for help*) de Marc.*

TOURISTE: Pardon, Monsieur. Je voudrais aller au Quartier Latin.

MARC: Pas de problème. Vous prenez le métro, direction Château de Vincennes. Vous changez à Châtelet, direction Porte d'Orléans. Et vous **descendez** à St-Michel. Vous avez un ticket?

get off

TOURISTE: Non.

MARC: Bien. Vous **descendez**... là, oui... et vous prenez un ticket au **guichet.**

go down (the stairs)

ticket window

TOURISTE: Merci, Monsieur.

MARC: **Je vous en prie.**

You're welcome

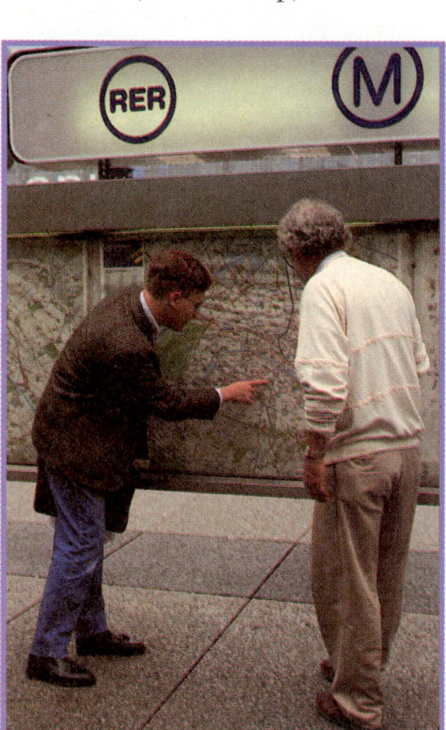

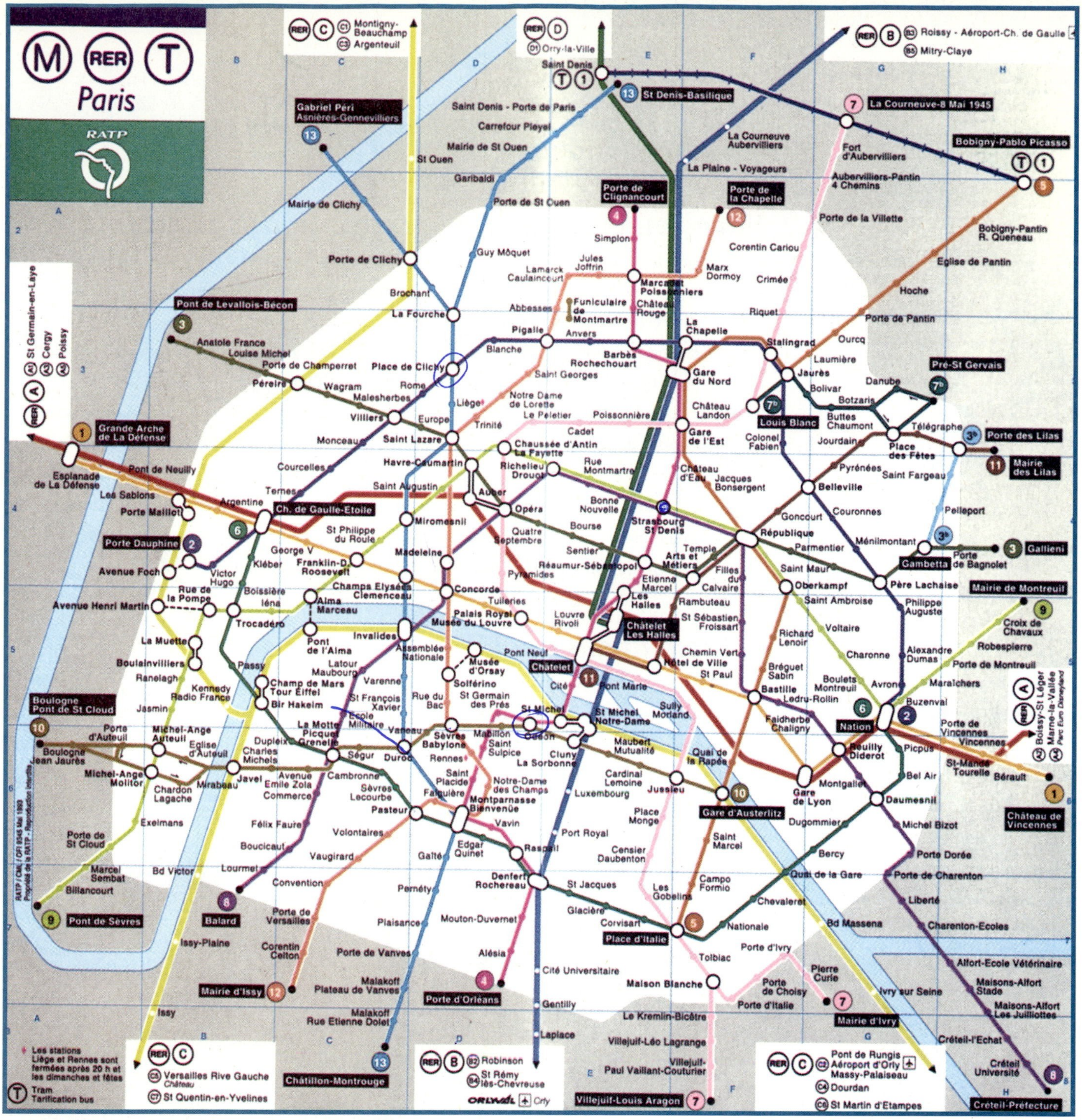

M RER T
Paris
RATP

RER C (C1) Montigny-Beauchamp (C3) Argenteuil

RER D (D1) Orry-la-Ville

RER B (B3) Roissy - Aéroport-Ch. de Gaulle (B5) Mitry-Claye

RER A (A1) St Germain-en-Laye (A3) Cergy (A5) Poissy

RER A (A2) Boissy-St Léger (A4) Marne-la-Vallée Parc Euro Disneyland

RER C (C5) Versailles Rive Gauche Château (C7) St Quentin-en-Yvelines

RER B (B2) Robinson (B4) St Rémy lès-Chevreuse
ORLYVAL Orly

RER C (C2) Pont de Rungis Aéroport d'Orly Massy-Palaiseau (C4) Dourdan (C6) St Martin d'Etampes

Saint Denis T1

Bobigny-Pablo Picasso T1

♦ Les stations Liège et Rennes sont fermées après 20 h et les dimanches et fêtes

T Tram Tarification bus

RATP / CML / OFI 9545 Mai 1993 Propriété de la RATP - Reproduction Interdite

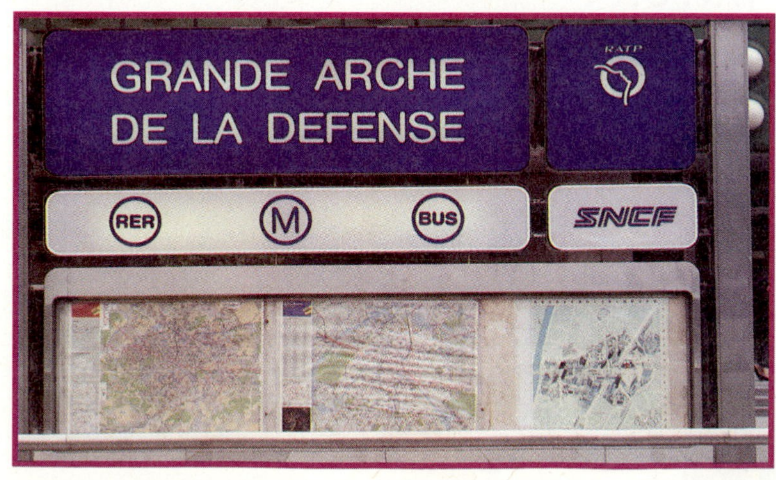

Chez nous

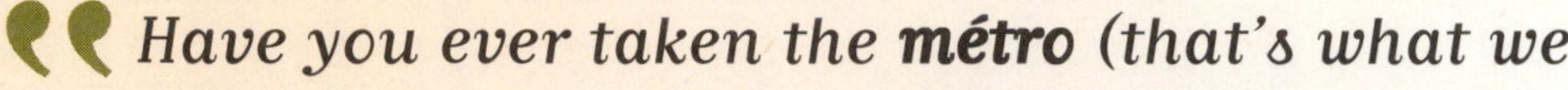

Have you ever taken the ***métro*** *(that's what we* call our subway here in Paris—as well as in Marseille, Lyon, Lille, and they're building one in Toulouse)? Never? No problem. **Rien de plus simple!** *(Nothing could be easier!)* In Paris, for example, there are fifteen lines covering over 200 kilometers with 370 stations. Each line has a number, but no one ever calls them by their numbers. What you do is find the stations at the two ends of a line—for example, Line 4 is called **Porte d'Orléans–Porte de Clignancourt;** Line 12, **Mairie d'Issy–Porte de la Chapelle.** So, to find your route, you look at **un plan de métro** (like the one on page 71). On the map, you find the station where you want to get off and the station at the end of the line beyond it (for example, **la direction Porte d'Orléans).** If you need to change trains, just find a station where the two lines meet and determine the first **direction** you need to go in. When you get to the changing point (called **une correspondance),** look for signs for the second **direction.**

Gigi! Don't forget to tell them about the ***RER*** *(the* **Réseau Express Régional,** regional trains that run between Paris and its suburbs). There are four of them—**A, B, C, D.** Line **B,** for example, goes out to the Charles de Gaulle airport at Roissy; line **A** will take you to **La Défense** (although you can also get there on the **métro)** and to **Marne-la-Vallée (Euro Disney Resort,** you know). However, be careful: you need a special ticket for the **RER**; the farther you go, the more it costs—unlike the regular **métro,** where one ticket is good for any and all lines. Speaking of tickets, you can buy **métro** tickets singly **(un ticket)** or in groups of ten **(un carnet [de dix]).** You can also buy special tickets: unlimited one-day travel **(Formule 1),** unlimited travel for three or five days **(Paris Visite),** unlimited travel for six days **(un Coupon jaune),** and a full-month commuter ticket **(une Carte orange).** These tickets can also be used on buses. **C'est très commode, non?** *(That's pretty convenient, isn't it?)*

À vous la parole!

I. Au guichet. You are at the ticket window. Buy the indicated metro tickets.

MODÈLE: a book of ten tickets
Un carnet, s'il vous plaît.

1. one ticket
2. a ticket that allows you unlimited travel for three days
3. a ticket that allows you to travel for a month
4. a ticket that is good for almost a week
5. a book of ten tickets
6. a book of ten tickets at half-price for kids **(demi tarif)**

J. Prenons le métro! Following the models and using the **métro** map on page 67, explain how to get to various destinations. The number–letter combinations (shown in parentheses after the name of each station) correspond to the grid coordinates on the map and will help you locate the stations.

MODÈLES: Alain / Saint-Lazare (D2) — Bastille (F4)
Alain, tu prends la direction Mairie d'Issy, tu changes à Concorde, direction Château de Vincennes, et tu descends à Bastille.

M. Genois / Montparnasse-Bienvenüe (D4) — Opéra (D3)
Monsieur, vous prenez la direction Porte de Clignancourt, vous changez à Châtelet, direction La Courneuve, et vous descendez à Opéra.

1. Jacqueline / Charles de Gaulle-Étoile (C3) — Raspail (D4)
2. Albert / gare du Nord (E2) — gare de Lyon (F4)
3. Mme Ferjoun / Louvre (E3) — Trocadéro (C3)
4. Isabelle et Jean-Luc / Odéon (D4) — place de Clichy (D2)

→ Do À faire! (2-2) on *page 62 of the* Manuel de préparation.

RAPPEL

Le verbe **avoir**; quelques expressions avec **avoir**

LE VERBE AVOIR

j'**ai**	nous **avons**
tu **as**	vous **avez**
il / elle / on **a**	ils / elles **ont**

Elle **n'a pas de** voiture.
Nous avons besoin d'une calculatrice.
Tu n'as pas faim, mais **tu as soif.**

Contrôle

K. Une enquête. Survey four or five of your classmates as to what they possess in each of the following categories. Be prepared to report back to the class on the results.

matériel électronique: **ordinateur, chaîne hi-fi, magnétoscope,** etc.
matériel scolaire: **cahier, stylo, calculatrice, trombones,** etc.
moyens de transport: **voiture, moto, vélo**
vêtements: **jean, blouson, tee-shirt, pull, sweat,** etc.

L. Je voudrais aller à... You're staying in Paris near the **place de l'Odéon (D4).** You want to go to: **(1) les 4 Temps, à la Défense (A4); (2) la Cité des Sciences et de l'Industrie, à la Porte de la Villette (G2).** Ask your friend how to go to these places. Use the following questions: **Je prends quelle direction? Où est-ce que je change? Et où est-ce que je descends?**

Parlons de vous!

M. Une petite discussion. In discussing the following topics with one or two classmates, find out how they feel about owning or not owning the objects in parentheses. Some useful expressions: **Je voudrais bien avoir...** *(I'd really like to have...)* or **Je n'ai pas envie d'avoir...** *(I don't really want . . .)*

1. Tu aimes (vous aimez) la musique? (une chaîne hi-fi / un lecteur de compact discs [*CD player*] / un baladeur ou un Walkman)
2. Tu aimes (vous aimez) les films? (un téléviseur couleur / un magnétoscope / un caméscope)
3. Tu aimes (vous aimez) les vêtements unisexes? (un jean / un blouson / un tee-shirt / un sweat)

CONTEXTE: QU'EST-CE QUE TU AS ACHETÉ?

« **Je suis allée à Go Sport. J'ai acheté une raquette de tennis. J'ai payé 590F. C'est un bon prix, non? Et toi, tu fais du tennis?** »

GO SPORT
LE SELECTEUR®
BIEN
CHOISIR
SA RAQUETTE
DE TENNIS ET
SON CORDAGE
COLLECTION 92
GO
SPORT

« Did you notice? Gigi is talking about something she *did* in the *past.* That's why the verbs look a little different. You'll study about the past tense in a little while. For the moment, just learn these three forms: **je suis allé(e)** (you add an **e** if you're female), **j'ai acheté, j'ai payé.** »

J'AI ACHETÉ UNE CHEMISE!

Marc montre (is showing) *la nouvelle* (new) *chemise à sa femme* (wife).

MONIQUE: Tu es allé aux 4 Temps?
MARC: Oui, à La Redoute.
MONIQUE: Qu'est-ce que tu as acheté?
MARC: J'ai acheté une chemise. Voilà. Regarde.
MONIQUE: Combien est-ce que tu l'as payée?
MARC: 135F. C'est pas cher. **Elle te plaît?**
MONIQUE: Ah, oui. Elle est très bien.

Do you like it? (lit: *Is it pleasing to you?)*

À vous la parole!

N. Qu'est-ce que tu as acheté *(What did you buy)*? Gigi went on a shopping spree at **Les 4 Temps.** Using the information provided, recreate her description of the spree to Gaston.

MODÈLE: d'abord *(first)* / papeterie / un bloc-notes et des stylos / 32F
D'abord je suis allée à la papeterie où j'ai acheté un bloc-notes et des stylos. J'ai payé 32F.

1. ensuite *(next)* / magasin de sports / une raquette de tennis et des balles de tennis / 650F
2. ensuite / magasin de vêtements / un jean et un blouson / 558F
3. ensuite / bijouterie / un bracelet et des boucles d'oreilles *(earrings)* / 340F
4. ensuite / magasin de musique / des compact discs et un magazine / 475F
5. ensuite / magasin de matériel vidéo / un caméscope / 3 490F
6. enfin *(finally)* / je suis rentrée *(I came [went] home)*

O. Où... ? Qu'est-ce que... ? Combien... ? Question a classmate about his/her shopping activities. Your partner will respond, choosing a store and one of the items pictured. Ask the following questions each time:

Où est-ce que tu es allé(e)?
Qu'est-ce que tu as acheté?
Combien est-ce que tu l'as payé?

MODÈLE: — *Où est-ce que tu es allé(e)?*
— *Je suis allée à la Fnac.*
— *Qu'est-ce que tu as acheté?*
— *J'ai acheté un appareil-photo.*
— *Combien est-ce que tu l'as payé?*
— *J'ai payé 199F.*

1. Fnac

2. Madison

3. Plaisir du Temps

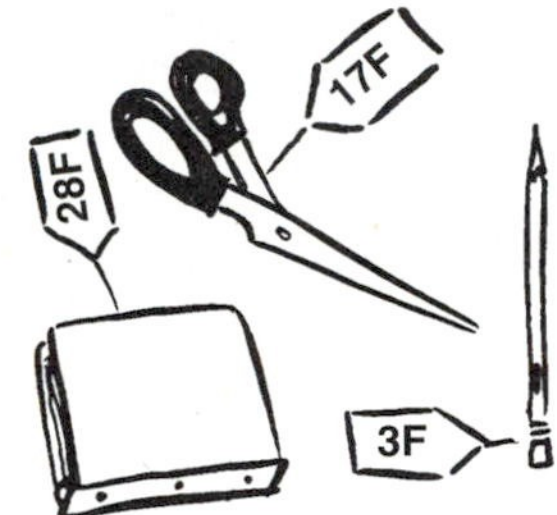

4. Darty

5. La Redoute

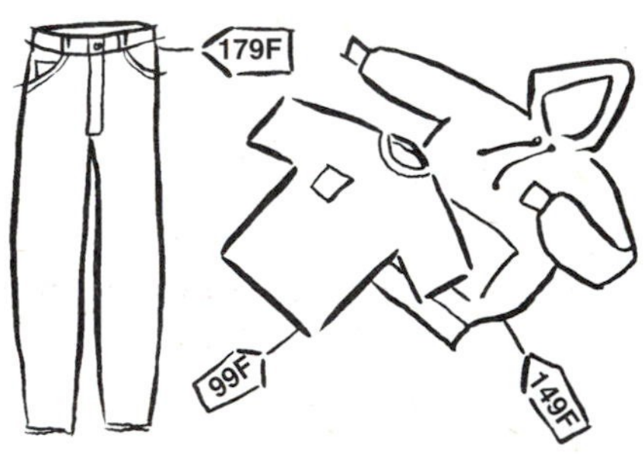

6. Go Sport

7. Pop bijoux

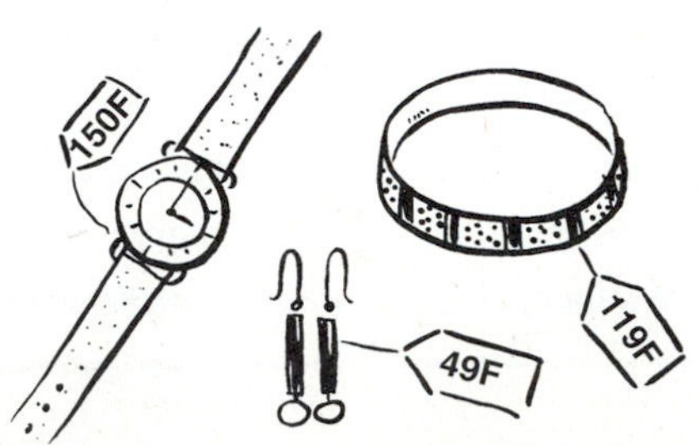

Do À faire! (2-3) on page 68 of the **Manuel de préparation.**

RAPPEL

Les questions d'information

qui *(who)*	**Qui** va manger une omelette?
qu'est-ce que *(what)*	**Qu'est-ce qu'**elle regarde?
où est-ce que *(where)*	**Où est-ce que** vous habitez?
où *(where)*	**Où** est (se trouve) La Croissanterie?
combien de... est-ce que *(how much, how many)*	**Combien de** cafés **est-ce qu'**il y a aux 4 Temps?
combien *(how much)*	**Combien** coûte un blouson?
pourquoi est-ce que *(why)*	**Pourquoi est-ce que** tu n'aimes pas le football?

Contrôle

P. Comment *(What did you say)*? French is normally spoken quite rapidly. Consequently, it's not unusual to have to ask people to repeat parts of what they've said. One way of doing this is by asking a question about the part of the statement you didn't understand. Use an appropriate question word or expression to get your partner to repeat the *italicized* piece of information.

MODÈLE: Une montre digitale coûte *290 francs*.
Comment? Combien coûte une montre digitale?

1. *Martine* a besoin d'un jean.
2. Elle va aller *à La Redoute*.
3. Elle n'aime pas aller à C & A *parce qu'ils n'ont jamais de soldes*.
4. La Redoute se trouve *près de la Montée des Arcades*.
5. Un jean de qualité coûte *entre 200F et 300F*.
6. Elle va acheter *trois ou quatre* jeans.
7. Ensuite elle va manger *un pain au chocolat* à La Croissanterie.

Q. Une interview. One of your classmates is planning to go shopping for clothes this weekend. Use the expressions below to find out more about his/her plans. Remember to use a form of **aller** + *infinitive* to talk about what he or she *is going* to do.

1. où est-ce que / aller
2. où / se trouver
3. qu'est-ce que / acheter
4. pourquoi / acheter
5. combien de... est-ce que / acheter
6. combien / payer
7. qui / y aller avec toi
8. qu'est-ce que / prendre pour y aller

LECTURE: «PLAN ET HORAIRES»

One of the principal means of getting around many French cities is by bus. Use your reading skills (skimming, scanning, recognizing cognates, predicting from format [see below]) to read a schedule from the bus system in Toulouse, a city of some 350,000 inhabitants located in southwestern France.

R. Pré-lecture. You have just arrived in Toulouse, where you have not yet gotten to know anyone. You want to take the bus to explore the city. What kinds of information would you want to know about taking a bus from where you're staying downtown?

Pour lire: Predicting from Context and Format

The physical context and layout (or format) of a text can help you understand what you're reading. For example, the sizes of typefaces, the location of words and phrases, and the use of columns or drawings can all provide clues about the information available. If you recognize cognates and use the knowledge you've already gained from reading similar texts in English, you will find that the format allows you to understand quite a bit.

a.

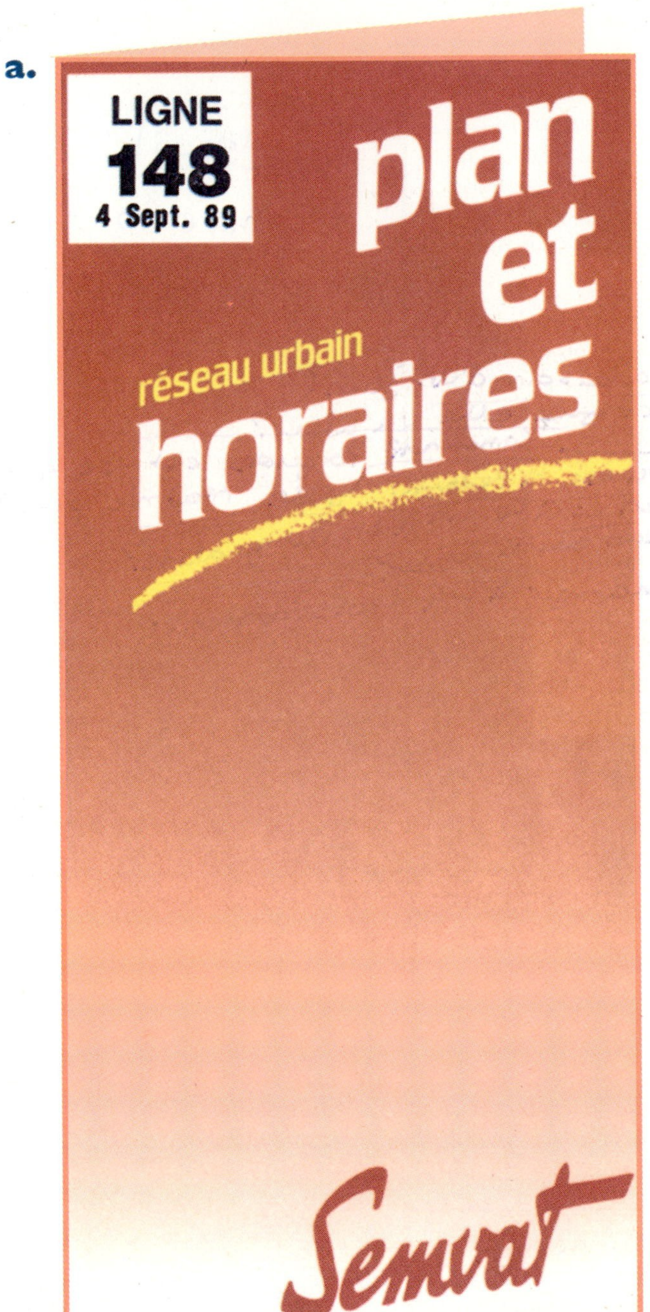

b.

POINTS DE VENTE SEMVAT

_ TICKETS BUS et VIGNETTES _

Jours et heures d'ouverture

Lundi au samedi inclus

Matabiau	5 h 45 - 19 h 15
Jeanne d'Arc	6 h 00 - 19 h 20
Capitole	6 h 15 - 19 h 45
Esquirol	6 h 00 - 19 h 30
Gare du Mirail (semaine)	6 h 25 - 19 h 55
Gare du Mirail (samedi)	8 h 20 - 12 h 50 16 h 00 - 18 h 05
Leclerc	9 h 35 - 13 h 00 15 h 45 - 19 h 05
Cours Dillon	8 h 50 - 12 h 10 15 h 05 - 18 h 25
Fondeyre	9 h 10 - 12 h 30 14 h 45 - 18 h 05

Lundi, mercredi, vendredi

Sept-Deniers	9 h 25 - 13 h 00 15 h 35 - 18 h 45

Mardi, jeudi, samedi

Empalot	9 h 55 - 13 h 00 15 h 10 - 18 h 45
Purpan	8 h 35 - 11 h 35 15 h 00 - 18 h 45

bus 61 41 70 70
information

Semvat

S. Renseignez-vous *(Find out some information)!*

1. Rapidly skim the brochure. Then tell what types of information are provided on each page: a) cover; b) back page; c) inside, upper; d) inside, lower.
2. You're staying in a hotel on the **rue d'Alsace** near the **boulevard de Strasbourg.** Scan the brochure to find the answers to the following questions.
   a. Is this a schedule for the whole bus system or for a single bus line? How can you tell?
   b. What is the most convenient place for you to buy bus tickets?
   c. How often do buses run during the week? On Sunday? (HINT: The French week runs from Monday through Sunday; the days of the week are **lundi, mardi, mercredi, jeudi, vendredi, samedi, dimanche.**)
   d. On your first Saturday in Toulouse, you decide to go to the **centre commercial** near the **Gare du Mirail.** At what time should you be at your bus stop to avoid missing the last bus back to your hotel?

c.

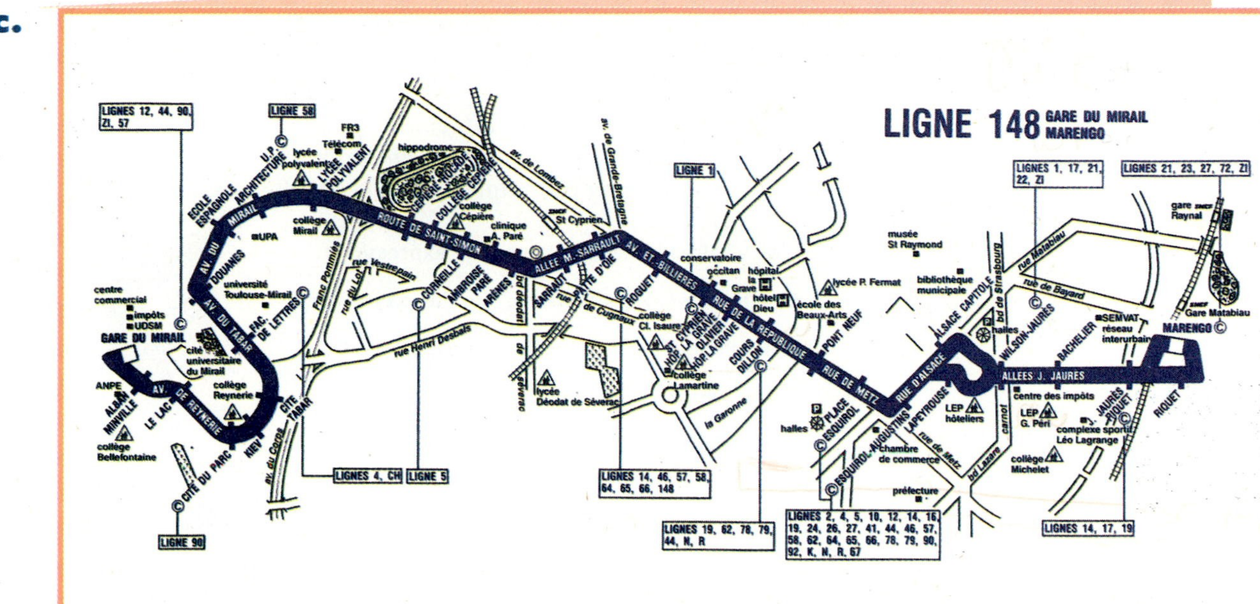

d.

PREMIERS ET DERNIERS DEPARTS FREQUENCES.

148		LUNDI A VENDREDI		SAMEDI		LUNDI A VENDREDI VACANCES SCOLAIRES		DIMANCHES ET JOURS FERIES	
		PREMIERS DEPARTS	DERNIERS DEPARTS	PREMIERS DEPARTS	DERNIERS DEPARTS	PREMIERS DEPARTS	DERNIERS DEPARTS	PREMIERS DEPARTS	DERNIERS DEPARTS
	Marengo vers Gare du Mirail	6.05 - 6.30	20.40 - 21.00	6.05 - 6.30	20.30 - 21.00	6.05 - 6.30	20.30 - 21.00	6.50 - 7.25	20.35 - 21.00
	Gare du Mirail vers Marengo	5.30 - 5.50	20.05 - 20.25	5.30 - 5.50	19.55 - 20.25	5.30 - 5.50	19.55 - 20.25	6.15 - 6.50	20.00 - 20.25
	Fréquence moyenne de passage	7 mn		9 à 12 mn		9 à 12 mn		16 à 30 mn	
	Les dimanches et jours fériés, le terminus Marengo est reporté à Matabiau.								

→ ***Do À faire! (2-4) on page 74 of the* Manuel de préparation.**

INTÉGRATION

T. Tiens! J'ai une carte postale de... Il (Elle) est à Paris. One of your classmates has received a postcard from a friend who is in Paris. Have a conversation about the postcard, using the questions suggested. Your partner will invent answers to the questions.

QUESTIONS: **Il (Elle) aime Paris?**
Est-ce qu'il (elle) a fait du shopping?
Où est-ce qu'il (elle) est allé(e)?
Qu'est-ce qu'il (elle) a acheté?
Combien est-ce qu'il (elle) a payé?

MODÈLE: — *Tiens! J'ai une carte postale de... Il (Elle) est à Paris.*
— *Ah oui! Est-ce qu'il (elle) aime Paris?*
— *Oui, il (elle) aime beaucoup Paris. Il (Elle) prend l'autobus et le métro sans difficulté.*
— *Est-ce qu'il (elle) a fait du shopping?*
— *Bien sûr* (Certainly)! *Il (Elle) est allé(e) à... , etc.*

You've already learned to use the expressions **je suis allé(e), j'ai acheté,** and **j'ai payé** when talking about what *you* did in the past. To talk about what *someone else* did, use **il est allé** or **elle est allée, il (elle) a acheté** and **il (elle) a payé.** ”

U. Qu'est-ce que tu portes *(What do you wear)?* Find out from your partner what he/she wears in the following situations. Consult the list of clothing for suggestions.

VÊTEMENTS UNISEXES: **un tee-shirt, un short, un pantalon, un jean, un sweat, un blouson, un pull**

VÊTEMENTS POUR FEMMES: **une robe** *(dress)*, **une jupe** *(skirt)*, **un chemisier** *(blouse)*, **un débardeur** *(tank top)*, **un tailleur** *(suit)*

VÊTEMENTS POUR HOMMES: **une cravate, un costume** *(suit)*

1. Qu'est-ce que tu portes aujourd'hui?
2. Qu'est-ce que tu portes pour aller au travail?
3. Qu'est-ce que tu portes pour aller dîner dans un restaurant chic?
4. Qu'est-ce que tu portes pour jouer au tennis?
5. Qu'est-ce que tu portes pour aller au cinéma?

V. Une visite-éclair de Paris *(A lightning-fast trip around Paris).* You and a friend have only a few hours between planes in Paris. Discuss how you will manage to see the following sights. Use such expressions as: **Nous allons à la station... Nous prenons la direction... Nous changeons à... Nous descendons à... Ensuite nous allons...** Begin and end your tour at the **gare du Nord** (E2), which has trains connecting with the airport. Refer to the **métro** map on page 67.

la tour Eiffel (métro: Trocadéro — C3 ou Bir Hakeim — C4)

la basilique du Sacré-Cœur (métro: Abbesses — B4 ou Barbès-Rochechouart — B4)

l'arc de Triomphe (métro: Charles de Gaulle-Étoile — C3)

la cathédrale de Notre-Dame (métro: Cité — E4)

→ *Do* À faire! (2-5) *on page 75 of the* Manuel de préparation.

DÉBROUILLEZ-VOUS!

W. Aux Galeries Lafayette ou aux Nouvelles Galeries. Two large French department-store chains are **Les Galeries Lafayette** and **Les Nouvelles Galeries.** You and a classmate want to go shopping for clothes. On the basis of the drawings on these two pages, decide which store you want to go to, then each of you go there and buy the items of clothing in question. See page 63 for sizes.

MODÈLE: — *J'ai besoin d'un short.*
— *Tu vas aller aux Galeries Lafayette ou aux Nouvelles Galeries?*
— *Je préfère aller aux Nouvelles Galeries; c'est moins cher.* (*J'aime bien les shorts aux Galeries Lafayette.*) etc.

Aux Galeries Lafayette (Aux Nouvelles Galeries)
— *Bonjour, Monsieur (Madame, Mademoiselle). Je peux vous aider?*
— *Oui, j'ai besoin d'un short.*
— *Quelle taille?* etc.

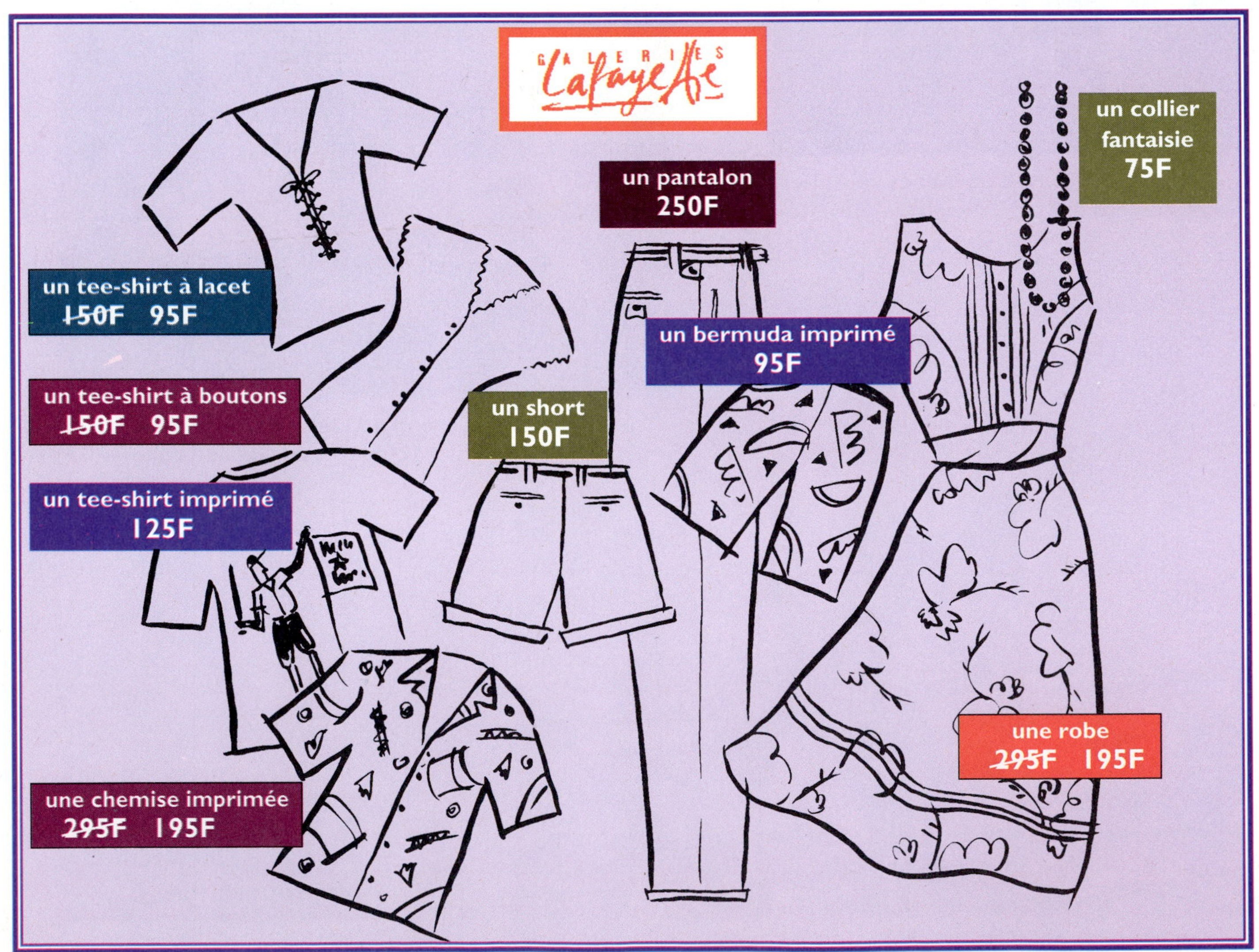

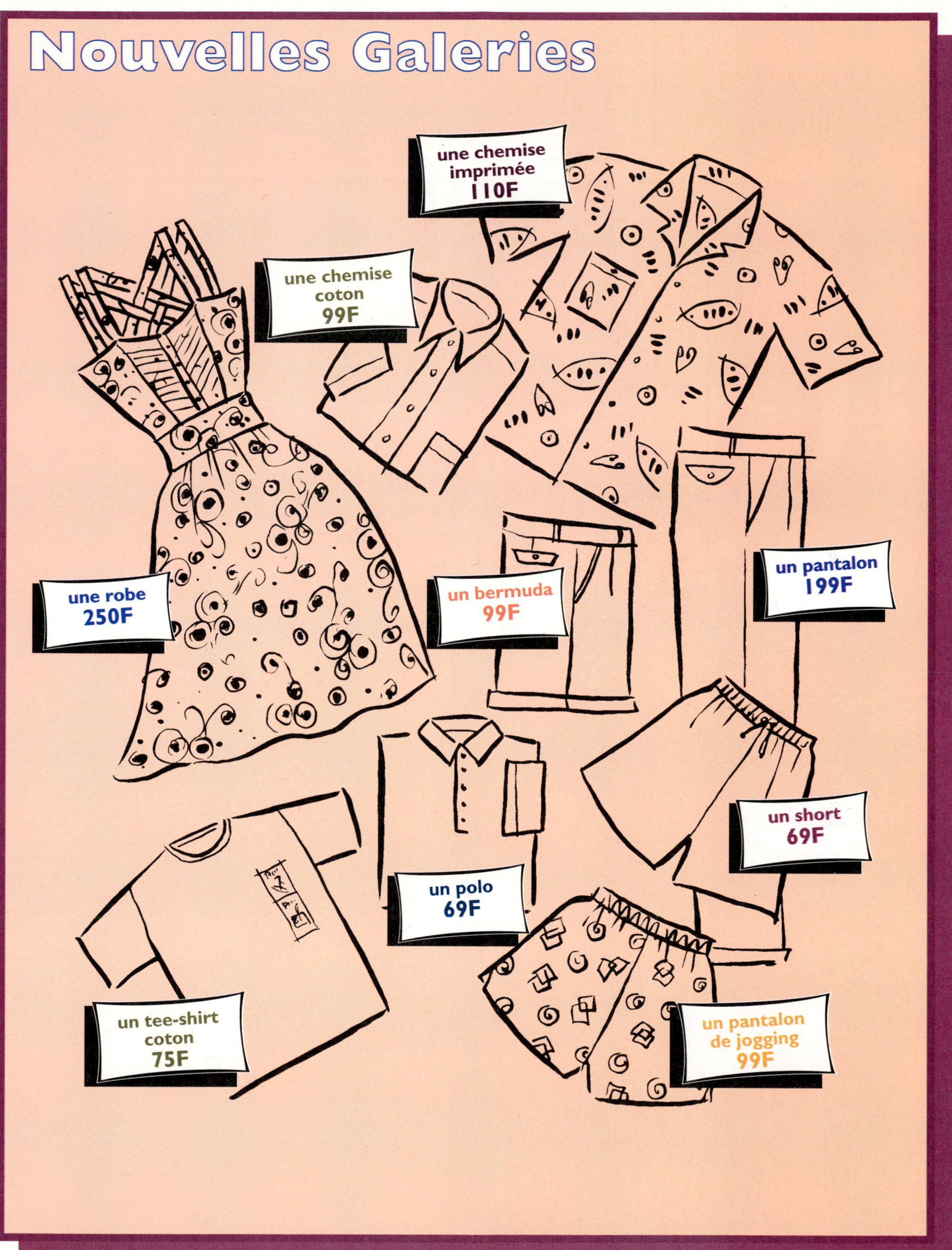
Nouvelles Galeries
une chemise imprimée
110F
une chemise coton
99F
une robe
250F
un bermuda
99F
un pantalon
199F
un short
69F
un polo
69F
un tee-shirt coton
75F
un pantalon de jogging
99F

X. À La Rotonde. Your Brazilian friend, who speaks no English, is visiting Paris. He/She meets you at one of the famous cafés of **Montparnasse** (an area that was a favorite hangout for Hemingway and other American writers before World War II), **La Rotonde.** It is located on the **boulevard du Montparnasse,** near the **Vavin** subway station (D4). Greet your friend, order food and

Sandwiches

AMÉRICAIN
Jambon, gruyère, œuf dur, tomate, émincé de salade......... 32F
ROTONDE
Thon, œuf dur, tomate, poivron vert, émincé de salade 35F
VAVIN
Tranche de roast-beef froid, salade verte, mayonnaise 35F
JAMBON BLANC au TORCHON......................... 20F
JAMBON DE MONTAGNE................................. 35F
SANDWICH MIXTE.. 31F
TARTINETTE POILANE
Jambon blanc ou saucisson sec ou rillette 20F
TARTINETTE POILANE AU ROQUEFORT 35F
PALETTE DE TARTINETTES + 1 verre Côtes........ 49F

Buffet chaud

CROQUE MONSIEUR 32F
AU PAIN POILANE 35F
CROQUE MADAME 35F
AU PAIN POILANE 38F
BAOUROU
Croque Monsieur, tomate, oignons 44F
CROQUE ROTONDE
Croissant, jambon, gruyère 35F
HOT DOG.. 26F

Coupes glacées

COUPE PARISIENNE
3 boules au choix : vanille, café, chocolat, fraise............... 32F
BANANA SPLIT
Vanille, fraise, chocolat, banane, chocolat chaud, chantilly .. 45F
COUPE ESMERALDA
glace rhum raisin, rhum, chantilly 45F
CAFÉ ou CHOCOLAT LIÉGEOIS 40F

something to drink (see the menu), then talk about the shopping each of you has done in Paris. When you finish eating, your friend indicates that he/she wants to go to see a movie at a theater near **la Bastille** (F3). Using the **métro** map (see page 67), explain to your friend how to take the subway to get there.

Crêpes Maison

CRÊPE AU SUCRE 20F
CRÊPE CONFITURE 25F
CRÊPE AU CHOCOLAT CHAUD 25F
CRÊPE AU GRAND MARNIER 35F
Supplément Chantilly 5F
CRÊPE SURPRISE
Banane, glace vanille, chocolat chaud 35F

Du verre au pichet

LES VINS EN PICHET (25 OU 50CL)
NE SONT SERVIS QU'AVEC DES PLATS OU SALADES

BLANCS	Verre	25 cl	50 cl	Bout.
CHEVERNY BLANC	17	27	50	–
MACON HURIGNY	23	33	60	107
ROSÉ				
ROSÉ DE PROVENCE	17	27	50	–
ROUGES				
CÔTES DU RHÔNE Chanteluce	17	27	50	–
ROC LUSSAC Saint-Émilion	23	33	60	110
BROUILLY Château des Tours	28	38	89	135

DEMANDEZ NOTRE CARTE DE SÉLECTION DE VINS AUX GARÇONS

Bières à la pression

	25 cl	50 cl
KRONENBOURG 1664 *Française*	19	38
CARLSBERG *Danoise*	23	46
PAULANER MUNICH *Allemande*	23	46
GRIMBERGEN *Belge*	23	46
PICON BIÈRE	32	–

Rafraîchissements

1/4 EAUX MINÉRALES
Vittel, Vichy, Badoit, limonade 22F
1/2 EAUX MINÉRALES
Évian, Badoit, Perrier 25F
SODAS
Orangina, Canada Dry, Coca Cola, Gini,
Perrier, Schweppes, Ricqlès, etc. 24F
JUS DE FRUITS
Pamplemousse, abricot, orange,
raisin, ananas, poire 25F
VERRE DE LAIT NATURE 16F
CAFÉ GLACÉ 24F
BITTER SAN PELLEGRINO 26F
MENTHE À L'EAU 30F
GET PIPPERMINT 40F
THÉ GLACÉ 24F
CIDRE DOUX 24F
JUS DE TOMATE ASSAISONNÉ 25F

Boissons chaudes

CAFÉ EXPRESS ou décaféiné 10F
Après 15 h 13F
Après 22 h 16F
CAFÉ au lait 20F
CAPPUCCINO 29F
CAFÉ ou CHOCOLAT VIENNOIS 33F
GROG AU RHUM 30F
ANTIGRIPPE
Rhum blanc, citron pressé, sucre de Canne 40F
THÉ DE CEYLAN, *Lait ou citron* 22F
NOTRE SÉLECTION DE THÉS
Darjeeling, Lapsang Souchong, Katmandou, Earl Grey,
Vanille, Cassis, Passion, Menthe 22F

Y. Pour aller chez... First, complete the note that Georges Martin is writing to his French-Canadian friend, Louise Villandré. Use the appropriate forms of the verbs **arriver, descendre,** and **prendre** to explain how she should get to his appartment when she arrives in Paris.

Chère Louise,

J'attends avec impatience le jour de ton arrivée. Tu vas ______________ à l'aéroport Charles de Gaulle à Roissy. Pour aller à Paris, tu ______________ le car Air France. Il s'arrête (stops) deux fois — le premier arrêt, c'est à l'avenue des Ternes; le second arrêt, c'est à la place Charles de Gaulle-Étoile (près de l'arc de Triomphe).

Tu ______________ à la place Charles de Gaulle-Étoile. Là, il y a deux possibilités. Si tu ______________ un taxi, tu vas payer 20 ou 24 francs. Si tu ______________ l'autobus 22, tu vas payer 5 francs, mais l'autobus s'arrête six fois. Tu ______________ à la place Possoz et mon adresse, c'est 54, avenue Paul Doumer.

À bientôt,

Georges

Then, imitating Georges Martin's note, you give directions to a French friend who is coming to visit you. Imagine that he/she will arrive at an airport near your town. You will be unable to meet your friend. Therefore, explain how he/she can use some form (or forms) of public transportation to get to where you live. Use a separate sheet of paper.

→ *Do* **À faire! (2-6)** *on page 78 of the* **Manuel de préparation.**

Z. Écoutez! Write down the numbers mentioned in each of the short conversations your instructor plays for you.

CHAPITRE 2
Vous le prenez?

EXPANSION

MENU

VIDÉO	ACTE 2
LECTURE/ACTIVITÉ: «Le métro de Montréal»	MC, p. 84
PROFIL: Le Québec	MC, p. 86
LECTURE: «Pour toi mon amour» (Jacques Prévert)	MC, p. 88
ACTIVITÉ CULTURELLE: Les noms du métro parisien	MC, p. 89
EXERCICE D'ÉCOUTE: Le métro de Paris	MP, p. 81
LECTURE: «Shopping rentrée»	MP, p. 82
EXERCICE D'ÉCOUTE/ENREGISTREMENT: Des messages	MP, p. 83
EXERCICE D'ÉCOUTE/ACTIVITÉ ÉCRITE: Deux messages	MP, p. 85
LECTURE/ACTIVITÉ ÉCRITE: «La place Ville-Marie à Montréal»	MP, p. 86
JEU: «Les moyens de transport»	MP, p. 87

LECTURE/ACTIVITÉ: «LE MÉTRO DE MONTRÉAL»

Read the short paragraph written by Marie-Claude Desjardins, a French-speaking university student from Montreal. Then do the subway activities that follow.

J'habite près de l'université de Montréal, au nord de Montréal. Quand je vais en ville, je prends d'habitude le métro. C'est très facile. Je vais à la station Plamondon, qui n'est pas loin de mon immeuble (apartment building). Normalement j'achète un carnet de six tickets, qui coûte seulement 5 dollars canadiens. Puis je prends la direction Henri-Bourassa et en 10 minutes je suis à la place Saint-Henri. C'est là que je descends, par exemple, si je vais à la rue Sainte-Catherine pour faire du shopping. Ou bien, si je préfère aller au Complexe Desjardins (un grand centre commercial), je change à Lionel-Groulx, direction Honoré-Beaugrand et je descends à Place-des-Arts.

A. L'itinéraire de Marie-Claude. Follow on the **métro** map the itinerary that Marie-Claude follows to go downtown.

B. Prenons le métro! You have been living in Montreal for some time and know the subway system very well. A French friend arrives and indicates that he/she would like to visit the following places listed. Your friend is staying near the Henri-Bourassa station.

MODÈLE: le Musée d'art contemporain (métro: McGill)
— *Moi, je voudrais aller au musée d'art contemporain.*
— *Pour aller au musée d'art contemporain, tu prends la direction Côte-Vertu. Tu changes à Berri-UQAM, direction Angrignon. Et tu descends à McGill.*

1. la Ronde *(amusement park)* (métro: Île Sainte-Hélène)
2. l'Opéra de Montréal (métro: Place-des-Arts)
3. le Parc Olympique (métro: Pie-IX)

Now a family from France is visiting Montreal. The children are very interested in science and nature. Explain to this family how to get to the following places. They are staying near the **Université de Montréal.**

MODÈLE: le Palais des Congrès (métro: Place-d'Armes)
— *Nous voudrions aller au Palais des Congrès.*
— *Pour aller au Palais des Congrès, tu prends la direction Snowdon. Tu changes à Snowdon, direction Henri-Bourassa. Et tu descends à Place-d'Armes.*

4. le zoo (métro: Angrignon)
5. le Planétarium de Montréal (métro: Bonaventure)
6. le Jardin botanique de Montréal (métro: Pie-IX)

PROFIL: LE QUÉBEC

SITUATION: province au nord-est du Canada; à 1 heure (*hour*) d'avion de New York, à 7 heures d'avion de Paris

POPULATION: 6 549 000 habitants (les Québécois)

SUPERFICIE: 1 668 000 km² (plus de 3 fois [*times*] la France)

CAPITALE: Québec (500 000 habitants)

VILLES PRINCIPALES: Montréal (2 500 000 habitants), Sherbrooke (75 000), Trois Rivières (50 000)

GÉOGRAPHIE: au sud, le long du fleuve Saint-Laurent, terres basses *(low)* propices *(favorable)* à l'agriculture; au nord, forêts

LANGUES: français (81,2%), anglais (12%), amérindien, inuktitut (langue des Inuits [*Eskimos*])

RELIGION: catholicisme

ÉCONOMIE: agriculture, industries du bois (papier), métallurgie

HISTOIRE: La Grande-Bretagne crée la province de Québec en 1763; en 1791, le Bas-Canada francophone (avec Québec pour capitale) se sépare du Haut-Canada anglophone (Ontario); en 1840, les deux Canadas sont réunis en une même province avec l'anglais comme langue officielle; en 1848, le français est rétabli *(reestablished);* depuis *(since)* 1867, le Québec est une province fédérée du Canada.

COMMENTAIRE: La vie *(life)* politique au Québec est marquée par la question de l'indépendance. Le parti québécois voudrait se séparer du gouvernement fédéral pour créer un pays *(country)* souverain de langue française.

❖ ***À discuter:*** *Are there regions in the United States that are comparable to Quebec? In what way(s)?*

Stade olympique, Montréal

Rue à Québec

Vue du Mont-Royal

Château Frontenac, Québec

St-Jean, Île d'Orléans

Patinage sur le Lac Beauport

Rue Sainte-Catherine, Montréal

LECTURE: «POUR TOI MON AMOUR» (JACQUES PRÉVERT)

*It's not at all unusual for someone to buy a small present for the person he/she is in love with. And in France one could go to an open-air market (**marché**) to find such a present. However, in this short poem by Jacques Prévert, this simple act leads to a deeper idea about love. Listen to the poem being read aloud, then discuss the questions that follow with some of your classmates.*

"You have already learned the phrases **je suis allé** and **j'ai acheté**. You will find them again in this poem along with **j'ai cherché** and **je n'ai pas trouvé**. If **chercher** means *to look for* and **trouver** means *to find*, what do you think the English equivalents of **j'ai cherché** and **j'ai trouvé** would be? What subject pronoun might the object pronoun **te (t')** be related to? What then would **je t'ai cherchée** mean? What do you think is the significance of the extra **e** at the end? (What does it indicate about the person being referred to by **te**?)"

Pour toi mon amour

Je suis allé au marché aux oiseaux[1]
Et j'ai acheté des oiseaux
Pour toi
mon amour
Je suis allé au marché aux fleurs[2]
Et j'ai acheté des fleurs
Pour toi
mon amour
Je suis allé au marché à la ferraille[3]
Et j'ai acheté des chaînes
De lourdes[4] chaînes
Pour toi
mon amour
Et puis je suis allé au marché aux esclaves[5]
Et je t'ai cherchée
Mais je ne t'ai pas trouvée
mon amour

Jacques Prévert, Paroles

1 birds 2 flowers 3 scrap iron 4 heavy 5 slaves

UNITÉ 2 Chez les Batailler

OBJECTIVES

In this unit, you will learn to:

- describe people and places;
- talk about your family and home;
- give and get directions;
- make plans for the immediate future;
- recount recent activities;
- talk about your daily routine.

In order to perform these activities, you will learn to use:

- descriptive and possessive adjectives;
- the verbs **être, faire, vouloir,** and **pouvoir;**
- the **passé composé;**
- pronominal verbs;
- the object pronouns **le, la, les,** and **y;**
- the infinitive and the subjunctive with expressions of necessity and volition.

You will also read and/or hear about families, housing, and cities and towns in France and the Côte-d'Ivoire.

A. Le sens du texte. Answer the questions about the meaning that the poem conveys.

1. Who are the two characters in the poem? Who did what? How can you tell?
2. What is the importance of the order of events? Do some or all of the presents have symbolic value?
3. What does the ending of the poem suggest about the relationship between the two characters? about love in general?

B. La forme du poème. Pick out all the repetitions in the poem. At what point is there a break in the pattern (or are there breaks) of repetitions? What is the impact of this (these) break(s) on the visual appearance of the poem? What relationship does this impact have to the meaning(s) of the poem?

ACTIVITÉ CULTURELLE: «LES NOMS DU MÉTRO PARISIEN»

The names of the **métro** stations in Paris reflect the cultural and historical interests of the French people. Try to match the groups of **métro** names given below with the following generic categories.

a) **l'histoire napoléonienne**
b) **la littérature**
c) **la religion**
d) **la Révolution**
e) **la science**
f) **la Seconde Guerre mondiale**

1. Abbesses / Cardinal Lemoine / Cluny / Mabillon / Madeleine / Père Lachaise / Port-Royal / Saint Denis–Basilique / Saint Michel
3. Charles de Gaulle–Étoile / Colonel Fabien / Guy Môquet / La Courneuve–8 Mai 1945 / Porte d'Orléans–Général Leclerc
4. Cambronne / Corvisart / Daumesnil / Duroc / Iéna / Wagram
5. Alexandre Dumas / Anatole France / Émile Zola / Goncourt / Reuilly–Diderot / Ségur / Victor Hugo / Villejuif–Louis Aragon / Voltaire
6. Bastille / Convention / Hoche / Kléber / Latour–Maubourg / Malesherbes / Mirabeau / Mouton–Duvernet / Robespierre
7. Balard / Cadet / Censier Daubenton / Jussieu / Lamarck–Caulaincourt / Parmentier / Pasteur / Pierre Curie / Réaumur–Sébastopol

❖ ***À discuter:*** How do these categories of names compare to the names given to public places in the United States? To what degree does this comparison reveal basic cultural differences between the French and Americans?

LEXIQUE:
***See page 87 of the* Manuel de préparation.**

“In Unit Two we're going to get to know a French family, **les Batailler.** They live on the outskirts of Reims, a city of about 180,000 inhabitants situated less than 150 kilometers to the northeast of Paris. Reims is famous for its gothic cathedral, where the kings of France were crowned. And, by the way, it's located in the region called **la Champagne,** which you probably know because of its sparkling wine.

Les Batailler are a young, modern French couple. Both André Batailler and his wife, Hélène, have full-time jobs. They have two children, Benoît and Adeline, and are hoping to adopt a third child next year.”

“Since both parents work, the family group also includes **une jeune fille au pair,** a young woman who—in exchange for room, board, and some expense money—takes care of the children and helps a little around the house. This year's **au pair,** Cecilia, is from Portugal.

Now turn to page 92 and take a look at the close-ups of the Batailler family and learn a little more about each of them.”

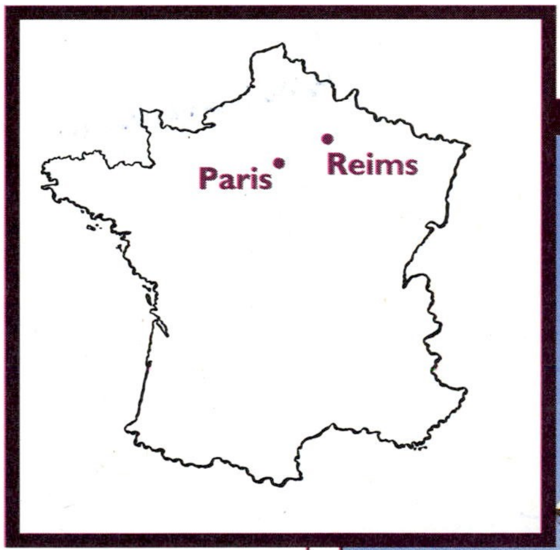

LA VILLE DE REIMS

CECILIA DOS SANTOS ET LES BATAILLER

André Bataillier
35 ans
programmeur

Hélène Bataillier
34 ans
représentante de commerce

Benoît Bataillier
10 ans
écolier

Adeline Bataillier
8 ans
écolière

Cecilia Dos Santos
19 ans
jeune fille au pair

CHAPITRE 3

En famille

*"**Les Bataillers** live in a modern suburb of* Reims—Cormontreuil. Their small, relatively new, well-equipped home is typical of the houses not only in this suburb, but of those in suburbs all over France."

10, ALLÉE DE PASAGARDÈS

CHAPTER SUPPORT MATERIALS

MP: pp. 89–140

Student Tape
Segments 16–22

CONTEXTE: L'ARRIVÉE DE CECILIA

La maison des Batailler

Les Batailler ont une jolie petite (pretty little) *maison. Au rez-de-chaussée* (On the first [ground] floor), *il y a une entrée avec un cabinet de toilette, une salle de séjour et une cuisine. Ils n'ont pas de salle à manger; ils mangent dans la cuisine.*

la salle de séjour (le living)

la cuisine

l'entrée *(f.)*

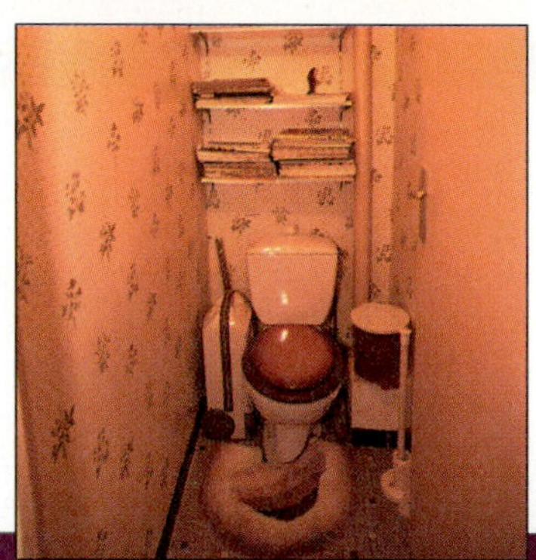

le cabinet de toilette

Au premier étage (On the second floor), *il y a des chambres et une salle de bains.*

la chambre d'André et d'Hélène

la chambre d'Adeline

la salle de bains

le jardin

Derrière (Behind) *la maison il y a un joli jardin avec beaucoup de fleurs* (flowers).

“ **Bien entendu** *(Of course)*, all French houses are not the same. **Chez moi, par exemple,** we have **une terrasse** behind the house and **une cave à vin** *(wine cellar)* in the basement. **Chez Gigi,** there are **des balcons** off the second story windows, her parents have **un bureau** *(a study)*, and there's also **une chambre d'ami,** where I've stayed lots of times. ”

À vous la parole!

A. Chez les Vandrisse *(At the Vandrisse's place).* Marc Vandrisse and his wife live in an apartment in Paris. Look at the drawing and identify the rooms of their apartment.

MODÈLE: *Ça, c'est l'entrée.*

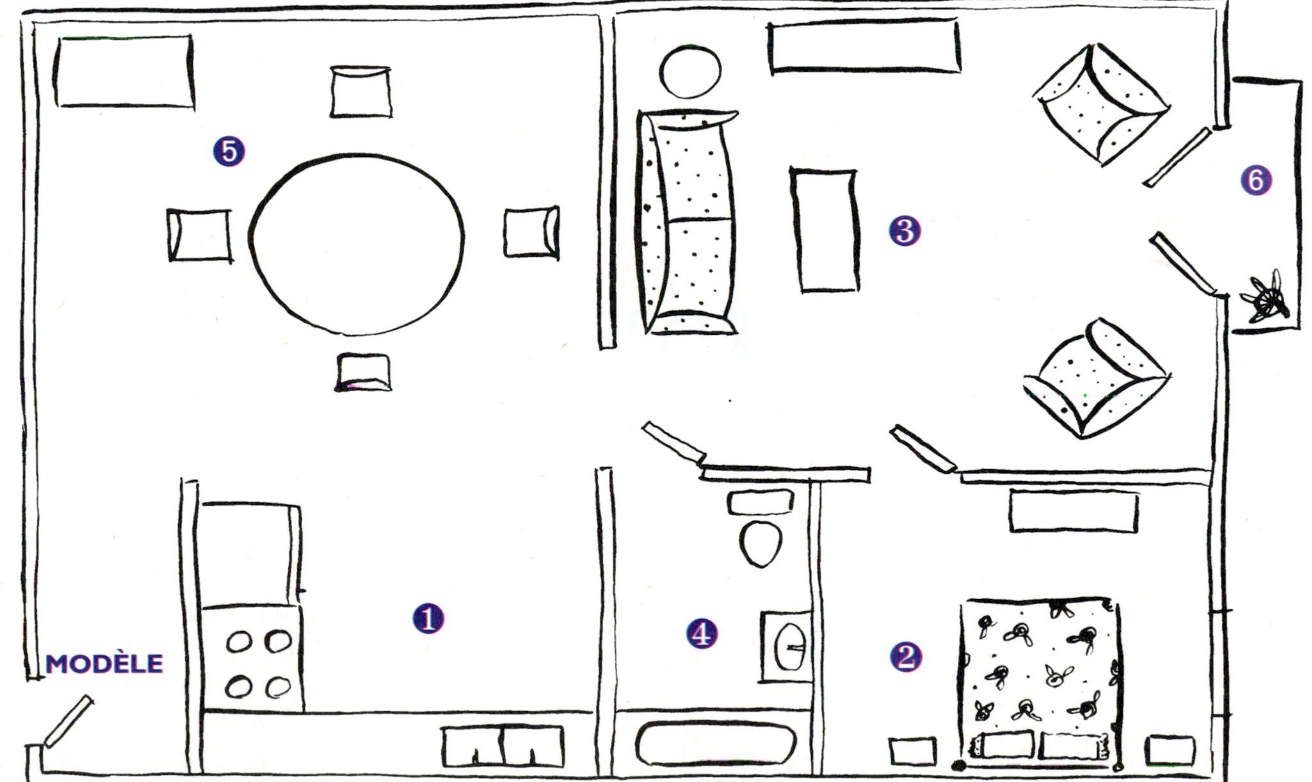

Now compare the Batailler house with the Vandrisse apartment, using expressions such as:
Chez les Batailler il y a... / Chez les Vandrisse il n'y a pas de...

LE TOUR DE LA MAISON

Hélène Bataillier fait visiter (shows) *la maison à la nouvelle* (new) *fille au pair.*

downstairs	**MADAME:**	Ici, **en bas,** vous avez la salle de séjour, la cuisine-salle à manger— c'est là que nous mangeons... et il y a un cabinet de toilette dans l'entrée.
	CECILIA:	Et les chambres, elles
upstairs		sont **en haut?**
to go up	**MADAME:**	Oui... on va **monter...** Voici votre chambre. Elle est petite mais elle est très confortable.
	CECILIA:	Ah, oui. Elle est très jolie. Et les enfants?
	MADAME:	Leurs chambres sont
across the way		**en face...** Et voilà la
at the end of the hallway		salle de bains **au bout du couloir.**

POUR VOUS EXPRIMER

Pour se situer *(In order to situate oneself)*

en bas	*downstairs*	à côté	*next door*
en haut	*upstairs*	à côté de la chambre	*next to the bedroom*
au rez-de-chaussée	*on the ground (first) floor*	au bout du couloir	*at the end of the hallway*
au premier étage	*on the second floor*	près de l'entrée	*near the entryway*
en face	*across the way*	devant la maison	*in front of the house*
en face de la chambre	*across from the bedroom*	derrière la maison	*in back of the house*
entre le living et la cuisine	*between the living room and the kitchen*		

"You need to know that in France floors of a building are counted differently than in the United States. In French, the word **étage** is used only for floors above the ground level; the term for *ground floor* is **le rez-de-chaussée** (literally, *the level of the pavement*). Consequently, each **étage** is one floor higher than its designation would suggest in English. For example:

FRANCE	UNITED STATES
deuxième étage	3rd floor
premier étage	2nd floor
rez-de-chaussée	1st floor

So, when someone asks you, **C'est bien le septième étage ici?,** make sure you're on the *eighth* floor (American style) before you say yes!"

À vous la parole!

B. Chez toi *(At your house).* Find out from a classmate what his/her house or apartment is like. Ask some or all of the following questions:

Est-ce que tu habites dans une maison ou dans un appartement?

une maison

Combien d'étages est-ce qu'il y a?
Qu'est-ce qu'il y a au rez-de-chaussée? au premier étage? (au deuxième étage?)
Est-ce qu'il y a un(e)... ?
Qu'est-ce qu'il y a en face de (la salle de bains)?
Qu'est-ce qu'il y a près de (l'entrée)?

un appartement

À quel étage est l'appartement?
Combien de pièces *(rooms)* est-ce qu'il y a?
Est-ce qu'il y a un(e)... ?
Qu'est-ce qu'il y a en face de (la salle de bains)?
Qu'est-ce qu'il y a près de (l'entrée)?

C. Une maison ou un appartement que je connais bien. Describe to a classmate a house or apartment that you are familiar with, being careful to situate the rooms on the correct floor and in relation to each other.

Do **À faire! (3-1)** *on page 90 of the* **Manuel de préparation.**

RAPPEL

Les adjectifs de description

Adjectives agree in *gender* and in *number* with the nouns they modify.

1. The feminine form of most adjectives is created by adding **-e** to the masculine.
   grand → grande **bleu → bleue**
2. If the masculine form of an adjective ends in **-e,** the feminine form stays the same.
   moderne = moderne **rouge = rouge**
3. Some adjectives undergo spelling changes when an **-e** is added.
   traditionnel → traditionnelle **blanc → blanche**
4. The plural form of most adjectives is created by adding an **-s** to the singular form.
   petit → petits **joli → jolis** **rouge → rouges**
5. If the singular form of an adjective ends in **-s,** the plural form remains the same.
   gris = gris

Contrôle

D. Comment est... ? Answer the questions on page 99 by choosing the adjectives from the list that best describe each drawing.

grand / petit / moderne / traditionnel / propre / sale / sombre / ensoleillé / équipé / confortable / pratique / joli / laid / blanc / noir / gris / brun / marron / bleu / vert / jaune / orange / rouge / rose / violet

1. Comment est la maison des Poujouly?
2. Comment est la maison des Schmitt?
3. Comment est l'appartement de Dominique?
4. Comment est la chambre de Julie?
5. Comment est la cuisine des Potain?
6. Comment est le jardin des Adejès?
7. Comment sont les meubles (*m. pl.*) (*furniture*) des Thouron?
8. Comment sont les vêtements de Marie-Hélène?

Parlons de vous!

« Ma famille et moi, nous avons une maison. Elle n'est pas très grande, mais elle est très jolie. Elle est bleue. Nous avons une salle de séjour. Elle est toujours ensoleillée, la salle de séjour. Nous avons une cuisine. Elle est très bien équipée. Nous avons trois chambres et une salle de bains. Elle est très confortable, notre maison. Derrière la maison... »

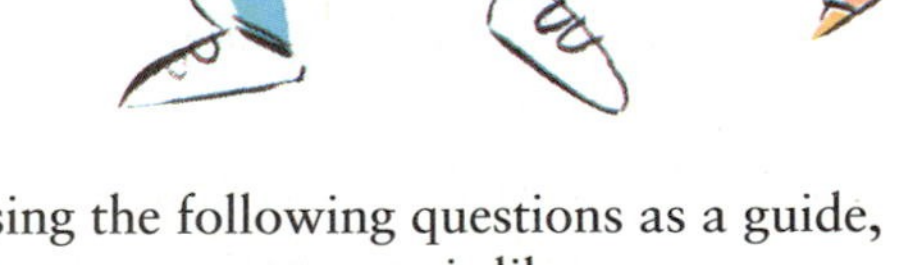

« Qu'est-ce que tu es bavarde, toi! Tu vas les laisser parler? *(Boy, are you a talkative one! Are you going to let them talk?)* **Oui, allez-y, vous autres! Parlez-nous de la maison ou de l'appartement où vous habitez! »**

E. Ta maison (Ton appartement). Using the following questions as a guide, find out from a classmate what his/her house or apartment is like.

Où est-ce que tu habites? Dans une maison? Dans un appartement?
Comment est ta maison (ton appartement)?
Elle est grande? petite? moderne? traditionnelle? (Il est grand? petit? moderne? traditionnel?)
Qu'est-ce qu'il y a dans ta maison (ton appartement)?
Est-ce que tu as... ?
Comment est (sont)... ?
De quelle couleur est (sont)... ?

Perspective culturelle

Le logement

Un immeuble parisien

Un pavillon de banlieue

Note culturelle: Where do the French live?

Slightly more than half of the people in France (55%) live in private houses. In the country, you still see many of the traditional French homes with their stone façades built right on the edge of the street. However, in the suburbs, you find more and more modern single-family dwellings made of stucco and with enclosed front yards. The inspiration for these **pavillons** is the American-style house.

In large cities, the majority of people live in apartments. Unlike in the United States, many apartments in France are owned, not rented. Paris, for example, is full of traditional **immeubles,** five- and six-story buildings with a central courtyard. However, it's becoming more and more difficult to buy an apartment; in Paris, for example, in the last 15 years, apartment prices have nearly tripled.

As a result, even though many people are still attracted by the excitement of the city, they are obliged either to remain in the suburbs or to move to the country. As for low-income people, they find themselves living in some of the numerous **HLM (Habitations à Loyer Modéré).** Unfortunately, these low-rent, high-rise apartment complexes, usually located in poor sections or on the outskirts of the city, are often poorly designed and built. Major efforts are being undertaken to improve the design and the condition of low-rent housing; however, there remains much progress to be made.

❖ ***À discuter:*** *Do you think that the ratio of home owners to apartment dwellers (55% to 45% in France) is similar in the United States? Why (not)? What other similarities or differences do you see between French and American housing trends?*

LECTURE: «LES PETITES ANNONCES»

In France, as in the United States, people looking for a place to live consult the classified ads in the local newspaper. Read these ads taken from a regional edition of **Ouest France,** *then do the exercises that follow.*

Pour lire: False cognates

You have already seen how helpful cognates can be when scanning a text. However, from time to time you will run into false cognates (**faux amis**—literally, *false friends)*—i.e., French words that resemble English words but that have quite different meanings. The primary way of recognizing a false cognate is that the apparent English equivalent doesn't make sense in the context. For example, if you were to read or hear a young man say **J'ai besoin d'un slip,** you might well assume that the French word **slip** is not the equivalent of the English noun *slip* (a dress-length undergarment worn by a woman). Observation or further discussion might well lead you to discover that **un slip** is the French word for *underpants* or *briefs* (worn by both males and females).

Petites Annonces du Mardi

MAISONS

ST-SEBASTIEN JOLIVERIE living 50 m2 sur jardin, 4 chambres, 2 bains, garage double, 2 pièces indépendantes, vaste jardin. Cabinet Bertaud, 40.73.30.78.

SAINT-JEAN maison, séjour-salon, cuisine aménagée, 5 chambres, garage, jardin 500 m2. Prix 642 000. Cabinet Marmin, 40.47.94.45.

MAISON SUR SEVRES ancienne rénovée. Séjour 45 m2, cheminée, 3 chambres, 2 bains, grenier aménageable, garage dépendances, jardin 600 m2 clos. 470 000F. Agence Juno, 40.54.04.00.

APPARTEMENTS

REZE rez-de-chaussée sur jardin, très calme, entrée, séjour, cuisine, 2 chambres, parking et cave. 320 000F. Tél. 40.20.09.12.

SAINT-FELIX 3ème étage, appartement 120 m2, salon-séjour 45 m2, 3 chambres, cuisine aménagée, confort, parking double couvert. Mes Brégeon et Brepson, notaires, tél. 40.48.11.91.

SAINT-SEBASTIEN le Clos-Royal, appartement 5 pièces, 125 m2, séjour-salon 38 m2, cuisine aménagée, 3 chambres. 1 014 240F. Baget-Gueffier 40.69.24.57.

LOCATIONS MAISONS

CARQUEFOU belles maisons individuelles neuves de qualité avec 1 ou 2 salles de bains 6 pièces avec salon-séjour, 4 chambres, garage (6 000F). Disponible en juin. La Location Nouvelle. Tél. 40.89.76.36.

SAINT-SEBASTIEN récente, séjour-salon, 3 chambres, garage, jardinet, 3 275F. Honoraires locataire 2 202F. Étude Léonard, 40.83.04.61.

BOUVARDIERE maison traditionnelle salon séjour cheminée, trois chambres, salle de bains, garage, jardin clos, parfait état. 4 850F. Piron Vigneux, 40.63.27.83.

LOCATIONS APPARTEMENTS

RUE CARTERIE studio, cuisine équipée, bains, libre, 1 500F charges comprises. Ste Thérèse Immobilier, 40.76.07.68.

BASTILLE salon-séjour, 2 chambres, cuisine aménagée, salle de bains aménagée, balcon (2 000F). Cabinet Yannick Durand, 40.20.17.40.

NANTES RESIDENTIEL Terrasses de Monselet, loue appartement 2 pièces, garage, cave, tennis. Tél. 40.76.03.91.

F. Les petites annonces. Make use of the various reading strategies you've learned to answer the following questions.

1. The real estate section of the classifieds is divided into four parts: **Maisons, Appartements, Locations maisons, Locations appartements.** Since the English word *location* doesn't make a lot of sense in this context, the word **locations** must be a false cognate. Compare the ads under **Maisons** and **Locations maisons** or those under **Appartements** and **Locations appartements** in order to determine the meaning of **location** in French.
2. Look closely at several of the classified entries and then list the *types* of information usually included in each entry.
3. Which houses or apartments might you recommend to each of the following people:
   a. An older couple wishing to retire in this region.
   b. A foreign student looking for a small inexpensive place to stay for the school year.
   c. An American businessperson and his/her family planning to spend a year or two in the area.
   d. A young couple hoping to move to this region and start a family.

G. Des comparaisons. Read the following entries from an American newspaper published during the same time period, then answer the questions that follow.

APARTMENTS & CONDOS FOR RENT

PILLSBURY, 2243
Large 1 BR $385. Laundry. Heated parking, elev, sec syst, no pets. 871-3050, 926-2092.

BLOOMINGTON AVE, 3434
Clean, quiet, secure. 1 BRs from $350. 1 mo free/12 mo lease. Off street parking. 724-2804.

FRIDLEY N. Innsbrook, studio, underground gar, pool, ex rm, $450/mo. Avail 10/1, Kevin: 484-2206, 489-1100.

HOUSES FOR SALE

'86 SPLIT $479,900
2BR, 2 car gar, w/pool, all appls, almost 1A lot, Ham Lk/Blaine border. Call Wayne Friday, 527-2313 or 754-9712. Coldwell Banker Suburban

NEW LISTING
Wonderful lot—wonderful house—wonderful location! 3BR, 2BA—FR w/wood stove, screened porch, 7 more. $129,900. Suzanne Jack, 473-7000/475-2731.

GORGEOUS! OPEN 2-4
5625 Sycamore Ln No. 4BR, 3 1/2 BA, gourmet kit. 3 car gar. $169,900. 553-7809.

1. What similarities do you notice between the ads in the American paper and those in the French paper? What differences in terms of style and content?
2. How do the prices of housing compare? (In general, the exchange rate is around $1 = 5F.)

→ *Do À faire! (3-2) on page 96 of the* Manuel de préparation.

CONTEXTE: LA FAMILLE

La famille Bataillier

first name
last name / father
mother / sister / is eight years old

Bonjour. Je m'appelle Benoît Bataillier. Benoît, c'est mon **prénom.** Bataillier, c'est mon **nom de famille.** Nous sommes quatre dans ma famille. J'ai un **père**, une **mère** et une **sœur.** Ma sœur s'appelle Adeline. Elle **a huit ans.** Moi, j'ai dix ans. Nous habitons à Reims, en Champagne.

that

uncle
married to / aunt / children / son

Nous avons aussi de la famille **qui** n'habite pas à Reims. Voilà mes grands-parents paternels. Mon grand-père et ma grand-mère habitent à Poitiers avec mon **oncle** Gérard. Mon père a deux frères, mais il n'a pas de sœurs. Mon oncle Gérard est **marié avec** ma **tante** Élise. Ils ont deux **enfants**—un **fils,** Pierre, et une fille, Jacqueline. Ce sont mes cousins. Jacqueline a 16 ans; Pierre a 12 ans. Mon oncle Thierry n'est pas marié; il est divorcé.

large family
only child (daughter)

passed away

Mon père est d'une **famille nombreuse,** mais pas ma mère. Elle est **fille unique**—pas de sœurs, pas de frères. Ma grand-mère maternelle **est décédée** en 1991. Mon grand-père habite près de chez nous.

À vous la parole!

H. Ma famille. Complete the following sentences with information about you and your family.

1. Je m'appelle...
2. Mon prénom, c'est...
3. Mon nom de famille, c'est...
4. J'ai... ans.
5. Nous sommes... dans ma famille. J'ai...
6. Mon père s'appelle...
7. Ma mère s'appelle...
8. J'ai... frères. Il(s) s'appelle(nt)... Il a (Ils ont)... ans. (Je n'ai pas de frères.) (Je suis fils [fille] unique.)
9. J'ai... sœurs. Elle(s) s'appelle(nt)... Elle a (Elles ont)... (Je n'ai pas de sœurs.) (Je suis fils [fille] unique.)

I. Du côté maternel... Du côté paternel... ***(On your mother's side . . . On your father's side . . .)*** Ask a classmate about his or her extended family.

1. Est-ce que ta mère est d'une famille nombreuse?
2. Combien d'oncles est-ce que tu as du côté maternel? Comment est-ce qu'ils s'appellent? Est-ce qu'ils sont mariés? Est-ce qu'ils ont des enfants? des fils? des filles?
3. Comment s'appellent tes cousins? Quel âge ont-ils? Où est-ce qu'ils habitent?
4. Est-ce que ta mère a des sœurs? Comment est-ce qu'elles s'appellent? Est-ce qu'elles sont mariées? Est-ce qu'elles ont des enfants?
5. Tes grands-parents maternels, ils sont toujours vivants *(living)* ou est-ce qu'ils sont décédés?
6. Et ton père, il est d'une famille nombreuse?
7. Tu as des oncles et des tantes du côté paternel? Comment est-ce qu'ils s'appellent? Ils sont mariés?
8. Comment s'appellent tes cousins du côté de ton père? Quel âge ont-ils? Où est-ce qu'ils habitent?
9. Et tes grands-parents paternels, ils sont toujours vivants? Ils habitent avec ta famille?

LA FAMILLE DE CECILIA

Mme Batailler interroge Cecilia au sujet de sa (her) *famille.*

MADAME:	Et vos parents, qu'est-ce qu'ils **font?**	*do*
CECILIA:	Eh bien, mon père est **représentant de commerce;** il travaille dans l'industrie **alimentaire.** Ma mère, elle est à la maison avec les enfants.	*salesman* *food business*
MADAME:	**Vous êtes** combien dans votre famille?	*You are*
CECILIA:	J'ai deux frères et deux sœurs. Mon frère **aîné** est ingénieur à Bruxelles; **sa femme** est d'origine belge. Mes deux sœurs vont au **lycée** et mon autre frère est tout petit.	*older* *his wife* *high school*

POUR VOUS EXPRIMER

Les professions

un agriculteur / une agricultrice	
un(e) architecte	
un(e) artiste	
un(e) assistant(e)	
un(e) avocat(e)	*lawyer*
un cadre / une femme cadre	*executive*
un(e) commerçant(e)	*shopkeeper*
un(e) comptable	*accountant*
un(e) dentiste	
un(e) employé(e) de maison	*housekeeper*
un(e) étudiant(e)	*student*
un(e) fonctionnaire	*civil servant*
un homme d'affaires / une femme d'affaires	*businessman(woman)*
un ingénieur / une femme ingénieur	
un(e) journaliste	
un mécanicien / une mécanicienne	*mechanic*
un médecin / une femme médecin	*doctor*
un musicien / une musicienne	
un ouvrier / une ouvrière	*factory worker*
un pharmacien / une pharmacienne	
un professeur / une femme professeur	
un programmeur / une programmeuse	
un(e) représentant(e) de commerce	*sales representative*
un(e) sécretaire	
un vendeur / une vendeuse	*salesperson*

«In French, when you identify someone's occupation, you treat the expression like an adjective—in other words, you don't need an article (as you do in English). Thus, the French equivalent of *He's a lawyer* is **Il est avocat.** For many professions, there are separate terms for males and females—for example; **Elle est avocate.** For others, the same term is used for both men and women: **Il est dentiste; elle est dentiste.**»

Les nationalités

allemand / allemande
américain / américaine
anglais / anglaise
belge
canadien / canadienne
chinois / chinoise
égyptien / égyptienne
espagnol / espagnole
français / française
italien / italienne
japonais / japonaise
marocain / marocaine
mexicain / mexicaine
portugais / portugaise
russe
sénégalais / sénégalaise
suisse
vénézuélien / vénézuélienne
vietnamien / vietnamienne

«When talking about nationality, you can distinguish between the country of which someone is a native or a citizen **(il est canadien; elle est allemande)** and the country from which one's relatives came **(il est d'origine italienne; elles sont d'origine brésilienne).** Notice that, since the term **origine** is feminine, you use the feminine form of the adjective of nationality even when talking about a male.»

À vous la parole!

J. Les professions. On the basis of the drawings, identify the professions of the following people.

MODÈLES: *Voilà M. Chevalier. Il est avocat.* *Voilà M. et Mme Richard. Ils sont pharmaciens.*

M. Chevalier

M. et Mme Richard

1. M. Aubert

2. M. et Mme Forestier

3. Mme Longin

4. M. Cordier

5. M. Dumoulin

6. Nicole et Suzanne Martineau

7. Patrick Desnoyers

8. Georges Denis

9. Mme Férenczi

10. Mlle Jacquier

11. Antoine Assayas

12. Jean Raymond et Catherine Jagege

K. Les nationalités. You're with a group of people from all over the world. Find out their nationalities by making the indicated assumption and then correcting your mistake.

MODÈLE: Marguerite—portugais / New York
— *Marguerite est portugaise?*
— *Mais non, elle est de* (from) *New York.*
— *Ah, bon. Elle est américaine.*
— *Oui, c'est ça* (Yes, that's right). *Elle est américaine.*

1. Monique — suisse / Paris
2. Lin-Tao *(m.)* — japonais / Beijing
3. Francesca — mexicain / Rome
4. Jean-Pierre — belge / Québec
5. Verity *(f.)* — américain / Londres *(London)*
6. Fumiko et Junko *(f.)* — égyptien / Tokyo
7. Carlos et Pablo — espagnol / Guadalajara
8. Natasha et Svetlana *(f.)* — canadien / Moscou
9. Eberhard *(m.)* et Heidi — suisse / Berlin
10. Gina et Sofia — vénézuélien / Madrid

L. Ma famille. Describe your nuclear family giving information about family background and the jobs of various family members. The following model will serve as a guide; however, be sure to adapt it to your particular situation.

Nous sommes... dans ma famille. J'ai... frères et... sœurs. (Je n'ai pas de... / Je suis... unique.) Mon père est d'origine... Il est... Il travaille à... Ma mère est d'origine... Elle est... Elle travaille à... (Mon frère aîné) est... Il habite à... (Ma petite sœur) est... Elle va à...

Now continue giving similar information about some members of your extended family.

Chez nous

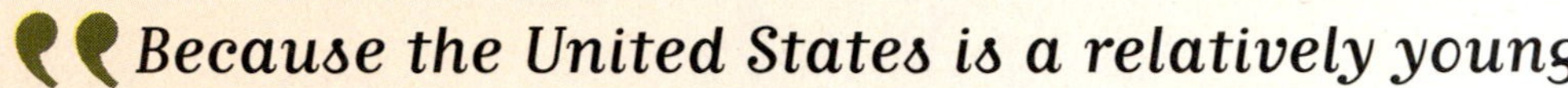

country and many of your ancestors came from abroad, it's not unusual for you to talk about your origins in terms of other nationalities. France, on the other hand, is a much older country and, as a result, we tend to identify our origins in terms of the regions (provinces) from which we come. Here people talk about being **champenois** (from **Champagne)** or **breton** (from **Bretagne**) or **provençal** (from **Provence)** or **auvergnat** (from **Auvergne).**

→ *Do* **À faire! (3-3)** *on page 98 of the* **Manuel de préparation.**

RAPPEL

Les adjectifs possessifs

je	**mon**	**ma**	**mes**	*my*
tu	**ton**	**ta**	**tes**	*your*
il / elle / on	**son**	**sa**	**ses**	*his, her, one's*
nous	**notre**	**notre**	**nos**	*our*
vous	**votre**	**votre**	**vos**	*your*
ils /elles	**leur**	**leur**	**leurs**	*their*

Contrôle

M. Non, ce n'est pas... You and several classmates are trying to figure out the owner of certain objects. Each group member denies ownership and attributes it to *one* or *two* other students in the group. Finally, the questioner admits that it belongs to him.

MODÈLE: livre
JEAN: (looking at Marie) *C'est ton livre?*
MARIE: *Non, ce n'est pas mon livre.*
(pointing to Renée) *C'est son livre.*
RENÉE: *Mais non, ce n'est pas mon livre.*
(pointing to Jacques and Hélène) *C'est leur livre.*
JACQUES (or HÉLÈNE): *Non, ce n'est pas notre livre.*
(looking at Jean) *C'est ton livre?*
JEAN: *Oui. C'est vrai. C'est mon livre.*

OBJECTS:
un cahier / une calculatrice / un ordinateur / des cassettes / une montre / un appartement / un ami / une amie / des tee-shirts / un pantalon

Parlons de vous!

N. Nos familles. You and a classmate are going to exchange information about your families. Get as much information as you can, using the questions suggested. When you have finished, you will then describe *your partner's* family to someone else in the class.

POSSIBLE QUESTIONS:
Vous êtes combien dans ta famille?
Combien de frères (sœurs) est-ce que tu as?
Comment s'appelle ton frère (aîné/cadet *[younger])?*
Quel âge a ta sœur (aînée / cadette)?
Où est-ce que ta famille habite?
Est-ce que ton frère (ta sœur) travaille?
Est-ce que ton père est d'origine (italienne)?

CONTEXTE: ILS SONT VRAIMENT TRÈS GENTILS, NOS ENFANTS

Les deux Gaston

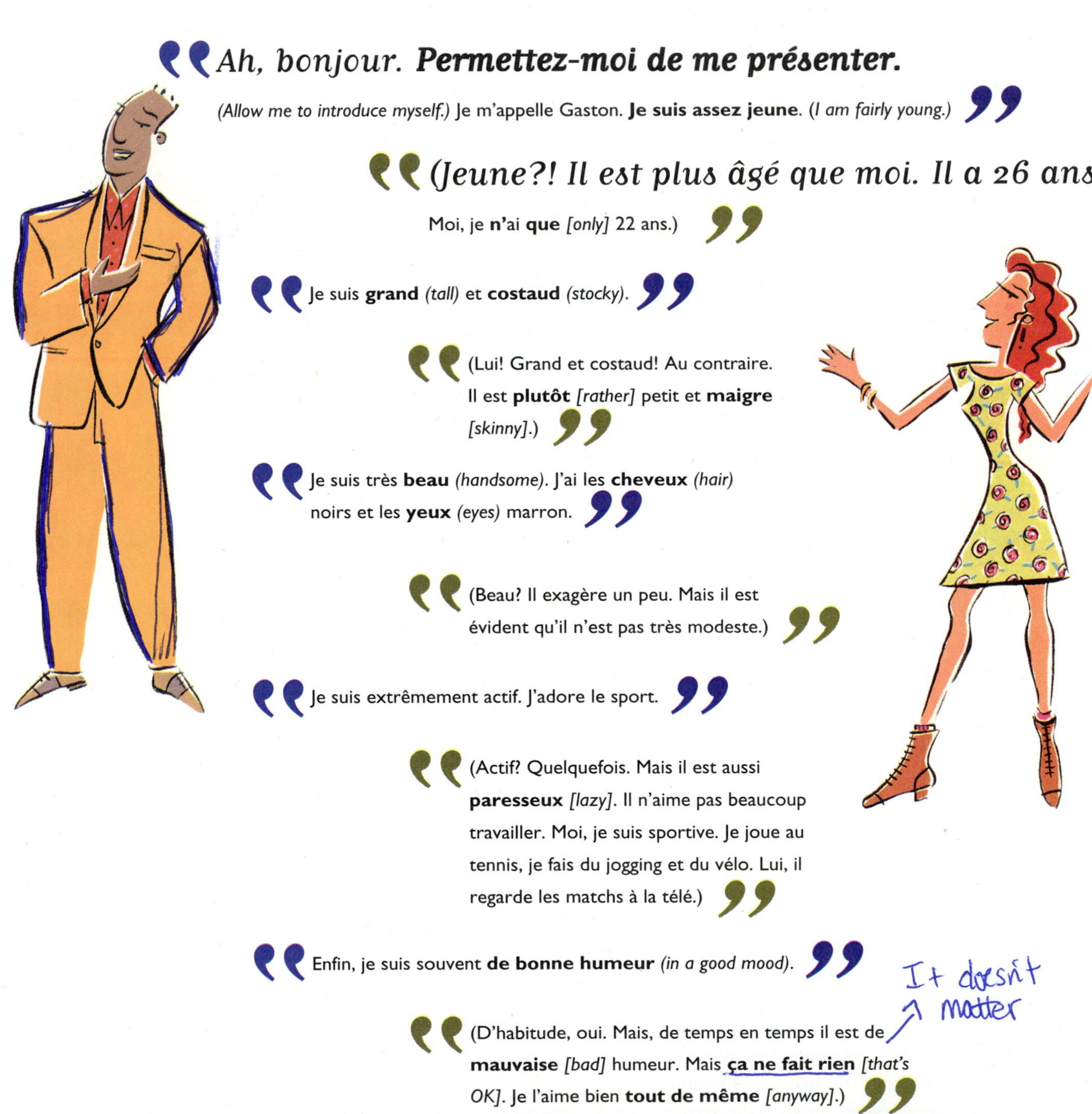

« *Ah, bonjour.* ***Permettez-moi de me présenter.*** *(Allow me to introduce myself.)* Je m'appelle Gaston. **Je suis assez jeune**. *(I am fairly young.)* »

« *(Jeune?! Il est plus âgé que moi. Il a 26 ans.* Moi, je **n'**ai **que** *[only]* 22 ans.) »

« Je suis **grand** *(tall)* et **costaud** *(stocky)*. »

« (Lui! Grand et costaud! Au contraire. Il est **plutôt** *[rather]* petit et **maigre** *[skinny]*.) »

« Je suis très **beau** *(handsome)*. J'ai les **cheveux** *(hair)* noirs et les **yeux** *(eyes)* marron. »

« (Beau? Il exagère un peu. Mais il est évident qu'il n'est pas très modeste.) »

« Je suis extrêmement actif. J'adore le sport. »

« (Actif? Quelquefois. Mais il est aussi **paresseux** *[lazy]*. Il n'aime pas beaucoup travailler. Moi, je suis sportive. Je joue au tennis, je fais du jogging et du vélo. Lui, il regarde les matchs à la télé.) »

« Enfin, je suis souvent **de bonne humeur** *(in a good mood)*. »

« (D'habitude, oui. Mais, de temps en temps il est de **mauvaise** *[bad]* humeur. Mais **ça ne fait rien** *[that's OK]*. Je l'aime bien **tout de même** *[anyway]*.) »

POUR VOUS EXPRIMER

Pour décrire une personne

Il/Elle est jeune.
 assez (très) âgé(e).

Il/Elle a les cheveux blonds.
 noirs.
 bruns,
 châtains *(brown)*.
 gris *(grey)*.
 roux *(red)*.

Il/Elle a les cheveux longs.
 courts *(short)*.
 frisés *(curly)*.

Il/Elle est chauve *(bald)*.

Il/Elle a les yeux bleus.
 bruns, marron.
 verts.

Il/Elle est grand(e).
 petit(e).
 costaud.
 mince *(thin)*.
 maigre *(skinny)*.

Il est beau *(handsome)*.

Elle est belle *(beautiful)*.

Il/Elle est (toujours / souvent) de bonne humeur.

Il/Elle est (quelquefois) de mauvaise humeur.

À vous la parole!

O. Moi, je suis... Describe a family member or a friend to a classmate, choosing the adjectives and expressions that best describe this person.

MODÈLE: —*Comment est ton frère (ta sœur, ton ami[e], etc.)?*
—*Il/Elle est / Il/Elle a...*

ET LES ENFANTS?

M. et Mme Batailler font la description de leurs enfants à Cecilia.

MME BATAILLER: Benoît a dix ans. Il est plutôt sérieux. Il travaille très bien à l'école.

M. BATAILLER: Mais il est sportif aussi. Il adore le rugby et le foot.

CECILIA: Et la petite?

MME BATAILLER: Adeline? Elle a huit ans. Elle est très bavarde. Elle parle **sans arrêt**. *non stop*

M. BATAILLER: Mais elle est très, très **gentille**... et **marrante** **comme tout**. *nice / funny* *as anything*

MME BATAILLER: Elle aime beaucoup la musique. Elle **joue** du violon. *plays*

À vous la parole!

P. Benoît et Adeline. Answer the questions about the personality traits of the Batailler children.

1. Benoît aime jouer au rugby. Est-ce qu'il est dynamique ou réservé?
2. Adeline partage *(shares)* toujours son pain au chocolat avec son amie Martine. Est-ce qu'elle est généreuse ou égoïste?
3. Benoît travaille bien à l'école. Il ne regarde pas très souvent la télé. Est-ce qu'il est sérieux ou paresseux?
4. Adeline a trouvé 1 000F dans la rue. Elle les a donnés à la police. Est-ce qu'elle est honnête ou malhonnête?
5. Benoît aime les livres classiques et les films historiques. Est-ce qu'il est sérieux ou frivole?
6. Adeline joue du violon et du piano. Est-ce qu'elle est active ou paresseuse?
7. Benoît voudrait être un joueur de rugby professionnel, mais il comprend qu'il est nécessaire d'étudier aussi. Est-ce qu'il est réaliste ou naïf?
8. Adeline parle sans arrêt et elle dit bonjour à tout le monde *(everybody)*. Est-ce qu'elle est bavarde ou timide?
9. Benoît n'aime pas attendre *(to wait)*. Est-ce qu'il est patient ou impatient?
10. Adeline est toujours de bonne humeur. Est-ce qu'elle est optimiste ou pessimiste?

Q. Une description. Describe to some of your classmates a friend or family member. Begin with a description of his/her age and appearance and then, using the following list of adjectives, talk about his/her personality traits. Your classmates can use the same list to ask you questions.

ADJECTIVES:
actif (active) / ambitieux (ambitieuse) / bavard(e) / courageux (courageuse) / cruel (cruelle) / discret (discrète) / égoïste / frivole / généreux (généreuse) / honnête / idéaliste / impatient(e) / indépendant(e) / intellectuel (intellectuelle) / malhonnête / marrant(e) / optimiste / paresseux (paresseuse) / pessimiste / réaliste / sérieux (sérieuse) / sportif (sportive) / timide

→ ***Do À faire! (3-4) on page 106 of the* Manuel de préparation.**

RAPPEL

Le verbe **être** et les adjectifs de description (formes irrégulières)

LE VERBE ÊTRE

je **suis**	nous **sommes**
tu **es**	vous **êtes**
il / elle / on **est**	ils / elles **sont**

LES ADJECTIFS IRRÉGULIERS

-f	changes to	-ve	sportif	→ sportive
-n	changes to	-nne	bon	→ bonne
-el	changes to	-elle	intellectuel	→ intellectuelle
-il	changes to	-ille	gentil	→ gentille
-x	changes to	-se	sérieux	→ sérieuse
-et	changes to	-ète	discret	→ discrète
-er	changes to	-ère	cher	→ chère

TROIS ADJECTIFS
beau (belle, beaux, belles)
nouveau (nouvelle, nouveaux, nouvelles)
vieux (vieille, vieux, vieilles)

Contrôle

R. Tiens, voilà... ! You're showing some photos of places and people to your friends. Using the appropriate forms of the adjectives suggested, your classmates will give their reactions to your pictures.

MODÈLE: notre cuisine (bien équipé / grand / beau / spacieux)
— *Tiens, voilà notre cuisine!*
— *Elle a l'air* (looks like it's) *bien équipée!*
— *Qu'est-ce qu'elle est grande!* (Boy, is it big!)
— *Elle est belle, votre cuisine!*
— *Oui, et elle est spacieuse aussi.*

1. la maison de Nicolas (petit / laid / vieux)
2. l'appartement de Catherine (grand / joli / neuf *[brand-new]* / spacieux)
3. la cathédrale de Reims (grand / beau / ancien)
4. le château de Chenonceau (grand / beau / ancien)
5. la voiture de Jean-Alex (neuf / joli / pas cher)
6. le père et la mère de Didier (vieux / gentil / pas sportif / intellectuel)
7. les frères d'Évelyne (grand / sportif / paresseux)
8. la sœur de Paulette (mince / gentil / discret / actif)

CHATEAU DE CHENONCEAU
Propriété Privée
Entrée pour 1 personne
Tarif Réduit
301461
CHATEAU DE CHENONCEAU
Propriété Privée
Entrée pour 1 personne
Tarif Réduit
301462

Parlons de vous!

S. Mon ami(e) et moi. Compare yourself to a friend. Use as many descriptive adjectives as possible in your description but also include some basic information, (age, hair and eye color, family, etc.). Your classmate will ask questions to get more details. Finally, ask your classmate about himself (herself) and his (her) friend.

MODÈLE: *Mon ami(e) s'appelle... Il (Elle) habite à....*
Il (Elle) a... ans. Il (Elle) a les yeux....
Il (Elle) est très... mais il (elle) n'est pas ... , etc.
Moi, je suis (je ne suis pas) comme mon ami(e).
Nous sommes bien différent(e)s, l'un(e) de l'autre.
Je suis... , mais je ne suis pas... , etc.
Et toi, tu es comme nous? Toi et ton ami(e), vous êtes... ?, etc.

Perspective culturelle

La famille

Note culturelle: The French family

As in many countries, the family in France is in the process of changing. The average size of the family has diminished considerably: in 1968, almost 30% of French families had four or more children; today, only slightly over 10% do. In addition, whereas in the past it was common to find three generations (grandparents, parents, children) all living under the same roof, French families, like their American counterparts, have begun to become dispersed.

Nevertheless, the family continues to play an extremely important role in French culture. In the United States, job, friends, income, and neighborhood tend to define who a person is; in France, social and geographical origins, family background, and culture play a greater role in defining one's sense of identity. As a result, the French tend to make basic distinctions in their relationships with other people. On the one hand, they have a strong sense of belonging to an "inner" circle of relatives and friends who provide their basic support group; they generally respect, are patient with, and help those inside this circle. On the other hand, they don't necessarily feel the same obligation towards people on the "outside." For example, the very same person might be charming and helpful with family and close friends but seem indifferent and sometimes even rude with strangers.

❖ ***À discuter:*** *Does the inner/outer distinction play a role in your experience? What factors might contribute to a difference between the French and the Americans concerning attitudes toward family and strangers? Might these differences contribute to the creation of stereotypes—for example, the "rude and unfriendly Frenchman" and the "superficially friendly American"?*

LECTURE: «MA FAMILLE»

Pour lire: Words of the same family

Another reading strategy you can use to develop your French vocabulary is to guess the meanings of words belonging to a family of words that you already know. For example:

If you know	You can guess that	Means
arriver	l'arrivée	*arrival*
écouter	un exercice d'écoute	*listening exercise*
un ami	un match amical	*friendly match*
la cuisine	un cuisinier	*cook*

Isabelle Amblard, a French student spending a year in the United States, wrote the following description of herself and her family. Although there are numerous words you've never seen before, you should be able, with the help of your reading strategies, to get the gist of her description.

Bonjour, je m'appelle Isabelle Amblard. Je suis française et j'ai vingt-deux ans. J'ai fait mes études primaires et secondaires en Gironde où je suis née, mais je suis allée à l'Université Catholique de l'Ouest à Angers dans le Maine-et-Loire. J'ai une licence d'anglais et j'ai obtenu un diplôme de traductrice trilingue l'année dernière. Je suis maintenant assistante de français dans une université américaine.

J'ai un frère et une sœur qui sont tous les deux plus âgés que moi. Mon frère s'appelle Jean-Marie et il a vingt-neuf ans. Il est militaire de rang et il habite à Strasbourg avec sa femme Gabie, qui est alsacienne. Ils se sont mariés il y a deux ans, mais ils n'ont pas encore d'enfants. Gabie a trente ans et elle travaille comme comptable à Auchan Strasbourg.

Ma sœur Sylvie a vingt-cinq ans et est comptable chez Elf Aquitaine. C'est une grande entreprise pétrolière française. Elle s'est fiancée avec Franck, son petit ami, l'été dernier et ils vont se marier en juillet. Franck travaille pour un cabinet d'ingénieurs qui conçoit des prototypes électroniques. Ils vivent actuellement ensemble à Saint-Nazaire, dans le nord-ouest de la France.

Mon père Michel a quarante-neuf ans. Il est contremaître chez Elf Aquitaine, c'est-à-dire qu'il contrôle la production d'essence d'une unité de cette usine et en vérifie la qualité. Ma mère, qui a aussi quarante-neuf ans, est femme au foyer. Elle a arrêté de travailler dès 1964 pour élever ses enfants. De temps en temps, elle garde les enfants des voisins. Mes parents habitent à Bourg-sur-Gironde, un petit village situé à trente-neuf kilomètres de Bordeaux, dans le sud-ouest de la France.

T. Les mots. Work with the following reading strategies to help you better understand the vocabulary that Isabelle uses.

Cognates

1. Give the English meaning of the following cognates found in paragraph 1: **un diplôme, trilingue, assistante.**
2. Find as many cognates as you can in the other paragraphs and give their English meaning.

False cognates

3. In paragraph 1, the word **une licence** does not mean *license*. On the basis of the context, what would be another possible meaning?
4. In paragraph 4, the word **contrôle** does not mean *controls* (in the sense of *is in charge of, directs)*. If you know that when you arrive in France from the United States, you have to go through the **contrôle des passeports** and if you've noticed that in this book, you do an **exercice de contrôle** in class for each grammar topic studied at home, what meaning might you guess for **contrôle la production d'essence** *(gas)*?

Words of the same family

5. You already know the words **étudier, âge,** and **élève.** Find in the passage words that come from the same family. What is the meaning of each word?

U. Isabelle et sa famille. Imagine that as part of Isabelle's year abroad, she is going to be staying with you. Explain to your friends and family as much as you can about Isabelle and her family background.

➔ *Do À faire! (3-5) on page 112 of the* Manuel de préparation.

CONTEXTE: LA JOURNÉE DES ENFANTS BATAILLER

L'emploi du temps

La journée: *day*
L'emploi du temps: *time schedule*

Pendant l'année scolaire (During the school year), *la journée de Benoît et de sa sœur Adeline se déroule* (unfolds) *toujours de la même façon* (in the same way).

Adeline se lève toujours la première à 7h.

Elle **fait sa toilette.**

Elle s'habille.

fait sa toilette: *washes up*

Elle prend son petit déjeuner. Son frère arrive toujours **au dernier moment.**

Ils **quittent** la maison à 8h pour aller à l'école.

Ils rentrent de l'école **vers** 4h30.

au dernier moment: *at the last moment*
quittent: *leave*
vers: *around*

Ils prennent un **goûter.**

Ils **font** leurs **devoirs tout de suite.**

Avant le dîner ils jouent avec leurs copains.

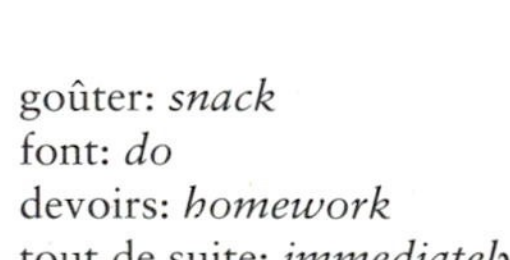

goûter: *snack*
font: *do*
devoirs: *homework*
tout de suite: *immediately*

Ils dînent vers 8h.

Après le dîner ils regardent **un peu** la télé.

Adeline se couche vers 9h et son frère se couche entre 9h30 et 10h.

un peu: *a little bit*

À vous la parole!

V. Vrai ou faux. On the basis of the description of the Batailler childrens' daily routine, indicate whether each of the following statements is true (**vrai**) or false (**faux**). If a statement is false, correct it.

MODÈLE: Adeline se lève à 8h (huit heures).
C'est faux. Elle se lève à 7h (sept heures).

1. Benoît se lève toujours le premier.
2. Adeline s'habille, puis *(then)* elle fait sa toilette.
3. Adeline n'a pas le temps *(time)* de prendre son petit déjeuner.
4. Ils quittent la maison ensemble *(together)*.
5. Ils rentrent de l'école vers 3h.
6. Ils jouent avec leurs copains après *(after)* le dîner.
7. D'habitude ils dînent avec leurs parents et Cecilia.
8. Après le dîner ils regardent la télévision.
9. Ils font leurs devoirs après le dîner.
10. Benoît se couche avant *(before)* Adeline.

LES QUESTIONS DE CECILIA

Cecilia pose des questions à Mme Batailler au sujet de l'emploi du temps des enfants.

What time	**CECILIA**	**À quelle heure** est-ce que les enfants vont à l'école?
	MME BATAILLER:	Ils quittent la maison vers 8h.
	CECILIA	Est-ce qu'ils rentrent pour le déjeuner?
	MME BATAILLER:	Non, non. Ils déjeunent à l'école.
in the afternoon	**CECILIA**	Et ils rentrent vers quelle heure **l'après-midi?**
	MME BATAILLER:	Entre 4h30 et 5h. Normalement ils ont très faim.
Especially		**Surtout** Adeline. Elle prend toujours un bon goûter.
	CECILIA	Ah, oui? Qu'est-ce qu'elle mange?
yogurt	**MME BATAILLER:**	Un **yaourt** et un fruit.

POUR VOUS EXPRIMER

Pour parler de l'heure

À quelle heure...
Vers quelle heure... ?
À (Vers) une heure (1h).
une heure et quart (1h15).
une heure et demie (1h30).
deux heures moins le quart (1h45).
deux heures (2h).
six heures cinq (6h05).
onze heures moins vingt (10h40).
midi (12h *[noon]*).
minuit *(12h [midnight])*.

Quelle heure est-il? / Vous avez l'heure?
Il est cinq heures vingt (5h20).
Il est midi moins le quart (11h45).

"There is no exact French equivalent of the English expressions *A.M.* and *P.M.* If you need to distinguish between A.M. and P.M., you have two possibilities. One way is to use official time (remember—the 24-hour clock?) for afternoon and evening. Thus, 1 A.M. is **1h (une heure);** and 1 P.M. is **13h (treize heures).** Or you can add the expressions **du matin** *(in the morning)*, **de l'après-midi** *(in the afternoon)*, **du soir** *(in the evening)*. Thus, 9 A.M. is **neuf heures du matin** while 9 P.M. is **neuf heures du soir.**"

À vous la parole!

W. Quelle heure est-il, s'il vous plaît? While you're walking down the street, a stranger stops you and asks for the correct time. You respond, using the times indicated.

MODÈLE: 2h20
—*Quelle heure est-il, s'il vous plaît?* OU
Vous avez l'heure, s'il vous plaît?
—*Il est deux heures vingt.*

1. 8h20
2. 10h25
3. 10h55
4. 3h10
5. 7h45
6. 4h15
7. 12h *(midnight)*
8. 1h30
9. 11h45 (du matin)
10. 6h35

X. La journée de... Ask a classmate the following questions in order to find out about a typical day in the life of someone he/she knows very well (a roommate, a friend, a family member).

1. À quelle heure est-ce que ton frère (ton ami[e], etc.) se lève?
2. Est-ce qu'il (elle) prend le petit déjeuner? Est-ce qu'il (elle) fait sa toilette avant ou après le petit déjeuner?
3. À quelle heure est-ce qu'il (elle) quitte la maison (l'appartement, la résidence) pour aller à son premier cours?
4. À quelle heure est-ce qu'il (elle) rentre de ses cours?
5. Qu'est-ce qu'il (elle) fait avant le dîner?
6. À quelle heure est-ce qu'il (elle) dîne d'habitude?
7. Qu'est-ce qu'il (elle) fait après le dîner?
8. À quelle heure est-ce qu'il (elle) se couche?

Chez nous

What's the schedule for a typical weekday in France?

" Well, it usually begins between 6:30 and 7:30—except on Wednesdays for the young kids . You didn't know? In France, there is no elementary school on Wednesday; **chouette, hein?** *(pretty neat, huh?)* However, if they have Wednesday off, they do have to go to class until noon on Saturday. Oh, well, nothing's perfect. (For their older brothers and sisters, it's often just the opposite: **lycée** classes on Wednesday morning, but *not* on Saturday.) In any case, on a school and business day most people are out of the house before 8:30 after a small breakfast: **un café au lait (ou un express, si on préfère) et une ou deux tartines** *(slices of French bread)* with butter or jam or honey.

Lunch used to take a couple of hours; people would either go home or to a restaurant serving a full-course meal. Even today, in small towns, some businesses and offices still are closed between 12 and 2. However, more and more, especially in cities, we have adopted **le système de la journée continue:** the children eat at school, and workers eat in the cafeteria of their workplace or in a fast-food type restaurant.

School runs until 4 or 5 in the afternoon. Many offices don't close until 6. Lots of people still stop at a café in order to **prendre l'apéritif** on their way home. As a result, the evening meal (more and more frequently the main meal of the day now) is not served until 8.

Bedtime? That varies. One indication: the most important TV shows often don't start until 9, and the evening news (whose exact time depends on the length of the feature movie or show) can be on as late as midnight. "

→ ***Do À faire! (3-6) on page 118 of the* Manuel de préparation.**

RAPPEL

Les verbes pronominaux

LE VERBE SE LEVER

je **me lève**	nous **nous levons**
tu **te lèves**	vous **vous levez**
il / elle / on **se lève**	ils / elles **se lèvent**

je **ne me lève pas**
je **vais me lever**

s'amuser / se coucher / s'habiller / se lever / se préparer (pour) / se promener (à vélo, en voiture) / se reposer
se parler / se retrouver / se téléphoner

Contrôle

Y. La journée de Cecilia. Cecilia Dos Santos is describing her new routine in the Batailler household to a family member. On the basis of the following information, give her version of a typical day.

1. je / se lever / à 7h15
2. M. Batailler et Adeline / se lever / avant moi
3. je / faire sa toilette / et / je / s'habiller
4. M. Batailler, Adeline et moi, nous / prendre notre petit déjeuner
5. M. et Mme Batailler / quitter la maison / entre 8h et 8h30
6. les enfants et moi, nous / se préparer pour aller à l'école
7. je / aller en ville / à 10h
8. les enfants / rentrer / vers 4h30
9. avant le dîner / les enfants et moi, nous / réviser *(to go over)* leurs devoirs
10. pendant le dîner / la famille et moi, nous / s'amuser à parler de la journée
11. après le dîner / la famille / regarder la télévision / et / moi, je / téléphoner à mon amie Katrina
12. Katrina et moi, nous / se parler / souvent
13. les enfants / se coucher / entre 9h et 10h
14. je / se coucher / entre 11h et 11h30

Parlons de vous!

Z. Notre journée. You and a classmate are comparing your daily routines. Tell when you get up, what you do in the morning, when and where you have lunch, what time you get home, what you do in the evening, and what time you go to bed. Ask each other questions, when appropriate. Have a separate conversation for each of the following contexts.

1. en semaine *(during the week)*
2. le week-end
3. pendant les vacances *(during vacation)*

INTÉGRATION

AA. Je suis... Present yourself to the class. Give as much information as you can about your family, your home, your interests, and your personality.

BB. L'arbre généalogique. Construct your family tree and then explain to some of your classmates the relationships between you and the other family members. For each person mentioned, give several pieces of information. If possible, bring in photos; if not, describe each person physically as well as in terms of his/her activities and personality. Your classmates will ask questions to get additional information about your family.

CC. Un(e) invité(e). You've invited a French-speaking friend to spend some time at your home with you and your family. During the ride to your home, you describe what he/she may expect to find when you get there. Use the topics suggested. A classmate will play the role of your friend and ask questions.

1. Describe your house or apartment.
2. Describe the room where your friend will be staying.
3. Describe some of the equipment you have (TV, stereo, etc.).
4. Give your friend an idea of the usual family routine during the week and on the weekend.

➜ *Do* **À faire! (3-7)** *on page 127 of the* **Manuel de préparation.**

DÉBROUILLEZ-VOUS!

DD. Des monuments. Choose several of the following adjectives to describe each of the Parisian monuments pictured.

SUGGESTIONS: **petit / grand / immense / moderne / ancien / intéressant / impressionnant** *(impressive)* **/ laid / beau / joli / affreux** *(horrible)* **/ sensationnel / fantastique / moche** *(ghastly)*

1. la Conciergerie

2. la tour Eiffel

3. **l'arc *(m.)* de Triomphe**

4. **la cathédrale de Notre-Dame**

5. **la tour Montparnasse**

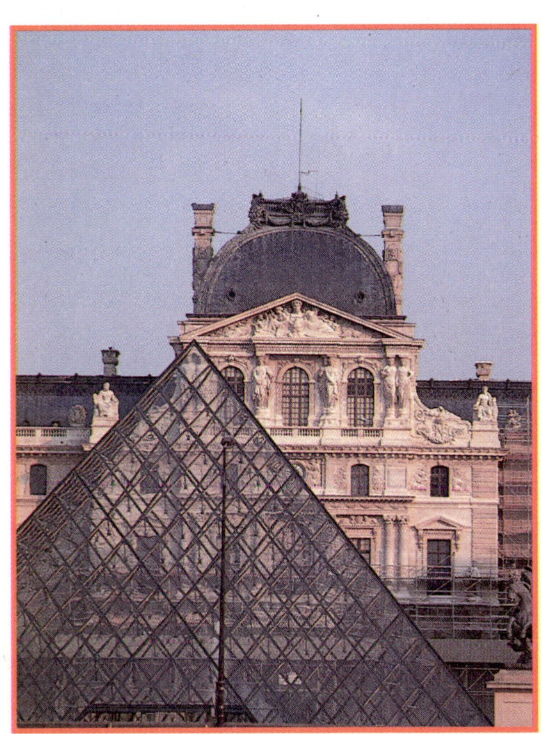

6. **le musée du Louvre**

EE. Un(e) nouvel(le) ami(e). You've just met a new person at your university. Describe this person's physical and personality traits to one or two of your classmates.

FF. Qui a plus (moins) de... *(Who has more (fewer) than . . .)?* You and your classmates are talking about family and friends. Each time someone asks a question, *each* person in the group responds by identifying a family member or friend. Once everyone has answered, the questioner *summarizes* the answers for a classmate who "missed" the conversation by pointing to the others. This classmate then *verifies* the answers by questioning each of the other group members again.

MODÈLE: JACQUES: *Qui a plus de 4 enfants?*
MIREILLE: *Ma tante a 5 enfants.*
JEANNE: *Mon frère et sa femme ont 6 enfants.*
PIERRE: *Mon amie Élise a 5 enfants.*
JACQUES: (speaking to Philippe and pointing to Mireille) *Sa tante a 5 enfants.*
(pointing to Pierre) *Son amie a 5 enfants aussi.*
(pointing to Jeanne) *Et son frère et sa femme ont 6 enfants.*
PHILIPPE: (speaking to Mireille) *C'est vrai? Ta tante a 5 enfants?*
(speaking to Pierre) *Et ton amie a 5 enfants aussi?*
(speaking to Jeanne) *Et ton frère et sa femme ont 6 enfants?*

1. Qui a plus de cinq enfants?
2. Qui a moins de dix cousins et cousines?
3. Qui a plus de soixante-dix ans *(is older than 70)*?
4. Qui a moins de cinq ans?

GG. Et toi? You and your classmates are discussing your daily routines. Use the suggested verbs to tell what you usually do (or don't do) and what you are planning to do in the near future.

VERBES: **se lever / se coucher / se reposer / se promener (à vélo, en voiture) / se téléphoner / se retrouver / se préparer / se parler**

MODÈLE: se lever
—*Moi, je me lève d'habitude vers 6h en semaine.*
—*Vers 6h! Pas moi. Je n'aime pas me lever de bonne heure. Je me lève entre 9h et 9h30 en semaine.*
—*Et le week-end, à quelle heure est-ce que tu te lèves?*
—*Vers midi.*
—*Oh, là là! Moi, je ne me lève jamais après 9h30,* etc.

HH. Un autoportrait: ébauche *(Self-portrait: First draft).* You're going to spend a semester studying in France and have requested to stay with a French family. To help the French housing director match you with a family, you need to write a short self-portrait describing yourself, your family background, your likes and dislikes, and your personality traits. Alone or with the help of a classmate, jot down some ideas that will serve as a first draft for your self-portrait.

II. Écoutez! Listen while Claire Turquin, a young French woman, talks about herself, her family, and her home. Then answer the questions your instructor asks you. Summarize in English as much as you can about what you heard.

→ ***Do À faire! (3-8) on page 127 of the* Manuel de préparation.**

CHAPITRE 3
En famille

MENU

VIDÉO	**ACTE 3**
LECTURE: «Je suis... »	MC, p. 126
PROFIL: La Côte-d'Ivoire	MC, p. 128
ACTIVITÉ CULTURELLE: La famille ivoirienne	MC, p. 130
LECTURE/ACTIVITÉ ÉCRITE: «L'horoscope»	MC, p. 130
LECTURE: «Familiale» (Jacques Prévert)	MC, p. 132
ACTIVITÉ ORALE: Encore une rencontre aux 4 Temps	MC, p. 133
ACTIVITÉ CULTURELLE: Les cathédrales	MC, p. 133
ACTIVITÉ ÉCRITE: Un autoportrait	MP, p. 129
ACTIVITÉ ÉCRITE: Une lettre	MP, p. 130
LECTURE: «Trois célébrités»	MP, p. 131
LECTURE: «Offres locations non meublées»	MP, p. 132
EXERCICE D'ÉCOUTE: Qui est le coupable?	MP, p. 134
EXERCICE D'ÉCOUTE: Trois appartements	MP, p. 135
ENREGISTREMENT: Ma famille et moi	MP, p. 135
JEU: Qui gagne le lecteur de compact discs?	MP, p. 136

LECTURE: «JE SUIS... »

Before reading the short portraits of the five people pictured below, try to guess their identities simply on the basis of the photos. Then read the passage once. Do Ex. A, then reread the entire passage before doing Ex. B.

Je suis présidente d'une grande entreprise. J'ai une grande maison, quatre téléviseurs couleur et trois voitures. Mon mari et moi, nous voyageons beaucoup. Nous avons un chalet en Suisse et un appartement à Paris. Mes enfants sont dans une école privée et chacun a une chaîne stéréo, une grande quantité de compact discs et de vidéos et une voiture. Ma vie est très intéressante; je n'ai pas de problèmes.

Je suis étudiante. Je travaille comme serveuse dans un restaurant et j'habite dans une petite chambre en ville. J'aime beaucoup le sport, surtout le tennis. J'adore la musique classique. Je n'ai pas de compact discs, mais j'écoute souvent la radio. J'étudie les langues (l'anglais et l'espagnol), la littérature et la linguistique parce que ce sont des sujets fascinants. J'aime ma vie; je n'ai pas de problèmes.

Je suis père de famille. J'ai deux enfants: un fils et une fille. Nous n'avons qu'une petite maison, mais elle est assez jolie et très confortable. Ma femme et moi, nous faisons beaucoup de choses avec nos enfants. Nous aimons le camping et le sport. Ma femme fait du ski; moi, j'aime mieux le football. Nous célébrons les fêtes en famille— oncles, tantes, cousins, cousines et grands-parents— nous dînons tous ensemble. Ma vie est très agréable; je n'ai pas de problèmes.

Je suis à la retraite—c'est-à-dire que je ne travaille plus. Ma femme est morte en 1992. J'habite avec mon fils Michel à Rennes. Il est marié. Sa femme s'appelle Renée. Ils ont deux enfants. Puisque je suis trop âgé pour travailler j'ai beaucoup de temps libre. J'aime beaucoup la nature et je me promène souvent dans la forêt. Le soir je mange avec la famille et après le dîner je regarde la télévision. Ma vie est assez agréable; je n'ai pas de problèmes.

Je suis professeur de psychiatrie. Je travaille dans une clinique à Bordeaux. J'ai un mari très gentil. Nous aimons aller au théâtre et au cinéma ensemble. Nous avons beaucoup d'amis avec qui nous aimons discuter. Nous parlons des crises d'identité, du matérialisme, de la famille, des influences sociales sur la personnalité. Au travail, je passe mon temps à analyser les personnes qui disent: «Je n'ai pas de problèmes.»

A. Les mots apparentés *(Cognates).* What do you think each of the following cognates means?

la présidente / privé(e) / la quantité / intéressant(e) / le problème / la littérature / la linguistique / fascinant / le camping / célébrer / agréable / la nature / la forêt / la psychiatrie / la clinique / l'identité / le matérialisme / l'influence / social(e) / la personnalité / analyser

B. Vrai ou faux? Reread the *Lecture,* then decide which statements about each person are true (**vrais**) and which are false (**faux**). Support your answers.

1. **La présidente d'entreprise**
   a. Je suis matérialiste.
   b. J'ai une grande maison.
   c. Je suis riche.
   d. Je passe les vacances avec mes enfants.
2. **L'étudiante**
   a. Je travaille dans un magasin.
   b. J'adore le tennis.
   c. J'habite dans un appartement.
   d. J'étudie les sciences à l'université.
   e. J'ai beaucoup de compact discs.
3. **Le père de famille**
   a. J'ai cinq enfants.
   b. J'ai trois filles.
   c. Je n'aime pas le camping.
   d. Je fais du sport, surtout du ski.
   e. Je passe les jours de fête en famille.
4. **L'homme à la retraite**
   a. J'habite avec mon fils et sa famille à Rennes.
   b. Je me promène souvent avec ma femme.
   c. Je prends le dîner dans un fast-food avec mes amis.
   d. Le soir, je suis à la maison.
5. **Le professeur de psychiatrie**
   a. J'aime bien mon mari.
   b. Je n'aime pas le cinéma.
   c. J'aime mieux les idées que les actions.
   d. J'adore les discussions.
   e. J'analyse les problèmes des présidentes d'entreprise, des étudiantes, des pères de famille et des retraités.

PROFIL: LA CÔTE-D'IVOIRE

SITUATION: en Afrique occidentale, sur la côte nord du golfe de Guinée
POPULATION: 12 000 000 habitants (les Ivoiriens)
SUPERFICIE: 322 000 km^2
CAPITALE: Yamoussoukro (120 000 habitants)
VILLE PRINCIPALE: Abidjan (2 500 000 habitants)
LANGUE OFFICIELLE: français
RELIGIONS: christianisme, islam, animisme *(religion that attributes a soul to animals and other elements of nature)*
ÉCONOMIE: agriculture (cacao, café), exploitation forestière (acajou *[mahogany]*)
HISTOIRE: ancienne colonie de la France; indépendance: 1960; le président Félix Houphouët-Boigny a été président du pays pendant plus de trente ans
COMMENTAIRE: Les artistes ivoiriens sont connus pour leurs masques et statues—objets de culte *(used in religious ceremonies)* qui représentent les entités surnaturelles gouvernant le monde.

AFRIQUE
Côte-d'Ivoire

❖ ***À discuter:*** *Imagine that you're going to meet with someone from the* ***Côte-d'Ivoire.*** *What would you like to know about the person's country?*

Le pont Houphouët-Boigny, Abidjan

La pêche

La tribu Mangoro: Katiola

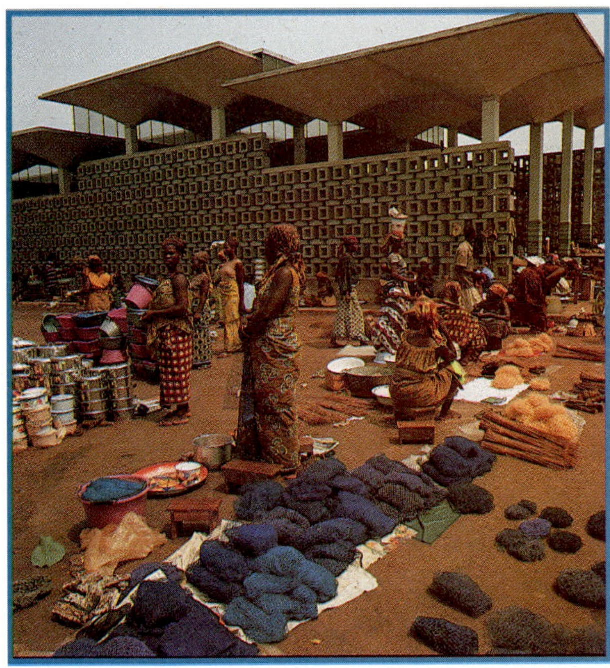
Marché en plein air, Abidjan

Grande Mosquée, Yamoussoukrou

Assime, Côte-d'Ivoire

Cathédrale St-Paul, Abidjan

ACTIVITÉ CULTURELLE: LA FAMILLE IVOIRIENNE

Traditional Western views of the family (father, mother, children), even in their contemporary form (stepfather or stepmother with children from two families), are not universal. In the Ivory Coast, for example, polygamy, the practice of allowing men to have more than one wife, was the rule for centuries. The head of the family would construct adjoining huts for each of his wives and their children. In exchange for the moral and physical protection he afforded them, he gained access to a large workforce. This economic good fortune (women were seen as symbols of wealth) was not free; the husband had to pay a dowry (**une dot**) to the father of each of his wives—originally, kola nuts or cloth; later, money. In some areas, the first marriage was arranged by the young man's family for social and economic reasons; subsequent wives were chosen by the young man according to his own feelings and interests.

Today polygamy is forbidden by law in the Ivory Coast. However, the condition of the family, in general, and of women, in particular, has not necessarily changed for the better. Habits and traditions evolve very slowly. Young men, especially those with money, still take up with multiple women, often very young ones. However, with monogamy the official social policy, the males no longer feel obligated to care for and protect their women. The streets of Abidjan are full of young women, without education and without regular jobs—victims of social change.

❖ ***À discuter:*** *How might family life be different in a polygamous society? Can you imagine situations where polygamy might prove better than monogamy? Why do Americans tend to react negatively to the idea of polygamy? Can you think of other examples where social changes, theoretically for the better, have had a negative impact on the family?*

LECTURE/ACTIVITÉ ÉCRITE: «L'HOROSCOPE»

One situation in which you are most likely only to scan a text is when you read the horoscope section of a newspaper. You will probably only look at your sign and perhaps those of friends or family members. In the following passage, choose only those signs that hold particular relevance to you. It's not important to understand every word of the passage. Notice that in French, when giving a date, the day is given before *the month. Thus,* **22/3** *is* **le 22 mars** (March 22).

Bélier 22/3–20/4. Planète: Mars. Couleur: Rouge. Vous êtes très actif, enthousiaste et généreux. Vous adorez les sports. Vous avez beaucoup de courage et vous aimez le danger. Vous êtes très persévérant et vous êtes capable d'être un grand «leader».

Taureau 21/4–21/5. Planète: Vénus. Couleur: Bleu. Vous cherchez la sécurité dans les traditions et dans une vie bien ordonnée. Vous êtes matérialiste et vous travaillez avec beaucoup d'énergie. Vous êtes sentimental.

Gémeaux 22/5–22/6. Planète: Mercure. Couleur: Jaune. La variété et les changements sont essentiels pour vous. Vous êtes souvent une personne impatiente. Vous trouvez les groupes ennuyeux et vous préférez la société d'une ou de deux personnes. Vous aimez bien parler.

Cancer 23/6–23/7. Planète: Lune. Couleurs: Violet et bleu. Vous êtes positif et optimiste. Vous êtes très attaché à votre famille. Vous n'êtes pas frivole et vous faites attention à votre argent. Vous cherchez la stabilité.

Lion 24/7–23/8. Planète: Soleil. Couleurs: Orange et jaune. Vous êtes très fier, généreux, énergique, enthousiaste et créateur. Mais vous aimez un peu trop l'autorité et vous avez tendance à vouloir dominer les autres. Vous êtes aussi un peu snob.

Vierge 24/8–23/9. Planète: Mercure. Couleurs: Marron et gris. Vous êtes une personne très sérieuse et très organisée. Vous êtes perfectionniste et systématique, et vous détestez le désordre.

Balance 24/9–23/10. Planète: Vénus. Couleurs: Bleu et rose. Vous avez un tempérament heureux et vous aimez passer votre temps avec vos amis. Vous avez beaucoup de charme et vous cherchez l'harmonie et l'équilibre dans votre vie. Vous êtes idéaliste.

Scorpion 24/10–22/11. Planète: Pluton. Couleur: Rouge. Vous êtes une personne profonde qui déteste la superficialité et la compétition. En public, vous êtes souvent silencieux. Vous êtes très intense et assez ambitieux.

Sagittaire 23/11–22/12. Planète: Jupiter. Couleur: Violet. Vous êtes toujours très aimable, optimiste et honnête. Vous avez une imagination très riche, mais vous n'avez pas beaucoup de persévérance. Vous avez beaucoup de curiosité et vous adorez les voyages.

Capricorne 23/12–19/1. Planète: Saturne. Couleurs: Bleu et noir. Vous êtes très ambitieux. Vous adorez vos parents et ils peuvent toujours compter sur vous. Vous avez un très bon sens de l'humour. Vous êtes très sociable et plutôt conservateur.

Verseau 20/1–19/2. Planète: Uranus. Couleur: Turquoise. Vous êtes brillant mais pas très réaliste. Vous êtes une personne intellectuelle qui désire être indépendante. Vous êtes aimable et sociable, mais calme et un peu distant. Vous adorez trouver des solutions à des problèmes difficiles.

Poissons 20/2 — 21/3. Planète: Neptune. Couleur: Vert. Vous êtes une personne très généreuse. Pour vous, les intuitions dominent la raison et la logique. Vous êtes facilement influencé par les autres. Vous détestez la discipline et la routine. Vous n'êtes pas très pratique.

A. Mon signe. In English, compare your personality with the description given in your horoscope. Tell whether or not you possess those particular traits. Give some concrete examples to illustrate your agreement or disagreement.

B. Mon nouvel ami (Ma nouvelle amie). You've just found a pen pal and are writing to introduce yourself. In French, give a detailed description of your physical and personal characteristics. You may also wish to talk about your family and some of your interests. Some of the adjectives and sentences from *L'horoscope* may prove helpful. Follow the letter form suggested. Use a separate sheet of paper.

BEGINNING: **Cher (Chère)...**
Bonjour! Je m'appelle... et je vais être ton (ta) correspondant(e).
ENDING: **Amitiés** (your name)

LECTURE: «FAMILIALE» (Jacques Prévert)

This poem was published shortly after the end of World War II. Read the poem, with the help of the vocabulary provided, then answer the questions that follow.

tricot: *knitting*
guerre: *war*
affaires: *business*
trouve: *finds*
rien: *nothing*
tué: *killed*
vie: *life*

Familiale

La mère fait du tricot
Le fils fait la guerre
Elle trouve ça tout naturel la mère
Et le père qu'est-ce qu'il fait le père?
Il fait des affaires
Sa femme fait du tricot
Son fils la guerre
Lui des affaires
Il trouve ça tout naturel le père
Et le fils et le fils
Qu'est-ce qu'il trouve le fils?
Il ne trouve rien absolument rien le fils
Le fils sa mère fait du tricot son père des affaires lui la guerre
Quand il aura fini la guerre
Il fera des affaires avec son père
La guerre continue la mère continue elle tricote
Le père continue il fait des affaires
Le fils est tué il ne continue plus
Le père et la mère vont au cimetière
Ils trouvent ça naturel le père et la mère
La vie continue la vie avec le tricot la guerre les affaires
Les affaires la guerre le tricot la guerre
Les affaires les affaires et les affaires
La vie avec le cimetière.

Jacques Prévert, *Paroles*

Analyse.

1. Who are the members of this family? What does each one do?
2. How does the poet feel about each of the following? Explain your answer by referring to the poem.
   a. knitting   b. business   c. war
3. Read the poem aloud. Often a poet makes use of a sound or a series of sounds to tie together some of the key words of the poem. List the important words of this poem that are linked together by the sound. The words fils and vie do not fit in this group. Why not?

ACTIVITÉ ORALE:
ENCORE UNE RENCONTRE AUX 4 TEMPS

While shopping at the **4 Temps** shopping center in Paris, you run into one or two friends. You go to get something to eat (see pp. 37, 38, or 39 for menus). After deciding on what you want, you have the following conversation:

- you each talk about which stores you've been to and what you bought (or didn't buy) and/or what stores you're going to and what you would like to buy;
- one of you sees an acquaintance passing by; you ask if the others know him/her; they don't, so you describe this person and answer your companion's questions about him/her.

ACTIVITÉ CULTURELLE:
LES CATHÉDRALES

The city of Reims, where the Batailler family lives, is reknowned for its cathedral. It is not alone, however: all the major cities in France have at their center one or more cathedrals. Most of these impressive edifices date from the Middle Ages and reflect the two major styles of medieval architecture—the Romanesque and the Gothic.

L'architecture romane *(Romanesque architecture)*

The eleventh and twelfth centuries in France saw the development of monastic orders and of a religious fervor inspired by the Crusades. Accompanying this religious revival was the construction of numerous churches in what came to be known as the Romanesque style.

Romanesque churches are characterized by the thickness of the walls, the solidity of the bell towers, the use of **contreforts** (buttresses), and the prevalence of unbroken arches (**les arcs en plein cintre**). One of the most striking examples of Romanesque architecture is found at Vézelay, to the southeast of Paris.

l'église de Vézelay

une tour-clocher

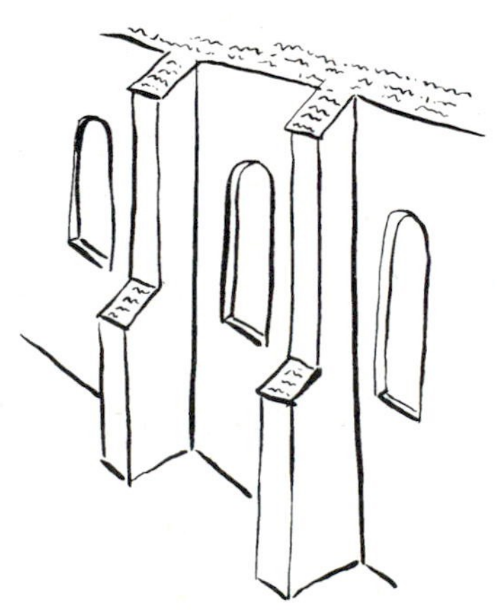

des contreforts

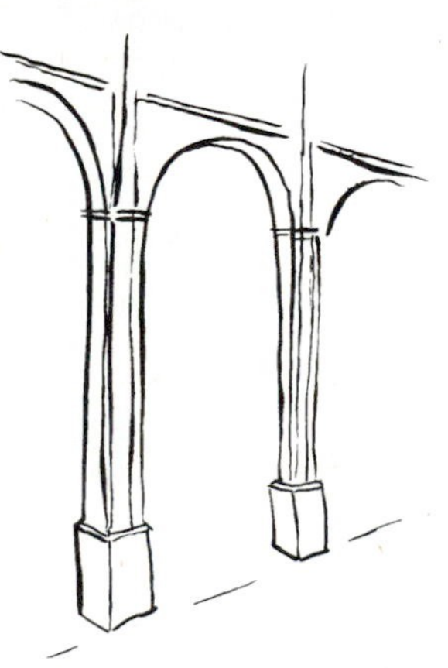

l'arc en plein cintre

L'architecture gothique *(Gothic architecture)*

Gothic architecture appeared in France towards the end of the twelfth century along with the development of cities. Thanks to new construction techniques that allowed for more height and less weight, these cathedrals stretch up towards the sky as if a symbol of the power of faith. Gothic architecture reached its height in the fourteenth and fifteenth centuries. It is characterized by tall steeples (replacing the heavy Romanesque towers), flying buttresses (**les arcs-boutants,**) that replace the earlier slab-like buttresses, broken arches (**l'arc brisé** or **l'arc en ogive**), and the use of stained-glass windows (**les vitraux**). The cathedral at Reims is a wonderful example of the richness of Gothic architecture.

des arcs-boutants **l'arc brisé/l'arc en ogive** **un vitrail**

la cathédrale de Reims

On the basis of what you have learned about Gothic and Romanesque architecture, identify the style of each of the following cathedrals. Justify your choice by reference to some of the structural characteristics.

la cathédrale de Chartres

l'église de Notre-Dame-la-Grande (Poitiers)

la cathédrale d'Amiens

LEXIQUE

***See page 137 of the* Manuel de préparation.**

CHAPITRE 4

Une jeune fille au pair à Reims

 *The Batailler family's au pair, Cecilia Dos Santos, comes from* Portugal. She is one of many young women who provide child care and do light housework in exchange for room and board and the experience of living with a family in a foreign country. In France, the rights and responsibilities of an **au pair** are defined by **le Ministère du travail** in collaboration with other European countries. To be an **au pair,** you must be between the ages of 18 and 26, be unmarried, be a high school graduate, and have a minimum of high-school level French. Although your main responsibility is child care, you may be asked to do a little housework. Your schedule must allow you time to take French language classes and you're entitled to at least one day off per week (but usually you get more). In return for your services you receive a private room, meals with the family, a monthly allowance, and coverage under French social security. **Alors,** does that sound interesting? If so, contact your nearest French Embassy or Cultural Service for more details. ❞

CHAPTER SUPPORT MATERIALS

MP: pp. 141–196

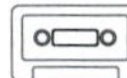 **Student Tape** Segments 23–29

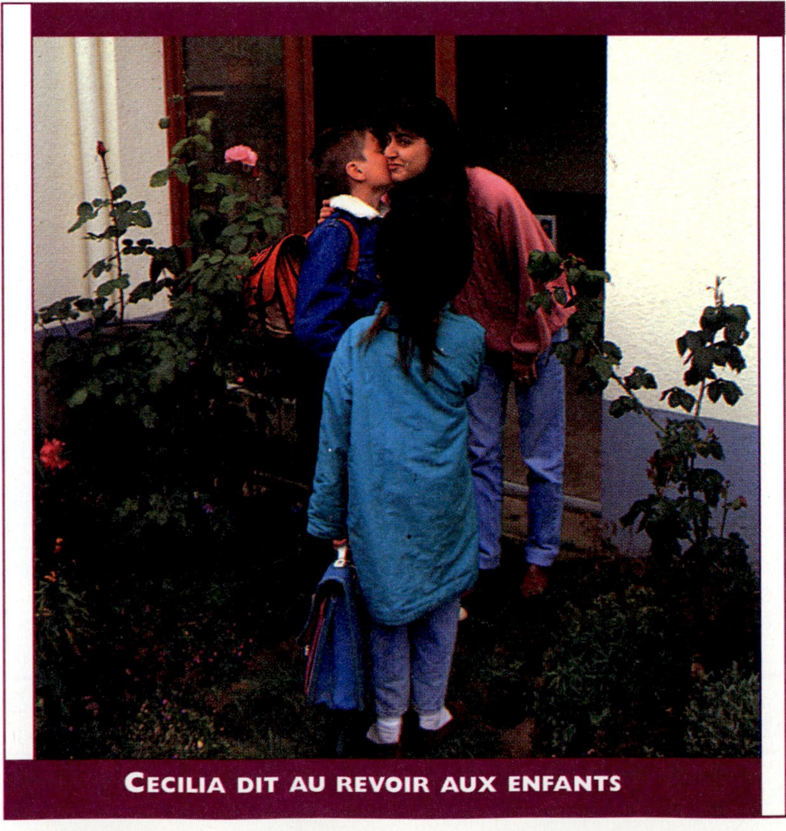

CECILIA DIT AU REVOIR AUX ENFANTS

CONTEXTE: TOI, TU T'OCCUPES DES ENFANTS

Les responsabilités quotidiennes

s'occuper: *to take care of*
quotidien: *daily*

Chez les Batailler, comme dans toutes les familles, il y a beaucoup de travail à faire.

Les Batailler ont une employée de maison (housekeeper), *Mme Aubain, qui vient* (comes) *une fois par semaine pour faire le ménage* (to do housework).

Elle nettoie la cuisine. | **Elle passe l'aspirateur.** | **Elle fait la lessive.**

cleans / vacuums / does the laundry

Hélène Batailler s'occupe des repas (meals).

Elle fait les courses. | **Elle prépare le dîner.**

does the shopping

Son mari joue son rôle (plays his role) *aussi.*

Il fait la vaisselle. | **Il fait des petites réparations.**

does the dishes

Cecilia s'occupe des enfants.

Elle **les amène** à l'école le matin.
Elle va les chercher à l'école l'après-midi.

takes

Benoît et Adeline, ils aident aussi.

Ils **rangent** leur chambre.
Et quelquefois ils aident leur père à faire la vaisselle.

pick up

À vous la parole!

A. Qui fait quoi *(Who does what)?* Answer the following questions about the work done in the Batailler household.

1. Qui s'occupe des repas? Qu'est-ce qu'elle fait?
2. Qui s'occupe des enfants? Qu'est-ce qu'elle fait le matin? Et l'après-midi?
3. Que fait André Batailler? Qui l'aide quelquefois à faire la vaisselle?
4. Comment est-ce que les enfants contribuent au travail de la maison?
5. Qui fait le ménage? Qu'est-ce qu'elle fait?

LA JOURNÉE DE CECILIA

journée: *day*

Mme Batailler parle avec Cecilia de ses responsabilités en tant que (as) *jeune fille au pair.*

CECILIA: Qu'est-ce que je **dois** faire? — *have to*

MME BATAILLER: Bon, l'essentiel, c'est que tu t'occupes des enfants. **Voyons...** tu les **réveilles** entre 7 heures et 7 heures 30, tu **leur** prépares un petit déjeuner et tu les amènes à l'école. Elle commence à 9 heures, leur école. Puis tu vas les chercher l'après-midi vers 4 heures 30. Tu leur donnes un goûter et puis tu les **surveilles** jusqu'au dîner. — *Let's see / wake up*; *for them*; *look after*

CECILIA: Ah, je suis **libre** après le dîner? — *free*

MME BATAILLER: Oui, **sauf le mercredi soir.** Mon mari et moi, nous dînons en ville ce soir-là. Alors tu dois faire du babysitting. — *except Wednesday evenings*

CECILIA: Est-ce que je dois faire le ménage? Chez moi, je fais la lessive... euh... je...

MME BATAILLER: Non, non. Ce n'est pas nécessaire. Nous avons une employée de maison. Elle vient **le vendredi.** Elle s'occupe de la maison—elle nettoie, elle passe l'aspirateur et elle fait la lessive. — *on Fridays*

POUR VOUS EXPRIMER

Les jours de la semaine

Quel jour sommes-nous aujourd'hui?
Quel jour on est aujourd'hui?

Aujourd'hui, on est (c'est) Nous sommes aujourd'hui	lundi mardi mercredi jeudi vendredi samedi dimanche

Les mois de l'année

janvier	avril	juillet	octobre
février	mai	août	novembre
mars	juin	septembre	décembre

en janvier / au mois de janvier
en avril / au mois d'avril

La date

Quelle est la date aujourd'hui?
Nous sommes le combien aujourd'hui?
Aujourd'hui, c'est le (5 avril).
Nous sommes (aujourd'hui) (le premier mai).

"Note that you don't need to use an article with the days of the week in French. For example, **Je suis allé à La Redoute lundi** is the equivalent of *I went to La Redoute Monday (on Monday)*. However, when you use the article **le** with the days of the week, it indicates every week on that day: **Le lundi je vais à La Redoute.** *(On Mondays [i.e., every Monday] I go to La Redoute.)*"

"That's right! And did you notice that the first day of the week in French is Monday, not Sunday? And by the way, when you're giving the date in French, use regular cardinal numbers **(le deux, le trois, le quatre,** etc.) except for the first day of the month **(le premier).**"

À vous la parole!

B. Quand est-ce qu'ils arrivent? Quand est-ce qu'ils partent? ***(When are they getting here? When are they leaving?)*** Like many French families, Marc Vandrisse's parents have a summer place. Theirs is near Les Sables d'Olonne on the Atlantic coast of France. Each summer many family members join them there. Using the calendar and the information provided, answer Marc's questions about this summer's schedule.

MODÈLE: l'oncle Bernard / 4 juillet — 15 juillet
— *Quand est-ce qu'il arrive, l'oncle Bernard?*
— *Il arrive le 4. C'est un samedi.*
— *Et quand est-ce qu'il part?*
— *Il part le 15. C'est un mercredi.*
— *Ah, bon. L'oncle Bernard arrive le samedi 4 juillet et il part le mercredi 15 juillet. C'est ça?* (Is that right?)
— *Oui, c'est ça.*

JUILLET

L	M	M	J	V	S	D
		1	2	3	4	5
6	7	8	9	10	11	12
13	14	15	16	17	18	19
20	21	22	23	24	25	26
27	28	29	30	31		

AOÛT

L	M	M	J	V	S	D
					1	2
3	4	5	6	7	8	9
10	11	12	13	14	15	16
17	18	19	20	21	22	23
24/31	25	26	27	28	29	30

SEPTEMBRE

L	M	M	J	V	S	D
	1	2	3	4	5	6
7	8	9	10	11	12	13
14	15	16	17	18	19	20
21	22	23	24	25	26	27
28	29	30				

1. la tante Élise / 12 juillet — 28 juillet
2. grand-père et grand-mère / 1er août — 27 août
3. Jean-Jacques et sa petite amie / 17 juillet — 20 juillet
4. l'oncle Henri / 19 août — 2 septembre

C. La semaine de la tante Bernadette. André Batailler's great aunt Bernadette has been living in her house for over 50 years, and she still follows the same weekly routine. On the basis of the drawings below, describe what she regularly does each day of the week. Remember to use **le** before the day of the week to indicate that this is her habitual schedule.

MODÈLE: *Le lundi (matin) elle fait la lessive.*

→ *Do* **À faire! (4-1)** *on page 141 of the* **Manuel de préparation.**

Parlons de vous!

D. Quels jours? A French exchange student who is spending the semester on your campus is curious to know about life in the United States. Answer his/her questions about when you, your family, and your friends do certain things.

MODÈLE: Quel jour est-ce que tu vas au cinéma?
D'habitude, je vais au cinéma le vendredi ou le samedi soir.

1. Quels jours est-ce que tu as ton cours de français?
2. Est-ce que tu as des cours tous les jours *(every day)?*
3. Tu travailles? Quel(s) jour(s)?
4. Quel(s) jour(s) est-ce qu'on fait les courses chez toi?
5. Quel(s) jour(s) est-ce qu'on fait la lessive chez toi?
6. Quel(s) jour(s) est-ce qu'on prépare un grand dîner chez toi?
7. En quels mois est-ce qu'on joue au football américain? au base-ball?
8. Quelle est la date de ton anniversaire *(birthday)?*
9. Quelle est la date de l'anniversaire de ton père? de ta mère? de tes frères et de tes sœurs? (de tes enfants?)

E. Qui fait le travail chez vous? Describe to a classmate how you and your family (or your roommates) divide up the household chores.

MODÈLE: *Moi, je m'occupe des repas. Je fais les courses et je prépare le dîner. Je fais la vaisselle. Mon ami(e) (frère, père) s'occupe du ménage. Il (Elle)...*

LA JOURNÉE DE CECILIA (SUITE)

Le soir Mme Batailler pose des questions à Cecilia au sujet de sa première journée avec les enfants.

MME BATAILLER: Alors, **la journée s'est bien passée?**

did the day go OK?

CECILIA: Oh, oui... oui.

MME BATAILLER: Tu **n'as pas eu** de problème pour réveiller les enfants?

didn't have

CECILIA: Je ne les ai pas réveillés, ils se sont réveillés **tous seuls.** Adeline s'est réveillée à 7 heures 15 et Benoît, dix minutes après. Ils se sont habillés, ils ont mangé une **tartine** et je les ai amenés à l'école. Puis je suis allée les chercher à 4 heures 30, nous sommes rentrés et ils ont pris un petit goûter. Benoît a commencé ses devoirs et Adeline a joué avec ses copines. **Tout** s'est très bien passé.

all by themselves

bread with butter or jam

Everything

MME BATAILLER: Ah, c'est **formidable.** Merci, Cecilia.

terrific, great

"Did you notice that, when Cecilia and Mme Batailler were talking about Cecilia's day, they used the past tense? Remember, you already learned three forms of the past tense when you were talking about shopping back in Chapter 2—**je suis allé(e), j'ai acheté,** and **j'ai payé.** You'll get a full explanation of the past tense in the **Manuel de préparation.** For the moment, just imitate the forms you see and hear in the questions you're asked."

"**Dis donc!** *(Oh, come on!)*, Gigi, you've got to give them a little more help than that! At least tell them that some verbs—like **j'ai acheté, ils ont mangé, je n'ai pas réveillé**—use a form of **avoir** in the past tense while other verbs— **je suis allée, nous sommes rentrés, ils se sont réveillés**—use a form of **être.** OK?"

À vous la parole!

F. La journée de Cecilia. Answer the questions about Cecilia's day with the Batailler children. In your answer, be sure to use the verb form found in the question and/or in the dialogue between Cecilia and Mme Batailler.

1. Est-ce que Cecilia a réveillé les enfants entre 7h et 7h30? Pourquoi pas?
2. À quelle heure est-ce qu'Adeline s'est réveillée? Et Benoît?
3. Qu'est-ce qu'ils ont fait avant de manger?
4. Qu'est-ce qu'ils ont mangé?
5. Où est-ce que Cecilia les a amenés?
6. À quelle heure est-ce qu'elle est allée les chercher?
7. Est-ce qu'ils sont rentrés tout de suite *(right away)?*
8. De retour à la maison *(back at the house),* qu'est-ce qu'ils ont fait d'abord?
9. Ensuite, qu'est-ce que Benoît a fait? Et Adeline?

G. La soirée chez les Batailler. Now answer questions about how Cecilia and the Batailler family spent the evening of her first day on the job. In your answer, continue using the verb form suggested by the question.

1. Qui a préparé le dîner? (Mme Batailler)
2. À quelle heure est-ce qu'on a dîné? (à 8h)
3. Qui a fait la vaisselle? (M. Batailler)
4. Est-ce que les enfants l'ont aidé à faire la vaisselle? (oui)
5. Qu'est-ce que la famille a regardé à la télé? (un film)
6. Est-ce que Cecilia a couché *(put to bed)* les enfants? (non)
7. À quelle heure est-ce qu'Adeline s'est couchée? (à 9h) Et Benoît? (à 9h45) Et Cecilia? (à 11h)
8. À quelle heure est-ce que M. et Mme Batailler se sont couchés? (vers 11h30)

Do À faire! (4-2) on page 144 of the Manuel de préparation.

RAPPEL

Le verbe **faire** et le passé composé

LE VERBE **FAIRE** *(TO DO; TO MAKE)*

je **fais**	nous **faisons**
tu **fais**	vous **faites**
il / elle / on **fait**	ils / elles **font**

LE PASSÉ COMPOSÉ

- Les verbes conjugués avec **avoir**

j'**ai acheté**	nous **avons acheté**
tu **as acheté**	vous **avez acheté**
il / elle / on **a acheté**	ils / elles **ont acheté**

- Les verbes conjugués avec **être**

je **suis allé**(e)	nous **sommes allé**(e)s
tu **es allé**(e)	vous **êtes allé**(e)(s)
il / on **est allé**	ils **sont allés**
elle **est allée**	elles **sont allées**

D'autres verbes conjugués avec **être: arrivér, descendre, entrer, rentrer, rester**

- Les verbes pronominaux

je me **suis levé**(e)	nous nous **sommes levé**(e)s
tu t'**es levé**(e)	vous vous **êtes levé**(e)(s)
il / on s'**est levé**	ils se **sont levés**
elle s'**est levée**	elles **se sont levées**

LES PARTICIPES PASSÉS IRRÉGULIERS

descendre → **descendu**
faire → **fait**
prendre → **pris**

Contrôle

H. Jeudi dernier. Cecilia Dos Santos is describing what happened in the Batailler household last Thursday. Use the **passé composé** to recreate her description of the day's activities.

MODÈLE: M. et Mme Batailler / se lever les premiers
M. et Mme Batailler se sont levés les premiers.

1. ils / se lever à 6h
2. moi, je / se lever à 6h30
3. je / prendre une douche
4. M. Batailler / faire du jogging
5. Mme Batailler et moi / faire du yoga
6. nous / déjeuner ensemble
7. je / réveiller les enfants
8. ils / s'habiller à toute vitesse *(very rapidly)*
9. ils / manger une tartine
10. je / les amener à l'école
11. nous / y arriver à l'heure *(on time)*
12. moi, je / aller en ville faire des achats
13. je / s'acheter un nouveau maillot de bain
14. mon amie Katrina et moi / se retrouver pour déjeuner
15. nous / passer l'après-midi à visiter Reims
16. je / aller chercher les enfants à l'école
17. nous / rentrer
18. Benoît / commencer ses devoirs
19. Adeline / manger un yaourt et une banane
20. elle / aller chez sa copine
21. Mme Batailler / rentrer vers 6h
22. je / l'aider à préparer le dîner
23. après le dîner, les enfants et moi / s'amuser à écouter des compact discs
24. ils / se coucher vers 10h
25. moi, je / ne pas se coucher avant minuit

I. Une journée à Reims *(A day in Reims).* Your friends Marc and Paulette spent yesterday visiting the city of Reims. Using the verbs in the drawing, describe their activities in the numbered order shown.

MODÈLE: *Hier ils ont quitté leur hôtel à 9h du matin.*

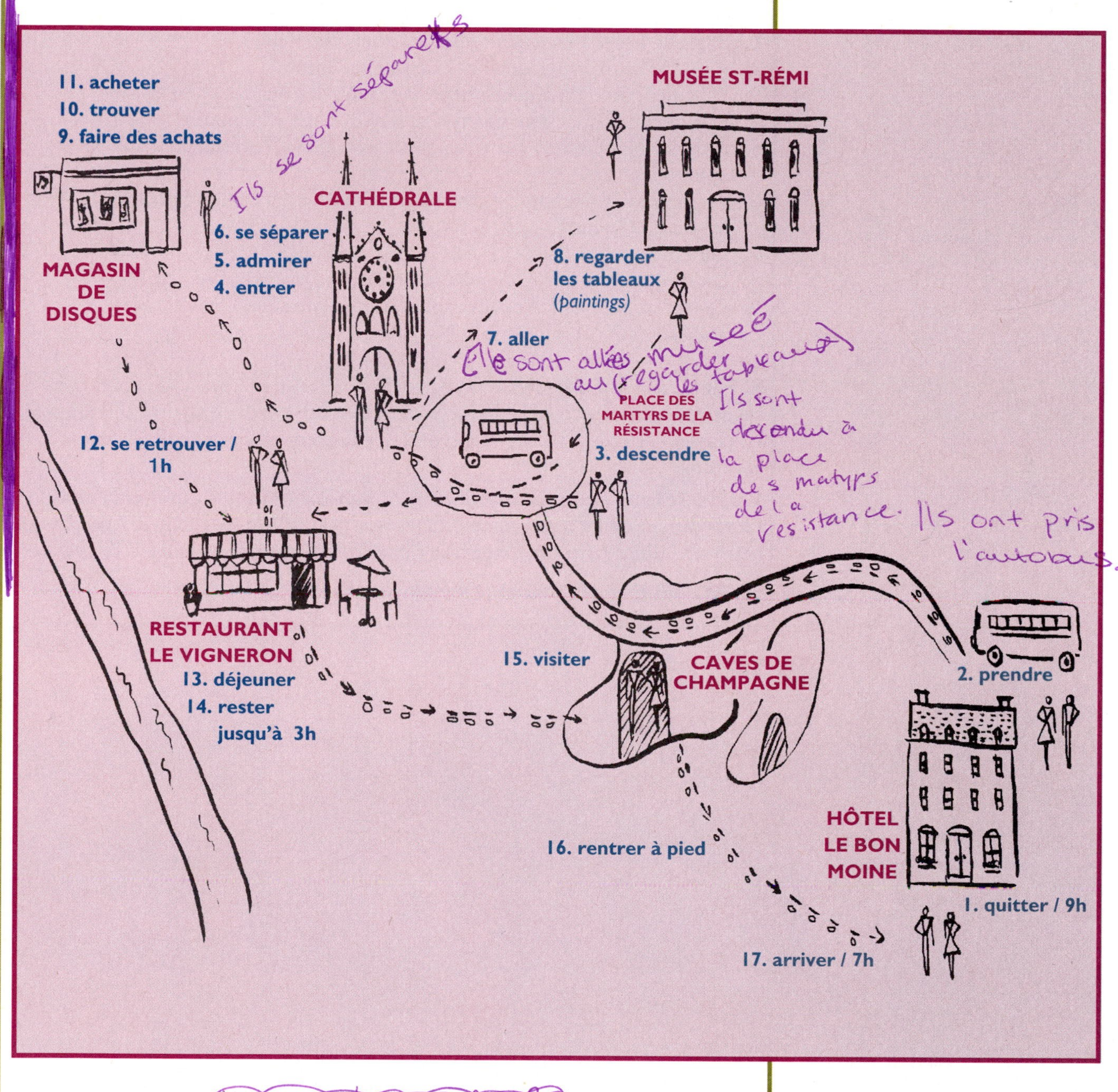

Parlons de vous!

J. Échange. Ask a classmate the following questions. Your classmate will then throw the question back to you.

MODÈLE: — *À quelle heure est-ce que tu t'es levé(e) ce matin?*
— *Je me suis levé(e) à 7h. Et toi?*
— *Moi? Je me suis levé(e) à 8h30.*

1. À quelle heure est-ce que tu t'es couché(e) hier soir?
2. À quelle heure est-ce que tu t'es levé(e) ce matin?
3. Et samedi dernier, à quelle heure est-ce que tu t'es couché(e)?
4. Et à quelle heure est-ce que tu t'es levé(e) dimanche matin?
5. À quelle heure est-ce que tu as quitté la maison (la résidence, ton appartement)?
6. Tu as nettoyé ta chambre (ton appartement, la maison) récemment *(recently)* Quand?
7. Qu'est-ce que tu as fait?
8. Est-ce que tu es allé(e) en ville récemment? Quand? (Avec qui?)
9. Qu'est-ce que vous avez (tu as) fait? Vous vous êtes (Tu t'es) bien amusé(e)(s)?

K. Hier... samedi dernier... Using some or all of the verbs and expressions suggested, describe to a classmate your activities (1) yesterday (or, if there were no classes yesterday, the most recent day you went to class), and (2) last Saturday.

VERBES: **se lever / prendre une douche / s'habiller / manger / quitter la maison (la résidence) / aller à mes cours / déjeuner / (se) retrouver / rentrer / préparer / nettoyer / dîner / étudier / regarder / parler / téléphoner / écouter / se coucher**

MODÈLE: *Hier matin je me suis levé(e) vers...*

Perspective culturelle

L'emploi du temps

Note culturelle: *Work and leisure time in France*

Traditionally, the French workday began at eight or nine in the morning and then stopped between twelve and two so that workers could go home or to a restaurant for the day's main meal. Offices and stores would reopen at two, and one would work until six or seven. This daily schedule is still followed in small towns and some provincial cities where stores may close between noon and two or, in the south of France, between one and four. However, in Paris

and other major cities, it has become more common to practice what they call **la journée continue** (*continuous workday*)—*i.e.,* workers are given a much shorter time for lunch, stores and offices remain open from nine through at least six, and, as a result, **le déjeuner** is no longer the largest meal of the day.

In adopting **la journée continue,** the French are following the American model for the workday. However, in terms of the work year, the French offer an example to the entire world, thanks to their system of **congés payés** *(paid vacations).* A law passed in 1936 guaranteed every **salarié** *(salaried employee)* at least two weeks of paid vacation. Since then the length of guaranteed paid vacation time has increased to the current minimum of five weeks. Working people also benefit from the numerous **jours fériés** *(official holidays)* that include—in addition to Christmas, Easter, and the French national holiday **(le 14 juillet)**—several other religious or civil holidays, such as **la Fête du travail** (May 1, "May Day"), **l'Ascension** (the sixth Thursday after Easter), **l'Assomption** (August 15, the festival of the Virgin Mary), and **la Toussaint** or **le Jour des morts** ("All Saints Day," Nov. 1). Moreover, the French have become quite adept at what they call **faire le pont** (literally, *to make the bridge)—i.e.,* getting extra days off by making these holidays into long weekends.

❖ ***À discuter:*** *Compare the workdays (traditional and modern) and the work year described above with those with which you are most familiar. What values and priorities are reflected in these different* **emplois du temps***?*

LECTURE: «UNE JOURNÉE AVEC LES FRANÇAIS»

The following text describes a typical day in the life of a French family. While you will not understand everything, you will probably be able to identify the main activities that enter into their daily routine. Here are a few connecting words that you should learn and that will help you understand the text:

où	*where / when*
sauf	*except for*
sans	*without*
à moins que	*unless*

7 heures: quelquefois une demi-heure avant, rarement une demi-heure après, le réveil sonne... Sauf le mercredi pour les enfants bien sûr: jour sans école où ils peuvent faire la grasse matinée jusqu'à 8h, 9h ou plus. C'est souvent le père qui se lève le premier: il aime bien avoir la salle de bains à lui tout seul pour se raser. Après lui, elle est libre, et ouverte au plus courageux. Pendant ce temps-là, il va préparer le petit déjeuner dans la cuisine. À moins que la mère ne l'y ait pas précédé. Le petit déjeuner: c'est le plus souvent, une tasse de café noir ou un bol de café au lait avec une ou deux tartines de pain beurré. Les enfants ajoutent, selon leurs goûts, de la confiture ou du miel.

8 heures, 8 heures et demie: heure d'ouverture des écoles, des collèges et des lycées. Il faut partir à temps pour ne pas être en retard. À la campagne, les enfants prennent le car de ramassage, en ville l'autobus. Les autres vont à pied ou sont conduits en voiture par le père ou par la mère (si elle travaille à l'extérieur).

Midi, 13 heures: le système de la journée continue est fréquemment appliqué aujourd'hui dans les villes, et les enfants déjeunent à la «cantine» de l'école, les parents au «restaurant d'entreprise» ou à un petit restaurant voisin.

16h–17h: les jeunes enfants, s'il y a quelqu'un à la maison pour le leur préparer, aiment bien prendre un goûter: pain et confiture ou chocolat, par exemple.

18–19h: tout le monde, le plus souvent, est rentré du bureau, de l'usine, de l'école, etc. Les enfants ont des devoirs à faire, les parents du courrier ou des rangements... On dîne en général, vers 20 heures, 20 heures 30. C'est la demi-heure du journal télévisé. Assez souvent on le regarde en mangeant...

Gilbert Quénelle, *La France j'aime*
(© Hatier, Paris, p. 106)

L. Pour lire. When faced with a text containing numerous unfamiliar words and expressions, try applying, singly or in combination, some of the reading strategies you have learned.

1. *Sauf le mercredi... bien sûr: jour sans école où ils peuvent* ***faire la grasse matinée*** *jusqu'à 8h, 9h ou plus.*

   What do you know, either from reading the beginning of this sentence or from your general knowledge, about Wednesdays in French schools? What other French word do you recognize in **matinée?** Given that context plus the times expressed in the sentence (**8h, 9h ou plus**), what might you guess is the meaning of the expression **faire la grasse matinée?**

2. *À la* ***campagne****, les enfants prennent le* ***car de ramassage****, en ville l'autobus.*

   What do children usually do around 8:00 or 8:30 in the morning? In this sentence, there is an opposition between **à la campagne** and **en ville**: what is the opposite of **en ville?** Given this context, what would be a logical English equivalent of **car de ramassage?** Consequently, the word **autobus** in French seems to have a more limited meaning than in English.

3. *Les autres vont à pied ou sont* ***conduits*** *en voiture...*

   What words in this phrase are linked to **conduits?** What clue do they give you as to its meaning? Does this meaning make sense as an alternative to **vont à pied?**

4. *... et les enfants déjeunent à la «****cantine****» de l'école, les parents au «****restaurant d'entreprise****»...*

   The time plus the verb **déjeunent** suggest what activity? What then would be a likely English equivalent of **cantine?** What English word is a cognate of **entreprise?** What then would be a likely English equivalent of **restaurant d'entreprise?**

5. *... les parents du courrier ou des* ***rangements...***

   What French word do you recognize in **rangements?** What is probably the meaning of **rangements** (**à faire**)?

M. Une journée à la française. Discuss the similarities and differences you see between the activities described in the preceding passage and in your family's daily routine.

→ *Do* **À faire! (4-3)** *on page 150 of the* **Manuel de préparation.**

CONTEXTE: ET VOILÀ LA CATHÉDRALE!

La ville

Dans une ville française on trouve souvent:

train station / library	**une gare**	une cathédrale	**une bibliothèque**
church		**une église**	
	un hôtel	une synagogue	**un bureau de poste**
school / city hall	**une école**	une université	**un hôtel de ville**
junior high school / police station	**un collège**		**un commissariat de police**
high school	**un lycée**	un hôpital	

Si on a des courses à faire, il y a d'habitude:

grocery store / delicatessen	une banque	**une épicerie**	**une charcuterie**
butcher shop / tobacco shop	une pharmacie	**une boucherie**	**un (bureau de) tabac**
bookstore / bakery	**une librairie**	**une boulangerie**	un supermarché

Et si on veut s'amuser, on y trouve souvent:

	un café	un cinéma	un parc (un jardin public)
stadium	un restaurant	un théâtre	**un stade**
museum / pool	un fast-food	**un musée**	**une piscine**

À vous la parole!

N. C'est quoi, ça?
Identify each place or building.

MODÈLE:

— *C'est quoi, ça?*
— *Ça, c'est une pharmacie.*

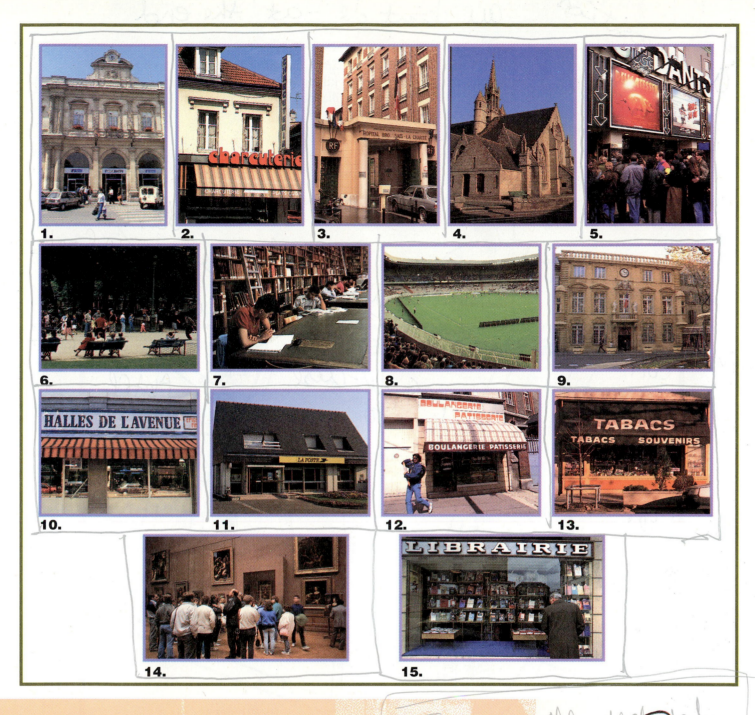

1. 2. 3. 4. 5.

6. 7. 8. 9.

10. 11. 12. 13.

14. 15.

Chez nous

Streets in France are usually given the name of a landmark **(la rue du Lycée),** a famous person **(le boulevard Victor Hugo, l'avenue du Président Roosevelt),** or an historical reference **(la place de la Libération).** When indicating where a place is located, you use the preposition **dans** with streets **(dans la rue de la Marne),** avenues **(dans l'avenue Charles de Gaulle),** and boulevards **(dans le boulevard Léon Blum)**; however, you use the preposition **sur** with squares **(sur la place de la République).**

O. Où est... ? The Batailler family has taken Cecilia to visit Châlons-sur-Marne, a small city about 50 kilometers to the south of Reims. On the way, Benoît and Adeline show Cecilia where various places are located on the map. Imitate their conversation.

MODÈLE: le bureau de poste
CECILIA: *Où est le bureau de poste?*
BENOÎT: *Il est dans la rue de la Marne près du boulevard Léon Blum.*
ADELINE: *Oui. Le voilà.*

“Do you remember when you learned that the preposition **à** when followed by **le** becomes **au** in French? Well, a similar contraction occurs with the preposition **de.** That's right, when **de** is followed by **le,** it becomes **du**—just as you probably noticed in the expressions **en face du parking,** and **près du parc.**”

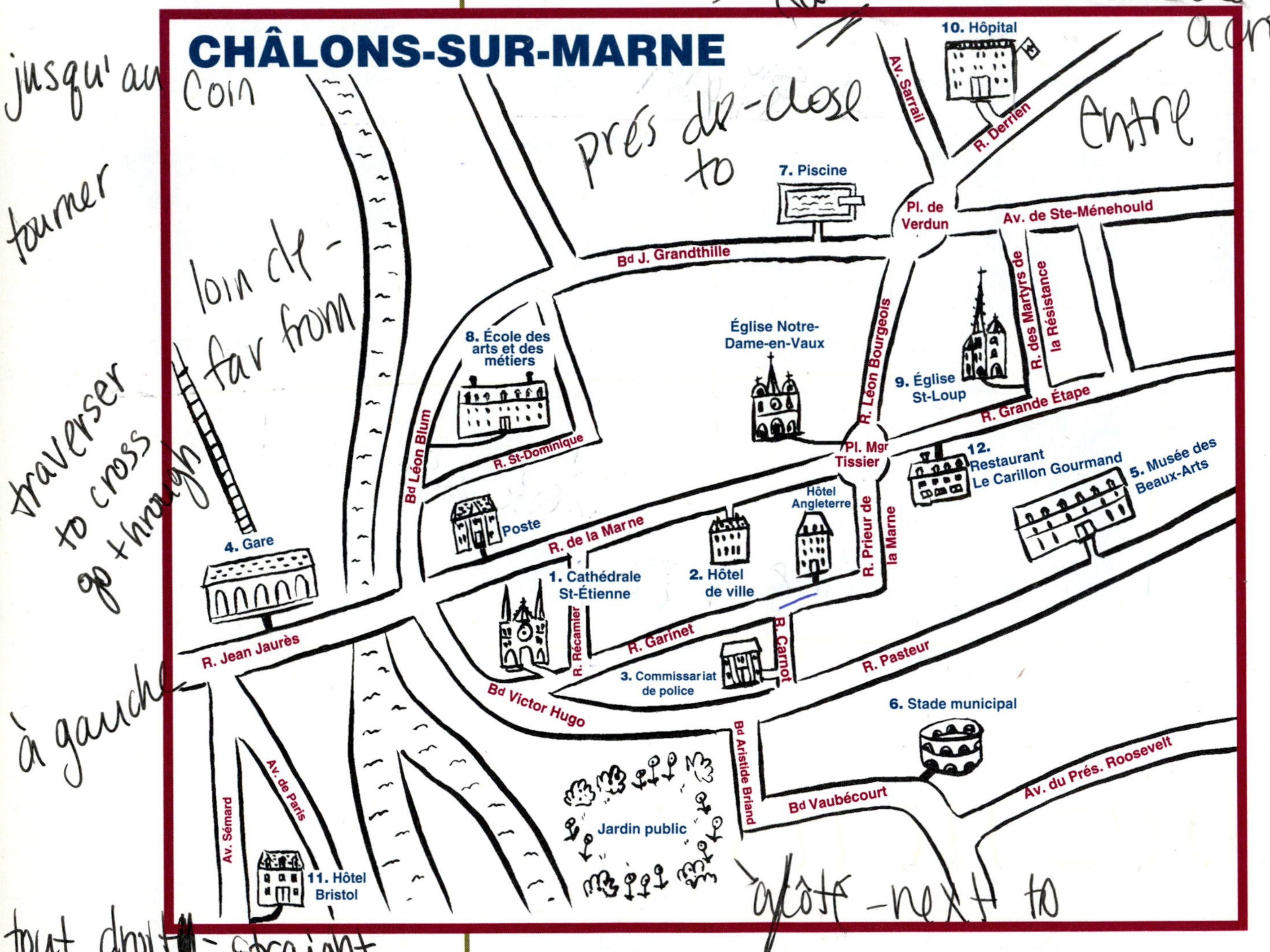

1. la cathédrale
2. l'hôtel de ville
3. le commissariat de police
4. la gare
5. le Musée des Beaux-Arts
6. le stade municipal
7. la piscine
8. l'École des arts et des métiers
9. l'église St-Loup
10. l'hôpital
11. l'hôtel Bristol
12. le restaurant Le Carillon Gourmand

UN PETIT TOUR DE LA VILLE DE REIMS

Mme Bataillier fait voir (is showing) *à Cecilia les principaux monuments* (major buildings) *de Reims.*

MME BATAILLER:	Voilà la cathédrale!	
CECILIA:	Oh, elle est très jolie. Et c'est quoi, ça, le grand bâtiment à côté de la cathédrale?	
MME BATAILLER:	Ça, c'est le palais du Tau. Il date du 17e siècle. Et, regarde là, **à gauche.** Ça, c'est l'hôtel de la Salle. Et **un peu plus loin**, voilà l'hôtel de ville.	*on the left* *a little farther on*
CECILIA:	Est-ce qu'il y a un bureau de poste près d'ici?	
MME BATAILLER:	Oui, oui. **Il y en a un** sur la place du Boulingrin, **juste** en face du parking municipal.	*There's one* *right, just*

POUR VOUS EXPRIMER

Pour demander et donner des renseignements

C'est quoi, ça?
Qu'est-ce que c'est?

Est-ce qu'il y a un(e)... près d'ici?
dans le quartier?
Oui, il y en a un(e) dans la rue (l'avenue...).
Oui, il y en a un(e) près de (en face de, à côté de...).

Où est le (la) ...?
Où se trouve le (la) ...?
Il (Elle) est (se trouve) dans la rue (l'avenue...).
Il (Elle) est près de (en face de, à côté de...).

À vous la parole!

P. Est-ce qu'il y a un(e)... à Reims? Ask a passerby if the following places can be found in Reims. The passerby will answer *yes* and locate the places for you.

MODÈLE: restaurant vietnamien à Reims / dans la rue de Talleyrand
— *Est-ce qu'il y a un restaurant vietnamien à Reims?*
— *Oui, il y a un restaurant dans la rue de Talleyrand.*

1. une synagogue / dans la rue Clovis
2. une piscine couverte / près de l'autoroute
3. une gare / dans la rue de Courcelles
4. un bureau de poste / sur la place Boulingrin, en face du parking municipal
5. un restaurant trois étoiles *(three star)* / à l'hôtel Boyer, dans le boulevard Henry Vasnier
6. un musée de l'automobile / dans l'avenue Georges Clemenceau
7. une bibliothèque / près de l'église St-Rémi
8. un hôpital / près de l'université
9. un office de tourisme / en face de la cathédrale, dans la rue de Machault
10. un hôtel pas trop cher / dans la rue Libergier, non loin de la cathédrale

Q. Deux rues commerçantes à Reims. **La place Drouet d'Erlon** and **la rue de l'Étape** are two of the main shopping areas in Reims. First, use the information provided to answer the questions a passerby might ask.

MODÈLE: Où est le Grand Hôtel du Nord? (en face de l'hôtel Bristol, près de la fontaine)
Il est en face de l'hôtel Bristol, près de la fontaine.

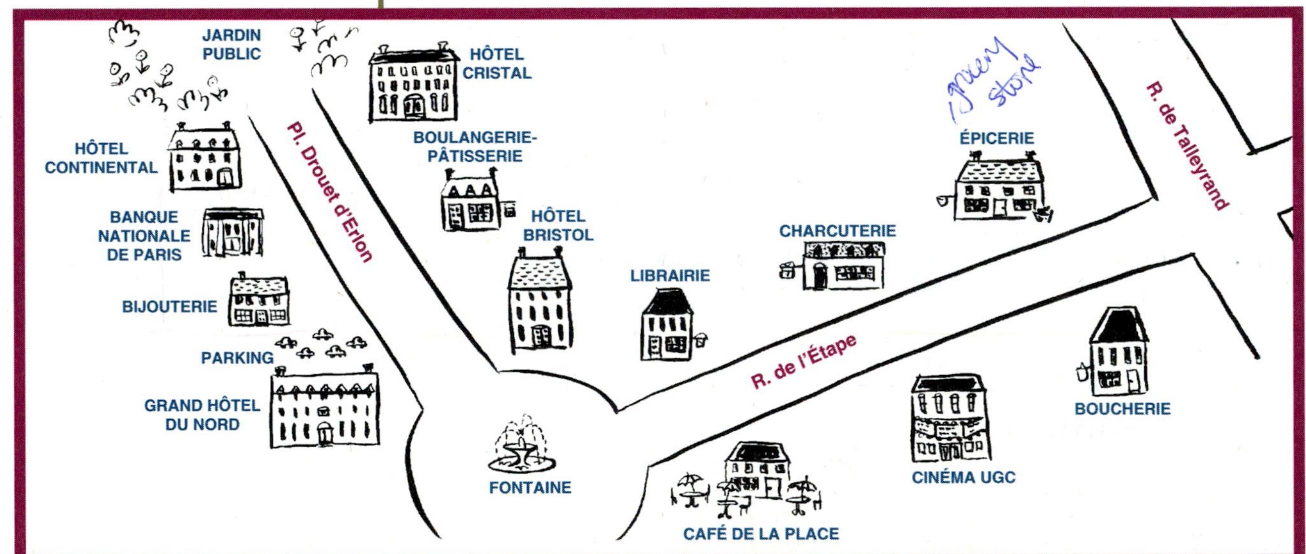

1. Où est la boulangerie? (à côté de l'hôtel Bristol, en face de la bijouterie)
2. Où est la banque? (entre la bijouterie et l'hôtel Continental)
3. Où est l'hôtel Bristol? (en face du parking, à côté de la boulangerie)
4. Où est la boucherie? (en face de l'épicerie, au coin de la rue de l'Étape et de la rue de Talleyrand)
5. Où est l'hôtel Cristal? (près du parc, en face de l'hôtel Continental)

Now correct the erroneous statements that you hear by looking at the map and using appropriate expressions to locate each place.
Remember to make the contraction with **de** before a masculine noun.

MODÈLE: L'hôtel Continental est loin du parc, n'est-ce pas?
Mais non, il est près du (à côté du) parc.

6. Le cinéma est en face du café, n'est-ce pas?
7. L'épicerie est à côté de la boucherie, non?
8. La charcuterie est entre le café et la boucherie, n'est-ce pas?
9. La charcuterie est en face de la boulangerie, non?
10. Le Grand Hôtel du Nord est à côté de l'hôtel Cristal, n'est-ce pas?
11. La fontaine est dans le parc, non?
12. L'épicerie est au coin de la rue de l'Étape et de la place Drouet d'Erlon, n'est-ce pas?

R. S'il vous plaît, Monsieur (Madame). You're visiting Reims for the first time. Following the suggestions given, you stop a passerby and ask for information. Your classmate, with the help of the map on page 154, will answer your questions.

MODÈLE: l'hôtel Cristal
— *S'il vous plaît, Monsieur (Madame), où est l'hôtel Cristal?*
— *L'hôtel Cristal? Il est sur la place Drouet d'Erlon. Il est près du parc, en face de l'hôtel Continental.*
— *Merci beaucoup, Monsieur (Madame).*
— *Je vous en prie.*

1. l'hôtel Bristol
2. le cinéma UGC
3. la Banque Nationale de Paris
4. le Grand Hôtel du Nord

MODÈLE: une épicerie
— *S'il vous plaît, Madame (Monsieur). Est-ce qu'il y a une épicerie près d'ici?*
— *Une épicerie? Oui, il y en a une dans la rue de l'Étape, au coin de la rue de Talleyrand, en face de la boucherie.*
— *Merci beaucoup, Madame (Monsieur).*
— *Je vous en prie.*

5. une librairie
6. un parking
7. une charcuterie
8. une boucherie

→ *Do À faire! (4-4) on page 153 of the* Manuel de préparation.

Un distributeur automatique de billets

RAPPEL

Le verbe **voir** et les pronoms **le, la, l', les et y**

LE VERBE **VOIR** *(TO SEE)*

je **vois**	nous **voyons**
tu **vois**	vous **voyez**
il / elle / on **voit**	ils / elles **voient**

Passé composé: j'**ai vu**

LES PRONOMS **LE, LA, L', LES** ET **Y**

• *Indirect object of place* (preposition + noun of place)

	y	Nous allons **à l'église.** → Nous y allons.

• *Direct object* (noun directly following the verb)

masc. sing.	le	Elle veut **mon cahier.** → Elle **le** veut.
fem. sing.	la	Je cherche **ma tante.** → Je **la** cherche.
masc. or fem. sing. + vowel or vowel sound	l'	J'aime bien **ton frère.** → Je **l'**aime bien.
masc. or fem. plural	les	Il a **les billets.** → Il **les** a.

présent	Je **les** aime.	On n'**y** va pas.
passé composé	Elle **l'**a vu.	Je n'**y** suis pas allée.
+ infinitif	Tu vas **le** trouver.	Nous ne voudrions pas **y** aller.

Contrôle

S. On va y aller? You and your friend are visiting Reims and are making plans for the day. Using the cues provided, imitate the model. Pay attention to the use of object pronouns.

MODÈLE: hôtel de la Salle / près de l'hôtel de Ville
— *Tu voudrais aller à l'hôtel de la Salle?*
— *Oui, je voudrais bien y aller. Où est-ce qu'il se trouve?*
— *Regardons le plan. Ah, le voilà.*
— *Je ne le vois pas.*
— *Là, près de l'hôtel de ville.*
— *Ah, oui. Je le vois. Allons-y!*

1. la cathédrale / près de la place Royale
2. le musée St-Rémi / en face de l'université
3. la chapelle Foujita / dans la rue du Champ-de-Mars

4. les caves de Champagne / au sud de la ville
5. le palais de Justice / juste à côté de la cathédrale
6. la piscine / au nord de la ville, près du stade

T. C'est le tour de Francine *(It's Francine's turn)*. You and two other classmates have rented an appartment together. Unfortunately, you tend to disagree about various responsibilities. Using the cues provided, imitate the model question. Pay attention to the appropriate object pronouns.

MODÈLE: faire la vaisselle
— Alors, (Michèle) tu vas faire la vaisselle ce soir, non?
— Mais non, je la fais toujours. C'est le tour de Bernadette.
— Mais non. Je l'ai faite hier soir. C'est ton tour à toi.
— Bon, d'accord. Je la fais ce soir. Mais pas demain.

1. préparer le dîner
2. aller à la boulangerie
3. nettoyer la salle de bains
4. faire les courses
5. faire la lessive
6. aller au supermarché

Parlons de vous!

U. Échange. Ask another student the following questions. He/She will answer, using object pronouns when possible.

1. Qui prépare le dîner chez toi? À quelle heure est-ce qu'on mange d'habitude? Qui débarrasse *(clears)* la table? Qui fait la vaisselle?
2. Où est-ce que tu fais tes devoirs—dans ta chambre? à la bibliothèque? Quand est-ce que tu commences à les faire? Quand est-ce que tu les termines d'habitude?
3. Est-ce que tu vois souvent tes grands-parents? Où est-ce qu'ils habitent? C'est près de chez toi?
4. Tu as vu le film «Danse avec les loups»? Tu as aimé ce film? Est-ce que tu voudrais voir ce film encore une fois *(again, another time)*? Est-ce qu'il y a un cinéma près de chez toi? Quand y es-tu allé(e) récemment?
5. Tu vas souvent à l'église (à la synagogue)? Où est-ce qu'elle se trouve? Quand y es-tu allé(e) récemment?
6. Tu regardes souvent la télévision? Tu as regardé les actualités hier soir?

CONTEXTE: TU TOURNES À GAUCHE...

La ville de Reims

REIMS 51100 Marne 56 ⑥ ⑯ **G. Champagne** – 180 620 h alt. 83.
Voir Cathédrale★★★ BY : Tapisseries★★ – Basilique St-Remi★★ CZ : intérieur★★★ – Palais du Tau★★ BY **S** – Caves de Champagne★★ BCX, CZ – Place Royale★ BY – Porte Mars★ BX – Hôtel de la Salle★ BY **E** – Chapelle Foujita★ BX – Bibliothèque★ de l'ancien Collège des Jésuites BZ **W** – Musée St-Rémi★★ BZ **M**3 – Musée-hôtel Le Vergeur★ BX **M**2 – Musée des Beaux Arts★ BY **M**1 – Centre historique de l'automobile française★ CY **M**.

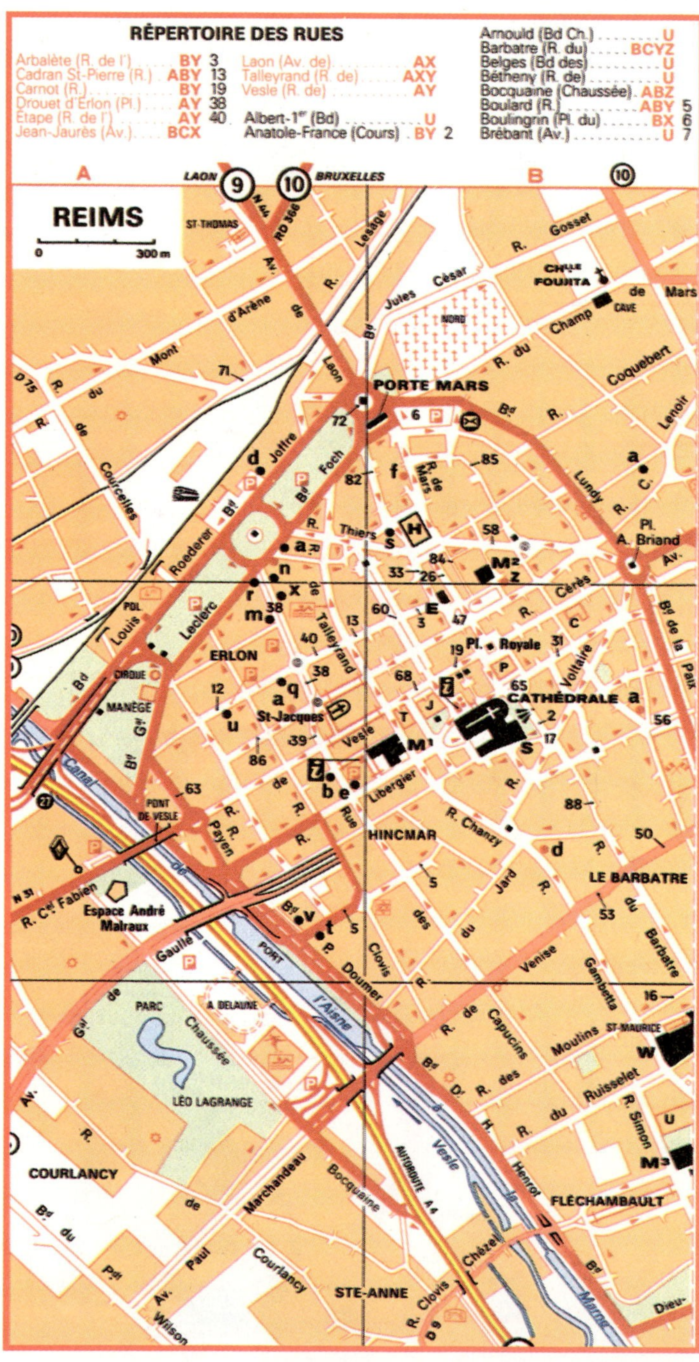

À vous la parole!

V. Pour aller à la cathédrale. Your friend is planning to drive from Châlons-sur-Marne to Reims on **l'autoroute A4.** He/She phones you in order to get directions for getting from the **autoroute** to the cathedral. Consult the map from **le *Guide Michelin*** in order to answer his/her questions. Watch the arrows for one-way streets!

Où est-ce que je quitte l'autoroute—à la sortie «boulevard Louis Roederer» ou à la sortie «rue de Venise»? Est-ce que je vais à gauche *(left)* ou à droite *(right)?* Je continue jusqu'à quelle rue? Je tourne à droite ou à gauche? Quelles rues est-ce que je traverse *(cross)?* Il faut compter combien de temps pour aller de l'autoroute à la cathédrale?

POUR ALLER AU THÉÂTRE MUNICIPAL

Mme Batailler demande à Cecilia d'accompagner les enfants pour aller voir une pièce de théâtre (play).

MME BATAILLER: Cecilia, samedi, exceptionnellement, **il faut que j'aille** au bureau. Et mon mari, il travaille aussi. Mais nous avons des billets pour «Le tour du monde en 80 jours» au théâtre municipal. Je voudrais que tu y amènes les enfants. *I have to go*

CECILIA: Bon, d'accord. Mais c'est où, le théâtre municipal?

MME BATAILLER: C'est près de la cathédrale. Tu prends l'autobus jusqu'à la place des Martyrs de la Résistance. Tu descends là, **devant** la cathédrale. Tu passes à droite de la cathédrale. Tu continues jusqu'à la rue Machault. Tu tournes à droite et tu vas jusqu'au coin. Puis tu tournes à gauche dans la rue de Vesle, et le théâtre est là, juste après le palais de Justice. *in front of*

CECILIA: Ah, il est à côté du palais de Justice?

MME BATAILLER: Oui, c'est ça.

POUR VOUS EXPRIMER

Pour expliquer comment aller quelque part

Vous quittez (Tu quittes) l'autoroute à la sortie *(exit)*... (à l'avenue, à la rue, à la place, au boulevard)...
Vous descendez (Tu descends) de l'autobus à la rue (à l'avenue, au boulevard, à la place)...
Vous sortez (Tu sors) de *(leave)* la gare (du musée, de l'hôtel).

Vous prenez (Tu prends) le boulevard (la rue, l'avenue)...

Vous allez (Tu vas) tout droit *(straight ahead)*.

Vous tournez (Tu tournes) à gauche (à droite) dans la rue (dans l'avenue, dans le boulevard)...

Vous continuez (Tu continues) jusqu'à la rue (jusqu'à la place, jusqu'à l'avenue, jusqu'au boulevard, jusqu'au feu *[traffic light]*)...

Vous traversez (Tu traverses) le boulevard (la rue, l'avenue, la place)...

Chez nous

"When we were in the United States, Gaston and I noticed that Americans often give directions in terms of city blocks and compass points: for example, *"Go three blocks east and turn left."* Since French cities aren't usually laid out in regular patterns, we give directions by indicating the cross street you turn onto: for example, **Vous allez jusqu'à la rue Laurent et vous tournez à droite.**"

À vous la parole!

W. Pardon, Monsieur/Madame. You're in Châlons-sur-Marne, standing in front of the **hôtel Angleterre** on the **rue Garinet**. Using the map on page 152, explain to the passersby how to get to the following places.

MODÈLE: le musée des Beaux-Arts
— *Pardon, Monsieur (Madame). Le musée des Beaux-Arts, s'il vous plaît.*
— *Vous traversez la rue Garinet et vous prenez la rue Carnot. Vous continuez tout droit jusqu'à la rue Pasteur. Vous tournez à gauche et vous allez voir le musée sur votre gauche.*

1. le bureau de poste
2. l'église Notre-Dame-en-Vaux
3. le stade municipal
4. la gare

X. S'il vous plaît... ? You're at the **hôtel Relais St-Jean** in Troyes, one of the major cities of the province of Champagne. As you sit in the lobby, you're asked by tourists how to get to certain places. Using the map of Troyes (page 156 of the **Manuel de préparation**), give them as precise directions as possible.

MODÈLE: la gare
— *La gare, s'il vous plaît?*
— *La gare? Elle est au bout de la rue du Général de Gaulle.*
— *C'est loin* (far) *d'ici?*
— *Non, non. Vous sortez de l'hôtel et vous tournez à gauche. Vous allez jusqu'au coin. C'est la rue du Général de Gaulle. Vous tournez à gauche encore une fois* (again) *et vous allez tout droit. Vous traversez le boulevard Carnot et la gare, elle est devant vous.*
— *Merci beaucoup, Madame (Monsieur).*
— *Je vous en prie.*

1. le bureau de poste
2. le restaurant Le Chanoine Gourmand
3. le stade municipal

You are now standing in the lobby of the **bureau de poste,** on the Boulevard Victor Hugo.

MODÈLE: une épicerie
— *Excusez-moi, Madame (Monsieur). Est-ce qu'il y a une épicerie près d'ici?*
— *Oui. Il y en a une dans le boulevard du 14 Juillet.*
— *Le boulevard du 14 Juillet, il est à gauche ou à droite?*
— *Vous sortez (du bureau de poste) et vous allez à droite. Vous prenez le boulevard Victor Hugo jusqu'au boulevard du 14 Juillet. Là, vous tournez à gauche et il y a une épicerie juste à côté du commissariat de police.*
— *Merci bien, Madame (Monsieur).*
— *Je vous en prie.*

4. une boulangerie 5. une synagogue 6. une piscine

➜ **Do À faire! (4-5) on *page 162 of the* Manuel de préparation.**

RAPPEL

Le verbe **vouloir;** l'emploi du subjonctif et de l'infinitif avec **il faut** et avec **vouloir**

LE VERBE **VOULOIR** *(TO WANT)*

je **veux**	nous **voulons**
tu **veux**	vous **voulez**
il / elle / on **veut**	ils / elles **veulent**

Passé composé: **j'ai voulu** *(I tried)*

- Quelques verbes et expressions suivis du subjonctif:

il faut que	*it's necessary that*
il est nécessaire que	*it's necessary that*
il vaut mieux que	*it's better that*
vouloir que	*to want that*
préférer que	*to prefer that*
exiger que	*to require that*

LE PRÉSENT DU SUBJONCTIF

Terminaisons: **-e, -es, -e, -ions, -iez, -ent**

Formation: drop the **-ons** from the **nous** form of the present tense and then add the endings

que je **parle**	que nous **parlions**
que tu **parles**	que vous **parliez**
qu'il / elle / on **parle**	qu'ils / elles **parlent**

- Formes irrégulières du subjonctif

aller	prendre	faire
que j'**aille**	que je **prenne**	que je **fasse**
que tu **ailles**	que tu **prennes**	que tu **fasses**
qu'il / elle / on **aille**	qu'il / elle / on **prenne**	qu'il / elle / on **fasse**
que nous **allions**	que nous **prenions**	que nous **fassions**
que vous **alliez**	que vous **preniez**	que vous **fassiez**
qu'ils / elles **aillent**	qu'ils / elles **prennent**	qu'ils / elles **fassent**

Contrôle

Y. À mon avis... *(In my opinion...)* Using the expressions **il faut** or **il vaut mieux** or **il est nécessaire (de)**, you and a classmate encourage a third classmate to do what he/she doesn't want to do. Your response refers directly to the person(s) involved; your partner then makes a general statement.

MODÈLE: FRANÇOIS: *Je ne veux pas aller en ville; je vais regarder la télé.*
VOUS: *Il vaut mieux que tu ailles en ville.*
MARTINE: *(Henri) a raison. Il vaut mieux aller en ville.*

1. Je ne veux pas étudier; je vais jouer au football.
2. Nous n'allons pas prendre le métro; nous allons prendre un taxi.
3. Nous ne voulons pas faire du ski; nous allons regarder un match à la télé.
4. Je ne vais pas téléphoner à mes grands-parents; je vais téléphoner à un(e) ami(e).
5. Je ne veux pas manger de fruits; je vais manger une glace.
6. Je ne vais pas aller à la bibliothèque; je vais aller au cinéma.
7. Nous ne voulons pas nous lever avant midi; nous voulons rester au lit.
8. Je ne veux pas parler français en classe; je préfère parler anglais.

Z. Des différends *(Disagreements).* The members of the Batailler family usually get along very well together. However, from time to time, they do disagree. Use the appropriate form of the verbs and expressions provided to express their disagreements.

MODÈLE: BENOÎT: J'aime... , mais ma mère veut que...
(jouer avec mes copains / faire mes devoirs d'abord)
J'aime jouer avec mes copains, mais ma mère veut que je fasse mes devoirs d'abord.

1. M. BATAILLER: J'aime... , mais ma femme préfère que...
(dîner à la maison le vendredi soir / aller au restaurant)
2. ADELINE: Maman veut que... , mais moi, je préfère...
(l'aider à faire la vaisselle / jouer avec mes copines)
3. BENOÎT ET ADELINE: Nos parents exigent que... , mais nous aimons...
(se coucher avant 10h / regarder les vieux films à la télé)
4. MME BATAILLER: Mon fils veut... , mais moi, je voudrais que...
(aller au cirque avec ses copains / y aller avec nous)
5. ADELINE: J'aime... pour aller en ville, mais Papa exige toujours que...
(prendre mon vélo / prendre l'autobus)
6. CECILIA: Mme Batailler ne veut pas que... , mais, moi, j'aime beaucoup...
(faire le ménage / passer l'aspirateur)

Parlons de vous!

AA. J'aimerais bien *(I'd like)*... , mais... Complete the following sentences by indicating what you would like to do. Then use the expressions **il faut, il vaut mieux, il est nécessaire (de)** and the verbs **vouloir, préférer, exiger** to explain what obstacles there are to your realizing your desires.

MODÈLE: J'aimerais bien prendre un cours de...
J'aimerais bien prendre un cours d'art, mais il faut que je prenne un cours de statistique et mes parents veulent que j'étudie le chinois.

1. J'aimerais bien prendre un cours de...
2. Ce week-end, je voudrais...
3. J'aimerais bien voir le nouveau film de...
4. Cet été *(this summer)*, j'aimerais aller...
5. Un jour, je voudrais...

Perspective culturelle

Les villes

Note culturelle: French towns and cities

France is a much older country than the United States. Nowhere is this difference in age more evident than in the layout of towns and cities. Many American towns and cities are laid out in fairly regular patterns often resembling grids. Streets meet at right angles, run north and south or east and west, and are often designated by numbers (Second Avenue, 17th Street) as well as by names.

On the other hand, most French towns and cities date from the Middle Ages, a period when the major concern in city planning was protection. Often, the town grew up around a castle (**un château**) or a church, with the houses crowded together within defensive walls. As a result, the streets were narrow and did not follow any predetermined pattern. In the center of French cities today, the basic street pattern has changed very little since the fifteenth century although most of the walls have come down and the towns have expanded. However, you still find a central square (**une place**) with its **château** or **cathédrale.** In larger cities, each **quartier** may have its own **place centrale.** In the old center sections of French towns and cities, the streets are so narrow and twisting that cars often have trouble passing (and parking!), and it's not unusual to find **zones piétonnes** (sections reserved for pedestrians).

Since World War II, a great deal of attention has been paid in France to urban planning. Efforts have been made to organize the spread of cities toward the suburbs. Many cities are surrounded by **Z.U.P. (Zones d'urbanisation en priorité).** Around Paris five **villes nouvelles** (Cergy-Pontoise, Marne-la-Vallée, Melun-Sénart, Évry, and St-Quentin-en-Yvelines) are in the process of construction. These five urban areas, located between 30 and 40 kilometers from Paris, are each expected to have some 200,000 inhabitants. By constructing these **villes nouvelles,** planners hope to group together housing, schools, and workplaces while at the same time separating cars from pedestrians and providing for adequate natural spaces such as parks and gardens.

❖ ***À discuter:*** *How is the town or city where you live laid out? Does it resemble a typical American or a typical French city? What examples of urban planning in the United States can you cite?*

LECTURE: LA VILLE DE BAMAKO

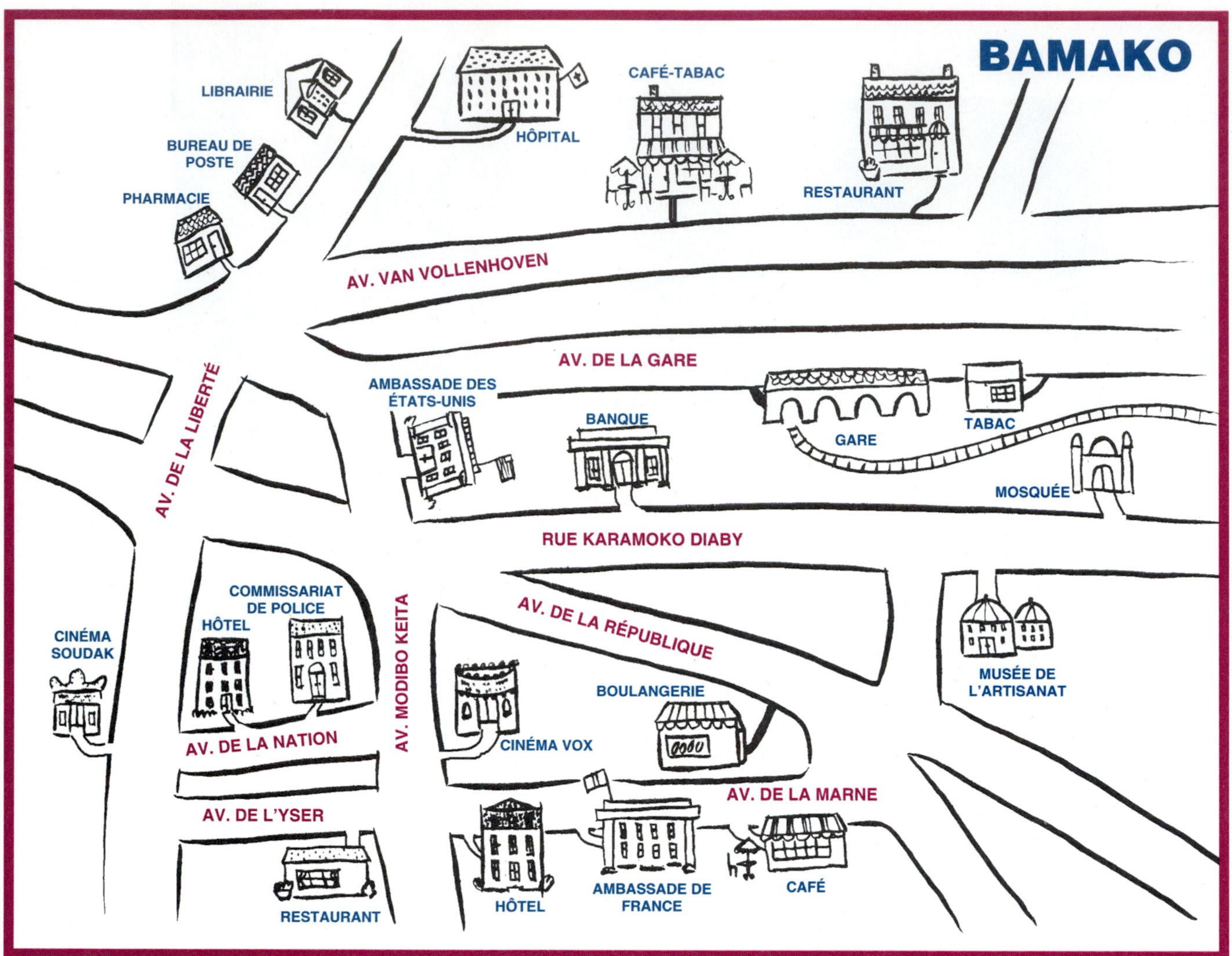

➻ *Do* **À faire! (4-6)** *on page 168 of the* **Manuel de préparation.**

BB. Lire une ville *(Reading a city)*. How is the city of Bamako laid out? What French influences do you notice? What aspects of the city differ from that of French (and American) cities that you know?

CONTEXTE: ALLÔ, ALLÔ...

Le téléphone

En France, pour utiliser un téléphone public, on a besoin de pièces de monnaie ou d'une télécarte. On peut acheter des télécartes dans les bureaux de poste, dans les gares ou dans les bureaux de tabac.

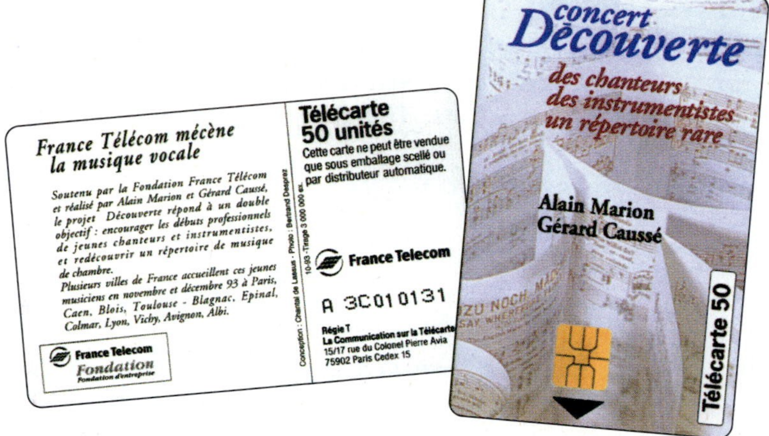

Un numéro de téléphone en France comprend huit chiffres. Les deux premiers chiffres représentent l'indicatif (par exemple: 90, Avignon; 56, Bordeaux; 80, Dijon; 76, Grenoble). Par conséquent, le 76.87.55.21, c'est un numéro à Grenoble.

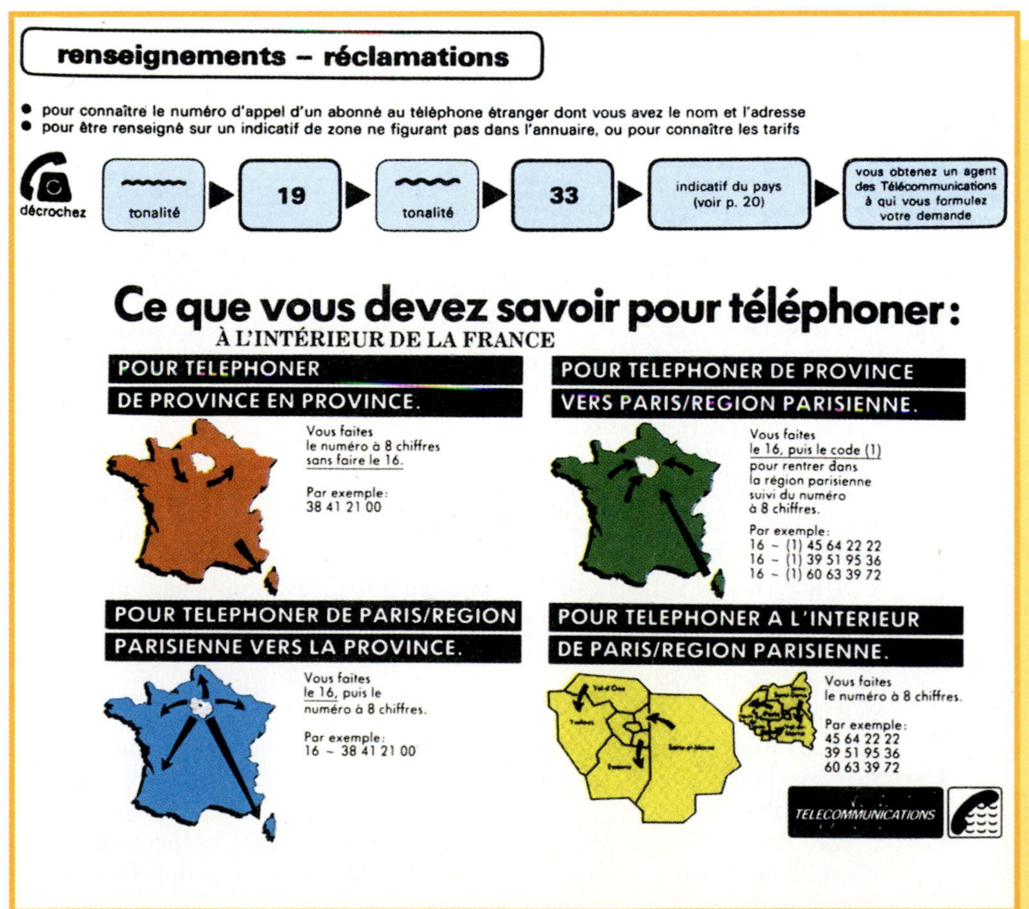

renseignements – réclamations

- pour connaître le numéro d'appel d'un abonné au téléphone étranger dont vous avez le nom et l'adresse
- pour être renseigné sur un indicatif de zone ne figurant pas dans l'annuaire, ou pour connaître les tarifs

décrochez ▶ tonalité ▶ 19 ▶ tonalité ▶ 33 ▶ indicatif du pays (voir p. 20) ▶ vous obtenez un agent des Télécommunications à qui vous formulez votre demande

Ce que vous devez savoir pour téléphoner:

À L'INTÉRIEUR DE LA FRANCE

POUR TELEPHONER DE PROVINCE EN PROVINCE.

Vous faites le numéro à 8 chiffres sans faire le 16.

Par exemple:
38 41 21 00

POUR TELEPHONER DE PROVINCE VERS PARIS/REGION PARISIENNE.

Vous faites le 16, puis le code (1) pour rentrer dans la région parisienne suivi du numéro à 8 chiffres.

Par exemple:
16 – (1) 45 64 22 22
16 – (1) 39 51 95 36
16 – (1) 60 63 39 72

POUR TELEPHONER DE PARIS/REGION PARISIENNE VERS LA PROVINCE.

Vous faites le 16, puis le numéro à 8 chiffres.

Par exemple:
16 – 38 41 21 00

POUR TELEPHONER A L'INTERIEUR DE PARIS/REGION PARISIENNE.

Vous faites le numéro à 8 chiffres.

Par exemple:
45 64 22 22
39 51 95 36
60 63 39 72

TELECOMMUNICATIONS

INDICATIFS DE QUELQUES PAYS		INDICATIFS DE QUELQUES VILLES	
Allemagne	49	Avignon	90
Belgique	32	Bordeaux	56
Canada	1	Dijon	80
Espagne	34	Grenoble	76
États-Unis	1	Lille	20
Italie	39	Lyon	78
Japon	81	Marseille	91
Maroc	212	Nice	93
Mexique	52	Paris	45
Royaume-Uni	44	Rouen	35
Russie	7	Strasbourg	88
Suisse	41	Toulouse	61

À vous la parole!

CC. C'est où? Read each of the following phone numbers and then say in which French city the telephone is being called.

MODÈLE: 76.87.55.21 *Le soixante-seize, quatre-vingt-sept, cinquante-cinq, vingt et un, c'est un numéro à Grenoble.*

1. 78.74.39.76
2. 90.82.62.31
3. 80.30.18.52
4. 88.36.28.16
5. 56.48.03.74
6. 91.78.25.06
7. 61.49.02.58
8. 45.71.57.69

DD. Il faut que nous téléphonions... You are in France with your family. Each time they want to make a phone call, they ask you to explain exactly how to dial the number. Consult the excerpt from the phone directory on page 167 in order to answer their questions.

MODÈLE: You are in Paris.
YOUR PARENTS: Next week we would like to go to Nice. Here's a hotel that's been recommended. Can we call ahead to get a room? **Hôtel Univers, 9 av. J. Médecin, 93.87.88.81.**
Dial 16, then the number.

1. You're in Paris.
YOUR PARENTS: Let's go eat at that restaurant in Versailles that the Kaplans recommended. Here it is: **La Boule d'or, 39.50.13.21.** We need to call and make a reservation.
2. You're now in Nice.
YOUR MOTHER: I need to call some friends of Daren and Pat Johnson. They live in Lille and their number, I think, ends with **05.83.57.**
3. You're still in Nice.
YOUR PARENTS: Let's call Paris and see if the Davenports have gotten there yet. They're supposed to be staying at the **hôtel Washington, 43 rue Washington, 45.63.33.36.**
4. You're back in Paris.
YOUR FATHER: If we have time, I'd love to go to Normandy. Let's call and see if we can rent a car. The number of a rental agency in Rouen is **35.72.16 90.**
5. You're still in Paris.
YOUR SISTER: I want to call my friends in England and let them know when I'll be arriving. I know the name and address of the people they're staying with, but I don't know the number.

TU VEUX ALLER AU CINÉMA?

Cecilia téléphone à son amie Katrina, qui est aussi jeune fille au pair, pour faire des projets pour samedi soir.

CECILIA: Allô?... Allô!? C'est toi, Katrina?

KATRINA: Oui, **je viens de** rentrer. — *I've just*

CECILIA: **Chouette!** On **sort** ce week-end? — *Neat / go out*

KATRINA: Pourquoi pas? Qu'est-ce qu'on fait?

CECILIA: Voyons... tu veux voir le nouveau film de Diane Kurys?

KATRINA: Super! J'adore ses films. La **séance** est à quelle heure? — *show*

CECILIA: Attends... je vais regarder... il y en a une à 15 heures 50.

KATRINA: Non, je **ne peux pas.** Je ne suis pas **libre** avant 17 heures. — *can't / free*

CECILIA: Alors... la séance de 18 heures 30, ça va?

KATRINA: C'est parfait. Et on peut aller manger quelque chose après.

CECILIA: Bon. On se retrouve vers 18 heures 15 devant le cinéma Royal. D'accord?

KATRINA: OK. À samedi soir. Allez, au revoir.

POUR VOUS EXPRIMER

Pour proposer une activité

Tu voudrais (Vous voudriez)... ?
Tu veux (Vous voulez)... ?
Tu as (Vous avez) le temps de... ?

Pour accepter

Bien sûr.
Pourquoi pas?
Oui. C'est une bonne idée.
Oui, j'veux bien.

je veux bien

Pour refuser

Je voudrais bien, mais je ne peux pas.
Je voudrais bien, mais il faut que je...
Je voudrais bien, mais je n'ai pas le temps.

Pour fixer un rendez-vous

to meet.
On se retrouve (devant le cinéma) à (17 heures).
Rendez-vous à (17 heures) (au café de la Régence).

Pour exprimer son plaisir

Chouette!
Super!
Sensationnel! (Sensass!)
Super-bon!
Super-chouette!
Génial!

Pour exprimer son indifférence

Ça ne me dit pas grand-chose.
Ça ne m'intéresse pas beaucoup. } *(That doesn't interest me.)*

Pour exprimer sa déception (disappointment)

C'est dommage. *(That's too bad.)*
Une autre fois, peut-être. *(Another time, perhaps.)*

À vous la parole!

EE. C'est chouette, ça! Your friend is reading ***Pariscope,*** a weekly Paris entertainment guide. As he/she reads about various events, you give your reaction (positive or negative), using expressions such as **Chouette, Sensationnel, Ça ne me dit pas grand-chose,** etc.

MODÈLE: Tiens! On passe «Une femme est une femme» à L'Entrepôt. C'est une comédie de Jean-Luc Godard.
C'est chouette, ça! J'adore les films de Godard.
OU
Ça ne me dit pas grand-chose. Je n'aime pas beaucoup les comédies.

1. Tiens! On passe «Cyrano de Bergerac» avec Gérard Depardieu au Triomphe.
2. Regarde! Il y a une pièce de Molière samedi soir à la Comédie Française.
3. Écoute! Il y a une exposition de tableaux surréalistes au centre Pompidou.
4. Tiens! Il y a un concert dimanche soir à l'église St-Germain-des-Prés. On va jouer du Mozart, du Haydn et du Vivaldi.
5. Regarde! On passe «American Graffiti» à l'Odéon. C'est une comédie américaine de George Lucas.
6. Oh, là là! Il y a un nouveau restaurant près de la tour Eiffel. Il s'appelle Punjab et il se spécialise dans la cuisine indienne.
7. Écoute! Tu veux aller voir un match de basket au Palais Omnisports de Bercy?
8. Tu aimes l'opéra? Samedi on joue «La Bohème» de Puccini à l'Opéra de Paris-Bastille.

FF. Tu veux aller... ? Invite a classmate to join you in the activities suggested below. If your classmate accepts, use the information provided to set up a meeting place and time; if he/she refuses, express your disappointment.

MODÈLE: voir le match de basket au Palais Ominsports / 19 heures / station de métro Nation
— *Tu veux aller voir le match de basket au Palais Omnisports?*
— *Ah, oui. C'est super-chouette, ça. J'adore le basket.*
— *Bon. On se retrouve à 19 heures à la station de métro Nation. D'accord?*
— *D'accord. À tout à l'heure.*
OU
voir le match de basket au Palais Omnisports / travailler
— *Tu veux aller voir le match de basket au Palais Omnisports?*
— *Oh, je voudrais bien, mais je ne peux pas. Il faut que je travaille ce soir.*
— *C'est dommage. Une autre fois, peut-être.*

1. aller voir l'exposition de tableaux impressionnistes au musée d'Orsay / 9 heures 30 / devant le musée
2. aller voir le film «Nikita» ce soir / étudier
3. aller voir «La Flûte enchantée» de Mozart à l'Opéra de Paris-Bastille / 19 heures / station de métro Bastille
4. aller dîner au nouveau restaurant chinois dans la rue de Provence / dîner à la maison ce soir
5. aller écouter du jazz au Bilboquet / 22 heures 30 / au café des Deux Magots
6. aller voir «Le Bourgeois gentilhomme» de Molière au théâtre du Tambour Royal / 20 heures 30 / devant le théâtre

GG. Au téléphone. Make the indicated phone calls, imitating the models.

MODÈLE: Véronique Poupard (sa cousine)
— *Allô. Ici* (votre nom). *C'est toi, Véronique?*
— *Non, c'est sa cousine.*
— *Oh, je m'excuse. Est-ce que Véronique est là?*
— *Oui, je te la passe.*

1. Marcelle Flury (sa sœur)
2. Jean Mettetal (son cousin)

MODÈLE: Lucien Péras / 40.22.61.03
— *Allô, allô. C'est bien le 40.22.61.03?*
— *Oui, Monsieur (Madame, Mademoiselle).*
— *Je voudrais parler à Lucien Péras, s'il vous plaît.*
— *C'est de la part de qui?* (Who may I say is calling?)
— *C'est* (votre nom).
— *Ne quittez pas* (Hold on). ... *Oh, je suis désolé(e). Il n'est pas là.*
— *Voulez-vous bien lui dire* (tell him) *que* (votre nom) *a téléphoné?*
— *Certainement, Monsieur (Madame, Mademoiselle).*
— *Merci, Madame (Monsieur, Mademoiselle).*

3. Michel Roux / 61.32.73.22
4. Anne Brisset / 47.42.65.39

Now you call a classmate to invite him or her to do something with you. The first time you call, he/she is not there. When you call back, he/she is there and you make the invitation.

→ *Do* À faire! (4-7) *on page 171 of the* Manuel de préparation.

RAPPEL

Les verbes **venir** et **pouvoir**; l'expression **venir de**

LE VERBE **POUVOIR** *(TO BE ABLE TO; CAN)*

je **peux**	nous **pouvons**
tu **peux**	vous **pouvez**
il / elle / on **peut**	ils / elles **peuvent**

Passé composé: **j'ai pu**

LE VERBE **VENIR** *(TO COME)*

je **viens**	nous **venons**
tu **viens**	vous **venez**
il / elle / on **vient**	ils / elles **viennent**

Passé composé: **je suis venu**(e)
Présent du subjonctif: **que je vienne / que nous venions**

VENIR DE + INFINITIF *(TO HAVE JUST)*

Ils viennent de rentrer d'Europe.
They've just come back from Europe.
Je viens de me réveiller.
I just woke up.

Contrôle

HH. Malheureusement... *(Unfortunately...)* In each case, you explain that the people *can't* or *won't* do something because of what they *have just done*. Use the verbs **pouvoir** or **vouloir** in the first part of the sentence and the expression **venir de** in the second part.

MODÈLE: Yves / venir dîner chez nous / partir en vacances
Yves ne peut pas venir dîner chez nous; il vient de partir en vacances.

1. Cecilia / parler au téléphone / se coucher
2. tu / prendre la voiture / (ton frère) avoir un petit accident
3. nous / aller au restaurant / manger quelque chose
4. ils / partir en voyage au Mexique / rentrer d'Europe
5. je / faire la lessive / commencer à préparer le dîner
6. vous / jouer dans la salle de séjour / (Maman) passer l'aspirateur

venir de - to have just done

Parlons de vous!

II. Pour organiser un groupe. You and several classmates want to do something together Saturday night. However, you're having great difficulty getting organized because whenever an activity is suggested, there is usually someone who *has just done something similar* or who *doesn't want to do it.* Finally, you agree on an activity, but then you have trouble deciding on where and when to meet—i.e., there is someone who *can't meet* at that time or at that place. Keep the discussion going until your plans are completely agreed upon. Make use of the verbs **vouloir** and **pouvoir** as well as the expression **venir de.**

LECTURE: «LE 22 À ASNIÈRES» (FERNAND RAYNAUD)

Humor often takes a common, everyday situation as its point of departure. In this script of a vaudeville sketch made famous by the comedian Fernand Raynaud, a man tries to make a phone call from a post office in Paris to the town of Asnières, just a few kilometers away. This sketch was created before the invention of direct-dial phones when all calls had to go through an operator.

FERNAND: Pardon, madame la téléphoniste... Oh! madame la téléphoniste... madame la postière! Oh!
PRÉPOSÉE: Vous ne voyez pas que je suis en train de faire mes totaux, non!
FERNAND: Qu'est-ce que vous faites?
PRÉPOSÉE: Je fais mes totaux!
FERNAND: Ah! Ben alors! Mais enfin, dans le bureau de poste, c'est bien à vous qu'il faut s'adresser pour téléphoner? Oui? Bon. Parce que des fois,[1] vous savez, on attend, on attend, on dit non, c'est pas là et puis... Oh! madame la téléphoniste!
PRÉPOSÉE: Oh! Vous êtes pénible,[2] vous, hein! Qu'est-ce que vous voulez?
FERNAND: J'aurais voulu avoir[3] le 22 à Asnières, s'il vous plaît!

[1] *sometimes* [2] *difficult* [3] *I would like to have had*

PRÉPOSÉE:	Vous pouvez pas y aller en vélo, non!... Allô! le central[4]!... Oui!... Comment vas-tu, Christiane? Et ta sœur? Elle est malade? Eh bien tant mieux! Tant mieux! Elle est aux assurances sociales[5]?... Eh ben, comme ça, elle pourra aller danser toute la semaine. Dis donc, je me rappelle même plus pourquoi je te téléphone... Qu'est-ce que vous voulez, vous là?
FERNAND:	Je voudrais le 22 à Asnières!
PRÉPOSÉE:	Ah, oui! Tu me passes le 22 à Asnières... Au revoir, Bouchon... Au revoir...
FERNAND:	Merci, madame! Vous pensez que ça va être long? Parce que j'étais venu avec mon vélo, là, et j'ai crevé[6] en venant.[7] J'dis: «Tiens, je vais donner un coup de fil, comme ça, ça va m'avancer...»

(Un Américain arrive en bousculant[8] le premier client.)

AMÉRICAIN:	Vous pouvez pas faire attention!
FERNAND:	Oh! Excusez-moi!
AMÉRICAIN:	*Well! Please,* mademoiselle! *For San Francisco!* Mademoiselle la téléphoniste! *Yes!* San Francisco n° 6307X7!
PRÉPOSÉE:	Oui, monsieur, voilà! Je branche.[9] Allô! La cabine internationale!... Oui! Bon, passez-moi San Francisco!... en Pennsylvanie!... Le 6307X7! Oui! Bon! Oui!... San Francisco, cabine 6!
FERNAND:	Et mon Asnières? J'avais demandé le 22... Le 22 à Asnières! Parce qu'on m'attend pour casser la croûte[10]! Alors, il faut que je me magne le bol.[11] Vous savez ce que c'est, si vous arrivez en retard...

(Un Belge bouscule à son tour le premier client.)

FERNAND:	Vous me bousculez tous là! Vous pouvez pas...
BELGE:	Excusez!... C'est moi qui m'excuse, mademoiselle! J'aurais voulu avoir une fois à Liège, monsieur Vanderman... septante-cinq[12]... Non, l'adresse, je ne la connais pas... Mais enfin... Non, je ne connais pas non plus le numéro de téléphone... Mais enfin... Je sais qu'il est charcutier. Pensez-vous que ce soit possible de l'avoir? Vous seriez bien gentille,[13] hein! Si vous pouviez me sortir d'embarras,[14] hein!
PRÉPOSÉE:	Vous savez pas ce que vous voulez, quoi! Un faux Belge! Allô! Passe-moi Liège! Belgium!... C'est la cabine internationale?... Bon! Eh ben alors, Liège, monsieur Vanderman. On n'a pas le numéro mais on sait qu'il est charcutier... Eh ben il doit pas y en avoir 36[15]! Bon... Ah! Bon! Bon! Liège, cabine 3!
FERNAND:	Et mon Asnières? J'avais demandé le 22, deux fois 2... Enfin... Pas deux fois deux... 2 foix dix plus deux... Comme 22 v'là les flics...[16]

(Un Allemand bouscule le premier client.)

FERNAND:	Mais enfin! Qu'est-ce que vous avez tous à me...
ALLEMAND:	*Fräulein, bitte, sprechen Sie deutsch?*
PRÉPOSÉE:	*Nicht viel!*
ALLEMAND:	*Ja! für Berlin Herr Karl Fusstrassen zwei Alexanderplatz.*
PRÉPOSÉE:	*Ja!*
ALLEMAND:	*So! Telefon vierundzwanzig!*
PRÉPOSÉE:	Lui, au moins,[17] il sait ce qu'il veut! Allô! Passez-moi Berlin!... Allô! Berline! *Vierundzwanzig!* comme deux fois le 12!... Berline, cabine 5!
ALLEMAND:	*Was???*
PRÉPOSÉE:	Euh... Berline... *Cabine fünf!*

---

[4]*central switchboard or exchange* [5]*social security* [6]*I had a flat* [7]*while coming* [8]*jostling*
[9]*I'm connecting* [10]*to have a bite to eat* [11]*I've got to hurry* [12]*75 (in Belgian French)*
[13]*That would be very nice of you* [14]*If you could help me out* [15]*there can't be 36 of them!*
[16]*Watch out, here come the cops* [17]*He, at least*

ALLEMAND:	*Danke sehr!*
PRÉPOSÉE:	*Bitte sehr! Auf Wiedersehen!*
FERNAND:	Eh ben... Et mon Asnières?
PRÉPOSÉE:	Non, mais dites donc, vous là, vous n'êtes pas tout seul ici, non!
FERNAND:	Pardon, mademoiselle... Et si je vous demandais New York?
PRÉPOSÉE:	Faudrait savoir[18] c'que vous voulez!
FERNAND:	Je demande New York, c'est pas mon droit,[19] non!
PRÉPOSÉE:	Si vous voulez New York, j'vais vous donner New York! Allô!... Passez-moi New York! Non, non, non... New York tout simplement... New York, cabine 1!
FERNAND:	Allô?... Allô, New York!... Dites donc, vous ne pourriez pas me passer le 22 à Asnières!

Fernand Raynaud, *Ses grandes histoires*

[18]*Ought to know* [19]*right*

JJ. L'histoire *(The story).* Answer the following questions that outline the basic story of **"Le 22 à Asnières."**

1. Why is Fernand trying to call **le 22 à Asnières?**
2. Why does he become impatient?
3. How does he resolve his problem? In your opinion, will he be successful?

KK. Le comique. Two major comic techniques are *repetition* and the introduction of *incongruity* (i.e., things that don't fit their context).

1. In the sketch, find at least three examples of comic repetition.
2. Find as many examples as you can of incongruities—of actions or situations that don't fit and end up being comical (for example, the operator having a conversation with the central switchboard and forgetting why she called).

→ *Do* À faire! (4-8) *on page 175 of the* Manuel de préparation.

INTÉGRATION

LL. Un jour dont je me souviens bien... *(A day I remember well...)* Tell your classmate(s) about a special day that you remember (or that you imagine). Describe in French your activities on that day from the time you got up until the time you went to bed.

MM. Qui va s'occuper de quoi? You and some classmates have rented an apartment together. You're now meeting to divide up responsibilities for the three main chores: cleaning, cooking, and shopping (see the suggestions on page 174). Follow the model.

MODÈLE:	GEORGES:	*Il faut nettoyer l'appartement. Qui veut passer l'aspirateur?*
	LOUIS:	*Moi, j'veux bien. Et toi, Jean-Marc? Est-ce que tu veux nettoyer la salle de bains?*
	JEAN-MARC:	*Non, je préfère laver les vitres.*
	GEORGES:	*Bon, d'accord. Tu vas laver les vitres; moi, je vais m'occuper de la salle de bains.*
	LOUIS:	*Est-ce qu'il faut qu'on range les chambres?*
	JEAN-MARC:	*Nous pouvons les ranger demain.*
	LOUIS:	*Où est-ce qu'il faut que je passe l'aspirateur?* etc.

1. nettoyer (passer l'aspirateur—dans la salle de séjour, dans la salle à manger, ? / laver les vitres *(windows)* / monter au 1er étage / ranger les chambres / nettoyer la salle de bains / ?)
2. faire les courses (aller au supermarché / acheter du pain, ? / aller à la banque, au bureau de poste, ? / prendre la voiture de ... / ?)
3. s'occuper des repas (préparer le dîner, le petit déjeuner aussi / débarrasser la table / faire la vaisselle / s'occuper des ordures *(garbage)* / ?)

NN. Les monuments de France. Find among the drawings the monument mentioned by your classmate, then answer his/her questions about that monument on the basis of the information provided. Use object pronouns whenever possible.

MODÈLE: la cathédrale de Strasbourg
— *Où est la cathédrale de Strasbourg?*
— *La voilà.* (pointing at picture)
— *Qui est allé à Strasbourg?*
— *Georges.*
— *Quand?* (When?)
— *Il y est allé en septembre.*
— *Est-ce qu'il a vu la cathédrale?*
— *Oui, il l'a vue.*

1. le château de Chenonceaux
2. les arènes d'Arles
3. la Maison Carrée à Nîmes
4. les statues de Rodin à Paris
5. la cathédrale de Chartres
6. le château de Versailles

Perspective culturelle

La France et le Minitel

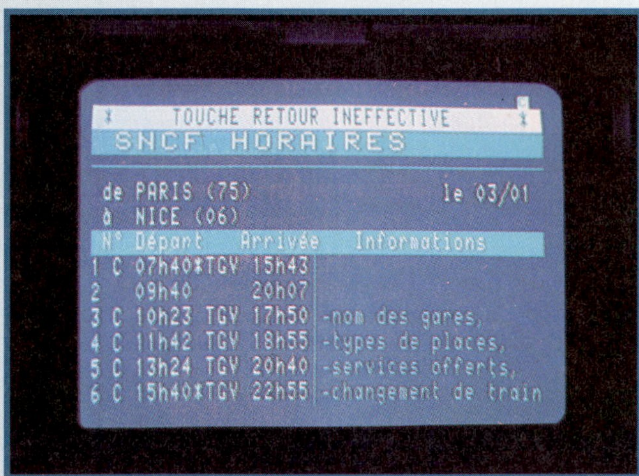

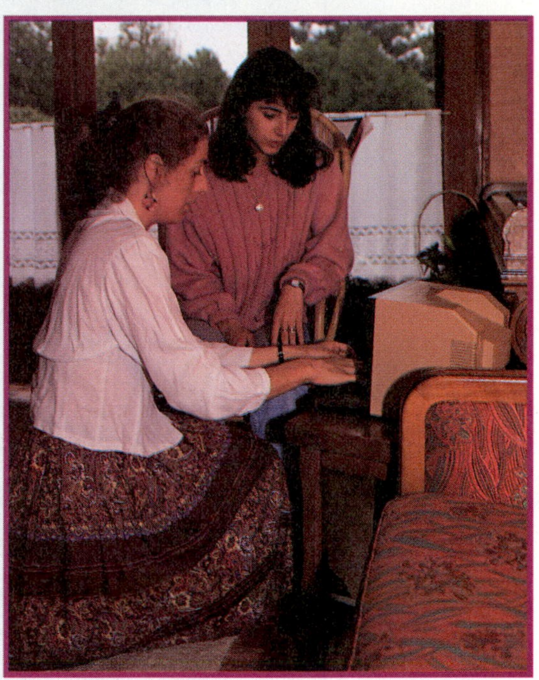

One of the first things Cecilia had to do when she arrived at the Batailler home was to learn how to use their **Minitel.** The **Minitel** consists of a monitor and a keyboard attached to the telephone. At a minimum cost of 20F per month, it replaces the phone directory (**l'annuaire du téléphone**). Strike 11 on the keyboard and you have at your disposal more than 25 million phone numbers. With a name and an address (even incomplete) you can find the number for anyone living in France or in France's overseas **départements.**

But that's not all: **Minitel** also serves as a kind of electronic mail system. For less than 1 franc per minute, you can send messages to any other **Minitel** user. In addition, you have access to the **Télétel** service—**"la plus grande banque de données mondiale 24 heures sur 24"** ("the world's largest data bank, 24 hours a day"). With **Télétel,** you can pay your bills, make airline reservations, buy food, find out the latest news, consult a listing of campgrounds or veterinarians...and even get help with your homework!

Developed in the early 1980s, the **Minitel** system has moved France to the forefront of telecommunications technology. The French are considered the world leaders in **télématique** (the delivery of information via telecommunications).

❖ *À discuter: Is there a country-wide system similar to* **Minitel** *and* **Télétel** *in the United States? In what ways is it similar to and/or different from the French system?*

➻ Do À faire! (4-9) on page 179 of the Manuel de préparation.

DÉBROUILLEZ-VOUS!

OO. La journée de votre camarade. Ask questions in French of a classmate in order to establish his/her activites from the time he/she got up until the time he/she went to bed. Choose a recent school day or, if you prefer, a day when he/she didn't have any classes.

PP. Un jour de fête. You and your friends are making plans for an upcoming holiday. Plan a full schedule of activites, including sports, movies, and the like. Be detailed in your plans—determine time, place, etc.

QQ. Au festival de Tarascon. Tarascon is a small town in southern France, not far from Avignon. Every year **la Fête des Fleurs** *(flowers)* is celebrated there. You and one or more of your classmates are in Tarascon for the festival. Using the poster and the map provided, plan your activities for the day. Do some things together, but plan for each person to have one activity that he/she will do alone. You can then decide to meet again later in the day.

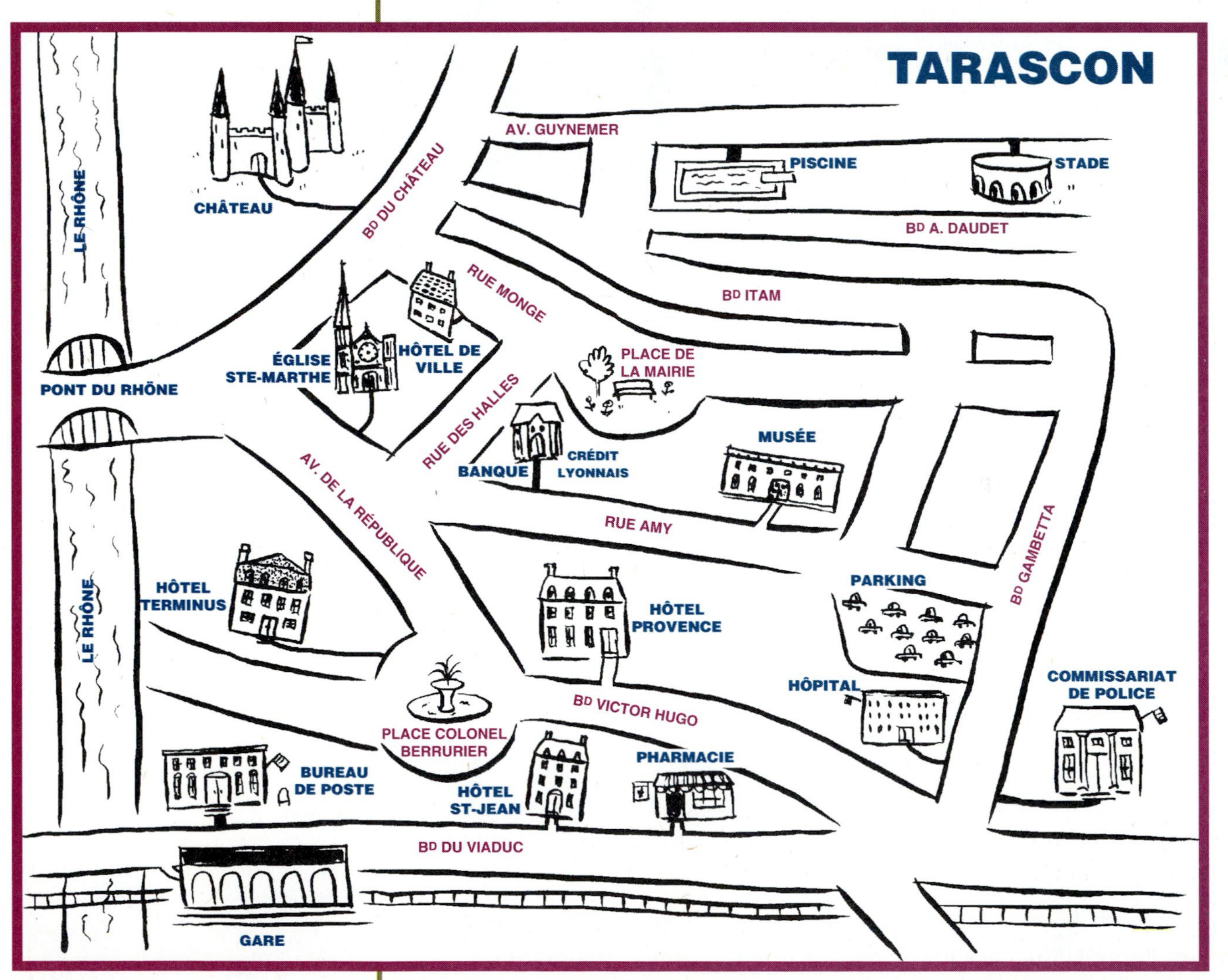

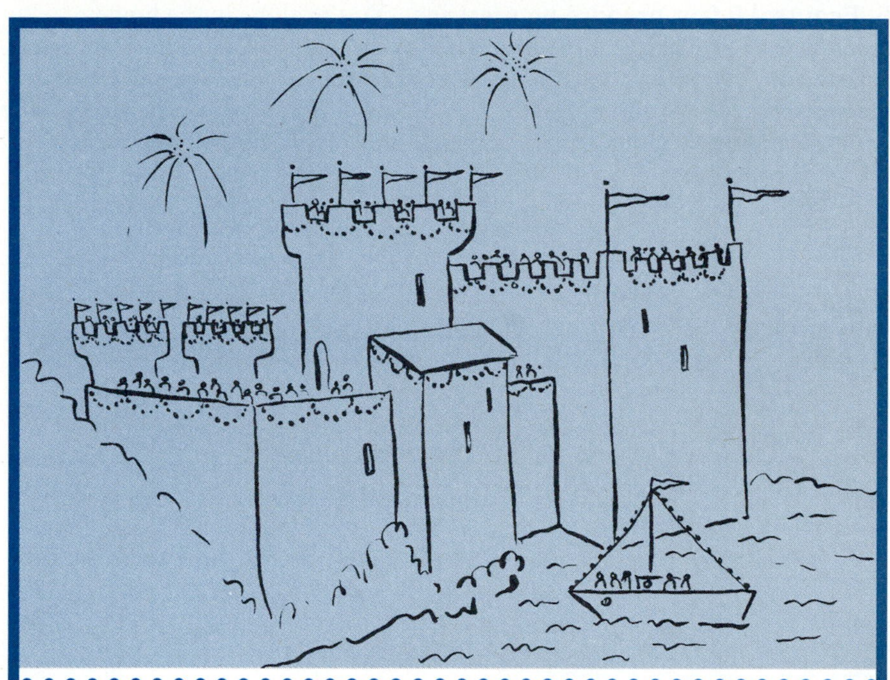

FÊTE DES FLEURS

Tarascon

samedi 27 juin

10h30	Défilé[1]: la Grande Cavalcade (bd Victor Hugo, bd Gambetta, bd Itam)
11h–12h	Danses folkloriques (place de la Mairie)
12h–14h	Dégustation[2]: spécialités de la région au bord du[3] Rhône
13h–15h	Concert de rock: Louis Bertgani et «Les Visiteurs» (place de la Mairie)
14h–18h	Sports: tennis, judo, volley-ball (stade municipal)
16h–18h	Exposition de peintures (musée des Beaux-Arts)
19h–21h	Concert d'orgue[4] (Église Sainte-Marthe)
19h–21h	Dégustation: spécialités de la région (au bord du Rhône)
21h30	Spectacles son et lumière[5] (devant le château)
22h30	Feux d'artifice[6] (au bord du Rhône)
23h	Bal[7] populaire (devant le château)

[1] *Parade* [2] *(Food) tasting* [3] *on the banks of* [4] *organ* [5] *sound and light* [6] *Fireworks* [7] *Dance*

RR. La famille idéale. Describe a typical day in the life of an ideal family. Include the daily routine, how the family deals with chores, and what each family member does for fun. You may choose to deal with this topic seriously (that is, your idea of what a family *should* be like) or ironically (that is, a humourous look at a family *not* to be imitated).

SS. Écoutez! Il faut prendre un message. You're alone in the home of some French friends. The parents (**M. et Mme Roche**) and the children (**Christine et Mathieu**) are all out for the evening. When the phone rings, you answer and take messages for the absent family members. Fill in the message slips with the vital information. You may write in French or in English; the important thing is to get the message.

MESSAGE IMPORTANT

_______________ a appelé

pour _______________

Message: _______________

MESSAGE IMPORTANT

_______________ a appelé

pour _______________

Message: _______________

MESSAGE IMPORTANT

_______________ a appelé

pour _______________

Message: _______________

→ *Do* **À faire! (4-10)** *on page 182 of the* **Manuel de préparation.**

CHAPITRE 4
Une jeune fille au pair à Reims

MENU

VIDÉO	ACTE 4
PROFIL: La Champagne	MC, p. 180
LECTURE: «Premier jour» (Jacques Prévert)	MC, p. 182
LECTURE/ACTIVITÉ CULTURELLE: Petit guide des vins	MC, p. 182
PROFIL: Le Mali	MC, p. 184
ACTIVITÉ ORALE: Rendez-vous aux 4 Temps	MC, p. 186
ACTIVITÉ CULTURELLE: Festival du film français et francophone	MC, p. 186
ACTIVITÉ ÉCRITE: Une lettre	MP, p. 185
ACTIVITÉ ÉCRITE: Mon journal	MP, p. 186
LECTURE: «Le travail au pair»	MP, p. 186
LECTURE: «Une nouvelle maison»	MP, p. 189
LECTURE/ACTIVITÉ ÉCRITE: Les pages jaunes	MP, p. 191
EXERCICE D'ÉCOUTE: Des messages	MP, p. 192
ENREGISTREMENT: Le répondeur	MP, p. 192
JEU: Les mots croisés	MP, p. 193

PROFIL: LA CHAMPAGNE

Champagne

FRANCE

SITUATION: à l'est de Paris, entre l'Île-de-France et la Lorraine
DÉPARTEMENTS: Marne, Aube, Haute-Marne
POPULATION: 1 046 000 (les Champenois)
SUPERFICIE: 20 377 km^2
VILLES PRINCIPALES: Reims, Troyes, Châlons-sur-Marne
ÉCONOMIE: vin (mousseux), céréales, élevage laitier, industrie textile et mercantile

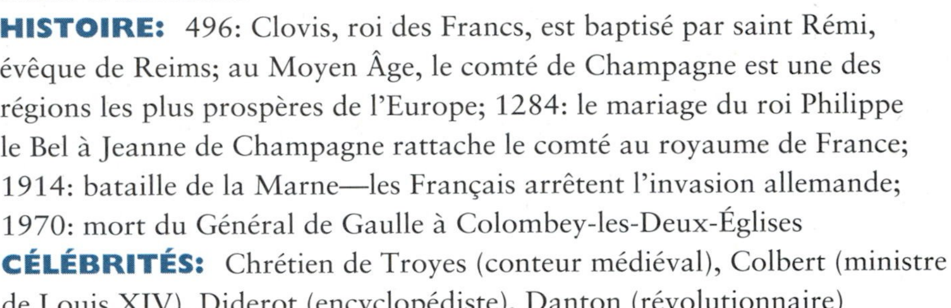

HISTOIRE: 496: Clovis, roi des Francs, est baptisé par saint Rémi, évêque de Reims; au Moyen Âge, le comté de Champagne est une des régions les plus prospères de l'Europe; 1284: le mariage du roi Philippe le Bel à Jeanne de Champagne rattache le comté au royaume de France; 1914: bataille de la Marne—les Français arrêtent l'invasion allemande; 1970: mort du Général de Gaulle à Colombey-les-Deux-Églises
CÉLÉBRITÉS: Chrétien de Troyes (conteur médiéval), Colbert (ministre de Louis XIV), Diderot (encyclopédiste), Danton (révolutionnaire)

❖ ***À discuter:*** *Champagne is a region that has given its name to its most famous product. What other French products that you know bear the name of their place of origin? Do we find the same phenomenon in the United States? If so, name the product(s); if not, discuss why.*

Le champagne

Vignobles, Champagne

Verzenay, en Champagne

Épernay: ses musées

Vignobles

LECTURE: «PREMIER JOUR» (JACQUES PRÉVERT)

Premier jour

Des draps blancs dans une armoire
Des draps rouges dans un lit
Un enfant dans sa mère
Sa mère dans les douleurs[1]
Le père dans le couloir
Le couloir dans la maison
La maison dans la ville
La ville dans la nuit
La mort[2] dans un cri
L'enfant dans la vie[3]

Jacques Prévert, *Paroles*

VOCABULAIRE: *1. labor pains 2. death 3. life*

Exercice de compréhension

1. There are no verbs and only two adjectives in this poem. Consequently, these two adjectives and the numerous nouns that make up the text take on great importance. What ideas, images, or feelings do you associate with the following words?
   blancs / rouges / enfant / mère / douleurs / couloir / maison / nuit / cri
2. The poem suggests a story—a human drama. Recount that story in your own words.
3. What feelings does this story create in you? Do the word associations you found in question 1 reinforce these feelings or conflict with them? Explain.

LECTURE/ACTIVITÉ CULTURELLE: PETIT GUIDE DES VINS

France is known throughout the world for its wines. Read the following information about wine in France, then go to a local store that sells French wines. Find at least five different French wines, study their labels, then come back and make a report to the class.

Une étiquette

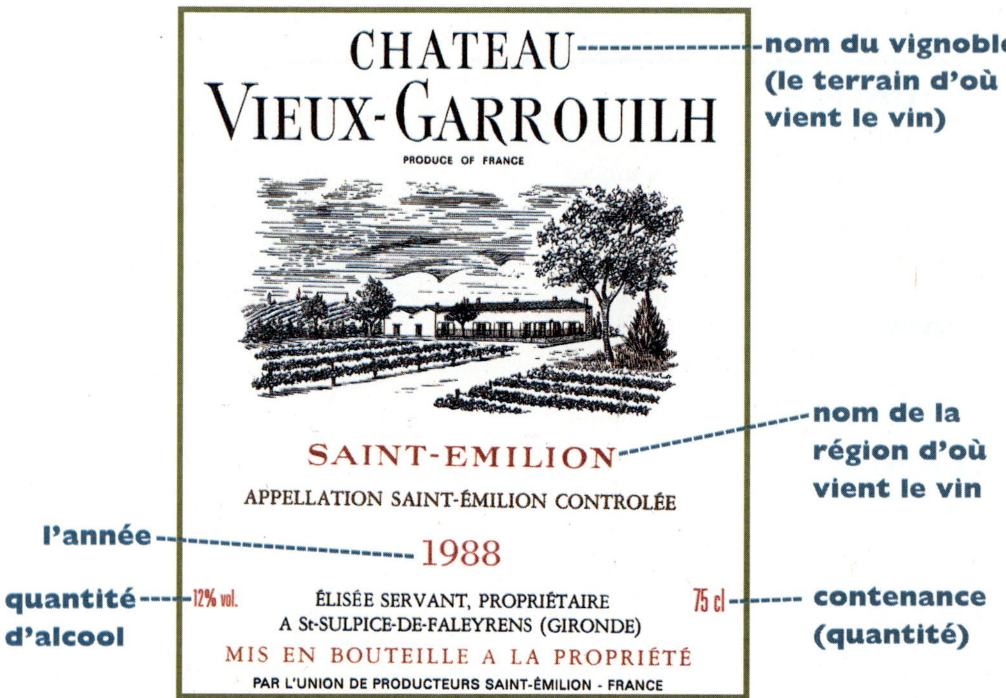

La France vinicole

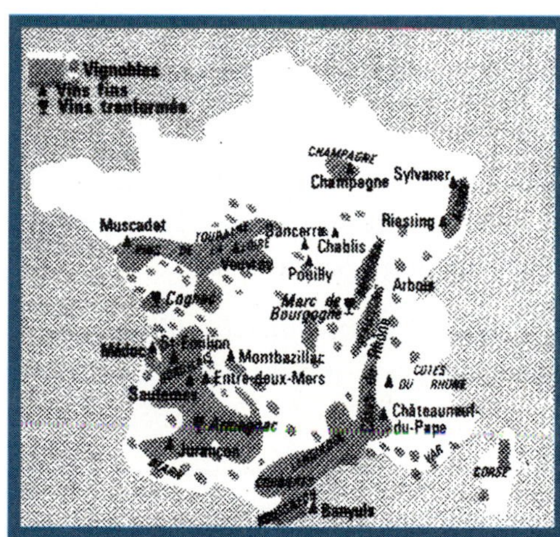

Le Nouveau Guide France,
Hachette 1990

Pour servir les vins

Les vins rouges se servent «chambrés»—c'est-à-dire, à la température de la pièce où on va les boire.
Les vins blancs et rosés se servent frais (de 5° à 12°).
Le champagne et les vins mousseux *(sparkling)* se servent légèrement «frappés»—c'est-à-dire, dans un bain d'eau et de glace.

Avec le poisson *(fish)* et les fruits de mer *(seafood)* on sert un vin blanc sec *(dry)* et très frais.
Avec les viandes *(meats),* on sert un vin rouge chambré.
Avec les desserts, on sert un vin blanc doux *(sweet)* et très frais.
Avec tout, on sert du champagne bien frappé ou du vin rosé très frais.

PROFIL: LE MALI

SITUATION: en Afrique occidentale, entre la Mauritanie et l'Algérie au nord, et la Guinée, la Côte-d'Ivoire, le Burkina (ancienne Haute-Volta) et le Niger au sud

POPULATION: 7 700 000 habitants (les Maliens)

SUPERFICIE: 1 240 000 km^2

CAPITALE: Bamako

AUTRES VILLES: Mopti, Ségou, Tombouctou

LANGUE OFFICIELLE: français

RELIGIONS: islam, animisme

ÉCONOMIE: au sud: agriculture (mil, riz, coton, arachide); au nord: élevage (moutons, chèvres, bœufs)

HISTOIRE: du XIe jusqu'au XVIIe siècles, grand empire de l'Afrique noire s'étendant sur les états actuels du Mali, du Sénégal, de la Gambie, de la Guinée et de la Mauritanie; 1857: occupé par les Français; 1920: avec le Haut-Sénégal et le Niger, devient la République du Soudan français; 1960: devient la République du Mali

COMMENTAIRE: Le Mali est un pays très pauvre qui souffre de l'absence de ports de mer et de ressources minérales. La partie nord et la partie centrale du pays appartiennent au Sahara.

❖ ***À discuter:*** *Imagine that someone asks you about Mali. Which of the above pieces of information would you most likely want to mention? Why?*

Une rue à Djenné

Mosquée

Djenné

Mosquée

Le Niger, Mali

L'iode miracle pour les puits du Mali

ACTIVITÉ ORALE: RENDEZ-VOUS AUX 4 TEMPS

You call a friend on the phone and suggest that the two of you meet at **Les 4 Temps** shopping center. Agree on the day and time you will go there, talk about what each of you would like to do, and finally decide on a meeting place somewhere on the second level of the shopping center. Since your friend has not been there before, you will have to explain (1) how to take the **métro** or the **R.E.R.** (see the map on page 70) and (2) how to get from the **Montée des Arcades** (the central escalator by which your friend will arrive on the second floor) to the meeting place (see the following map).

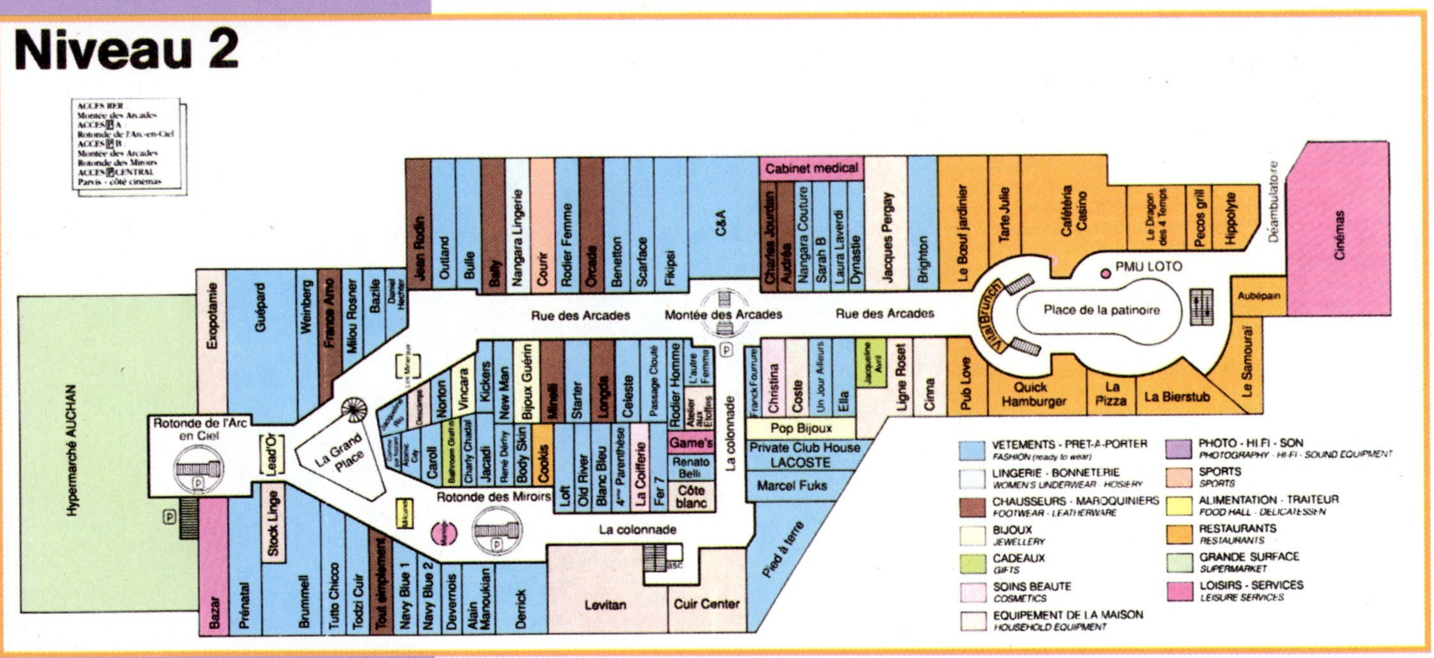

ACTIVITÉ CULTURELLE: FESTIVAL DU FILM FRANÇAIS ET FRANCOPHONE

The French have played a major role in the development of motion pictures. In 1895, the Lumière brothers invented the **cinématographe**—a combined camera, printer, and projector that made possible the first viable commercial projection of a movie. Two years later, Georges Méliès built the world's first movie studio in Montreuil, a suburb of Paris. Since then movies have occupied a special place in French culture. Among the most notable of early French filmmakers are Jean Renoir (**La Règle du jeu, La Grande illusion**), Jean Vigo (**Zéro de conduite, L'Atalante**), René Clair (**Entracte**), Jean Cocteau (**Orphée, La Belle et la bête**), and Marcel Carné (**Les Enfants du paradis**). The 1950s saw the rise of the **nouvelle**

vague *(New Wave)* directors—Jean-Luc Godard (**À bout de souffle**), François Truffaut (**Les 400 Coups**), and Alain Resnais (**Hiroshima mon amour**). More recent films include the works of Louis Malle (**Au revoir les enfants**), Diane Kurys (**Diabolo menthe**), Claude Berri (**Manon des sources**), and Jean-Jacques Beineix (**Diva**). To these should be added films dealing with the Francophone world made by French directors (for example, **Chocolat** by Claire Denis) or by Francophone **cinéastes** (for example, **La Rue Cases-Nègres** by Euzhen Palcy or **Xala** by Ousmane Sembene).

Find out if any movie theatres in your area are showing or planning to show French or Francophone films.

Les 400 Coups (François Truffaut)

Les Enfants du paradis (Marcel Carné)

Diva (Jean-Jacques Beineix)

Chocolat (Claire Denis)

LEXIQUE:
***See page 194 of the* Manuel de préparation.**

UNITÉ 3 Un voyage de retour

OBJECTIVES

In this unit, you will learn to:

- get and pay for a hotel room;
- talk about the past and the future;
- get a train ticket;
- get gas for the car;
- name and talk about geographical areas;
- engage in table conversations;
- make comparisons;
- talk about health.

In order to perform these activities, you will learn to use:

- the future tense;
- the imperfect tense (contrasted with the **passé composé**);
- the verbs **sortir**, **partir**, and **quitter**;
- prepositions with geographical names;
- expressions of quantity and the pronoun **en**;
- the comparative and the superlative.

You will read and/or hear about hotels, train and car travel, the village of Calmoutier and the province of Franche-Comté, health and physical fitness, food and meals, childrens' upbringing, and the differences between young people and the older generations. You will read and/or hear about some of these topics in the context of Switzerland and Guadeloupe.

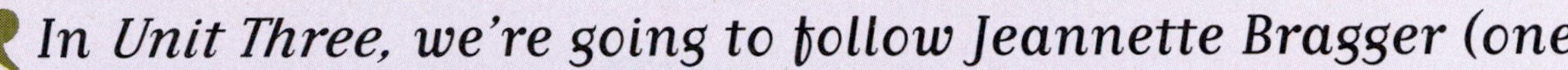
In Unit Three, we're going to follow Jeannette Bragger (one of the authors of ***J'veux bien!)*** as she visits her family (the Buhler family) in the small village of Calmoutier...

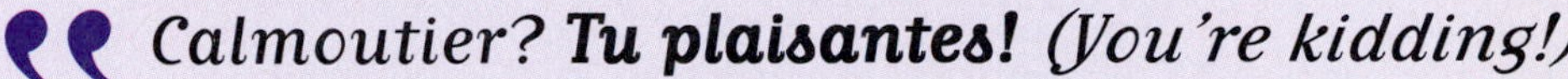
Calmoutier? **Tu plaisantes!** *(You're kidding!)*

The place to be is Paris or maybe one of the other larger cities. I know we're going to visit Toulouse, which is a terrific southern city. But Calmoutier? I've never heard of it and I certainly don't know where it is! It's probably **un petit bled** *(a small hole-in-the-wall)* **perdu** *(lost)* somewhere in **la campagne** *(the countryside)!* Of what possible interest can that be to students?

Mon Dieu! *(Good grief!)* Sometimes you're really narrow-minded. As a matter of fact, going to Calmoutier is really interesting. It's a small village in eastern France in the province of Franche-Comté and in the **département** of Haute-Saône. It's very representative of the hundreds of small villages that dot the French countryside and life there is very different from the hectic life in the city. So... **faisons un peu d'histoire** *(let's do a little history)*. Calmoutier was founded in 1049 and, at that time, it was called Calomonasterium. That comes from two Latin words: **colomba** which means *dove* and **monasterium** which means *monastery*. You can probably tell from these words that Calmoutier used to be a community of monks who ran the village and protected its inhabitants. Today 220 people live in Calmoutier and you're going to learn a lot about life in this little village. As for you, Gaston, **je parie** *(I bet)* that you'll change your attitude when you've met the people in Calmoutier!

Je suppose! *(I guess!)* Especially since Jeannette's visit is a very special one. She hasn't seen her family in sixteen years and a lot of festivities are planned. We'll follow her as she arrives at the hotel in Paris, takes the train from Paris to Vesoul, and drives from Vesoul to Calmoutier. We'll meet her family and, best of all, there's going to be lots of great food!

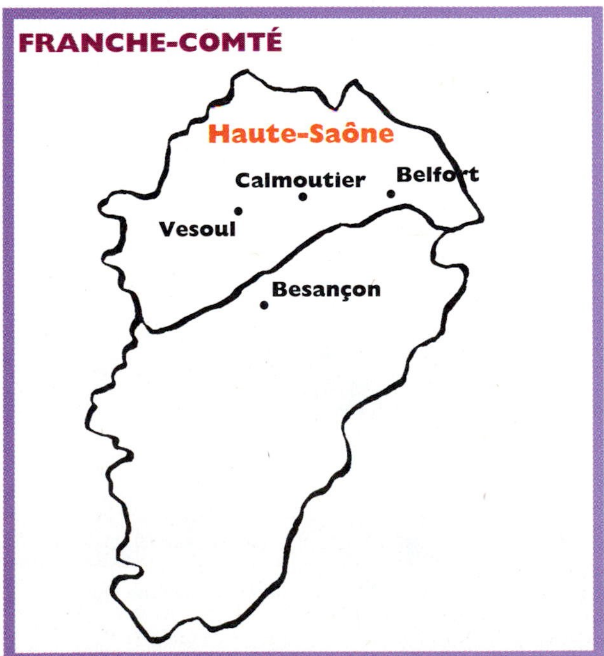

CLIENT: BRAGGER/JEANNETTE
PAGE:01
INVOICE: 20417213
CTN PROFESSIONAL TRVL
234 E COLLEGE AVE
STATE COLLEGE PA
814 237-7809
21 MAY TH
AIR FRANCE
WASH/DULLES
PARIS/DEGAULL
FLIGHT: 23
DEPART: 625P
ARRIVE: 810A 22MAY DINNER
CLASS: B
27 JUN SA
AIR FRANCE
PARIS/DEGAULL
WASH/DULLES
FLIGHT: 24
DEPART: 105P
ARRIVE: 345P
CLASS: B
DINNER
USD1024.70
TICKET: 057 1472636803

BRAGGER
SMOK
CARTE D'ACCÈS A BORD
AIR FRANCE
EMBARQUEMENT
BOARDING
17H55
HEURE / TIME
21 MAY CDG Y
AF 023
VOL / FLIGHT
26 J
SIEGE / SEAT
E21
PORTE / GATE

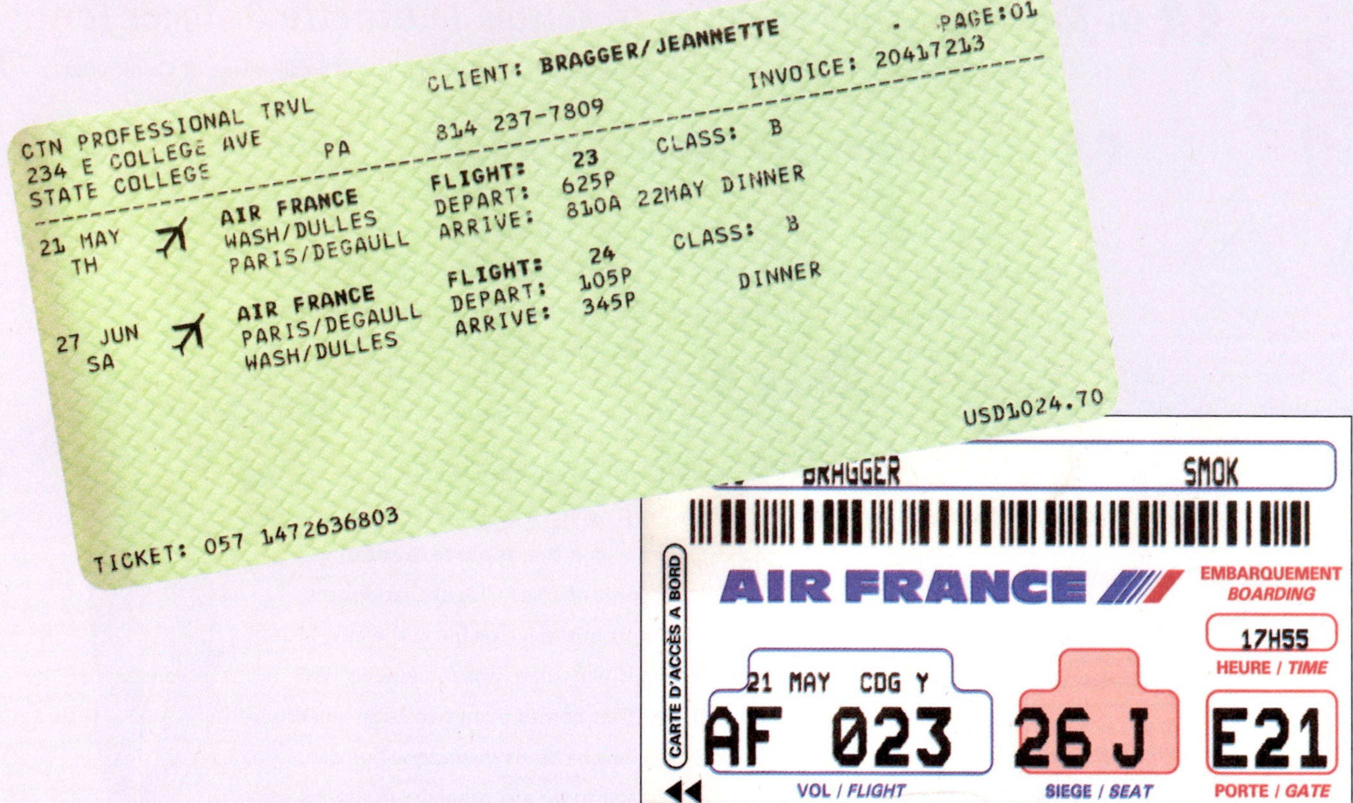

Jeannette Bragger
Alain Buhler
Yves Buhler
Anne-Marie (Annie) Buhler
Valérie Buhler
Josette Buhler
Isabelle Buhler
Christian Baptizet
Jacques (Jacky) Buhler
Christine Buhler
Josette Baptizet
Anne Buhler
LA FAMILLE BUHLER
Marcel Buhler
Simone Buhler
Patricia Buhler
Noëlle Buhler
Aurore Buhler

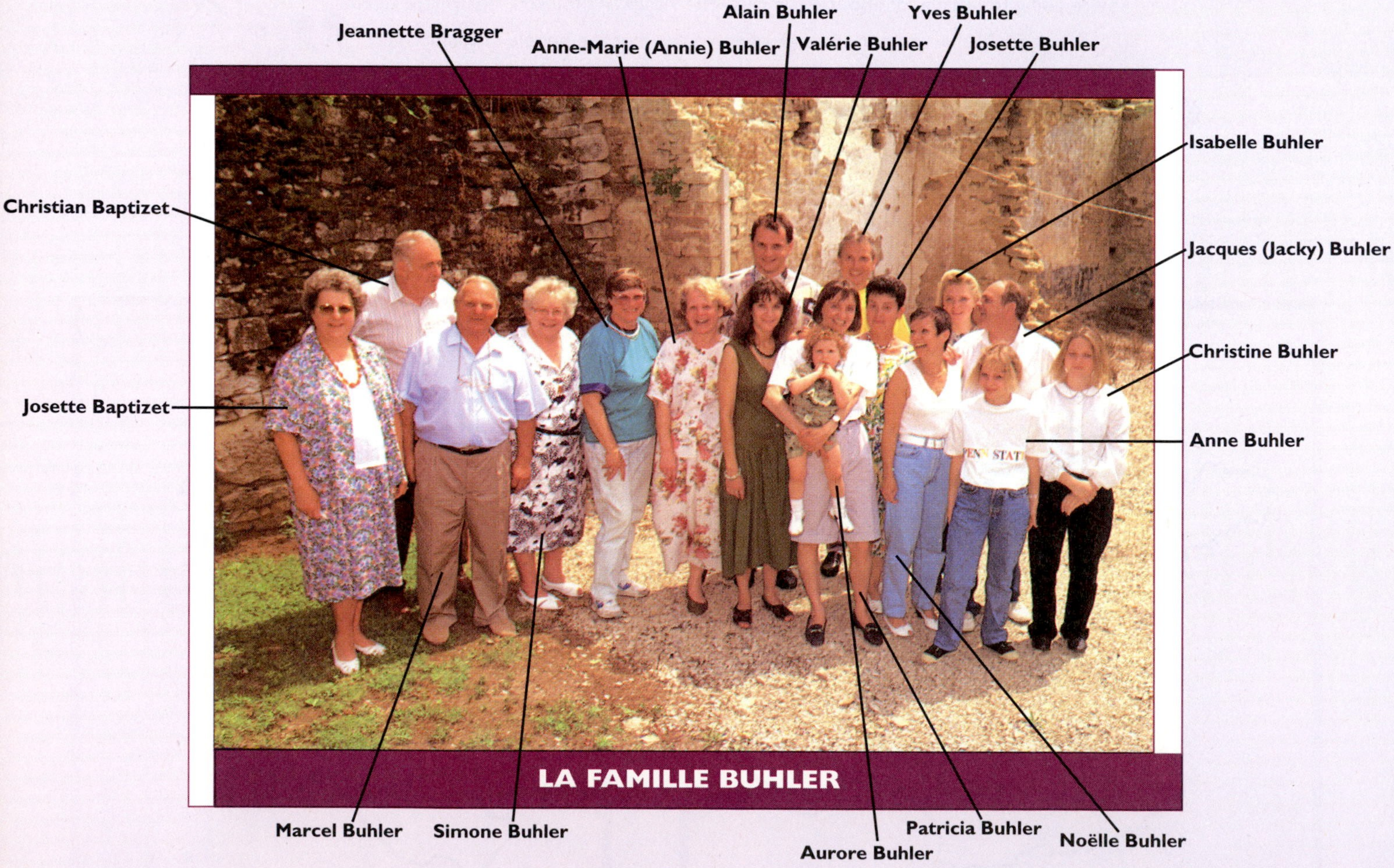

CHAPITRE 5

En route!

"*After a night flight that's never particularly* comfortable, Jeannette arrived at Charles de Gaulle airport in Paris at 8:00 A.M. What now? **Eh bien, d'abord elle passe par le contrôle des passeports, ensuite elle récupère ses bagages, enfin elle passe la douane** *(customs)*. She's lucky because customs didn't ask her to open her suitcase, so she did all this fairly quickly. But, **attention!** You have to be prepared to open your luggage if you're one of the people picked by the customs inspector. **En tout cas** *(In any case)*, Jeannette went right outside and got on the Air France bus to make the trip into the city. She got off at **la place de l'Étoile** and there, she took a cab to the **hôtel Chaplain.** If she had had less luggage, she could also have taken the **RER (Réseau Express Régional)**, a train that would have been less expensive and even faster. Especially **aux heures de pointe** *(during rush hour)*. She could also have taken a taxi from the airport directly to the hotel. But to do that, you have to have lots of **fric** *(dough,* slang for *money)*, because it would cost about $45."

CHAPTER SUPPORT MATERIALS

MP: pp. 197–244

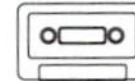

Student Tape
Segments 30– 35

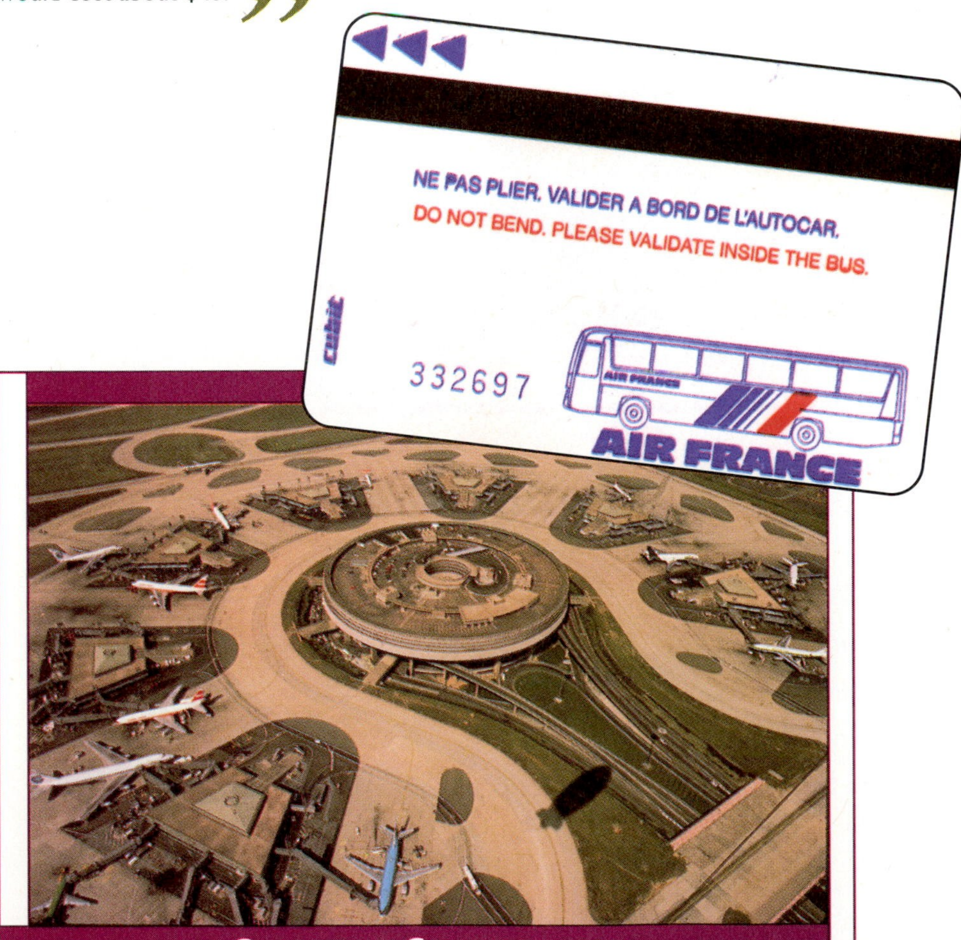

NE PAS PLIER. VALIDER A BORD DE L'AUTOCAR.
DO NOT BEND. PLEASE VALIDATE INSIDE THE BUS.
332697
AIR FRANCE

CHARLES DE GAULLE AIRPORT

CONTEXTE: À L'HÔTEL CHAPLAIN

Un hôtel parisien

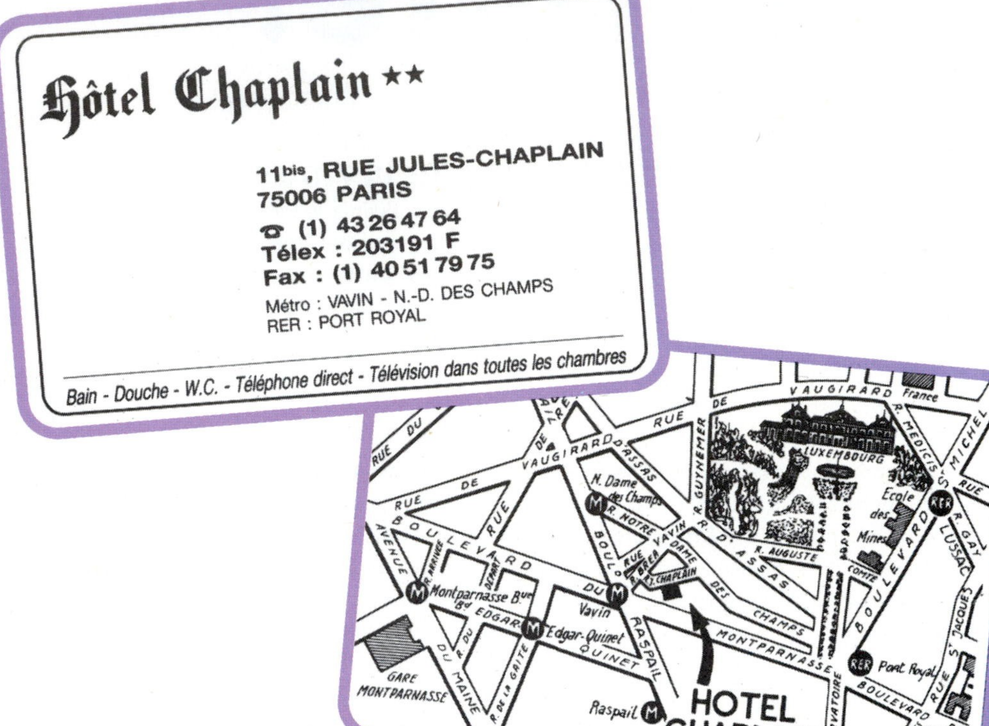

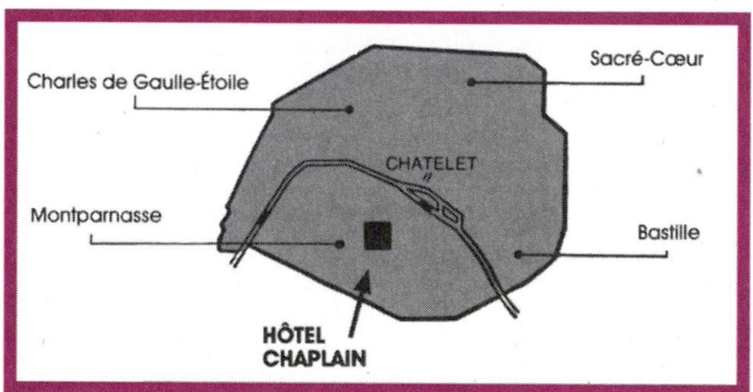

PRIX DES CHAMBRES

shower / toilet	**Douche + WC**	460F
bathtub	**Bain** + WC	460F
	Twin Bain + WC	500F
	Triple Douche + WC	560F
	Triple Bain + WC	600F
	Télévision couleur et téléphone direct dans toutes les chambres	
petit déjeuner	**PD**	30F

Chez nous

When you visit Paris, you should have no trouble finding a place to stay. Providing, of course, that you make reservations ahead of time (particularly during the high tourist season—from May through August). The red **Guide Michelin** lists all major hotels in every city and town in France and rates them according to five price categories. In addition to the hotels listed in this guide, France has many small inns (**des auberges**) and bed-and-breakfast establishments (**des pensions**). These inns are often less expensive and tend to have a lot of charm. The service is not as extensive as in larger hotels, but it's usually more personalized.

If you arrive in a French city without a hotel reservation, you can make use of the welcome service (**Accueil de France**). An office of the **Accueil de France** is usually located in major train stations and airports.

There are three things you have to know when you're in a French hotel:

(1) You'll remember from *Chapter Two* that, in France, we count floors differently than you do in the United States. So, in a French hotel, **une chambre au premier étage** is actually on the second floor in American terms.

(2) When you leave the hotel, you're asked to leave the key at the main desk in the lobby. That way, the hotel staff knows and can clean your room while you're out. When you return, you simply ask for your key back. The **hôtel Chaplain** has a sign at the front desk that says: **En sortant, remettez la clé à la réception. Merci.** That's a polite way to ask you to turn in your key when you go out.

Si vous m'emportez par mégarde, jetez-moi dans une boîte à lettres. Merci.
(If you take me with you by mistake, please drop me in a mail box. Thanks.)

(3) Many hotels lock their doors after 10 or 11 P.M. If you come in later, you're instructed to ring the bell and someone will open the door and give you your room key. So don't panic if you get back late and the door is locked!

❖ ***À discuter:*** *Have you ever stayed in a hotel in the United States? What was it like? What kinds of services did it have? Have you ever stayed in a hotel in France or in a foreign country? Did it have the same services and facilities?*

Note that, beginning with this chapter, most excercise direction lines are now in French.

À vous la parole!

A. À l'hôtel. Vous êtes à l'hôtel Chaplain. Vous téléphonez à un(e) ami(e) aux États-Unis qui va vous retrouver à Paris. Avec un(e) camarade de classe, répétez le début du dialogue et répondez ensuite à ses questions à propos de l'hôtel.

Au téléphone
— Allô, allô!
— (Nom de votre camarade)? C'est (votre nom) à l'appareil.
— Salut, (votre nom). Ça va?
— Oui, ça va bien. Je te téléphone de l'hôtel Chaplain. Tu viens mercredi?
— Bien sûr. J'arriverai *(will arrive)* à Paris à 11 heures. L'hôtel est bien?
— Oui, c'est très confortable.
— Alors, tu peux me donner quelques renseignements?
— Oui, bien sûr.

1. Où est-ce que je descends du bus Air France quand j'arrive en ville?
2. Comment est-ce que je viens à l'hôtel?
3. Quelle est l'adresse de l'hôtel?
4. Quel est le nom du grand boulevard près de l'hôtel?
5. Quel est le numéro de téléphone?
6. Combien coûte une chambre avec douche et WC?
7. Et si je veux prendre le petit déjeuner, c'est combien?
8. J'ai des amis qui vont me retrouver à l'hôtel. C'est combien pour une chambre pour trois personnes avec bain et WC?

— Bon, alors je pense que j'ai tout ce qu'il me faut. À mercredi, alors.
— Oui, je vais vérifier ta réservation et je t'attendrai *(I'll wait for you)* à l'hôtel. À bientôt. Au revoir.

L'ARRIVÉE À L'HÔTEL

Jeannette arrive à l'hôtel Chaplain à Paris. Elle s'arrête (stops) *à la réception.*

JEANNETTE: Bonjour, Madame. J'ai réservé au nom de Bragger.
EMPLOYÉE: Ah oui. Une chambre avec un **lit**, douche et WC. C'est 460F **la nuit**. — *bed / per night*
JEANNETTE: Très bien. Est-ce que le petit déjeuner est **compris**? — *included*
EMPLOYÉE: Non, Madame. Vous devez payer un supplément de 30F.
JEANNETTE: D'accord.
EMPLOYÉE: Voilà votre **clé**. Vous êtes dans la chambre 20. C'est au deuxième étage. L'**ascenseur** est à votre droite. — *key* / *elevator*
JEANNETTE: **Je vous remercie**, Madame. — *Thank you*
EMPLOYÉE: Je vous en prie, Madame.

Une chambre à l'hôtel Chaplain

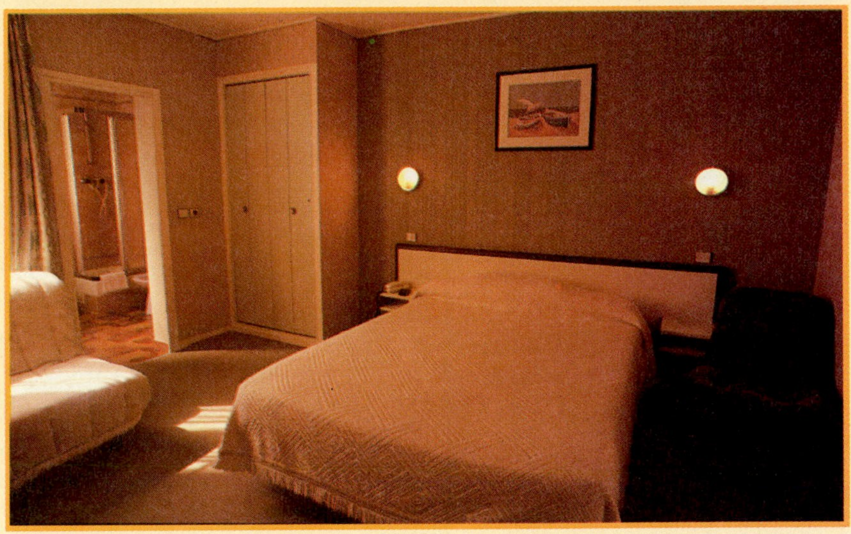

POUR VOUS EXPRIMER

Pour demander une chambre d'hôtel

Est-ce que vous avez une chambre pour (deux personnes / ce soir / etc.)?
Je voudrais une chambre...
J'ai réservé une chambre au nom de...
Il me faut une chambre...
Une chambre pour...

Pour préciser le type de chambre

... pour une (deux, trois) personne(s)
... avec un grand lit (deux lits)
... avec (une) douche ([un] bain)
... avec (un) WC
... avec (sans) salle de bains
... au premier (deuxième, etc.) étage, si possible
... avec (un) balcon
... une chambre qui donne sur la cour *(overlooks the courtyard)*
qui ne donne pas sur la rue

Pour se renseigner à l'hôtel

C'est à quel étage?
C'est combien, la chambre? (Quel est le prix de la chambre?)
Le petit déjeuner est compris?
Est-ce qu'il y a un téléviseur dans la chambre?
Et le téléphone, est-ce qu'il est direct? (Est-ce que c'est une ligne directe?)
Vous fermez *(close)* à quelle heure, le soir?
Est-ce qu'il y a un ascenseur *(elevator)*?

À vous la parole!

B. Quelle sorte de chambre? Utilisez les renseignements donnés pour dire quelle sorte de chambre vous voulez. Un(e) camarade de classe va jouer le rôle de l'employé(e).

MODÈLE: deux personnes / 350F–450F (400F sans salle de bains / PD 30F)

— *Bonjour, Monsieur (Madame). Vous avez une chambre pour deux personnes, entre 350 et 450 francs?*
— *J'ai une chambre sans salle de bains pour 400 francs.*
— *Très bien. Et le petit déjeuner, c'est combien?*
— *Vous payez un supplément de 30 francs.*

1. deux personnes / 400F–550F (520F avec douche ou avec bain / PD 25F)
2. trois personnes / 500F–600F (560F avec douche et WC / PD 35F)
3. une personne / 250F–360F (340F avec bain et WC / PD 30F)
4. une personne / 350F–500F (420F sans douche, avec bain et WC / PD 27F)

→ ***Do* À faire! (5-1) *on page 198 of the* Manuel de préparation.**

RAPPEL

Le futur

VERBS ENDING IN **-ER** (**PARLER**)

je parler**ai**	nous parler**ons**
tu parler**as**	vous parler**ez**
il / elle / on parler**a**	ils / elles parler**ont**

VERBS ENDING IN **-RE** (**PRENDRE**)

je prendr**ai**	nous prendr**ons**
tu prendr**as**	vous prendr**ez**
il / elle / on prendr**a**	ils / elles prendr**ont**

IRREGULAR VERBS IN THE FUTURE

aller (**ir-**)	pouvoir (**pourr-**)
avoir (**aur-**)	venir (**viendr-**)
être (**ser-**)	voir (**verr-**)
faire (**fer-**)	vouloir (**voudr-**)
falloir (**faudr-**)	

VERBS TO INDICATE THE FUTURE

aller + infinitif	**espérer** + infinitif
avoir l'intention de + infinitif	**penser** + infinitif
compter + infinitif	**vouloir** + infinitif

Contrôle

C. Qu'est-ce que nous ferons demain? Vous et vos amis êtes dans l'avion en direction de Paris. Vous faites une liste exacte de ce que vous allez faire à partir du moment où vous descendrez de l'avion. Certaines choses, vous allez les faire ensemble:

passer par le contrôle des passeports / récupérer les bagages / passer la douane *(customs)* / prendre un taxi (le bus Air France, le RER) / descendre à l'hôtel / aller à la réception / prendre l'ascenseur / monter dans la chambre

D'autres choses sont des projets individuels:

téléphoner / avoir faim / aller / prendre / avoir l'intention de / compter / vouloir / manger / visiter / faire une promenade / voir / falloir / penser / dormir *(to sleep)*

D. Échange. Utilisez les éléments donnés pour poser des questions à un(e) camarade de classe, qui va vous répondre. Employez le futur ou bien un verbe ou une expression qui indiquent le futur.

MODÈLE: faire / après le cours
—*Qu'est-ce que tu feras (tu vas faire) après le cours?*
—*J'irai (je vais aller, je pense aller, etc.) en ville.*

1. faire / après ce cours
2. faire / cet après-midi avant de rentrer chez toi
3. faire / ce soir
4. faire / s'il fait beau ce week-end
5. faire / s'il fait mauvais ce week-end
6. voir / la prochaine fois que tu iras au cinéma
7. prendre / pour le dîner ce soir
8. manger / la prochaine fois que tu iras au restaurant
9. aller / pendant les vacances *(Utilisez:* **où.**)
10. faire / l'année prochaine

Parlons de vous!

E. Dans quinze ans... Votre camarade est très optimiste: il (elle) est certain(e) que la vie sera magnifique pour lui (elle) dans quinze ans. Utilisez les éléments donnés pour lui poser des questions au sujet de son avenir *(future)*. Utilisez le futur dans les questions et les réponses.

MODÈLE: où / habiter
—*Où est-ce que tu habiteras?*
—*J'habiterai en Floride (à New York, en Europe, etc.).*

1. où / habiter
2. combien d'argent / avoir
3. dans quelles sortes de restaurants / manger
4. où / faire des voyages
5. quelle voiture / acheter
6. comment passer le temps (**réponse:** passer le temps à + infinitif)
7. quel travail / faire
8. qui / aider
9. être heureux(-euse)

Perspective culturelle

Voyager en France

La circulation aux heures de pointe

Paris: l'aéroport Charles de Gaulle

Paris: la Gare de Lyon

Note culturelle: Means of transportation in France

The French are entitled to five weeks vacation per year and they like to take advantage of this free time to travel. In the summer, 56.5% of the French people take some kind of trip. During winter vacations, 27.5% leave home. In the spring and fall, 26% find time to travel for pleasure. Since 87% of French vacationers stay in France, it's understandable that the most common form of transportation is by car. If one keeps in mind that France is approximately the size of Texas, it's even more logical that 75% of travelers use their cars. Only 11% depend primarily on trains and a relatively small number (6%) travel by plane. These are, of course, the statistics for travel during *vacation* time: roads, airports and train stations tend to be very busy places throughout the year when people commute to work or travel for business.

France has a very extensive system of roads (more than 916,296 kilometers). The larger highways (**les routes nationales, les autoroutes**) are joined by the smaller departmental roads (**les routes départementales**) as well as by an intricate network of country roads. Roads into major cities tend to be congested most of the time and, during the vacation periods, it can take people hours just to get out of their city.

Every major French city has a large airport. Paris has two—**Orly** and **Charles de Gaulle–Roissy**. A large number of international flights come into Charles de Gaulle, although some international airlines are authorized to land only at Orly. Charles de Gaulle ranks seventh highest in air traffic in the world: 37 million travelers per year with another 25 million passing through Orly. The domestic airline **Air Inter** operates out of Orly and serves 40 cities in France and Europe. Increasingly, business people use **Air Inter** to cover longer distances rather than spending hours on trains.

The French railway system is recognized in Europe as being punctual and well-run. This state-run operation (**la SNCF—Société Nationale des Chemins de Fer Français**) carries more than 480 million passengers each year through the six train stations of Paris. Because each of these stations serves a particular region of France, it's important for travelers to determine which station serves their destination.

Since 1981, the SNCF has been modernizing its network of railroads by putting into service lines for high-speed turbo trains. These trains, known as the **TGV** (**Train à grande vitesse**) have become famous world-wide and represent one of France's many technological advances. You will learn more about this remarkable train in a reading in your **Manuel de préparation**.

❖ ***À discuter:*** *In your opinion, what are some of the differences between people's traveling habits and means of transportation here in the United States and in France? Given the size of France, what do you think people's perceptions of distance are compared to our perception in the United States?*

Document SNCF

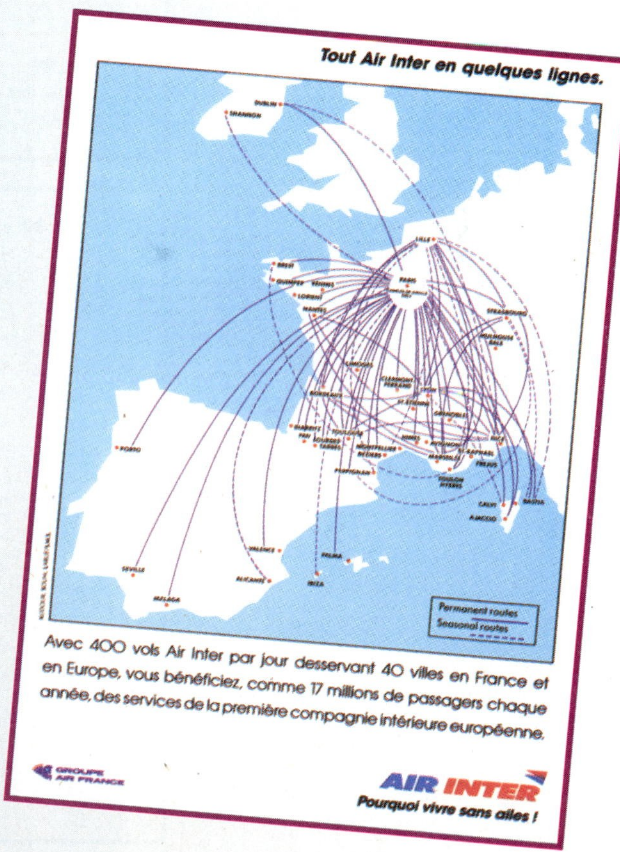

LECTURE: «LE GUIDE MICHELIN»

Le gouvernement français classe les hôtels en cinq catégories:

- **Hôtels de grand luxe**—des salles de bains et des WC dans toutes les chambres
- **Hôtels **** (quatre étoiles)**—hôtels de première classe; la **plupart des** chambres avec salle de bains et WC **privés**
- **Hôtels *** (trois étoiles)**—très confortables; un grand nombre de chambres ont une salle de bains; ascenseur, téléphone
- **Hôtels ** (deux étoiles)**—confortables; 30% des chambres avec salle de bains
- **Hôtels * (une étoile)**—bonne qualité, confort **moyen; au moins** dix chambres avec **lavabo; cabine téléphonique**

most / *private* / *average* / *at least* / *sink* / *phone booth*

Si vous voyagez en France, il est très utile d'avoir un *Guide Michelin* rouge (guide des hôtels et des restaurants). Ce guide utilise un système un peu différent du classement officiel français.

CATÉGORIES

Hôtel		Restaurant
	Grand luxe et tradition	XXXXX
	Grand confort	XXXX
	Très confortable	XXX
	De bon confort	XX
	Assez confortable	X
	Simple mais convenable	
M	Dans sa catégorie, hôtel d'équipement moderne	
sans rest.	L'hôtel n'a pas de restaurant	
	Le restaurant possède des chambres	avec ch.

30 ch	Nombre de chambres
	Ascenseur
	Air conditionné
TV	Télévision dans la chambre
	Établissement en partie réservé aux non-fumeurs
	Téléphone dans la chambre relié par standard
	Téléphone dans la chambre, direct avec l'extérieur
	Chambres accessibles aux handicapés physiques
	Repas servis au jardin ou en terrasse
	Salle de remise en forme
	Piscine : de plein air ou couverte
	Plage aménagée – Jardin de repos
	Tennis à l'hôtel
25 à 150	Salles de conférences : capacité des salles
	Garage dans l'hôtel (généralement payant)
P	Parking réservé à la clientèle
	Accès interdit aux chiens (dans tout ou partie de l'établissement)
Fax	Transmission de documents par télécopie
mai-oct.	Période d'ouverture, communiquée par l'hôtelier
sais.	Ouverture probable en saison mais dates non précisées. En l'absence de mention, l'établissement est ouvert toute l'année.

Voici ce que dit le *Guide Michelin* pour l'hôtel Eurotel à Frotey-lès-Vesoul (à dix kilomètres de Calmoutier).

> ***à Frotey-lès-Vesoul*** par ① : 2 km – ✉ **70000** :
>
> **Eurotel,** rte Luxeuil ✆ **84 75 49 49, Fax 84 76 55 78,** – TV ☎ P. **GB**
> **R** *(fermé dim. soir)* 82/250 – 30 – **20 ch** 280/295 – ½ P 200.

L'Eurotel est situé sur la route de Luxeuil et c'est un hôtel «de bon confort». Le numéro de téléphone est 84 75 49 49 et le numéro de Fax est 84 76 55 78. Il y a une télévision dans les chambres et un téléphone direct avec l'extérieur. Un parking est réservé aux clients. L'Eurotel accepte deux cartes de crédit. Il y a un restaurant qui est fermé le dimanche soir. Les repas coûtent entre 82F et 250F. Pour le petit déjeuner, il faut payer un supplément de 30F. L'Eurotel a 20 chambres. Une chambre coûte entre 280F et 295F.

F. Les hôtels de Besançon. Some friends of yours are planning to visit Besançon, the largest city in the province of Franche-Comté. Because they don't speak French, they ask for your help in finding a hotel. Read the following excerpt from the ***Guide Michelin*** using the reading technique of scanning for details. Then answer their questions.

> **Novotel** M, r. Trey ✆ **81 50 14 66, Télex 360009, Fax 81 53 51 57,** – ch TV ☎ P – 130. AE GB JCB — BX **e**
> **R** carte environ 150, enf. 50 – 46 – **107 ch** 400/450.
>
> **Mercure** M, 4 av. Carnot ✆ **81 80 33 11, Télex 361276, Fax 81 88 11 14,** – TV ☎ P – 40 à 60. AE GB — BY **a**
> **R** 105, enf. 45 – 45 – **67 ch** 425/520.
>
> **Siatel** M, 3 chemin des Founottes par N 57 : 3 km ✆ **81 80 41 41, Fax 81 80 41 41** – TV ☎ P – 35. GB — AX **q**
> **R** 56/85, enf. 36 – 25 – **36 ch** 246 – ½ P 185.
>
> **Ibis** M, 5 av. Foch (face gare) ✆ **81 88 27 26, Télex 361576, Fax 81 80 07 65** – TV ☎ – 40. AE GB — BX **b**
> **R** Brasserie 103, enf. 40 – 34 – **95 ch** 270/300.
>
> **Nord** sans rest, 8 r. Moncey ✆ **81 81 34 56, Télex 361582, Fax 81 81 85 96** – TV ☎ AE GB — BY **r**
> 27 – **44 ch** 165/259.
>
> **Moncey** sans rest, 6 r. Moncey ✆ **81 81 24 77, Fax 81 61 94 89** – TV ☎. AE GB — BY **n**
> 40 – **25 ch** 240/275.
>
> **Relais des Vallières** M, 3 r. P. Rubens par bd de l'Ouest - AX ✆ **81 52 02 02, Fax 81 51 18 26,** – TV ☎ P. AE GB
> **R** 80/150, enf. 45 – 42 – **49 ch** 260.
>
> **Arcade** sans rest, 21 r. Gambetta ✆ **81 83 50 54, Télex 361247, Fax 81 81 89 65** – TV ☎ P – 25. AE GB — BY **k**
> 35 – **49 ch** 290/350.

1. Which is the largest hotel in Besançon?
2. Which is the most expensive? Does the high price seem justified?
3. Can you get a non-smoking room at the **hôtel Mercure**? At the **hôtel Novotel**?
4. Which hotels have elevators?
5. Which hotels have restaurants?
6. Which hotel is the least expensive?
7. Which hotels have access for the disabled?
8. How much extra does breakfast cost at the **hôtel Mercure**?
9. In your opinion, which hotel should we choose? Why?

→ ***Do À faire! (5-2) on page 204 of the* Manuel de préparation.**

CONTEXTE: PARIS–VESOUL PAR LE TRAIN

L'horaire du train

RÉPUBLIQUE
CHÂTELET
GARE DE L'EST

DEPART GRANDES LIGNES

Extérieur de la Gare de l'Est

Intérieur de la Gare de l'Est

“To go from Paris to Vesoul, Jeannette can take an express train that is direct and makes very few stops. She could also take the TGV to Besançon and change trains to get to Vesoul.”

“**T'as raison.** *(You're right.)* But this time, she chose the most direct route. The TGV is terrific but, in this case, it would actually take longer to get there.”

Extrait du *Guide pratique du voyageur* qui aide les voyageurs à réussir leurs voyages

METTEZ-VOUS EN TRAIN
1 VOUS AVEZ DÉCIDÉ DE PRENDRE LE TRAIN. CHOISISSEZ VOTRE HORAIRE EN PÉRIODE BLEUE OU BLANCHE, VOUS VOYAGEREZ PLUS CONFORTABLEMENT...
2 ...ET VOUS DISPOSEREZ DE RÉDUCTIONS PLUS NOMBREUSES.
3 LORSQUE VOUS ACHETEZ VOTRE BILLET PRENEZ UNE RÉSERVATION ! VOUS SEREZ SÛR D'ÊTRE ASSIS.
4 VOUS PARTEZ ? ARRIVEZ QUELQUES MINUTES EN AVANCE POUR PRENDRE TRANQUILLEMENT VOTRE TRAIN.
DEPART
GRANDES LIGNES
GRANDES LIGNES
Voie Départ Destination Nature N° train
02 15h15 LE HAVRE 314
10 15h22 ROUEN 410
07 15h30 CHERBO 201
5 LE TABLEAU GÉNÉRAL DES TRAINS AU DÉPART INDIQUE LE NUMÉRO DE VOTRE QUAI.
6 COMPOSTEZ VOTRE BILLET, POUR LE VALIDER.
COMPOSITION
7 VOUS RETROUVEREZ LE NUMÉRO DE VOTRE VOITURE (INDIQUÉ SUR LA RÉSERVATION) SUR LE TABLEAU DE COMPOSITION DES TRAINS OU A L'EXTÉRIEUR DES VOITURES.
71 TOUL
8 ET VOTRE PLACE SERA INDIQUÉE A L'INTÉRIEUR DES COMPARTIMENTS SUR LE HAUT DES FAUTEUILS. BON VOYAGE !

Document SNCF

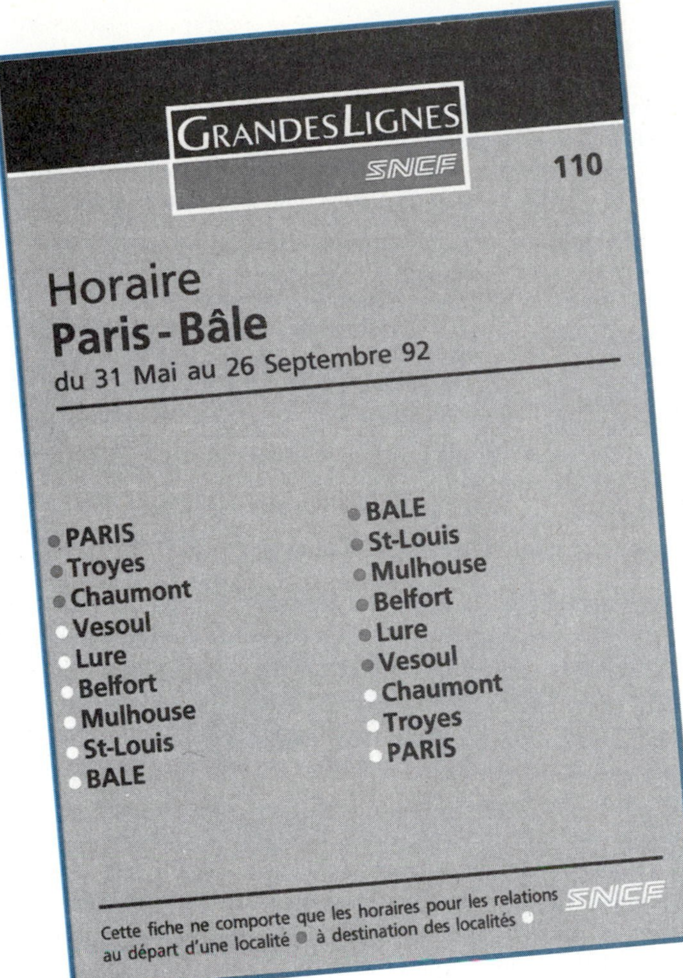

GRANDES LIGNES
SNCF

110

Horaire
Paris - Bâle
du 31 Mai au 26 Septembre 92

PARIS	BALE
Troyes	St-Louis
Chaumont	Mulhouse
Vesoul	Belfort
Lure	Lure
Belfort	Vesoul
Mulhouse	Chaumont
St-Louis	Troyes
BALE	PARIS

Cette fiche ne comporte que les horaires pour les relations au départ d'une localité ● à destination des localités ○

SNCF

Annonce du train pour Vesoul

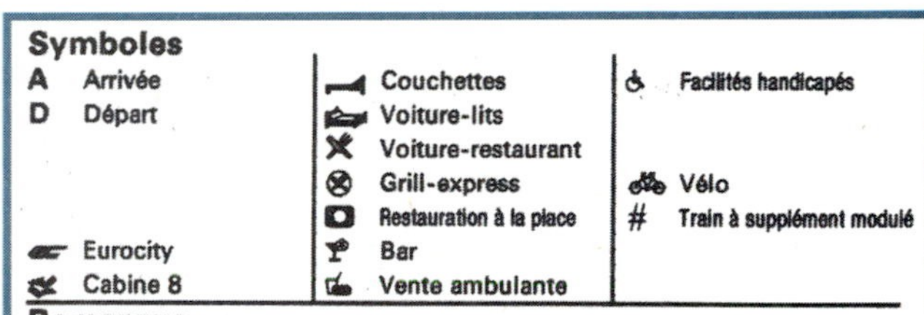

Symboles

A Arrivée	🛏 Couchettes	♿ Facilités handicapés
D Départ	🛌 Voiture-lits	
	✕ Voiture-restaurant	
	⊗ Grill-express	🚲 Vélo
	▣ Restauration à la place	# Train à supplément modulé
Eurocity	🍸 Bar	
Cabine 8	Vente ambulante	

Remarque

Les trains circulant tous les jours ont leurs horaires indiqués en gras
Tous les trains offrent des places assises en 1re et 2e classe, sauf indication contraire dans les notes.

Numéro de train		68133	66231	68135	113	1743	1745	1847	1747	1945	115	66435	394/5	1947	117	66349	1749	66349	1169	469	469	1949
Notes à consulter		1	2		3	4	5	6	7	8	9	10		11	12	13	14	15	16	17	18	19
								#		#	#			#								
Paris-Est	D				07.30	**08.37**	11.52	13.30	13.42	16.09	**17.01**			18.09	18.57		18.57		22.12	**22.40**	**22.40**	23.29
Troyes	D				|	**10.16**	|	14.56	|	17.39	|			19.45	20.25		20.26		|	**00.23**	**00.23**	01.13
Chaumont	D				|	**11.09**	|	15.46	|	18.34	|			20.40	|		21.17		|	**01.37**	**01.37**	02.18
Vesoul	A				10.35	**12.13**	14.54	16.46	16.49	19.37	**20.06**			21.44	22.16		22.19		|	**02.55**	**02.55**	03.36
Vesoul	D				10.36	**12.16**	14.56	16.48	16.51	19.39	**20.07**			21.45	22.17		22.20		|	**03.01**	**03.01**	03.38
Lure	A				|	**12.36**	15.13	17.07	|	|	|			22.06	|		22.41		|	**03.25**	**03.25**	03.58
Belfort	A				11.10	**12.59**	15.34	17.29	17.27	20.18	**20.41**			22.30	22.54	23.00	23.04	23.09	02.28	**03.56**	**03.56**	04.24
Mulhouse	A				11.39	**13.33**	16.09	17.59	17.59	20.49	**21.11**			23.05	23.23	23.32	23.33	23.39	03.06	**06.23**	**04.44**	05.10
Mulhouse	D	05.54	06.30	**06.51**	11.47	**13.40**	16.11	18.09	18.09		**21.16**	**21.25**	**22.08**			23.39		23.39	03.07		**05.04**	
St-Louis (Haut-Rhin)	A	06.24	06.52	**07.24**	12.04	**13.57**	16.27	18.25	18.25		|	**21.55**	|			00.00		00.00	|		**05.21**	
Basel(Bale)	A	06.32	07.00	**07.33**	12.13	**14.08**	16.36	18.34	18.34		**21.40**		**22.30**			00.08		00.08	03.30		**05.30**	

Notes :

1. Circule : tous les jours sauf les dim et sauf le 8 juin 92- 🚲.
2. Circule : tous les jours sauf les sam, dim et sauf le 8 juin 92- 🚲.
3. Circule : tous les jours sauf les dim et sauf le 8 juin 92- Eurocity- 🍸.
4. 🍸.
5. Circule : jusqu'au 4 juil 92 : les ven et sam;du 6 juil au 5 sept 92 : tous les jours;à partir du 11 sept 92 : les ven et sam- 🍸.
6. Circule : les sam, dim et fêtes sauf le 14 juil 92;Circule le 13 juil 92- 🍸- ♿.
7. Circule : tous les jours sauf les sam, dim et sauf les 8 juin et 13 juil 92- 🍸.
8. Circule : les ven- Vente ambulante.
9. Eurocity- ✕-▣1reCL-Vente ambulante.

Nota : A Paris-Est, l'office de tourisme de Paris assure un service d'information touristique et de réservation hotelière.

10. 🚲.
11. Circule : jusqu'au 10 juil 92 : les ven, dim et fêtes sauf le 7 juin 92;Circule du 17 juil au 4 sept 92 : les ven;à partir du 6 sept 92 : les ven et dim- 🍸- ♿.
12. Circule : jusqu'au 10 juil 92 : les ven, dim et fêtes sauf le 7 juin 92;Circule du 17 juil au 4 sept 92 : les ven;à partir du 6 sept 92 : les ven et dim.
13. Circule : jusqu'au 10 juil 92 : les ven, dim et fêtes sauf le 7 juin 92;Circule du 17 juil au 4 sept 92 : les ven;à partir du 6 sept 92 : les ven et dim- 🚲.
14. Circule tous les jours sauf les ven et sauf le 31 mai, 8, 14, 21, 28 juin, 5 juil, 6, 13 et 20 sept92. ▣1ereCL - Vente ambulante assurée certains jours ♿.
15. Circulation périodique- 🚲.
16. Circule : du 3 juil au 28 août 92 : les ven- 2eCL- 🛏2e-🛌.
17. Conditions spéciales d'admission pour ce train-Places couchées uniquement- 🛏.
18. Conditions spéciales d'admission pour ce train-🛏-🛌-Cabine 8 2eCL.

Documents SNCF

À vous la parole!

G. Hélène a pris le train. Hélène Batailler est allée à Strasbourg rendre visite à sa cousine. Voici ce qu'Hélène a fait pour se préparer à voyager par le train. Utilisez les suggestions proposées par le *Guide pratique du voyageur* pour rétablir la chronologie de ses activités. Utilisez les expressions **d'abord, ensuite** et **enfin**.

a. Elle a regardé le tableau général des trains et elle a vu que son train allait partir de la voie G.
b. Elle a fait une réservation pour le 22 avril, en période bleue.
c. Elle a trouvé sa place (n° 66).
d. Elle a consulté un horaire.
e. Elle a composté son billet.
f. Elle est montée dans le train.
g. Elle a pris un taxi pour arriver à la gare une demi-heure avant le départ de son train.
h. Elle a acheté son billet.
i. Quand le train est entré en gare, elle a cherché la voiture 17.

H. L'horaire des trains Paris–Bâle. Pour aller à Vesoul, Jeannette prend un train sur la ligne Paris–Bâle *(Basel, Switzerland)*. Répondez aux questions selon l'horaire des trains. N'oubliez pas que les heures des trains sont indiquées selon le système de 24 heures. Par exemple, **17.01** veut dire *5:01 P.M.* en anglais.

1. De quelle gare est-ce qu'il faut partir pour aller à Vesoul?
2. Dans l'horaire des trains, que veut dire le symbole «**D**»? Et le symbole «**A**»?
3. Quelle est la signification des horaires indiqués **en gras** *(in boldface)?*
4. Combien de fois est-ce que le train s'arrête *(stop)* avant Vesoul si on prend le train de 08h37? Quand est-ce que le train arrive à Vesoul?
5. Quelles sont les heures de départ des quatre trains directs Paris–Vesoul, sans arrêt? Quand est-ce qu'ils arrivent à Vesoul?
6. Si on prend le train de 13h42, quels jours est-ce qu'il faut voyager?
7. Quel est le seul train qui circule tous les jours et qui ne s'arrête pas entre Paris et Vesoul? Quels services est-ce qu'on peut trouver dans ce train?
8. Si on veut prendre un train avec des facilités pour les handicapés, quels trains peut-on prendre?

Chez nous

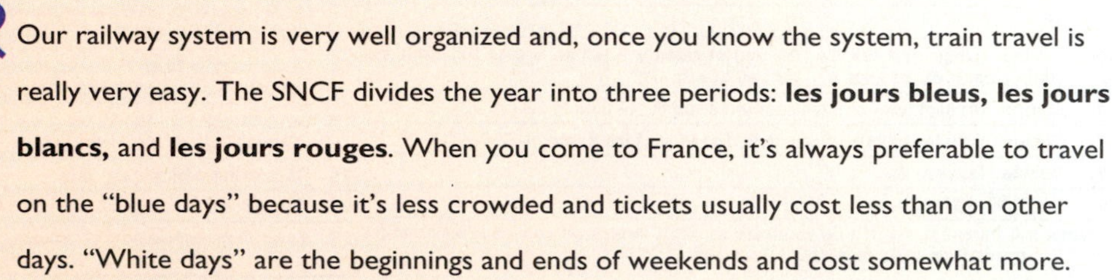

"Our railway system is very well organized and, once you know the system, train travel is really very easy. The SNCF divides the year into three periods: **les jours bleus, les jours blancs,** and **les jours rouges**. When you come to France, it's always preferable to travel on the "blue days" because it's less crowded and tickets usually cost less than on other days. "White days" are the beginnings and ends of weekends and cost somewhat more.

If possible, avoid the "red days" which fall during vacation and holiday periods. Prices of tickets are highest on these days and train stations and trains are very crowded. If you can't avoid the "red days," it's important to make reservations far in advance. The following SNCF calendar makes it very easy for you to select your travel days. **"**

❖ ***À discuter:*** *Let's suppose that you'll be in France next summer. You want to arrive in Paris and then visit other regions of France. Which specific days are you going to avoid taking the train?*

Juin	12 h	15 h	Juil.	12 h	15 h	Août	12 h	15 h	Sept.	12 h	15 h	Oct.	12H	15H	Nov.	12H	15H
Je. 1			Sa. 1			Ma. 1			Ve. 1			Di. 1			Me. 1		
Ve. 2			Di. 2			Me. 2			Sa. 2			Lu. 2			Je. 2		
Sa. 3			Lu. 3			Je. 3			Di. 3			Ma. 3			Ve. 3		
Di. 4			Ma. 4			Ve. 4			Lu. 4			Me. 4			Sa. 4		
Lu. 5			Me. 5			Sa. 5			Ma. 5			Je. 5			Di. 5		
Ma. 6			Je. 6			Di. 6			Me. 6			Ve. 6			Lu. 6		
Me. 7			Ve. 7			Lu. 7			Je. 7			Sa. 7			Ma. 7		
Je. 8			Sa. 8			Ma. 8			Ve. 8			Di. 8			Me. 8		
Ve. 9			Di. 9			Me. 9			Sa. 9			Lu. 9			Je. 9		
Sa. 10			Lu. 10			Je. 10			Di. 10			Ma. 10			Ve. 10		
Di. 11			Ma. 11			Ve. 11			Lu. 11			Me. 11			Sa. 11		
Lu. 12			Me. 12			Sa. 12			Ma. 12			Je. 12			Di. 12		
Ma. 13			Je. 13			Di. 13			Me. 13			Ve. 13			Lu. 13		
Me. 14			Ve. 14			Lu. 14			Je. 14			Sa. 14			Ma. 14		
Je. 15			Sa. 15			Ma. 15			Ve. 15			Di. 15			Me. 15		
Ve. 16			Di. 16			Me. 16			Sa. 16			Lu. 16			Je. 16		
Sa. 17			Lu. 17			Je. 17			Di. 17			Ma. 17			Ve. 17		
Di. 18			Ma. 18			Ve. 18			Lu. 18			Me. 18			Sa. 18		
Lu. 19			Me. 19			Sa. 19			Ma. 19			Je. 19			Di. 19		
Ma. 20			Je. 20			Di. 20			Me. 20			Ve. 20			Lu. 20		
Me. 21			Ve. 21			Lu. 21			Je. 21			Sa. 21			Ma. 21		
Je. 22			Sa. 22			Ma. 22			Ve. 22			Di. 22			Me. 22		
Ve. 23			Di. 23			Me. 23			Sa. 23			Lu. 23			Je. 23		
Sa. 24			Lu. 24			Je. 24			Di. 24			Ma. 24			Ve. 24		
Di. 25			Ma. 25			Ve. 25			Lu. 25			Me. 25			Sa. 25		
Lu. 26			Me. 26			Sa. 26			Ma. 26			Je. 26			Di. 26		
Ma. 27			Je. 27			Di. 27			Me. 27			Ve. 27			Lu. 27		
Me. 28			Ve. 28			Lu. 28			Je. 28			Sa. 28			Ma. 28		
Je. 29			Sa. 29			Ma. 29			Ve. 29			Di. 29			Me. 29		
Ve. 30			Di. 30			Me. 30			Sa. 30			Lu. 30			Je. 30		
			Lu. 31			Je. 31						Ma. 31					

Déc.	12H	15H	Jan.	12H	15H	Fév.	12H	15H	Mars	12H	15H	Avril	12H	15H	Mai	12H	15H
Ve. 1			Lu. 1			Je. 1			Je. 1			Di. 1			Ma. 1		
Sa. 2			Ma. 2			Ve. 2			Ve. 2			Lu. 2			Me. 2		
Di. 3			Me. 3			Sa. 3			Sa. 3			Ma. 3			Je. 3		
Lu. 4			Je. 4			Di. 4			Di. 4			Me. 4			Ve. 4		
Ma. 5			Ve. 5			Lu. 5			Lu. 5			Je. 5			Sa. 5		
Me. 6			Sa. 6			Ma. 6			Ma. 6			Ve. 6			Di. 6		
Je. 7			Di. 7			Me. 7			Mé. 7			Sa. 7			Lu. 7		
Ve. 8			Lu. 8			Je. 8			Je. 8			Di. 8			Ma. 8		
Sa. 9			Ma. 9			Ve. 9			Ve. 9			Lu. 9			Me. 9		
Di. 10			Me. 10			Sa. 10			Sa. 10			Ma. 10			Je. 10		
Lu. 11			Je. 11			Di. 11			Di. 11			Me. 11			Ve. 11		
Ma. 12			Ve. 12			Lu. 12			Lu. 12			Je. 12			Sa. 12		
Me. 13			Sa. 13			Ma. 13			Ma. 13			Ve. 13			Di. 13		
Je. 14			Di. 14			Me. 14			Me. 14			Sa. 14			Lu. 14		
Ve. 15			Lu. 15			Je. 15			Je. 15			Di. 15			Ma. 15		
Sa. 16			Ma. 16			Ve. 16			Ve. 16			Lu. 16			Me. 16		
Di. 17			Me. 17			Sa. 17			Sa. 17			Ma. 17			Je. 17		
Lu. 18			Je. 18			Di. 18			Di. 18			Me. 18			Ve. 18		
Ma. 19			Ve. 19			Lu. 19			Lu. 19			Je. 19			Sa. 19		
Me. 20			Sa. 20			Ma. 20			Ma. 20			Ve. 20			Di. 20		
Je. 21			Di. 21			Me. 21			Me. 21			Sa. 21			Lu. 21		
Ve. 22			Lu. 22			Je. 22			Je. 22			Di. 22			Ma. 22		
Sa. 23			Ma. 23			Ve. 23			Ve. 23			Lu. 23			Me. 23		
Di. 24			Me. 24			Sa. 24			Sa. 24			Ma. 24			Je. 24		
Lu. 25			Je. 25			Di. 25			Di. 25			Me. 25			Ve. 25		
Ma. 26			Ve. 26			Lu. 26			Lu. 26			Je. 26			Sa. 26		
Me. 27			Sa. 27			Ma. 27			Ma. 27			Ve. 27			Di. 27		
Je. 28			Di. 28			Me. 28			Me. 28			Sa. 28			Lu. 28		
Ve. 29			Lu. 29						Je. 29			Di. 29			Ma. 29		
Sa. 30			Ma. 30						Ve. 30			Lu. 30			Me. 30		
Di. 31			Me. 31						Sa. 31						Je. 31		

Document SNCF

À LA GARE

Jeannette va à la Gare de l'Est pour acheter un billet et réserver sa place dans le train pour Vesoul, une ville qui se trouve à dix kilomètres de Calmoutier.

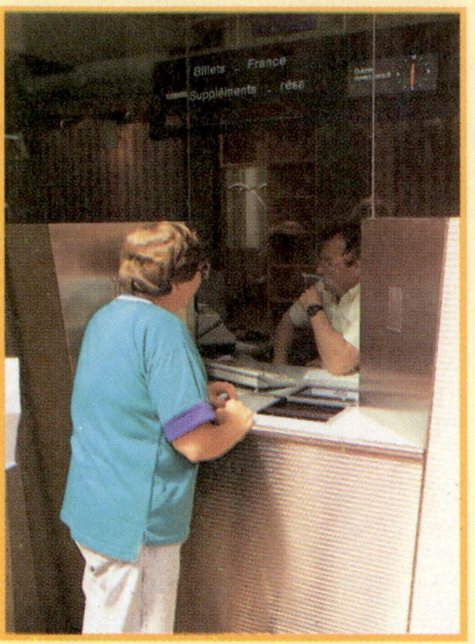

JEANNETTE: Un billet, deuxième classe, pour Vesoul, s'il vous plaît. De préférence le train de 13 heures 42.

One way / round-trip

EMPLOYÉ: Pour Vesoul. **Aller simple** ou **aller-retour**?

JEANNETTE: Aller-retour. Je peux réserver?

EMPLOYÉ: Oui, bien sûr. C'est pour quand?

JEANNETTE: Départ le 10 juin, retour le 25 juin par le train de 9 heures 44.

Smoking / non-smoking

EMPLOYÉ: **Fumeur** ou **non-fumeur**?

JEANNETTE: Non-fumeur.

EMPLOYÉ: Voilà, Madame. Votre billet avec la réservation. C'est 414 francs.

JEANNETTE: Merci bien, Monsieur.

POUR VOUS EXPRIMER

Pour réserver sa place dans le train

(Je voudrais acheter) deux billets pour Vesoul.
 aller simple / aller-retour
 première classe / deuxième classe
 une couchette *(compartment with bunk beds)*
 un wagon-lit *(car with individual rooms with beds)*
Je voudrais réserver (j'ai besoin de) trois places pour Bâle.
 fumeur / non-fumeur
Est-il possible d'avoir une place dans le train de 14h35?
 (Il y a encore *(still)* des places dans le train de 14h35?)

À vous la parole!

I. Au guichet. Achetez des billets de train en utilisant les renseignements donnés. Un(e) de vos camarades va jouer le rôle de l'employé(e).

MODÈLE: 4 / Genève / aller-retour / 2e
—Je voudrais (j'ai besoin de) quatre billets pour Genève.
—Aller simple ou aller-retour?
—Aller-retour.
—Première ou deuxième classe?
—Deuxième, s'il vous plaît.

1. 1 / Reims / simple / 1ère
2. 3 / Lille / aller-retour / 2e
3. 2 / Bordeaux / aller-retour / 2e
4. 4 / Cannes / simple / 1ère

J. Réservons nos places! Vous voulez réserver des places. Faites des réservations en utilisant les renseignements donnés. Un(e) de vos camarades va jouer le rôle de l'employé(e).

MODÈLE: 3 / départ (18 sept., 13h25) / non-fumeur / retour (30 sept., 9h)
— *Je voudrais réserver trois places, s'il vous plaît.*
— *Quand est-ce que vous voulez partir* (leave)?
— *Le 18 septembre. Est-il possible d'avoir des places dans le train de 13 heures 25?*
— *Voyons... oui. Fumeur ou non-fumeur?*
— *Non-fumeur.*
— *Et pour le retour?*
— *Retour le 30 septembre, le train de 9 heures, si c'est possible.*

1. 2 / départ (18 août, 8h45) / non-fumeur / retour (4 sept., 10h15)
2. 4 / départ (12 juin, 11h25) / non-fumeur / retour (19 juin, 15h30)
3. 1 / départ (3 avril, 22h, couchette) / fumeur / retour (31 avril, 21h, couchette)
4. 3 / départ (25 mai, 12h05) / non-fumeur / retour (10 juin, 18h30)
5. 2 / départ (13 oct., 21h29, wagon-lit) / fumeur / retour (26 oct., 10h12)

→ *Do À faire! (5-3) on page 209 of the* **Manuel de préparation.**

RAPPEL

Les verbes sortir, partir et quitter

LE PRÉSENT

sortir	partir	quitter
je sors	je pars	(regular **-er** conjugation)
tu sors	tu pars	
il / elle / on sort	il / elle / on part	
nous sortons	nous partons	
vous sortez	vous partez	
ils / elles sortent	ils / elles partent	

LE PASSÉ COMPOSÉ: **sortir:** je suis sorti(e) / **partir:** je suis parti(e) / **quitter:** j'ai quitté

LE SUBJONCTIF: **sortir:** que je sorte / **partir:** que je parte / **quitter:** que je quitte

LE FUTUR: **sortir:** je sortirai / **partir:** je partirai / **quitter:** je quitterai

- All three verbs mean "to leave."
- **Sortir** and **partir** can be used either alone or with a preposition (**sortir de, partir de, partir pour**).
- **Sortir** also means *to go out socially* and may be used with the preposition **avec.**
- **Quitter** must always be followed by the place or person you're leaving.

Contrôle

K. Des contraires. Corrigez les phrases en donnant le contraire de chaque expression en italique.

MODÈLE: Il *entre* dans la banque?
Non, il sort de la banque.

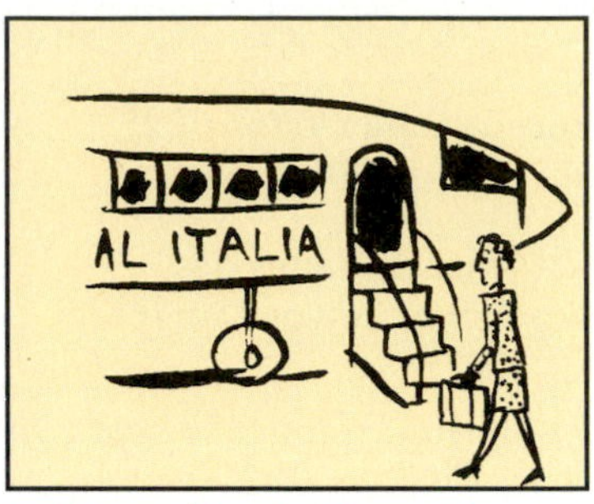

1. Elle *arrive* de Rome?

2. Il *sort de* la bibliothèque?

3. Ils *rentrent* à deux heures?

4. Il *part* de Tokyo?

5. Il *entre dans* l'école?

6. Elles *arrivent à* Paris?

7. Elle *sort de* l'épicerie?

8. Il *arrive* de Montréal?

L. Un voyage d'affaires *(A business trip).* André Batailler a fait un voyage d'affaires de Reims à Paris. Regardez son agenda pour la journée et expliquez ce qu'il a fait en utilisant les éléments donnés.

VOCABULAIRE UTILE: **sortir / partir / quitter / avoir rendez-vous / avoir une réunion** *(meeting)* **/ faire des achats / changer de train**

MODÈLE: *André s'est levé à 6h.*

7h30 départ pour la gare	15h réunion chez Croizat
7h53 départ du train	16h sortir avant la fin de la réunion
10h12 arrivée à Paris (Gare de l'Est)	départ pour la Gare de l'Est
10h30 rendez-vous avec Mme Serrat	16h28 départ du train
11h15 réunion au bureau de M. Canbert	17h38 arrivée à Épernay / changement de train
12h rendez-vous au restaurant avec Bernard	17h44 départ du train
14h départ du restaurant	18h24 arrivée à Reims
14h–14h45 achats pour Hélène	19h arrivée à la maison

Parlons de vous!

M. Échange. Posez les questions à un(e) camarade de classe. Il (Elle) va répondre et ensuite vous poser les mêmes questions.

1. Est-ce que tes amis et toi, vous sortez souvent le soir?
2. Est-ce que les membres de ta famille sortent souvent le samedi soir?
3. Est-ce que tu es sorti(e) hier soir? Qu'est-ce que tu as fait et avec qui?
4. Est-ce que ton ami(e) est sorti(e) hier soir?
5. À quelle heure est-ce que tu pars aux cours le matin? À quelle heure est-ce que tu rentres des cours?
6. De quelles villes américaines part-on d'habitude pour aller à Paris?
7. Quand est-ce que tes amis et toi allez partir en vacances?
8. Quand tu voyages, est-ce que tu descends à *(stay at)* l'hôtel ou est-ce que tu vas chez des amis?

CONTEXTE: VESOUL–CALMOUTIER EN VOITURE

La carte routière

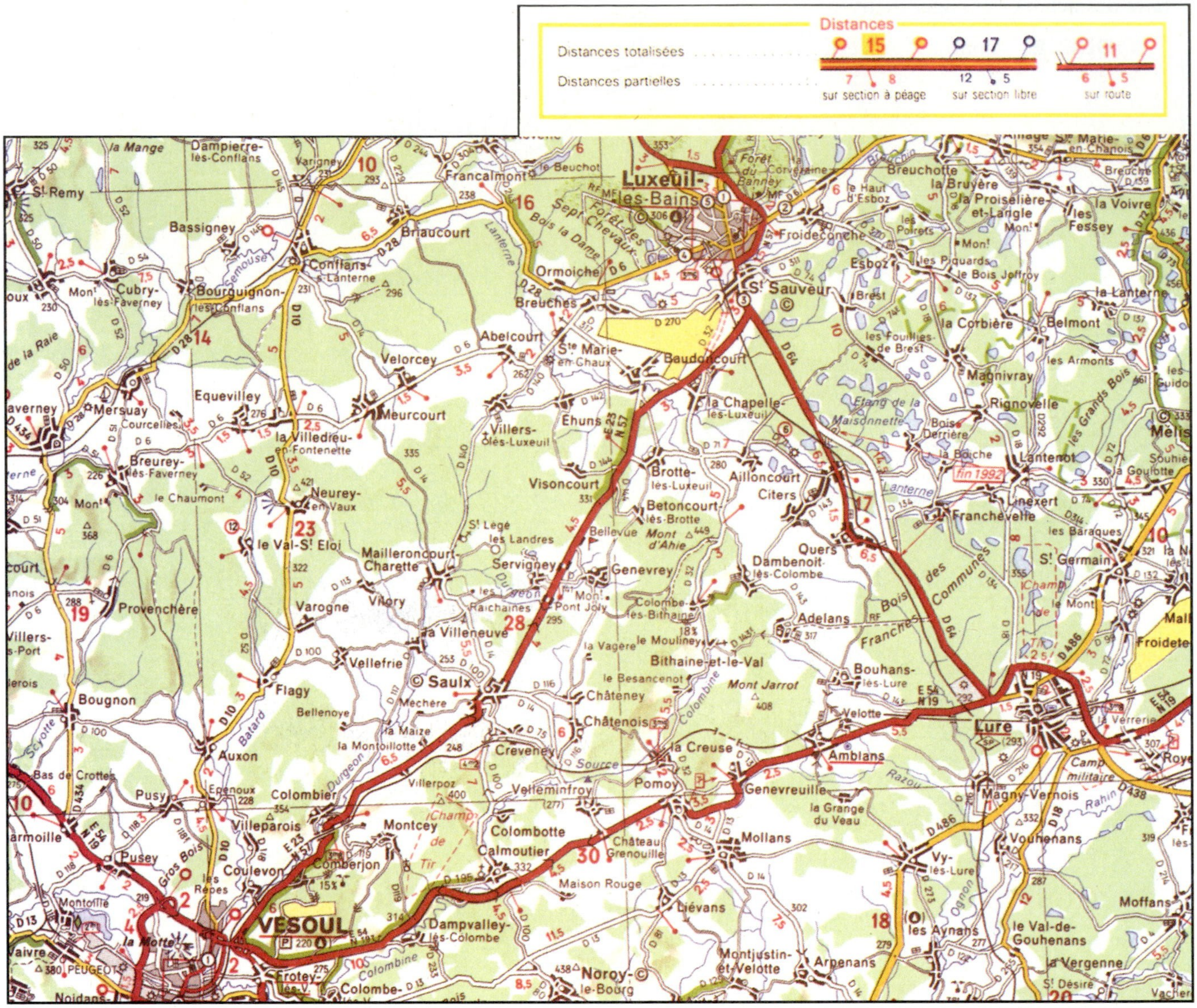

Distances

Distances totalisées — 15 — 17 — 11

Distances partielles — 7 8 sur section à péage — 12 5 sur section libre — 6 5 sur route

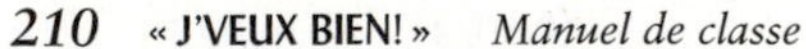

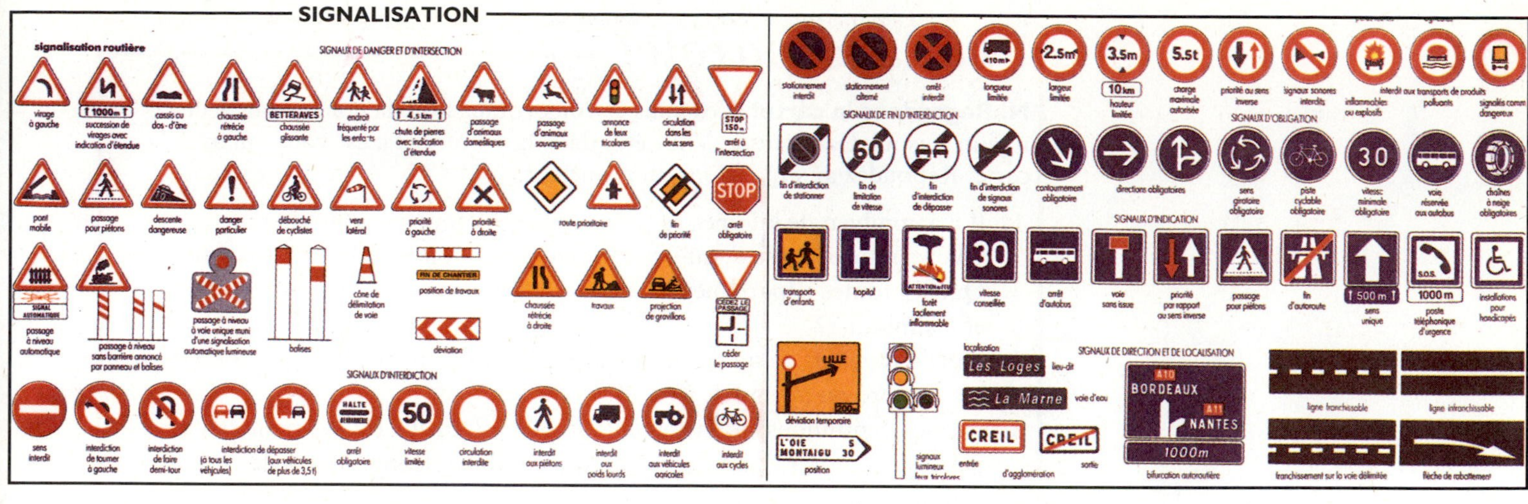

Chez nous

Here in France, we have one of the most extensive and dense road networks in the world. We have more then 700,000 kilometers of rural roads that connect the many villages and agricultural areas. Until 1958, these were pretty much the only roads that people could use, even if they traveled longer distances. It took us longer than you, in the United States, to start building large freeways and toll roads. But in 1958, construction of such large roads finally began. Now we have about 8,000 kilometers of four-lane, divided toll roads (**autoroutes à péage**) that have rest stops (**aires de repos**) and gas stations (**stations-service**) every ten to fifteen kilometers. The speed limit on these roads is 130 km (80 miles) per hour.

Since the **autoroutes à péage** represent only a small percentage of the road network, a great deal of traffic uses the other large highways (**routes nationales**), sections of which also often have four lanes. Any time you see **N** plus a number designating a road on a map, you know that you're on one of these roads. The speed limit on these roads is 110 km (70 miles) per hour. When you see a **D** plus a number, you know that you're on a **route départementale**, where the speed limit is 90 km (55 miles) per hour.

When you visit us, you'll notice right away that we French tend to drive very fast. As a matter of fact, the government finally had to crack down on us a little bit in order to lower the number of deaths due to auto accidents. For example, speed limits have been imposed, seat belts are now required in the front and back seats of a car, and children under ten have to ride in the back seat and in special seats. But we still like to drive fast. Can you imagine going through Calmoutier at 45 miles an hour on **D100**? Well, we still do it, although we're careful to slow down for children and animals!

❖ ***À discuter:*** *What are some of the differences between French and American driving habits? What problems might a French person encounter when driving in the United States? What problems might an American encounter when driving in France?*

À vous la parole!

N. Regardons la carte! Vos amis et vous voulez faire la connaissance de la region Vesoul–Calmoutier. Vous êtes dans la voiture et c'est vous qui avez la carte. Répondez aux questions du chauffeur.

1. Il y a combien de kilomètres pour aller de Vesoul à Calmoutier?
2. Quelle autoroute est-ce qu'il faut prendre pour aller de Vesoul à Calmoutier?
3. Quelles routes départementales est-ce qu'on peut prendre entre l'autoroute et Calmoutier?
4. Quelle route est-ce qu'il faut prendre pour aller à Saulx? Est-ce que Saulx est au nord ou au sud de Vesoul?
5. Si nous continuons sur la route nationale 19, quelle est la première ville importante après Calmoutier? C'est à combien de kilomètres de Calmoutier?
6. Quel est le nom de quelques-uns des petits villages près de Calmoutier?
7. Si nous continuons sur la route de Saulx, dans quelle ville est-ce que nous arrivons?
8. Est-ce que vous avez l'impression que cette région est une région agricole ou industrielle?

O. La signalisation routière. A friend of yours is about to leave for France, where she'll rent a car. Since she's not familiar with European road signs, you tell her, in English, what the following signs mean.

DANS LA VOITURE

Annie, la cousine de Jeannette, est venue la chercher à la gare de Vesoul. Sur la route Vesoul–Calmoutier (N19), elles s'arrêtent à la station-service et elles voient une voiture en panne (broken down).

Sur la route

JEANNETTE:	Quel **temps affreux!**	*horrible weather*
ANNIE:	Oui, **il pleut depuis** deux jours et il a fait **assez frais** la semaine dernière. Nous n'avons pas vraiment eu de **printemps.**	*it's been raining for / fairly cool* *spring*
JEANNETTE:	Qu'est-ce qu'on annonce pour ce week-end?	
ANNIE:	**On a de la chance.** On dit qu'il **fera** chaud. Nous pourrons manger **dehors.** Tiens, il faut que je prenne de l'**essence.** Ça **te dérange pas** si on s'arrête?	*We're lucky / will be* *outside / gas* *doesn't bother you*
JEANNETTE:	Pas du tout. Vas-y!	

À la station-service

ANNIE:	Bonjour, Monsieur. **Faites-moi le plein,** s'il vous plaît. **Sans plomb.**	*Fill it up* *Unleaded*
EMPLOYÉ:	Très bien. Vous voulez que je **vérifie l'huile?**	*check the oil*
ANNIE:	Non, ça va. Mais je pense que j'ai un petit problème avec le **pneu avant-droit.**	*right front tire*
EMPLOYÉ:	J'vais regarder.	
ANNIE:	Tiens, voilà Charles Fernet. Il doit être en **panne.** Ça a l'air assez grave.	*breakdown*
JEANNETTE:	**Heureusement** cette station-service a une **dépanneuse.**	*Fortunately / tow truck*
ANNIE:	J'vais voir s'il a besoin **d'être ramené** au village.	*to be taken back*
EMPLOYÉ:	Bon. Ça y est. **J'ai mis** un peu d'air dans le pneu. Il faudra le vérifier de temps en temps. Pour l'essence, ça vous fait 90 francs.	*I put*
ANNIE:	Voilà. Merci bien, Monsieur. Au revoir, Monsieur.	

POUR VOUS EXPRIMER

Pour parler des saisons et du temps

le printemps

Quel temps fait-il (est-ce qu'il fait) au printemps *(spring)?*

Il fait du soleil.	*It's sunny.*
Il y a du soleil.	*The sun is shining (is out).*
Il fait bon.	*It's comfortable out.*
Il ne fait pas trop froid, pas trop chaud.	*It's not too cold, not too hot.*
Il y a quelques nuages.	*There are some clouds.*
Quelquefois il pleut. (**passé composé** = Il a plu.)	*Sometimes it rains.*

l'été

Quel temps fait-il (est-ce qu'il fait) en été *(summer)?*

Il fait beau.	*The weather is beautiful.*
Il fait chaud.	*It's hot.*
Il fait (un temps) humide.	*It's humid.*
Il y a un orage.	*There's a storm.*

l'automne

Quel temps fait-il (est-ce qu'il fait) en automne *(fall)?*

Le ciel est couvert.	*It's cloudy.*
Le temps est nuageux.	*It's cloudy.*
Il fait du vent.	*It's windy.*
Il y a du vent.	*The wind is blowing.*
Il fait frais.	*It's cool.*
Il fait du brouillard. (Il y a du brouillard.)	*It's foggy.*
Il fait mauvais.	*The weather is bad.*

Quel temps fait-il (est-ce qu'il fait) en hiver *(winter)?*

Il fait froid.	*It's cold.*
Il neige.	*It snows.*
Il gèle.	*It's goes below freezing.*
Il y a du verglas.	*It's icy (on the roads).*

l'hiver

Et quelle est la température?

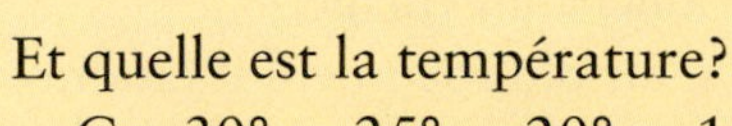

C:	30°	25°	20°	15°	10°	5°	0°	-5°
F:	86°	77°	68°	59°	50°	41°	32°	23°

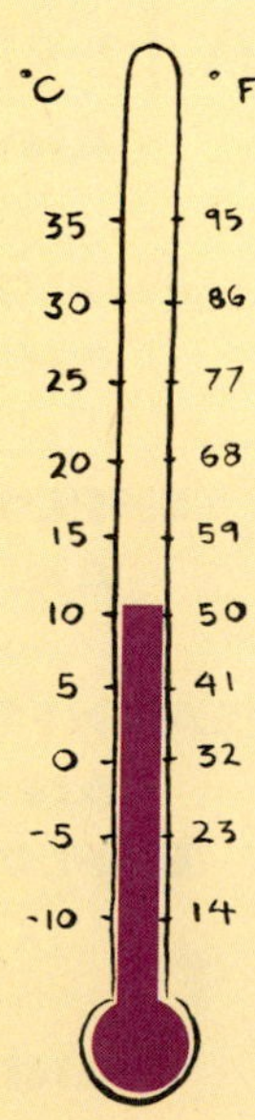

Temperatures in France and other European countries are given on the Celsius (centigrade) scale.

Conversion: Celsius ÷ 5 x 9 + 32 = Fahrenheit
Conversion: Fahrenheit – 32 x 5 ÷ 9 = Celsius

Since these are rather lenthy procedures, it's more important to have a general sense of what Celsius temperatures represent. For example, if it's 15° Celsius, you know that it's fairly cool; below 5° Celsius, it's cold; above 25° Celsius, it's hot.

To give a temperature, a French person would say **La température est de cinq degrés** or **Il fait cinq degrés (dehors)**.

À vous la parole!

P. Des voitures en panne. Vous voyagez en voiture avec votre famille française. Chaque fois que la voiture croise un automobiliste en difficulté, quelqu'un fait une remarque. Indiquez l'image qui correspond à ce qu'on dit.

a. Tiens! Regarde! Il est en panne d'essence. Il n'a pas fait le plein avant de partir.
b. Oh, là là. Une panne de moteur. Il a besoin d'un mécanicien.
c. Regarde ce pauvre monsieur! Il a un pneu crevé. Il faut qu'il **change la roue** *(change the tire)*.
d. Ce monsieur-là n'est pas tombé en panne. Il **s'est trompé de route** *(lost)*.

Q. Quel temps fait-il? Regardez les dessins et dites quel temps il fait.

MODÈLE: *Il fait du brouillard.*
(Il y a du brouillard. / Il fait mauvais.)

“In your descriptions of weather, you can add **assez** *(fairly)*, and **très** *(very)* to **mauvais, chaud, frais,** and **froid.**”

R. Hier et aujourd'hui. Utilisez les indications météorologiques pour répondre aux questions au sujet du temps.

Quel temps a-t-il fait hier...

1. dans la région de Bordeaux?
2. dans le nord-est?
3. dans la région de Lyon?
4. dans le sud de la Corse *(Corsica)?*
5. dans la région parisienne?
6. chez vous?

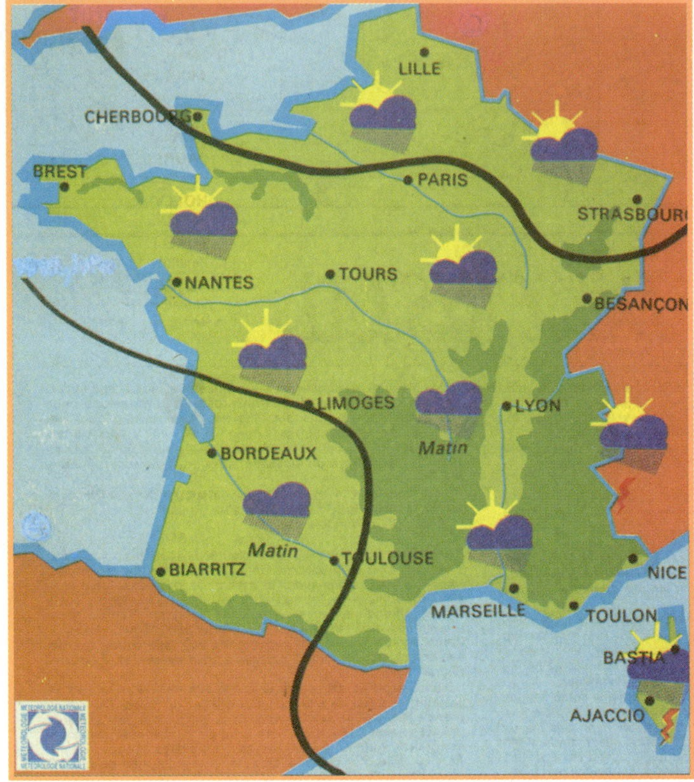

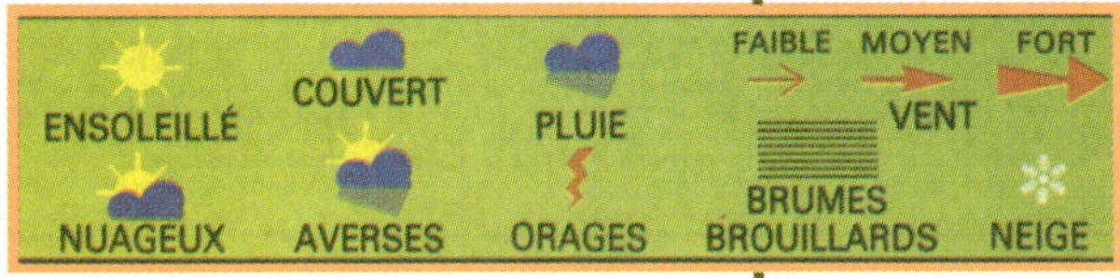

Quel temps va-t-il faire demain (le 16 février)...

MODÈLE: à Bordeaux
Il va faire frais. Le maximum va être de 14 degrés.

Mardi 16 février

TEMPÉRATURES (le premier chiffre indique le maximum enregistré dans la journée du 16 février, le second le minimum dans la nuit du 16 au 17 février):

Ajaccio, 14 et 5 degrés; **Biarritz,** 20 et 11; **Bordeaux,** 14 et 7; **Bréhat,** 7 et 4; **Brest,** 7 et 4; **Cannes,** 14 et 7; **Cherbourg,** 5 et 2; **Clermont-Ferrand,** 12 et 4; **Dijon,** 2 et 0; **Dinard,** 8 et 2; **Embrun,** 9 et –1; **Grenoble-St-Geoirs,** 11 et 1; **Grenoble-St-M.-H.,** 11 et 2; **La Rochelle,** 12 et 5; **Lille,** 2 et -4; **Limoges,** 10 et 5; **Lorient,** 6 et 5; **Lyon,** 8 et 2; **Marseille-Marignane,** 12 et 8; **Nancy,** 1 et -5; **Nantes,** 10 et 4; **Nice,** 13 et 7; **Paris-Montsouris,** 6 et 1; **Paris-Orly,** 7 et 0; **Pau,** 17 et 7; **Perpignan,** 15 et 4; **Rennes,** 6 et 3; **Rouen,** 6 et 2; **Saint-Étienne,** 10 et 3; **Strasbourg,** 0 et-6; **Toulouse,** 15 et 2; **Tours,** 6 et 3.

TEMPÉRATURES RELEVÉES À L'ÉTRANGER:
Alger, 21 et 11; **Genève,** 4 et 0; **Lisbonne,** 15 et 9; **Londres,** 2 et 0; **Madrid,** 14 et 3; **Rome,** 12 et 1; **Stockholm,** -6 et -16.

7. à Cannes
8. à Alger
9. à Lille
10. à Rennes
11. à Toulouse
12. à Strasbourg
13. à Lisbonne
14. à Dijon
15. à Biarritz
16. à Stockholm

→ *Do* **À faire! (5-4)** *on page 216 of the* **Manuel de préparation.**

RAPPEL

Les noms géographiques, les prépositions et le pronom y

LES PRÉPOSITIONS AVEC LES NOMS GÉOGRAPHIQUES

	FEMININE COUNTRY OR MASCULINE COUNTRY BEGINNING WITH VOWEL	MASCULINE COUNTRY BEGINNING WITH CONSONANT	PLURAL COUNTRY
to, in, at	**en**	**au**	**aux**
from	**de (d')**	**du**	**des**

LE PRONOM **Y**

Nous allons **en France.**	Nous **y** allons.
Elle est retournée **aux États-Unis.**	Elle **y** est retournée.
J'ai l'intention d'aller **au Canada.**	J'ai l'intention d'**y** aller.

Contrôle

S. Où est-ce que tu veux aller? Dites à votre camarade quelles villes d'Europe vous voulez visiter et répondez à ses questions. Suivez le modèle.

MODÈLE: —*Où est-ce que tu veux aller un jour?*
—*Je voudrais aller à Berlin.*
—*Où se trouve Berlin?*
—*En Allemagne.*
—*Quelle langue est-ce qu'on parle à Berlin?*
—*On y parle allemand.*

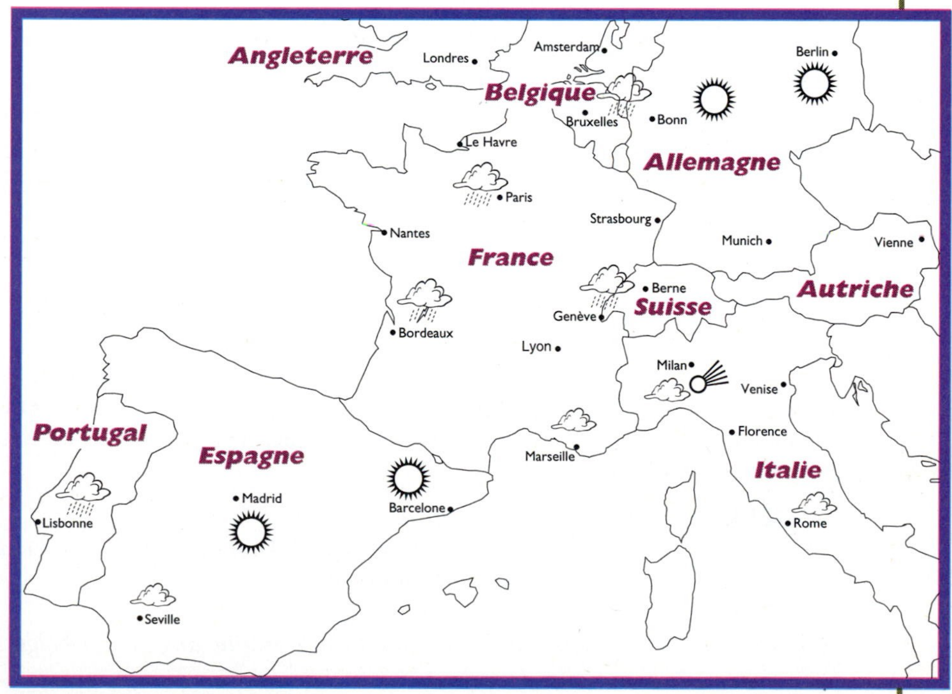

T. Quel temps fait-il? Regardez la carte à la page 217 et dites quel temps il fait (a fait / fera) dans les villes suivantes. Suivez le modèle et faites attention au temps du verbe.

MODÈLE: Berlin / hier
—*Quel temps est-ce qu'il a fait à Berlin hier?*
—*À Berlin il a fait beau hier.*

1. Genève / aujourd'hui
2. Bonn / hier
3. Barcelone / demain
4. Séville / hier
5. Milan / aujourd'hui
6. Bordeaux / demain
7. Paris / demain
8. Lisbonne / aujourd'hui
9. Bruxelles / hier
10. Marseille / demain
11. Madrid / hier
12. Rome / aujourd'hui

Parlons de vous!

U. Est-ce que tu as déjà visité... ? Quand vos camarades vous demandent si vous avez déjà visité les pays suivants, répondez selon votre situation personnelle.

MODÈLE: la Suisse
— *Est-ce que tu as déjà visité la Suisse?*
— *Oui, je suis allé(e) en Suisse avec ma famille (des amis, un groupe de... , etc.).* OU
— *Non, je n'ai jamais visité la Suisse, mais je voudrais bien y aller un jour.* OU
— *Non, et je n'ai vraiment pas l'intention d'y aller.*

1. la France
2. l'Angleterre
3. le Japon
4. le Mexique
5. la Chine
6. Israël
7. la Côte-d'Ivoire
8. le Canada
9. ???

V. D'où vient ta famille? Demandez à deux camarades de classe d'où vient la famille de leur père et de leur mère. Ensuite, expliquez à un(e) autre étudiant(e) ce que vous avez appris.

MODÈLE: — *D'où vient ta famille?*
— *La famille de mon père vient d'Angleterre et la famille de ma mère vient de Belgique.*
(À un[e] autre étudiant[e]):
—*(Nom de votre camarade) est d'origine anglaise et belge.*

LECTURE: «LE VILLAGE DE CALMOUTIER»

Entre Vesoul et Lure, les villages qui se situent de chaque côté[1] de la route nationale 19 réservent de belles surprises.

Dix kilomètres après Vesoul, sur la RN 19, on peut tourner sur **Calmoutier** (D100). C'est une petite vallée bordée de pentes[2] abruptes qui aboutissent[3] à des plateaux. [...]

L'église de Calmoutier

Intérieur de l'église de Calmoutier

L'église de Calmoutier possède une façade du XVe siècle avec un portail en plein cintre;[4] deux colonnes surmontées[5] d'une pierre[6] sculptée supportent le tympan[7] à arcature trilobée.[8]

La maison dite «le château» à Calmoutier

Une maison moderne à Calmoutier

Calmoutier, au Moyen Âge,[9] était le centre d'une communauté de prêtres[10] ou de chanoines[11] qui desservaient les paroisses environnantes.[12] Au sud de l'église, on peut remarquer les restes d'un couvent;[13] dans le village une belle série de maisons du XVIe au XVIIIe siècles témoigne[14] d'un passé riche [...].

VOCABULAIRE: *1. side 2. slopes 3. lead to 4. portal with a semicircular arch 5. topped 6. stone 7. a recessed space 8. with a three-leafed blind arcade 9. Middle Ages 10. priests 11. canons 12. neighboring 13. convent 14. testifies*

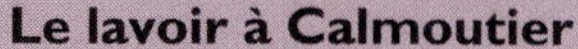

Le lavoir à Calmoutier

La chapelle qui domine le village

[...] Le lavoir[15] à arcades date du XVIIIe siècle.

Au nord-ouest, une petite chapelle du XIXe siècle domine une immense carrière;[16] de style néogothique, elle a été élevée après l'épidémie de choléra de 1854.

Jean-Christophe Demard, *Le guide de la Haute-Saône* (La Manufacture, 1991)

RENSEIGNEMENTS DIVERS SUR CALMOUTIER

Département: Haute-Saône
Arrondissement: Vesoul
Canton: Noroy-le-Bourg
Origine du nom: 1049: Calomonasterium
1131: Colombe Monasterium
1198: Columoster
1248: Colunmoster
1261: Colunsmostier
1293: Colunmosterer
1275: Colummonosteriis
1317: Calemoutier
1466: *Calmoutier*
Superficie totale: 1 404 hectares[17]
Superficie des bois: 410 hectares[18]
Démographie:

1614: 78 ménages[19]	1906: 455 habitants
1790: 808 habitants	1936: 287 habitants
1815: 834 habitants	1962: 237 habitants
1841: 895 habitants	1968: 241 habitants
1861: 779 habitants	1975: 174 habitants
1881: 587 habitants	1992: 220 habitants

Événement historique: Les particularités du sous-sol[20] ont été la cause d'un cataclysme[21] provoqué par une tombe d'eau[22] le 9 août 1832: les eaux ont recouvert[23] toute la partie basse[24] du village, emportant[25] les ponts,[26] faisant écrouler[27] trois maisons et noyant[28] cinq habitants dans leurs demeures.[29] Suite à[30] ce cataclysme, quelques habitants se sont exilés aux États-Unis où ils ont fondé le village de Calmoutier en Ohio. Aujourd'hui ce village n'existe plus; mais il en reste un cimetière dans la paroisse[31] de Calmoutier.

VOCABULAIRE: *15. public washhouse 16. stone quarry 17. 3,468 acres 18. 1,013 acres 19. households 20. subsoil 21. disaster 22. storm 23. covered 24. lower 25. washing away 26. bridges 27. caving in 28. drowning 29. homes 30. Following 31. parish*

W. Compréhension des mots. One of the reading strategies you've learned is to identify cognates that have approximately the same spelling and the same meaning in French and in English. With a classmate, make a list of as many cognates as you can find in the reading on Calmoutier. Don't forget to look at the captions of the photographs when making your list.

X. Compréhension des idées. Some residents of Calmoutier, Ohio, who don't speak French ask you to tell them about Calmoutier, France. Use the information from the ***Lecture*** and from other parts of the chapter to answer their questions about Calmoutier.

1. According to what Gigi told you in the unit opener,
   a. when was Calmoutier founded?
   b. in which part of France is it located?
   c. in which province?
   d. what are the two Latin words that are at the root of the name "Calmoutier?"
   e. what people formed the core of the original community?
2. According to the reading, how far is Calmoutier from the town of Vesoul?
3. What do you know about the church?
4. During what time period where many of the houses built? Are there houses being built in Calmoutier today?
5. One of the houses, owned by Jeannette's family, is locally called the "château." What does that suggest about the house?
6. Overlooking Calmoutier is a small chapel that was built after a cholera epidemic in 1854. Why do you think the inhabitants built this chapel dedicated to the Virgin Mary?
7. Look at the demographic changes that have occurred over the centuries. Why do you think there's been a steady decline in the number of inhabitants between 1861 and 1992? What does that suggest about French villages today?
8. Why and when did our ancestors move from France to Ohio?

→ Do À faire! (5-5) on *page 224 of the* Manuel de préparation.

Parlons de vous!

Y. Qu'est-ce que tu as dit dans ta lettre? Lisez la lettre que votre camarade a écrite dans le **Manuel de préparation** (pages 229–230). Ensuite, posez-lui quelques questions supplémentaires sur son voyage (en français). Enfin, en anglais, faites quelques suggestions pour corriger la lettre si vous trouvez des fautes.

INTÉGRATION

Z. Qu'est-ce que nous ferons? Vous êtes à Paris avec des amis et vous faites des projets pour aller à Brest, en Bretagne. Regardez l'horaire des trains et les possibilités d'hôtels du *Guide Michelin*. Utilisez le futur.

MODÈLE: — *Alors, qu'est-ce que nous ferons?*
— *D'abord, il faut décider quel* (which) *train nous prendrons.*
— *Moi, je voudrais prendre le TGV. C'est le plus direct. Il y a en un qui part à 8 heures 05 et nous arriverons à Brest à 12 heures 07. S'il fait beau, nous pourrons nous promener l'après-midi...*
— *Il faut aussi réserver des chambres. Regardons le guide. Je ne veux pas dépenser* (spend) *trop d'argent...* etc.

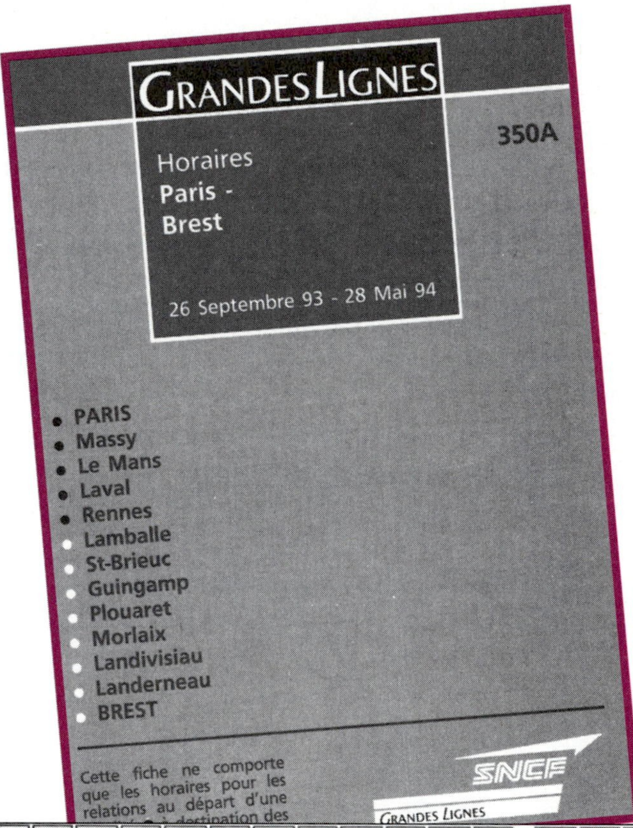

Document SNCF

Numéro de train		8701	88507	88515	87511	88507	8705	8707
Notes à consulter		1	2	3	4	5	6	7
		TGV					TGV	TGV
Paris-Montparnasse 1-2	D	00.01					07.25	08.05
Massy	D	|					|	|
Le Mans	A	|					|	|
Le Mans	D	|			06.18		|	|
Laval	D	01.35			07.31		|	|
Rennes	A	02.12			08.13		09.29	10.09
Rennes	D	02.15	06.34	06.38		08.37	09.32	10.12
Lamballe	A	|	07.12	07.40		09.17	|	|
St-Brieuc	A	03.03	07.28	07.55		09.29	10.19	10.56
Guingamp	A	|	07.50			09.48	10.36	|
Plouaret-Trégor	A	|	08.04			10.03	|	|
Morlaix	A	|	08.23			10.21	11.04	|
Landivisiau	A	|	08.39			10.36	|	|
Landerneau	A	|	08.50			10.46	|	|
Brest	A	04.14	09.02			10.59	11.38	12.07

Numéro de train		8709	13643	13643	8709	8813	13643	8617	89125	570/1	8721	8719	8721
Notes à consulter		8	9	10	11	12	13	7	14	15	16	16	17
		TGV			TGV	TGV		TGV		TGV	TGV	TGV	TGV
Paris-Montparnasse 1-2	D	08.20			08.35	09.50		10.20			11.20	11.20	11.30
Massy	D	|			|	|		|		10.45	|	|	|
Le Mans	A	09.14			09.29	10.44		|		11.34	|	|	|
Le Mans	D	09.16			09.31			|		11.41	|	|	|
Laval	D	09.58			10.19			|		|	|	|	|
Rennes	A	10.35			10.58			12.24		12.55	13.24	13.24	13.34
Rennes	D		10.45	10.45			11.08		12.34			13.28	
Lamballe	A		11.23	11.23			11.46		13.11			|	
St-Brieuc	A		11.35	11.35			11.58		13.23			14.13	
Guingamp	A		11.53	12.16			12.16		13.40			|	
Plouaret-Trégor	A		12.08	12.31			12.31		13.56			|	
Morlaix	A		12.25	12.48			12.48		14.13			|	
Landivisiau	A		12.42	13.05			13.05		14.29			|	
Landerneau	A		12.52	13.15			13.15		14.39			|	
Brest	A		13.06	13.29			13.29		14.54			15.24	

Numéro de train		88537	8719	88537	8623	8627	13645	8739	8637
Notes à consulter		18	17	19	16	20	21	22	23
			TGV		TGV	TGV		TGV	TGV
Paris-Montparnasse 1-2	D		11.30		12.20	13.00		14.20	14.20
Massy	D		|		|	|		|	|
Le Mans	A		|		13.14	13.53		15.14	15.14
Le Mans	D		|		13.16	13.55		15.16	15.16
Laval	D		|		13.58	|		|	|
Rennes	A		13.34		14.38	15.09		16.30	16.30
Rennes	D	13.35	13.38	13.42			15.19		
Lamballe	A	14.34	|	14.41			15.57		
St-Brieuc	A	14.49	14.23	14.56			16.09		
Guingamp	A		|				16.28		
Plouaret-Trégor	A		|				16.42		
Morlaix	A		|				17.01		
Landivisiau	A		|				17.17		
Landerneau	A		|				17.27		
Brest	A		15.34				17.41		

Océania M, 82 r. Siam ℘ 98 80 66 66, Télex 940951, Fax 98 80 65 50 – ch rest – 200. AE GB JCB — EY **r**
R *(fermé dim. soir)* 105/370, enf. 75 – 50 – **82 ch** 470/790.

Mercure Altéa Continental, square La Tour d'Auvergne ℘ 98 80 50 40, Télex 940575, Fax 98 43 17 47 – ch – 200. AE GB — EY **f**
R *(fermé sam. et dim.)* (dîner seul.) 85 – 50 – **75 ch** 615.

Voyageurs, 15 av. Clemenceau ℘ 98 80 25 73, Télex 941512, Fax 98 46 52 98 – rest – grill – **40 ch.** — EY **n**

Paix sans rest, 32 r. Algésiras ℘ 98 80 12 97, Fax 98 43 30 95 – AE GB JCB — EY **y**
fermé 24 déc. au 2 janv. – 30 – **25 ch** 245/300.

Atlantis, 157 r. J. Jaurès ℘ 98 43 58 58, Fax 98 43 58 01 – ch. AE GB — BX **d**
R *(fermé sam. midi)* 56/145, enf. 40 – 40 – **80 ch** 230/385.

Astoria sans rest, 9 r. Traverse ℘ 98 80 19 10, Fax 98 80 52 41 – AE GB — EZ **e**
27 – **26 ch** 120/230.

Agena sans rest, r. Frégate La Belle Poule ℘ 98 44 23 88, Fax 98 43 20 63 – GB — EZ **u**
30 – **21 ch** 130/260.

Bretagne sans rest, 24 r. Harteloire ℘ 98 80 41 18, Fax 98 44 72 27 – GB. — BX **e**
fermé 20 déc. au 6 janv. – 30 – **21 ch** 180/270.

Colbert sans rest, 12 r. Lyon ℘ 98 80 47 21, Fax 98 43 28 00 – AE GB — EY **m**
25 – **27 ch** 149/285.

Bellevue sans rest, 53 r. V. Hugo ℘ 98 80 51 78, Fax 98 46 02 84 – GB — BX **u**
30 – **25 ch** 180/250.

Frère Jacques, 15 bis r. Lyon ℘ 98 44 38 65 – GB — EY **q**
fermé 29 juin au 5 juil., sam. midi et dim. – **R** 98/290

Le Vatel, 23 r. Fautras ℘ 98 44 51 02 – AE GB JCB — EY **a**
fermé 2 au 12 août, sam. midi et dim. – **R** 85/290.

Le Rossini, 16 r. Amiral Linois ℘ 98 80 10 00 – GB — DZ **v**
fermé 20 juin au 20 sept., dim. soir et lundi – **R** 98/320, enf. 60.

Ruffé, 1 bis r. Y. Collet ℘ 98 46 07 70 – AE GB — EY **k**
fermé dim. soir – **R** 84/180, enf. 57.

au Nord par D 788 CV : 5 km – **29200** Brest :

Novotel M, Z.A. Kergaradec ℘ 98 02 32 83, Télex 940470, Fax 98 41 69 27 – ch rest – 25 à 200. AE GB
R carte environ 160, enf. 50 – 48 – **85 ch** 420/470.

Climat de France M, près ZA Kergaradec ℘ 98 47 50 50, Fax 98 47 76 62 – – 30. AE GB
R 80/120, enf. 39 – 30 – **54 ch** 289 – 1/2 P 245/255.

au port de plaisance par ⑤ : 5 km – **29200** Brest :

Parc, 45 r. Vieux St-Marc ℘ 98 41 32 00, Fax 98 41 49 95 – rest. AE GB
R *(fermé dim. soir et lundi)* 89/189 – **L'Ancre d'Or** *(fermé dim. soir et lundi)* **R** 89/189 enf. 45 – 40 – **40 ch** 275/430 – 1/2 P 250/300.

au Relecq-Kerhuon par ⑤ : 7,5 km – 10 569 h. – **29480** :

Relais Confortel M, Z.I. de Kerscao ℘ 98 28 28 44, Fax 98 28 05 65 – ch – 45. AE GB
R 51/140, enf. 35 – 30 – **42 ch** 230/250.

à Ste-Anne-du-Portzic par ⑥, D 789 et VO : 7 km – **29200** Brest :

Belvédère M, ℘ 98 31 86 00, Fax 98 31 86 39 – ch. AE GB
R 148/230 – 45 – **26 ch** 365/550 – 1/2 P 285/320.

AA. Tu veux y aller avec nous? Vous invitez un(e) étudiant(e) français(e) de votre université à faire un voyage en voiture quelque part aux États-Unis avec vous et vos amis. Un(e) camarade va jouer le rôle de l'étudiant(e) français(e) et posera des questions à propos de vos projets de voyage. Par exemple, il (elle) veut savoir où vous allez, combien de temps il faut pour y aller, ce qu'il y a à faire dans l'endroit de destination, le temps qu'il fait d'habitude, etc. Après avoir entendu les réponses, votre ami(e) décidera s'il (si elle) veut vous accompagner.

“Before you have your conversation about travel in the United States, why don't I tell you how to say *to, in,* or *from* a state. The simplest way is to use **dans l'état de** for *to* and *in* and **de l'état de** for *from* and *of:* **Il habite dans l'état du Texas. Je vais dans l'état du Texas. Je viens de l'état de Californie. C'est un vin de l'état de Californie.** On the other hand, if you want to use prepositions, follow the rules you've learned for countries: **en** or **de** for feminine states **(en Californie, en Floride, en Arizona, de Georgie, de Pennsylvanie), au** or **du** for masculine states **(au Texas, du Minnesota, du Massachusetts).**”

→ ***Do À faire! (5-6) on page 230 of the* Manuel de préparation.**

DÉBROUILLEZ-VOUS!

BB. Encore des projets de voyage. You and a friend have been studying in Lausanne. Between semesters, you decide to travel in Europe. First, plan the trip: where you will go, how long you will stay in each place, how you will travel, where you will stay, what you will do, etc. (**où, combien de temps, comment, qu'est-ce que,** etc.).Then, imagine that you actually carried out your plans. Tell some classmates the details of the trip you have taken.

CC. Le voyage de nos rêves. You have just won a large sum of money in a lottery and have decided to spend some of it on travel. You may go anywhere you want in the world. Decide which countries you will visit and what you will do there. Then explain your itinerary to other students, who will ask you questions about your plans.

DD. Découvrons les États-Unis! Tell your classmates about one or two states that you have visited and know fairly well. Give your reactions to this (these) state(s). As each student talks about a state, you should ask questions and share your ideas with the others. SUGGESTIONS: Locate the state, tell when and how you visited it, mention some things you saw or did.

EE. Qu'est-ce qu'on fait ce week-end? It's Friday and you and your friend are discussing what you will and will not do over the weekend, depending on the weather.

MODÈLE: — *S'il fait beau, moi, je ferai une promenade en voiture. Il y a un très beau parc près d'ici et j'aimerais bien le visiter.*
— *Et qu'est-ce que tu feras s'il pleut? Moi, s'il fait mauvais je resterai à la maison et je regarderai le match de foot à la télé. Mais je ne ferai pas mes devoirs samedi. Il me faudra une journée de repos.*
— *Moi, s'il pleut,...*

FF. Trouvons un hôtel. A friend has given you the name of a hotel in Paris. Go to the hotel and make reservations. Get as much information as possible about cost, facilities, meals, etc., relative to each of the following situations.

1. You're traveling alone. You're in Paris for two nights. You don't have a lot of money.
2. You're traveling with a friend. You'll be in Paris for a week. You want a room with bath.
3. You're staying with friends in Paris. However, your family (mother, step-father, and two sisters) is coming to visit and you need two rooms for them. They plan to spend four days in Paris.

GG. La météo. Listen to the four weather reports that your instructor will play for you. As you hear each one, write down details about the following subjects.

1. temperature / mountains /roads
2. temperature / conditions in the south / conditions in the rest of the country
3. temperature / precipitation /roads
4. temperature / night / roads / morning

→ *Do* À faire! (5-7) *on page 232 of the* Manuel de préparation.

CHAPITRE 5

En route!

EXPANSION

MENU

VIDÉO	ACTE 5
PROFIL: La Franche-Comté	MC, p. 226
COLLAGE: Le département de la Haute-Saône	MC, p. 228
LECTURE: «Les autonautes de la cosmoroute» (extraits) (Julio Cortazar)	MC, p. 230
ACTIVITÉ CULTURELLE: Quelques musées de France	MC, p. 232
LECTURE: «L'homme qui te ressemble» (René Philombe)	MC, p. 237
PROFIL: La Suisse	MC, p. 238
LECTURE: «Les trains de la Gare du Nord» (Jacques Charpentreau)	MC, p. 240
ACTIVITÉ ORALE: L'été prochain	MC, p. 241
ACTIVITÉ ORALE ET ÉCRITE: Itinéraire d'un voyage	MC, p. 241
ACTIVITÉ CULTURELLE: Les provinces et les départements de France	MC, p. 242
LECTURE/ACTIVITÉ ÉCRITE: «Lettre d'Anne-Marie Buhler»	MP, p. 236
LECTURE: «TGV: Le Texas à grande vitesse»	MP, p. 238
LECTURE: «Calmoutier, USA»	MP, p. 239
ENREGISTREMENT: Itinéraire d'un voyage	MP, p. 240
EXERCICE D'ÉCOUTE: Messages au haut-parleur	MP, p. 240
EXERCICE D'ÉCOUTE: Au guichet de la gare	MP, p. 241
ACTIVITÉ ÉCRITE: Un voyage futur	MP, p. 241
JEU: Es-tu vagabond(e) ou sédentaire?	MP, p. 242

PROFIL: LA FRANCHE-COMTÉ

SITUATION: dans l'est de la France

DÉPARTEMENTS: Haute-Saône, Doubs, Jura, le Territoire de Belfort

POPULATION: 1 097 185 habitants (1990)

SUPERFICIE: 16 202 km^2 (3% du territoire national)

CLIMAT: humide et froid dans les montagnes; tempéré dans les plaines

VILLES PRINCIPALES: Besançon, Lons-le-Saunier, Vesoul, Belfort

SITES TOURISTIQUES: Forêt de La Joux (la plus importante forêt de sapins *[pines]* de France) et d'autres forêts; le Lion de Belfort (monument); Notre-Dame du Haut (chapelle construite en 1955 par l'architecte Le Corbusier); vallées et plateaux pittoresques; musées; villages

HISTOIRE: conquise par les Romains en 53 avant Jésus-Christ; 475–80: occupation des Burgondes, venus de la Suisse; 1556: tombe sous l'autorité de l'Espagne; 1665: le roi Louis XIV réclame *(claims)* la Franche-Comté pour la France; 1668: rendue à l'Espagne; 1678: annexée définitivement à la France

COMMENTAIRE: La Franche-Comté est une région agricole et industrielle importante. Une usine Peugeot se trouve à Sochaux et le plus grand nombre des salariés de la province travaille dans l'industrie auto-cycle (35 723 personnes d'un total de 128 832 salariés).

❖ ***À discuter:*** *Given what you now know about this French province and the village of Calmoutier, how would you describe this region in your own words? In your opinion, what are some of the most important things a person should know about* ***La Franche-Comté?***

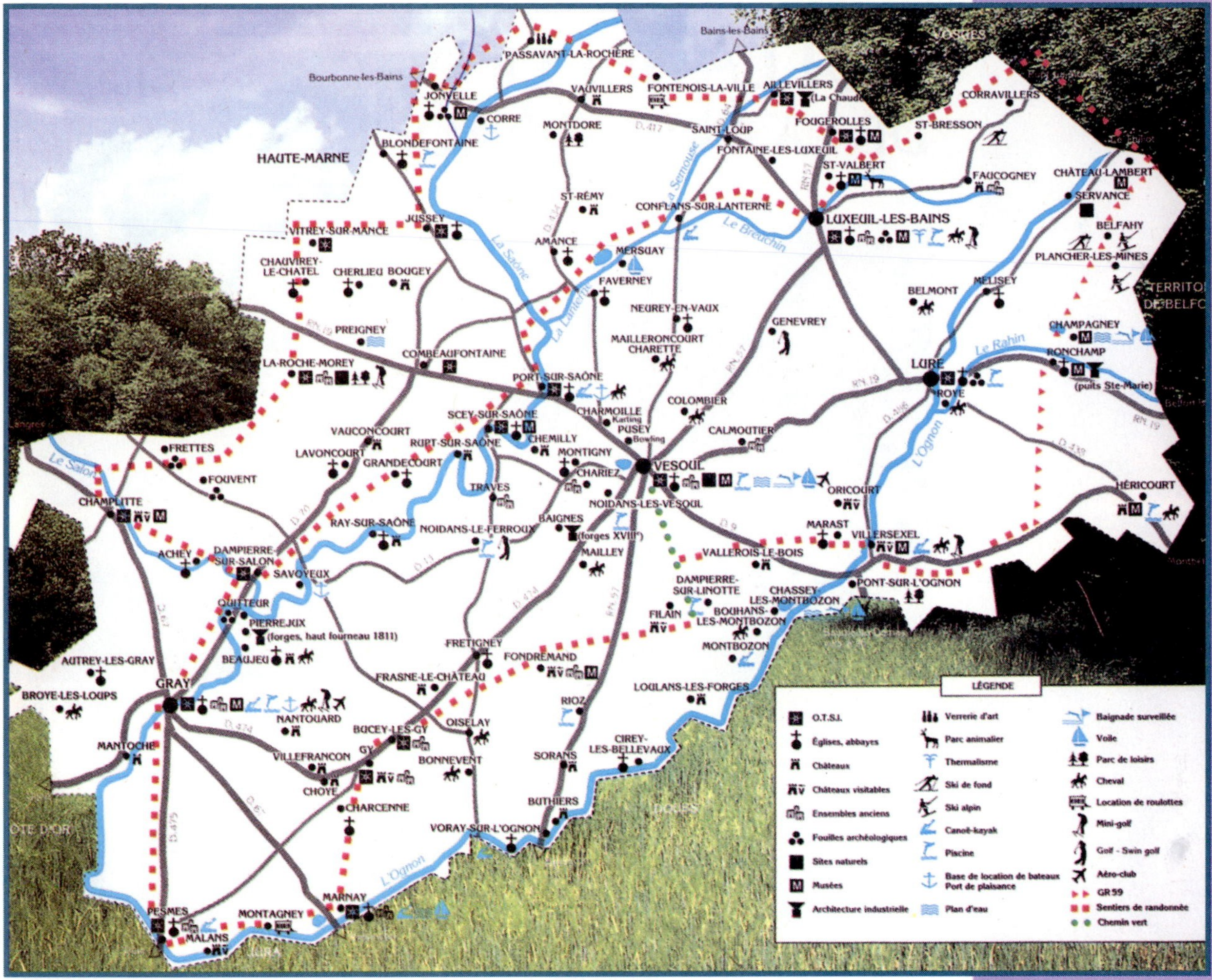

LÉGENDE

- O.T.S.I.
- Églises, abbayes
- Châteaux
- Châteaux visitables
- Ensembles anciens
- Fouilles archéologiques
- Sites naturels
- Musées
- Architecture industrielle
- Verrerie d'art
- Parc animalier
- Thermalisme
- Ski de fond
- Ski alpin
- Canoë-kayak
- Piscine
- Base de location de bateaux Port de plaisance
- Plan d'eau
- Baignade surveillée
- Voile
- Parc de loisirs
- Cheval
- Location de roulottes
- Mini-golf
- Golf - Swin golf
- Aéro-club
- GR 59
- Sentiers de randonnée
- Chemin vert

La Haute-Saône en Franche-Comté

La randonnée équestre

La randonnée en vélo tout-terrain

Folklore dans les cerisiers en fleurs

COLLAGE: LE DÉPARTEMENT DE LA HAUTE-SAÔNE

Les monuments

Vesoul: la Motte (colline) avec la chapelle construite en 1857 pour remercier la Vierge d'avoir épargné la ville du choléra en 1854

Notre-Dame du Haut est la chapelle de Ronchamp construite en 1955 par l'architecte Le Corbusier. C'est un endroit qui attire beaucoup de touristes.

le Château de Villersexel

La Maison François Ier: hôtel particulier élevé au XVIe siècle, sans doute pour François Ier de la Palud, Abbé de Luxeuil et contemporain du roi de France, François Ier; dernier vestige des arcades qui ont bordé la grand-rue jusqu'au siècle dernier.

Étang *(pond)* de la région dite «La petite Finlande»

Le martin-pêcheur qui visite les rivières

Moissons *(harvest)*

Cheval de race comtoise

L'eau fraîche qui descend des Vosges

La poterie à Ronchamp, depuis l'époque gallo-romaine

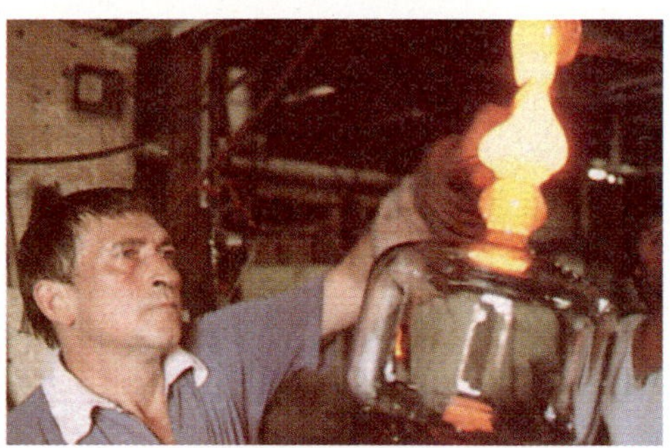
Le verre travaillé comme autrefois à la Rochère, la plus ancienne verrerie d'art de France (fondée en 1475)

Christine Laure, le prêt-à-porter made in Haute-Saône

❖ ***À discuter:*** *What would a photo collage of your region include? What aspects of your area tend to be pictured in tourist brochures? How would it be similar or different from the one you're seeing about* **la Haute-Saône**?

LECTURE: «LES AUTONAUTES DE LA COSMOROUTE» (EXTRAITS) (JULIO CORTAZAR)

In this novel, published in 1983, Cortazar recounts a trip taken by car from Paris to Marseille. In this spoof of car travel on French **autoroutes**, *the author compares the trip to an expedition that has as its purpose the exploration of life and conditions on large highways. As any explorer would do, he notes every minute detail in a journal.*

À l'automne 1978, donc, les bases de l'expédition étaient déjà jetées,[1] avec les règles[2] du jeu suivantes:[3]

1. Faire le voyage de Paris à Marseille sans quitter l'autoroute une seule fois.[4]

2. Prendre connaissance de chaque parking, à raison de deux parkings par jour, en passant toujours la nuit dans le deuxième quel qu'il soit.[5]

3. Faire des relevés scientifiques[6] de chaque parking, et prendre note de toute autre observation pertinente.

4. S'inspirant peut-être des récits de voyages des grands explorateurs du passé, écrire[7] le livre de l'expédition [...].

Nous décidâmes par ailleurs,[8] d'un commun accord et n'étant masochistes ni l'un ni l'autre,[9] qu'il nous serait permis[10] de profiter de tout ce qui se trouve sur l'autoroute: restaurants, boutiques, hôtels, etc.

En outre,[11] après avoir bien étudié la chose (entre-temps nous avions découvert[12] une carte de l'autoroute qui indiquait les parkings, et savions[13] déjà qu'il y en avait soixante-cinq dans le sens[14] Paris-Marseille), [...].

JOURNAL DE BORD

petit déjeuner : jus d'orange, croissants, pain au chocolat, café

Lundi 7 juin

7 h 18. *Départ.*

7 h 21. *A droite, chapelle du XIIe siècle.*

7 h 26. *Arrêt AIRE DE JUGY. Horrible.*

7 h 40. *Départ après avoir dûment exploré le parking.*

VOCABULAIRE: *1. were established 2. rules 3. following 4. a single time 5. whichever one that might be 6. Keep scientific logs 7. write 8. In addition, we decided 9. either of us 10. we would be permitted 11. Besides 12. had discovered 13. we knew 14. in the direction*

7 h 46. *AIRE DE FARGES.*
Tout aussi horrible.
Nous colonisons la seule table un peu à l'ombre (si peu !).
Concert pour marteau piqueur et instruments non identifiables.
Deux Argentins — ou Uruguayens — s'installent avec leur thermos et leur maté. Étant donné la situation nationale interne nous préférons fuir tout contact.

Déjeuner : pâté breton, pois chiches et oignons en salade.

18 h 16. *Ronde de police avec leur voiture, ouvriers, qui nous regardent avec insistance (surtout Carol). La sécurité de l'expédition est menacée : à 20 h 55, nous décidons, aprés moult délibérations et pénibles hésitations de continuer jusqu'au prochain parking (cf. les détails, p. 145 et suivantes).*

21 h 00. *Départ.*

21 h 03. *Le monts du Mâconnais.*

21 h 07. *Panneau : « Vignobles du Mâconnais ». Nous ne les voyons nulle part. Par contre, il y a des vaches.*

21 h 09. *AIRE DE MÂCON-SAINT-ALBAIN.*
Hôtel « Relais de Bourgogne ».

Dîner: spaghetti «col sugo», fromage du Morvan, café.

Julio Cortazar, *Les autonautes des cosmoroutes,* (Gallimard, 1983)

(Reproduced from the Journal *for lundi 7 juin as written with margin commentary.)*

Les mots-clés. With two classmates, make a list of the words that you think are most important to help in the comprehension of the Cortazar text.

Interprétation du texte. Answer the following questions that will lead you to a possible interpretation of the text.

1. What's your first reaction to this text and the way it's written?
2. The title of this book is a play on words. Explain the play on words.
3. What are the rules of the expedition? What do the explorers have to do?
4. What are the comic aspects of this text?
5. What commentary does the author make about large highways?
6. Based on this commentary, what kinds of roads would the author probably prefer? Describe what kinds of things are probably found on these preferred roads?
7. What kinds of things did the travelers note in their diary? Did they do what they said they would in the rules they set down for the expedition?

ACTIVITÉ CULTURELLE: QUELQUES MUSÉES DE FRANCE

La France est bien connue pour ses traditions artistiques et pour ses grands musées fréquentés par des milliers de touristes chaque année. L'ensemble de la création artistique dans ces musées représente le passé et le présent, le traditionnel et le moderne et toutes les formes d'art dans toutes ses manifestations: peinture, sculpture, photo, architecture, musique, littérature, antiquités, aussi bien que les merveilles de la technologie. Dans les passages suivants vous allez d'abord connaître un musée départemental de la Haute-Saône. Ensuite, vous ferez la connaissance de quatre musées bien connus de Paris. Enfin, vous découvrirez la diversité des musées français par deux musées de province.

Le musée départemental d'Histoire et de Folklore de Champlitte (Haute-Saône) (Musée Albert Demart)

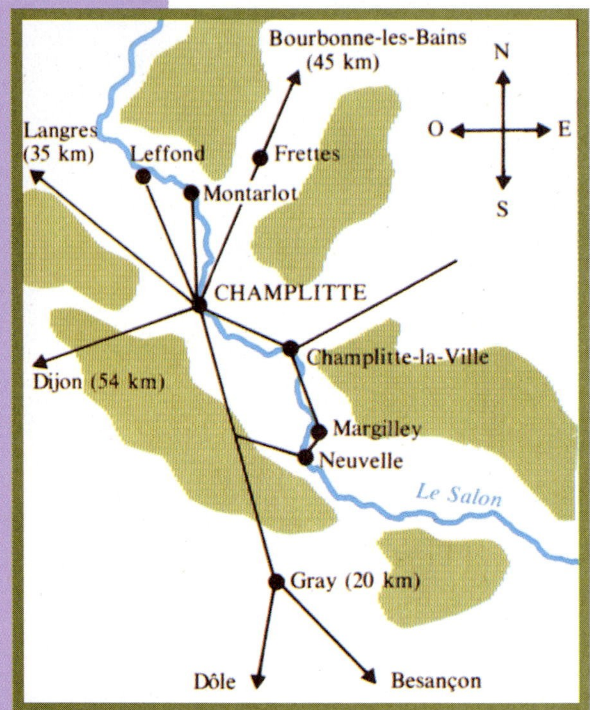

Grange *(Barn)* reconstituée avec des outils de culture *(agricultural tools)*

Vue de Champlitte

L'atelier du sabotier *(Shoemaker's workshop)*

Ce musée représente le rêve de la vie d'Albert Demart, né à Champlitte le 1er septembre 1910. Il y a réuni les meubles, les outils *(tools)* et les objets familiers des paysans de la région. Le visiteur peut y voir 31 salles parmi lesquelles se trouvent l'épicerie, l'école du village, l'atelier du sabotier *(shoemaker)*, une chambre à coucher avec ses meubles anciens, l'atelier du tisserand *(weaver)*, les ateliers de la repasseuse *(person who irons)* et du potier *(potter)* et ainsi de suite. Demart est mort le 16 juin 1980, et le 8 novembre de la même année le musée a été inauguré par le Ministre de la Culture et de la Communication. Lisons ce que dit la brochure touristique à propos du musée:

Les vignes de Champlitte

> C'est en constatant la disparition lente et inéluctable d'une tradition rurale qui s'exprimait non seulement dans des récits, des croyances, une langue... mais aussi dans des instruments de travail, des objets familiers, du mobilier, tout un cadre domestique dont le souvenir s'éteignait peu à peu, qu'Albert Demart a senti la nécessité de rassembler les derniers témoignages de cette culture rurale et de les réunir dans un musée.
>
> Il lui aura fallu beaucoup de patience—vingt-cinq années de recherches opiniâtres pour parvenir à ce résultat—mais à présent, c'est un véritable pèlerinage aux sources vives de la tradition que le visiteur étonné peut accomplir au musée départemental d'Histoire et de Folklore de Champlitte.

Quatre musées de Paris

Dans tous les grands musées de Paris on peut se promener pendant des heures; on peut assister à des concerts, à des conférences, à des productions audiovisuelles et à des activités culturelles pédagogiques.

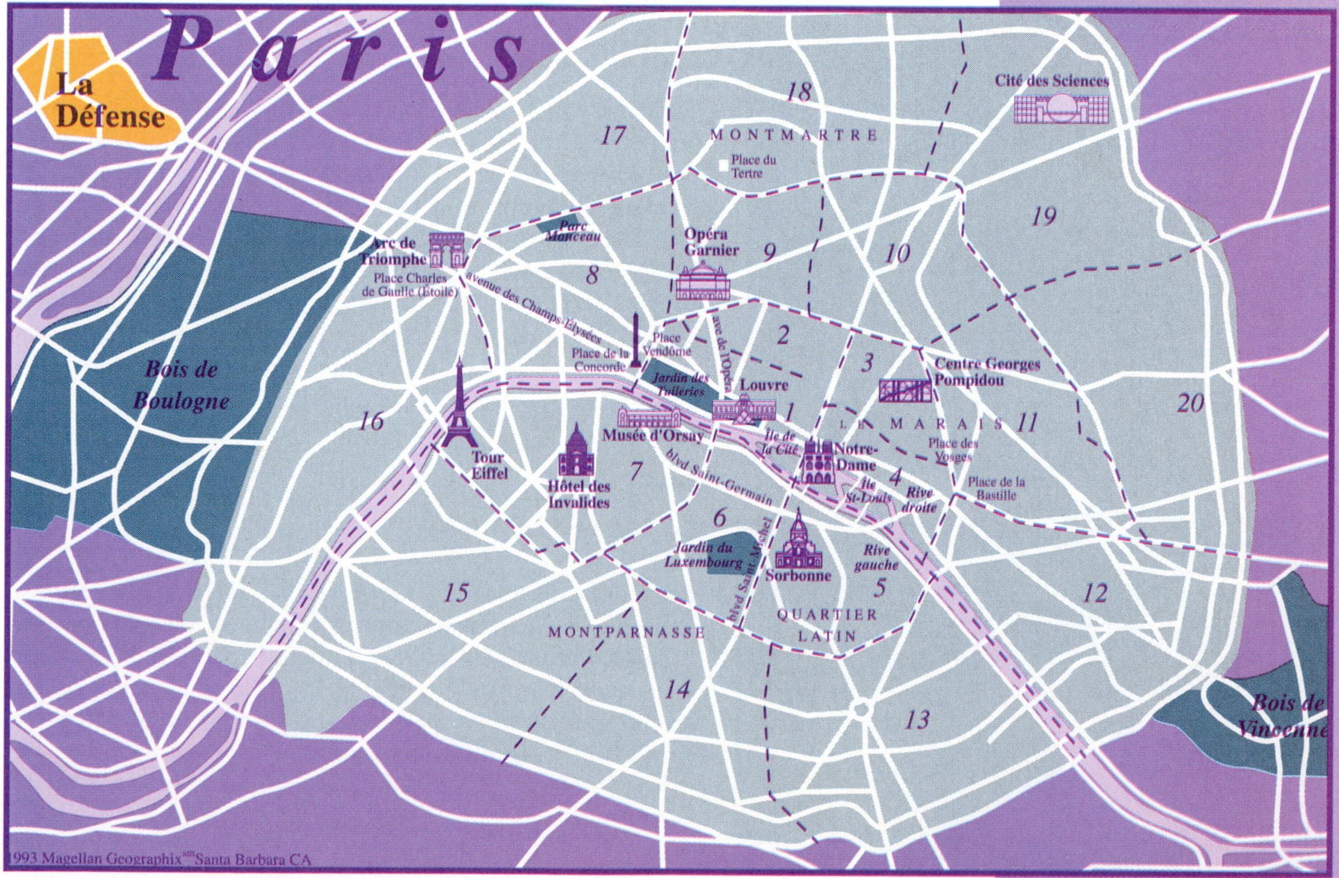

Beaubourg

Le Centre National d'Art et de Culture Georges Pompidou est souvent appelé le centre Pompidou ou, tout simplement, Beaubourg (il se trouve sur la place Beaubourg). L'architecture ultramoderne du centre provoque des réactions diverses: les uns aiment le style, les autres le trouvent choquant. Les programmes et les expositions du centre culturel ont pour sujet l'art, la musique et la littérature modernes.

La Villette: La cité des sciences et de l'industrie

En mars 1986, le président de la République, François Mitterrand, a inauguré ce musée des sciences. Le musée attire des gens de tous les âges. On peut y faire l'expérience des principes scientifiques; on peut expérimenter avec les ordinateurs; on peut participer de façon active aux découvertes technologiques.

Le Louvre

Ancienne résidence des rois de France (jusqu'au 17e siècle), le Louvre est depuis 1793 un musée. Ses galeries réunissent des collections variées: antiquités égyptiennes, grecques et romaines; sculptures et peintures du Moyen Âge jusqu'au 19e siècle; et, bien sûr, *la Joconde* de Léonard de Vinci. L'entrée du Louvre a changé de visage. La pyramide en verre et en acier, conçue par l'architecte I.M. Pei, attire l'attention de tout le monde. Cette structure très controversée fait partie d'un ensemble de rénovations qui feront du Louvre le plus grand musée du monde, le Grand Louvre.

Le Musée d'Orsay

Le Musée d'Orsay a ouvert ses portes il y a quelques années et il est très rapidement devenu un des plus visités. Le musée réunit des œuvres d'art qui représentent surtout la période historique entre 1848 et 1914, y compris les grands tableaux des peintres dits «Impressionnistes» et «Post-Impressionnistes» comme Manet, Monet, Degas, Pissarro, Sisley, Renoir, Cézanne, Van Gogh, Seurat et Gauguin.

Deux musées de province

L'Écomusée d'Alsace

BALADE DANS LE TEMPS - AUSFLUG IN DIE VERGANGENHEIT - A STROLL INTO THE PAST
Faites un saut dans l'histoire ! Plus de 50 maisons alsaciennes vous invitent à découvrir l'architecture et la décoration intérieure d'autrefois.
Unternehmen Sie doch einen Abstecher in die Geschichte ! Über 50 elsässische Häuser laden Sie ein, mit der Architektur und Innenausstattung von einst Bekanntschaft zu machen.
Why not take a step back into the past ! Over 50 "Alsace" houses invite you to come and discover the architectural styles and interior design that existed in bygone days.
Le forgeron, le sabotier, le boulanger, l'huilier, le charron, le tisserand répéteront devant vous les gestes que l'on croyait disparus.
Je ein Schmied, Holzschuhmacher, Bäcker, Ölmüller, Wagner und ein Weber führen Ihnen längst vergessen geglaubte Fertigkeiten vor.
The blacksmith, clog-maker, baker, oil-maker, cartwright and the weaver recreate before your very eyes traditional gestures that we thought had long since vanished.
Savourez les délicieux plats régionaux arrosés des bons crus du terroir et participez à la fête.
Probieren Sie die köstlichen einheimischen Gerichte, gönnen Sie sich ein gutes Gläschen hiesigen Weines und feiern Sie mit uns mit.
Come and savour the delicious regional dishes served with some of the best wines that the area has to offer and join in the festivities.
La visite de l'Ecomusée, c'est un moment inoubliable. Un rendez-vous unique, en pleine nature, avec l'Alsace et son histoire.
Der Besuch des Ecomusees ist ein unvergeßliches Erlebnis. In freier Natur eine einmalige Begegnung mit dem Elsaß und seiner Geschichte.
A visit to the Ecomusée is an unforgettable experience. A unique encounter, in the heart of the countryside, with Alsace and its history.

Le Musée National de l'Automobile (Mulhouse)

Dans ce musée, 500 voitures représentent 98 marques célèbres de l'industrie automobile (Bugatti, Rolls-Royce, Mercedes, Ferrari, etc.). C'est l'histoire de l'auto, de ses origines jusqu'à aujourd'hui. On y trouve même la voiture de Charlie Chaplin! Tout y est préservé avec soin et une promenade parmi ces véhicules extraordinaires vaut bien une visite à Mulhouse dans l'est de la France.

Et vous, qu'est-ce que vous préférez? Talk to a classmate about which museum(s) you would prefer to visit and why. You may discuss in English.

LECTURE: «L'HOMME QUI TE RESSEMBLE» (RENÉ PHILOMBE)

René Philombe (1930–), un poète camerounais, a écrit ce poème qui implore le lecteur d'accepter tous les hommes, peu importe leur lieu d'origine ou leur apparence physique.

L'homme qui te ressemble

J'ai frappé[1] à ta porte
J'ai frappé à ton cœur
pour avoir bon lit
pour avoir bon feu
pourquoi me repousser?[2]
Ouvre-moi mon frère! ...

Pourquoi me demander
si je suis d'Afrique
si je suis d'Amérique
si je suis d'Asie
si je suis d'Europe?
Ouvre-moi mon frère! ...

Pourquoi me demander
la longueur de mon nez
l'épaisseur[3] de ma bouche
la couleur de ma peau[4]
et le nom de mes dieux?[5]
Ouvre-moi mon frère! ...

Je ne suis pas un noir
je ne suis pas un rouge
je ne suis pas un jaune
je ne suis pas un blanc
mais je ne suis qu'un homme.
Ouvre-moi mon frère! ...

Ouvre-moi ta porte
Ouvre-moi ton cœur
car je suis un homme
l'homme de tous les temps
l'homme de tous les cieux[6]
l'homme qui te ressemble! ...

René Philombe, *Petites gouttes de chant pour créer un homme*

[1] *knocked* [2] *push back* [3] *thickness* [4] *skin* [5] *gods* [6] *heavens*

Interprétation du poème. Answer the following questions to arrive at an interpretation of the poem.

1. In your opinion, what is the main message of the poem? What is the poet telling us? What elements in the poem justify your answer?
2. What is the **je** in the poem asking us in the first stanza?
3. What does he not understand?
4. According to the poet, what aspects of a person are not particularly important?
5. How does the poet talk about prejudices that determine our attitudes toward other people?
6. Are there any issues of prejudice being discussed in your university or community? What are they? How are they being dealt with?

PROFIL: «LA SUISSE»

NOM OFFICIEL: la Confédération helvétique

SITUATION: en Europe; frontières avec l'Italie, la France, l'Allemagne, l'Autriche et le Liechtenstein

POPULATION: 6 871 500 habitants (1991) Suisses (Suissesses)

SUPERFICIE: 41 293 km²

CAPITALE: Berne

DIVISIONS ADMINISTRATIVES: 23 cantons

VILLES PRINCIPALES: Zurich, Genève, Lausanne, Lucerne, Bâle, Winterthur, St-Gall, Bienne, Fribourg, Thoune, Neuchâtel, Lugano

LANGUES OFFICIELLES: allemand, français, italien

LANGUES NATIONALES: allemand, français, italien, romanche

DIALECTES: 6 dialectes franco-suisses, 12 dialectes germano-suisses (alémaniques)

RELIGIONS: catholiques (47,9%), protestants (44,3%), autres (7,8%)

DATE D'INDÉPENDANCE: le 1er août 1291

UNITÉ MONÉTAIRE: le franc suisse (1$ = 1,2FS)

CLIMAT: grande diversité climatique à cause du relief accidenté *(rugged);* au-dessus de 2 500 ou 3 000m d'altitude, la neige ne disparaît jamais (même climat que la zone polaire); dans les montagnes et les vallées, quatre saisons très distinctes (jamais excessivement chaud), climat tempéré; dans le sud du pays, climat plus chaud, étés plus longs et hivers moins rigoureux

TOURISME: stations de ski, alpinisme, villes pittoresques, palais des Nations unies à Genève, lacs, musées, monument de Guillaume Tell

ÉCONOMIE: très pauvre en matières premières; une industrie de transformation, de production et de services: alimentation, textiles, construction, machines, horlogerie, chimie, chocolat, fromage, hôtellerie, tourisme

HISTOIRE: 1291: alliance perpétuelle de trois cantons (Uri, Schwyz et Unterwald); 1307: épisode de Guillaume Tell; 1815: pacte fédéral—tous les cantons alliés à la Confédération, reconnaissance de la neutralité suisse; 1978: création du canton francophone, le Jura

❖ ***À discuter:** Based on the **Profil** and the photos, talk about (in French) what you know about Switzerland with a classmate.*

Château de Chillon, Montreux (Vaud)

Gruyères (Fribourg)

Boueresse (Neuchâtel)

Genève

Palais des Nations unies, Genève

LECTURE: «LES TRAINS DE LA GARE DU NORD» (JACQUES CHARPENTREAU)

Les trains de la Gare du Nord

En passant
Par la Gare du Nord,
Attention! Le vent,
Le vent souffle[1] fort![2]

Quand arrive le train d'Anvers
Avec la bise[3] de l'hiver
Mets[4] ton pull-over!

Quand vient le train des Pays-Bas
Ah! Mon Dieu! Mon Dieu qu'il fait froid!
Cache[5] bien tes doigts![6]

Quand vient le train de la Norvège
Le vent sent la glace[7] et la neige
Manteau[8] te protège!

Le train de Suède est arrivé
Givre[9] grésil[10] crème glacée[11]
Mets tes gants fourrés![12]

C'est le rapide[13] de Moscou
Si blanc qu'on n'y voit rien du tout
Couvre[14] bien ton cou![15]

Arrive le train d'Helsinki
Ses wagons glissent[16] sur des skis
L'hiver est ici!

Quand le train arrive du Pôle
Les flocons frôlent tes épaules[17]
L'hiver est si drôle![18]

En passant
Par la Gare du Nord,
Attention! Le vent,
Le vent souffle fort!

Jacques Charpentreau, *Paris des enfants*
(L'École, 1978)

1 blows 2 hard 3 north wind 4 Put on 5 Hide 6 fingers 7 ice 8 Coat 9 frost 10 sleet/hail 11 ice cream 12 fur gloves 13 express train 14 Cover 15 neck 16 glide 17 Snowflakes brush against your shoulders 18 funny/amusing

Interprétation du poème. Answer the questions to arrive at an interpretation of the poem.

1. What are the countries from which trains arrive at the **Gare du Nord**, as mentioned in the poem?
2. The **Gare du Nord** is located in Paris. However, the word **nord** has many connotations. Find all the words in the poem that can be connected by word association with the idea of **nord**.
3. Poetry is often based on sounds. What patterns of sound repetitions can you hear in this poem?
4. While also enjoyed by adults, this poem was written for a children's poetry collection. Why might this poem appeal to children? What would they learn from it?

ACTIVITÉ ORALE: L'ÉTÉ PROCHAIN

Tell your classmates (in French) what you will do next summer. Where are you going to be? What are you going to do? Are you going to have **un job** and what are you going to do in this job? Are you taking a trip? How will you get to your destination? How long are you staying? Where are you staying? With whom? What are you going to do there? Use the future tense throughout your description of next summer. Your classmates will ask you follow-up questions to get more details.

ACTIVITÉ ORALE ET ÉCRITE: ITINÉRAIRE D'UN VOYAGE

You and two classmates have decided to go to France, Switzerland, and Belgium for a month. Create an itinerary for your trip. First, decide which country each of you will be responsible for. Then in preparation for your conversation in class, do a little research in the library about your country (look at a map, read something in the encyclopedia and/or in travel books, etc.). In class, get together and decide what your itinerary will be, how you will travel (car, train, plane, or a combination), where you'll stay and how long, and what sites you want to see, etc. Finally, for homework, write up an itinerary in French to be turned in to your instructor. Each one of you should be contributing to the writing and you can check each other for accuracy.

ACTIVITÉ CULTURELLE: LES PROVINCES ET LES DÉPARTEMENTS DE FRANCE

Les provinces

Autrefois, la France était divisée en provinces, c'est-à-dire en régions qui avaient chacune leurs coutumes, leur folklore, leur identité bien définie... Aujourd'hui encore, les Français ont tendance à s'identifier à leur province et à continuer les traditions qui la distinguent. On ne peut donc pas parler d'une seule France. La France, comme les États-Unis, se caractérise par une diversité géographique, linguistique et culturelle.

Dans quelle province se trouve... ? Consult the map on page 241 to find in which province each of the following cities is located. Remember to use the preposition **en** with the name of a feminine province. To express the idea of *in* with the masculine province **Centre**, however, use **dans le** (**dans le Centre**).

MODÈLE: Strasbourg
—Dans quelle province se trouve Strasbourg?
—Strasbourg se trouve en Alsace.

1. Marseille
2. Orléans
3. Rennes
4. Besançon
5. Bordeaux
6. Rouen
7. Amiens
8. Paris
9. Dijon
10. Clermont-Ferrand
11. Troyes
12. Nancy

Les départements

Au moment de la Révolution française (1789), le gouvernement révolutionnaire a créé des unités administratives appelées «départements» qui constituent encore aujourd'hui la configuration politique de la France. En France métropolitaine, il y a 95 départements, chacun avec une préfecture où siège l'administration départementale. Par exemple, la préfecture de la Haute-Saône, c'est Vesoul. Chaque département a son numéro, et les Français n'ont aucune peine à reconnaître l'origine d'une voiture par le dernier numéro inscrit sur sa plaque d'immatriculation *(license plate)*. Ils savent tout de suite qu'une voiture est de Paris si elle porte le numéro 75, que le 33 est le numéro de la région de Bordeaux, que le 13 est celui de Marseille et que le 70 représente la Haute-Saône.

À part les départements de la France métropolitaine, il y a aussi quatre départements d'outre-mer: la Guadeloupe, la Martinique, la Guyane française et, enfin, le département de la Réunion. Ce sont des territoires qui ont été colonisés par la France il y a très longtemps et qui font encore aujourd'hui partie de la France administrative.

Malgré ces divisions départementales, les Français continuent à s'identifier à leur province ou à leur région. Avant tout, on est breton, normand, alsacien, corse ou martiniquais. Le reste n'est que de la politique!

Vrai ou faux? Decide if the following statements about the departments of France are **vrai** *(true)* or **faux** *(false)*. If a statement is false, correct it.

1. En tout, il y a 110 départements en France.
2. En France métropolitaine il y a 95 départements.
3. La France d'outre-mer comprend la Martinique, la Guadeloupe et la Guyane française.
4. Les Français s'identifient à leur département.
5. Chaque département a un numéro qui est inscrit sur la plaque d'immatriculation d'une voiture.
6. Le numéro qui indique la ville de Paris est le 70.
7. Chaque département a un chef-lieu qui est la ville administrative du département.
8. L'organisation en départements est surtout une organisation politique.

***LEXIQUE:* See *pages 243–244 of the* Manuel de préparation.**

CHAPITRE 6

Un repas de fête

CHAPTER SUPPORT MATERIALS

MP: pp. 245–308

Student Tape
Segments 36–43

" ***Eh bien, nous voilà*** *(here we are)* **à Calmoutier!** I've learned a lot about this small village and, **est-ce que j'ose le dire?** *(do I dare say it?)*, I've become fascinated with the history and the daily life of the place. Gigi was right. Cities are terrific places, but small French villages can give you a completely different idea of life in France. So, as we continue our story, you're now going to participate in the reunion dinner that's brought together the whole Buhler family to celebrate Jeannette's visit. And it's Madame Simone Buhler who prepared the fantastic meal that you'll see. **Moi, je suis gourmand et gourmet; je vais me régaler!** *(I love to eat and also appreciate good food; I'm going to enjoy myself!)* And what are the table conversations all about? **La nourriture** *(food)*, **bien sûr** *(of course)*, but also leisure-time activities, young people, and health and fitness. Since several generations are represented at the meal, you can just imagine that we'll hear many different points of view! "

LA FAMILLE BUHLER AU REPAS DE FÊTE

CONTEXTE: CONVERSATION À TABLE—LE REPAS

Les plats

Isabelle et la tante Simone préparent les hors-d'œuvre avec des crevettes *(shrimp)* et du saumon fumé *(smoked salmon)*

Plat principal: le gigot d'agneau *(leg of lamb)*

Des haricots verts

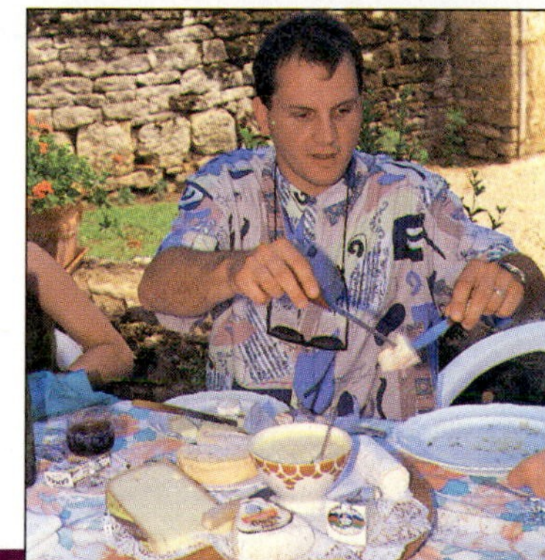

Alain se sert du fromage

Le dessert: une tarte aux fraises

Le dessert: un gâteau qui s'appelle «Kouglof»

POUR VOUS EXPRIMER

Pour identifier les repas

le petit déjeuner
le déjeuner
le goûter *(snack)*
le dîner

Pour identifier les parties d'un repas et les plats

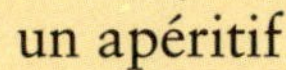

un apéritif
- la bière
- le champagne
- le martini *(Sweet Vermouth)*
- le pastis *(an anise-based alcoholic beverage served with water)*
- le scotch
- le vin blanc
- le (vin) rosé
- le vin rouge
- le whisky

le pain *(bread)*
- une baguette *(long, crusty French bread)*
- un croissant
- un pain de campagne *(round country loaf)*
- des petits pains *(m. pl.) (rolls)*

un hors-d'œuvre
- les crevettes *(f. pl.)*
- une assiette de crudités *(various raw vegetables with vinaigrette)*
- le jambon *(ham)*
- le pâté
- la salade de tomates
- la salade de concombres
- le saumon fumé

- le plat principal (le plat de résistance)
  - la viande *(meat)* et le poisson *(fish)*
    - un bifteck (un steak)
    - une côtelette de porc *(pork chop)*
    - de la dinde *(turkey)*
    - un gigot d'agneau
    - du poulet *(chicken)*
    - un filet de sole
    - une truite *(trout)*
  - les légumes *(m. pl.) (vegetables)*
    - des carottes *(f. pl.)*
    - des petits pois *(m. pl.)*
    - des haricots verts *(m. pl.)*
    - des brocolis *(m. pl.)*
    - des oignons *(m. pl.)*
    - des pommes de terre *(f. pl.)*

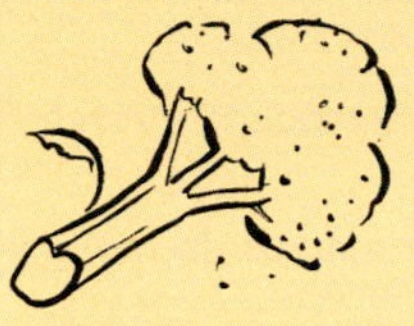

- la salade
  - une salade verte
  - de la vinaigrette

- les fromages *(m. pl.) (cheeses)*
  - le brie
  - le camembert
  - le gruyère *(Swiss cheese)*
- les desserts *(m. pl.)*
  - de la glace
  - une tarte aux pommes (aux fraises, aux abricots)
  - une pâtisserie *(pastry)*
  - un gâteau (au chocolat) *([chocolate] cake)*
  - des petits gâteaux (des biscuits) *(m.pl.) (cookies)*

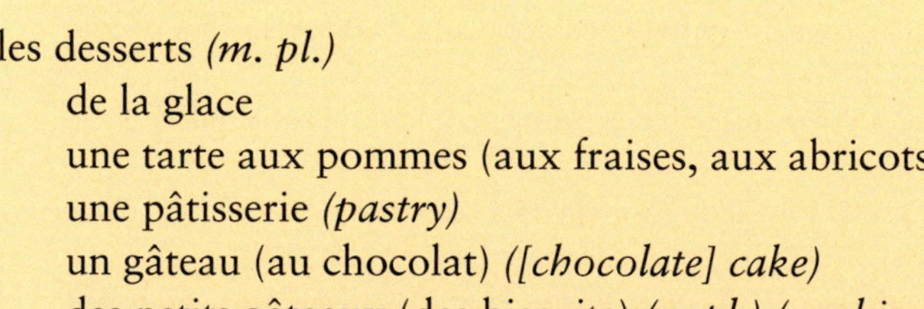

- les fruits *(m. pl.)*
  - une banane
  - des framboises *(f. pl.) (raspberries)*
  - des fraises *(f. pl.) (strawberries)*
  - une orange
  - une pêche *(peach)*
  - une poire *(pear)*
  - une pomme *(apple)*

Chez nous

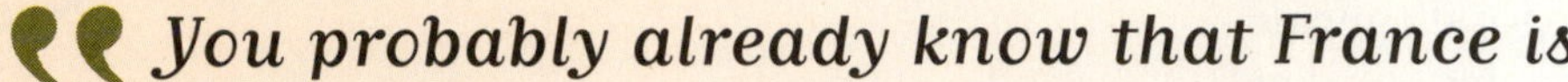

You probably already know that France is

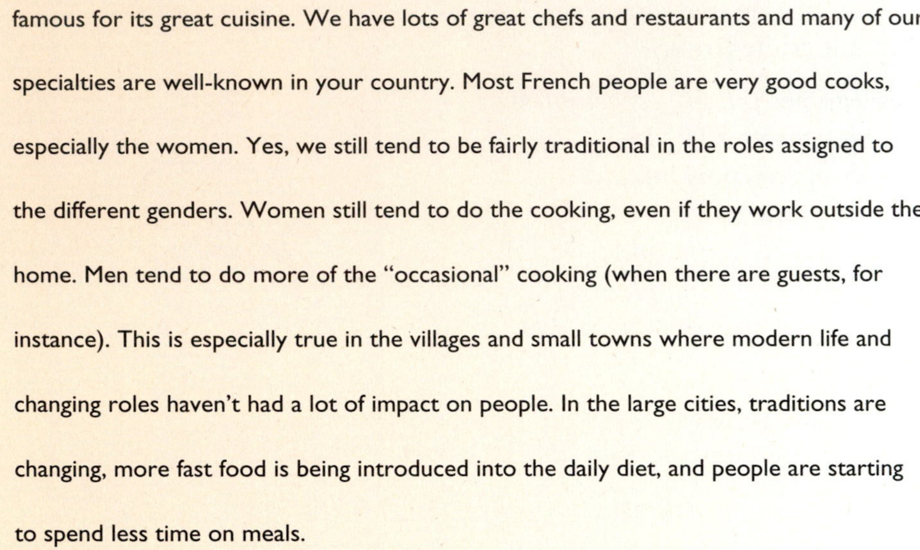

famous for its great cuisine. We have lots of great chefs and restaurants and many of our specialties are well-known in your country. Most French people are very good cooks, especially the women. Yes, we still tend to be fairly traditional in the roles assigned to the different genders. Women still tend to do the cooking, even if they work outside the home. Men tend to do more of the "occasional" cooking (when there are guests, for instance). This is especially true in the villages and small towns where modern life and changing roles haven't had a lot of impact on people. In the large cities, traditions are changing, more fast food is being introduced into the daily diet, and people are starting to spend less time on meals.

Traditionally, lunch is the main meal of the day and, in small towns and some provincial cities, everything still closes down between noon and 2:00 P.M. so that people can go home to eat. In Paris and other major cities, many people now eat a quick lunch and are often back to work by 1:00 P.M. Then they spend a bit more time on their dinner meal. Dinner is usually eaten between 7:30 and 9:00 P.M. That's relatively late compared to the dinner hour in the United States. That's why, when French kids get home from school, they eat a snack **(un goûter)** consisting of a piece of fruit or some bread and chocolate.

The most elaborate meals are those prepared for holidays like Christmas, New Year's, Easter, or birthdays and anniversaries. We don't have Thanksgiving, but our holiday meals take as much time to prepare as the turkey with all the trimmings you make. People start early in the morning and work all day in the kitchen. Then everyone spends several hours at the table, eating and talking.

Oh... I forgot to tell you about our breakfast. We eat what you call a "continental" breakfast of bread, croissants, or rolls with jam (**de la confiture**) and butter (**du beurre**).

We drink coffee or tea. We don't eat eggs (**des œufs**, *m.*), bacon (**du bacon**), pancakes (**des crêpes**, *f.*), and cereals (**des céréales**, *f.*) the way you do. Today, French kids are beginning to eat more cereals, but adults still stay with the traditional breakfast.

So, as you can see, the importance given to our meals is different from yours. You often eat a heavier meal at breakfast (we eat a light breakfast), you tend to eat a light lunch (that's still generally our main meal), and dinner is your main meal (we eat a lighter dinner).

One more thing. When you come here, you'll soon find out that we eat bread with every meal, that many of us like to have a glass of wine, and that salad *follows* the main course (you eat your salad first), and the dressing is always a vinaigrette (you have all kinds of creamy dressings as well as vinaigrette). And, finally, you probably noticed from the list in ***Pour vous exprimer,*** that we eat cheese after the salad.

❖ ***À discuter:*** *What are your typical meals like? What do you think will happen as we, the French, start eating a lighter lunch? Will that affect our meal hours? What's the difference between our bread and yours? Do you eat bread at every meal? Do you eat cheese after the meal, before the dessert? When do you eat cheese?*

À vous la parole!

Un petit détail, before you begin the exercise... Look at the models again and you'll notice that **de** + the definite article is used in front of a noun (**de la dinde, du vin rouge**). That's called the *partitive* and can be equivalent to *some* in English. But you can also just leave out any kind of article in English *(Marcel likes to eat turkey.)*. Whether you use the word *some* or not in English depends on what sounds most natural. But in French, any time you want to refer to a *part* of something (did you guess that's where the word *partitive* comes from?), you have to use the preposition **de** with the definite article. **Bon. Maintenant, on y va!**

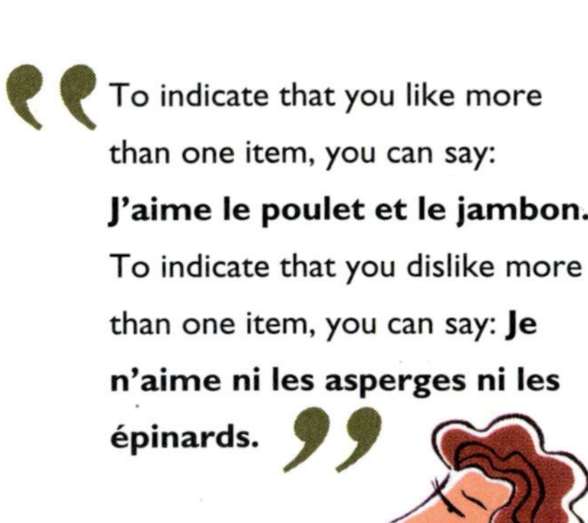

A. Qu'est-ce qu'ils aiment manger ou boire? Identifiez ce que les membres de la famille Buhler aiment manger ou boire *(drink)*.

MODÈLES:

Marcel
Marcel aime manger de la dinde.

Simone
Simone aime boire du vin rouge.

1. Annie

2. Christian

3. Isabelle

4. Jacky

5. Yves

6. Aurore

7. Valérie

8. Josette

9. Noëlle

10. Anne

11. Christine

12. Alain

B. Qu'est-ce que tu préfères? Parlez à votre camarade de vos préférences au sujet de la nourriture. Avec les verbes de préférence (**préférer, adorer, aimer [beaucoup, un peu, bien], ne... pas aimer, détester**), utilisez l'article défini.

MODÈLE: Voici des légumes. Quelles sont vos préférences?
(les carottes, les petits pois, les haricots verts, les brocolis, les oignons, les pommes de terre, les tomates)
— *J'aime bien les petits pois, mais j'adore les carottes. Je déteste les oignons, mais j'aime beaucoup les pommes de terre.* etc.
— *Eh bien, moi, j'adore les oignons. J'aime bien les haricots verts, mais je préfère les petits pois.* etc.

Quelles sont vos préférences?

1. Voici la viande.
   (le bifteck, le poulet, les côtelettes de porc, la dinde, le gigot d'agneau, le jambon)
2. Voici le poisson et les crustacés.
   (le saumon, la truite, la sole, les crevettes, les huîtres *[oysters, f. pl.]*, le homard *[lobster]*)
3. Voici les fruits.
   (les bananes, les framboises, les fraises, les oranges, les pêches, les poires, les pommes, le raisin *[grapes]*)

To indicate that you like more than one item, you can say: **J'aime le poulet et le jambon.** To indicate that you dislike more than one item, you can say: **Je n'aime ni les asperges ni les épinards.**

4. Voici les apéritifs.
   (la bière, le vin [rouge, blanc, rosé], le champagne, le martini, le scotch)
5. Voici d'autres boissons.
   (le Coca, l'eau *[water]*, le lait *[milk]*, le jus d'orange *[orange juice]*)
6. Voici les hors-d'œuvre.
   (les crudités, le pâté, la salade de tomates, la salade de concombres, le saumon fumé, le jambon, les crevettes)
7. Voici les fromages.
   (le brie, le camembert, le gruyère, le gouda, le fromage américain)
8. Voici les desserts.
   (la glace, la tarte aux pommes [aux fraises, aux abricots], les pâtisseries, le gâteau [au chocolat], les biscuits)
9. Voici le pain.
   (les baguettes, les croissants, le pain de campagne, les petits pains)

BON APPÉTIT!

Après l'apéritif, la famille Buhler se met à table (sits down). *C'est une belle journée et on mange dehors* (outside).

SIMONE: C'est **prêt**. Mettez-vous à table! Jeannette, **assieds-toi** à côté de ton oncle Yves. Voilà. — *ready / sit down*

Les hors-d'œuvre sont servis.

MARCEL: Bon appétit, **tout le monde**! — *everyone*

ANNIE: Simone, elles sont délicieuses, les crevettes! C'est pas tous les jours qu'on en mange.

SIMONE: Eh, c'est pas tous les jours qu'on a Jeannette avec nous!

MARCEL: Tu veux me passer le pain, s'il te plaît?... Merci.

Ensuite la tante Simone sert le plat principal, un gigot d'agneau.

MARCEL: **Il sent bon**, ton gigot! J'adore le gigot **à l'ail**. — *It smells good / with garlic*

SIMONE: Oui, mais tu sais, je le trouve un peu **sec**. — *dry*

JEANNETTE: Mais pas du tout! Il est parfait!

ANNIE: Tu me passes les haricots?

MARCEL: Voilà. **Tu reveux** du vin? — *Do you want some more*

ANNIE: Oui, pourquoi pas. Je prendrais bien encore **une petite goutte**. Merci. — *a drop*

La tante Simone commence à débarrasser la table.

JEANNETTE: **Attends! Je te donne un coup de main.** — *Wait! I'll give you a hand.*

SIMONE: Mais non! Reste là. Les enfants vont m'aider. Allez, les enfants, on débarrasse et on sert le dessert.

POUR VOUS EXPRIMER

Pour inviter quelqu'un à s'asseoir

Mets-toi (Mettez-vous) à table!
Assieds-toi! (Asseyez-vous!)
Mets-toi (Mettez-vous) à côté de (entre, au bout de)...

Pour offrir à boire ou à manger

Tu veux (Vous voulez) boire (manger) quelque chose?
Qu'est-ce que tu veux (vous voulez) boire (manger)?
Sers-toi (Servez-vous), je t'en (vous en) prie. *(Please help yourself.)*
Encore un peu de... ?

Comment accepter l'offre

Oui, je veux bien.
Oui, merci.
D'accord. Avec plaisir.
Oui, peut-être...
Oui, volontiers.

Comment refuser l'offre

Pas pour moi, merci.
Merci, non. Pas pour moi.
Tu es (Vous êtes) très gentil(le)(s).
Non, merci. Je viens de prendre un verre.
Non, merci. J'ai déjà bien mangé.

Pour trinquer (To make a toast)

À ta (votre) santé! *(To your health!)*
À la tienne! (À la vôtre!) *(To your health!)*
Tchin-tchin!

Pour demander quelque chose

Tu veux (Vous voulez) me passer le sel *(salt)?*
Tu me passes (Vous me passez) le poivre *(pepper)?*
Tu pourrais (Vous pourriez) me passer le pain?
Passe-moi (Passez-moi) les haricots, s'il te (vous) plaît.

Pour offrir de l'aide

Je peux te (vous) donner un coup de main?
Je peux t'aider (vous aider)?
Tu veux que je t'aide? (Vous voulez que je vous aide?)

À vous la parole!

C. Un dîner. Un(e) de vos camarades vous a invité(e) à dîner. Vous arrivez, on vous demande de vous asseoir, on vous offre quelque chose à boire, on vous offre à manger, et on vous sert. Pendant le dîner, vous parlez du temps qu'il fait, d'un voyage que vous avez fait, etc. N'oubliez pas de faire des commentaires sur les plats (**C'est très bon. / C'est délicieux. / C'est parfait. / Ça sent très bon.**).

→ Do À faire! (6-1) ***on page 245 of the*** **Manuel de préparation.**

RAPPEL

Les expressions de quantité et le pronom en

GENERAL QUANTITIES
beaucoup de / ne... pas beaucoup de / un peu de / très peu de

SPECIFIC QUANTITIES
un kilo de / une livre de / 50 grammes de / un litre de / une bouteille de / une douzaine de / un morceau de / un bout de / une tranche de

EXPRESSIONS OF SUFFICIENCY
trop de / assez de / ne... pas assez de

COMPARISONS OF NOUNS
plus de... que / moins de... que / autant de... que

THE PRONOUN EN

Tu as **un stylo?**	Oui, j'**en** ai **un.**
	Non, je n'**en** ai pas.
Tu as acheté **du pain?**	Oui, j'**en** ai acheté.
	Non, je n'**en** ai pas acheté.
Tu vas chercher **du vin?**	Oui, je vais **en** chercher.
	Non, je ne vais pas **en** chercher.

Contrôle

D. Combien tu en as? Utilisez les éléments donnés pour poser une question à un(e) camarade de classe. Il/Elle va vous répondre affirmativement ou négativement en utilisant une expression de quantité. Utilisez **tu** ou **vous** selon la façon dont vous vous adressez à vos camarades d'habitude.

MODÈLE: avoir / disques laser / beaucoup
— *Tu as (Vous avez) beaucoup de disques laser?*
— *Oui, j'ai beaucoup de disques laser.* OU
Non, j'ai très peu de disques laser.

1. acheter / cassettes / beaucoup
2. avoir / romans / beaucoup
3. avoir / argent / assez pour acheter une voiture
4. manger / viande / beaucoup
5. boire / bière / beaucoup
6. avoir / argent / assez pour acheter un ordinateur
7. acheter / magazines / beaucoup
8. avoir / argent / assez pour aller souvent au restaurant

E. J'en ai... je n'en ai pas... Maintenant, refaites l'*exercice D* en utilisant le pronom **en** dans les réponses.

MODÈLE: — *Tu as (Vous avez) beaucoup de disques laser?*
— *Oui, j'en ai beaucoup.* OU
Non, j'en ai très peu.

Parlons de vous!

F. Échange. Posez les questions suivantes à un(e) camarade, qui va vous répondre en utilisant le pronom **en.**

1. Combien de frères est-ce que tu as? Et de sœurs?
2. As-tu des oncles et des tantes ici?
3. Combien de films est-ce que tu as vus le mois dernier? Et de matchs sportifs?
4. Est-ce que ta famille mange des œufs? Combien de douzaines par mois?
5. Est-ce que tu manges du chocolat? Combien de fois par semaine?
6. Est-ce que tu as des compact discs? Combien?
7. Et des vidéos? Combien?
8. Et des cassettes? Combien?

CONTEXTE: CONVERSATION À TABLE—LES LOISIRS

Les sports

faire du patinage

faire de la luge

nager (se baigner)

faire de la planche à voile

faire du ski nautique

faire de la voile

faire une randonnée

aller à la pêche

faire du roller blade

faire de la planche à roulettes

Et aussi: faire du ski (alpin *[downhill]* / de fond *[cross-country]*)
jouer au golf (faire du golf)
jouer au basket
jouer au tennis (faire du tennis)
jouer au foot(ball) (américain)
faire du jogging
faire de l'aérobic *(m.)*

Les activités à la maison

lire (le journal)

faire du jardinage

faire de la peinture

faire la cuisine

collectionner les timbres

bricoler (faire du bricolage)

Et aussi:

- jouer du piano (de la guitare, du violon, etc.)
- regarder la télé
- écouter la radio (de la musique)
- faire de la couture *(to sew)*
- tricoter *(to knit)*
- être photographe amateur (faire de la photo)
- parler (bavarder) au téléphone
- jouer aux cartes

À vous la parole!

G. Vous et les loisirs. Donnez vos réactions personnelles ou parlez de vos expériences dans chacune dans activités suivantes.

MODÈLE: faire de l'aérobic
Je fais souvent de l'aérobic. OU
Je voudrais faire de l'aérobic un jour. OU
J'ai fait de l'aérobic ce matin. OU
Je n'ai jamais fait d'aérobic. OU
J'aime beaucoup l'aérobic et j'en fais souvent. etc.

1. faire du jogging
2. nager
3. aller à la pêche
4. faire une randonnée
5. faire du ski (alpin, de fond)
6. faire de la planche à voile
7. jouer au golf (au foot, au basket)
8. faire du ski nautique
9. faire de la voile
10. lire des romans
11. lire le journal
12. faire de la couture
13. être photographe amateur
14. collectionner les timbres
15. bavarder au téléphone
16. écouter la radio
17. faire de la peinture
18. regarder la télé

“ **Attendez!** *(Hold on!)* Before you begin, you probably noticed that one of the leisure-time activities is reading **(lire le journal)**. I'd better tell you how to conjugate the verb in the present tense: **je lis, tu lis, il/elle/on lit, nous lisons, vous lisez, ils/elles lisent**. And, by the way, here are some of the other tenses **au cas où...** *(in case...)*: **passé composé: j'ai lu**; future tense: **je lirai**; subjunctive: **il faut que je lise.** I hope you like to read as much as I do. In that case, you'll get to use this verb a lot! ”

Rappelez-vous! *(Remember)!* When making plans, you can use expressions like: **Tu voudrais... ?, Tu veux... ?, Tu as le temps de... ? / Oui, pourquoi pas?, J'veux bien., C'est une bonne idée.** When expressing preferences, you can use: **je préfère, j'aime (bien), je n'aime pas tellement,** etc.

H. Alors, qu'est-ce qu'on va faire? Make plans with some of your classmates to do one of the activities mentioned for each type of weather condition. Express your preferences, then come to an agreement about which activity to do, when, and where.

1. Il fait très chaud: nager, faire de la voile, faire de la planche à voile, faire du ski nautique, écouter la radio dehors
2. Il a neigé: faire du ski (alpin, de fond), faire de la luge
3. Il fait beau: jouer au golf, jouer au tennis, jouer au basket, faire du jardinage
4. Il fait frais: faire du jogging, aller à la pêche, faire une randonnée
5. Il pleut: jouer aux cartes, bricoler à la maison, regarder la télé

ON SE DÉTEND

On se détend: *They relax*

Au milieu du (In the middle of) *repas, Annie se lève pour prendre des photos de la famille.*

JACKY: Regarde Annie. Voilà notre photographe amateur. Prendre des photos, c'est son **dada**. — *obsession*

ANNIE: Arrête! Et toi, alors? Tu passes tout ton temps libre au **terrain** de foot! — *field*

JACKY: **C'est pas pareil!** Je joue au foot pour **me détendre.** Annie, quand elle prend des photos, elle **a toujours l'air** stressé. — *It's not the same thing! / relax; always looks*

SIMONE: Vous êtes **tous les deux** des **fanas.** Il n'y a que votre père qui **sait vraiment** se détendre. — *both / short for fanatiques; really knows*

JACKY: C'est vrai. Il est dans son jardin **du matin au soir.** — *from morning till evening*

MARCEL: **Ça n'a pas toujours été** comme ça. Quand je **travaillais,** je **passais** beaucoup moins de temps dans le jardin. — *It wasn't always / worked; spent*

POUR VOUS EXPRIMER

Pour parler des loisirs

se détendre (je me détends, tu te détends, il/elle/on se détend,
nous nous détendons, vous vous détendez, ils/elles se détendent)
se passionner pour (le tennis, etc.)
s'intéresser à
s'amuser à + *infinitif*
passer son temps à + *infinitif*
être amateur de (jazz, peinture) / faire de la peinture (de la photo) en amateur
être fana de (foot, volley)
le temps libre

À vous la parole!

I. Pour me détendre... Parlez à vos camarades de ce que vous et vos amis (ou les membres de votre famille) aimez faire pour vous détendre. Utilisez les expressions ci-dessus avec le vocabulaire pour les activités.

MODÈLE: *Moi, je me passionne pour les timbres. Je passe presque tous les dimanches à travailler à ma collection. Mon frère, il préfère les sports. Il est fana de foot et de basket. Ma mère, son dada, c'est la photo. Elle fait aussi de la peinture en amateur. Elle est artiste. Mon ami Becky...*

Chez nous

" *As you know, every culture has its own definition* of leisure-time activities and the activities that help people relax. It's always fun to try to figure out what the differences are between various cultures, with leisure-time being a good indicator of what's important to people. Of course, we should also remember that every country is made up of various cultures and so we have to be very careful not to generalize. In France, for example, **jouer aux boules** is something that's particularly popular in the **Midi**. There you often find men and boys engaged in the **jeu de boules** (throwing large balls toward a small wooden ball to see who can come closest to the wooden ball). This game is played less often in other parts of the country.

Other activities, such as soccer and cycling, tend to be more generally popular in France. I'm sure you've heard of the **Tour de France**, the bicycle race that takes place every summer.

In any case, I'd like to share some statistics with you about how we, the French, spend our free time. They come from a very interesting book that's published every two years called *Francoscopie*. It's a kind of almanac of facts and tells a lot about my culture. 

LOISIRS ET MÉDIAS

Temps journalier de fréquentation des médias par la population adulte (1991, en heures) :

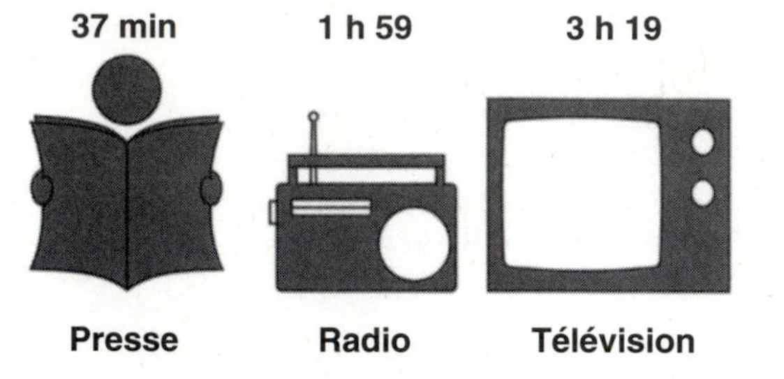

Total 5 h 55,
dont 2 h 33 d'attention exclusive portée aux médias

CESP

QUINZE ANS DE LOISIRS

Evolution de quelques pratiques de loisirs (en %)

	1973	1981	1989
Proportion de Français ayant pratiqué l'activité suivante :			
• Regarder la télévision tous les jours ou presque	65	69	73
• Ecouter la radio tous les jours ou presque	72	72	66
• Ecouter des disques ou cassettes au moins une fois par semaine	66	75	73
Au moins une fois au cours des 12 derniers mois :			
• Lire un livre	70	74	75
• Acheter un livre	51	56	62
• Aller au cinéma	52	50	49
• Aller dans une fête foraine	47	43	45
• Visiter un musée	27	30	30
• Visiter un monument historique	32	32	28
• Assister à un match sportif (payant)	24	20	25
• Aller à une exposition (peinture, sculpture)	19	21	23
• Aller dans un zoo	30	23	22
• Aller à un spectacle ou concert de :			
- théâtre	12	10	14
- rock ou jazz	7	10	13
- music-hall	11	10	10
- musique classique	7	7	9
- cirque	11	10	9
- danse	6	5	6
- opéra	3	2	3
- opérette	4	3	3

Ministére de la Culture et de la Communication

LES OUTILS DU LOISIR

Evolution de l'équipement de loisirs des ménages (en %):

	1973	1981	1991
• Téléviseur dont :	86	93	96
- un seul poste	*	83	62
- plusieurs postes	*	10	34
- un poste couleur	9	52	92
• Magnétoscope	*	2	47
• Chaîne hi-fi	8	29	61
• Electrophone	53	53	70
• Magnétophone	15	54	40
• Appareil photo	72	78	85
• Caméra	12	15	9
• Caméscope	*	*	9
• Instrument de musique	33	37	40
• Baladeur	*	*	48
• Livres	73	80	87**
• Disques	62	69	74**
• Disques compacts	*	*	26
• Cassettes son	*	54	69**
• Cassettes vidéo	*	*	24**

*La question n'avait pas été posée **1989

Ministère de la culture et de la Communication/Secodip

LA NATATION D'ABORD

Taux de pratique sportive en fonction du sexe (1991, en % de la population concernée):

	Occasion-nellement		Réguliè-rement	
	H	F	H	F
• Alpinisme	2,2	1,0	0,6	0,2
• Athlétisme	5,1	2,4	1,8	0,9
• Aviation	1,2	0,6	0,3	0,0
• Basket	4,7	2,7	1,4	1,2
• Bateau à moteur	2,1	0,9	0,4	0,2
• Bateau à voile	2,9	1,7	1,2	0,3
• Planche à voile	3,2	2,3	1,3	0,3
• Boules	15,2	4,7	2,5	0,3
• Cyclisme	17,5	9,7	6,3	2,9
• Chasse	2,8	0,5	3,4	0,1
• Equitation	2,6	2,7	0,6	0,8
• Football	10,1	0,9	6,5	0,2
• Golf	1,6	1,1	0,5	0,3
• Gymnastique	4,2	9,3	2,6	11,4
• Jogging	12,6	8,4	6,5	3,6
• Judo-karaté	1,6	0,4	1,8	0,5
• Natation	20,2	16,7	5,1	6,0
• Patin à glace	3,8	3,1	0,1	0,2
• Pêche en mer	4,6	1,0	1,1	0,2
• Pêche en eau douce	8,6	1,5	4,2	0,2
• Plongée	3,0	1,3	0,9	0,2
• Rugby	2,0	0,2	1,1	0,1
• Randonnée pédestre	11,5	9,3	4,9	4,0
• Ski de fond	8,6	5,9	1,4	1,0
• Ski alpin	13,3	7,9	4,2	2,6
• Ski de randonnée	1,3	1,0	0,4	0,1
• Tennis	15,1	7,8	6,9	2,3
• Volley ball	6,1	2,9	2,1	1,6

Secodip/Openers

L'ÂGE DES LOISIRS

Différences de pratiques culturelles en fonction de l'âge (en % de la population concernée) :

	15-19	20-24	25-34	35-44	45-54	55-64	65 et +
• Lit un quotidien tous les jours	26	29	31	44	50	57	58
• Lit régulièrement un hebdomadaire d'information	10	19	17	20	14	13	8
• Possède un magnétoscope au foyer	36	30	30	32	24	17	6
• Possède des disques compacts	15	17	12	13	11	7	2
• N'a lu aucun livre au cours des 12 derniers mois	14	19	20	23	29	32	38
• Ne fait pas de sorties ou de visites*	4	8	9	10	17	21	32
• Fait une collection	41	29	24	22	22	19	14

*Liste de 24 activités: restaurant, cinéma, musée, brocante, bal, match, zoo, galerie d'art, spectacle, opéra, etc.

Ministère de la culture et de la Communication/Secodip

❖ ***À discuter:*** *By looking at all the charts, can you say what kinds of activities seem to be preferred by the French? How does that compare to how Americans (in your experience) spend their free time? Do you notice any major differences?*

↠ Do À faire! (6-2) ***on page 256 of the*** **Manuel de préparation.**

RAPPEL

L'imparfait

IMPERFECT TENSE FORMS

parler

je parlais	nous parlions
tu parlais	vous parliez
il / elle / on parlait	ils / elles parlaient

faire

je faisais	nous faisions
tu faisais	vous faisiez
il / elle / on faisait	ils / elles faisaient

être

j'étais	nous étions
tu étais	vous étiez
il / elle / on était	ils / elles étaient

USES OF THE IMPERFECT TENSE

1. Habitual actions (**Autrefois nous allions au bord de la mer tous les ans.**)
2. Actions that were going on (**Pendant que nous parlions, elle regardait la télé.**)
3. Physical attributes (**Elle avait les cheveux blonds.**)
4. Age (**Il avait trois ans.**)
5. Background for a story (**Il était neuf heures. J'étais en visite à Berlin....**)

EXPRESSIONS THAT OFTEN ACCOMPANY THE IMPERFECT TENSE

autrefois / d'habitude / fréquemment / quelquefois / souvent / toujours / tous les jours (mois, ans, lundis, etc.) / une (deux, etc.) fois par jour (semaine, mois, an, etc.) / le lundi (mardi, etc.) / le matin (l'après-midi, le soir)

Contrôle

J. Quand tu avais dix ans... Posez des questions à un(e) camarade de classe pour vous renseigner au sujet de ce qu'il (elle) faisait quand il (elle) avait dix ans. Ne vous limitez pas aux expressions suggérées.

MODÈLE: où / habiter
— *Où est-ce que tu habitais quand tu avais dix ans?*
— *J'habitais à Grand Forks.*
— *Ta famille avait une grande maison?*
— *Non, à cette époque-là* (at that time) *nous habitions dans un appartement.*

1. où / habiter
2. avec qui / jouer
3. qu'est-ce que / aimer manger
4. à quelle heure / se lever / se coucher
5. tes parents / travailler
6. où / aller à l'école
7. tes grands-parents / être vivants
8. être heureux (heureuse)

K. Quand ils étaient jeunes... Pensez à des photos qui montrent quelques membres de votre famille quand ils étaient jeunes, puis décrivez-les à un(e) camarade de classe. Vos camarades vont vous poser des questions supplémentaires.

MODÈLE: votre père
— *Quand mon père était jeune, il avait les cheveux blonds et il ne portait pas de lunettes. Il était très beau. Il aimait jouer au base-ball et au football américain.*
— *Qu'est-ce qu'il faisait comme travail?*
— *Il travaillait pour l'état. Il était comptable.* etc.

1. votre père (oncle, frère)
2. votre mère (tante, sœur)
3. votre grand-père (grand-mère)

Parlons de vous!

L. Mon enfance *(My childhood).* Parlez à vos camarades de votre enfance. Où est-ce que vous habitiez? Qu'est-ce que vous faisiez les jours de la semaine (Quelle était votre routine?) Qu'est-ce que vous faisiez le week-end? Comment est-ce que vous passiez votre temps libre? Qu'est-ce que vous faisiez en famille? etc.

LECTURE: «LA VIE ACTIVE»

In the hotel lobbies of many cities in France, you can find brochures advertising the numerous outdoor activities in the region. In this **Lecture** *you will use your reading skills to explore some things to do, other than going to the beach, when you're in Nice.*

Découvrez le monde secret des gorges du Verdon, en raft sur un spectaculaire parcours de randonnée aquatique, ou en canyoning dans les clues chaudes des Alpes du sud.

AVRIL A OCTOBRE

DESCENTES

RAFT
Castellane à Chasteuil PRIX **160 F**
CANYONING
Descente d'initiation PRIX **200 F**

JOURNEES

INTÉGRALES RAFT
VERDON : Castellane au Point Sublime, 1ère du Grand-Canyon
HAUT-VAR : Gorges de Daluis
PRIX (déjeuner inclus) **160 F**

DESCENTE DE CANYONS
Exploration engagée des clues particulièrement profondes des affluents du Verdon : Festival de cascades, plongeons et spéléo à ciel ouvert
PRIX (déjeuner inclus)
1 jour randonnée aquatique **300 F**
1 jour canyoning **400 F**

Guides, équipement de sécurité, combinaisons isothermiques, transfers en bus, inclus.

RESERVATIONS

AN RAFTING
Le Moulin de la Salaou (Route des gorges) -
04120 CASTELLANE
Tél. saison : 92 83 70 83. Toute l'année : 92 81 54 90

CANOE KAYAK

NOUVEAU !!!

Ouverture pour la saison 1989 d'un plan d'eau d'un hectare en bordure du Var à 1 km de Puget-Théniers.

Sur le site vous trouverez :

- Location de bateaux
- Moniteurs pour l'initiation en eau calme et en eau vive.
- Accueil, Animations, Aire de picnic et de détente. Jeux pour enfants.

à PUGET-THENIERS

****

TEL : **93 05 02 81**
93 05 04 55

accès

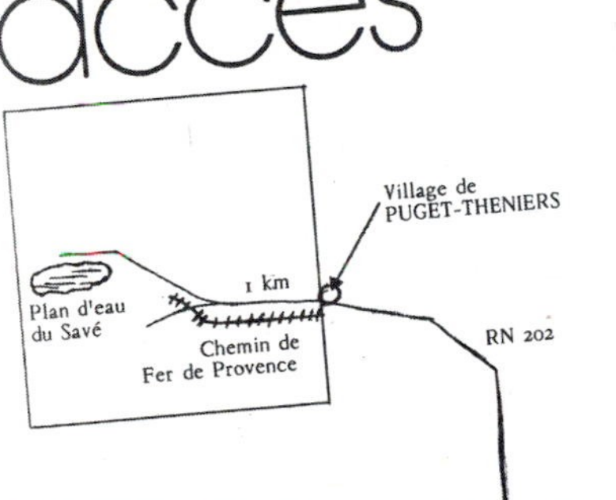

Depuis plusieurs années Puget-Théniers est un des seuls lieux des Alpes-Maritimes à proposer une initiation au Canoë Kayak.

Le Var se prête en effet merveilleusement à cette initiation de la Citadelle d'Entrevaux au village perché de Touët/Var.

Cette année, nous complètons cette initiation aux joies de l'eau vive par un plan d'eau aménagé pour répondre aux aspirations de tout ceux qui préfèrent la sérénité des eaux dormantes.

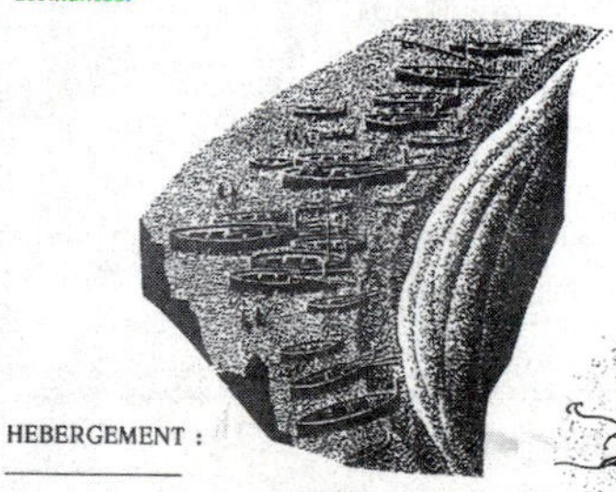

HEBERGEMENT :

- Gîte de Puget-Théniers :

  30 places. 40 F/personne/ nuit. Tarif groupes.

  Repas sur place

  Tel : 93 05 04 55 ou 93 05 07 39

- Camping caravaning de Puget-Théniers :

  Tel : 93 05 04 11

****

TARIFS

- Location : Bateau + Matériel sur plan d'eau : 10 F/heure
- Leçons : sur plan d'eau 30 F/heure
- Descente en eau vive : ½ journée : moniteur + matériel. 90 F
- Stage : 1 semaine : - leçons sur plan d'eau + descente de rivière Moniteur + Matériel 400 F

Hébergement en pension complète au Gîte de Puget-Théniers. Tout compris = 1 000 F
Réduction pour les groupes et les familles.

- Tarif Groupes et Collectivités : (8 personnes Minimun) :

  . Descente : 60 F/personne/½ journée

****

S.I. de la moyenne Vallée du Var
B.P. 7 PUGET-THENIERS 06 260

93 05 02 81
93 05 04 55

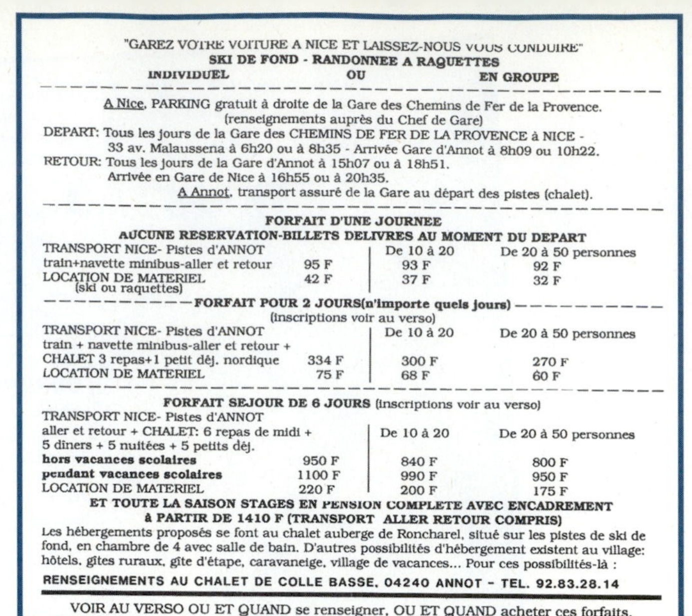

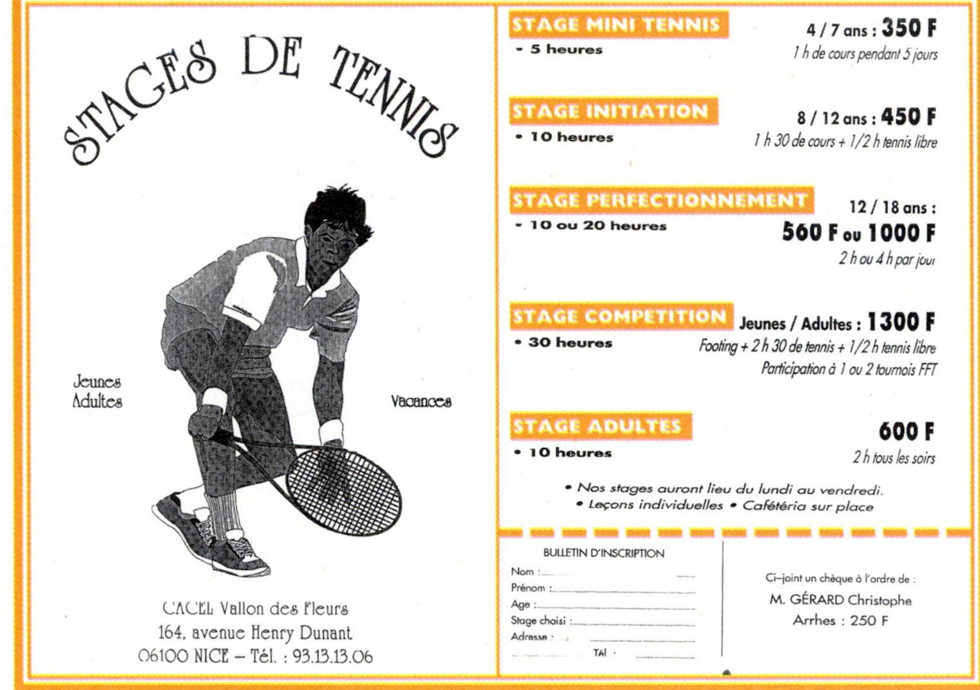

M. Les «amis» et les «faux amis». In previous chapters, you worked on recognizing cognates to help you understand the ideas in a text. You also know that French has a number of "false cognates" (words that *look* like English but have a different meaning). First, look through the four brochures and find at least five French/English cognates in each. Then look through the brochures again and try to guess the meanings of the following *false cognates*: **stage, affluent, forfait, location, pension, moniteur.**

N. Du temps libre. You and your traveling companions have some free time in Nice. Skim the four brochures again and suggest a possible activity for each person. Be as precise as possible in describing the activity, the amount of time, the price, and where one must go to do the activity.

1. John and Cliff are avid tennis players.
2. Mary Ellen likes to live dangerously.
3. Bob and Helen love winter sports.
4. Jack, Nancy, and Susan have always wanted to go canoeing.

→ Do À faire! (6-3) on page 267 of the Manuel de préparation.

CONTEXTE: CONVERSATION À TABLE—LES JEUNES

Les relations avec les parents

Isabelle Buhler

Christine Buhler

Anne Buhler

Bonnes relations avec les parents*

Vous entendez-vous bien[1] avec votre mère?

oui, très bien	55 %	96 % bien
oui, plutôt[2] bien	41 %	
non, plutôt mal	2 %	3 % mal
non, très mal	1 %	
ne se prononcent pas[3]	1 %	

Vous entendez-vous bien avec votre père?

oui, très bien	47 %	83 % bien
oui, plutôt bien	36 %	
non, plutôt mal	6 %	7 % mal
non, très mal	1 %	
ne se prononcent pas	10 %	

I.F.O.P.-E.T.M.A.R.

Un mot a fait son entrée officielle dans le vocabulaire des familles : la «négociation».

Ce mot naturellement affecté aux rapports de force a cependant paru correspondre aux nécessités des relations parents/enfants. L'adolescent contemporain trouve complètement normal de négocier : «On fait un arrangement.» Il n'est cependant pas sûr que tout soit négociable entre parents et adolescents.

SONDAGE

Première question :
QU'EST-CE QUI TE PLAÎT LE PLUS CHEZ[4] TES PARENTS ?

1. Tu sens[5] qu'ils t'aiment ____________ 60 %
2. Ils te font confiance ________________ 56 %
3. Ils s'intéressent à toi _______________ 51 %
4. Ils ne sont pas sévères ____________ 42 %
5. Ils tiennent leurs promesses ________ 41 %
6. Tu peux leur parler de tes problèmes _ 39 %
7. Ils te donnent assez d'argent ________ 36 %
8. Ils ont l'esprit jeune[6] ______________ 26 %

Deuxième question :
QU'EST-CE QUI TE DÉPLAÎT LE PLUS[7] CHEZ TES PARENTS ?

1. Tu ne peux pas leur parler de tes problèmes ___________________________ 21 %
2. Ils ne te donnent pas assez d'argent__ 17 %
3. Ils sont trop sévères ________________ 17 %
4. Ils sont vieux-jeu[8] ________________ 16 %
5. Ils ne te font pas confiance _________ 10 %
6. Ils sont indifférents envers toi _________ 5 %
7. Ils manquent[9] de sincérité avec toi ____ 4 %
8. Ils manquent de tendresse ___________ 2 %
9. Aucun défaut[10] à signaler ___________ 40 %

FRANCE-SOIR, 29 septembre 1981

* Les résultats de ce sondage, effectué par l'I.F.O.P.-E.T.M.A.R., à la demande de *la Vie*, proviennent de questions posées à un échantillon national représentatif de 292 adolescents, âgés de 13 à 17 ans, interrogés à domicile par voie d'enquêteurs, entre le 1er et le 8 février 1982.
Deux questions ont été également posés à 302 parents d'adolescents âgés de 13 à 17 ans, dans le cadre des enquêtes nationales hebdomadaires Fréquence 8 de l'I.F.O.P.-E.T.M.A.R., entre le 3 et le 10 février

VOCABULAIRE: *1. Do you get along well 2. rather 3. no opinion 4. What do you like the most about 5. You feel 6. They're young at heart 7. What do you dislike most about 8. old-fashioned 9. They lack 10. No weakness*

Parlons de vous!

O. Mes parents et moi. / Mes enfants et moi. Répondez aux questions pour indiquer à vos camarades de classe comment vous vous entendez avez vos parents ou vos enfants. Vos camarades doivent vous poser des questions pour avoir des renseignements supplémentaires. Utilisez le vocabulaire des sondages et d'autres mots et expressions que vous connaissez dans vos réponses. Si les deux catégories (parents/enfants) ne s'appliquent pas à vous, parlez tout simplement d'une autre génération (les personnes âgées, les jeunes).

MODÈLE: Comment est-ce que vous vous entendez avec vos parents (vos enfants)?
— *Je m'entends plutôt bien avec mes parents.*
— *Dans quel sens?* (In what way?)
— *Ils me font confiance. Par exemple, ils savent* (they know) *que je fais mes études, que je suis responsable, et que je ne dépense pas trop d'argent.* etc.

1. Comment est-ce que vous vous entendez avec vos parents (vos enfants)?
2. Comment est-ce que vous vous entendez avec votre mère (votre fille)?
3. Comment est-ce que vous vous entendez avec votre père (votre fils)?
4. Qu'est-ce qui vous plaît le plus chez vos parents (vos enfants)?
5. Qu'est-ce qui vous déplaît le plus chez vos parents (vos enfants)?
6. Quand vous avez un problème, avec qui est-ce que vous parlez (avec votre père, avec votre mère, avec un[e] ami[e], avec un[e] conseiller[ère] *[advisor])?*

LE FOSSÉ ENTRE LES GÉNÉRATIONS

le fossé: *the gap*

JOSETTE: Ah bon! On porte des jeans aux dîners de fête?

SIMONE: Qu'est-ce que **tu dis**? (*are you saying*)

JOSETTE: Mais regarde! Elles portent toutes des jeans. Autrefois, on mettait une robe pour un dîner de fête.

SIMONE: Oui, **j'sais**. (*I know*) Mais remarque, on **n'**est **plus** (*no longer*) dans les années cinquante. La mode a changé. Les jeunes, ils **vivent de façon plus décontractée**. (*live in a more relaxed fashion*)

JOSETTE: Oui, ils sont très relax, **comme ils disent**. (*as they say*) Mais moi, je n'comprends pas comment on peut être relax **en écoutant** (*while listening*) la musique qu'ils aiment.

SIMONE: Je suis d'accord. Pour moi, c'est du **bruit** (*noise*) et c'est tout. Mais tu sais, nous, quand on était jeune, on avait moins de temps pour ces choses-là. Il fallait travailler **dur**. (*hard*)

JOSETTE: **En effet, si je me rappelle bien**, (*You're right, if I remember correctly*) les loisirs, ça n'existait pratiquement pas.

À vous la parole!

P. Autrefois... aujourd'hui... Faites les contrastes entre ce qu'on faisait autrefois et ce qu'on fait aujourd'hui en utilisant les éléments donnés.

MODÈLE: (on) porter des robes / porter des jeans
Autrefois on portait des robes. Aujourd'hui, on porte des jeans.

1. (on) lire / regarder la télévision
2. (les familles) se promener à pied / se promener en voiture
3. (on) écrire *(to write)* (on écrivait) des lettres / parler au téléphone
4. (les garçons) porter une chemise / porter un tee-shirt
5. (la famille) déjeuner à la maison / (on) manger au fast-food
6. (on) ne pas avoir de gadgets électroniques / voir des machines partout *(everywhere)*
7. (on) prendre son temps à table / manger à toute vitesse
8. (les parents) imposer une discipline aux enfants / (on) négocier
9. (les jeunes) rester à la maison / vouloir partir à 18 ans
10. Est-ce que vous êtes d'accord avec les distinctions faites entre autrefois et aujourd'hui? Pourquoi, ou pourquoi pas?

Perspective culturelle

La vie quotidienne des enfants et des adolescents français

In a world of increased risks, the lives of children and adolescents in France have changed just as they have here in the United States. However, the way French society views children and caregivers (parents, grandparents, step-parents) is somewhat different from the roles assigned to each in the U.S. For example, in France, children tend to become independent less quickly than here. Parents are held responsible for their children's lives and are judged negatively or positively by society depending on the behavior of their children. This is reflected in the words that are used to describe children: **Il/Elle est mal (bien) élevé(e)** *(He/She is badly [well] raised)* indicates that it is the parents who are responsible for how a child acts. In the U.S., we tend to put the blame on the child with phrases such as *he's a brat*, *she's misbehaving*, or *he's a good kid*.

In the last 20 years or so, the daily lives of French children have changed considerably. The following are some examples of these changes. In the past, children were not usually taken out to restaurants in the evenings; today, most restaurants have **un menu enfant**. Children's allowances used to be very limited; today they tend to have more money to spend. In the past, children spent a great deal of time in the family environment where the mother was generally home; today they spend more and more time away from home in someone else's care while the parents are at work.

To get a better idea about the daily lives of children and teenagers, look at the following statistics that are taken from ***Francoscopie 1993.***

La vie quotidienne de 0 à 7 ans

De 0 à 3 ans

- Ils sont 3,2 millions, soit 5,7 % de la population française. Les garçons sont un peu plus nombreux que les filles (51 % contre 49 %)
- Dans 41 % des cas, la mère exerce une activité professionnelle.
- Dans 11 % des cas, les parents ne sont pas mariés.
- 62 % des nourrissons sont alimentés au lait maternel.
- 57 % sont à la maison pendant la journée; 43 % sont confiés à une crèche ou à une nourrice.
- Après 2 ans, 38 % vont à la maternelle.
- 37 % possèdent un livret de caisse d'épargne.

De 4 à 7 ans

- Le petit déjeuner dure en moyenne un quart d'heure, sa durée a doublé en 5 ans. 61 % emportent de quoi manger à 10 heures.
- Au dîner, 89 % mangent comme les adultes, 10 % ont un menu spécial.
- 85 % possèdent personnellement un vélo ou VTT, 37 % une montre ou un réveil, 34 % un magnétophone, 32 % un poste de radio, 27 % un baladeur.
- 29 % sont abonnés à un journal pour enfants. Leurs loisirs les plus fréquents sont: jouer dans la maison (90 %); regarder la télévision (86 %); dessiner (78 %); jouer à l'extérieur (78 %); faire du vélo (77 %); lire des revues pour enfants (56 %); écouter des disques (56 %); regarder des cassettes vidéo (50 %). 62 % des mères jouent avec eux lorsqu'elles ont du temps libre, 61 % leur racontent des histoires, 55 % discutent avec eux, 53 % les emmènent faire des courses, 44 % regardent la télévision avec eux.
- Au cours des vacances d'été 1991, 62 % sont partis avec leurs parents (62 % en 1984), 38 % sont allés dans la famille (19 % en 1984), 19 % sont restés à la maison, 11 % sont allés en centre de loisirs, 7 % en colonie de vacances.
- 32 % sont inscrits dans un club sportif: 19 % des 4–5 ans; 46 % des 6–7 ans. Les sports les plus pratiqués par les garçons sont le football (16 %) et la natation (11 %). Ceux pratiqués par les filles sont la danse (18 %), la natation (16 %) et la gymnastique (7 %).
- Ils regardent la télévision en moyenne 18 h 30 par semaine (1991), soit 2 h 39 min de moins qu'en 1990.
- 28 % reçoivent de l'argent de poche de leurs parents (72 % non). Le montant moyen est de 13 F par semaine.
- 40 % possèdent un livret d'épargne Ecureuil, 16 % un livret bancaire, 13 % un livret de La Poste.

La vie quotidienne des 8–14 ans

- Ils sont 5,3 millions, soit 10 % de la population française, dont une majorité de garçons (2,7 millions). Leurs loisirs préférés sont: regarder la télévision (87 %); jouer à l'extérieur (57 %); faire du sport (53 %); faire du vélo (53 %); lire des livres (51 %); lire des B.D. (49 %).
- Un sur deux pratique des activités extrascolaires. 55 % sont inscrits dans un club sportif, 45 % non. Leurs foyers sont équipés à 77 % d'un congélateur (contre 44 % dans la population totale), 50 % ont un lave-vaisselle (contre 31 %); 35 % un four à micro-ondes (contre 25 %), 76 % une chaîne hi-fi (contre 56 %), 55 % un magnétoscope (contre 25 %).
- Entre 8 et 10 ans, 52 % possèdent personnellement une radio, 46 % un baladeur, 17 % un poste de télévision. Entre 11 et 14 ans, 79 % ont une radio, 73 % un baladeur, 24 % un téléviseur. 29 % des garçons et 16 % des filles ont une console de jeux vidéo.
- Entre 8 et 10 ans, 52 % reçoivent de l'argent de poche (montant moyen 260 F par mois), 76 % entre 11 et 14 ans (montant moyen 420 F).
- 37 % possèdent un livret d'épargne Ecureuil, 11 % un livret d'épargne de la Poste, 10 % un livret bancaire. La somme moyenne possédée est de 2 000 F sur un livret, 1 400 F sur un compte bancaire.
- 44 % consomment des biscuits sucrés au goûter, 40 % du chocolat en tablettes, 34 % des pâtes à tartiner, 32 % des barres au chocolat ou aux céréales.

La vie quotidienne des 15–25 ans

- Ils sont 8,2 millions et représentent 15,5 % de la population française.
- 72 % habitent chez leurs parents; ils sont encore 24 % à 24 ans.
- 16 % sont mariés ou vivent en couple (35 % entre 21 et 24 ans). 3 millions d'entre eux sont actifs, soit 37 %. Les autres sont scolarisés ou font leur service militaire (540 000).
- Ils se lèvent en moyenne à 6 h 50 et se couchent à 22 h 40. Les élèves et étudiants se lèvent et se couchent sensiblement plus tôt que ceux qui exercent une activité professionnelle. Les actifs se lèvent plus tard que les élèves ou étudiants.
- Leur revenu mensuel est en moyenne de 2 900 F ; il est composé de l'argent de poche (127 F), de celui gagné en faisant des petits travaux (829 F), de l'argent reçu en cadeau (251 F) et de salaires pour les actifs (1 720 F). Au total, le revenu annuel des 15–24 ans représente près de 300 milliards de francs.
- 20 % contribuent aux charges de la famille (participation au loyer, etc.).
- 59 % possèdent personnellement un walkman, 53 % un téléviseur, 19 % un magnétoscope, 52 % une chaîne hi-fi, 36 % une carte de crédit, 36 % une voiture, 19 % un cyclomoteur, 7 % une moto, 16 % un micro-ordinateur, 14 % un lecteur de disques compacts, 4 % une planche à voile. Mais 7 % ne possèdent rien de tout cela.
- 50 % lisent le plus souvent des bandes dessinées, 35 % des livres d'aventure, 31 % des livres policiers, 26 % des livres de science-fiction.
- 46 % vont au cinéma au moins une fois par mois, 44 % moins souvent et 10 % jamais.

↠ Do À faire! (6-4) on *page 270* of the Manuel de préparation.

❖ *À discuter:* *What are some of the differences you see between France and the United States for each of the age groups represented in the statistics? You may not know the numbers for children and adolescents in the United States, but you can probably make some generalizations about the most important differences.*

RAPPEL

Le comparatif et le superlatif

LE COMPARATIF

Elle est **plus grande que** son frère.	She's *taller than* her brother.
Il est **aussi sérieux que** sa sœur.	He's *as serious as* his sister.
Il est **moins intelligent que** son père.	He's *less intelligent than* his father.
Mes notes sont **meilleures que** les notes de Marie.	My grades are *better than* Mary's grades.
Il parle **mieux que** moi.	He speaks *better than* I (do).

LE SUPERLATIF

Thérèse est **l'étudiante la plus avancée de** la classe.	Thérèse is *the most advanced student in* the class.
Elle a **les meilleures notes de** tous les étudiants.	She has *the best grades of* all the students.
Elle a **le moins de temps libre de** tous ses amis.	She has *the least amount of free time of* all her friends.
C'est elle qui parle **le mieux** le français.	She's the one who speaks French *the best*.

Contrôle

Q. Les élèves du lycée Voltaire. En utilisant les expressions données, faites les comparaisons indiquées à la page 268.

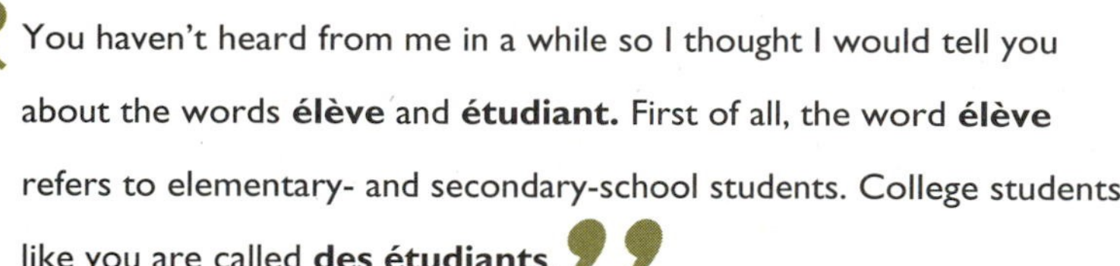

"You haven't heard from me in a while so I thought I would tell you about the words **élève** and **étudiant.** First of all, the word **élève** refers to elementary- and secondary-school students. College students like you are called **des étudiants.**"

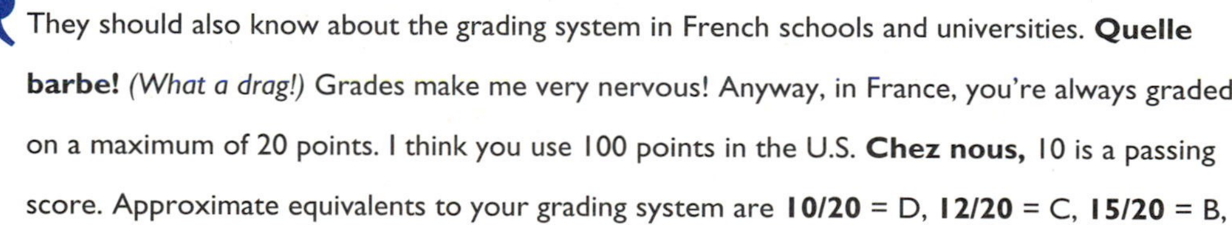

"They should also know about the grading system in French schools and universities. **Quelle barbe!** *(What a drag!)* Grades make me very nervous! Anyway, in France, you're always graded on a maximum of 20 points. I think you use 100 points in the U.S. **Chez nous,** 10 is a passing score. Approximate equivalents to your grading system are **10/20** = D, **12/20** = C, **15/20** = B, **18/20** = A. I've never gotten anything better than a 15 on any exam or paper. In our system, it's almost impossible to get an 18, and no one has ever received a 20 that we know of! Your system sounds a lot better to me because it's possible for you to get between 95 and 100. So... now that you know all this, you can go ahead with the exercise."

Nom de l'élève	Heures de préparation	Note en maths	Note en littérature
Sylvie	20	14/20	16/20
Louis	15	16/20	10/20
Yves	30	12/20	12/20
Simone	15	8/20	11/20
Gilbert	10	8/20	6/20

MODÈLE: (intelligent) Yves, Simone
Yves est plus intelligent que Simone.

1. (intelligent) Sylvie,Yves / Louis, Simone / Gilbert, Louis / Simone, Sylvie / Gilbert, Sylvie

MODÈLE: (faire des devoirs) Yves, Gilbert
Yves fait plus de devoirs que Gilbert.

2. (faire des devoirs) Yves, Simone / Louis, Simone / Gilbert, Sylvie / Louis, Gilbert / Gilbert, Yves

MODÈLE: Sylvie / intelligent
Sylvie est la plus intelligente (de la classe).

3. Gilbert / intelligent
4. Sylvie / bon en littérature
5. Louis / bon en mathématiques

Parlons de vous!

R. Vous et... Faites des comparaisons entre vous-même et les membres de votre famille (frères, sœurs, mère, père) et vos amis. Utilisez les éléments donnés avec le comparatif ou le superlatif. N'oubliez pas que les adjectifs s'accordent en genre et nombre avec les noms et les pronoms qu'ils modifient.

1. être âgé(e)
2. être intelligent(e)
3. avoir des ami(e)s
4. avoir du temps libre
5. bien jouer au tennis
6. bien chanter
7. être un(e) bon(ne) étudiant(e)
8. être ambitieux (ambitieuse)
9. dépenser de l'argent
10. avoir de l'imagination
11. être optimiste
12. avoir du tact

LECTURE: «LES QUATRE FAMILLES»

La famille «ouverte» bientôt majoritaire

Les attitudes et comportements des parents vis-à-vis de leurs enfants ne sont évidemment pas uniformes dans l'ensemble de la sociéte française. Les enquêtes réalisées par l'Institut de l'enfant permettent de distinguer quatre types principaux de familles et de mesurer leur évolution. Chacune d'elles a des caractéristiques, des modes de vie, des attitudes face à l'éducation et un système de valeurs spécifique:

La famille «Ouverte» (43 % des familles en 1992 contre 20 % en 1987). Elle cherche à constituer un îlot de paix, un territoire d'autonomie dans lequel la responsabilité de chacun est limitée. S'adapter aux circonstances de la vie implique de remettre en cause ses propres convictions. L'enfant bénéficie d'un espace de liberté, afin de faire ses propres expériences, mais il est soutenu à chaque instant par ses parents. Les valeurs essentielles sont l'égalité et le plaisir.

Le Groupement d'intérêt familial (27 % des familles en 1992 contre 15 % en 1987).
Elle se donne pour objectif de construire et de vivre une expérience commune dans le respect de la personnalité de chacun des membres de la famille. Elle part du principe que tout individu, pour s'épanouir, doit se prendre en charge. Dans ce contexte, l'enfant est un être mûr et raisonnable, capable de faire un bon usage de l'autonomie qui lui est laissée. Les valeurs essentielles sont le réalisme, l'autonomie et le plaisir.

La famille Tradition (19 % des familles en 1992 contre 25 % en 1987).
La famille est vécue comme le lieu privilégié de la transmission des valeurs des parents: morale, sécurité, réalisme, ordre. Ces valeurs sont proches de celles de la famille Cocon, mais elles s'appliquent à une vision globale de la société plutôt qu'au simple cadre familial. L'aptitude de l'enfant à s'adapter et à s'intégrer à la société est considérée comme prioritaire par rapport à ses capacités d'initiative personnelle.

La famille Cocon (11 % des familles en 1992 contre 40 % en 1987).
Une cellule familiale dans laquelle chacun a un rôle à jouer pour parvenir à la réalisation d'un projet commun. Les relations sociales sont basées sur la solidarité envers autrui. Le but de l'éducation est d'aider les enfants à avoir plus tard une vie harmonieuse autour d'une famille unie. Ses valeurs essentielles sont la morale, la sécurité, l'égalité et l'ordre. Sa vocation est de constituer un refuge face aux agressions et aux dangers extérieurs de toutes natures.

S. Avez-vous compris? En français, donnez les traits caractéristiques de chaque famille représentée dans le texte.

T. Et votre famille? Expliquez à vos camarades à laquelle des quatre familles votre propre famille ressemble (ou une famille que vous connaissez). Utilisez le vocabulaire que vous avez identifié dans l'*exercice S* et que votre professeur a écrit au tableau.

***→ Do À faire! (6-5) on page 278 of the* Manuel de préparation.**

CONTEXTE: CONVERSATION À TABLE— QUESTIONS DE SANTÉ

Les parties du corps

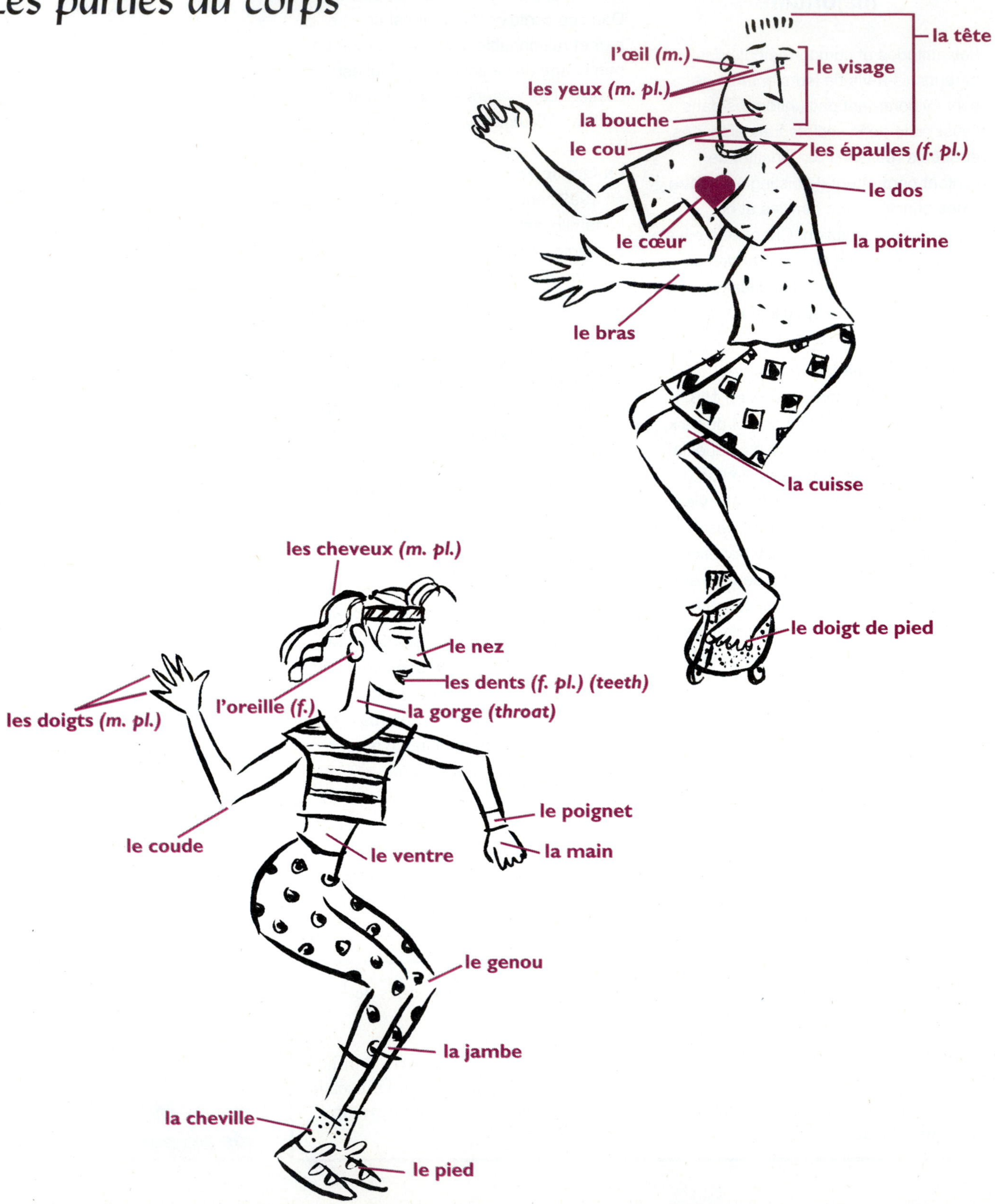

À vous la parole!

U. J'ai mal partout *(I hurt everywhere)*. Utilisez les éléments suggérés pour indiquer où vous avez mal.

MODÈLE: la tête
J'ai mal à la tête.

1. la jambe
2. le bras
3. le dos
4. le ventre
5. les pieds
6. le cou
7. le genou
8. l'épaule
9. la cheville
10. les oreilles
11. le poignet
12. le cœur
13. les dents
14. la gorge

"**Qu'est-ce que vous avez répondu?** What was your answer to number 12? If you said **j'ai mal au cœur**, you're right. **Mais qu'est-ce que ça veut dire?** *(What does it mean?)* **Eh bien, «j'ai mal au cœur», ça veut dire** *to be nauseated.* Although we use the word "heart" in that expression, we're really talking about the stomach! **C'est curieux, n'est-ce pas?**"

"You're probably also wondering what the various equivalents are in English for the expression **avoir mal à...** Depending on which part of the body you're referring to, it can mean *to ache* or *to hurt.* So you would say *my leg hurts* or *I have a backache.* When you think about it, French is a lot simpler than English when you want to talk about aches and pains!"

V. Des blessures *(Injuries)*. On utilise souvent l'expression **se blesser à** *(to injure)* et les verbes **se casser** *(to break)*, **se fouler** *(to sprain)*, **se faire mal à** *(to hurt, to injure)* avec les parties du corps pour décrire les résultats d'un accident. Utilisez les expressions données pour indiquer ce qui est arrivé aux personnes suivantes.

MODÈLE: Nadia et Mme Bernard se sont blessées (à)... le bras
Nadia et Mme Bernard se sont blessées au bras.

1. Elles se sont blessées (à)...
   a. la jambe b. la tête c. le dos
2. Je me suis cassé...
   a. le bras b. la jambe c. le pied d. le nez e. une dent
3. Ma sœur s'est foulé...
   a. la cheville b. le pied c. le poignet
4. Je me suis fait mal (à)...
   a. le genou b. le dos c. l'épaule d. la main
   e. la poitrine f. le doigt g. le cou

W. Dis donc! Tu n'as pas bonne mine aujourd'hui *(You don't look very good today)!* Parlez à un(e) camarade de classe au sujet de sa santé *(health)*. Suivez les modèles en variant les expressions que vous utilisez.

MODÈLES: *—Ça va?*
—Non, ça ne va pas. Je ne me sens pas très bien.
—Qu'est-ce qui ne va pas? (Qu'est-ce que tu as?)
—J'ai mal (à la tête, au ventre, etc.).

—Dis donc! Tu n'as pas bonne mine aujourd'hui.
—C'est vrai. J'ai un peu mal (au dos, aux dents, etc.).
—Mon (ma) pauvre. Tu devrais (should) *rentrer.*
—Tu as peut-être raison. Je vais rentrer tout de suite.

JE NE ME SENS PAS BIEN

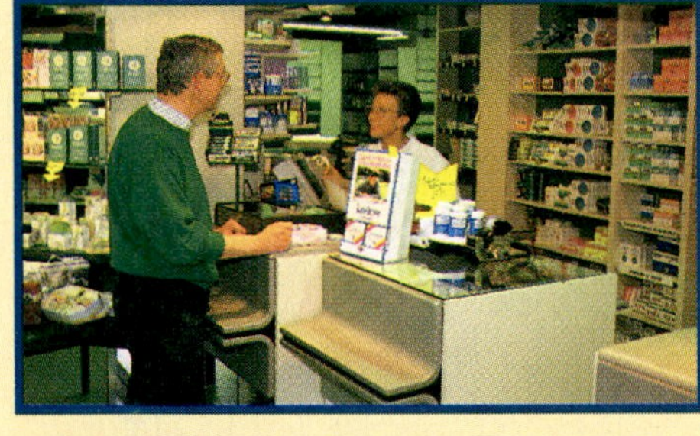

SIMONE: Qu'est-ce qu'il y a, ma petite Anne? Tu as les yeux tout rouges.
ANNE: J'sais pas, mémé. J'ai le nez qui **coule** et j'ai un peu mal à la gorge. Mais je ne **tousse** pas.
SIMONE: **Fais voir** si tu as de la fièvre... Non, non. C'est peut-être ton allergie. On va aller à la pharmacie te chercher quelque chose. **Je n'ai plus** d'antihistaminiques.
ANNE: Mais mémé...
SIMONE: En plus, tu feras attention à ce que tu manges. Il faut **éviter** les produits laitiers.
ANNE: D'accord, mémé.

runny
cough
Let me see
I don't have any more
avoid

Chez nous

When I'm not feeling well, I usually go to my favorite pharmacist and consult with her before I think about going to a doctor. That's how we do it here in France. Pharmacists play a very important role because they listen to your medical problem and, in the case of colds, flus, or minor accidents, they recommend over-the-counter medicine or administer some first aid. If they feel your condition is more serious, they'll tell you to go see a doctor.

Every large city in France has at least one pharmacy that remains open all night. All other pharmacies have signs on their doors indicating which pharmacy has long hours. That way, you can always consult someone in case of a minor medical problem.

When you go to a French pharmacy for a common remedy (such as aspirin), you can select either regular aspirin or homeopathic aspirin. Homeopathic aspirin is made only from natural substances such as plant extracts. Each pharmacy sells both allopathic (chemical-based) and homeopathic remedies. Homeopathy is big business in our country and many French people prefer to consult homeopaths rather than doctors who dispense allopathic medicines. I think it's very important to have this choice. A lot of people believe that if we fortify our bodies with natural substances and herbs, illnesses and relapses from illnesses are less frequent. It's interesting that doctors all over the world are only now rediscovering the healing properties of plants and herbs that were once commonly used. So... when you visit us, you might try a homeopathic remedy and see if it works for you. It's always worth a try!

❖ ***À discuter:*** *What kinds of remedies and beauty products can you think of that use plants and herbs rather than chemical substances? Would you like to have the choice between homeopathic and allopathic medicines? Why, or why not? Do you think that homeopathic medicine might someday be more common in the United States? Explain.*

POUR VOUS EXPRIMER

Pour parler des symptômes

J'ai mal à la tête (à la gorge, à l'oreille, au dos, à l'estomac, au cœur).
Je tousse.
J'éternue. *(I'm sneezing.)*
J'ai le nez qui coule. *(I have a runny nose.)*
J'ai le nez bouché. *(My nose is plugged/stuffed up.)*
Je n'ai pas d'appétit.
J'ai des vertiges. *(I'm dizzy.)*
J'ai pris un coup de soleil. *(I have a sunburn.)*
J'ai du mal à dormir. *(I have trouble sleeping.)*
J'ai de la fièvre.
J'ai la migraine.
J'ai un rhume. *(I have a cold.)*

Pour demander un médicament dans une pharmacie

J'ai besoin de quelque chose pour la gorge (pour le nez, pour les yeux, pour l'estomac).

J'ai besoin de quelque chose contre *(against)* la toux *(cough)*.
le rhume des foins *(hayfever)*.
la migraine.
la grippe *(flu)*.
le mal de mer *(seasickness)*.
le mal de l'air *(airsickness)*.

Pour demander un médicament particulier

J'ai besoin d'un tube d'aspirines.
de gouttes *(drops)* pour le nez (pour les yeux.)
de pastilles *(lozenges)* pour la gorge.
d'antihistaminiques.

À vous la parole!

X. Qu'est-ce que vous avez? Choisissez les expressions de la liste pour donner les symptômes qui correspondent à chaque situation.

1. Vous avez un rhume.
2. Vous avez trop mangé.
3. Vous avez la grippe.
4. Vous êtes en vacances au bord de la mer.
5. Vous avez un examen très important et vous êtes très anxieux (anxieuse).

Y. À la pharmacie. Expliquez au (à la) pharmacien(ne) que vous avez les symptômes qui accompagnent normalement les problèmes médicaux suivants. Il (Elle) vous recommandera les médicaments donnés entre parenthèses.

MODÈLE: une indigestion (comprimés pour l'estomac)
— *Bonjour, Monsieur (Madame). Je peux vous aider?*
— *Oui. Je ne me sens pas très bien. J'ai mal à l'estomac et un peu mal au cœur.*
— *Ah. Vous avez peut-être une petite indigestion. Je vais vous donner des comprimés pour l'estomac.*
— *Merci, Monsieur (Madame).*

1. un rhume (gouttes pour le nez, sirop contre la toux)
2. une grippe (aspirine, pastilles pour la gorge)
3. le rhume des foins (antihistaminiques, gouttes pour les yeux)
4. la migraine (un tube d'aspirines)
5. la toux (pastilles pour la gorge)

POUR VOUS EXPRIMER

Pour parler de sa taille

être au régime *(to be on a diet)*
faire attention à ce qu'on mange
garder la ligne *(to stay in shape)*
grandir *(to get taller, to grow up)*
grossir *(to gain weight)* / prendre du poids
maigrir *(to lose weight)* / perdre du poids
manger tout ce qu'on veut

The French express height and weight in terms of meters and kilograms. **Un mètre** is the equivalent of 3.281 feet. Conversely, one foot equals 0.305 meters, and one inch equals 2.539 centimeters. **Un kilo** equals 2.2 pounds. Thus, to describe a person who is 5′10″ and weighs 160 pounds, a French person would say: **Il (Elle) fait un mètre soixante-quinze et pèse** *(weighs)* **soixante-treize kilos.** The following chart shows some approximate equivalents.

Heights		Weights	
5′0″	1,53 m	100 lbs.	45 kilos
5′5″	1,65 m	120 lbs.	55 kilos
5′10″	1,78 m	140 lbs.	64 kilos
6′0″	1,83 m	160 lbs.	73 kilos
6′2″	1,88 m	180 lbs.	82 kilos
6′6″	1,98 m	200 lbs.	91 kilos

Americans often think of French people as being quite small. It's true that, on the average, French men and women are shorter and weigh less than American men and women: the average French male measures 1.72 meters and 75 kilos and the average French female measures 1.60 meters and 60 kilos. Nevertheless, don't be surprised to find people of all sizes in France.

À vous la parole!

Z. Vous et votre famille. Faites une description des membres de votre famille. Insistez sur leur taille physique, leurs activités et les changements qui se sont produits. Si vous voulez, vous pouvez inventer certains détails.

MODÈLE: *Mon frère Michael est très grand et très fort. Il mange bien et il fait du sport. Il a beaucoup grandi récemment. Maintenant il fait un mètre quatre-vingt-dix et il pèse quatre-vingt-huit kilos.* etc.

"Well, as you looked at the list of expressions to talk about body size, you probably noticed some verbs that end in **-ir.** Let me quickly give you the conjugation for these verbs so that you can use them in this exercise. The present tense endings of **-ir** verbs are: **-is, -is, -it, -issons, -issez, -issent.** The past participle of all these verbs ends in **-i (grossi, grandi, maigri).** So... a verb like **grandir** is conjugated this way: **je grandis, tu grandis, il/elle/on grandit, nous grandissons, vous grandissez, ils/elles grandissent.** Be careful not to get these **-ir** verbs mixed up with the verbs **partir** and **sortir,** which are not conjugated the same way!"

➻ *Do* **À faire! (6-6)** *on page 281 of the* **Manuel de préparation.**

RAPPEL

L'imparfait et le passé composé

SUMMARY OF USES

IMPERFECT	PASSÉ COMPOSÉ
DESCRIPTION **Elle était** très fatiguée.	
HABITUAL ACTION **Ils parlaient** français tous les jours.	SINGLE OCCURENCE Ce matin **je me suis préparé** un bon petit déjeuner.
INDEFINITE PERIOD OF TIME Quand **j'étais** jeune, **j'avais** un chien. **Il faisait** très beau.	DEFINITE PERIOD OF TIME En 1992, **j'ai passé** deux mois au Portugal. Hier, **il a fait** très beau.
ACTION REPEATED AN UNSPECIFIED NUMBER OF TIMES **Nous allions** souvent au parc.	ACTION REPEATED A SPECIFIED NUMBER OF TIMES **Nous sommes allés** au parc trois fois le mois dernier.

Contrôle

AA. Une mauvaise journée. Utilisez les dessins et les indications données pour décrire la journée de Catherine. Choisissez l'imparfait ou le passé composé selon le contexte.

se réveiller
rester au lit

MODÈLE:
Catherine s'est réveillée à 6h mais elle est restée au lit jusque'à 6h30.

se lever
être fatiguée
s'habiller

quitter la maison
pleuvoir
se dépêcher pour aller en classe

attendre (elle a attendu)
monter dans
ne pas y avoir de place

entrer dans
être en retard
avoir une mauvaise note
être malheureuse

rentrer chez elle

manger quelque chose
regarder la télé
étudier

se coucher

Parlons de vous!

BB. Je ne me sentais pas bien. Parlez à vos camarades d'un accident ou d'une maladie que vous avez eus dans le passé. Expliquez ce qui est arrivé et ce que vous avez fait pour vous remettre *(to get better)*. Par exemple, quels étaient vos symptômes? Est-ce que vous êtes resté(e) à la maison? Est-ce que vous avez pris des médicaments? etc.

LECTURE: LES FRANÇAIS ET LA SANTÉ

Les Français sont de plus en plus mal dans leur peau

Proportions de personnes ayant souffert au cours des quatre dernières semaines de certains maux (en %):

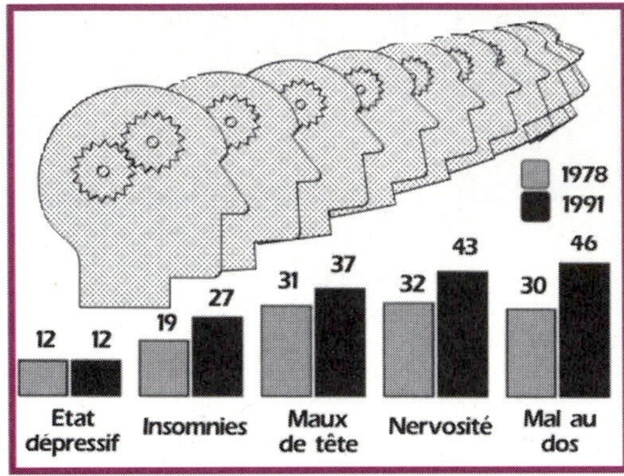

La France sur le divan

Le nombre des psychiatres et psychanalystes s'est beaucoup accru au cours des dernières années en France. On en compte environ 8 000, dont plus de 5 000 dans le privé. Ils suivent environ 750 000 patients, dont la moitié hors de l'hôpital (dans des dispensaires, centres de vie, ou à domicile). Le prix de la consultation chez un psychanalyste se monte en moyenne à 200 F, à raison d'environ deux séances par semaine (il peut atteindre ou dépasser 1 000 F pour certaines «vedettes» de la profession, en général parisiennes).

5 millions de Français sont migraineux.

- ➤ 60 % des obèses meurent d'un accident cardio-vasculaire.
- ➤ Les Français consomment 30 % de graisses de plus que les Américains, mais leur taux de crise cardiaque est de 145 pour 100 000, contre 315 aux Etats-Unis.
- ➤ 15 % des Français entre 30 et 70 ans souffrent d'hypertension artérielle, mais 80 % l'ignorent.

L'alcool et le tabac tuent 100 000 personnes par an

L'alcool continue de jouer un rôle important dans la mortalité: un tiers des décès liés aux maladies de l'appareil digestif et aux troubles mentaux; 13 % des décès par cancer; 20 % des accidents mortels de la route, suicides, homicides. Au total environ 10 % des décès, seul ou en association avec le tabac. Le tabac serait responsable à lui seul de 20 % des décès par cancer et par maladie de l'appareil respiratoire; soit près de 9 % de l'ensemble des décès. On peut estimer que la consommation excessive d'alcool ou de tabac est à l'origine de 100 000 morts chaque année, soit près d'un décès sur cinq.

200 000 personnes sont atteintes du cancer chaque année. 141 831 en sont mortes en 1990.

À fin décembre 1991, on avait dénombré en France 19 815 cas de sida depuis le début de l'épidémie.*

20 000 sidéens

Nombre de cas de sida depuis 1981 (en cumul, fin d'année) :

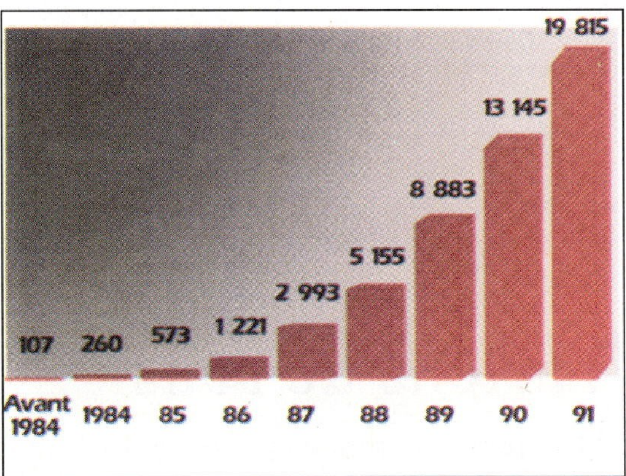

*30 000 malades fin 1992; 300 000 séropositifs
Télérama, juin 1993

La France championne d'Europe du sida

Avec 35 cas détectés pour 100 000 habitants, la France a le plus fort taux de contamination de la Communauté européenne, devant l'Espagne (24) et le Danemark (20); un taux huit fois plus élevé que celui du Portugal, pays le moins touché. Cette situation s'explique par l'utilisation peu répandue des préservatifs (environ 10 % des Français, 50 % parmi la population dite «à risque») et par une prise de conscience insuffisante et en tout cas tardive, surtout parmi les jeunes. Les diverses campagnes d'information diffusées n'ont pas eu un effet comparable à celui constaté dans d'autres pays; leur impact a été limité par la croyance en l'arrivée prochaine d'un vaccin.

ALCOOLISME, TABAC, DROGUE

47 % des hommes et 36 % des femmes sont fumeurs.
Ils étaient respectivement 51 % et 29 % en 1977.

Alcool en baisse, tabac en hausse

Evolution de la consommation journalière de tabac et de la consommation annuelle d'alcool pur (adultes de 15 ans et plus) :

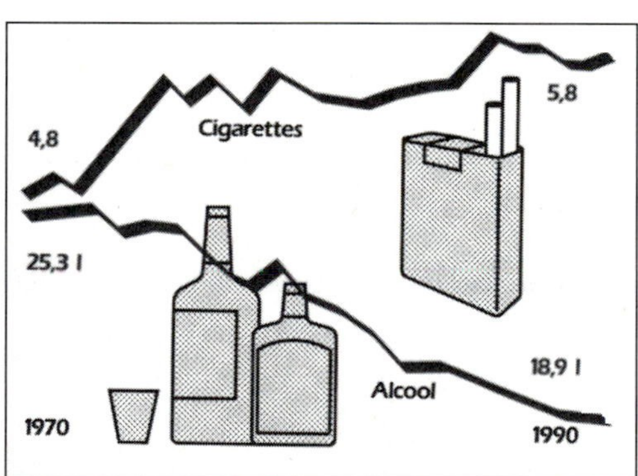

150 000 personnes se droguent régulièrement.
400 sont mortes par overdose en 1991 (350 en 1990).

La toxicomanie (état de dépendance vis-à-vis d'une substance particulière) continue de s'accroître en France, comme dans tous les pays développés. 5 millions de Français âgés de 12 à 44 ans ont déjà fait l'expérience du haschich, environ 250 000 peuvent être considérés comme des utilisateurs réguliers. Une situation inquiétante, mais cependant moins dramatique que celle de l'Espagne, de l'Italie ou de l'Allemagne.

Les trois quarts des drogués sont des hommes, mais la proportion de femmes tend à augmenter. La plupart sont des jeunes (85 % ont moins de 30 ans) mais on constate un vieillissement, ce qui accroît les risques dans le cas de grossesse. Le développement du sida dans cette population à risque est un autre problème inquiétant. On estime que 40 à 50 % des drogués sont séropositifs.

ACCIDENTS

Un peu moins de morts sur les routes • La France en sixième position dans la CEE • Recrudescence des accidents du travail après des années de baisse • 5 millions d'accidents de la vie privée (maison, école, loisirs) ; 25 000 morts par an

La route moins dangereuse

Evolution du nombre des accidents corporels, des blessés et des tués par accident de la route (en milliers) :

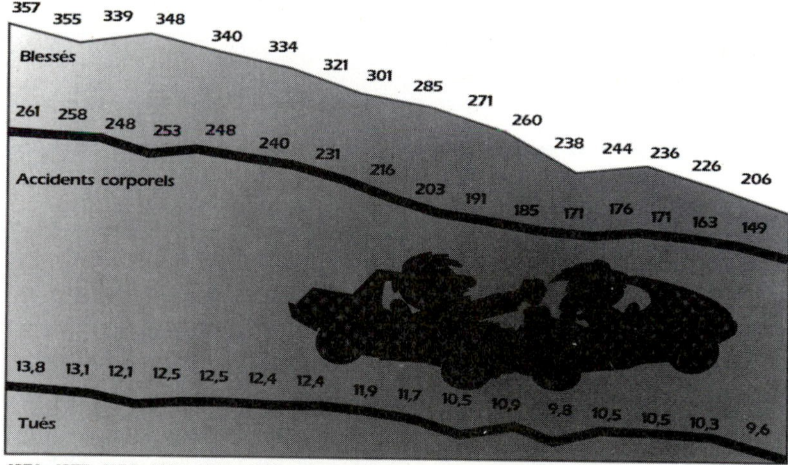

CC. Est-ce que vous avez compris? Skim the reading for important facts about the following topics and have one person in your group write them down as you identify them. You may discuss in English, but you should write down the essential French words associated with each topic. Don't forget to use the reading strategies you've learned (cognates, skimming and scanning, words of the same family, etc.) to help you understand the text.

What are the main ideas and/or statistics given for the following topics?

1. how the French feel in general
2. the French and mental health
3. alcohol and tobacco
4. AIDS
5. drugs
6. accidents

DD. Discussion. Now discuss the following topics as an entire class. As you make comparisons with the United States, you won't necessarily know exact figures. Simply give your impressions about what some of the differences might be.

1. Compared to the French, do you think that Americans in general find themselves to be in better health or in worse health?
2. What conditions of modern life might explain why more French people are getting psychotherapy?
3. Do you think there is a difference between the use of alcohol and tobacco in France and in the United States? What might that difference be?
4. What are some of the reasons given as to why France has the highest number of AIDS cases in the European Community? Do the same (or different) reasons explain the high number of cases (active AIDS and HIV positive) in the United States?
5. According to the statistics, the rate of injuries and deaths due to car accidents in France has decreased. What do you think accounts for this?

➻ ***Do À faire! (6-7) on page 290 of the* Manuel de préparation.**

INTÉGRATION

EE. Une interview (suite). Interviewez un(e) de vos camarades de classe en utilisant les questions que vous avez rédigées dans l'exercice XXXIX du **Manuel de préparation** (page 291). Prenez des notes pendant l'interview pour pouvoir écrire votre article sur la personne interrogée.

FF. Hier... Parlez de votre journée d'hier. Choisissez des verbes de la liste et d'autres verbes que vous avez appris (sports, loisirs, etc.). Utilisez l'imparfait ou le passé composé selon le contexte.

se réveiller	être content(e)	être en retard
se lever	être malheureux (malheureuse)	être fatigué(e)
avoir faim	se disputer	avoir beaucoup de travail
préparer	sortir	manger
arriver	rencontrer	faire du (sport)
aller	avoir soif	se coucher
faire beau, etc.	être en avance	parler avec
s'habiller	être à l'heure	se promener

GG. Bien sûr, Mme Thibaudet. Mme Thibaudet ne se sent pas bien et vous lui avez proposé de faire ses courses pour elle. Utilisez la liste et allez dans les magasins (**épicerie, boucherie, boulangerie-pâtisserie, charcuterie**) nécessaires pour faire vos achats. Elle vous a donné 200 francs. Est-ce que c'est assez?

biftecks (4)	Vittel (2 bouteilles)
pommes de terre (1 kilo)	poulet (1)
salade de tomates (1 livre)	éclairs (2)
pommes (1 livre)	brie (un morceau [une part] de 250 grammes)
baguettes (2)	jambon (6 tranches)
tarte aux abricots (1)	pâté (assez pour 4 personnes)

HH. Un sondage. Posez les questions suivantes à un(e) de vos camarades de classe. Ensuite expliquez les résultats à la classe entière.

1. Qui est la personne la plus grande de ta famille (ou de tes amis)?
2. Qui est la personne la plus intelligente de ta famille?
3. Qui fait le mieux la cuisine chez toi?
4. Qui est la personne la plus sportive de ta famille?
5. Dans ta famille, qu'est-ce que vous aimez faire comme activité de loisir?
6. Qu'est-ce que vous faites pendant les vacances?
7. Qui est la personne qui s'occupe le plus de sa santé dans ta famille?
8. Dans ta famille, qu'est-ce que vous faisiez pendant les vacances quand tu étais plus jeune?

Do À faire! (6-8) on page 291 of the **Manuel de préparation.**

DÉBROUILLEZ-VOUS!

II. Un(e) ami(e) vous aide. You're feeling sick, so you call a friend, describe your symptoms, and ask him or her to go to the pharmacy. Your friend does so and describes your symptoms to the pharmacist, who makes a recommendation. Your friend returns and explains the medicines and the pharmacist's recommendation(s) to you.

JJ. Le week-end dernier. Describe your activities of last weekend to your classmates. Explain what you did, what the weather was like, and how you felt. Use the imperfect or the **passé composé** according to the context. Your friends will ask you follow-up questions and will also talk about their weekend.

MODÈLE: *Le week-end dernier je n'ai pas fait grand-chose. J'étais assez fatigué(e) et je suis resté(e) au lit jusqu'à dix heures samedi matin. Ensuite...*

KK. Un jour de fête. You and your friends are making plans for an upcoming holiday. Plan a busy schedule, including sports, movies, and other activities. Be detailed in your plans—determine time, place, etc.

LL. Un dîner. You've prepared dinner for a group of friends. When they arrive, greet them, seat them, and serve them dinner. During dinner, have a conversation about the differences between you and the younger (older) generations. Talk about sports, leisure-time activities, attitudes toward health, work, etc.

MM. Vous êtes témoin *(witness, m.)* d'un accident. You're one of four witnesses to an accident. When the police arrive, the three other witnesses, who are native speakers of French, explain what happened; however, their versions do not agree. Compare the three stories with the picture and decide which of the three is the most accurate description. Although there will be words you don't recognize, you should be able to tell the police which witness to rely on.

***→ Do À faire! (6-9) on page 291 of the* Manuel de préparation.**

CHAPITRE 6
Un repas de fête

EXPANSION

MENU

VIDÉO	ACTE 6
LECTURE: «La nuit la mère et l'enfant» (André Verdet)	MC, p. 284
LECTURE: «L'amoureuse» (Paul Eluard)	MC, p. 285
PROFIL: La Guadeloupe	MC, p. 286
ACTIVITÉ CULTURELLE: Notre-Dame du Haut à Ronchamp	MC, p. 288
COLLAGE: La vie à Calmoutier	MC, p. 291
LECTURE: «Le Lion de Belfort»	MC, p. 292
ACTIVITÉ ORALE: Mon arbre généalogique	MC, p. 294
LECTURE/ACTIVITÉ ORALE: La Franche-Comté	MC, p. 294
ACTIVITÉ ORALE: Autrefois...	MC, p. 295
ACTIVITÉ ORALE: Les loisirs	MC, p. 295
LECTURE: «Jeux de mots: Jetons de la poudre aux yeux!»	MP, p. 295
LECTURE: «Une consultation gratuite» (extrait de *Knock* par Jules Romains)	MP, p. 297
EXERCICE D'ÉCOUTE: Que dit le médecin?	MP, p. 299
EXERCICE D'ÉCOUTE: Projets de vacances	MP, p. 300
ENREGISTREMENT: Mon enfance	MP, p. 300
ACTIVITÉ ÉCRITE: Cartes postales	MP, p. 301
ACTIVITÉ ÉCRITE: Mon arbre généalogique	MP, p. 302
JEU: Santé, exercice, corps humain	MP, p. 303

LECTURE: «LA NUIT LA MÈRE ET L'ENFANT» (ANDRÉ VERDET)

A friend of the poet Jacques Prévert, André Verdet wrote poems such as this one about common, everyday happenings.

La nuit la mère et l'enfant

Je te dis que le gosse[1] tousse
Je te dis que le gosse a toussé

Mais le père ronfle[2] et ne
Répond pas et la mère s'affole[3]

Je te dis que le gosse tousse toujours
Je te dis que le gosse a toussé

Demain ce sera le grand jour le
Règne[4] du soleil et des hommes

Mais maintenant c'est la nuit
La grande nuit silencieuse

Et la mère sait[5] et la mère veille[6] encore
Un peu derrière les vitres[7]

André Verdet, reproduced in Rousselot,
Poètes d'aujourd'hui, Éditions Seghers, 1959

VOCABULAIRE: *1. kid 2. snores 3. panics 4. Reign 5. knows 6. watches 7. window panes*

Exercice de compréhension. Analyze the poem using the following ideas as a guide.

1. This poem evokes a mini-drama. Recount the situation, actions, and feelings suggested by the poem.
2. This poem includes certain fundamental contrasts. Point out these basic oppositions, and explain what they add to the feeling and meaning of the poem.

LECTURE: «L'AMOUREUSE» (PAUL ELUARD)

In this poem by the twentieth-century poet Paul Eluard, we do not get a description of the loved one, but rather a suggestion of the nature of their love as expressed by images of the body. Using the vocabulary provided, read the poem, then answer the questions that follow.

L'amoureuse

Elle est debout sur mes paupières[1]
Et ses cheveux sont dans les miens,[2]
Elle a la forme de mes mains,
Elle a la couleur de mes yeux,
Elle s'engloutit[3] dans mon ombre[4]
Comme une pierre[5] sur le ciel.

Elle a toujours les yeux ouverts
Et ne me laisse[6] pas dormir.
Ses rêves[7] en pleine lumière[8]
Font s'évaporer les soleils,
Me font rire,[9] pleurer[10] et rire,
Parler sans avoir rien à dire.[11]

Paul Eluard, *Capitale de la douleur,*
Éditions Gallimard, 1926.

VOCABULAIRE: 1. *eyelids* 2. *mine* 3. *is swallowed up* 4. *shadow* 5. *stone* 6. *let* 7. *dreams* 8. *broad daylight* 9. *laugh* 10. *cry* 11. *to say*

Exercice de compréhension. Analyze the poem using the following questions as a guide.

1. In French, **amoureuse** is the feminine form of the adjective meaning *who loves*; **aimée** is the feminine form of the adjective meaning *who is loved.* Why do you think Eluard chose **amoureuse** for his title? Why did he put the **l'** in front of it?
2. The first stanza is full of statements that refer to things that are seemingly impossible. Make a list of these incongruities.
3. Can you find a way to explain these incongruities?
4. In the second stanza, contradictions and paradoxes continue. Explain them by citing lines from the poem.
5. What is different about the second stanza? Does the poem continue to describe **l'amoureuse**? If not, what is the subject?
6. Using abstract words, define the feelings of the poet vis-à-vis the woman. Which gives a better picture of this feeling, the abstract words or the concrete images of the poem? Why?

PROFIL: LA GUADELOUPE

SOUS-PRÉFECTURE: Pointe-à-Pitre

SUPERFICIE: 1 709 km^2

VILLES PRINCIPALES: Le Moule, Basse-Terre, Trois-Rivières, Sainte-Rose

DÉPENDANCES: Les Saintes, Marie-Galante, La Désirade, St-Barthélemy, St-Martin

POPULATION: 330 000 habitants (Guadeloupéens)

LANGUE OFFICIELLE: français

AUTRE LANGUE: créole

RELIGIONS: catholique, quelques sectes protestantes

CLIMAT: tropical adouci par les alizés *(trade winds)* (température moyenne 24° C), plus frais sur les hauteurs; pluies abondantes et cyclones entre juillet et octobre

HISTOIRE: découverte par Christophe Colomb le 4 novembre 1493; un département français d'outre-mer depuis 1946

SITES TOURISTIQUES: Marché et vieilles maisons coloniales à Pointe-à-Pitre; plages magnifiques; village de Gosier; restaurants avec de la cuisine créole; la station touristique de Saint-François; la Soufrière *(volcano)*

❖ *À discuter: Given what you now know about Guadeloupe, why is this island popular with tourists? If you wanted to go to Guadeloupe on vacation, what else would you want to know about the island? Today, Guadeloupe continues to be a department of France. In your opinion, what implications does this have for the island?*

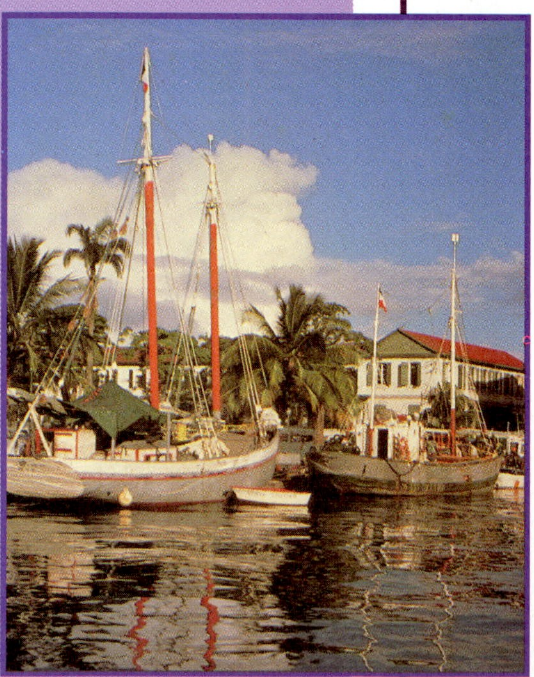

Le port à Pointe-à-Pitre, Basse-Terre

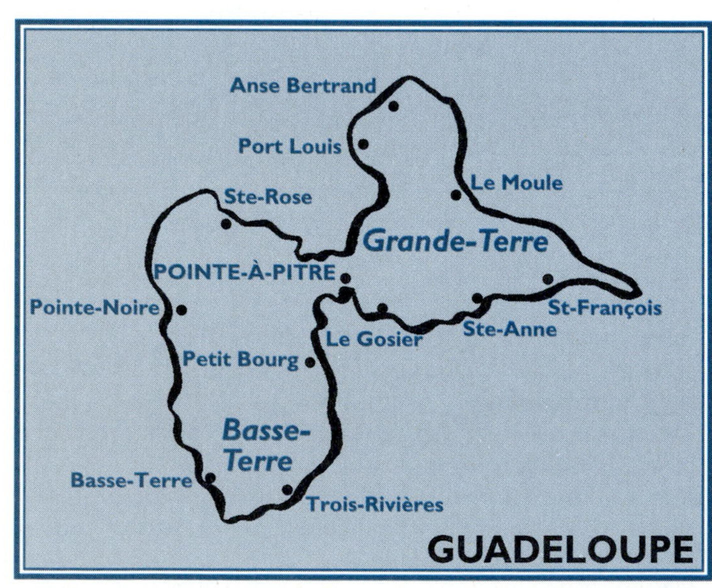

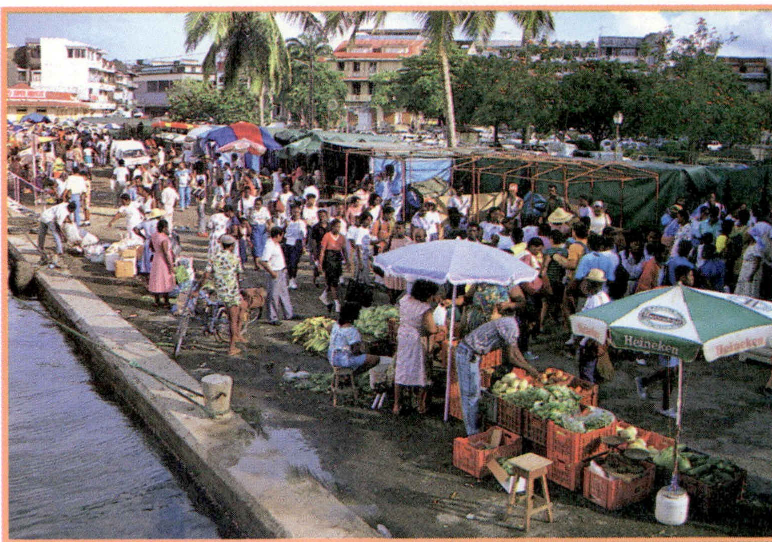

Marché en plein-air à Pointe-à-Pitre

Le port à Deschayes

La fête des cuisinières

Une rue à Pointe-à-Pitre

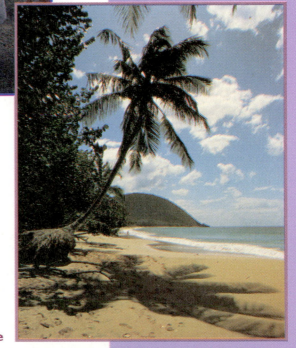

Une plage

ACTIVITÉ CULTURELLE: NOTRE-DAME DU HAUT À RONCHAMP

Sur la route Belfort–Langres, dans le village de Ronchamp dans le département de la Haute-Saône, on prend un tout petit chemin[1] tortueux pour monter vers la chapelle dédiée[2] à la Vierge Marie. Conçue[3] par l'architecte Le Corbusier et terminée en juin 1955, la chapelle est un exemple du style avant-garde de cet architecte extraordinaire qui savait[4] transformer le béton[5] en œuvre[6] d'art. De nombreux visiteurs et pèlerins[7] continuent à offrir leurs prières dans ce sanctuaire de silence au milieu de la nature.

Pour comprendre l'importance de cet endroit, suivons son histoire. Le plus ancien document note déjà la présence des pèlerins au Moyen Âge,[8] ou plus précisément en 1271.

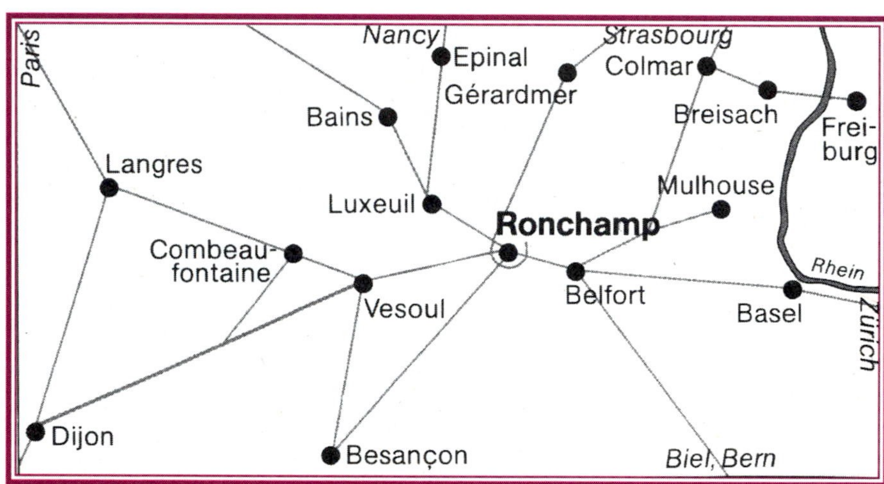

ŒUVRE DE NOTRE-DAME DU HAUT

RONCHAMP (Haute-Saône)

(Association loi 1901)

La chapelle, fruit de l'initiative privée, demeure territoire privé. Sa construction et l'aménagement de la colline n'ont été subventionnés ni par l'État ni par l'Église, ni par la commune de Ronchamp. Tout le financement a été assuré sur place grâce à la participation des visiteurs et des pèlerins. Dans leur immense majorité ils ont compris qu'une contribution directe et modeste était préférable à une quête permanente et à toutes formes d'exploitation commerciale.

Les valeurs architecturales et spirituelles de ce lieu sont mondialement reconnues. Nous devons en assurer le fonctionnement, l'entretien et l'équipement. Nous le faisons sans mendier ni commercer. Mais il incombe aux usagers d'en alimenter le budget. Dans ce but nous proposons une carte d'entrée de CINQ FRANCS par personne. Participation modeste, mais suffisante, dont le montant est entièrement affecté au sanctuaire pour le bien commun. Nul, ici, n'en tire profit dans notre association sans but lucratif.

Nous gardons le droit du propriétaire et la mission de protéger cet espace sacré des incursions malveillantes et de toutes formes de massacre touristique. Comptant sur la bienveillance des esprits avertis pour protéger le lieu, son silence, son recueillement et son environnement. Merci.

Abbé R. BOLLE-REDDAT
Chapelain

VOCABULAIRE: *1. road 2. dedicated 3. Conceived 4. knew how to 5. concrete 6. work 7. pilgrims 8. Middle Ages*

RONCHAMP

Le passé . . .

Chapelle en 1857: clocher du XVIIIe, centre du XVe, cinq tours de droite du XIXe siècle.
Détruite par la foudre en 1913

Projet, décembre 1913

Reconstruction de 1923 à 1936 (clocher), le chantier dure 13 années.
Détruite par l'artillerie en 1944

Un projet de 1950

Maquette de plâtre de Le Corbusier, en juin 1950. Projet retenu par quelques hommes décidés

. . . Les étapes

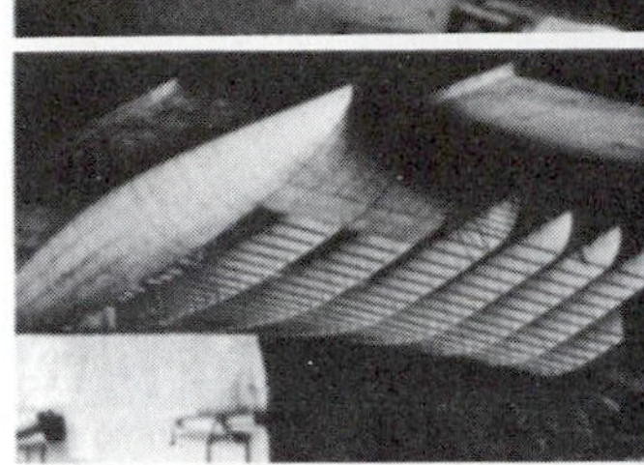

De haut en bas: L'architecte au travail. Deux maquettes d'exécution. Une photo de chantier. Début des travaux: Octobre 1953, bénédiction et ouverture au culte: 25 Juin 1955. Durée des travaux: 18 mois

Le campanile: 1975, architecte Jean Prouvé

Allocution de Le Corbusier à Mgr Dubois, archevêque de Besançon, le 25 Juin 1955:

Excellence,
En bâtissant cette chapelle, j'ai voulu créer un lieu de silence, de prière, de Paix, de joie intérieure. Le sentiment du sacré anima notre effort. Des choses sont sacrées, d'autres ne le sont pas, qu'elles soient religieuses ou non.
Nos ouvriers et Bona, ... Maisonnier, ... les ingénieurs, ..., d'autres ouvriers et des entreprises, ..., ont été les réalisateurs de cette œuvre difficile, minutieuse, rude, forte dans les moyens mis en œuvre, mais sensible, mais animée d'une mathématique totale créatrice de l'espace indicible.
Quelques signes dispersés, et quelques mots écrits, disent la louange à la Vierge. La croix – la croix vraie du supplice – est installée dans cette arche; le drame chrétien a désormais pris possession du lieu.
Excellence, je vous remets cette chapelle de béton loyal, pétrie de témérité peut-être, de courage certainement, avec l'espoir qu'elle trouvera en vous comme en ceux qui monteront sur la colline, un écho à ce que tous nous y avons inscrit.

Détails

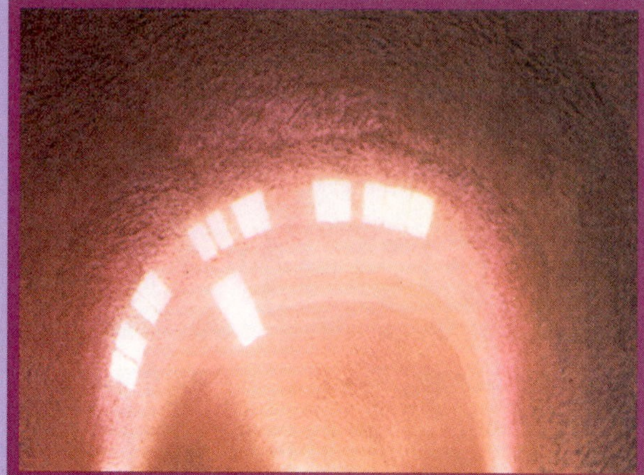
Petite chapelle de l'est, au soleil levant.

Quelques mots écrits sur le verre... vitrages.

Chapelle de pèlerinage comprenant[9] une église de plein air pour les rassemblements[10] de plusieurs milliers de personnes. Une chapelle intérieure pour 200 à 300 fidèles;[11] trois petites chapelles secondaires pour les messes privées, ou avec quelques assistants. La troisième des chapelles est sous la chaire;[12] elle est belle surtout le matin; vers midi, quand le soleil a tourné, elle s'endort.[13] La couleur rouge apporte une variante; elle est dédiée à la Paix,[14] à la fois joyeuse et dramatique comme un matin de Pâques![15] [...]

Les vitres[16] sont très petites, les murs[17] très épais;[18] voyez pourtant comme une belle lumière est distribuée. Ces fenêtres ne sont pas jetées au hasard.[19] Elles obéissent[20] à une ordonnance autre que la symétrie [...] La demeure[21] est à la fois forte[22] et légère,[23] éclairée,[24] mais d'une certaine qualité de lumière.

Qu'est-ce que vous en pensez? Answer the following questions to help you develop an appreciation for this chapel created by Le Corbusier.

1. Where did the money come from to build the chapel and who provides the money to maintain it?
2. The opening ceremony for the chapel was held on June 25, 1955, almost 40 years ago. What was probably considered so unusual about the chapel at that time? Would this type of architecture seem unusual today? Why, or why not?
3. What are the main characteristics of the chapel? What seems to be Le Corbusier's architectural style?

Vocabulaire: 9. that includes 10. gathering 11. faithful 12. pulpit 13. goes to sleep 14. peace 15. Easter 16. stained-glass windows 17. walls 18. thick 19. distributed randomly 20. obey 21. building 22. strong 23. light 24. lighted

COLLAGE: LA VIE À CALMOUTIER

Calmoutier

Madame Marie-Claude David avec ses élèves

On fait du calcul

On dessine

Maurice Baptizet et Simone et Fernand Laurent qui scient le bois

Thérèse Roblin et sa petite fille Amandine cueillent des fraises au jardin

Marcel Buhler travaille au jardin

Simone Buhler dans la cuisine

Autrefois, la maison Buhler était une laiterie: on y fabriquait du fromage

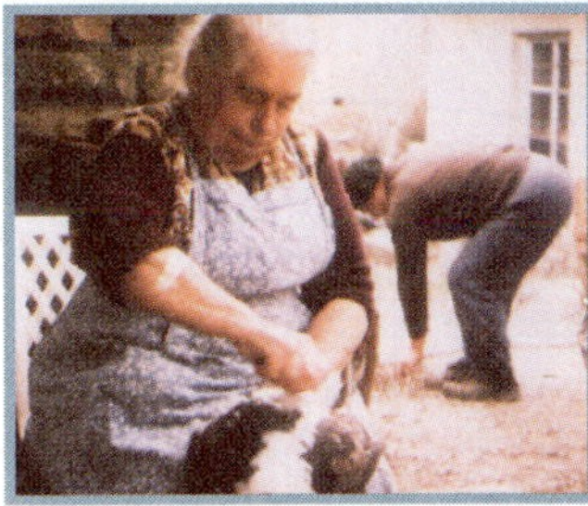
Mémé plume un canard

«Les Louis» à la fenaison *(haymaking)*

Jour de la fête patronale à la petite chapelle

On a fait la lessive; est-ce qu'il va pleuvoir?

Marcel s'occupe de ses lapins *(rabbits)*

Christian fait du jus de pommes

❖ ***À discuter:*** *What observations can you make about each of these photos? If you were to create a collage of some of the things people do in your town, what photos would you include?*

LECTURE: «LE LION DE BELFORT»

Du 24 Décembre 1813 au 12 Avril 1814.
le chef de bataillon Legrand et 3000 hommes
résistent aux Autrichiens. Seule l'abdication de
l'Empereur les fera capituler. Legrand et 600
survivants quittent la place avec les honneurs de
la guerre.
En 1815, 18000 hommes sous les ordres du
général Lecourbe défendent Belfort contre un
ennemi quatre fois plus nombreux. Il faut le
retour de Louis XVIII pour que le général accepte
de signer un armistice.
Le 3 Novembre 1870, 40000 Allemands
investissent Belfort, défendue par 15000
hommes sous les ordres du colonel Denfert-
Rochereau. Pendant 104 jours, les défenseurs
résistent sous le feu de 200 grosses pièces. Le
18 Février 1871, 21 jours après l'armistice de
Versailles, le colonel consent à quitter la ville, à
la tête de ses troupes, avec les honneurs de la
guerre.
Belfort
Estel

Trois fois, au 19e siècle, la ville de Belfort a subi[1] l'invasion de forces étrangères. C'est une histoire de guerre, de résistance et de courage. Entre 1813 et 1814, les habitants ont résisté aux Autrichiens sous les ordres du commandant Legrand. En 1815, sous le général Lecourbe, ils se sont défendus contre l'armée des royalistes français. Enfin, entre 1870 et 1871, ce sont les Allemands qui ont entouré la ville pendant la guerre franco-prussienne et c'est le général Denfert-Rochereau qui menait[2] la résistance.

Le Siège de 1870–1871

[...] Pour la troisième fois depuis le début du siècle, la ville est investie par une armée ennemie.

Sous la direction du colonel Denfert-Rochereau, elle se défend du 4 novembre 1870 au 17 février 1871 avec le même courage qu'en 1814. Cette belle et héroïque défense permet à Belfort de se détacher de l'Alsace qui passe sous la domination allemande. Ainsi la ville et ses environs sont la seule portion de cette province à demeurer[3] française. Dans un ordre du jour à ses troupes, le colonel Denfert-Rochereau déclare: «Malgré[4] tous vos efforts, les malheurs de la patrie[5] ont obligé la place de Belfort à subir[6] la souillure[7] de l'étranger; mais du moins elle nous est conservée et elle pourra dans l'avenir nous servir de boulevard contre de nouvelles attaques et nous aider à préparer la revendication[8] de l'intégralité de notre territoire».

Le 5 décembre 1871, les édiles[9] belfortains décident d'ériger un monument à la mémoire du siège de 1870–71, le Maire Edouard Mény s'adresse au sculpteur Bartholdi et lui demande de présenter un projet. [Notons que c'est aussi Auguste Bartholdi qui a sculpté, en 1886, la statue gigantesque «La Liberté éclairant le monde»[10] que la France a offerte aux États-Unis!]

Après quelque temps de réflexion, Bartholdi choisit l'emplacement et s'en explique: «cela détermine mon choix[11] en faveur de la roche[12] si grandiose qui domine[13] Belfort et qui lui donne son caractère tout à fait exceptionnel. Placé là, le monument s'identifiera à l'aspect de la forteresse, il sera une sorte de palladium visible de partout,[14] de la ville, des alentours,[15] même du passant voyageur. Ce site est unique, il faut en tirer parti»,[16] et dans une autre lettre, «le monument représente sous forme colossale, un lion harcelé,[17] acculé[18] et terrible encore en sa fureur».

Pendant 3 ans, Bartholdi exécute dessins, croquis,[19] peintures et maquettes,[20] et les premiers travaux de terrassement débutent en mai 1876. Ils ne s'achèveront qu'en[21] 1880, et le 28 août de cette même année Bartholdi illumine «clandestinement»[22] son œuvre avec des feux de Bengale,[23] aucune inauguration officielle n'ayant été prévue!!![24]

Désormais[25] Belfort, ville alsacienne jusqu'en 1871, vit[26] d'une manière autonome, reprenant son rôle de bastion face au Rhin et développant sa fonction industrielle embryonnaire[27] d'avant 1870. Bon nombre d'Alsaciens viennent alors s'installer à Belfort. La population de Belfort passe de 7 986 habitants en 1872, à 15 173 en 1876 et 22 181 en 1886. [Aujourd'hui, Belfort compte 131 999 habitants.] L'originalité de cette terre[28] est reconnue en 1922 lorsqu'on crée pour elle le département du Territoire de Belfort.

La chronologie. Using the dates given in the text, recreate the chronology of the wars, the building of the Lion monument, and the creation of the **département du Territoire de Belfort**.

Compréhension du texte. Answer the following questions about some of the details about Belfort and the Lion monument.

1. The **Lion de Belfort** is 11 meters high and 22 meters long and is located on a rocky ledge of the side of the fortress overlooking Belfort. How long did it take to build the monument?
2. Why was this monument built?
3. Belfort is a city that is strategically located in terms of conflicts with other nations. Throughout the centuries it was invaded by enemy forces. Why do you think it's a city that others wanted to dominate in times of war?
4. What are the names of the commanders who led the Belfort armies during the three conflicts that took place in the 19th century?
5. When did Belfort become independent of the province of Alsace?
6. What is its departmental name today and why does it have this special status?
7. Who sculpted the **Lion de Belfort** and what other important monument did this artist create?

VOCABULAIRE: *1. underwent 2. led 3. to remain 4. In spite of 5. homeland 6. to undergo 7. blemish 8. claim 9. town officials 10. Statue of Liberty 11. choice 12. rock, boulder 13. overlooks 14. from everywhere 15. surroundings 16. take advantage of it 17. tormented 18. standing on (its) hind legs 19. sketches 20. models 21. finished only in 22. secretly 23. fireworks 24. having been planned 25. From then on 26. lived 27. embryonic 28. land*

ACTIVITÉ ORALE: MON ARBRE GÉNÉALOGIQUE

In the *Manuel de préparation* you were asked to create your family tree. Discuss the details of the tree with your classmates. Talk about the various members of your family, give some details about where they live(d), what they do (did), what interests they have (had), where they originally came from, etc. Your classmates will ask you questions to get additional information.

LECTURE/ACTIVITÉ ORALE: «LA FRANCHE-COMTÉ»

Franche-Comté

En 58 avant J.-C., les Séquanes qui peuplent la région entre Saône, Rhin et Jura demandent l'aide de César contre les Suèves. Après sa victoire sur Arioviste, César occupe le pays en profitant des dissensions entre les Séquanes et leurs voisins : Eduens à l'ouest, Helvètes à l'est.

Après cinq siècles de "paix romaine", la province fait partie du royaume des Burgondes, puis de l'Empire Franc (534). Incluse dans la part de Lothaire en 843, elle fait partie du royaume de Bourgogne (879-1032).

A partir de 982, Otte-Guillaume, écarté de la succession de son beau-père Henri le Grand, duc de Bourgogne, par le roi de France Robert II, se taille au-delà de la Saône un "comté de Bourgogne". Terre d'Empire en 1032, "Franc-Comté de Bourgogne orientale" en 1127, ce comté passe par une suite de mariages à la deuxième maison capétienne de Bourgogne *(voir p. 21)*.

A la mort de Charles le Téméraire (1477), la Franche-Comté passe à sa fille Marie qui la met dans la dot de sa fille Marguerite, fiancée au futur roi de France Charles VIII. Mais Charles préfère l'union bretonne, au grand soulagement des Franc-comtois, qui gardent un mauvais souvenir de l'invasion française de 1477.

Marguerite signe en 1512 une paix perpétuelle avec les Cantons Suisses, et obtient du roi de France en 1522 que le comté reste en dehors de sa guerre avec l'Empire. Puis son neveu Charles Quint hérite du comté, et après lui les rois d'Espagne.

Mais les rois de France n'ont pas renoncé à ce pays : l'invasion française de 1595 est sans lendemain ; celle de 1631, qui recule devant la résistance acharnée de Dôle, ravage tout le pays sans pouvoir le conquérir. A son tour, Louis XIV envahit la Franche-Comté en 1665 et l'occupe pendant trois ans. A la grande joie des Comtois, il doit l'évacuer en 1668. Mais Charles II ne fait rien pour assurer la défense du pays. La dernière invasion française met tout de même cinq mois pour briser la résistance de la populaltion, et la France annexe enfin le pays en 1678.

Le vainqueur transfère aussitôt le Parlement et l'Université de Dôle à Besançon, et augmente fortement les impôts, les fonctionnaires et les garnisons. La révolution achève l'intégration de ce qu'on appelle encore la Comté "Franche", c'est-à-dire libre. Quant au comté de Montbéliard, devenu propriété des comtes de Wurtemberg, il est annexé en 1793, ainsi que la principauté de Salm dans les Vosges.

Compréhension de la lecture. As a group, identify the key events that are talked about in each paragraph. You will not necessarily recognize every word. As you read, write down the key words whose meanings you were unable to guess. When you discuss the text with the whole class, your instructor will provide you with the meanings you don't know.

Activité orale. Now that you've learned quite a bit about **la Franche-Comté**, the department of **la Haute-Saône**, and some of the villages and cities in the region, you and your classmates can talk about (in French) some of the interesting aspects of the region. Mention as many details as you can, such as the museums, what people do in small villages, the map, etc.

ACTIVITÉ ORALE: AUTREFOIS...

You and your classmates are talking about how people describe the way things were in the past. Mention the people who are saying these things and address such topics as health, education, leisure-time activities, the generation gap, work, food, stores, professions, etc. Use the imperfect, the **passé composé**, and the comparative as appropriate. Follow the suggested model.

MODÈLE:
— *Mon grand-père dit qu'autrefois on travaillait plus dur qu'aujourd'hui.*
— *Oui, ma mère dit la même chose. Elle dit qu'elle avait beaucoup de responsabilités à la maison, qu'elle aidait sa mère tous les jours, qu'elle avait beaucoup de devoirs à l'école et qu'elle avait très peu de temps pour s'amuser.*
— *Mon oncle dit qu'ils n'avaient pas de télévision et qu'il lisait beaucoup. Il a étudié la comptabilité et il a toujours travaillé très dur pour gagner sa vie* (to earn a living).
— *Tout le monde dit que nous, les jeunes, nous ne travaillons pas assez et que la vie était très différente autrefois. Moi, je ne suis pas sûr(e).* etc.

ACTIVITÉ ORALE: LES LOISIRS

Compare what you used to do during your free time when you were much younger with what you do today. Include both outdoor and indoor activities, talk about when you used to do these things (and when you do things now), and with whom. If you have less free time now than you used to, explain why. Your classmates will ask you questions to get additional information.

MODÈLE:
— *Quand j'étais petit(e) je passais presque toutes mes heures de loisirs avec mes copains. On s'amusait tous les jours après l'école, on se voyait le week-end et on passait même les vacances ensemble.*
— *Qu'est-ce que vous faisiez?* etc.

***LEXIQUE:* *See pages 304–308 of the* Manuel de préparation.**

UNITÉ 4

Études et travail

Toulouse

OBJECTIVES

In this unit, you will learn to:

- talk about employment opportunities and jobs;
- participate in a job interview;
- understand conversations about work;
- read texts and documents about the business world;
- write a résumé and a job application letter;
- talk about your university and your studies;
- understand conversations about academic life;
- read texts and documents about French education;
- talk about your dreams and aspirations;
- describe people and things.

In order to perform these activities, you will learn to use:

- the time expressions **depuis quand, depuis combien de temps,** and **depuis;**
- adjectives with nouns;
- the object pronouns **me, te, nous, vous, lui,** and **leur;**
- negative expressions;
- the conditional tense.

You will also read and/or hear about a French company, people in various professions, women and work, the University of Toulouse at Le Mirail, the French educational system, student life in France, and foreign students in France as well as some of these topics in the context of Tunisia.

“In Unit Four we’re going to learn lots of interesting things about work and education in France...”

“**Le boulot** *(work, slang)*? **Les cours** *(courses)*? Not exactly my favorite subjects!”

“**Mais tais-toi donc!** *(Cut it out!)* As a matter of fact, I think even you will have to admit that these are interesting subjects when you find out where we’re going.”

“**Alors, raconte!** *(So, explain!)*”

“**Eh bien,** we’re going to visit a family in the city of Toulouse. You know how much you like **le Midi** *(the South of France)!* We’re going to spend time with the Chartier family: the parents Delphine and Jacques, their daughter Daphné, and their future son-in-law Yvan. We’ll see how they live and what they do. And, as we follow them, we’ll see them in their workplaces and at the university. **Alors, tu nous accompagnes, Gaston?**”

“**Oui, j’veux bien! Allons-y!**”

L’UNIVERSITÉ DE TOULOUSE–LE MIRAIL

L’ENTREPRISE BERGERAT MONNOYEUR

Yvan cherche un job.

CHAPITRE 7

Une famille toulousaine

CHAPTER SUPPORT MATERIALS

MP: pp. 307–352

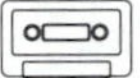

Student Tape
Segments 44–50

Now let's find out about the Chartier family. First I'll talk about the professions and activities of each of the family members. Since Jacques is a high-level manager at a company that produces large machinery for public works (roads, etc.), you'll become acquainted with the business world. As a professor of American literature, Delphine will give you a glimpse of the university world from the point of view of the faculty. And Daphné will introduce you to student life and her studies.

All of this in the setting of one of the most beautiful cities in southern France, Toulouse. It would probably be a good idea if I told you something about the city before you begin. Toulouse is the capital of the former province of Languedoc and is today the capital of the department of Haute-Garonne. It's well known for its university, for its aeronautic schools, and as a commercial and industrial center. The Chartier family has lived in Toulouse for over twenty years now and they wouldn't think of living anywhere else. **Pensez-vous!** *(No way!)* Even though Delphine is originally from Paris and Jacques grew up in Grenoble, **ce sont maintenant des vrais Toulousains!**

DELPHINE ET JACQUES CHARTIER

DAPHNÉ CHARTIER

CONTEXTE: JACQUES CHARTIER, CADRE SUPÉRIEUR

Le travail dans une société française

Jacques CHARTIER
Délégué Régional
Bergerat
Monnoyeur.
TRAVAUX PUBLICS
DIRECTION GRANDES ENTREPRISES
rue du Moulin Bateau - BP 25 - 94381 BONNEUIL-SUR-MARNE CEDEX
Télex : 264301 F - Fax : (1) 43 99 66 88

Jacques Chartier

Une entreprise française

Une employée de bureau

L'ouvrier *(worker)* *répare un moteur*

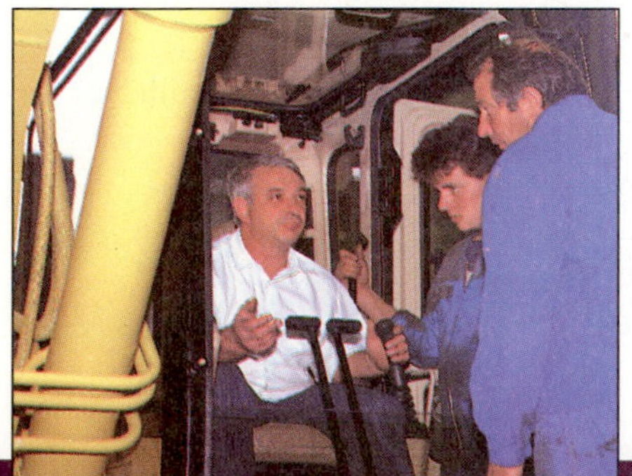

Une consultation au boulot

Une consultation au bureau *(office)*

JE SUIS DÉLÉGUÉ RÉGIONAL

At present / tracking
Public Works
state government / As the representative
also / completed with the subsidiaries

Je m'appelle Jacques Chartier et je suis représentant pour la société Bergerat Monnoyeur à Toulouse. **Actuellement** je suis chargé du **suivi** des **Entreprises Nationales de Travaux Publics** et je suis responsable de la vente des matériels Caterpillar à l'**État. En tant que délégué** pour la région de Toulouse, je dois **également** coordonner les actions régionales **réalisées auprès des filiales** de ces grands groupes nationaux.

headquarters
apartment / trip
Sometimes
joins me

Cet emploi m'oblige—obligation parfois très agréable—à visiter assez souvent Paris où se trouvent généralement les **sièges sociaux** des entreprises nationales avec lesquelles j'entre en négociation. Le résultat, c'est que j'ai mon bureau à Toulouse et un petit **pied-à-terre** à Paris et je fais le **trajet** Toulouse–Paris en avion au moins une fois par semaine. J'essaie de rentrer tous les week-ends à Toulouse pour voir ma famille et pour me détendre. **Des fois** Delphine **me rejoint** à Paris et nous profitons du week-end pour visiter les grandes expositions dans les musées et pour nous promener le long de la Seine.

centered

Je peux dire que j'ai un emploi assez fatigant mais aussi très intéressant. Malheureusement je ne vois pas assez ma famille et j'espère qu'un jour mon travail sera plus **centré** sur la région toulousaine.

À vous la parole!

A. La vie professionnelle de Jacques Chartier. Imaginez que vous êtes un journaliste qui pose des questions à M. Chartier sur son travail. Votre camarade de classe va jouer le rôle de M. Chartier et répondra selon les renseignements donnés dans les photos et le monologue. Posez les questions selon les indications données.

Demandez à M. Chartier...

1. comment s'appelle la société *(company)* pour laquelle il travaille.
2. quel est son titre officiel.
3. dans quelle ville se trouve son bureau.
4. s'il a une employée à son service.
5. ce que font les ouvriers dans l'usine *(factory)* à Toulouse.
6. de quoi il est chargé actuellement.
7. de quoi il est responsable.
8. où il passe les jours de semaine.
9. où il passe les week-ends.
10. comment il fait le trajet Toulouse–Paris, Paris–Toulouse.
11. où se trouvent les sièges sociaux des entreprises nationales.
12. s'il aime son travail.
13. ce qu'il fait s'il reste à Paris le week-end.
14. ce qu'il espère pour l'avenir.

POUR VOUS EXPRIMER

Pour identifier les lieux de travail

une agence
une boîte *(fam.) (office, shop)*
un bureau *(office)*
un commerce *(business)*
une compagnie
une entreprise *(company, business)*
une filiale *(subsidiary)*
une firme
un siège social *([company] headquarters)*
une société *(company, business)*
une succursale *(branch office, branch)*
une usine *(factory)*

Pour parler du travail

un boulot *(fam.) (work)*
un emploi *(job)*
un job *(fam.)*
un métier *(trade, occupation)*
un poste *(job)*
une profession
un travail

Pour identifier les catégories d'emplois

un cadre *(executive)*
un cadre supérieur *(high-level executive)*
un(e) employé(e) *(employee)*
un employeur
un fonctionnaire *(civil servant)*
un(e) ouvrier (ouvrière) *(worker)*
un(e) patron(ne) *(boss)*
un PDG (Président-directeur général) *(CEO [Chief Executive Officer])*

À vous la parole!

B. En général, qu'est-ce qu'ils font? Pensez aux gens que vous connaissez (les membres de votre famille, vos amis, les parents de vos amis, etc.) et donnez une idée générale de ce qu'ils font. Utilisez le vocabulaire générique de la liste dans ***Pour vous exprimer*** et suivez le modèle.

MODÈLES: *Mon père a un job dans une société de vêtements. Son bureau est ici à... Il est cadre supérieur et il est responsable du marketing. Il a deux employés à son service et dirige* (oversees) *plusieurs* (several) *cadres.*
OU
L'emploi (le travail, le métier) de ma sœur est très intéressant...

C. Qu'est-ce qu'ils font plus précisément? Donnez la profession de quelques personnes que vous connaissez. Identifiez d'abord la catégorie générale de leur emploi (si possible), ensuite identifiez leur métier ou leur profession et enfin indiquez pour qui ils travaillent. Vous avez déjà appris les noms de quelques professions dans le *Chapitre Trois*. Voilà quelques métiers supplémentaires qui pourraient vous aider.

MÉTIERS ET PROFESSIONS: **un agent immobilier** *(real estate agent)* / **un(e) banquier (banquière)** *(banker)* / **un(e) caissier (caissière)** *(cashier, teller)* / **un chef de cuisine** / **un(e) concessionnaire** *(car dealer)* / **un éboueur** *(garbage collector)* / **un écrivain** *(writer)* / **un(e) gérant(e)** *(manager)* / **un(e) infirmier(ère)** *(nurse)* / **un militaire** / **un agent de police** / **un pompier (une femme pompier)** *(firefighter)*

MODÈLE: *Ma tante est écrivain. Elle écrit des romans historiques. Elle travaille chez elle où elle a son ordinateur. Elle passe aussi pas mal de temps à faire des recherches à la bibliothèque.*

Perspective culturelle

Le monde du travail

Statistical analyses of the types of jobs people hold can present a very accurate picture of cultural changes in a society over various periods of time. For example, in 1866, 47% of the working population (**la population active**) in France was involved in agriculture, compared to 6.4% in 1990. As the following chart indicates, the working population shifted from farming to industry (30.1% in 1990) and overwhelmingly to the service industry (63.5% in 1990). These changes raise many interesting questions: What factors account for the shifts toward industry and services? What cultural transformations are likely to have occurred as a result of these changes? Do the changes affect where people live? If there are fewer farmers in France today, does that mean that France's agricultural production has necessarily been reduced proportionately?

As you study the charts and statements from ***Francoscopie***, think about how you might answer some of these questions.

6 % d'agriculteurs parmi les actifs • Deux Français sur trois dans les services • 85 % de salariés • Un actif sur quatre dépend de l'État • Un travailleur sur trois ouvrier, un homme sur deux • Moins d'ouvriers, de commerçants et d'artisans • Doublement du nombre de cadres en 20 ans

➤ Les professions jugées les plus utiles par les Français sont, par ordre décroissant: infirmière; ouvrier; médecin; enseignant; agriculteur; ingénieur; postier; policier. Les moins utiles sont, par ordre décroissant: prostituée; député; haut fonctionnaire; prêtre; commercial; journaliste.

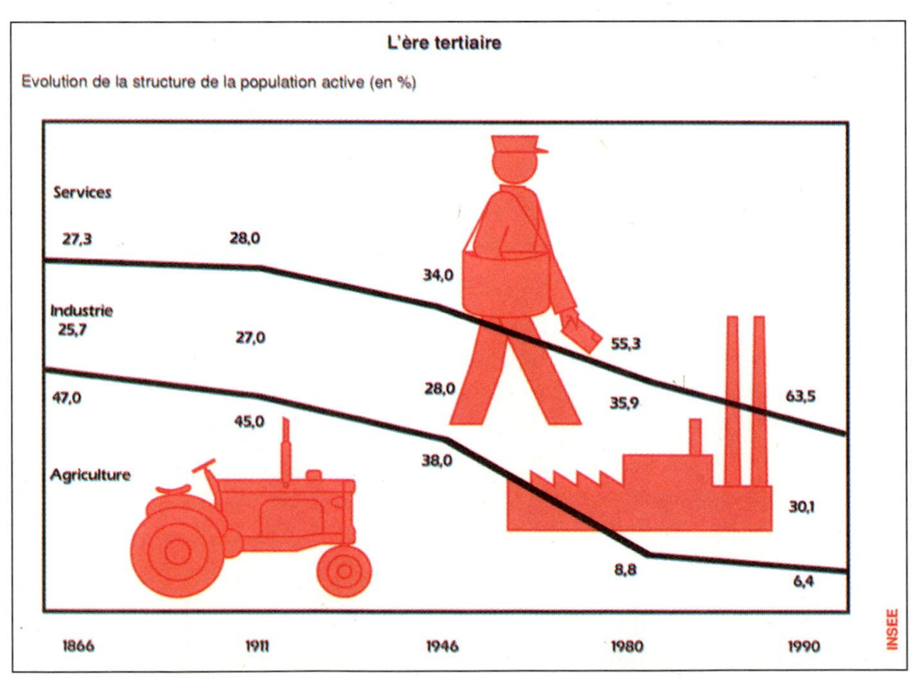

Le nouveau paysage professionnel

Répartition de la population active selon la catégorie socioprofessionnelle et proportion de femmes (en %):

	1991*		1968	
	Total	**femmes**	**Total**	**femmes**
• Agriculteurs exploitants	5,0	4,4	11,5	12,8
• Artisans, commerçants et chefs d'entreprise	8,0	6,2	10,7	11,5
• Cadres et professions intellectuelles supérieures	11,6	8,4	5,1	2,5
• Professions intermédiaires	20,1	20,3	10,4	11,4
• Employés	26,1	47,3	21,2	38,8
• Ouvriers	28,1	13,3	39,3	22,5
• Autres catégories	1,0	0,1	1,8	0,5
Total	100,0	100,0	100,0	100,0
Effectifs (en milliers)	**22 165**	**9 407**	**19 916**	**7 208**

*Population occupée

➤ Les métiers qui représentent le mieux la France à l'étranger sont, par ordre décroissant: la restauration (73 %); la haute couture (65 %); les transports ferroviaires (39 %); les télécommunications (36 %); l'aéronautique (33 %); la littérature (24 %).

➤ Entre 1978 et 1985, les salariés du secteur public étaient proportionnellement plus nombreux que ceux du secteur privé à estimer que leur niveau de vie s'était amélioré au cours des dix dernières années. Ils sont moins nombreux depuis 1986.

➤ En 1991, 85 % des cadres se disaient satisfaits de leur situation professionnelle, contre 90 % en 1990. Mais un cadre sur cinq estime que son emploi pourrait être menacé à court terme.

➤ 59 % des cadres ont reçu une augmentation en 1991.

➤ Près d'un cadre sur cinq (24,5 %) envisage de chercher un nouvel emploi dans les douze mois qui viennent, près d'un sur deux dans un délai de trois ans.

➤ 64 % des cadres se disent prêts à faire des sacrifices assez importants dans leur vie personnelle pour mieux réussir leur vie professionnelle, 31 % non.

➤ 52 % des cadres considèrent que leur temps de travail ne leur laisse pas un temps suffisant pour leurs activités personnelles, 48 % sont de l'avis contraire.

➤ La nouvelle profession d'avocat regroupe depuis le 1er janvier 1992 les 18 000 avocats et les 6 500 conseils juridiques, soit un juriste pour 2 000 habitants, contre un pour 1 000 en Grande-Bretagne et un pour 1 000 en Grande-Bretagne et un pour 500 États-Unis.

❖ ***À discuter:*** *Once you've answered the questions asked in the text on page 302, pick out and discuss some interesting statistics and/or trends. If possible, make comparisons with the United States.*

➜ Do *À faire!* (7-1) on *page 310 of the* Manuel de préparation.

RAPPEL

Les expressions **depuis quand, depuis combien de temps** et **depuis**

QUESTION	ANSWER
depuis quand?	**depuis** *(since)* + a specific point in time
Depuis quand est-ce que tu habites ici?	**Depuis 1963.**
depuis combien de temps?	**depuis** *(for)* + a length of time
Depuis combien de temps es-tu malade?	**Depuis quatre jours.**

NÉGATION: **Je n'ai pas parlé à Jacques depuis le début de mars.**
Je n'ai pas fait de jogging depuis trois jours.

Contrôle

D. La famille Chartier. Utilisez les éléments donnés pour faire le portrait des membres de la famille Chartier. Posez d'abord une question avec **depuis quand** ou **depuis combien de temps** et répondez ensuite selon l'indication entre parenthèses.

MODÈLE: Mme Chartier / être prof de littérature (20 ans)
— *Depuis combien de temps est-ce qu'elle est prof de littérature?*
— *Depuis 20 ans.*

1. Mme Chartier / habiter à Toulouse (1965)
2. Elle / enseigner *(to teach)* à l'université de Toulouse (8 ans)
3. Elle / connaître les États-Unis (20 ans)
4. Elle / s'intéresser à la littérature américaine (toujours)
5. M. Chartier / travailler comme délégué régional (15 ans)
6. Il / habiter à Toulouse (1960)
7. Il / voyager entre Toulouse et Paris (3 ans)
8. Il / travailler pour la même entreprise (1975)
9. Daphné Chartier / être à l'université (2 ans)
10. Elle / s'intéresser à la culture américaine (l'âge de 10 ans)
11. Elle / avoir l'intention d'être avocate (5 ans)
12. Elle / être fiancé à Yvan (1 an)

E. Des précisions *(Details)*. Chaque fois que votre camarade de classe vous dit quelque chose, continuez la conversation en demandant des précisions avec les expressions **depuis quand** ou **depuis combien de temps**. Votre camarade va inventer une réponse. Changez de rôle après le numéro cinq.

MODÈLE: —Je joue du piano.
—*Ah oui? Depuis combien de temps est-ce que tu joues du piano?*
—*Depuis huit ans.*
OU
—*Ah oui? Depuis quand est-ce que tu joues du piano?*
—*Depuis 1986.*

1. Ma famille et moi, nous habitons à... depuis assez longtemps.
2. Moi, j'ai un ordinateur.
3. Mon père travaille pour... .
4. Mon frère a une voiture neuve *(brand-new)*.
5. J'étudie le japonais.
6. Mon ami Kevin est en France.
7. Je joue au tennis avec mon amie Sylvie.
8. Mes amis et moi, nous habitons dans un appartement.
9. En été, je travaille comme vendeur (vendeuse).
10. En hiver, je fais du ski avec ma famille.

Parlons de vous!

F. Échange. Posez les questions suivantes à un(e) autre étudiant(e), qui va vous répondre.

1. Où est-ce que ta famille habite? Depuis combien de temps?
2. Que fait ton père (ta mère, ton mari, ta femme)? Depuis combien de temps?
3. Où est-ce que ton père (ta mère, ton mari, ta femme) travaille? Depuis quand?
4. Depuis quand est-ce que tu étudies le français? Depuis combien de temps es-tu à l'université?
5. Depuis combien de temps est-ce que tu n'a pas eu de rhume?
6. Sais-tu nager? Depuis quand?
7. Est-ce que tu joues d'un instrument? Duquel? Depuis combien de temps?
8. Est-ce que tu parles une langue étrangère autre que le français? Laquelle? Depuis combien de temps?
9. Est-ce que tu travailles en été? Depuis quand?

EXERCICE D'ÉCOUTE: PORTRAIT DE LON SAR: CHAUFFEUR DE TAXI

Student Tape
Segment 45

"*You're going to hear the story of a Parisian cab* driver who escaped from Cambodia after his father was killed by the **Khmers rouges**. I'm sure you remember the **Khmers rouges** from your history classes. **Khmers** is actually the name of the majority population in Cambodia, but the **Khmers rouges** are the communist resistance fighters. **Mais revenons à nos moutons!** *(Let's get back to the story!)* In any case, Lon Sar came to Paris and, after working in a factory for a while, he became a cab driver. You can imagine that it's not an easy life for Lon Sar and his family. A friend of his will explain that Lon Sar is a hard worker and is always optimistic. After his tragic life in Cambodia, Lon Sar is happy to be in France and to be able to provide for his wife and children. **Écoutons maintenant l'histoire de Lon Sar.**"

G. Est-ce que vous avez compris? Répondez aux questions suivantes selon ce que vous avez appris de l'histoire de Lon Sar.

Première partie

1. Quel âge a Lon Sar?
2. Depuis combien de temps est-ce qu'il habite en France?
3. Quel est son métier?
4. Où est-ce qu'il a rencontré sa femme?
5. Quelle est la nationalité de sa femme?
6. Combien d'enfants est-ce qu'il a?
7. Quel âge a sa fille et à quoi est-ce qu'elle s'intéresse à l'école? Qu'est-ce que son père lui a acheté?
8. Quel âge a son fils? Est-ce qu'il travaille bien à l'école?

Deuxième partie

9. Où est-ce que Lon Sar a fait ses études secondaires?
10. En quelles matières est-ce qu'il était particulièrement fort?
11. En quelle matière est-ce qu'il était plutôt faible? Qu'est-ce que ça explique?
12. Que faisait son père comme métier?
13. Qu'est-ce qui est arrivé *(happened)* à son père?
14. Qu'est-ce que Lon Sar faisait avant de fuir *(flee)* le Cambodge?
15. Est-ce qu'il sait ce qui est arrivé aux autres membres de sa famille?

Troisième partie

16. Quel job est-ce qu'il a eu quand il est arrivé en France?
17. Pourquoi est-ce qu'il a bien réussi dans son travail?
18. Pourquoi est-ce qu'il a été obligé d'abandonner ce travail?

Quatrième partie

19. Lon Sar est maintenant chauffeur de taxi. Est-ce que c'est un travail facile?
20. Pourquoi est-ce que Lon Sar habite à 80 km de la ville?
21. Combien de temps est-ce qu'il lui faut pour aller de sa maison au travail?
22. Combien d'heures par jour est-ce qu'il travaille?
23. Combien de jours par semaine est-ce qu'il travaille?
24. Combien de jours par semaine est-ce qu'il travaille pour payer le taxi et l'essence?
25. Combien de jours par semaine est-ce qu'il travaille pour payer le loyer et la nourriture?

Cinquième partie

26. Quelle est l'attitude de Lon Sar et de sa femme, surtout en ce qui concerne l'avenir de leurs enfants?
27. Qu'est-ce qui est le plus difficile pour Lon Sar?
28. Qu'est-ce qu'il regrette?

→ *Do* À faire! (7-2) *on page 315 of the* Manuel de préparation.

CONTEXTE: DELPHINE CHARTIER, PROFESSEUR D'ANGLAIS

L'université de Toulouse–Le Mirail

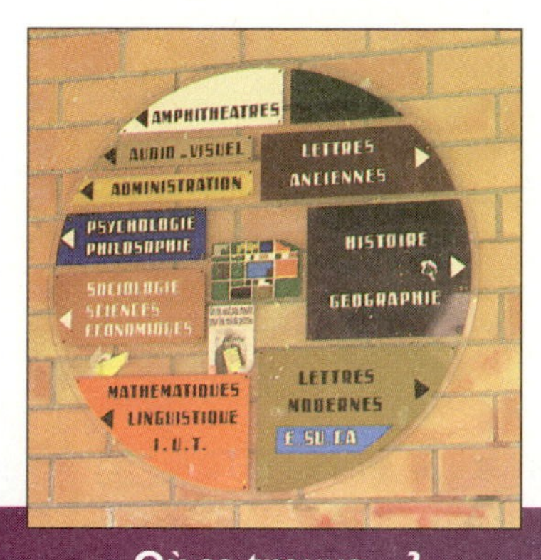

Où se trouve... ?

On s'arrête à la librairie?

«La machine est parfaite»

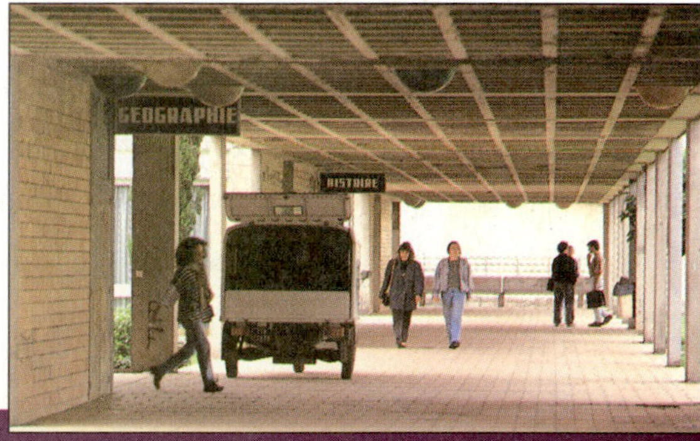

Vous faites des études de géographie?

Le restaurant universitaire

Des étudiants au restaurant universitaire

Plan de l'université

“ ***Il est pas mal, ce campus!*** *I particularly like* the way it's laid out. Also, the buildings are modern, the classrooms are roomy and bright. It's much better than the old dark and dusty buildings of the **facultés** in the cities! Here you feel like you could really learn something! ”

“ ***Ça va pas, toi!*** *(What's the matter with you!)* **Ce campus est moche comme tout!** *(This is a really ugly campus!)* Sure it's modern, but it has no character at all. The buildings all look the same. Everything is very impersonal, even the street names. Did you notice that the streets are designated by numbers and letters? What happened to things like **rue Pascal** or **avenue Molière**? The students probably all have numbers too! It must be terrible to teach or study here! ”

“ Now look who's being negative! I agree that we're not used to numbers and letters on streets, but you must admit that it makes it easy to get around. Especially since the streets are organized in blocks, just like in the United States. It's logical! ”

“ **Arrêtons ce débat!** Let's let the students decide. What do *you* think of the campus? Would you prefer to study here or in an older building in the middle of Toulouse, near interesting cafés and movie theaters... ”

“ **Mais tais-toi donc!** That's not fair. You're not exactly being impartial. Let the students decide for themselves. ”

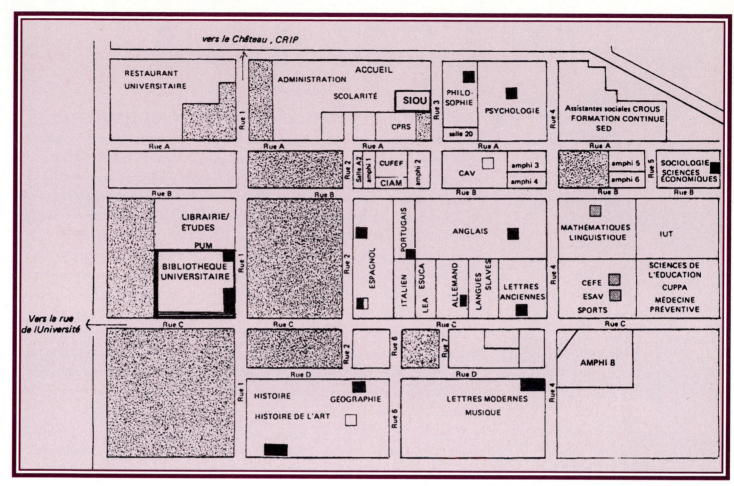

vers le Château, CRIP
RESTAURANT UNIVERSITAIRE
ACCUEIL
ADMINISTRATION
SCOLARITÉ
SIOU
CPRS
PHILO-SOPHIE
salle 20
PSYCHOLOGIE
Assistantes sociales CROUS
FORMATION CONTINUE
SED
Rue 1
Rue 3
Rue 4
Rue A
Rue 2
Salle A2
amphi 1
CUFEF
CIAM
amphi 2
CAV
amphi 3
amphi 4
amphi 5
amphi 6
Rue 5
SOCIOLOGIE
SCIENCES ÉCONOMIQUES
Rue B
LIBRAIRIE/ ÉTUDES
PUM
BIBLIOTHEQUE UNIVERSITAIRE
ESPAGNOL
PORTUGAIS
ANGLAIS
ITALIEN
LEA
ESUCA
ALLEMAND
LANGUES SLAVES
LETTRES ANCIENNES
MATHÉMATIQUES LINGUISTIQUE
IUT
CEFE
ESAV
SPORTS
SCIENCES DE L'ÉDUCATION
CUPPA
MÉDECINE PRÉVENTIVE
Vers la rue de l'Université
Rue C
Rue 6
Rue 7
AMPHI 8
Rue D
HISTOIRE
GÉOGRAPHIE
HISTOIRE DE L'ART
LETTRES MODERNES
MUSIQUE

CRIP = Centre Régional d'Information sur les Pyrénées / SIOU = Service d'Information et d'orientation universitaire / CPRS = Centre de Promotion de la Recherche Scientifique / CROUS = Centre Régional des Œuvres Universitaires Scolaires / SED = Service d'enseignement à distance / amphi = amphithéâtre (large lecture hall) */ CUFEF = Centre Universitaire de formation des enseignants et des formateurs / CAV = Communication audiovisuelle / PUM = Presses Universitaires du Mirail / IUT = Institut Universitaire de Technologie / LEA = Langues Étrangères Appliquées / ESUCA = École Supérieure de Cadres / ESAV = Études Supérieures de l'Audio-Visuel / CUPPA = Centre Universitaire de Perfectionnement en Psychologie Appliquée*

Le château

Comme vous pouvez le voir d'après le plan de l'université de Toulouse–Le Mirail, le campus **comprend** un grand nombre de **bâtiments** qui ont, chacun, une fonction très précise. Il y a les **salles de classe** et les **amphithéâtres,** chaque **matière** a son bureau où réside l'administration du département et les bureaux des professeurs et, enfin, il y a la bibliothèque, la librairie et le restaurant universitaire. Le bâtiment administratif de l'université se trouve dans la Rue 3.

Le campus est situé dans la **banlieue** de Toulouse avec accès facile par les transports publics. **La plupart des** étudiants habitent **en dehors du** campus, **soit** dans des appartements en ville **soit** chez leurs parents. **Quelques-uns** ont une chambre dans les **résidences universitaires.** En général ils **assistent** régulièrement à leurs cours mais, comme les étudiants américains, ils les **sèchent** de temps en temps. **Chacun** prépare un **diplôme** dans une **filière** qui précise les **unités de valeur** obligatoires **selon** la **spécialisation.**

includes / buildings
classrooms / large lecture halls / discipline
suburbs
Most of / off-
either . . . or / Some of them
dorms / attend
skip
Each one / diploma / course of study
credits / according to / major

Chez nous

“ *To better understand the French educational* system **(le système d'enseignement)**, it might help you to know about some of the differences between the French and the American university systems. Here in France, education is nationalized, and therefore all schools, including universities, are controlled by the government ministry of education **(le ministère de l'éducation nationale)** located in Paris. French universities don't charge tuition but do have a small yearly registration fee **(les frais d'inscription)** of 700F to 800F. Admission is open to anyone who has passed **le baccalauréat** (a national exam) at the end of secondary school. Although university admission is open, an exam at the end of the first year determines who may continue into the second year. About 60% of French university students fail this exam and have to repeat their first year. Those who complete the first two years of college in a maximum of three years can then continue at their leisure. Because education is free, there are more "professional students" in France than in the United States. However, don't be mislead into thinking that going to college doesn't cost us anything. We may not pay tuition, but we still have to pay for health insurance, books, and housing. For those who don't continue to live with their parents, these costs can become quite high. **”**

❖ ***À discuter:*** *In your opinion, what are the advantages and disadvantages of a tuition-free university system? (Think about such things as students rights and privileges, time for completion of a diploma, etc.). If you didn't have to pay tuition, do you think you would take longer to complete your degree?*

À vous la parole!

H. Le campus de l'université de Toulouse. Vous avez le plan de l'université. Des personnes qui ne connaissent pas le campus vous demandent des renseignements. Suivez le modèle.

MODÈLE: (Vous êtes à la librairie) le département des lettres anciennes
— *Pardon, Monsieur (Madame). Vous pouvez m'indiquer où se trouve le département des lettres anciennes?*
— *Oui, bien sûr. Vous allez tout droit dans la Rue 1 jusqu'à la Rue C. Vous tournez à gauche dans la Rue C et vous continuez tout droit. Le département des lettres anciennes se trouve à gauche, au coin de la Rue C et de la Rue 4.*
— *Merci bien, Monsieur (Madame).*

1. (Vous êtes dans la Rue A, devant le département de psychologie.) le département de géographie
2. (Vous êtes devant l'amphi 8.) le Service d'Information et d'Orientation Universitaire (SIOU)
3. (Vous êtes dans la Rue A au département de sociologie.) le département d'espagnol
4. (Vous êtes à la bibliothèque.) le département de psychologie
5. (Vous êtes dans la Rue B, devant le département d'anglais.) le département d'histoire de l'art
6. (Vous êtes au restaurant universitaire.) l'Institut Universitaire de Technologie (IUT)

I. Mon campus. Utilisez le vocabulaire que vous venez d'apprendre pour répondre aux questions à propos de votre campus et de vos études.

1. Dans quelle université est-ce que vous faites vos études?
2. C'est une université privée ou une université d'état?
3. Où se trouve votre université?
4. Où habitent la plupart des étudiants?
5. Est-ce que les frais d'inscription sont élevés *(high)* ou plutôt modérés?
6. Qu'est-ce qu'il y a sur votre campus?
7. Quel diplôme est-ce que vous préparez?
8. À quelle profession est-ce que vous vous destinez?
9. Comment sont vos cours à l'université?
10. Est-ce que l'année scolaire est divisée en semestres ou en trimestres?
11. Quelle est la date de la rentrée des classes *(beginning of the school year)* chez vous?
12. Quand est-ce que l'année scolaire se termine?
13. Est-ce qu'il y a d'autres universités dans votre région?
14. Est-ce qu'il y a des cours que vous séchez assez régulièrement? Lesquels?
15. Est-ce que vous avez des cours que vous ne pouvez absolument pas sécher? Lesquels?

LA RENTRÉE

Je m'appelle Delphine Chartier. C'est le 26 octobre et la rentrée universitaire est faite. Je viens de retrouver mon bureau. Il faut que je récupère les plantes vertes dans le patio, que je **recolle** quelques **affiches;** ça lui redonnera un **petit air convivial. À part cela,** les **chantiers** de l'été sont à peu près terminés: le nouveau bâtiment consacré à la **recherche** que nous avons appelé la Grande Arche **n'est pas si mal que ça;** les logements étudiants construits de l'autre côté du parking sont prêts. **Reste à aménager** les **espaces verts.** Apparemment, le parc n'a pas trop souffert de la **sècheresse,** c'est encore bien **fleuri.**

Mes cours commencent demain et il faut que je fasse un tour à la **BU** avant **l'heure de la fermeture.** Cette année, j'enseigne un cours sur Eudora Welty pour les étudiants qui préparent leur **maîtrise.** Je fais aussi un cours qui s'appelle «Civilisation et littérature» pour les étudiants de première année. C'est un cours **de survol** sur les cultures et littératures anglaises et américaines.

Ça y est! Il faut que je me dépêche. La bibliothèque ferme ses portes dans une heure.

put up again / posters / pleasant atmosphere
Besides that / construction
research
isn't that bad
There remains the planning / green spaces (landscaping)
dryness / in bloom
Bibliothèque universitaire
closing time
master's degree

survey

POUR VOUS EXPRIMER

Pour identifier les facultés

(colleges or divisions within a university)

la faculté des lettres *(liberal arts)*
la faculté des sciences
la faculté de droit *(law)*
l'école des études commerciales
la faculté de médecine
l'école des sciences agricoles
la faculté de pharmacie
l'école d'ingénieurs

Pour parler d'une université

un amphithéâtre (un amphi)
un bâtiment
une bibliothèque (universitaire)
un bureau
un espace vert
un laboratoire (de langues, de biologie, etc.)
une librairie
une résidence universitaire
une salle de classe

Pour parler des études

assister à (un cours) *(to attend [a class])*
une conférence *(lecture)*
un diplôme
un doctorat
un emploi du temps *(schedule)*
enseigner
faire de la recherche
une filière
les frais d'inscription *(m. pl.)*
une licence
une maîtrise
une option *(elective)*
un programme d'études *(major program of study)*
la rentrée
sécher (un cours)
une spécialisation / une mention
un système d'enseignement
les travaux pratiques *(m. pl.) (lab)*
une unité de valeur (uv)

À vous la parole!

J. Des comparaisons. Faites des comparaisons entre une grande université publique et une petite université privée. Parlez du campus, des bâtiments, du nombre de cours, des études en général et des facultés. Vous pouvez prendre votre université comme point de départ.

MODÈLE: *Dans notre université, nous avons... facultés. Il y a... Nous avons donc* (therefore) *beaucoup plus de matières qu'une petite université. Nous avons beaucoup de bâtiments, une piscine, une bibliothèque...* etc.

Perspective culturelle

L'enseignement supérieur en France

The French system of higher education is organized somewhat differently from that of the United States. Before students enter college at 18 or 19 years old, they have passed **le baccalauréat** (also called **le bac**) an exam that is considered to be roughly equivalent to the first two years of general education in an American university. French students therefore take only the first two years (or three, if they failed the exam after the first year) to obtain their general university diploma (**un diplôme d'études universitaires générales** or **DEUG**). In the following two years they may obtain **une licence** (roughly equivalent to the first year of a master's degree in the United States) or **une maîtrise** (equivalent to an American master's degree). If they continue, they can get a doctorate degree (**un doctorat**).

French students may also select to study in one of the prestigious professional schools called **les grandes écoles** (**École nationale d'administration, École polytechnique, École des mines,** etc.). Admission to these schools usually requires three to four years of preparation and an additional two to four years of study. Students must also do well on a very competitive exam (**un concours**).

Finally, French students have the option of getting a technology degree (**un diplôme universitaire de technologie**) from an institute of technology.

❖ À *discuter: What advantages and disadvantages do you see in the French educational system as compared to the American one?*

➻ ***Do* À faire! (7-3) *on page 316 of the* Manuel de préparation.**

RAPPEL

La place des adjectifs

RÉSUMÉ

- Adjectives agree in gender and number with the nouns they modify.
- Adjectives can be used after the verb **être.**
  Jean-Pierre est belge.
- When used with a noun, most adjectives *follow* the nouns they modify.
  C'est une cathédrale gothique.
  Je préfère les films allemands.
- The following adjectives are placed *before* the nouns they modify: **grand, petit, vieux, jeune, bon, mauvais, nouveau, long, beau, joli, autre.**
  C'est une vieille maison.
  J'ai fait un long voyage.
- When two adjectives modify the same noun, each adjective occupies its normal position, either before or after the noun.
  C'est un bel appartement spacieux.
  J'ai acheté une jolie petite auto.
  Nous avons visité une belle cathédrale gothique.
- The adjectives **beau, nouveau,** and **vieux** have special forms.

MASCULINE SINGULAR:	beau	nouveau	vieux
MASCULINE SINGULAR BEFORE A VOWEL:	bel	nouvel	vieil
MASCULINE PLURAL:	beaux	nouveaux	vieux
FEMININE SINGULAR:	belle	nouvelle	vieille
FEMININE PLURAL:	belles	nouvelles	vieilles

Contrôle

K. Quelle sorte de... avez-vous? Utilisez au moins deux adjectifs de la liste pour répondre aux questions. Vous pouvez aussi ajouter d'autres adjectifs.

ADJECTIFS: allemand / américain / anglais / beau / blanc / chinois / difficile / facile / français / grand / gris / historique / intelligent / intéressant / italien / japonais / jaune / joli / laid / long / moderne / nouveau / petit / rouge / spacieux / sympathique / vert / vieux

MODÈLE: Quelle sorte de maison (appartement) avez-vous?
Nous avons une jolie maison spacieuse (un joli appartement spacieux).

1. Quelle sorte de maison (appartement, chambre) avez-vous?
2. Quelle sorte de voiture avez-vous (voudriez-vous avoir)?
3. Quelle sorte de restaurant préférez-vous?
4. Quelles sortes d'ami(e)s est-ce que vous avez?
5. Quelles sortes de devoirs faites-vous pour le cours de français?
6. Quelle sorte de voyage(s) avez-vous fait?
7. Quelle sorte de vélo avez-vous (voudriez-vous avoir)?
8. Quelles sortes d'examens avez-vous dans le cours de français?
9. Quelles sortes de films préférez-vous?
10. Quelles sortes de romans aimez-vous?

L. La vie de Delphine Chartier. Faites les descriptions de Delphine Chartier selon les indications données. Choisissez au moins deux adjectifs de la liste et faites attention à l'accord et à la place des adjectifs.

ADJECTIFS: grand / blond / court / svelte / rouge / petit / vieux / traditionnel / ensoleillé / moderne / pratique / intéressant / intelligent / français / étranger / sympathique / beau / chauve *(bald)* / ambitieux / généreux / marron / long

1. Delphine est...

2. Elle a une voiture...

3. Elle habite dans un immeuble..

4. Elle a une cuisine...

5. Elle a un bureau...

6. Elle a des étudiants...

7. Son mari est...

8. Sa fille est...

Parlons de vous!

M. J'ai vu un film. Choisissez un film que vous avez vu récemment et parlez-en à votre camarade de classe. Utilisez autant d'adjectifs que possible pour décrire le film, ses personnages *(characters)* et pour donner votre opinion sur ce film. Si vous préférez, vous pouvez aussi parler d'une émission télévisée. Votre camarade va vous poser des questions pour avoir des renseignements supplémentaires.

QUELQUES ADJECTIFS: bon / mauvais / beau / laid / intéressant / sensationnel / fantastique / long / court / historique / romantique / comique / policier / émouvant *(moving)* / chouette / ennuyeux / amusant / triste *(sad)* / etc.

MODÈLE: *Hier soir j'ai vu un très beau film. Il s'appelle* Napoléon. *C'est un film historique. Il est très émouvant et un peu triste. C'est aussi un film très long. J'ai beaucoup appris. Napoléon était vraiment un très grand* (great) *homme. C'était un homme ambitieux. C'est un film intéressant.*

CONTEXTE: DAPHNÉ CHARTIER, ÉTUDIANTE EN SCIENCES SOCIALES

Les cours

Daphné est une étudiante sérieuse

Le Service Interuniversitaire de Médecine Préventive

L'emploi du temps d'un étudiant de première année inscrit en anglais

LUNDI			14–15.30	Civilisation américaine Salle 1068
			16–17.00	Version Salle 1090
MARDI	9.30–10.30	Thème Salle 1090	14–15.30	Littérature Salle 1068
MERCREDI	9.30–11	Langue française (Lettres modernes)	15.30–16.30	Thème (espagnol)
JEUDI	10.30–11.30	Version (espagnol)	14–15	Histoire de l'art
VENDREDI	9–10	Histoire		

POUR VOUS EXPRIMER

Pour identifier les disciplines et les matières

Les sciences humaines (f. pl.)

l'anthropologie *(f.)*
la géographie
l'histoire *(f.)*
la philosophie
la psychologie
les sciences économiques *(f. pl.)*
les sciences politiques *(f. pl.)*
la sociologie

Les sciences naturelles (f. pl.)

la biologie
la botanique
la géologie

Les sciences exactes (f. pl.)

l'astronomie *(f.)*
la chimie
l'informatique *(f.) (computer science)*
les mathématiques (les maths) *(f. pl.)*
la physique *(physics)*

Les études professionnelles (f. pl.)

le commerce
la comptabilité *(accounting)*
le droit
la gestion *(management)*
le journalisme
le marketing
la médecine
la statistique

Les beaux-arts (m. pl.)

l'art dramatique *(m.)*
le cinéma
le dessin *(drawing)*
la musique
la peinture
la photo
la sculpture

Les lettres (f. pl.)

les langues mortes (le grec, le latin)
les langues vivantes *(f. pl.)*
la linguistique
la littérature

Pour parler des programmes

choisir une spécialisation en / se spécialiser en (dans)
être étudiant(e) en
faire des études de
préparer un diplôme (de)

Pour parler des examens

passer un examen *(to take an exam)*
réussir à un examen *(to pass an exam)*
rater un examen *(to fail an exam)*
échouer à un examen *(to fail an exam)*
une note *(grade)*

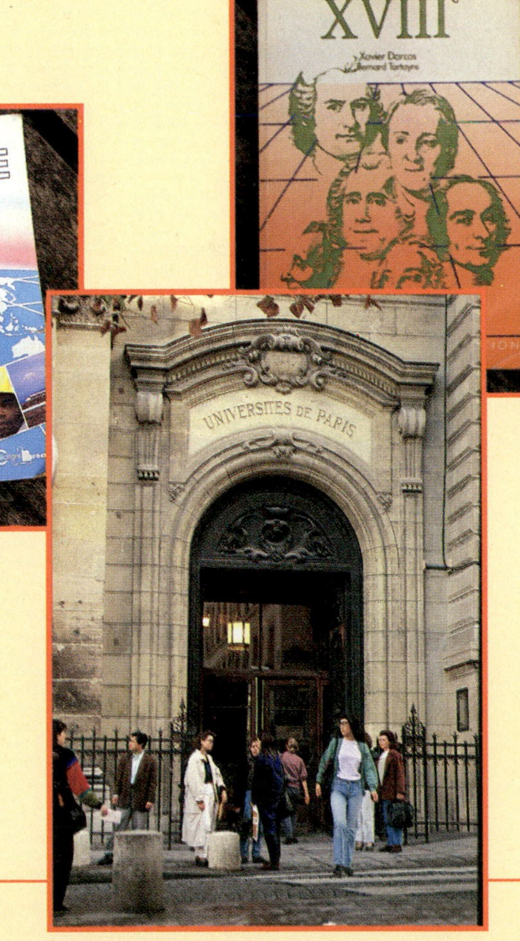

À vous la parole!

N. Il est étudiant? En quoi? Indiquez la spécialisation de chaque étudiant(e) selon les cours qu'il ou elle prend.

MODÈLE: Mathieu / sociologie, sciences économiques, psychologie
Mathieu? Il est en sciences humaines.

1. Janine / physique, chimie, maths
2. Hervé / linguistique, allemand, littérature anglaise
3. Jean-Jacques / anthropologie, histoire, psychologie
4. Hélène / anthropologie, sciences politiques, sciences économiques
5. Alain / biologie, géologie, botanique
6. Marc / informatique, maths, astronomie
7. Mireille / sculpture, peinture, dessin

O. Mes cours. Parlez de vos études à vos camarades. Vos camarades vont vous poser des questions pour avoir des renseignements supplémentaires.

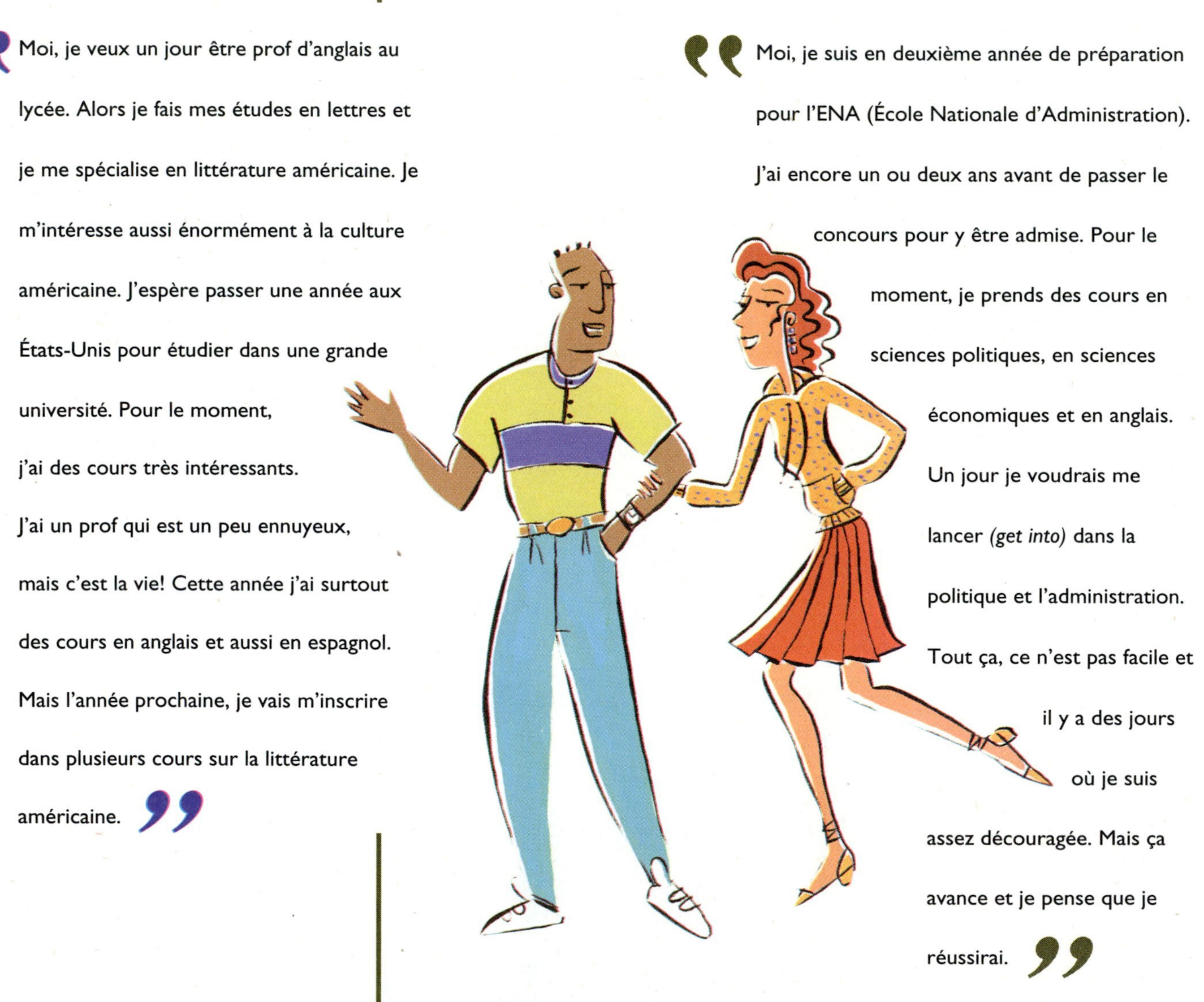

« Moi, je veux un jour être prof d'anglais au lycée. Alors je fais mes études en lettres et je me spécialise en littérature américaine. Je m'intéresse aussi énormément à la culture américaine. J'espère passer une année aux États-Unis pour étudier dans une grande université. Pour le moment, j'ai des cours très intéressants. J'ai un prof qui est un peu ennuyeux, mais c'est la vie! Cette année j'ai surtout des cours en anglais et aussi en espagnol. Mais l'année prochaine, je vais m'inscrire dans plusieurs cours sur la littérature américaine. »

« Moi, je suis en deuxième année de préparation pour l'ENA (École Nationale d'Administration). J'ai encore un ou deux ans avant de passer le concours pour y être admise. Pour le moment, je prends des cours en sciences politiques, en sciences économiques et en anglais. Un jour je voudrais me lancer *(get into)* dans la politique et l'administration. Tout ça, ce n'est pas facile et il y a des jours où je suis assez découragée. Mais ça avance et je pense que je réussirai. »

MES ÉTUDES

Je m'appelle Daphné Chartier. Je suis étudiante à la faculté des sciences sociales de Toulouse où j'étudie le droit. Mon emploi du temps est **peu chargé:** environ vingt heures de cours par semaine et les heures sont groupées par demie-journée. Mais contrairement à ce qu'on pourrait **croire,** l'étudiant modèle ne doit pas **se contenter de** ces vingt heures; il doit au moins **fournir** le double de travail personnel et **se rendre** fréquemment à la bibliothèque pour consulter des documents.

fairly light (not heavy)
believe
be satisfied with / to put in
go

La plus grande partie des cours sont des **cours magistraux** dans des amphis de 600 personnes, ce qui veut dire que c'est assez anonyme et qu'on se sent isolé. Il est très difficile d'avoir un contact avec les profs et de savoir précisément ce qu'ils **attendent** des étudiants. C'est surtout vrai en première année. **Aucun tutorat** n'est mis en place pour aider les étudiants: chacun doit donc se débrouiller **tout seul.**

lecture courses
expect
No office hours
all alone

À vous la parole!

P. Qu'est-ce que vous étudiez? Utilisez les questions suivantes pour parler de vos études à votre camarade de classe. Prenez des notes sur les activités de votre partenaire.

1. Vous êtes étudiant(e) en quoi?
2. Est-ce que votre emploi du temps est très chargé?
3. Combien d'heures de cours avez-vous par semaine?
4. À quelle heure est votre cours de français? Combien de fois par semaine?
5. Avez-vous des travaux pratiques pour le cours de français? Lesquels?
6. Quels sont les autres cours que vous prenez?
7. Est-ce que vous allez souvent à la bibliothèque?
8. Est-ce que vous préférez un cours magistral ou un cours dans une petite salle de classe? Pourquoi?
9. Est-ce que vous avez la possibilité de connaître vos profs? Est-ce que vous les consultez dans leur bureau?
10. Est-ce que vous savez ce que vos profs attendent de vous?
11. Est-ce que vous vous sentez quelquefois isolé dans votre université? Pourquoi? Pourquoi pas?
12. Combien d'heures par semaine passez-vous à vos devoirs?

Q. Voilà ce que j'ai appris sur... Changez de partenaire et parlez des études du/de la camarade de classe avec qui vous avez parlé dans l'*exercice P.*

MODÈLE: *Voilà ce que j'ai appris sur Charles. Il est étudiant en sciences...* etc.

Chez nous

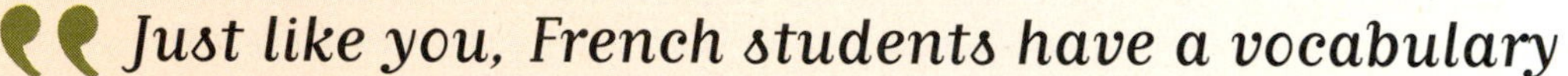

Just like you, French students have a vocabulary all of their own that they use to talk about their life. Sometimes these words or expressions are a type of slang that changes from generation to generation; sometimes they are familiar expressions that are also used by people other than students. I thought you might find some of this vocabulary interesting. But be careful! You should only use it in very informal situations and should probably reserve it for people your own age or members of your family. Just to make sure that you know what these words and expressions mean, I'll also give you the standard French equivalents.

Langue familière	Français standard
le boulot	le travail
bosser	travailler
bouffer	manger
le bouquin	le livre
bouquiner	lire, étudier
C'est pour le fun.	C'est pour rigoler. *(It's for fun.)*
C'est la cata.	C'est la catastrophe.
C'est la barbe. *(It's a drag.)*	Ce n'est pas amusant (intéressant).
C'est à mourir. *(It's to die for.)*	C'est formidable.
C'est super chouette!	C'est très bien!
Il (Elle) nous casse les pieds! *(He/She is bugging us!)*	Il (Elle) nous embête!
Je m'en fiche!	Ça m'est égal! *(I don't care!)*
Je suis nul en maths.	Je ne suis pas doué(e) pour les maths.
le restau (resto) U	le restaurant universitaire
(Ce cours) est vachement dur.	(Ce cours) est très difficile.
(Je travaille) vachement dur.	(Je travaille) très dur.

→ Do À faire! (7-4) on page 321 of the Manuel de préparation.

❖ *À discuter: Quels mots et quelles expressions est-ce que vous avez en anglais qui sont les équivalents argotiques* (slang) *du vocabulaire de cette liste? Est-ce que vous utilisez souvent de l'argot* (slang) *ou des expressions familières? Est-ce qu'il y a un argot d'étudiants chez vous?*

RAPPEL

Les pronoms objets **me, te, nous et vous**

Me, te, nous, and **vous** are the first- and second-person object pronouns. They replace both direct- and indirect-object nouns *(me, to me; you, to you; us, to us).*

—Tu **me** comprends?	—Oui, je **te** comprends. —Non, je ne **te** comprends pas.
—Ils **vous** ont accompagnés?	—Oui, ils **nous** ont accompagnés. —Non, ils ne **nous** ont pas accompagnés.
—Tu vas **me** téléphoner?	—Oui, je vais **te** téléphoner. —Non, je ne vais pas **te** téléphoner.

Donne-**moi** ton adresse!
Ne **nous** demandez pas la voiture!

Contrôle

R. Échange. Posez les questions suivantes à un(e) camarade de classe, qui va vous répondre.

1. Est-ce que tu m'écoutes?
2. Est-ce que tes amis t'aident à faire tes devoirs de français?
3. Est-ce que tu veux bien m'aider à faire mes devoirs de français?
4. Qu'est-ce que tes amis t'offrent pour ton anniversaire?
5. Qu'est-ce que tu vas m'offrir pour mon anniversaire?
6. Qu'est-ce que ta famille t'achète pour la rentrée?
7. Qu'est-ce que le prof te demande quand tu sèches un cours?
8. Qu'est-ce que le médecin te demande quand tu as la grippe?

S. Si tu me donnes... Sur un petit morceau de papier, écrivez le nom d'un objet que vous voulez échanger avec quelqu'un d'autre. Parlez à un(e) camarade de classe et demandez ce qu'il/elle a. Ensuite proposez un échange. Chaque fois que vous avez un nouvel objet, passez à une autre personne.

MODÈLE: *—Qu'est-ce que tu as?*
—J'ai un calendrier. Et toi?
—Moi, j'ai un stylo bleu.
—Si tu me donnes ton stylo bleu, je te donnerai mon calendrier.
—D'accord, on fait l'échange.
OU
—Non, merci. Je préfère garder (to keep) *mon stylo.*

(Maintenant passez à une autre personne et proposez un échange.)

LECTURE: «PAGE D'ÉCRITURE» (JACQUES PRÉVERT)

Elementary school can be a time of wonder and excitement. However, a rigid program and an unimaginative teacher can turn it into a very boring experience. Using the vocabulary provided, read this poem by Jacques Prévert about just such a class and one student in it, then do the exercise.

◆ *Page d'écriture* ◆

Deux et deux quatre
quatre et quatre huit
huit et huit font seize...
Répétez, dit le maître
Deux et deux quatre
quatre et quatre huit
huit et huit font seize.
Mais voilà l'oiseau-lyre[1]
qui passe dans le ciel
l'enfant le voit
l'enfant l'entend
l'enfant l'appelle:
Sauve-moi
joue avec moi
oiseau!
Alors l'oiseau descend
et joue avec l'enfant
Deux et deux quatre...
Répétez! dit le maître
et l'enfant joue
l'oiseau joue avec lui...
Quatre et quatre huit
huit et huit font seize
et seize et seize qu'est-ce qu'ils font?
Ils ne font rien seize et seize
et surtout pas trente-deux
de toute façon
et ils s'en vont.[2]
Et l'enfant a caché l'oiseau
dans son pupitre[3]
et tous les enfants
entendent sa chanson et tous les enfants
entendent la musique
et huit et huit à leur tour s'en vont
et quatre et quatre et deux et deux
à leur tour fichent le camp[4]
et un et un ne font ni une ni deux
un à un s'en vont également.
Et l'oiseau-lyre joue
et l'enfant chante
et le professeur crie:
Quand vous aurez fini de faire le pitre![5]
Mais tous les autres enfants
écoutent la musique
et les murs de la classe
s'écroulent[6] tranquillement.
Et les vitres[7] redeviennent sable[8]
L'encre redevient eau
les pupitres redeviennent arbres
la craie[9] redevient falaise[10]
le porte-plume[11] redevient oiseau.

Jacques Prévert, *Paroles*

VOCABULAIRE: *1. Australian bird with lyre-shaped tail 2. go away 3. desk 4. scram 5. to clown around 6. crumble 7. windowpanes 8. sand 9. chalk 10. cliff 11. penholder*

T. Analyse du poème. Use the following questions to analyze the poem with the classmates in your group. You may do this exercise in English.

1. What is the subject of the day's lesson?
2. What are the students supposed to say?
3. What does the child see and do?
4. Why do you think that the poet chose a **oiseau-lyre** rather than another kind of bird?
5. What happens at the end of the poem?
6. In your opinion, what's the problem with this teacher and the lesson?
7. This poem is based on a series of contrasts between the lesson and other things. What things are the children really interested in? What do they really want to do?
8. In your opinion, what would be a better way to teach children basic math? How could one take better advantage of children's imagination?
9. Do you think that teaching methods have changed since this poem was written? How?

Perspective culturelle

Les étudiants étrangers en France

Elle vient des États-Unis.

Elle vient du Mali.

Il vient d'Angleterre.

Il vient de Chine.

France is a country that has many foreign students enrolled in its universities. Approximately 1,250,000 students are enrolled in French universities; about 150,000 of these students come from other countries. Of these foreign students, 42% study in Paris while the remaining 58% go in fairly equal numbers to the cities of Lyon, Montpellier, Lille, Toulouse, Strasbourg, Aix-Marseille, Bordeaux, and Grenoble. As the chart on page 324 indicates, by far the largest number of foreign students come from African countries that were once French colonies.

Pays d'origine (1989–1990)

Total: **Afrique**	74 733	Total: **Asie**	21 462
Maroc	25 834	Iran	3 483
Algérie	12 948	Liban	5 064
Tunisie	7 172	Syrie	3 000
Cameroun	4 922	Chine	1 951
Côte-d'Ivoire	2 612	Total: **Amérique**	10 117
Madagascar	3 336	USA	3 719
Total: **Europe**	24 692	Brésil	1 503
Grèce	2 724	Total: **Océanie**	136
Allemagne	4 406	Total: **Autres**	514
Grande-Bretagne (Angleterre)	2 362		
Espagne	2 870		
Portugal	3 072		

In terms of their courses of study, foreign students in France attend a variety of **facultés**, with the largest number enrolled in the **Facultés de Lettres.** The following chart shows the distributions in the various disciplines.

Répartition par discipline (1989–1990)

Lettres	45 345	IUT (Instituts Universitaires de Technologie)	2 946
Sciences	29 426	Pharmacie	2 930
Médecine	18 737	Odontologie *(Dentistry)*	1 245
Droit	14 200		
Sciences économiques	13 051		
Pluridisciplinaire	3 706		

To enhance your understanding of the University of Toulouse at Le Mirail, let's look at the population of foreign students at this particular institution. Of the approximately 22,000 students enrolled at Le Mirail in 1992, 1,968 were foreign students. The greatest number of European students came from Germany, Spain, and Great Britain. The majority of Asian students came from Korea, Iran, and Lebanon. Most African students came from Algeria, Morocco, and Tunisia. Students from the Americas came mostly from Argentina, Brazil, Venezuela, Canada, and the United States (61 from the USA). Look at the following chart.

Université de Toulouse–Le Mirail: Total des inscrits étrangers (1991–1992)

Continents	*Total Inscrits*
Europe	756
Asie	137
Afrique	885
Amérique	184
Océanie	2
Autres pays	4
Total général	1968

Do À faire! (7-5) on *page 329* of the Manuel de préparation.

❖ ***À discuter:*** *Approximately how large is the foreign student population at your university? Do you interact on a regular basis with some of these foreign students? What benefits can a university derive from the presence of foreign students? In terms of the foreign students in France, why do you think so many come from Africa and, more specifically, from North African countries?*

INTÉGRATION

U. L'année de Danielle. Utilisez le calendrier pour poser des questions et donner des réponses sur les activités de Danielle. Utilisez les expressions **depuis quand, depuis combien de temps** et **depuis** dans quelques-unes de vos questions. Vous êtes *à la fin de décembre* et vous parlez donc de l'année passée. Posez autant de questions que possible. QUELQUES VERBES: acheter / aller / avoir / être de retour / être fiancé(e) / faire / habiter / passer / rendre / rester / travailler

JANVIER	FÉVRIER	MARS	AVRIL
cours d'anglais 8 jours en Suisse	entretien au lycée Monnet week-end chez Monique cours d'anglais	anniversaire de maman cours d'anglais entretien au lycée polyvalent de Toulouse	trouver un appartement billet pour le voyage aux USA
MAI	**JUIN**	**JUILLET**	**AOÛT**
examens	examens préparatifs pour le voyage aux USA	voyage aux USA Paris–Washington–Philadelphie–Boston–St Paul–San Diego	retour des USA chez les parents à la campagne
SEPTEMBRE	**OCTOBRE**	**NOVEMBRE**	**DÉCEMBRE**
commencer le job au lycée polyvalent cours d'espagnol	cours d'espagnol week-end à Paris	cours d'espagnol week-end à Aix se fiancer avec Marc	Noël chez les parents cours d'espagnol

MODÈLES: — *Depuis combien de temps est-ce que Danielle étudie l'espagnol?*
— *Depuis quatre mois.*
OU
— *Pendant combien de temps est-ce qu'elle est restée à Paris?*
— *Pendant un week-end.*
OU
— *Quand est-ce qu'elle est allée en Suisse?*
— *Elle est allée en Suisse en janvier et en décembre.*
OU
— *Depuis quand est-ce qu'elle n'a pas vu ses parents?*
— *Depuis Noël.*

V. Petites conversations. Utilisez les éléments donnés pour créer des phrases logiques. Utilisez les pronoms **me, te, nous,** et **vous** quand c'est logique.

MODÈLE: je / connaître / rencontrer à la soirée chez les Lascaux / montrer une photo de votre maison en Corse

— *Je vous connais, n'est-ce pas? Je vous ai rencontré(e) à la soirée chez les Lascaux?*

— *Oui, bien sûr.*

— *Vous m'avez montré une photo de votre maison en Corse. Vous y êtes allé(e) cette année?*

— *Oui, j'y ai passé les vacances.* etc.

1. je / connaître / voir chez les Gillot / parler de vos vacances en Égypte
2. je / voir pour la première fois au mois de novembre / inviter à sortir trois semaines après / demander de m'épouser *(marry)*
3. je / connaître / voir le mois dernier chez Kodak / parler de votre entretien pour un poste
4. je / reconnaître / voir à l'université / être dans mon cours de chimie
5. je / chercher depuis trois jours / vouloir inviter à une surprise-partie / espérer voir samedi soir

W. On cherche quelqu'un. Regardez l'offre d'emploi et terminez les phrases avec les éléments donnés pour indiquer de quoi il s'agit *(what it's about)*.

N° 1 MONDIAL DU PNEUMATIQUE

NOUS RECHERCHONS
BAC +2 A BAC +4
Jeunes diplômés

RECHERCHE ET DÉVELOPPEMENT

DUT Chimie, Mesure Physique + Spéciale/ LICENCE/MAÎTRISE: Physique, Chimie, Maths Appliquées, Informatique Scientifique.

Au sein de notre Centre de Recherche et de Calcul, intégrez une équipe pluridisciplinaire dans laquelle, en rapport avec votre formation, vous serez chargé d'études sur les matériaux ou sur les produits finis.

Vous disposerez d'importants moyens informatiques et d'outils de mesure parmi les plus performants pour mener à bien modélisations et expérimentations.

Votre objectif:
"Battre demain le pneu d'aujourd'hui".

ORGANISATION INDUSTRIELLE

DUT/BTS: GMP, GEII, MP, OGP, MAI...

Vous aimez rechercher des solutions nouvelles, faisant appel à vos qualités de communication, à votre esprit d'analyse et de synthèse.

Votre mission:
Concevoir, rationaliser, optimiser des structures, des systèmes, des procédures et des activités dans tous les domaines de la Société.

Votre objectif:
Rechercher en permanence des axes de progrès à moyen et long terme permettant d'améliorer la productivité et les coûts.

Une **formation initiale rémunérée** de 6 mois vous apportera les outils nécessaires à la réussite de vos actions.

L'ouverture internationale, la diversité des produits et des métiers, une gestion du personnel individualisée s'appuyant sur d'importants moyens de formation vous ouvrent de réelles perspectives de carrière.

Merci d'adresser votre candidature à: MICHELIN
Guy ROCHE - Service du Personnel - Réf. TE71
63040 CLERMONT FERRAND CEDEX 1.

MICHELIN
Les moyens de se passionner

MODÈLE: Michelin recherche...
Michelin recherche des jeunes diplômés.

1. Michelin recherche des personnes avec une licence ou une maîtrise en...
2. Ils cherchent des personnes qui peuvent intégrer une équipe *(team)*...
3. Cette équipe sera chargée d'études sur les matériaux ou...
4. L'objectif de la section «recherche et développement» est de...
5. L'organisation industrielle a besoin de personnes qui aiment...
6. Ils font appel à quelqu'un qui a...
7. L'objectif dans la section «Organisation industrielle» est d'améliorer...
8. Dans ces postes, on commence avec une formation...
9. Michelin est une société...
10. Michelin promet une gestion du personnel...

→ *Do* À faire! (7-6) *on page 332 of the* Manuel de préparation.

Schindler
N° 1 de l'ascenseur en Europe,
recherche
POUR SON AGENCE DE LILLE
INGENIEUR DE VENTES
MAINTENANCE RENOVATION
Prendre la gestion d'une partie du portefeuille des contrats de rénovation, chiffrer les nouveaux contrats, négocier et conclure, détecter et répondre aux appels d'offres de transformation, suggérer des modernisations, être capable de faire des relevés, de tracer des solutions, autant de tâches valorisantes que nous proposons au collaborateur recherché.
A 30/40 ans, de formation technique, ayant prouvé vos qualités commerciales, vous avez pratiqué la négociation de services de préférence dans le milieu du bâtiment.
Pour en savoir plus, faites parvenir votre candidature (lettre man., CV, photo et prét.) s/réf. 2 A 524 EX à notre Conseil Michel BARBEY au 49, av. Trudaine 75009 PARIS qui vous documentera avant de vous recevoir (tél. 40 23 00 03).
Schindler
AFFLUENTS
ACTÈRES CONSEIL
CHAMBRE SYNDICALE NATIONALE DES CONSEILS EN RECRUTEMENT

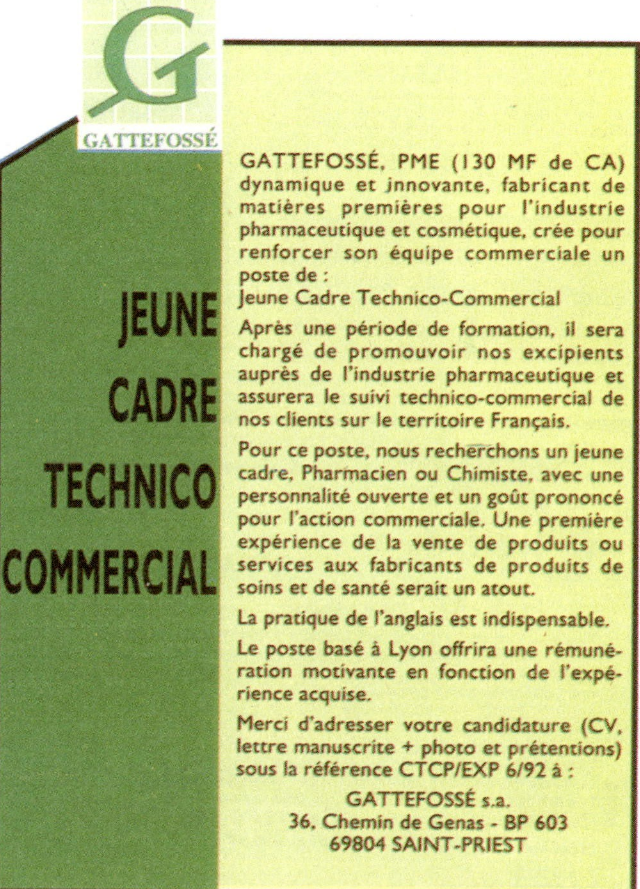

GATTEFOSSÉ
JEUNE CADRE TECHNICO COMMERCIAL
GATTEFOSSÉ, PME (130 MF de CA) dynamique et innovante, fabricant de matières premières pour l'industrie pharmaceutique et cosmétique, crée pour renforcer son équipe commerciale un poste de :
Jeune Cadre Technico-Commercial
Après une période de formation, il sera chargé de promouvoir nos excipients auprès de l'industrie pharmaceutique et assurera le suivi technico-commercial de nos clients sur le territoire Français.
Pour ce poste, nous recherchons un jeune cadre, Pharmacien ou Chimiste, avec une personnalité ouverte et un goût prononcé pour l'action commerciale. Une première expérience de la vente de produits ou services aux fabricants de produits de soins et de santé serait un atout.
La pratique de l'anglais est indispensable.
Le poste basé à Lyon offrira une rémunération motivante en fonction de l'expérience acquise.
Merci d'adresser votre candidature (CV, lettre manuscrite + photo et prétentions) sous la référence CTCP/EXP 6/92 à :
GATTEFOSSÉ s.a.
36, Chemin de Genas - BP 603
69804 SAINT-PRIEST

DÉBROUILLEZ-VOUS!

X. Cinq étudiants. You're going to hear five French students talk about their studies. Find out the following information for each student: **université, spécialisation, cours, logement, projets d'avenir.**

Y. Mon emploi du temps. A French college student is visiting your family. He/She asks you about your school week. After you explain about your major, your courses this term, and your schedule, your French visitor will ask you to compare your courses. For example, is history more interesting/more difficult than math? Is your English literature professor better/more dynamic than your chemistry professor? etc.

Z. Petit guide du campus. Your French friend now wants to visit your campus. Since he/she doesn't know his/her way around, you explain where the most important places are. Use a real map of your campus (or one you draw) to tell him/her how to get to the student union, the library, the administration building, the pool, one classroom building, and the bookstore. Be sure to include some points of reference (across from, next to, etc.).

AA. Tu devrais travailler comme... Tell your classmates what kind of person you are (personality traits) and what kinds of activities you like. Your classmates will then suggest what kinds of jobs would suit you and explain why. Each person in the group should take turns talking about himself/herself.

MODÈLE:
BILL: *Moi, j'aime beaucoup les enfants. Je suis énergique et patient. J'adores les jeux et les sports.*
ANNA: *À mon avis, tu devrais être professeur dans une école primaire.*
MIKE: *Elle a raison. Pour être professeur d'école, il faut beaucoup d'énergie et beaucoup de patience.*
JANET: *Oui, et il est nécessaire d'aimer les enfants.*

→ ***Do À faire! (7-7) on page 335 of the* Manuel de préparation.**

ATTACHES COMMERCIAUX

Paris - RP Réf. E 9/2492 P ***"Vidéo"*** ***Sud-Est*** Réf. E 9/2492 N

Filiale du Groupe International CANON, CANON PHOTO VIDEO FRANCE représente la seule marque opérationnelle dans tous les types d'image : reflex, compact, vidéo, photomagnétique. Elle est entrée tout récemment dans le domaine du son avec le système d'enceintes acoustiques "WIS".

En liaison avec le Directeur des Ventes de la Division "VIDEO", ces collaborateurs prennent en charge sur leur secteur le suivi et le développement des ventes des camescopes "Canovision", de l'appareil photomagnétique "ION" et de ses applications ainsi que l'implantation du nouveau système d'enceintes acoustiques "WIS". Ils s'adressent à une clientèle diversifiée, composée notamment de magasins spécialisés, de hifistes et de grandes surfaces.

Ces postes s'adressent à de jeunes professionnels de la vente - 26 ans ou plus - idéalement diplômés de l'enseignement commercial supérieur. Une expérience minimum de 4/5 ans dans la vente de produits grand public leur a permis d'exprimer leur dynamisme et leur autonomie dans le cadre de négociations personnalisées et complexes. La connaissance des produits vidéo est un atout.

Les conditions offertes sont particulièrement compétitives : fixe important + prime, véhicule, frais...

Merci d'adresser lettre de candidature, CV complet, photo et rémunération actuelle en précisant la référence du secteur choisi à :

EGOR CARRIERES COMMERCIALES
8, rue de Berri - 75008 PARIS
Tél. : (1) 42.56.01.44

EGOR

PARIS AIX-EN-PROVENCE BORDEAUX LILLE LYON NANTES STRASBOURG TOULOUSE - BENELUX DANMARK DEUTSCHLAND ESPANA ITALIA PORTUGAL SWEDEN UNITED KINGDOM

CHAPITRE 7
Une famille toulousaine

EXPANSION

MENU

VIDÉO	ACTE 7
PROFIL: Toulouse	MC, p. 330
PROFIL: La Tunisie	MC, p. 331
LECTURE: «Le Bourgeois gentilhomme» (extrait) (Molière)	MC, p. 332
ACTIVITÉ CULTURELLE: La francophonie	MC, p. 334
LECTURE: «Famille et médias: la formation permanente»	MC, p. 338
ACTIVITÉ ORALE: Études en France	MC, p. 340
ACTIVITÉ ORALE: Projets pour le week-end	MC, p. 341
LECTURE: «Programme des enseignements d'anglais»	MC, p. 342
LECTURE: «De l'enseignement à la profession»	MP, p. 339
EXERCICE D'ÉCOUTE: La formation supérieure	MP, p. 342
ENREGISTREMENT: Mes études et mes projets d'avenir	MP, p. 343
LECTURE: «Programmes à l'étranger»	MP, p. 343
ACTIVITÉ ÉCRITE: Quand j'étais au lycée	MP, p. 345
LECTURE: «Qui es-tu?» (Francis Bebey)	MP, p. 346
JEU: Mots en équerre	MP, p. 348

PROFIL: TOULOUSE

SITUATION: dans la région Midi-Pyrénées, dans le département de la Haute-Garonne; Toulouse est la préfecture de la Haute-Garonne

POPULATION VILLE: 358 688 habitants (Toulousains)

POPULATION AGGLOMÉRATION: 650 136 habitants

POPULATION ACTIVE *(working)* DE LA RÉGION MIDI-PYRÉNÉES: 909 700 actifs

IMPORTANCE ÉCONOMIQUE: construction aéronautique (22 000 personnes); capteurs solaires *(solar panels)* pour les logements; raffinement de pétrole; produits chimiques; complexe aérospatial

ÉCOLES: Académie de Toulouse— 2ème centre français de recherche (45 000 étudiants) avec sept écoles nationales (aéronautique et espace, chimie, informatique, hydraulique, agronomie, agriculture, vétérinaire)

INTÉRÊT HISTORIQUE: Toulouse est la capitale historique de la région Midi-Pyrénées. C'est un centre intellectuel, artistique et politique qui est un grand carrefour du sud de la France.

❖ ***À discuter:*** *Toulouse is well-known for its contribution to the French and European space program (for example, the space shuttle Ariane was largely constructed in Toulouse). What are some similar areas in the United States? What kinds of jobs are likely to be available in such areas?*

Vue de Toulouse

Basilique St-Sernin

PROFIL: LA TUNISIE

CAPITALE: Tunis

SUPERFICIE: 163 610 km²

VILLES PRINCIPALES: Sfax, Ariana, Bizerte, Gabès, Sousse, Kairouan

POPULATION: 8 500 000 habitants (1990) (Tunisiens)

LANGUE OFFICIELLE: arabe

AUTRES LANGUES: français, berbère

RELIGION: islam

DEVISE *(Motto)*: Liberté, Ordre, Justice

GOUVERNEMENT: régime présidentiel

PRÉSIDENT: Général Zine El-Abidine Ben Ali

DATE D'INDÉPENDANCE: 1956

CLIMAT: climat méditerranéen au nord; climat continental chaud au centre; climat saharien, semi-désertique au sud

ÉCONOMIE: agriculture, pétrole, industrie (textile, vêtements, transports), et surtout tourisme

LIEUX D'INTÉRÊT: Carthage, colisée romain d'El Jem, synagogue de Jerba, grande mosquée de Kairouan, mosquée de Tunis, centre de la ville moderne avec place de l'Indépendance à Tunis, cathédrale Saint-Vincent-de-Paul à Tunis, l'avenue Habib Bourguiba à Tunis

❖***À discuter:*** *Tunisia is one of three countries (along with Morocco and Algeria) known as the Maghreb, arabic for "setting sun." All three of these North African countries are inhabited by diverse groups of people. Which facts in the* ***Profil*** *are indicative of that diversity?*

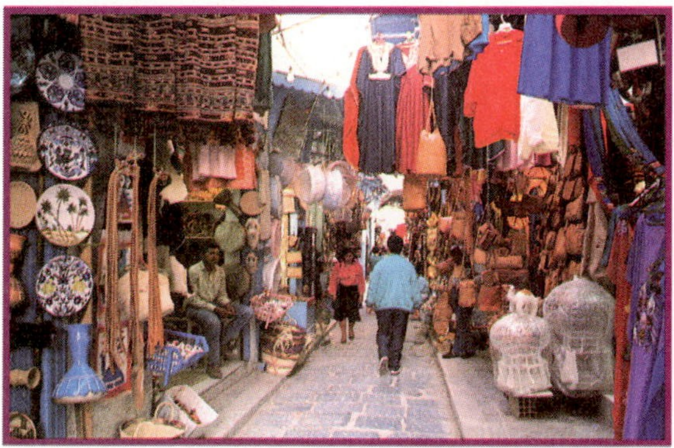

Le marché: Tunis, Tunisie

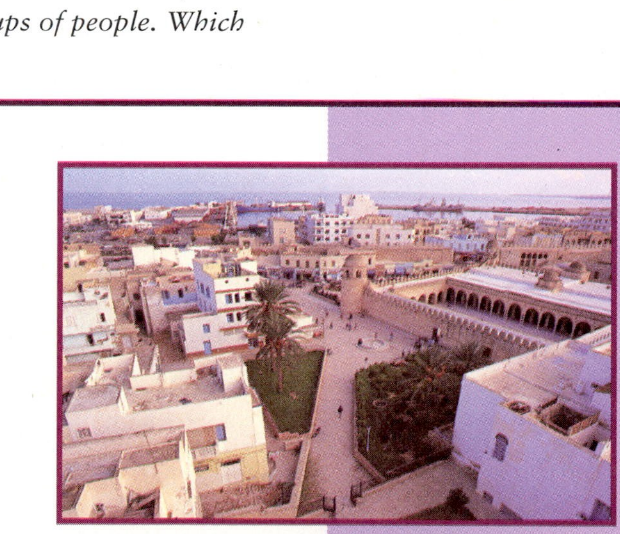

Sousse, Tunisie

LECTURE: «LE BOURGEOIS GENTILHOMME» (EXTRAIT) (MOLIÈRE)

Molière is one of the most famous of the 17th-century French playwrights. His biting satire, his wit, and his exceptional use of language to communicate messages are expressed in plays such as **Les Précieuses ridicules** *(The Precious Damsels),* **Le Tartuffe, Le Misanthrope, L'École des femmes** *(The School for Wives),* **Le Médecin malgré lui** *(The Physician in Spite of Himself), and* **Le Bourgeois gentilhomme** *(The Would-Be Gentleman).*

In **Le Bourgeois gentilhomme,** *Molière presents a person who aspires to the nobility by becoming educated.* **M. Jourdain,** *the main character of the play, is a rich bourgeois who hires tutors (a music master, a dance master, a fencing master, a philosophy master) to help him become refined and cultured. His desire for instruction is not ridiculous. What is humorous is M. Jourdain's gullability when faced with some of the absurd concepts presented by his tutors.*

In the scene you're about to read, the philosophy master gives M. Jourdain a lesson in pronunciation, claiming that in order to learn philosophy, one begins with an understanding of the exact nature of letters and how to pronounce them.

LE MAÎTRE DE PHILOSOPHIE: Que voulez-vous donc que je vous apprenne?

M. JOURDAIN: Apprenez-moi l'orthographe.

LE MAÎTRE DE PHILOSOPHIE: Très volontiers.

M. JOURDAIN: Après, vous m'apprendrez l'almanach, pour savoir quand il y a de la lune,[1] et quand il n'y en a point.[2]

LE MAÎTRE DE PHILOSOPHIE: Soit.[3] Pour bien suivre[4] votre pensée, et traiter cette matière en philosophe, il faut commencer, selon l'ordre des choses, par une exacte connaissance de la nature des lettres, et de la différente manière de les prononcer toutes. Et là-dessus j'ai à vous dire que les lettres sont divisées en voyelles, parce qu'elles expriment la voix;[5] et en consonnes, ainsi appelées consonnes, parce qu'elles sonnent avec[6] les voyelles, et ne font que marquer les diverses articulations des voix. Il y a cinq voyelles ou voix: A, E, I, O, U.

M. JOURDAIN: J'entends[7] tout cela.

LE MAÎTRE DE PHILOSOPHIE: La voix A se forme en ouvrant fort la bouche:[8] A.

M. JOURDAIN: A, A. Oui.

LE MAÎTRE DE PHILOSOPHIE: La voix E se forme en rapprochant la mâchoire d'en bas de celle d'en haut[9]: A, E.

M. JOURDAIN: A, E, A, E. Ma foi,[10] oui! Ah! que cela est beau!

LE MAÎTRE DE PHILOSOPHIE: Et la voix I, en rapprochant encore davantage les mâchoires[11] l'une de l'autre, et écartant[12] les deux coins de la bouche vers les oreilles: A, E, I.

M. JOURDAIN: A, E, I, I, I, I. Cela est vrai. Vive la science!

LE MAÎTRE DE PHILOSOPHIE: La voix O se forme en rouvrant les mâchoires, et rapprochant les lèvres par les deux coins: le haut et le bas: O.

M. JOURDAIN: O, O. Il n'y a rien de plus juste: A, E, I, O, I, O. Cela est admirable! I, O, I, O.

LE MAÎTRE DE PHILOSOPHIE: L'ouverture de la bouche fait justement comme un petit rond qui représente un O.

M. JOURDAIN: O, O, O. Vous avez raison. O. Ah! la belle chose que de savoir quelque chose!

LE MAÎTRE DE PHILOSOPHIE: La voix U se forme en rapprochant les dents sans les joindre[13] entièrement, et allongeant[14] les deux lèvres en dehors, les approchant aussi l'une de l'autre, sans les joindre tout à fait: U.

M. JOURDAIN: U, U. Il n'y a rien de plus véritable: U.

LE MAÎTRE DE PHILOSOPHIE: Vos deux lèvres s'allongent comme si vous faisiez la moue:[15] d'où vient que si vous la voulez faire à quelqu'un, et vous moquer de lui,[16] vous ne sauriez lui dire que U.[17]

M. JOURDAIN: U, U. Cela est vrai. Ah! que n'ai-je étudié plus tôt, pour savoir tout cela!

LE MAÎTRE DE PHILOSOPHIE: Demain, nous verrons les autres lettres, qui sont les consonnes.

M. JOURDAIN: Est-ce qu'il y a des choses aussi curieuses qu'à celles-ci?[18]

LE MAÎTRE DE PHILOSOPHIE: Sans doute. La consonne D, par exemple, se prononce en donnant du bout de la langue au-dessus des dents d'en haut: DA.

M. JOURDAIN: DA, DA. Oui! Ah! les belles choses! les belles choses!

LE MAÎTRE DE PHILOSOPHIE: L'F, en appuyant[19] les dents d'en haut sur la lèvre de dessous: FA.

M. JOURDAIN: FA, FA. C'est la vérité. Ah! mon père et ma mère, que je vous veux de mal![20]

LE MAÎTRE DE PHILOSOPHIE: Et l'R, en portant le bout de la langue jusqu'au haut du palais;[21] de sorte qu'étant frôlée[22] par l'air qui sort avec force, elle lui cède, et revient toujours au même endroit, faisant une manière de tremblement: R, RA.

M. JOURDAIN: R, R, RA; R, R, R, R, R, RA. Cela est vrai. Ah! l'habile homme que vous êtes,[23] et que j'ai perdu de temps! R, R, R, RA.

LE MAÎTRE DE PHILOSOPHIE: Je vous expliquerai à fond toutes ces curiosités.

VOCABULAIRE: *1. moon 2. when there isn't any 3. Very well. 4. follow 5. voice 6. sound with 7. I understand 8. by opening the mouth wide 9. by bringing the lower jaw closer to the upper jaw 10. Bless my soul 11. by bringing the jaws even closer together 12. by widening 13. touching 14. thrusting 15. as if you were pouting 16. to express contempt 17. all you have to say to him is U 18. Are they as remarkable as these vowels? 19. pushing 20. Oh, Father and Mother, how I blame you (for not teaching me these things)! 21. palate 22. so that it is brushed 23. Oh, what a clever man you are*

Analyse des détails. Answer the following questions based on the excerpt.

1. What are the two things M. Jourdain says he wants to learn from the philosophy master?
2. According to the philosophy master, why are they going to begin with an analysis of the letters of the alphabet?
3. Why are vowels called vowels? Why are consonants called consonants?
4. Once the decision is made to begin with the pronunciation of vowels, what happens then? In other words, how does the lesson proceed?
5. Does it matter if you don't really understand the explanation of the pronunciation of the letters? Why, why not?
6. What phrases does M. Jourdain use to indicate that the philosophy master is right?
7. What phrases does M. Jourdain use to express his admiration for what the philosophy master is teaching him?
8. Whom does he blame for the fact that he doesn't already know these things?

Le sens du texte. Now that you've worked with the details of the text, answer the following questions to arrive at its possible meanings.

1. What are the elements that make this text humorous? Think about the words that are used, the way the ideas are presented, and the reactions to them.
2. What message do you think Molière is trying to convey in his portrayal of the philosophy master?
3. In your opinion, how does Molière portray M. Jourdain? Can he be viewed in several different ways?
4. If you were told the following about the pronunciation of the French letter r, would you know how to pronounce it?: "And the R, by placing the tip of the tongue against the upper palate, so that it is brushed by the air, forcefully expelled, and yields to it, and returns constantly to the same position, making a kind of vibration: RA." Is this a good way to teach pronunciation? If not, what is a better way to teach the pronunciation of sounds?
5. M. Jourdain obviously thinks that he's learning a lot. Is he? Since he already speaks French and pronounces it correctly, does he gain a great deal by knowing things like how to form the lips and where to place the teeth when he's pronouncing the vowels? Does this knowledge make him a more cultured person?

ACTIVITÉ CULTURELLE:
LA FRANCOPHONIE
La carte de la francophonie

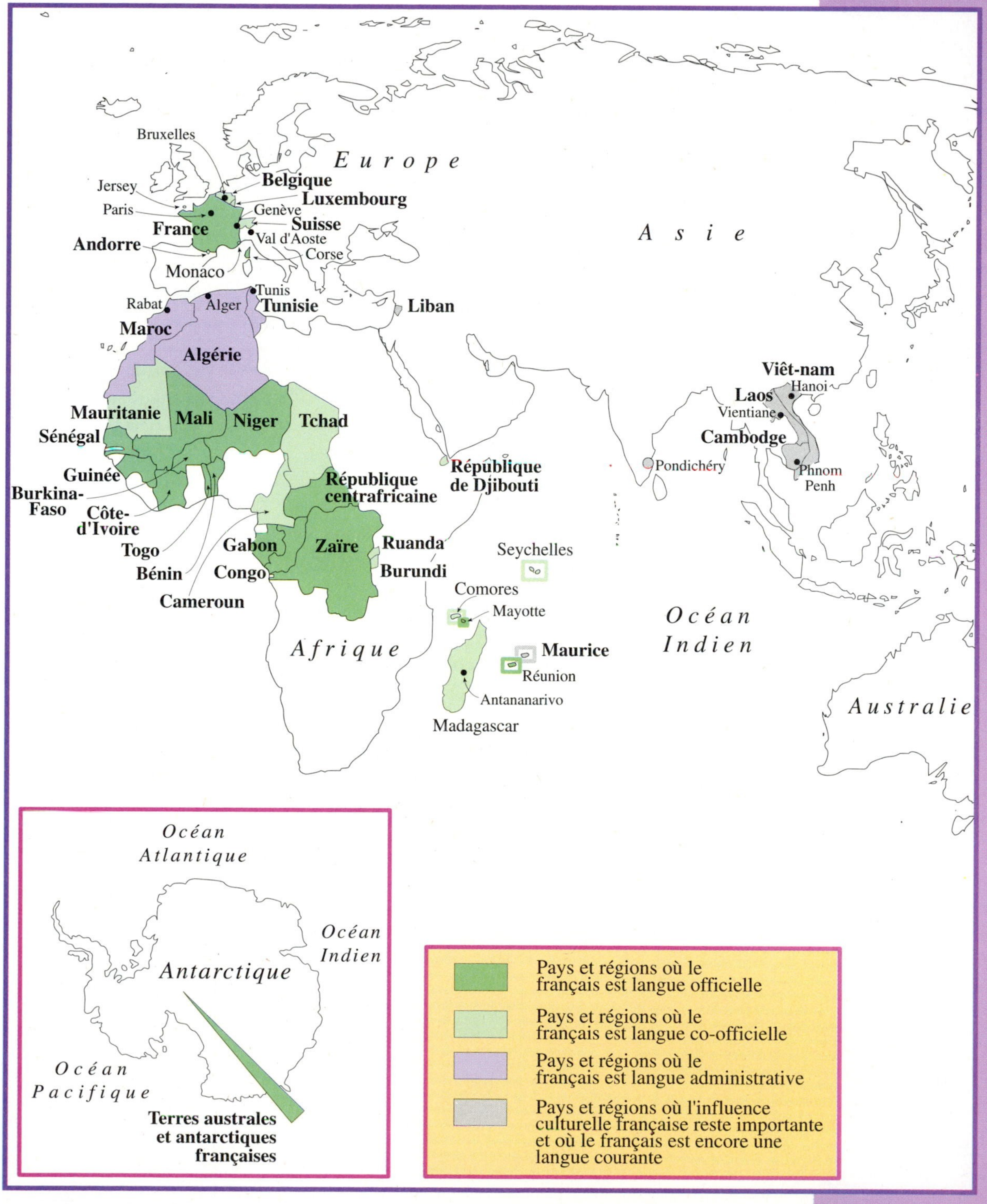
Europe
Bruxelles
Belgique
Jersey
Luxembourg
Paris
Genève
France
Suisse
Andorre
Val d'Aoste
Corse
Monaco
Tunis
Rabat
Alger
Tunisie
Liban
Maroc
Algérie
Asie
Viêt-nam
Hanoi
Laos
Vientiane
Cambodge
Pondichéry
Phnom Penh
Mauritanie
Mali
Niger
Tchad
Sénégal
Guinée
Burkina-Faso
Côte-d'Ivoire
Togo
Bénin
Cameroun
Gabon
Congo
Zaïre
République centrafricaine
République de Djibouti
Ruanda
Burundi
Seychelles
Comores
Mayotte
Maurice
Réunion
Antananarivo
Madagascar
Afrique
Océan Indien
Australie
Océan Atlantique
Océan Indien
Antarctique
Océan Pacifique
Terres australes et antarctiques françaises
Pays et régions où le français est langue officielle
Pays et régions où le français est langue co-officielle
Pays et régions où le français est langue administrative
Pays et régions où l'influence culturelle française reste importante et où le français est encore une langue courante

Définitions de la francophonie

La francophonie est une notion entrée dans l'histoire il y a très peu de temps. Plus de quarante pays et régions ont un point commun: l'usage de la langue française. Ce monde francophone représente une très grande diversité qui regroupe 70 millions de personnes pour qui le français est la seconde langue et 200 millions de locuteurs *(speakers)* qui utilisent le français comme première langue.

C'est donc l'expression qui crée la solidarité entre la France et ses anciennes colonies, une solidarité qui a comme résultat l'esprit de communauté et de services mutuels.

Il n'est pas facile de définir la francophonie. Beaucoup de gens ont pourtant essayé de trouver les idées qui semblent lier *(tie together)* des pays et des cultures différents. Voici quelques-unes de ces définitions.

«Je tiens beaucoup à la francophonie... Je ne comprends pas que nous, francophones, soyons atteints *(should be affected)* de je ne sais quel complexe d'infériorité et que nous refusions de nous grouper. C'est là un problème qui me préoccupait beaucoup.»

(Léopold Sédar Senghor, juillet 1965)

Partageant *(Sharing)* la même langue, nous avons un humour commun, des indignations communes, des aspirations communes: ainsi notre langue représente autant une féconde *(rich)* communauté de pensée qu'une simple communauté d'expression.»

(Le ministre de l'éducation du Zaïre, à Abidjan, 1964)

«La francophonie est un mode de pensée et d'action, une certaine manière de poser les problèmes et d'en chercher les solutions. Encore une fois, c'est une communauté spirituelle... »

(Léopold Sédar Senghor, Université de Laval, 1966)

«La francophonie est une manifestation de la profonde parenté spirituelle qui unit les pays de langue française.»

(Georges Pompidou, 1966)

La France et son empire

En 1939, le domaine colonial français formait un ensemble de 12 300 000 km^2 peuplé par 110 millions d'habitants. Mais il ne faut pas oublier que, avant cette date, la France avait également colonisé certaines parties de l'Amérique du Nord (le Québec, la Louisiane, etc.).

Histoire de la colonisation

1534	Sous François Ier, Jacques Cartier fait une expédition en Amérique du Nord et prend possession du Canada.
1562–1565	Jean Ribault et René de Laudonnière établissent Fort-Caroline en Caroline du Sud.
1604	Pierre de Monts et Samuel Champlain fondent une colonie en Acadie (Nouvelle Écosse).
1608	Champlain fonde Québec. (Montréal est fondé en 1642.)
1635	La Compagnie des Îles d'Amérique occupe la Guadeloupe et la Martinique.
1643	Les Français s'installent à Fort-Dauphin à Madagascar.
1659	Les Français fondent St-Louis au Sénégal.
1663	Les Français occupent La Réunion et l'île Maurice.
1682	Cavelier de la Salle prend la Louisiane.
1715	Les Français occupent l'île Maurice.
1830–1940	La France établit ses colonies en Afrique et en Indochine.

Histoire de la décolonisation

1763	La France perd le Canada.
1803	La France vend la Louisiane aux États-Unis.
1941–1946	Indépendance de la Syrie et du Liban
1949	Indépendance du Viêt-nam
1949	Indépendance du Cambodge
1953	Indépendance du Laos
1956	Indépendance du Maroc, de la Tunisie et du Togo
1958	Indépendance de la Guinée
1960	Indépendance des états africains et de Madagascar
1962	Indépendance de l'Algérie

Départements et territoires d'outre-mer (DOM et TOM)

De toutes les anciennes colonies, la France a gardé certaines régions qui constituent aujourd'hui ses départements (DOM) et territoires (TOM) d'outre-mer. Les DOM et TOM dépendent d'un ministre délégué du Premier Ministre.

DOM: Martinique, Guadeloupe, Guyane, Réunion
TOM: Nouvelle-Calédonie, Wallis et Futuna, Polynésie Française, Terres Australes et Antarctiques Françaises (T.A.A.F.)

Les régions francophones. Regardez la carte de la francophonie et décidez où se trouvent les régions ou pays francophones suivants. Indiquez s'ils se trouvent en **Afrique**, en **Amérique**, en **Asie**, en **Europe** ou en **Océanie**.

MODÈLE: le Cameroun
Le Cameroun se trouve en Afrique.

1. Tahiti
2. la Martinique
3. Monaco
4. Madagascar
5. la Nouvelle-Angleterre
6. la Belgique
7. le Québec
8. le Luxembourg
9. la Nouvelle-Calédonie
10. le Zaïre
11. le Cambodge (Kampuchea)
12. la Suisse
13. Haïti
14. la Louisiane
15. la Guadeloupe

Définitions de la francophonie. The reading contains certain ideas that can be used to define the notion of **francophonie.** Answer the following questions to show your comprehension of these ideas.

1. What do the forty francophone countries and regions have in common?
2. How many people in the world can speak and understand French?
3. What key words about **francophonie** can you find in the text?
4. What do the definitions of **francophonie** have in common?

La France et son empire. Tell when each country or region was colonized and when it gained its independence from France.

1. le Sénégal
2. Madagascar
3. le Maroc
4. la Louisiane
5. le Québec
6. le Laos
7. l'Algérie
8. le Viêt-nam

Discussion générale. In English, discuss the following issues.

1. Over the centuries, the French have left their mark on many regions of the world, including in the United States. Talk about the influence France still has on our country in terms of language (e.g., ballet and cooking vocabulary, names of cities and towns, advertising, etc.).
2. In the minds of many people, the francophone world has France and, even more specifically, Paris as its cultural center. Does the English-speaking world have such an identifiable center? What about the Spanish-speaking world? If not, how might you explain the dominance of France and Paris as compared to places associated with other language groups? For example, why isn't London considered the center of the English-speaking world?
3. Why do you think that the French language is held in such high esteem even by people who don't live in francophone areas of the world? Think about why American advertisers often use French and French things. What impression are they trying to make?

LECTURE: «FAMILLE ET MÉDIAS: LA FORMATION PERMANENTE»

Le «milieu» joue un rôle de plus en plus important dans l'éducation et la formation des jeunes. L'idée que l'enfant se fait de la société dépend plus des situations vécues en famille que de la présentation formelle qu'en font les professeurs. Elle est aussi de plus en plus influencée par la description qu'en donnent les médias. La télévision joue un rôle particulier et croissant. Après avoir contribué à une certaine égalisation culturelle, elle pourrait, en augmentant la diversité de ses programmes, accroître les différences entre les individus.

La plupart des Français utilisent largement les possibilités médiatiques qui leur sont offertes: 3 heures et demie par jour en moyenne pour la télévision; 2 heures trois quarts pour la radio; plusieurs heures par semaine de lecture des journaux et magazines. On peut donc affirmer qu'une part croissante des connaissances individuelles, tant des adultes que des enfants, transite aujourd'hui par les médias.

Cette révolution de la communication va se poursuivre: satellites, câble, télévision haute définition, cassette audionumérique, vidéodisque laser, etc. Déjà, 5 millions de ménages sont équipés d'un Minitel, un sur trois d'un magnétoscope, un sur huit d'un micro-ordinateur.

L'élargissement du choix pourrait se traduire par un renforcement des inégalités culturelles.

Pendant longtemps, la télévision a été une formidable machine égalitaire, apportant à l'ensemble de la population une sorte de «tronc culturel commun» d'informations et de connaissances diffusées au même moment à tous. La multiplication des chaînes entraîne un choix beaucoup plus vaste.

Le corollaire est un risque de ségrégation culturelle entre deux types de public. D'un côté, ceux qui font l'effort (ou disposent de l'instruction suffisante) pour choisir les programmes à fort contenu de formation et d'information: débats, documentaires, reportages, émissions scientifiques, littéraires, économiques... De l'autre, ceux qui cèdent à la facilité et se contentent des films, émissions de variétés ou jeux.

Micro-entretien

NOËL MAMÈRE*

G.M.–*La télévision a-t-elle encore une vocation pédagogique vis-à-vis de l'ensemble de la population?*

N.M.–La télévision est un moyen de connaissance formidable. Elle a créé une grande soif de savoir, elle a participé à l'élargissement de la connaissance et de la démocratie. Mais l'instrument n'a pas été à la mesure des attentes qu'il a provoquées. Fatigués après leur journée de travail, les Français préfèrent être passifs devant leur poste de télévision plutôt que de fournir un effort pour se parler, se découvrir ou redécouvrir la nature. Nos grands marchands du temple audiovisuel l'ont très bien compris. Ils «achètent» le téléspectateur, au moyen par exemple de jeux, pour obtenir un auditoire.

---

*Journaliste, auteur de *la Dictature de l'Audimat,* (La Découverte).

RFI, 23 novembre 1988

Exercice de compréhension. Read the selection about the role of television in the lives of the French people and complete the following tasks.

1. As you read, identify as many cognates as you can find (words that look more or less the same in French as in English and have, in your opinion, the same meaning). For example, the French word **rôle** also means *role* in English.
2. The beginning of the text includes two words—**éducation** and **formation**—that are false cognates in the context of the topic. What do you think the two words mean?
3. Now identify three of the main ideas that the cognates in the reading selection helped you to understand.

Vérification. Verify your understanding of the text by answering the following questions.

1. What has the greater influence on a French child's life: his/her family or formal education?
2. What is one of the positive effects of the media on French people?
3. How many hours per day does the average French person spend in front of the TV?
4. How many homes have a personal computer? In your opinion, is this more or fewer than the average American home?
5. According to this reading, television used to promote equality among viewers because it gave everyone equal access to information. The article goes on to say, however, that today this same medium tends to create cultural *inequality* and segregation. Why is this happening? Do you think that the same is true in the United States?
6. According to the **micro-entretien**, why do the French prefer to sit in front of the TV when they get home from work? Do you think this is also true in the United States?
7. According to the same interview, how does the TV industry try to "buy" the viewer who prefers to be passive after a long day at work?

ACTIVITÉ ORALE: ÉTUDES EN FRANCE

You and your classmates have just received this brochure describing programs for foreign students at the University of Toulouse—Le Mirail. First, in French, identify the main ideas in each section of the brochure. What does the brochure say about **la région toulousaine,** the content of each of the programs, exams, admission requirements, documents required for admission, and other services available to foreign students. Then talk about which program would most interest you and why. Remember that you could also take more French courses at your university and apply later for one of the higher-level programs in Toulouse if you had unlimited time and money.

Faculté des Langues et Sciences du Langage

Département Universitaire d'Études Françaises pour Étrangers

Secrétariat et cours :
5, allées Antonio Machado
31058 TOULOUSE CEDEX (France)
Tél. 61.50.45.10
61.50.42.50

Toulouse et sa région...

Quatrième ville de France (agglomération : 500.000 habitants), Toulouse est :

- une ville historique à l'architecture originale,
- une ville tournée vers l'avenir (industries de pointe, Centre National d'Études Spatiales),
- une ville tournée vers la culture (théâtre, concerts, expositions, conférences ; 2ème cinémathèque de France ; conservatoire de musique et de danse...),
- une ville universitaire, la 2ème de France par le nombre d'étudiants, répartis dans des établissements d'enseignement très divers (Sciences, Lettres, Droit, Médecine, Pharmacie, Agriculture, Aéronautique, École d'Ingénieurs...),
- une ville située au carrefour de diverses régions touristiques (stations de montagne des Pyrénées, plages de l'Atlantique et de la Méditerranée ; lieux touristiques prestigieux tels que la cité médiévale de Carcassonne, les villes et villages d'Albi, Cordes, Moissac, etc. ; les grottes préhistoriques de Pech-Merle, du Mas-d'Azil, etc.).

PROGRAMMES

Selon leur niveau de connaissances, ÉTABLI PAR UN TEST LINGUISTIQUE À LEUR ARRIVÉE, les candidats sont orientés vers l'un des trois cours suivants :

C1 (1ère année) en vue de l'obtention du *CERTIFICAT PRATIQUE DE LANGUE FRANÇAISE* (CPLF).

Le programme comprend :

- Langue française :
  - * Compréhension et expression orales et écrites
  - * Orthographe, grammaire
  - * Techniques d'expression (résumé, compte rendu...)
  - * Travaux pratiques au laboratoire de langue.
- Initiation à la lecture des textes littéraires. Adaptations filmées d'œuvres littéraires.
- Initiation à la vie quotidienne des Français.

C2 (2ème année) en vue de l'obtention du *DIPLÔME D'ÉTUDES FRANÇAISE* (DEF).

Le programme comprend :

- Langue française :
  - * Compréhension et expression orales et écrites (études de documents enregistrés – exposés – débats – passage du support oral au texte écrit)
  - * Techniques d'expression. A partir de documents écrits : résumés, comptes rendus, entraînement à la structuration du discours
  - * Travaux pratiques au laboratoire de langue.
- Littérature française :
  - * Initiation à la lecture du roman (études de nouvelles et d'un ou plusieurs romans ; adaptations filmées d'œuvres littéraires).
  - * Approche du théâtre, du XVIIème siècle à nos jours : étude de la mise en scène à travers des documents vidéos.
  - * La poésie : réflexion sur la distance qui sépare la langue de communication de l'écriture poétique, à partir de textes empruntés à la littérature française du Moyen-Age à nos jours.
- Civilisation Connaissance de la France :

1) A la recherche d'une identité de la France :
  - * L'espace français
  - * Chronologie des principaux événements qui ont fait la France
  - * Les institutions politiques françaises.

2) Observation et réflexion sur quelques aspects de la vie quotidienne en France :
Approche communicative et utilisation de nombreux documents vidéo utilisés comme déclencheurs d'activités.

C3 (3ème année) en vue de l'obtention du *DIPLÔME SUPÉRIEUR D'ÉTUDES FRANÇAIS* (DSEF) ou du *DIPLÔME SUPÉRIEUR POUR L'ENSEIGNEMENT DU FRANÇAIS A L'ÉTRANGER* (DSEFE).

Tronc commun aux 2 options :

- Langue française : perfectionnement écrit et oral.
- Littérature et civilisation : histoire des idées, de la Renaissance jusqu'à nos jours à travers un ensemble de documents écrits empruntés pour la plupart à la littérature française.
- Documents périphériques : films, vidéo-cassettes
- Civilisation : préparation individuelle d'un mémoire sur un sujet directement en prise sur les réalités françaises.

OPTIONS :

Pour le DSEF **(Option « Littérature »)**

- Études suivies de quatre à six œuvres dont 50 % sont inscrites obligatoirement au programme de Lettres Modernes (DEUG – 1ere année).
- Étude de textes littéraires (extraits de textes, des XIXeme et XXeme siècles : théâtre, roman, poésie).
- Méthodologie de la lecture et de l'étude de textes littéraires en fonction des critères linguistiques d'analyse de discours (énonciation, champs lexicaux, figures...) et de critiques littéraires (études de genres : romans, théâtre, poésie...).
- Exercices écrits et oraux, collectifs et individuels permettant l'acquisition des techniques d'expression en usage à l'Université.
- illustrations audiovisuelles, débats.
- Techniques d'expression (Unité de valeur préparée avec les étudiants français de l'Université).

Les titulaires du DSEF obtiennent l'équivalence de 14 points de DEUG 1ere année de Lettres Modernes. Ils peuvent passer directement en 2eme année, à condition de préparer une UV obligatoire de latin.

Pour le DSEFE **(Option « Didactique du français langue étrangère »)**

- La didactique des langues.
- Les principaux courants linguistiques et méthodologiques en didactique du FLE (français langue étrangère).
- Initiation à la linguistique générale, phonétique descriptive et corrective.
- L'entraînement à la compréhension et à l'expression orales en langue étrangère (LE.)
- Place de la grammaire dans l'enseignement d'une LE. Les exercices de renforcement grammatical TP au Laboratoire de langues.
- La sélection du contenu linguistique d'un cours de FLE.
- La prise d'écriture, l'acquisition de l'orthographe, l'entraînement à la lecture, à l'expression écrite.
- Début d'apprentissage critique d'une langue inconnue (25 h) : analyse des problèmes linguistiques, psychopédagogiques et méthodologiques posés par cet apprentissage.
- Étude et utilisation des auxiliaires audio-visuels.
- Étude de matériels didactiques.
- Les documents authentiques complémentaires à un enseignement de LE.
- Travaux pratiques (alternant avec les cours théoriques) : observation, préparation et animation de classes, autoscopies (animation de classes enregistrées en vidéo, visionnement, discussion).

Les titulaires du DSEFE obtiennent l'équivalence de 10 points d'UV de DEUG (1ere année) de Lettres Modernes. Ils peuvent passer directement en 2eme année à condition de préparer une UV obligatoire de latin plus une UV de Littérature.

Bibliothèques et Bibliographies spécifiques sont à la disposition des étudiants.

ÉTUDES ET EXAMENS

L'enseignement est annuel (20 octobre – fin juin).
L'assiduité au cours est requise.
Deux sessions d'examens sont prévues : une en juin et une fin septembre ou début octobre.

CONDITIONS D'ADMISSION

Age minimum : 17 ans (sauf dispense)

Bonne connaissance du français parlé et écrit. Le CEFE-DU attire l'attention sur le fait que l'accès à son département est conditionné par les RÉSULTATS DU TEST LINGUISTIQUE D'ENTRÉE. Si le niveau est insuffisant, l'étudiant est orienté vers le Département Extension Universitaire (DEU). Voir brochure jointe.

Titres requis :

- Baccalauréat français ou titre étranger permettant l'inscription dans une Université étrangère.

INSCRIPTIONS

Pièces à fournir :

- 2 photographies
- Passeport
- Extrait d'acte de naissance traduit, portant le nom du père et de la mère (2 exemplaires)
- Diplôme étranger traduit en français et authentifié par une autorité habilitée telle que Ambassade, Consulat français ou traducteur juré.

Dates des inscriptions :
du 15 septembre au 3 octobre

Droits d'inscription :
environ 1 000 F pour une année

CONDITIONS DE SÉJOUR EN FRANCE

Se renseigner auprès des autorités consulaires.

AVANTAGES SOCIAUX

Sécurité Sociale (étudiants de moins de 26 ans).
CROUS (Centre Régional des Œuvres Universitaires), offrant les services suivants :

- Restaurant universitaire
- Aide à la recherche d'une chambre en ville
- Assistance sociale (santé, intégration à la vie toulousaine)
- Loisirs (excursions, voyages organisés, visite d'établissements culturels ou industriels, réductions pour les spectacles, les transports, etc.)

Renseignements :

CROUS
7, rue des Salenques 31000 TOULOUSE
Tél. 61.21.13.61

COURS D'ÉTÉ

Se renseigner auprès de :

UNIVERSITÉ DE TOULOUSE-LE-MIRAIL
COURS D'ÉTÉ
5, allées Antonio Machado
31058 TOULOUSE CEDEX (France)

ACTIVITÉ ORALE: PROJETS POUR LE WEEK-END

You and two classmates have a long weekend coming up without any assignments to do. Plan a weekend full of activities, keeping in mind everyone's interests. Talk about what you're going to do (sports, movies, visiting, parties, shopping, excursions, etc.), when (which day and what time), what mode of transportation (if needed) you would use, who else might be invited, and where you're going to meet, etc. Your final plans must be agreeable to all three of you. By the time you're done, you should have a sort of "itinerary" so that all of you know what's happening.

LECTURE: «PROGRAMME DES ENSEIGNEMENTS D'ANGLAIS»

Le programme suivant fait partie des études à l'Université de Toulouse–Le Mirail. Il vous donne une idée exacte des cours que suivent les étudiants de première année qui se spécialisent en anglais.

UFR D'ANGLAIS

PROGRAMME DES ENSEIGNEMENTS D'ANGLAIS

DEUG B - 1ère ANNEE

****

AN 1111 Langue écrite (2 points)

1 H Anglais écrit (grammaire, thème, entraînement à la rédaction)

1 H version + initiation très succincte à la phonétique

ouvrage obligatoire : 1 ouvrage de grammaire au choix de l'enseignant du groupe

soit - Thomson et Martinet *Grammaire de l'Anglais d'aujourd'hui* (O.U.P. Presses Pockets)

soit - S. Berland-Delépine, *Grammaire pratique de l'anglais* (Ophrys) nouvelle édition juillet 1990.

soit - F. Ogée et P. Boucher, *Grammaire appliquée de l'anglais* (Sedes) 1990

ouvrages conseillés : 1 dictionnaire unilingue) *titres*
1 manuel de vocabulaire (*donnés au*
1 dictionnaire de prononciation) *ler cours*

AN 1841 Civilisation et littérature (3 points)

1 H 30 de civilisation anglaise et américaine

1 H 30 de littérature

Littérature : ouvrages donnés dans l'ordre de lecture. Le premier ouvrage doit être obligatoirement lu avant le premier cours :

- 1) *Modern Short Stories,* Editions Jim Hunter (Faber)
- 2) *The Awakening,* Kate Chobin (Penguin)
- 3) *Lord of the Flies,* W.Golding (Faber)
- 4) *Our Town,* T. Wilder (Penguin)

Civilisation anglaise : La Société Britannique Contemporaine- (se fait au 1er semestre)

- *Modern Britain, an Introduction :* John L. Irwin (Allen Unwin, 1987)
- Ouvrage conseillé : *Governing Britain, A guidebook to Political Institutions,* Hanson & Wallis, (Fontana)

Civilisation américaine : Les Etats-Unis d'aujourd'hui (Géographie, Institutions, Société) (Se fait au 2e semestre)

- *Life in Modern America,* Peter Bromhead (Longman).

LES UV AN 1111 & 1841 SONT ASSUREES PAR LE S.E.D.
(Service d'Enseignement à Distance)

Est-ce que vous avez compris? Answer the following questions about the English program for first-year students at the University of Toulouse.

1. What do you think the prefix **AN** means?
2. This particular program describes two sets of courses. What's included in the first set and what's in the second?
3. **AN 1111** is a multi-section course. How can you tell from the description?
4. What skills do students acquire in AN 1111?
5. Which books are required and which are optional in AN 1111?
6. In AN 1841, students deal with two cultures. Which ones are they?
7. In the literature section of the course, the books are listed in the order in which they will be treated. Why is special mention made of the first book?
8. How many semesters does this program involve?
9. What does UV stand for?
10. If you don't want to take these courses in a classroom setting, what else can you do?
11. Have you ever read any of the literary works included in this program ? Which one(s) and why? Do you think these are good choices for such a course in the first year? Why or why not?

LEXIQUE:
***See pages 350–352 of the* Manuel de préparation.**

CHAPITRE 8

Les jeunes mariés

CHAPTER SUPPORT MATERIALS

MP: pp. 353–388

Student Tape
Segments 51–56

YVAN ROUARD ET DAPHNÉ CHARTIER

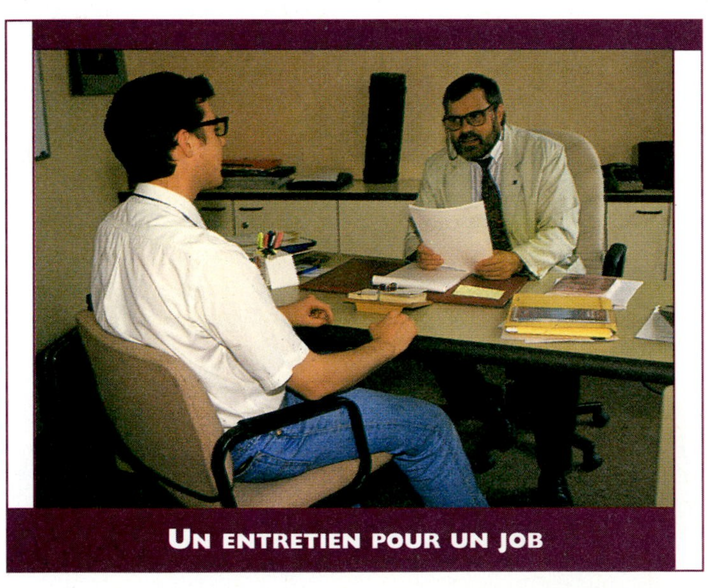

UN ENTRETIEN POUR UN JOB

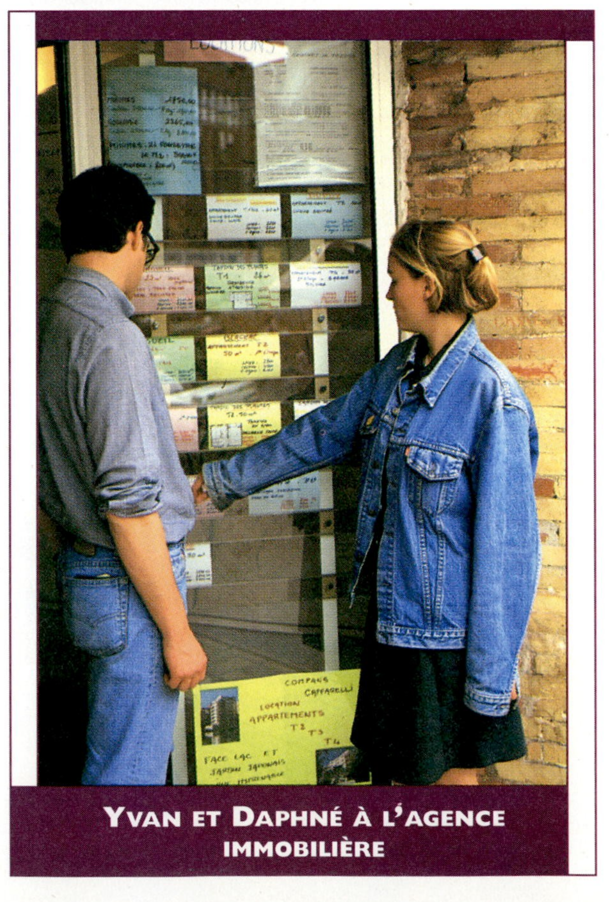

YVAN ET DAPHNÉ À L'AGENCE IMMOBILIÈRE

Enfin! We're finally going to meet Yvan Rouard, Daphné's fiancé!

Actually, he's no longer her fiancé. They just got married!

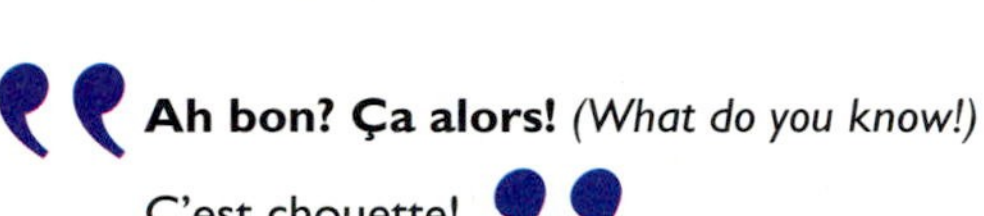

Ah bon? Ça alors! *(What do you know!)* C'est chouette!

Yes. It was a terrific wedding. It was held right here in Toulouse. Yvan's family came down from Mulhouse and all of Daphné's family was there. After the wedding, the newlyweds spent two weeks in Greece.

Et qu'est-ce qu'ils font maintenant? Comment vont-ils gagner leur vie? *(How are they going to earn their living?)*

Daphné is of course still in school preparing for her law degree. Yvan will finish his Master's degree in June. Right now he's applying for jobs. They're also looking for a bigger apartment because Yvan's student apartment is a bit small. Yvan's been saving his money and Daphné managed to put aside a little bit from the English lessons she's been giving over the last couple of years.

Alors, ça s'annonce bien! *(So it looks promising!)* I bet they're happy.

Absolument! They'd been going together for quite a while and are anxious to settle down and start working on their future together.

Bon. Voyons ce qu'ils envisagent! *(Let's see what they have in mind!)*

CONTEXTE: YVAN ROUARD À LA RECHERCHE D'UN POSTE

Les petites annonces

Filiale du groupe Warner Music, recherche, dans le cadre de son développement, des

Représentant

PARIS

De formation commerciale (Bac + 2 minimum), vous avez réussi votre première expérience de vente dans le domaine musical ou audio-visuel.
Vous êtes disponible, rigoureux, et doué d'une grande aisance relationnelle.
Nous vous proposons des responsabilités et une rémunération motivantes.

Merci d'adresser votre C.V lettre manuscrite, photo + prétentions à : CARRERE Music, M.DEVISME, 27, rue de Surène 75008 PARIS.

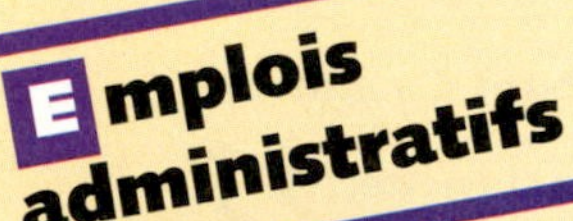

GROUPE MIGROS (SUISSE)
- Leader de la distribution en Suisse
- CA 1992 : 55 milliards de FF
- 70 000 collaborateurs
- 550 points de vente
- 25 entreprises agro-alimentaires et de service.

MIGROS-GENEVE

La Société coopérative Migros-Genève passe la frontière et ouvre prochainement deux hypermarchés en France (Ain et Haute-Savoie).

Un défi passionnant et unique de création d'entreprise est à relever pour des :
- CHEFS DE GROUPE (départements)
- CHEFS DE RAYON

dans tous les secteurs d'activité d'un hypermarché.

Votre expérience dans le distribution ainsi que votre souhait de rallier une société à taille humaine possédant une éthique originale et une très forte culture d'entreprise doivent vous inciter à nous faire parvenir votre candidature (lettre manuscrite + CV) à :

MIGROS GENEVE
EXPANSION SARL
ZAC de la Chatelaine
18, rue René Cassin
74240 GAILLARD

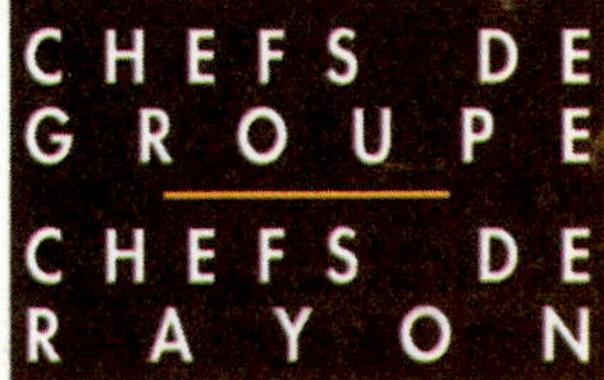

Notre marché est en croissance...

Staefa Control System

La référence dans le domaine de la régulation et de la Gestion Technique des bâtiments.

Vous avez pour mission le suivi de nos clients : Utilisateurs, Bureaux d'études, Installateurs et Exploitants, la prescription et la vente de l'ensemble de nos produits et systèmes.

De formation technique, DUT Génie Thermique ou Electrique et fort d'une première expérience commerciale réussie dans le domaine du bâtiment ou de l'industrie, vous avez le sens de la négociation que vous souhaitez valoriser au sein de notre équipe. Vos qualités d'organisation et de communication vous permettront d'élargir progressivement vos responsabilités.

Nous vous offrons une formation approfondie, une voiture de fonction et une rémunération motivante.

Merci de nous adresser votre candidature (lettre manuscrite, CV + photo et prétentions) à STAEFA CONTROL SYSTEM - 12, avenue Léon Harmel 92164 Antony Cedex.

Technico-Commerciaux

TOUTES REGIONS

Secrétaires Sténodactylos Dactylos

Personnel hôtelier et de restauration

Ingénieurs Cadres techniques

Edition Imprimerie Publicité

Chez Leclerc, nous aimons les belles carrières...

E.LECLERC

Situé dans l'Est de la France, notre hypermarché (8 000 m2) connaît une expansion exceptionnelle.

Directeur d'hypermarché

Si vous aussi, vous aimez les belles carrières... Véritable chef d'entreprise, vous animerez vos équipes et assurerez la gestion de votre magasin en toute autonomie.
A 35 ans environ, vous avez une expérience similaire dans une enseigne de premier plan. Vos qualités de gestionnaire et de manager vous permettront de réussir et d'évoluer au sein d'un Groupe performant et innovateur. Et, bien sûr, les belles carrières ne vont pas sans rémunération motivante !

L'idée vous séduit ? Contactez-nous, en écrivant sous réf. 907/EX, en toute confidentialité, à notre conseil MG Partenaires.

• Tertiel I, Val de Croze, 34070 Montpellier.

• Maison de l'Hérault, 8 rue de la Harpe, 75005 Paris.

Une des entreprises industrielles leader de la Charcuterie-Salaison (210 pers., 260 MF de CA), filiale du Groupe UNICOPA (7 Mds de F de CA), recherche pour soutenir son développement un

CHEF DE SECTEUR CONFIRME

PARIS - R.P. SALAIRE MOTIVANT + VOITURE

VOTRE MISSION : Sous la responsabilité de notre Directeur Commercial • vous êtes chargé de développer et de gérer nos ventes dans les circuits GMS et grossistes • vous êtes le garant de la bonne application de notre politique commerciale au niveau des points de vente • vous êtes l'interlocuteur privilégié des clients sur votre région.

VOTRE PROFIL : • 30-35 ans environ • une formation de type BAC+2 • une expérience significative de la vente de produits frais en GMS • la volonté de développer les résultats de votre secteur par votre rigueur, vos qualités relationnelles et votre sens du partenariat.

NOUS VOUS OFFRONS : • une grande autonomie d'action sur une région à très fort potentiel • des produits de qualité • l'opportunité d'intégrer un groupe agro-alimentaire en forte croissance par le biais d'une structure à taille humaine • des conditions de travail très motivantes (fixe + primes + voiture + frais).

Pour un entretien individuel avec la société le 09/07/1992.

Adressez ou télécopiez CV, lettre et photo à EUROMAN - 11 rue Heinrich - 92100 BOULOGNE. Fax : (1) 46.21.78.13 en indiquant la référence 5836 sur la lettre et sur l'enveloppe.

Cadres de direction et gestion

Commerciaux Technico-commerciaux

Lorsque le marketing est une question de goût

Filiale du groupe Saint Louis, WILLIAM SAURIN occupe une place de choix sur le marché français des plats cuisinés.
Notre offre-produit, complète et inventive (gamme Savoir-Faire, Carte Brasserie, Cuisine Saveur, les Gratins Dorés...) fait de notre marque un symbole de qualité et de générosité.

ASSISTANT CHEF DE PRODUIT

Débutant ou avec une première expérience, vous êtes convaincu que le marketing de biens de grande consommation est ouvert sur l'avenir.
Vous pourrez vous appuyer sur nos méthodes et notre savoir-faire pour développer, optimiser et animer nos gammes de produits.
Diplômé d'une grande école de commerce, vous avez le sens du business et de la créativité à revendre. La pratique courante de l'anglais est un must, la connaissance d'une autre langue européenne serait un plus.

Merci d'adresser votre dossier de candidature (lettre, CV et photo) à WILLIAM SAURIN - Jean Paul GIRAUD - BP 138 - 77401 LAGNY SUR MARNE.

ENSEMBLE, VERS LE MEILLEUR

À vous la parole!

A. Les petites annonces. Répondez aux questions suivantes selon ce que vous avez lu dans les annonces.

"**Tu veux rire!** *(You're not serious!)* You don't really expect students to be able to understand the stuff in these ads. Some of it's very technical!"

"Don't underestimate their ability to read these ads. Let's take the ad for **Carrère Music,** for example. All they have to do is first identify the words they already know, which will probably also turn out to be the key words. They've already learned the words **filiale, recherche, représentant, formation, vente;** they can rely on cognates like **groupe, développement, commerciale, expérience, domaine, musical, audio-visuel, rigoureux, proposons, responsabilités, rémunération,** and **motivantes.** They can probably guess that **Bac + 2 minimum** means that the candidate has to have a **baccalauréat** plus at least two additional years of higher education, and that **CV (curriculum vitae)** is a résumé. When you put all that together, you can answer a lot of questions about the ad. Let's check it out. What does this company do? They probably produce music and audio-visual materials. What job are they offering? They want a salesperson for the Paris region. What kinds of qualifications does the person have to have? An education in business that includes a **baccalauréat** and a minimum of two years of higher education, and previous experience in the area of music and audio-visual equipment. The person has to be available **(disponible),** self-disciplined **(rigoureux),** talented **(doué),** and at ease in interpersonal relations.

See, that wasn't so hard!"

1. Migros-Génève
   a. What is the country of origin of **Migros**?
   b. What kind of company is it?
   c. What are they about to do?
   d. What jobs are they offering?
2. Staeffa Control System
   a. What does this company do? What kinds of systems do they probably install?
   b. What jobs are they offering?
   c. What do they give a person who accepts a job with them?
   d. What documents do they want applicants to send in?
3. Leclerc
   a. What is **Leclerc**?
   b. If someone is hired in this position, what will this person do?
   c. What specific words does this ad use to make the position sound attractive?
4. Broceliande
   a. What does this company produce?
   b. What are the responsibilities of this position? (Note that **grossiste** means *wholesaler.)*
   c. What characteristics and qualifications are they asking for?
5. William Saurin
   a. What product does this company sell?
   b. What job are they offering?
   c. What qualifications are job candidates expected to have?

B. Je cherche un poste. Complétez le dialogue avec des mots logiques. Vous trouverez quelques-uns de ces mots dans les offres d'emploi des petites annonces.

1. — Je cherche un _____ comme _____.
2. — Est-ce que tu as jamais travaillé dans _____?
3. — Oui, pendant trois ans j'ai été _____.
4. — Est-ce que tu as déjà envoyé ton _____ à quelqu'un?
5. — Oui, et j'ai un _____ à 13 heures.
6. — Quelles _____ sont nécessaires pour ce poste?
7. — Il faut parler couramment _____ et surtout il est indispensable de (d') _____.

Chez nous

"Here in France, you can find job ads in a variety of publications. Most high-circulation newspapers ***(Le Monde, Le Figaro, France-Soir)*** have classified sections that give very brief descriptions of jobs in different categories. Magazines such as ***L'Express*** and ***Le Point*** provide more elaborate ads for positions that are available throughout the country. In fact, ***L'Express*** even has a special magazine called ***L'Express Réussir*** that contains a few articles and many pages of job ads. If you're looking for the latest financial and economic news, you can consult the paper ***Les Echos*** or the magazine ***L'Expansion.*** With the unemployment rate being about 10% in France (1992 figures), you can imagine that all of the publications that feature job ads are consulted very regularly."

❖ *À discuter: How does one go about looking for a job in the United States? Where can one find ads for jobs? Are there any specialized publications that contain such ads? Which newspapers and magazines would you consult in the U.S. if you wanted to get the financial and business news?*

VOILÀ LE TRAVAIL QU'IL ME FAUT!

Yvan regarde les petites annonces dans le journal pour voir s'il y a un job qui pourrait (might) *l'intéresser. Il discute des possibilités avec Daphné.*

Notre marché est en croissance...

Staefa Control System

La référence dans le domaine de la régulation et de la Gestion Technique des bâtiments.

Vous avez pour mission le suivi de nos clients : Utilisateurs, Bureaux d'études, Installateurs et Exploitants, la prescription et la vente de l'ensemble de nos produits et systèmes.

De formation technique, DUT Génie Thermique ou Electrique et fort d'une première expérience commerciale réussie dans le domaine du bâtiment ou de l'industrie, vous avez le sens de la négociation que vous souhaitez valoriser au sein de notre équipe. Vos qualités d'organisation et de communication vous permettront d'élargir progressivement vos responsabilités.

Nous vous offrons une formation approfondie, une voiture de fonction et une rémunération motivante.

Merci de nous adresser votre candidature (lettre manuscrite, CV + photo et prétentions) à STAEFA CONTROL SYSTEM - 12, avenue Léon Harmel 92164 Antony Cedex.

Technico-Commerciaux

TOUTES REGIONS

sales representative	**YVAN:**	Tiens, regarde. On cherche un **commercial** chez Staefa Control System.
in sales	**DAPHNÉ:**	Ah oui? Tu as vraiment envie de faire carrière dans la **vente?**
Not really	**YVAN:**	**Pas tellement.** Mais ce job est différent, je pense. C'est pas un simple poste de commercial, c'est un emploi de «technico-commercial».
	DAPHNÉ:	Ça veut dire quoi, ça?
has to do with / *the knowledge*	**YVAN:**	Eh bien, ça veut dire qu'**il s'agit de** la technique du bâtiment qui demande justement **les connaissances** que j'ai, moi.
	DAPHNÉ:	Tu penses qu'il y a des possibilités de promotion?
	YVAN:	Oh oui, certainement. J'ai l'impression qu'il faut commencer par la vente et, une fois qu'on s'est établi dans ce domaine, on peut probablement passer à la production.
	DAPHNÉ:	En tout cas, ce qui compte, c'est l'expérience.
to try / what comes of it	**YVAN:**	Bon. Je vais **essayer.** On verra bien **ce que ça donne.** Si j'arrive à avoir un entretien, je verrai s'il y a possibilité de travailler dans le domaine de l'acoustique.
wiring for sound / concert halls	**DAPHNÉ:**	Oui, c'est assez important. Surtout que tu veux plus tard faire de la **sonorisation** de **salles de spectacles.**
write / *somewhere*	**YVAN:**	T'as raison. Maintenant il faut que je **rédige** ma lettre de candidature et que je prépare aussi mon CV. Je pense que j'ai des photos **quelque part.**

POUR VOUS EXPRIMER

Pour parler des conditions de travail

les indemnités *(f. pl.) (benefits)*
l'ambiance *(f.) (work environment)*
l'avancement *(m.)*
les conditions de travail (avantageuses, désavantageuses)
un congé *(time off, vacation)*
les congés payés *(paid leave, paid vacation)*
les frais *(m. pl.) (expenses)*
l'horaire *(m.) (work hours)*
les primes *(f. pl.) (bonuses)*
la promotion
une retraite *(retirement benefits)*
le salaire (bas, haut, élevé)
la sécurité de l'emploi
le travail à mi-temps *(half-time work)*
le travail à plein temps *(full-time work)*
le travail à temps partiel *(part-time work)*

Verbes utiles

aimer bien
avoir envie de
demander
démissionner *(to resign)*
engager *(to hire)*
être mécontent(e) de *(to be unhappy about, dissatisfied with)*
être satisfait(e) de
s'intéresser à
licencier *(to fire)*
payer
poser sa candidature *(to apply for a job)*

À vous la parole!

C. Qu'est-ce qu'ils offrent? Regardez les trois offres d'emploi ci-dessous et discutez-en avec vos camarades de classe. Mentionnez les qualifications nécessaires, les conditions de travail, les responsabilités du job, ce que la société offre à ses employés et d'autres renseignements indiqués dans les annonces. Quelles conditions de travail sont importantes pour vous?

Manager notre agence

Mulhouse

Filiale du groupe international TELECOLUMBUS (plus de 1000 personnes), EUROCABLE commercialise et exploite des réseaux câblés de télévision. Nos taux de pénétration sont des plus forts, notamment sur deux grands projets en cours de réalisation : MULHOUSE et COLMAR. Un chantier d'une ampleur exceptionnelle et unique en France devrait nous être confié au cours de cette année : le câblage de toutes les communes du Haut-Rhin. Pour gagner ce pari, nous recherchons notre manager de centre de profit.

Sous la responsabilité du Directeur Commercial Marketing Grand Public, votre tâche sera de développer, de gérer et de fidéliser votre clientèle abonnée au câble. Trois grandes missions vous seront confiées : préparation et pilotage du PAC Agence, représentation de la société sur votre zone d'activité (collectivités, tissu économique, etc.), management de votre équipe (recrutement, animation, formation, contrôle).

De formation supérieure et déjà rompu à l'animation d'un centre de profit, vous êtes issu d'un secteur produit grand public et vente directe : vous connaissez notamment les techniques de fidélisation et de "remarket". Rejoignez-nous vite !

Les entretiens auront lieu à **PARIS** et à **STRASBOURG**.

Merci d'adresser lettre, CV et photo sous référence 6394 au GROUPE BERNARD JULHIET ALSACE - 1/3 Place Gutenberg 67000 STRASBOURG.

BERNARD JULHIET *RESSOURCES HUMAINES* ALSACE

Paris - Lyon - Lille - Strasbourg - Nice - Bruxelles

Membre de Syntec

Organisation et Publicité

Un esprit pionnier pour de grandes Aventures

ATTACHE COMMERCIAL

Nord - Pas de Calais

Une position de premier plan à l'échelon international dans le domaine de la cassette vidéo pré-enregistrée, mais aussi de précurseur dans celui du compact disque vidéo, tels sont les résultats d'une stratégie basée sur l'innovation.

Avec l'esprit de conquête qui vous caractérise, vous assurez la prospection, le développement et la consolidation d'une clientèle d'hypermarchés sur votre secteur.

De formation BAC + 2 minimum, vous justifiez d'une solide expérience de la vente auprès des GMS. Vous bénéficierez d'une formation complète à nos produits et méthodes.

Les conditions de rémunération, très motivantes (fixe + prime + voiture + frais), sont de nature à intéresser un candidat de valeur.

Merci d'adresser lettre de candidature, CV complet, photo et rémunération actuelle sous réf. E 21/4128 I à :

EGOR
CARRIERES COMMERCIALES
8, rue de Berri - 75008 PARIS - Tél. : (1) 42.56.01.44

EGOR

PARIS AIX-EN-PROVENCE BORDEAUX LILLE LYON NANTES STRASBOURG TOULOUSE
BENELUX DANMARK DEUTSCHLAND ESPANA ITALIA PORTUGAL SWEDEN UNITED KINGDOM

COMMERCIAUX

• Paris - R.P. *• Ouest*

lafuma 

Notre société, 300 MF, est leader sur le marché des articles de plein air (randonnées, camping, sacs écolier). La notoriété et la qualité de nos produits font de nous les véritables partenaires de nos clients.

Dans un contexte de croissance, avec une gamme renouvelée en permanence et de fortes ambitions déterminées, nous recherchons deux commerciaux de challenge qui auront pour mission spécifique de développer, gérer et suivre une clientèle ciblée d'HYPERMARCHES.

Autonomes et professionnels de la vente au travers d'une **expérience réussie** en GMS, vous avez envie de vous imposer au sein d'une équipe jeune et dynamique qui vous donnera les moyens de gagner.

Une formation spécifique à la négociation dans ce type de distribution sera assurée par **MASTER TRAINING**

La rémunération motivante (fixe + primes + voiture + frais) est susceptible d'intéresser des candidats de valeur.

Merci d'adresser lettre de candidature, CV complet, photo et rémunération actuelle sous la référence E 73/1008 J à :

EGOR RHONE-ALPES
Tour du Crédit Lyonnais
129, rue Servient - 69431 LYON CEDEX 03

EGOR

PARIS AIX-EN-PROVENCE BORDEAUX LILLE LYON NANTES STRASBOURG TOULOUSE
BENELUX DANMARK DEUTSCHLAND ESPANA ITALIA PORTUGAL SWEDEN UNITED KINGDOM

D. Des renseignements supplémentaires. Pour chacune des offres d'emploi ci-dessus, faites une liste de questions que vous poseriez *(would ask)* si vous aviez un entretien. Pensez, par exemple, au salaire, aux heures de travail, aux congés payés, etc. Utilisez le vocabulaire de ***Pour vous exprimer*** pour rédiger vos questions.

→ *Do* À faire! (8-1) *on page 353 of the* Manuel de préparation.

RAPPEL

Les pronoms objets **lui** et **leur**

Lui *(to him/to her)* and **leur** *(to them)* are indirect-object pronouns. Their placement corresponds to the placement of the other object pronouns.

Je **lui** explique la grammaire.	Je ne **lui** explique pas la grammaire.
Elle **leur** a donné cent francs.	Elle ne **leur** a pas donné cent francs.
Ils vont **lui** dire au revoir.	Ils ne vont pas **lui** dire au revoir.
Je **leur** prêterai ma voiture.	Je ne **leur** prêterai pas ma voiture.
Nous **lui** téléphonions souvent.	Nous ne **lui** téléphonions pas souvent.
Parle-**leur**!	Ne **leur** parle pas!

Contrôle

E. Rarement, souvent ou jamais? Répondez aux questions en indiquant si vous faites les choses suivantes **rarement, souvent, jamais, quelquefois** ou **de temps en temps.** Utilisez **lui** ou **leur** dans vos réponses.

MODÈLE: Est-ce que vous parlez à vos grands-parents?
Oui, je leur parle souvent (quelquefois, de temps en temps). OU
Non, je leur parle rarement. OU
Non, je ne leur parle jamais.

1. Est-ce que vous téléphonez à vos amis?
2. Est-ce que vous obéissez à vos professeurs?
3. Est-ce que vous parlez à votre conseiller (conseillère)?
4. Est-ce que vous proposez à vos amis de sortir?
5. Est-ce que vous prêtez *(lend)* de l'argent à vos amis?
6. Est-ce que vous achetez des cadeaux *(presents)* pour votre ami(e)?
7. Est-ce que vous montrez *(show)* vos devoirs à vos camarades de classe?
8. Est-ce que vous parlez aux membres de votre famille?

F. Un entretien. Vous avez posé votre candidature pour un job dans une colonie de vacances. On vous a fixé rendez-vous pour un entretien. Votre camarade de classe est le directeur (la directrice) de cette colonie et vous pose des questions. Utilisez **lui** ou **leur** dans vos réponses.

MODÈLE: Est-ce que vous avez parlé de ce poste à votre conseiller? (oui)
Oui, je lui ai parlé de ce poste.

1. Est-ce que vous avez parlé de ce job à vos professeurs? (non)
2. Est-ce que vous pouvez apprendre *(teach)* quelque chose aux enfants? (oui)
3. Est-ce que vous avez montré notre brochure à votre père? (oui)
4. Est-ce que vous savez raconter des histoires aux enfants? (oui, je sais)
5. Est-ce que vous aimez parler aux enfants? (oui)
6. Est-ce que vous allez expliquer des jeux aux enfants? (oui)
7. Est-ce que vous allez prêter vos affaires *(things)* aux enfants? (non)
8. Est-ce que vous voulez parler à mon assistante? (oui)
9. Est-ce que vous obéirez à vos supérieurs? (oui, bien sûr)

Parlons de vous!

G. Échange: Es-tu généreux (généreuse)? Posez les questions suivantes à un(e) camarade de classe pour déterminer s'il (si elle) est généreux (généreuse) ou pas. Votre camarade utilisera les pronoms **lui** et **leur** dans ses réponses. Quand vous aurez terminé l'exercice, changez de rôle.

1. Est-ce que tu prêtes souvent de l'argent à tes amis?
2. Est-ce que tu achètes des cadeaux d'anniversaire pour tous les membres de ta famille?
3. Est-ce que tu as acheté un cadeau pour ta mère (ton père, ta grand-mère, ton grand-père, ta sœur, ton frère, ta femme, ton mari, ton fils, ta fille) pour son dernier anniversaire?
4. Est-ce que tu donnes des jouets aux œuvres charitables *(charities)* à Noël?
5. Est-ce que tu téléphones à tes amis quand ils sont malades?
6. Est-ce que tu montres beaucoup d'affection aux membres de ta famille?
7. Est-ce que tu prends le temps d'expliquer les règles de grammaire à un(e) camarade de classe qui ne les comprend pas?
8. Est-ce que tu prends le temps de dire bonjour à ton professeur de français?
9. Est-ce que tu donnes de ton temps aux autres?

Si tu as répondu *oui* à toutes ces questions, tu es vraiment une personne très généreuse. Si tu as répondu *non* à toutes les questions, il faut peut-être penser un peu plus aux autres. Si tu as un mélange de réponses *oui* et *non*, tu es réaliste et tu agis *(act)* selon les circonstances.

CONTEXTE: Yvan pose sa candidature

Une lettre de candidature

Suite à = *Following* / parue = *that appeared*
actuellement = *currently*

couramment = *fluently*

génie civil = *civil engineering*
je suis... en train de = *I am in the process of*

Je serais = *I would be* / Je pourrais = *I could*
j'aurai terminé = *I will have finished*

approfondie = *in depth* / élargira = *will enhance*
en équipe = *with a team*
ci-joint = *enclosed*
j'ai effectuées = *I have done* / stages = *internships*

CULTURAL NOTE: In France, job application letters are usually handwritten rather than typed. Some companies use handwriting experts to analyze the writing in order to get more information about their applicants.

Yvan Rouard
160, av. de Fronton
31000 Toulouse

Staefa Control System
Ressources Humaines
12, av. Léon Harmel
92164 Antony Cedex

Toulouse, le 29 mars 1994

Messieurs,

Suite à votre annonce parue dans L'Express du 21 mars, je me permets de solliciter le poste de technico-commercial actuellement vacant dans votre filiale de Toulouse.

J'ai 22 ans et je viens de me marier. J'ai quelques mois d'expérience comme programmateur, dessinateur et archiviste dans le domaine de l'acoustique. Je parle couramment l'anglais et je me débrouille assez bien en allemand et en russe. Après l'obtention de mon bac, j'ai passé deux ans à faire un DUT en génie civil (option équipement technique du bâtiment) et je suis maintenant en train de terminer une MST en physique appliquée à l'habitat et au milieu de vie. Avec ces diplômes je crois avoir toutes les qualifications souhaitées.

Je serais à votre disposition sans délai pour un entretien et je pourrais commencer dans le poste à partir du premier juillet, quand j'aurai terminé mes examens. Je suis attiré par Staefa Control System parce que votre firme semble offrir des possibilités d'avancement, des occasions de voyages et la possibilité d'utiliser les langues étrangères que je connais. Vous offrez également une formation approfondie qui me permettra d'élargir mes connaissances et me fournira l'occasion de travailler en équipe.

Vous trouverez ci-joint mon curriculum vitae mentionnant les études que j'ai effectuées et les stages auxquels j'ai participé. Pour d'autres renseignements à mon sujet, je vous serais très obligé de bien vouloir vous adresser au professeur Michaud (IUT Toulouse II), au professeur Bayard (IUT Toulouse II) et à M. Rivarelle chez Borello Acoustique (Toulouse).

Dans l'espoir que ma candidature retiendra votre attention, je vous prie d'agréer, Messieurs, l'expression de mes sentiments distingués.

Yvan Rouard

P.J. 1 curriculum vitae

À vous la parole!

H. Des formules. Trouvez les équivalents des formules suivantes dans la lettre de candidature.

1. Dear Sirs
2. In response to your ad
3. I am applying for the job
4. currently available
5. I am 22 years old
6. I have a few months' experience as
7. I speak English fluently
8. I get along pretty well in Russian
9. After obtaining
10. I spent two years
11. I'm in the process of finishing
12. I believe that I have all the necessary qualifications
13. I would be available for an interview
14. I could start the job
15. Your firm seems to offer possibilities for advancement
16. Enclosed you will find my résumé
17. For additional information about me
18. I would appreciate it if you would contact
19. Sincerely yours
20. Enclosure

I. Est-ce que vous avez compris? In English, answer the following questions about the content of Yvan's letter. It might help you to look at the résumé on page 354 of the **Manuel de preparation** to which this letter refers.

1. In which issue of *L'Express* did the job announcement appear?
2. According to the letter, is Yvan already married or is he going to get married?
3. In the second paragraph, Yvan talks about his qualifications. What are the two major topics that he addresses? What does he say about them?
4. Of the three languages—English, German, Russian—which one does Yvan speak the best? What do you think he means when he says **"je peux me débrouiller en allemand et en russe"**?
5. When is he available for an interview?
6. When could he start work? Why does he want to wait until then?
7. According to his letter, why is Yvan interested in this job?
8. Who are the three people he gives as references?

AU TÉLÉPHONE

La directrice du personnel de chez Staefa téléphone à Yvan. C'est Daphné qui répond.

DAPHNÉ: Allô?

could I

MME SARCELLES: Allô, est-ce que **je pourrais** parler à M. Rouard, s'il vous plaît.

May I say who is calling?

DAPHNÉ: **C'est de la part de qui?**

MME SARCELLES: C'est Madame Sarcelles de la société Staefa.

Please hold on.

DAPHNÉ: Oui, bien sûr, Madame. Je vous le passe. **Ne quittez pas...** Yvan, Yvan, c'est pour toi! C'est Madame Sarcelles de chez Staefa.

YVAN: J'arrive... Bonjour, Madame...

Un peu plus tard, Yvan dit au revoir et raccroche (hangs up).

DAPHNÉ: Et alors?

YVAN: J'ai rendez-vous vendredi à 14 heures! Ça s'annonce bien!

DAPHNÉ: Ah, ça c'est formidable! Tu as trouvé un travail.

Not so fast! / not yet

YVAN: **Pas si vite!** J'ai un rendez-vous mais je **n'**ai **pas encore** le poste.

DAPHNÉ: Mais tu l'auras, j'en suis sûre.

À vous la parole!

J. Conversations au téléphone. Phone your classmates and have the following conversations in French with them. Change partners for each item in the exercise.

1. You're calling a friend to invite him/her to a party. Be sure to give the details (when, where, who is coming, what to bring, etc.).
2. You're Madame Sarcelles and are calling Yvan to set up an interview (the part of the conversation that you *didn't* hear in the previous exchange). Simulate this conversation, making sure that you give Yvan details regarding the interview (when, where, how to get there, with whom the appointments are, etc.).
3. You're calling a classmate to tell him/her that you're sick and can't make it to French class. Ask your friend to tell the professor, take notes for you, get the homework assignment, etc. Ask him/her to call you tonight.

K. Prenons rendez-vous. Vous êtes le directeur (la directrice) du personnel chez Toshiba et vous êtes au téléphone avec un(e) candidat(e) pour un poste (voir l'offre d'emploi). Votre camarade de classe va jouer le rôle du (de la) candidat(e). Expliquez à la personne que vous voulez fixer un rendez-vous pour un entretien. Expliquez où se trouvent vos bureaux, comment y arriver (consultez la carte), et quel jour et à quelle heure aura lieu le rendez-vous (consultez les heures libres dans l'agenda). Le (La) candidat(e) va vous poser des questions pour avoir des renseignements supplémentaires.

TV, VIDEO, MICRO-ONDES, CLIMATISATION ...

La VIDEO PROFESSIONNELLE : un nouvel axe de notre développement en France, avec des produits particulièrement innovants.

Nous créons un poste, basé à notre siège de MAUREPAS (78) :

RESPONSABLE COMMERCIAL/MARKETING

VIDEO PROFESSIONNELLE **220 KF +**

Très autonome, vous serez totalement responsable du DEVELOPPEMENT DE NOS VENTES en France sur cette ligne de produits : **Micro-Caméra, Vidéo-Systèmes, Vidéo-Surveillance.** Votre rôle principal sera donc commercial : prospection et suivi d'une clientèle de revendeurs spécialisés, grossistes et intégrateurs. Rattaché à notre Directeur Marketing japonais, vous aurez également un rôle d'analyse du marché et de support auprès des autres filiales européennes du Groupe.

A 27/32 ans environ, de formation supérieure, vous possédez une solide expérience de la distribution de produits technologiques, de préférence auprès d'une clientèle spécialisée. Vous êtes très disponible pour de fréquents déplacements en France et en Europe. L'Anglais est bien sûr indispensable.

Nous vous proposons : • un poste complet et polyvalent (vente, marketing, achat ...) • une réelle opportunité d'évolution vers une responsabilité plus large, à la mesure du challenge proposé et de vos résultats.

Merci d'adresser CV, photo, lettre en précisant votre rémunération actuelle à notre Conseil MERCURI URVAL, 14 bis rue Daru, 75378 Paris Cedex 08, sous la réf. 59.6139/EX.

Mercuri Urval

CONTESSE

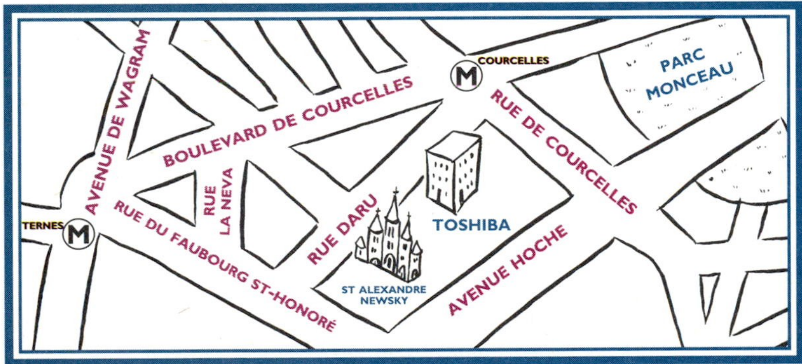

MERCREDI – 21 AVRIL		JEUDI – 22 AVRIL	
8h	*meeting: chefs de publicité*	8h	—
9h	↓	9h	—
10h	—	10h	—
11h	*rendez-vous: Jacques Noureau*	11h	*meeting: délégués de la région bordelaise*
12h	*déjeuner avec Marie*	12h	*déjeuner avec délégués*
13h	↓	13h	↓
14h	*meeting: section marketing*	14h	—
15h	—	15h	*rendez-vous: Nicole Marchand*
16h	*appels téléphoniques / lettres à rédiger*	16h	*départ pour Strasbourg*
17h	—	17h	—
18h	*meeting: rep. de Toulouse*	18h	—
19h	↓	19h	—

→ *Do À faire! (8-2) on page 360 of the* **Manuel de préparation.**

Perspective culturelle

Le travail en France

Dans le livre *Francoscopie*, on peut trouver des faits et des statistiques intéressants sur le marché du travail en France. Ces renseignements peuvent nous aider à comprendre un peu mieux le taux *(rate)* d'activité du pays et la situation des actifs *(employed people)* et des chômeurs *(unemployed people)* en France.

Taux d'activité en hausse • Un actif pour 1,2 inactif • 1,6 million de travailleurs étrangers • Décroissance des formes de travail précaire en 1991 • 12% des actifs à temps partiel (une femme sur quatre) • Une femme sur deux active (75% entre 25 et 49 ans) • Moins de créations d'entreprises, plus de faillites *(bankruptcies)*

Le taux d'activité augmente régulièrement depuis la fin des années 60.

➤ 11% des Français estiment que les Français travaillent trop, 34% pas assez, 47% normalement; 20% estiment que personnellement ils travaillent trop, 13% pas assez, 52% normalement.

La France comptait 24,8 millions d'actifs en mars 1992, soit un actif pour 1,2 inactif.

Le nombre des travailleurs étrangers est à peu près stable depuis 1975 (1,6 million).

Les formes de travail précaire (intérim, temps partiel...) se sont développées au cours des années 80.
Elles ont diminué en 1991, puis augmenté en 1992.

Sous l'influence de la crise économique, le modèle traditionnel de l'activité professionnelle (un emploi stable et à plein temps) a changé. Il a laissé place à des formes plus complexes, plus souples et souvent moins stables d'activité.

Les femmes, les jeunes et les personnes peu qualifiées sont les plus concernés.

---

400 000 travailleurs handicapés

La loi de juillet 1987 impose aux entreprises publiques ou privées de plus de 20 salariés d'intégrer dans leur personnel au moins 6% de handicapés depuis fin 1991 (5% en 1990).

➤ 39% des Français aimeraient pouvoir vivre sans être obligés de travailler (45% des actifs), 55% non (54% des actifs).

Le nombre des créations d'entreprises diminue: 189 000 en 1991 contre 221 000 en 1989.

53 000 entreprises ont fait faillite en 1991; deux fois plus qu'en 1986.

CHOMAGE

10% de la population active • Augmentation depuis 1990, après cinq années de stabilisation • Chômage des cadres en forte croissance • Jeunes deux fois plus touchés que la moyenne • Femmes deux fois plus touchées que les hommes • Travailleurs immigrés deux fois plus touchés que les Français • Un chômeur sur deux en recherche d'emploi depuis au moins un an.

L. Des statistiques. Lisez les renseignements sur le marché du travail et donnez les chiffres pour les éléments donnés.

1. le nombre d'actifs en France en mars 1992
2. le nombre de travailleurs étrangers
3. le pourcentage de travailleurs handicapés dans les entreprises de plus de 20 salariés
4. le pourcentage de Français qui estiment que les Français travaillent trop
5. le nombre de travailleurs handicapés en France
6. le nombre d'entreprises qui ont fait faillite en 1986 / en 1991
7. le pourcentage de chômeurs
8. le nombre des créations d'entreprises en 1991
9. le pourcentage de Français qui estiment que personnellement ils travaillent normalement
10. le pourcentage de Français qui estiment que les Français ne travaillent pas assez

M. Compréhension des renseignements. In groups, discuss the job market in France using the following questions as a guide. If you know any specifics about the American job market, you can make some comparisons. You may do this activity in English.

1. Overall, what seems to be happening to the job market in France? What kinds of trends do you see?
2. What groups of people are most affected by unstable jobs (part-time, etc.)? Do you think that the same is true in the United States?
3. There is a parallel between the foreign countries represented in the student population and the countries represented by foreign workers in France. Given what you know about foreign students, which countries are likely to have the highest numbers of workers in France?
4. The French have adopted a quota system (law of July 1987) for the employment of disabled people. What does the law say? Do we have a comparable law in the U.S.? If not, what laws do we have in place here (you might want to find out about the American Disabilities Act).
5. Who are the people most affected by unemployment? Of all the unemployed, how many of them have been looking for work for at least a year?

Chez nous

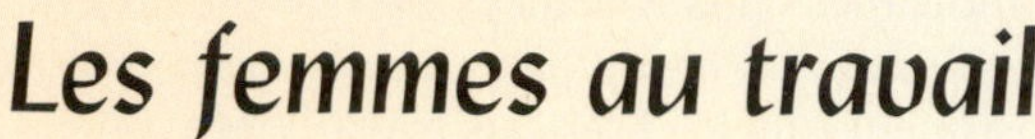

Les femmes au travail

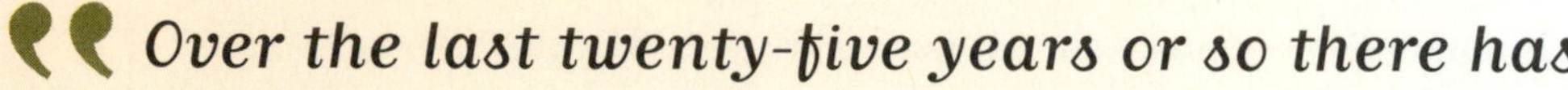

"*Over the last twenty-five years or so there has* been a dramatic increase in the number of women in the workforce. In fact, in France, as in many industrialized countries, the tradition of women working at home has largely been replaced by women working at a job outside the home. That doesn't mean, however, that women necessarily have an easy time at work. As you already know, they often have unstable jobs, they lose their jobs more easily than men, and, believe it or not, 28% of the French still think that one of the major reasons for unemployment is that women *are* in the work force! Fortunately, 72% of the French don't blame women for the unemployment rate. Let me share with you some other statistics from ***Francoscopie*** that you might find interesting."

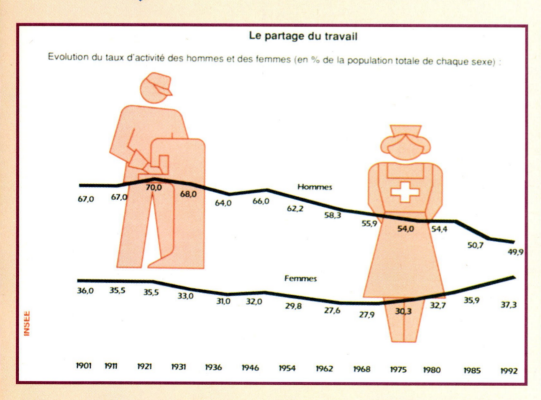

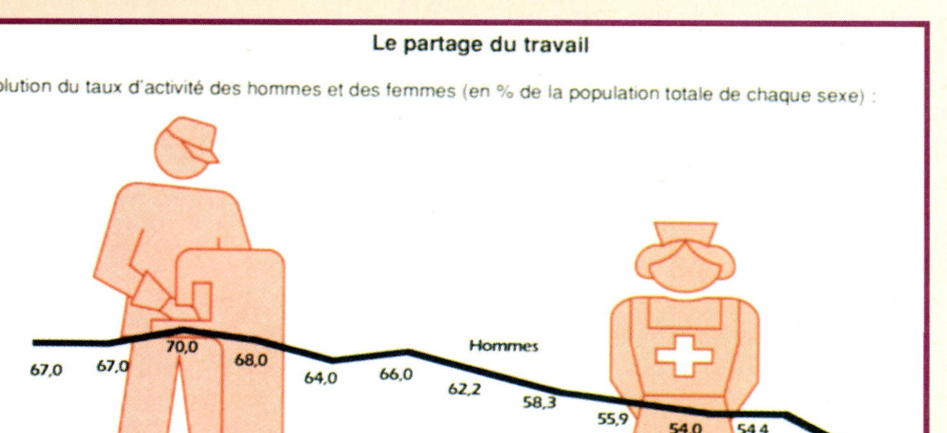

46% des femmes de 15 ans ou plus sont actives.

Entre 25 et 49 ans, les trois quarts des femmes sont actives, contre moins de la moitié en 1968.

L'évolution de la nature des emplois a été favorable à l'insertion des femmes.

Le très fort développement des activités de service et la diminution du nombre d'emplois nécessitant la force masculine ont beaucoup favorisé l'arrivée des femmes sur le marché du travail; elles occupent ainsi plus de la moitié des emplois du secteur tertiaire.

➜ Do À faire! (8-3) on page 361 of the Manuel de préparation.

❖ ***À discuter:*** *In your opinion, what are some of the similarities and differences about French women in the work force and American women in the work force? What are the attitudes in the United States toward women who work? Are they treated equally? Is there a glass ceiling that prevents them from rising to the more prestigious positions? Are there jobs that are associated more with men than with women?*

RAPPEL

Les expressions négatives

MODEL SENTENCES

Je **ne** vois **rien.**
Je **n'**ai besoin **de rien.**

Je **n'**ai **rien** vu.
Rien ne m'intéresse.

Je **ne** vois **personne.**
Je **n'**ai parlé **à personne.**
Elle **n'**est **plus** ici.

Je **n'**ai vu **personne.**
Personne ne m'a parlé.

Nous **n'**avons **pas encore** fini nos devoirs.

Tu **ne** vas **jamais** comprendre cette situation!

Contrôle

N. Il a le cafard *(He's very depressed).* Vous avez un ami qui a le cafard. Sa famille s'inquiète et vous pose des questions. Vous dites la vérité, c'est-à-dire que vous répondez toujours négativement. Utilisez les expressions négatives que vous avez apprises.

MODÈLE: Avec qui est-ce qu'il sort?
Il ne sort avec personne.

1. Mais il voit toujours sa petite amie Nicole, n'est-ce pas?
2. Mais il va souvent au cinéma, n'est-ce pas?
3. Alors, qu'est-ce qu'il fait le week-end?
4. À qui est-ce qu'il parle?
5. À quoi est-ce qu'il s'intéresse?
6. Qui lui téléphone?
7. À qui est-ce qu'il téléphone?
8. Mais il fait toujours ses devoirs, non?
9. Il a déjà parlé à ses professeurs?

O. Un entretien désastreux. Vous avez eu un entretien particulièrement mauvais avec un M. Garnet et vous n'êtes pas de bonne humeur. Quand vos amis vous interrogent, vous répondez toujours négativement. Utilisez les expressions négatives que vous avez apprises.

MODÈLE: Est-ce que tu as déjà trouvé un poste?
Non, je n'ai pas encore trouvé de poste.

1. Qu'est-ce que M. Garnet t'a demandé?
2. Qu'est-ce que tu lui as dit?
3. À qui est-ce que tu as demandé des références?
4. Qui va écrire des lettres de références pour toi?
5. Est-ce que tu as apporté ton curriculum vitae?
6. Qu'est-ce que tu as donné à M. Garnet?
7. Est-ce que tu as déjà préparé tes documents pour ton prochain entretien?
8. Est-ce que tu as souvent ce genre d'expérience?

Parlons de vous!

P. Un sondage. Interview one of your classmates about his/her job experiences and university courses. As he/she answers with **ne... jamais, ne... pas encore, ne... plus,** or **ne... personne,** take notes. When you're done with the exercise, reverse roles and redo it. Finally, report your findings to the class.

Find out...

1. if he/she has already worked for a large company.
2. if he/she has already worked in the summer.
3. if he/she has already prepared a résumé.
4. if he/she has already had some job interviews.
5. if he/she still (**encore/toujours**) likes his/her statistics course.
6. if he/she still intends to continue with statistics.
7. if he/she is still taking accounting.
8. if he/she knows someone who is influential in the business world (**a de l'influence dans le monde des affaires**).
9. if he/she knows already what he/she wants to do in the future.
10. if he/she ever (**jamais**) thinks about working in another country.

CONTEXTE: RÊVES ET ASPIRATIONS

Les projets d'avenir

DAPHNÉ RÊVE...
à un voyage au Japon avec Yvan.
à un bel appartement luxueux pour elle et ses deux enfants.
d'avoir un cabinet «Chartier, Vuillemin» Avocats.
de travailler avec les sans-abri *(homeless)*.

YVAN S'IMAGINE...
dans une petite maison en banlieue avec Daphné et ses trois enfants.
comme PDG d'une société d'équipement acoustique.
comme travailleur dans un pays africain avec Daphné.
avec une voiture de sport.

À vous la parole!

Q. Quels sont leurs rêves et aspirations? Répondez aux questions selon ce que vous avez appris dans les dessins sur les rêves et aspirations de Daphné et d'Yvan. Notez les verbes **rêver à (de)** *(to dream about [of]),* **se voir** *(to see oneself)* et **s'imaginer** *(to imagine oneself)* pour parler de l'avenir.

Daphné

1. À quel voyage rêve Daphné? Avec qui est-ce qu'elle veut faire ce voyage?
2. Avec combien d'enfants est-ce qu'elle s'imagine?
3. Dans quelle sorte de logement est-ce qu'elle rêve d'habiter?
4. Dans quelle situation professionnelle est-ce qu'elle se voit?
5. Avec qui est-ce qu'elle veut travailler pendant son temps libre?

Yvan

6. Dans quelle sorte de logement est-ce qu'il se voit?
7. Avec combien d'enfants est-ce qu'il s'imagine?
8. À quelle sorte de situation professionnelle est-ce qu'il rêve?
9. Où est-ce qu'il veut travailler avec Daphné?
10. Qu'est-ce qu'il veut s'acheter?

Des comparaisons

11. Qu'est-ce que Daphné et Yvan ont en commun?
12. En quoi est-ce qu'ils sont différents?

LE POUR ET LE CONTRE

DAPHNÉ: Tiens, regarde ça. Une photo de ton **patron** et de sa femme. *(boss)*

YVAN: Ah oui. Ils sont à Paris pour l'ouverture d'une filiale. Je voudrais bien être à leur place un jour: poste prestigieux, maisons splendides, voitures, voyages, pas d'ennuis d'argent...

DAPHNÉ: Mais imagine un peu le stress! Et sa femme doit **s'ennuyer** aussi. Tu veux vraiment **vivre** comme ça? *(be bored / to live)*

YVAN: Tu parles de stress! Quand tu auras ton **propre cabinet d'avocat,** tu verras ce que c'est que le stress! *(law office)*

DAPHNÉ: Je sais. Surtout si nous avons des enfants.

YVAN: T'as raison. Peut-être **devrions-nous** revenir sur nos rêves de lycée. Tu **te rappelles?** On allait aider les pauvres. Toi, tu voulais t'occuper des sans-abri, moi je rêvais de travailler en Afrique. C'est pas avec des **gosses,** une maison et tout le **bazar** qu'on peut faire ça. *(we should / remember / kids / stuff)*

DAPHNÉ: Et pourtant, **ce serait bien** d'avoir un appartement plus joli... *(it would be nice)*

YVAN: Et une belle voiture...

DAPHNÉ: **Décidément,** rien n'est facile dans la vie. *(Clearly)*

POUR VOUS EXPRIMER

Pour dire ce qu'on veut faire

Je voudrais (+ infinitif)...
J'aimerais (bien) (+ infinitif)...
J'espère (+ infinitif)...
Je m'imagine (avec, dans, chez, etc.)...
J'ai l'intention de (+ infinitif)...
Je pense (+ infinitif)...
Je rêve à (+ nom)...
Je rêve de (+ infinitif)...
Je tiens à *(I'm anxious to)* (+ infinitif)...
Je compte (+ infinitif)...
J'ai envie de (+ infinitif)...

Note that most of these expressions can be used in the negative to indicate what one does *not* want to do: **Je n'aimerais pas être médecin.**

À vous la parole!

R. Et vous? Voilà la liste des aspirations de Daphné et d'Yvan. Pour chacune des aspirations, donnez votre réponse personnelle. Utilisez les expressions de la liste dans vos réponses.

MODÈLE: Daphné espère faire un voyage au Japon.
Et vous, est-ce que vous voudriez aller au Japon?
Oui, je rêve d'aller au Japon. OU
Non, moi je ne tiens pas à aller au Japon.

1. Daphné voudrait avoir un bel appartement. Et vous, quelle sorte de logement est-ce que vous voudriez avoir?
2. Elle aimerait avoir deux enfants. Et vous, est-ce que vous espérez avoir des enfants?
3. Elle espère être associée dans un cabinet d'avocats. Et vous, qu'est-ce que vous voudriez faire dans votre vie professionnelle?
4. Elle voudrait travailler avec les sans-abri. Et vous, est-ce que vous comptez participer à des œuvres charitables?
5. Yvan voudrait acheter une voiture de sport. Et vous, qu'est-ce que vous voudriez acheter un jour?
6. Yvan s'imagine travaillant dans un pays d'Afrique. Et vous, est-ce que vous voudriez travailler dans un pays étranger?
7. Yvan voudrait avoir trois enfants. Et vous, combien d'enfants aimeriez-vous avoir?

→ Do À faire! (8-4) *on page 369 of the* **Manuel de préparation.**

S. Mes rêves et mes aspirations. Utilisez le vocabulaire de la liste pour parler à vos camarades de vos rêves pour l'avenir. Parlez de vos aspirations professionnelles, des choses matérielles que vous voudriez avoir, de la famille, des voyages, etc.

RAPPEL

Le conditionnel

VERBES EN -ER, -IR, -RE

arriver	partir	prendre
arriver-	partir-	prendr-
j'arriverais	je partirais	je prendrais
tu arriverais	tu partirais	tu prendrais
il / elle / on arriverait	il / elle / on partirait	il / elle / on prendrait
nous arriverions	nous partirions	nous prendrions
vous arriveriez	vous partiriez	vous prendriez
ils / elles arriveraient	ils / elles partiraient	ils / elles prendraient

VERBES IRRÉGULIERS

aller	ir-	j'irais
avoir	aur-	tu aurais
être	ser-	elle serait
faire	fer-	nous ferions
falloir	faudr-	il faudrait
pouvoir	pourr-	vous pourriez
savoir	saur-	ils sauraient
venir	viendr-	je viendrais
voir	verr-	tu verrais
vouloir	voudr-	nous voudrions

PHRASES CONDITIONNELLES

Si j'avais le temps, j'en parlerais à mes collègues.
Nous ferions un voyage si nous avions l'argent.

Contrôle

T. Que feriez-vous? Indiquez ce que vous feriez dans les quatre situations suivantes. Mettez les verbes au conditionnel.

1. Mathieu dîne dans un restaurant avec son amie Marie-Jo. Ils commandent tous les deux le menu à 90F. Puis Mathieu se rappelle qu'il n'a que 150F dans son portefeuille. Marie-Jo a laissé son sac à la maison. Que feriez-vous à la place de Mathieu?
   a. vous excuser, aller aux toilettes et vous sauver (*to run away*)
   b. vous excuser, aller aux toilettes et téléphoner à un(e) ami(e)
   c. demander à Marie-Jo d'aller chercher son sac chez elle
   d. appeler le garçon et commander le menu à 60F
   e. autres solutions?
2. Demain Annick doit passer un examen de mathématiques, son cours le plus difficile. Son petit ami Roger, qu'elle n'a pas vu depuis deux mois, téléphone pour lui dire qu'il passera ce soir mais qu'il sera obligé de repartir le lendemain. Que feriez-vous à la place d'Annick?
   a. demander à un(e) ami(e) de passer la soirée avec Roger et étudier jusqu'à 10h
   b. demander à Roger de ne pas venir
   c. passer la soirée avec Roger et tenter votre chance (*to trust your luck*) à l'examen
   d. sortir avec Roger et inventer une excuse pour votre professeur
   e. autres solutions?

3. François a invité ses amis Martin et Chantal à dîner chez lui. Il n'a pas fait attention et il a fait brûler *(to burn)* la viande; elle est immangeable. Ses amis vont arriver dans quelques minutes. Que feriez-vous à sa place?
   a. quitter votre appartement et aller au cinéma
   b. attendre vos amis dehors *(outside)* et proposer qu'on dîne au restaurant
   c. leur servir des pizzas surgelées *(frozen)*
   d. préparer une sauce à mettre sur la viande
   e. autres solutions?
4. Anne-Marie vient de se fiancer avec Hervé. Les parents d'Hervé, qui habitent en Algérie, lui rendent visite. Ils partent demain matin et ils veulent faire la connaissance de la fiancée de leur fils. Ils ont donc invité Anne-Marie à dîner dans le restaurant le plus élégant de la ville. Hélas, Anne-Marie tombe malade; elle a de la fièvre et mal à la gorge. Que feriez-vous à sa place?
   a. prendre deux cachets d'aspirine et aller au restaurant
   b. aller au restaurant, mais ne rien manger
   c. téléphoner aux parents d'Hervé pour faire vos excuses
   d. aller chez le médecin et lui demander de vous faire une piqûre *(injection)*
   e. autres solutions?

U. Sur une île déserte... Demandez à un(e) camarade ce qu'il (elle) ferait s'il (si elle) devait passer quelques mois sur une île déserte. Ensuite changez de rôle. Mettez les verbes au conditionnel.

MODÈLE: Combien de temps est-ce que tu voudrais y passer?
Je voudrais y passer deux mois (six mois, un an, etc.).

1. Comment est-ce que tu ferais le voyage—en avion ou en bateau?
2. Qui est-ce que tu inviterais à t'accompagner?
3. Où serait l'île de ton choix?
4. Qu'est-ce qu'il y aurait sur cette île?
5. Quel animal domestique est-ce que tu aimerais emmener avec toi?
6. Qu'est-ce que tu mettrais dans ta valise *(suitcase)?*
7. Qu'est-ce que tu apporterais à manger?
8. Comment ton (ta) camarade et toi passeriez-vous votre temps sur cette île?
9. Qu'est-ce que vous apprendriez à faire sur cette île?
10. Est-ce que tu serais content(e) de rentrer chez toi?

Parlons de vous!

V. Si tu étais riche... Utilisez les éléments donnés pour poser des questions à un(e) camarade de classe au sujet de ce qu'il (elle) ferait s'il (si elle) était riche. Mettez les verbes au conditionnel.

MODÈLE: où / habiter
—*Où est-ce que tu habiterais si tu étais riche?*
—*J'habiterais en Floride (à New York, en France, etc.).*

1. où / habiter
2. dans quelle sorte de logement / habiter
3. qu'est-ce que / manger
4. avec qui / sortir
5. où / faire un voyage
6. quelle voiture / acheter
7. combien d'argent / avoir
8. comment / passer le temps *(réponse:* passer le temps à + infinitif)
9. quel / travail faire
10. quels vêtements / porter

LECTURE: «LES GÉNÉRATIONS»

The following survey questions and results are taken from an issue of the magazine L'Express. *They tell us a great deal about young people—their reality and their dreams—and the dreams of an older generation represented by their parents. As you read the survey, think about the ways in which the two sets of results are different from and similar to each other. Also think about how you would respond to the questions.*

LES JEUNES

Les générations

Croyez-vous que votre génération sera très différente, ou non, de celle de vos parents?

Très différente 80%

Vivez-vous encore chez vos parents?

Oui 47%

Dont:

15-19 ans 92%
20-24 ans 40%
25-29 ans 9%

Pensez-vous que les gens de votre génération peuvent avoir une influence (réelle ou relative) sur les destinées de la France?

Oui 53%

Les idéaux

Croyez-vous qu'il soit nécessaire d'avoir un idéal?

Oui 69%

Si oui, quel est votre idéal?

La réussite professionnelle et la famille 34%

Est-il une chose pour laquelle vous seriez prêt à risquer votre vie?

Oui 59%

Parmi les valeurs suivantes, pour lesquelles seriez-vous prêt à risquer votre vie? (Question posée à ceux qui ont répondu «oui».)

Pour votre famille 84%
Pour défendre votre pays 18%
Pour changer la société 14%
Pour défendre la société actuelle 6%

Les valeurs

Pour chacun des mots et des idées suivants, dites s'il représente pour vous plutôt quelque chose que vous aimez, qui vous est sympathique, ou plutôt quelque chose que vous n'aimez pas.

	Sympathique
Protection sociale	86%
Egalité sociale	82%
Libéralisme	67%
Morale	61%
Socialisme	46%
Nationalisation	41%
Nationalisme	38%
Religion	38%
Laïcité	37%
Christianisme	31%
Individualisme	28%
Privatisation	27%
Gaullisme	23%
Capitalisme	23%
Communisme	14%

Les progrès de l'humanité

Comment considérez-vous le progrès scientifique et technique? Diriez-vous qu'il apporte à l'humanité plus d'avantages que d'inconvénients?

Oui 67%

Parmi les catégories de personnes suivantes, quelles sont celles qui peuvent actuellement contribuer le plus au progrès de l'humanité?

Les hommes et les femmes de science 67%
Les enseignants et les éducateurs 40%
Le citoyens de tous les pays 40%
Les économistes 24%
Les hommes politiques 22%

Croyez-vous que vous verrez de votre vivant une nouvelle guerre mondiale?

Oui 15%
Non 70%
Sans opinion 15%

La politique

Vous, personnellement, vous intéressez-vous à la politique?

Beaucoup........5%
Assez........24%
Peu........39%
Pas du tout........31%
Sans opinion........1%

Qu'est-ce qui vous paraît le plus grave aujourd'hui pour la France?

Le chômage *(unemployment)*........50%
Le racisme........20%
La drogue........14%
Le sida........14%
Les accidents de la route........8%

Diriez-vous que la France est aujourd'hui une grande puissance mondiale?

Oui........47%
Non........39%
Sans opinion........14%

L'Europe

Vous, personnellement, si on vous en offrait la possibilité, accepteriez-vous d'aller travailler ou étudier dans un pays européen autre que la France?

Oui, certainement........50%
Oui, peut-être........28%

Si oui, lequel?

Allemagne........18%
Grande-Bretagne........14%
Espagne........12%
Italie........10%

Vous sentez-vous d'abord... ?

Français........77%
Européen........18%

Le bonheur

Estimez-vous que vous êtes... ?

Très heureux........29%
Assez heureux........61%

Qu'est-ce qui vous paraît le plus important, dans cette liste, pour que des gens comme vous vivent heureux aujourd'hui?

Avoir une profession qui plaît........81%
Avoir des amis........47%
Être bien logé........42%
Pouvoir continuer de s'instruire........34%
Avoir des enfants........25%

Trouvez-vous que vous avez plutôt de la chance, ou non, de vivre à l'époque actuelle?

Plutôt de la chance........68%

Considérez-vous que les études que vous faites (ou avez faites) vous donneront (ou vous ont donné), pour réussir votre vie, une formation... ?

Excellente........7%
Satisfaisante........42%

LES ADULTES

QUEL EST VOTRE PLUS GRAND FANTASME *(fantasy)*?

Être le (la) plus compétent(e)........39%
Être le (la) plus aimé(e)........23%
Être le (la) plus drôle *(funny)*........14%
Être le (la) plus intelligent(e)........12%
Être le (la) plus célèbre........3%
Être le (la) plus sexy........2%
Être le (la) plus grand(e)........1%
Être le (la) plus beau (belle)........1%
Sans opinion........5%

QUELLE PROFESSION AURIEZ-VOUS RÊVÉ D'EXERCER?

Médecin sans frontières........32%
Berger *(Shepherd)*........11%
Cosmonaute........9%
Navigateur solitaire........8%
Prince ou princesse........8%
Chanteur à succès........7%
Ambassadeur de France........6%
Chef de la brigade antigang........5%
Président de la République........3%
Sans opinion........11%

Médecin sans frontières **is an organization made up of doctors who travel to war zones, to underdeveloped countries where medical attention is needed, or to areas that have suffered natural disasters.**

LE WEEK-END DE VOS FANTASMES?

Sur une île déserte........52%
Dans un palace........36%
Au lit........8%
Sans opinion........4%

LA MAISON DE VOS FANTASMES?

Une cabane au Canada........25%
Un bungalow aux Seychelles........24%
Un château dans le Périgord........17%
Une villa hollywoodienne à Saint-Tropez........13%
Un hôtel particulier à Paris........8%
Un palais à Marrakech........7%
Un loft à New York........3%
Sans opinion........3%

SI ON VOUS OFFRAIT UN QUART D'HEURE D'ANTENNE À LA TÉLÉVISION, QU'EN FERIEZ-VOUS?

Vous défendriez une grande cause humanitaire........48%
Vous feriez la morale aux hommes politiques........22%
Vous feriez une déclaration d'amour........12%
Vous feriez votre propre publicité........7%
Vous raconteriez votre vie........5%
Vous diriez du mal de votre pire *(worst)* **ennemi**........1%
Sans opinion........5%

SI VOUS GAGNIEZ 10 MILLIONS DE FRANCS *(approx. 2 million dollars)* AU LOTO, COMMENT RÊVERIEZ-VOUS DE LES DÉPENSER?

En arrêtant de travailler pour vivre en rentier *(leisure)*	25%
En créant une entreprise	24%
En donnant tout aux déshérités *(poor)*	18%
En quittant tout pour refaire votre vie au bout du monde *(in a far-away place)*	11%
En dépensant tout votre argent n'importe comment	7%
En achetant un château et une Rolls	7%
Sans opinion	8%

LE CADEAU DE VOS FANTASMES?

Une Ferrari	22%
Un bijou de chez Cartier	18%
Une place dans la prochaine navette spatiale	17%
Une caisse de vin de pommard de 1929	16%
Un tableau de Matisse	12%
Un costume ou une robe de chez Christian Dior	8%
Sans opinion	7%

SI VOUS DEVIEZ AVOIR UN ENFANT AUJOURD'HUI, QUEL AVENIR FANTASMERIEZ-VOUS POUR LUI?

Chef d'entreprise	25%
Homme (femme) de science	25%
Aventurier	20%
Haut fonctionnaire de l'État	13%
Artiste	13%
Sans opinion	4%

LA CONTRÉE *(region)* DE VOS FANTASMES?

Tahiti	25%
Australie	17%
Californie	14%
Brésil	12%
Japon	11%
Tibet	7%
Sahara	5%
Grand Nord *(far North)*	4%
Sans opinion	5%

W. Analyse des statistiques. Answer the following questions that guide you in drawing general conclusions based on the statistics.

Les jeunes

1. Of the young people surveyed, what *total* percentage are still living at home? How many are in the 20–24 age group? How do you think this figure compares to statistics in the United States?
2. In terms of values, which four categories seem to be most important? Which three categories seem to be least important?
3. Which two *ideals* have the highest priority for these young people? What seems to be least important?
4. How would you characterize the attitude of young people toward science and technology: positive or negative?
5. It's often said that the French are much more interested in politics than Americans. Do you think that these statistics confirm or cast some doubt on this opinion as far as the younger generations are concerned? Justify your answer.
6. What social problems have these people identified for their country?
7. What is the percentage of young people who feel that France is still an important world power?
8. What is the total percentage of young people who would entertain the idea of studying or working in another European country?
9. How do you know that young French people identify very strongly with their country, rather than thinking of themselves first as Europeans?
10. What is the total percentage of young people who feel either very or relatively happy?
11. What seems to be their overwhelming priority for achieving happiness?
12. What total percentage considers their education to be adequate preparation for success? What does that tell us about the rest of the group surveyed? Is this a problem, in your opinion?

Les adultes

13. What are the two most important dreams that the adults surveyed have?
14. Which profession would many of them have liked to pursue? What is it about this profession do you think is so appealing?
15. Look at all the professions that adults would have liked to pursue; what do they have in common?
16. Of the adults surveyed, 52% named a deserted island as the place they would like to spend their dream week-end. What might one conclude from this response?
17. What might one conclude from the fact that 49% placed their dream house in Canada or in the Seychelles?
18. If they won the lottery, 25% would stop working and live off the interest generated by the money; another 25% would create their own business. What might one conclude from these statistics?
19. Why do you think that Tahiti is so popular among the adults?

Conclusion générale

20. According to the young people, their generation will be very different from that of their parents. Do you think the values expressed in the various results support this opinion? What are some of the similarities and differences between the two sets of results? Think about such things as idealism versus materialism, social issues versus individual success, professional and family priorities, etc.

X. Notre sondage à nous. Assuming that your class represents a cross-section of American society, your instructor will conduct a survey using some of the questions from the reading. For each question asked, express your own opinion. Then have a short discussion about your class results and how they differ from those obtained in the reading.

→ *Do* À faire! (8-5) *on page 374 of the* Manuel de préparation.

INTÉGRATION

Y. Si... Partagez vos idées avec vos camarades en terminant les phrases suivantes et en donnant une raison pour ce que vous dites. Chaque personne dans le groupe doit terminer chaque phrase avec une raison. Si vous voulez, vous pouvez poser des questions à la personne qui parle.

MODÈLE: Si j'étais riche...
— *Si j'étais riche, je ne travaillerais plus parce que je n'aime pas travailler.*
— *Est-ce que tu ne t'ennuierais pas?*
— *Non, parce que je voyagerais beaucoup et je m'amuserais.*
etc.

1. Si j'étais riche...
2. Si je pouvais être n'importe où *(anywhere)* aujourd'hui...
3. Si je pouvais changer d'identité...
4. Si j'étais invisible...
5. Si j'habitais en France...
6. Si j'étais célèbre *(famous)*...

Z. Un coup de fil *(A phone call).* You and your family have just arrived in Paris. You call your French friend Mireille. She's away on vacation for several days, but a family member answers the phone. Identify yourself as Mireille's American friend, find out when she will be back, and decide whether to call again (**rappeler**) or to leave a message (**laisser un message**). A classmate will play the role of the family member.

AA. Ils sont différents. Utilisez les expressions négatives et les pronoms objets indirects (**lui** and **leur**), si possible, pour donner le contraire des phrases suivantes.

MODÈLE: Marie téléphone souvent à ses parents. Et Marc?
Marc ne leur téléphone jamais.

1. Christine a déjà acheté un cadeau pour sa mère. Et Anne?
2. Ils ont donné quelque chose à leur prof de français. Et vous?
3. J'ai rencontré quelqu'un de très intéressant à la fête. Et Philippe?
4. Elle a trouvé quelque chose dans le magasin d'antiquités. Et toi?
5. Je parle souvent à ma conseillère. Et Françoise?
6. Annick mange souvent du pain français. Et Paul?
7. Éric et Jean-Claude sont encore *(still)* en France. Et Serge?
8. Quelqu'un a téléphoné à mes parents. Et aux parents de Monique?
9. Mon père est encore malade. Et ton père?
10. J'ai déjà fini mes devoirs. Et vous?

→ *Do À faire! (8-6) on page 377 of the* Manuel de préparation.

DÉBROUILLEZ-VOUS!

BB. Mes rêves. Most of us have dreams and fantasies. Discuss with a group of classmates what you would do if circumstances were different. Use the following phrases as possible points of departure: **Si j'avais le temps... / Si j'avais les moyens** *(means—i.e., money)***..., Si j'étais plus (moins) âgé(e)... / Si j'étais un homme (une femme)... / Si j'habitais...**, etc.

CC. Quelles questions est-ce que nous allons poser? You and the members of your group are personnel recruiters who must hire someone for one of the following jobs (you select the job). Develop a list of interview questions that would be appropriate for the particular job.

JOBS: **professeur de français, représentant de commerce, agent immobilier, programmeur (programmeuse), chef de publicité, instituteur (institutrice) niveau école primaire, vendeur (vendeuse) de grand magasin, employé(e) de bureau**

DD. Un entretien. Now interview one of your classmates for the job you chose in Ex. CC. Be sure to let the interviewee know what the job is. Two of you can take turns asking the questions you developed. If you think of natural follow-up questions, be sure to include them.

EE. Les postes disponibles. Listen to the employers' descriptions of the jobs they have available. Then provide the following information for each description: **poste, ville, expérience/qualités nécessaires, langue(s), salaire.**

Eh bien, vous voilà presqu'à la fin de votre première année de français. On va vous dire au revoir maintenant. Vous n'avez plus besoin de nous parce que vous savez vous débrouiller en français sans notre aide.

Mais écoute, Gigi. Après un an, je pense bien qu'on peut maintenant tutoyer les étudiants. On se connaît très bien.

Oui, je suppose. Mais ça dépend toujours de l'âge des étudiants. Je ne serais pas très à l'aise de dire «tu» à une personne qui est bien plus âgée que moi.

D'accord, mais disons qu'on est un peu «famille» maintenant et que nous pouvons nous permettre un peu de liberté dans ce domaine.

J'veux bien! Bon, en tout cas, nous espérons que tu t'es bien amusé(e) pendant cette année de français et nous t'encourageons à continuer à apprendre la langue. Et, surtout, nous t'attendons ici, chez nous, en France. On se verra peut-être un jour. Par exemple, si un jour tu descends le boulevard Montparnasse, si tu vois assis à la terrasse de la Rotonde un bel homme très chic, il se peut bien que ça soit Gaston.

Et si tu vois une jeune femme en train de distribuer des tracts, ça sera peut-être Gigi. Elle s'intéresse beaucoup à la politique et elle est toujours engagée dans une grande cause pour changer la société.

→ ***Do* À faire! (8-7) *on page 378 of the* Manuel de préparation.**

Nous te disons donc au revoir et bonne chance dans tes études futures. Ça a été un grand plaisir de suivre tes progrès et tes succès en français! À bientôt!

CHAPITRE 8
Les jeunes mariés

EXPANSION

MENU

VIDÉO	**ACTE 8**
ACTIVITÉ ORALE: Cherchons un poste	MC, p. 374
PROFIL: Strasbourg	MC, p. 374
LECTURE: «Mon rêve familier» (Verlaine)	MC, p. 376
LECTURE: «Europe: la France moins chère»	MC, p. 378
LECTURE/ACTIVITÉ ÉCRITE: «Les femmes au travail»	MC, p. 380
LECTURE: «Le cahier des métiers: libraire»	MC, p. 382
LECTURE: «Séjours linguistiques: apprendre une langue en voyageant»	MC, p. 383
ACTIVITÉ ORALE: Nos priorités	MC, p. 385
EXERCICE D'ÉCOUTE: Vous pourriez prendre un message?	MP, p. 382
EXERCICE D'ÉCOUTE: Entretiens	MP, p. 383
ACTIVITÉ ÉCRITE: Mes qualifications	MP, p. 383
ACTIVITÉ ÉCRITE: Une lettre de candidature	MP, p. 383
LECTURE: «Paris: capitale économique européenne?»	MP, p. 384
ENREGISTREMENT: Entretien: un stage dans une société internationale	MP, p. 385
JEU: Chaînes de mots	MP, p. 385

ACTIVITÉ ORALE: CHERCHONS UN POSTE

In this two-day project, you will consult the job ads in this chapter, write an application letter, and have an interview with a prospective employer.

1. Look at the job ads in this chapter and select a job you'd like.
2. As homework, write a letter of application for the job you've selected. Follow the model letter provided in this chapter (**Manuel de classe,** page 354).
3. At your next class, show your letter to a classmate, who will interview you for the job and then decide if you should be hired. Your classmate has to explain why you did or didn't get the job.

PROFIL: STRASBOURG

La place Kléber et la cathédrale

Strasbourg: le quartier Petite France

SITUATION: à 480 km de Paris; port sur le Rhin; capitale de l'Alsace; préfecture du département du Bas-Rhin

POPULATION VILLE: 251 545 habitants (Strasbourgeois)

POPULATION AGGLOMÉRATION: 422 642 habitants

IMPORTANCE EN EUROPE: siège du Conseil de l'Europe; siège du Parlement européen

IMPORTANCE ÉCONOMIQUE: port fluvial sur le Rhin et centre industriel (métallurgie, produits alimentaires); tourisme; 2ème ville financière de France

UNIVERSITÉS: Strasbourg I/Université Louis-Pasteur (médecine, pharmacie, mathématiques, sciences exactes, sciences économiques, géographie); Strasbourg II/Université des sciences humaines (histoire, sciences sociales, sciences humaines, lettres, théologie, éducation physique et sport); Strasbourg III/Université des sciences juridiques, politiques et sociales (droit, sciences politiques, sociologiques, économiques et technologiques, journalisme, technologie de l'information; Institut du travail); 45 000 étudiants inscrits dans les trois universités en 1992

INTÉRÊT HISTORIQUE: Cathédrale de Strasbourg, reconstruite du XIIème au XVème siècles (flèche haute de 142 m, sculptures du XIIIème siècle, vitraux des XIIème au XIVème siècles); Musée de l'Œuvre Notre-Dame; Palais Rohan (XVIIIème siècle) où se trouvent les musées Archéologique, des Beaux-Arts et des Arts décoratifs; Musée alsacien; Musée historique de la ville; Musée d'art moderne; richesse architecturale

❖ ***À discuter:*** *Why do you think the city of Strasbourg was selected as the site for the meetings of the European Parliament? How is this role in Europe likely to enhance the stature of the city? Can you think of a city in the United States that has both a rich historical past while at the same time playing a major role in contemporary U.S. politics? Is it possible to identify one single city in the U.S., and, if so, is it necessarily Washington, D.C.? Why, or why not?*

Le Parlement européen

Vue de Strasbourg

LECTURE: «MON RÊVE FAMILIER» (VERLAINE)

Paul Verlaine was a French poet who was born in Metz in 1844 and died in Paris in 1896. He had a very difficult life during which he was plagued by alcoholism, self-doubt, and extreme emotional upheavals. Very much influenced by Baudelaire, Verlaine's poetry is known for its lyricism, purity, simplicity, and tenderness. The sonnet you're about to read comes from a collection called **Poèmes saturniens,** *published in 1866.*

Mon rêve familier

Je fais souvent ce rêve étrange et pénétrant
D'une femme inconnue, et que j'aime, et qui m'aime,
Et qui n'est, chaque fois, ni tout à fait la même
Ni tout à fait une autre, et m'aime et me comprend.

Car elle me comprend, et mon cœur, transparent
Pour elle seule, hélas! cesse d'être un problème
Pour elle seule, et les moiteurs[1] de mon front blême,[2]
Elle seule les sait rafraîchir,[3] en pleurant.[4]

Est-elle brune, blonde ou rousse? — Je l'ignore.[5]
Son nom? Je me souviens qu'il est doux[6] et sonore,
Comme ceux[7] des aimés[8] que la Vie exila.[9]

Son regard est pareil au[10] regard des statues,
Et pour sa voix,[11] lointaine,[12] et calme, et grave, elle a
L'inflexion des voix chères[13] qui se sont tues.[14]

VOCABULAIRE: *1. sweat 2. pale brow 3. to cool 4. with her tears 5. I don't know 6. soft 7. the names 8. loved ones 9. exiled 10. like 11. voice 12. distant 13. dear 14. that have become silent*

Analyse du poème. Answer the following questions to arrive at an interpretation of the poem.

Sujet du poème

1. What vision is the poet trying to evoke? What images does he use to create that vision?

Premier quatrain

2. Who is speaking?
3. In what ways can a dream be "strange"? Does this contradict the title?
4. He talks about **"une femme inconnue."** What supports the idea that the woman continues to be unknown?
5. How does Verlaine indicate that their love is reciprocated?

Deuxième quatrain

6. How is the first verse of this stanza linked to the first stanza?
7. How does the poet characterize himself in this stanza?
8. The poet repeats the words **"elle seule"** three times. What can she alone do that no one else is able to do for the poet?
9. How might one interpret the words **"les moiteurs de mon front blême"**?

Premier tercet

10. How does the tone in this stanza change from the tone in the previous stanzas? What kind of sentence format does the poet use?
11. What does he know about the woman?
12. In your opinion, who are the **"aimés que la Vie exila"**?
13. Why do you think he spelled the word **"Vie"** with a capital letter?

Deuxième tercet

14. What are the woman's eyes like?
15. What is her voice like?
16. In the last verse, the poet compares her voice to the voices of loved ones who are no longer with him. How does this comparison reinforce both the dream quality and the reality of the woman?

Conclusions

17. In what ways does the poet succeed in evoking a real vision of an unreal woman?
18. Read the poem out loud (or listen to your instructor reading it). What sounds dominate the poem? Do these sounds help to create the dream atmosphere?
20. What are some of the specific words used in the poem to create the feeling of a dream?
21. Do you think one can get a strong sense of who the woman is, relying only on what the poet says about her? Why or why not?
22. In your opinion, is this poem effective in evoking an ideal? Why or why not?

LECTURE: «EUROPE: LA FRANCE MOINS CHÈRE»

In this article from the magazine **L'Express,** *the authors discuss the advantages France has to offer to Europeans from surrounding countries and why France has become the least expensive place to visit.*

Espagnols, Anglais, Suisses... Ils découvrent dans l'Hexagone des prix plus alléchants que chez eux. Du shopping à l'immobilier, en passant par l'hôtellerie, ils profitent de l'aubaine. Grâce à eux, la France est le premier pays touristique du monde. Un phénomène qui s'explique, en grande partie, par la modération de l'inflation,...

À 62 ans, Gina Conte ignore tout de la «désinflation compétitive». Elle sait juste une chose: le kilo de saumonette, elle le paie 100F à Soldano, patelin italien collé à la frontière française. Et 59F à l'hypermarché Auchan de Nice. Alors, tous les deux mois, Gina l'horticultrice, sa tante et ses cousines s'entassent dans leur Ford Escort pour une virée shopping: des orgies de gâteaux, de viande, de lessive Dash, de biscuits Petit Brun et... de café Lavazza, du vrai bon italien, incroyablement moins cher du côté français! Le 29 mai, par exemple, la fièvre acheteuse a coûté 1 053,12 F à Gina et 1 752,33 F à sa famille.

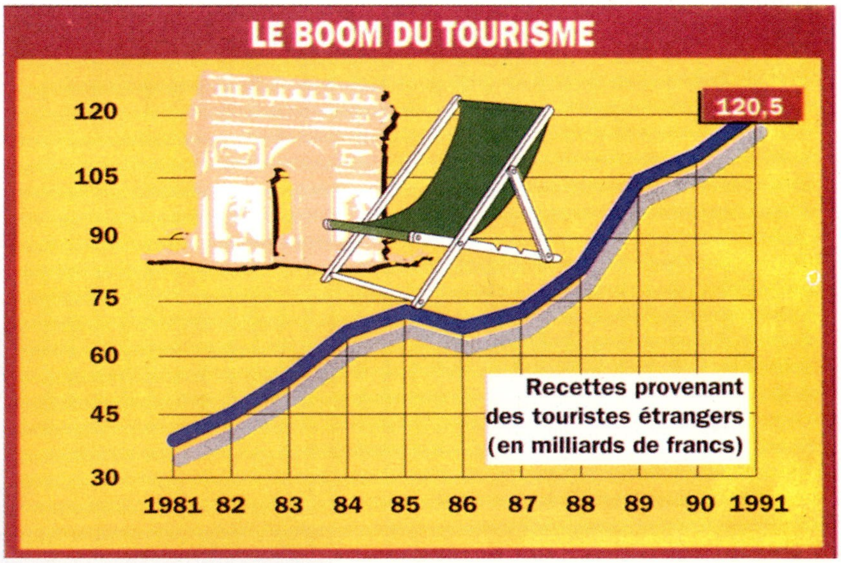

LE BOOM DU TOURISME

120,5

120
105
90
75
60
45
30

1981 82 83 84 85 86 87 88 89 90 1991

Recettes provenant des touristes étrangers (en milliards de francs)

Maria Hermann, élégante Suissesse, fait aussi ses courses en France. En Alfa Romeo, certes. Mais ça n'empêche pas de compter. Au Géant Casino de Saint-Louis, banlieue française de Bâle, la viande vaut trois fois moins cher. Même les fromages et les laitages sont plus avantageux qu'au pays du gruyère! À Perpignan, les Espagnols remplissent leurs chariots. [...] Certains jours, les 54 caisses d'Auchan menacent d'exploser. Le 6 décembre 1991, jour férié en Catalogne, elles étaient congestionnées par 64 000 Espagnols (80% de la clientèle)! À Lille, les Belges aiment le Printemps. À Calais, les Britanniques gorgent leurs coffres de vins, chocolats, cocottes en fonte et vélos tout terrain: au Mammouth local, le VTT [vélo tout terrain] est de 400 à 500 F moins cher que chez eux. [...]

En réalité, la modération des prix agit sur l'ensemble de l'économie: les salaires, l'énergie, les terrains, etc. [...] Un joli concentré qui explique pourquoi les étrangers sont—selon le vieux proverbe allemand—«heureux comme Dieu en France».

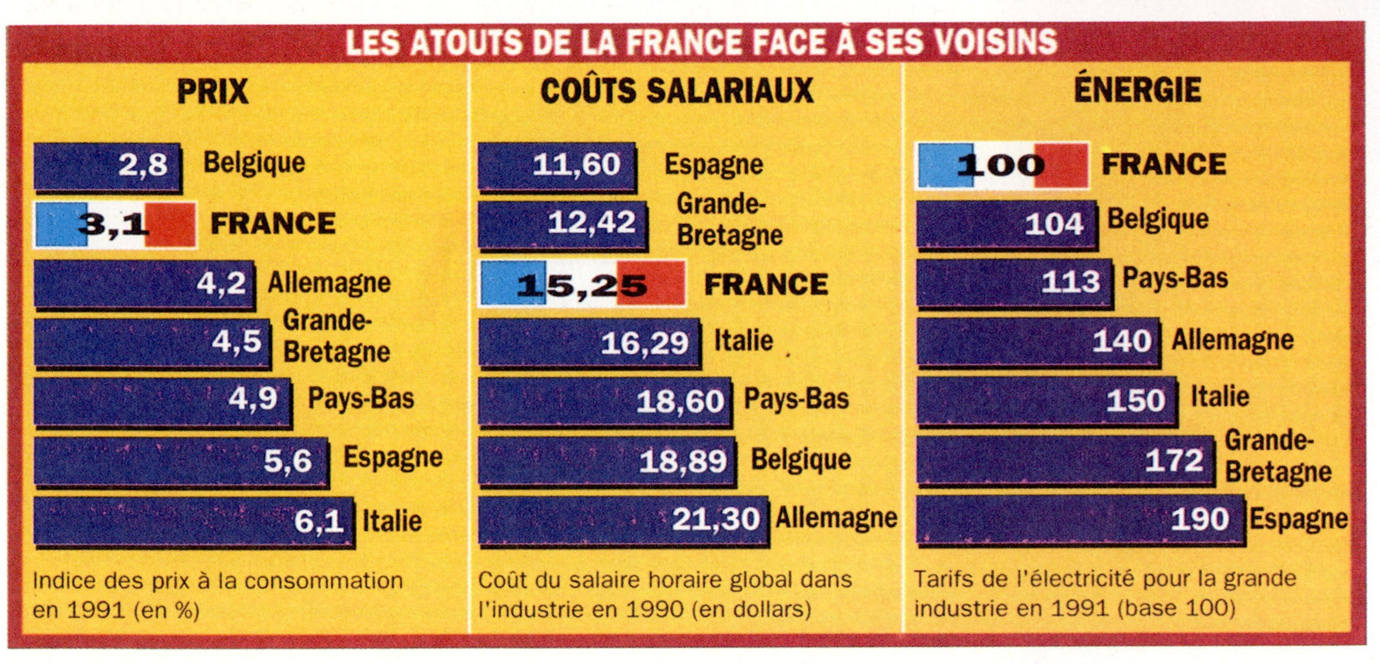

Est-ce que vous avez compris? Read the excerpts from the article without worrying about the words you don't understand, then answer the following questions.

1. What is the main idea of this article? Does the title alone tell you this?
2. What does the word "Hexagone" refer to at the beginning of the article?
3. What caused the boom in tourism that France is experiencing?
4. According to the various excerpts, how do foreigners spend their money in France?
5. The first specific example given in the article is Gina Conte and her shopping sprees in Nice. When she's done with one day's shopping in France, about how much money has she saved over what she would have spent in her village of Soldano?
6. The second example is about a Swiss woman who does her shopping in the French suburb of the Swiss city of Bâle. Could this woman afford to shop in Switzerland? How do you know? Why does she go to France? From what you know, is Switzerland considered to be a very expensive country?
7. From the information provided in these two examples, is Italian coffee more or less expensive in France than it is in Italy? Is Swiss cheese more or less expensive in France than it is in Switzerland?
8. The three main reasons given in the article for France's advantageous position compared to her neighbors are low prices, the low cost of production based on salaries, and low energy costs. According to the chart, how does France rank in these areas among other European countries?
9. In francs, about how much has the income from foreign tourists increased between 1981 and 1991?

LECTURE/ACTIVITÉ ÉCRITE: «LES FEMMES AU TRAVAIL»

46% des femmes de 15 ans ou plus sont actives.

Entre 25 et 49 ans, les trois quarts des femmes sont actives, contre moins de la moitié en 1968.

Le taux d'activité des femmes progresse moins vite depuis 1984.

L'évolution de la nature des emplois a été favorable à l'insertion des femmes.

Le très fort développement des activités de service et la diminution du nombre d'emplois nécessitant la force masculine ont beaucoup favorisé l'arrivée des femmes sur le marché du travail; elles occupent ainsi plus de la moitié des emplois du secteur tertiaire. À ces deux raisons liées au progrès économique et technique s'en sont ajoutées d'autres, moins avouables. À travail égal, les femmes étaient le plus souvent moins bien payées que les hommes; [...]

Mais c'est peut-être le développement du travail à temps partiel qui a le plus contribué à celui du travail féminin. On constate d'ailleurs que c'est dans les pays où les possibilités de travail à temps partiel sont les plus développées que les femmes sont les plus nombreuses à travailler.

La norme de la femme au foyer a été remplacée par celle de la femme au travail.

Femme, enfant et travail

En dix ans, les mentalités ont largement évolué en ce qui concerne le travail des femmes en général; en 1978, 29% seulement des Français estimaient que les femmes devraient travailler dans tous les cas où elles le désirent (parmi cinq possibilités proposées); ils étaient 43% en 1989.
En fait, 27% des Français peuvent être considérés comme des partisans du travail féminin par principe. 43% sont «incertains»; ils comprennent ceux pour qui la présence d'un enfant justifie ou explique l'inactivité de la mère et ceux qui s'interrogent sur le travail des mères de jeunes enfants. Enfin, 30% sont opposés au travail féminin en général, au travail des mères de jeunes enfants ou n'acceptent le travail féminin que si la famille ne peut vivre avec un seul salaire.
Les Français (y compris les femmes actives elles-mêmes) sont en forte majorité partisans d'une politique d'aides financières incitant les mères de jeunes enfants à cesser temporairement de travailler.

CREDOC

LES FEMMES AU TRAVAIL Oui ?

Non ?

Même si le nombre des partisans du travail des femmes est passé de 29 % en 1978 à 43 % aujourd'hui, les Français s'interrogent de plus en plus sur la difficulté de concilier carrière et maternité.

L'étude que publie le Credoc (Centre de recherche pour l'étude et l'observation des conditions de vie) révèle que si le travail féminin est une idée qui s'enracine chez les Français, ses partisans restent minoritaires, et que leur augmentation marque le pas. Ceci, selon les sociologues du Credoc, en raison d'une « interrogation accrue sur le travail des femmes ayant des enfants en bas âge ».

Les femmes actives elles-mêmes, pourtant les plus nombreuses à soutenir le choix d'une activité pour les femmes, sont partagées: 14 % estiment que les femmes ne devraient travailler que si elles y sont obligées par des contraintes économiques, et 40 % émettent des réserves liées à la présence de jeunes enfants. Ainsi, un quart des ouvrières et employées estiment que les femmes ne devraient jamais travailler quand elles ont des enfants en bas âge. C'est aussi l'opinion de près de 20 % des cadres.

Par ailleurs, plus de 60 % des Français sont partisans d'une politique d'incitation à l'arrêt provisoire de travail pour les mères de jeunes enfants par le biais d'aides financières. Ce « salaire maternel » temporaire trouve 72 % de partisans parmi les femmes actives.

Peut-être ?

Exercice de compréhension. These short texts make a number of points about the issue of women and work in France. Identify the main ideas in French (or in English, if permitted by your instructor). Each person in the group should contribute at least a couple of ideas to the discussion while one person takes notes.

Exercice d'expansion. In French, provide the *questions* you think were asked to get the information contained in the readings. Then provide your own opinion about the situation in the United States by answering each question.

LECTURE: «LE CAHIER DES MÉTIERS: LIBRAIRE»

Libraire

FONCTION

Le libraire se doit d'être tout à la fois commerçant et gestionnaire. Deux fonctions différentes et complémentaires. Le libraire-commerçant vend un produit spécifique: le Livre avec un grand L. Chaque livre appartient à une catégorie et chaque catégorie concerne une clientèle particulière. Le premier travail du libraire est donc d'évaluer son marché potentiel—la clientèle—ainsi que l'impact de la concurrence dans son secteur. À partir de là il peut réaliser un bon assortiment d'ouvrages et penser à l'animation de son magasin afin que celui-ci devienne un lieu auquel les clients s'attacheront. Un client qui désire un conseil ou une recherche bibliographique peut solliciter directement le libraire qui dispose d'outils professionnels (informations des éditeurs, revues, répertoires bibliographiques entre autres). La fonction gestion regroupe la gestion du stock et la gestion commerciale. La gestion du stock consiste d'une part à veiller à l'assortiment des livres, à leur rotation, à l'approvisionnement, d'autre part à organiser les différentes phases du travail de la librairie: réception des commandes, surveillance du stock et des retours... Entretenir de bonnes relations avec les fournisseurs et s'informer sur les parutions et l'actualité éditoriale peuvent aider à une bonne gestion du stock. La gestion commerciale comporte la gestion financière et la gestion de l'exploitation. Gérer financièrement l'entreprise signifie organiser et contrôler les flux monétaires entrants et sortants engendrés par l'activité de la librairie. Gérer l'exploitation consiste à assurer la mise en valeur de la librairie grâce à une connaissance pointue des ressources et des besoins. De plus en plus de libraires sont aidés dans leurs travaux par des outils informatiques. Des logiciels de gestion leur permettent de réaliser inventaire, calcul des marges, comptabilité générale, gestion des rayons...

FORMATION

Une formation universitaire littéraire de niveau licence plus une formation technique sont recommandées.

Pour l'aspect technique, signalons le diplôme universitaire de technologie (DUT) carrières de l'information option métiers du livre, le DUT en techniques de commercialisation de produits culturels (première promotion en septembre 91), la licence de lettres modernes option librairie, les actions de formation de l'ASFODELP (Association nationale pour la formation et le perfectionnement professionnels en librairie et en papeterie).

Exercice de compréhension. Answer the following questions according to what you learned from the job description of a book vendor.

1. What are at least six things a book vendor has to be able to do?
2. According to the article, what kind of education does one need in order to run a bookstore? To what extent does the education described coincide with what you and the class discussed before reading the article?

LECTURE: «SÉJOURS LINGUISTIQUES: APPRENDRE UNE LANGUE EN VOYAGEANT»

SÉJOURS LINGUISTIQUES

Apprendre une langue en voyageant

Les jeunes Français partent de plus en plus à l'étranger pour parfaire leur apprentissage des langues. Plusieurs possibilités existent : des courts séjours, des formules d'échanges, des universités d'été, ou bien la poursuite d'études supérieures. En effet, avec la construction de l'Europe, la maîtrise de plusieurs langues se révèle indispensable pour l'entrée dans la vie professionnelle.

UN MARCHÉ DYNAMIQUE

En quelques années, le développement des échanges commerciaux et le formidable essor des moyens de communication ont bouleversé notre société, et plus particulièrement le monde du travail. Aujourd'hui, nombre d'entreprises recherchent une extension de leurs activités à l'extérieur de leurs frontières ; on parle alors de délocalisation, de nouveaux marchés conquis à l'étranger. Un phénomène dont l'une des conséquences principales est l'importance de l'apprentissage des langues. Ce qui intéresse les jeunes générations mais aussi de plus en plus d'adultes.

Parler plusieurs langues

En 1993, pratiquer deux langues ne suffit plus. Aujourd'hui, la référence c'est le multilinguisme, selon une majorité de directeurs des ressources humaines (les DRH, appelés autrefois chefs du personnel). André Astre, responsable d'une association de cadres, le confirme : *"Le minimum requis, maintenant, c'est deux langues. Il faut être au moins trilingue. À compétences égales, c'est ce qui fera bien sûr la différence."* Le stage en entreprise à l'étranger devient une expérience indispensable, un atout majeur sur un curriculum vitae (CV).

Pas d'apprentissage sans pratique

Dans l'Europe de l'après-Maastricht*, la maîtrise de deux ou plusieurs langues étrangères est donc une nécessité impérieuse. Dans le même temps, il est acquis que l'apprentissage d'une langue ne va pas sans sa pratique. Cependant, si quelques expériences sont actuellement menées en cycle universitaire avec les programmes d'échanges universitaires (Erasmus, Lingua, Comett, etc.), l'Éducation nationale n'a pas encore défini de véritable politique dans l'enseignement secondaire.

L'organisation de séjours linguistiques et culturels à l'étranger reste pour le moment entre les mains d'entreprises commerciales et d'associations. Le dynamisme de ce marché prouve que les parents d'élèves ont saisi tout l'intérêt de ces voyages pour la formation de leurs enfants.

*Le traité de Maastricht, adopté en février 1992 par la Communauté européenne, a instauré le Marché unique européen.

Exercice de compréhension. Answer the questions about the article which help you proceed from the general ideas to the details.

Idées générales

1. Given the title and subtitle of this article, what do you assume the reading will be about?
2. What do you predict will be discussed under the heading **"Un marché dynamique."**
3. What does the heading **"Parler plusieurs langues"** tell you about the point of view of the author of the article?
4. What do you think is the main point discussed under the heading "**Pas d'apprentissage sans pratique**"?
5. What is it about the photograph that tells you that this article deals with European young people? If this article were written about American students, how would the photo be different?

Première partie

6. The first part of the article (title and introductory paragraph) summarizes the main ideas. What are they?

Deuxième partie

7. According to the first paragraph (**Un marché dynamique**), in what ways has the world of work changed in Europe?

Troisième partie

8. What is the point of view expressed by French directors of human resources when it comes to foreign languages?
9. If two candidates for a job have equal qualifications in all other respects, which one is likely to get the job—the person who speaks a foreign language or the one who doesn't? Is this true in the United States? If so, in which kinds of jobs?

Quatrième partie

10. What are the ways in which European young people can learn foreign languages?
11. According to the author, what's the only way to learn a foreign language well enough to use it effectively?
12. In your opinion, how does your French course help you to get the kind of practice the article talks about? What else would you like to do to practice your French?

ACTIVITÉ ORALE: Nos PRIORITÉS

You and your classmates have learned a great deal of vocabulary about a variety of topics. Following your instructor's directions, discuss what your priorities are for certain topics. For example, when discussing **la famille,** think about how many children (or grandchildren) you would like to have (or perhaps you don't want any children), where you would live, what kinds of things you would do (sports, cultural events, travel, etc.), and perhaps what you would encourage your (grand)children to study in school (**je les encouragerais à étudier...**). If you don't want children, talk about who would constitute your "family" (spouse or significant other, friends, other relatives, etc.). Other examples: If you're talking about **le travail,** say what you'd like to do in the future, what kind of work environment you would like to have, what's most important to you in terms of work conditions (salary, job satisfaction, etc.), where you would like to work (city, region, country); if you're talking about **les amis,** specify your priorities in terms of the kinds of people you want as friends (what personality traits would they have?). As you make statements about various topics, your classmates can ask you questions for clarification.

Begin by brainstorming the vocabulary you'll need to discuss each topic. You'll reactivate the words you've learned and be reminded of the kinds of things you can talk about. In some cases, you'll probably talk about what you do or (have) now and then proceed to talk about future priorities.

POSSIBLE TOPICS: la famille, la santé, le travail, les loisirs, le voyage, la nourriture, les vacances, le logement, les études, les biens matériels, les amis.

LEXIQUE:
***See pages 387–388 of the* Manuel de préparation.**

CONJUGAISON DES VERBES

INFINITIF	PRÉSENT	PASSÉ COMPOSÉ	IMPARFAIT
Verbs in -er, -ir, -re			
chercher	je cherche tu cherches il cherche nous cherchons vous cherchez ils cherchent	j'ai cherché tu as cherché il a cherché nous avons cherché vous avez cherché ils ont cherché	je cherchais tu cherchais il cherchait nous cherchions vous cherchiez ils cherchaient
finir	je finis tu finis il finit nous finissons vous finissez ils finissent	j'ai fini tu as fini il a fini nous avons fini vous avez fini ils ont fini	je finissais tu finissais il finissait nous finissions vous finissiez ils finissaient
attendre	j'attends tu attends il attend nous attendons vous attendez ils attendent	j'ai attendu tu as attendu il a attendu nous avons attendu vous avez attendu ils ont attendu	j'attendais tu attendais il attendait nous attendions vous attendiez ils attendaient
Reflexive verbs			
se coucher	je me couche tu te couches il se couche nous nous couchons vous vous couchez ils se couchent	je me suis couché(e) tu t'es couché(e) il s'est couché nous nous sommes couché(e)s vous vous êtes couché(e)(s) ils se sont couchés	je me couchais tu te couchais il se couchait nous nous couchions vous vous couchiez ils se couchaient
Verbs with spelling changes in the stem			
acheter (like **acheter:** **se lever,** **se promener**)	j'achète tu achètes il achète nous achetons vous achetez ils achètent	j'ai acheté	j'achetais
préférer (like **préférer:** **espérer**)	je préfère tu préfères il préfère nous préférons vous préférez ils préfèrent	j'ai préféré	je préférais
appeler	j'appelle tu appelles il appelle nous appelons vous appelez ils appellent	j'ai appelé	j'appelais

FUTUR	SUBJONCTIF	CONDITIONNEL	IMPÉRATIF
	que (qu')		
je chercherai tu chercheras il cherchera nous chercherons vous chercherez ils chercheront	je cherche tu cherches il cherche nous cherchions vous cherchiez ils cherchent	je chercherais tu chercherais il chercherait nous chercherions vous chercheriez ils chercheraient	cherche cherchons cherchez
je finirai tu finiras il finira nous finirons vous finirez ils finiront	je finisse tu finisses il finisse nous finissions vous finissiez ils finissent	je finirais tu finirais il finirait nous finirions vous finiriez ils finiraient	finis finissons finissez
j'attendrai tu attendras il attendra nous attendrons vous attendrez ils attendront	j'attende tu attendes il attende nous attendions vous attendiez ils attendent	j'attendrais tu attendrais il attendrait nous attendrions vous attendriez ils attendraient	attends attendons attendez
	que (qu')		
je me coucherai tu te coucheras il se couchera nous nous coucherons vous vous coucherez ils se coucheront	je me couche tu te couches il se couche nous nous couchions vous vous couchiez ils se couchent	je me coucherais tu te coucherais il se coucherait nous nous coucherions vous vous coucheriez ils se coucheraient	couche-toi couchons-nous couchez-vous
	que (qu')		
j'achèterai	j'achète tu achètes il achète nous achetions vous achetiez ils achètent	j'achèterais	achète achetons achetez
je préférerai	je préfère tu préfères il préfère nous préférions vous préfériez ils préfèrent	je préférerais	préfère préférons préférez
j'appellerai	j'appelle tu appelles il appelle nous appelions vous appeliez ils appellent	j'appellerais	appelle appelons appelez

INFINITIF	PRÉSENT	PASSÉ COMPOSÉ	IMPARFAIT
payer (like **payer:** s'ennuyer, essayer)	je paie tu paies il paie nous payons vous payez ils paient	j'ai payé	je payais
commencer	je commence tu commences il commence nous commençons vous commencez ils commencent	j'ai commencé	je commençais
manger (like **manger:** exiger, voyager)	je mange tu manges il mange nous mangeons vous mangez ils mangent	j'ai mangé	je mangeais

Other verbs

INFINITIF	PRÉSENT	PASSÉ COMPOSÉ	IMPARFAIT
aller	je vais tu vas il va nous allons vous allez ils vont	je suis allé(e)	j'allais
avoir	j'ai tu as il a nous avons vous avez ils ont	j'ai eu	j'allais
boire	je bois tu bois il boit nous buvons vous buvez ils boivent	j'ai bu	je buvais
connaître (like **connaître:** reconnaître)	je connais tu connais il connaît nous connaissons vous connaissez ils connaissent	j'ai connu	je connaissais
devoir	je dois tu dois il doit nous devons vous devez ils doivent	j'ai dû	je devais
dire	je dis tu dis il dit nous disons vous dites ils disent	j'ai dit	je disais

FUTUR	SUBJONCTIF	CONDITIONNEL	IMPÉRATIF
je paierai	je paie tu paies il paie nous payions vous payiez ils paient	je paierais	paie payons payez
je commencerai	je commence tu commences il commence nous commencions vous commenciez ils commencent	je commencerais	commence commençons commencez
je mangerai	je mange tu manges il mange nous mangions vous mangiez ils mangent	je mangerais	mange mangeons mangez

	que (qu')		
j'irai	j'aille tu ailles il aille nous allions vous alliez ils aillent	j'irais	va allons allez
j'aurai	j'aie tu aies il ait nous ayons vous ayez ils aient	j'aurais	aie ayons ayez
je boirai	je boive tu boives il boive nous buvions bous buviez ils boivent	je boirai	bois buvons buvez
je connaîtrai	je connaisse tu connaisses il connaisse nous connaissions vous connaissiez ils connaissent	je connaîtrais	connais connaissons connaissez
je devrai	je doive tu doives il doive nous devions vous deviez ils doivent	je devrais	dois devons devez
je dirai	je dise tu dises il dise nous disions vous disiez ils disent	je dirais	dis disons dites

INFINITIF	PRÉSENT	PASSÉ COMPOSÉ	IMPARFAIT
écrire (like **écrire:** **décrire**)	j'écris tu écris il écrit nous écrivons vous écrivez ils écrivent	j'ai écrit	j'écrivais
être	je suis tu es il est nous sommes vous êtes ils sont	j'ai été	j'étais
faire	je fais tu fais il fait nous faisons vous faites ils font	j'ai fait	je faisais
lire	je lis tu lis il lit nous lisons vous lisez ils lisent	j'ai lu	je lisais
mettre (like **mettre:** **permettre,** **promettre**)	je mets tu mets il met nous mettons vous mettez ils mettent	j'ai mis	je mettais
ouvrir (like **ouvrir:** **offrir**)	j'ouvre tu ouvres il ouvre nous ouvrons vous ouvrez ils ouvrent	j'ai ouvert	j'ouvrais
partir (like **partir:** **dormir, sentir,** **servir, sortir**)	je pars tu pars il part nous partons vous partez ils partent	je suis parti(e)	je partais
pouvoir	je peux tu peux il peut nous pouvons vous pouvez ils peuvent	j'ai pu	je pouvais
prendre (like **prendre:** **apprendre,** **comprendre**)	je prends tu prends il prend nous prenons vous prenez ils prennent	j'ai pris	je prenais

FUTUR	SUBJONCTIF	CONDITIONNEL	IMPÉRATIF
j'écrirai	j'écrive tu écrives il écrive nous écrivions vous écriviez ils écrivent	j'écrirais	écris écrivons écrivez
je serai	je sois tu sois il soit nous soyons vous soyez ils soient	je serais	sois soyons soyez
je ferai	je fasse tu fasses il fasse nous fassions vous fassiez ils fassent	je ferais	fais faisons faites
je lirai	je lise tu lises il lise nous lisions vous lisiez ils lisent	je lirais	lis lisons lisez
je mettrai	je mette tu mettes il mette nous mettions vous mettiez ils mettent	je mettrais	mets mettons mettez
j'ouvrirai	j'ouvre tu ouvres il ouvre nous ouvrions vous ouvriez ils ouvrent	j'ouvrirais	ouvre ouvrons ouvrez
je partirai	je parte tu partes il parte nous partions vous partiez ils partent	je partirais	pars partons partez
je pourrai	je puisse tu puisses il puisse nous puissions vous puissiez ils puissent	je pourrais	*(n'existe pas)*
je prendrai	je prenne tu prennes il prenne nous prenions vous preniez ils prennent	je prendrais	prends prenons prenez

INFINITIF	PRÉSENT	PASSÉ COMPOSÉ	IMPARFAIT
savoir	je sais tu sais il sait nous savons vous savez ils savent	j'ai su	je savais
suivre	je suis tu suis il suit nous suivons vous suivez ils suivent	j'ai suivi	je suivais
venir (like **venir:** **devenir, revenir**)	je viens tu viens il vient nous venons vous venez ils viennent	je suis venu(e)	je venais
voir (like **voir: croire**)	je vois tu vois il voit nous voyons vous voyez ils voient	j'ai vu	je voyais
vouloir	je veux tu veux il veut nous voulons vous voulez ils veulent	j'ai voulu	je voulais

FUTUR	SUBJONCTIF	CONDITIONNEL	IMPÉRATIF
je saurai	je sache tu saches il sache nous sachions vous sachiez ils sachent	je saurais	sache sachons sachez
je suivrai	je suive tu suives il suive nous suivions vous suiviez ils suivent	je suivrais	suis suivons suivez
je viendrai	je vienne tu viennes il vienne nous venions vous veniez ils viennent	je viendrais	viens venons venez
je verrai	je voie tu voies il voie nous voyions vous voyiez ils voient	je verrais	vois voyons voyez
je voudrai	je veuille tu veuilles il veuille nous voulions vous vouliez ils veuillent	je voudrais	

LEXIQUE: FRANÇAIS – ANGLAIS

A

à at, in, on, to; **— bientôt.** See you soon.; **— cause de** because of; **— la tienne/vôtre!** Your (good) health!; **— l'heure** on time; **— moins que** unless; **— part cela** besides that; **— qui** to whom; **— qui est-ce?** Whose is it?; **— tout à l'heure.** See you in a while.
abonné(e) subscribed
abonnement *m* subscription
abord: d'— first, at first
aborder to approach (a person)
aboutir *(pp* **abouti)** to reach; **— à** to come to, to result in
abri *m* shelter; **les sans-—** the homeless
abricot *m* apricot
accepter to accept
accomplissement *m* accomplishment
accord *m* agreement; **d'—** okay; **être d'—** to agree
accueillir *(pp* **accueilli)** to welcome, to greet
achat *m* purchase, errand; **faire des —s** to go shopping
acheter to buy
achever to finish
acier *m* steel
acquérir *(pp* **acquis)** to acquire
acteur(-rice) actor
actif(-ive) active; working; **population —** *f* working population
actuellement currently, at present
addition *f* bill (restaurant)
adieux *m pl* farewell; **faire ses —** to say good-bye
adorer to love, to adore
adresser: s'— (à quelqu'un) to speak (to someone)
aéroport *m* airport
affaiblir *(pp* **affaibli)** to weaken
affaires *f pl* things, belongings; business; **homme/femme d'—** businessman(woman); **voyage d'—** *m* business trip
affiche *f* poster
affreux(-se) hideous, horrible; **Quel temps —!** What horrible weather!
afin: — de to, in order to; **— que** so that, in order that
Afrique *f* Africa; **— du Nord** North Africa; **— du Sud** South Africa
agacé(e) *fam* bored
âge *m* age; **Quel — as-tu?** How old are you?; **troisième —** senior citizen
agent *m*: **— immobilier** real estate agent; **— de police** policeman
aggraver: s'— to get worse
agir *(pp* **agi)** to act; **s'— de** to be about; to do with
agiter to shake; to excite
agneau *m* lamb
agriculteur(-rice) farmer
aider to help; **Je peux vous —?** Can I help you?
ail *m* garlic; **à l'—** with garlic
aile *f* wing
aimer to love, to like; **j'aime beaucoup/bien** I like very much
aîné(e) older
ainsi thus; well; **— que** as well as; as
air *m* atmosphere
ajouter to add
alcoolisé(e) alcoholic (beverages)
Algérie *f* Algeria
algérien(ne) Algerian
aliment *m* food
Allemagne *f* Germany
allemand(e) German
aller *m* : **— simple** one way; **—-retour** round-trip (ticket)
aller to go; to get (somewhere); **— à pied** to go on foot; **On y va!** Let's get going!, Let's go!; **s'en —** to leave
allocation *f* allowance; **— familiale** family allowance
alors so, then; **—, tu y es?** *fam* Do you get it (understand)?; **Ça —!** *fam* What do you know!; **Et —?** *fam* So, What?
amande *f* almond
amateur(-trice) lover of, crazy (about)
ambiance *f* atmosphere; (work) environment
ambitieux(-euse) ambitious
aménagé(e) laid out, fixed up; **bien —** well laid out
aménager to plan
amener to take, to bring
américain(e) American
Amérique *f* America; **— du Nord** North America; **— du Sud** South America
ami(e) friend; **faux —s** *m pl* false cognates; **petit(e) —(e)** boy(girl)friend
amical(e) friendly
amitié *f* friendship; **—s** friendly greetings
amour *m* love
amoureux(-se) in love (with)
amphithéâtre *m* = **amphi** large lecture hall, amphitheater
amusant(e) funny, amusing
amuser: s'— to have a good time, to have fun; to play
an *m* year; **j'ai (15) —s** I'm (15 [years old]); **le Nouvel —** New Year's
ancêtres *m pl* ancestors
ancien(ne) old
anglais(e) English
Angleterre *f* England
année *f* year; **— scolaire** school year; **les —s (70)** the (70)s;
anniversaire *m* birthday; **Bon/Joyeux —!** Happy birthday!
annonce *f* ad; **petites —s** classified ads
annoncer to announce; **Alors, ça s'— bien!** *fam* So, it looks promising!
annuler to cancel
anthropologie *f* anthropology
antihistaminique *m* antihistamine
août August
apercevoir *(pp* **aperçu)** to see, to notice; **s'—** to become aware of
apéritif *m* appetite; before dinner drink
appareil-photo *m* camera
appartenir *(pp* **appartenu) à** to belong to
appel *m* call; **— téléphonique** telephone call
appeler to call, **s'—: Je m'appelle...** My name is . . .
appétit *m*: **Bon —!** Enjoy your meal!
apporter to bring
apprendre *(pp* **appris)** to learn; **— (à)** to teach (to)
approfondi(e) in depth
appuyer to lean; **s'—** to lean on
après after, afterwards; **d'—** according to; **Et — (alors)?** *fam* So, what?
après-midi *m* afternoon; **de l'—** in the afternoon, P.M.; **l'—** afternoons
arbre *m* tree
arc *m* arche; **—-boutant** flying buttress; **— brisé/en ogive** broken arch
architecte *m f* architect
architecture *f* architecture
argent *m* money
arme *f* weapon
armoire *f* dresser, closet
arrêt *m* stop; **— d'autobus** bus stop; **sans —** non stop
arrêter: s'— to stop
arrière behind; **à l'—** in back
arrivée *f* arrival
arriver to get (somewhere)
arrondissement *m* administrative division in Paris
art *m* art; **— dramatique** dramatic art, drama; **beaux-—s** *m pl* fine arts
ascenseur *m* elevator
aspirateur *m* vacuum cleaner; **passer l'—** to vacuum
assez (de) enough; **pas — (de)** not enough
assis(e) seated
assistant(e) teaching assistant
assister: — (à un cours) to attend (a class)
astronomie *f* astronomy
atelier *m* studio, workshop
atteindre *(pp* **atteint)** to reach
atteint(e) affected
attendre *(pp* **attendu)** to expect; to wait (for); **Attendez!** *fam* Hold on! Wait a minute!
attente *f* expectation
attention: faire — à to pay attention to; to be careful
au (à + le) at, on, to; **— delà** beyond; **— fur et à mesure** as
aube *f* dawn
auberge *f* hostel, inn
aubergine *f* eggplant
aucun(e) not a one, no one
augmenter to increase
aujourd'hui today
au pair child care in exchange for a room and board

auparavant before
auprès (de) with; next to
auquel/à laquelle to which
auto *f* car
autonome autonomous
au revoir good-bye
aussi too; also; **aussi... que** as . . . as; **(moi) —** (me) too
autant de... que as much . . . as; **pour — que** in as much as
autobus *m* bus
automne *m* fall, autumn
autoportrait *m* self-portrait
autoroute *f* highway
autour (de) around
autre *m f* other, another; **un(e) —** another
autrefois in the past
avaler to swallow
avance: à l'— in advance; **en —** early
avancé(e) advanced
avancement *m* promotion
avant before; **à l'—** front; **—-hier** *m* the day before yesterday
avantage *m* advantage
avantageux(-euse) profitable, worthwhile
avare *m f* miser
avec with
avenir *m* future; **à l'—** in the future
averse *f* shower (rain)
avion *m* airplane
avis *m* opinion; mind; **à mon —** in my opinion; **changer d'—** to change one's mind
avisé(e) informed
avocat(e) lawyer
avoir envie de to feel like
avoir *(pp* **eu)** to have; **— besoin de** to need; **— bonne (mauvaise) mine** to look good (bad); **— du mal à** to have trouble . . .; **— envie de** to feel like; **— faim** to be hungry; **— l'air** to look like it's; **— le cafard** to be depressed; **— lieu** to take place; **— l'intention de** to intend to; **— soif** to be thirsty; **j'ai (x) ans** I am (x) years old
avouer to confess
avril April

B

bac = baccalauréat *m*
baguette *f* long loaf of French bread
baigner: se to go swimming
baignoire *f* bathtub
baiser *m* kiss
baisser to lower
bal *m* dance
balader: se — *fam* to take a stroll
baladeur *m* Walkman
balayeur *m* sweeper
ballon *m* ball; **— de foot** soccer ball
banane *f* banana
banc *m* bench
bande dessinée *f* comics
banlieue *f* suburbs
banquier(-ère) banker
barbe *f* beard; **C'est la —!** *fam* It's a drag!; **Quelle —!** *fam* What a drag!
barrage *m* dam
bas *m* bottom; **en —** downstairs
bas(se) low
basket(-ball) *m* basketball
bataille *f* battle
bateau *m* boat; **— à voile** sailboat
bâtiment *m* building
battre *(pp* **battu)** to hit; to beat; **se —** to fight with one another
bavard(e) talkative
beau/bel (belle) beautiful; handsome; **—x-arts** fine arts *m pl*; **Il fait beau.** It's beautiful weather.
beau-frère *m* brother-in-law
beau-père *m* stepfather; father-in-law
beaucoup (de) a lot (of), a great deal of, many, much; **pas —** not very much
beaux-arts *m pl* fine arts
belge Belgian
Belgique *f* Belgium
belle-mère *f* stepmother; mother-in-law
besoin *m* need; **avoir — de** to need
bêtise *f* foolishness, stupidity
béton *m* concrete, cement
beurre *m* butter
bibliothèque *f* library
bien well, good; **assez —** pretty good; **— entendu** of course; **— sûr** certainly; **Ça a l'air —.** That seems nice.; **ce serait —** it would be nice; **très —** very good; great; **Je vais —.** I'm fine.
bientôt soon; **À —.** See you soon.
bière *f* beer
bifteck *m* steak
bijou *m* jewel
bijouterie *f* jewelry
billet *m* bill (money); ticket
biologie *f* biology
biscuits *m pl* cookies
bise *f* kiss on the cheek
blanc/blanche white
blé *m* wheat
blessure *f* injury, wound
bleu(e) blue; **— foncé** dark blue
blond(e) blond; **il a les cheveux —s** he's blond
blouson *m* jacket
bœuf *m* beef
boire *(pp* **bu)** to drink
boisson *f* beverage, drink
boîte *f* box; can; *fam* office, shop; **— à lettres** mail box
bon *adv* OK; **— marché** inexpensive; **Il fait —.** The weather's nice.
bon(ne) good; **assez —** pretty good; **c'est une —ne idée** that's a good idea
bondé(e) crowded
bonheur *m* happiness
bonjour good morning, hi
bonnet *m* cap, hat
bord *m* edge; **au — de la mer** on the seashore
bosser *fam* travailler, to study hard
botanique *f* botany
bottes *f pl* boots
bouche *f* mouth; **— de métro** entrance to subway station
bouché(e) stuffed up; **nez —** plugged/stuffed up nose
boucherie *f* butcher's shop
boucle d'oreille *f* earring
boue *f* mud
bouffer *fam* manger
bouillir *(pp* **bouilli)** to boil
bouilloire *f* kettle
boulanger(-ère) baker
boulangerie *f* bakery
boulot *m fam* work, job
bouquin *m* book
bouquiner *fam* to read, to study
bourg *m* (small) village
bourgeois(e) middle-class person
bourse *f* scholarship; Stock Exchange
bout *m* end; piece; **au —** at the end
bouteille *f* bottle
boutique *f* store, shop
bouton *m* button; spot, pimple
brancher to plug into
bras *m* arm
bref(-ève) short, concise, brief
Brésil *m* Brazil
brésilien(ne) Brazilian
bricolage *m* do-it-yourself work; **faire du —** *fam* to putter
bricoler to do handywork
brocolis *m pl* broccoli
broderie *f* embroidery
bronzer: se faire — to get a suntan
brosse *f* brush; **— à dents** toothbrush; **— à cheveux** hairbrush
brouillard *m* fog; **il fait/il y a du —** it's foggy
bruit *m* noise
brûler to burn
brûlure *f* burn
brume *f* midst
brun(e) brown
buffet *m* kitchen dresser, cabinet
bulletin *m:* **— d'inscription** registration form
bureau *m* desk, office; **— de poste** post office; **— de tabac** *m* tobacco store
but *m* goal, aim

C

ça, cela that; **— a l'air** this/that looks; **— ne fait rien** that's all right/OK; **— va** that's fine; **— va?** How's it going?; **— y est!** *fam* That's it!
cabine *f* booth; **— téléphonique** phone booth
cabinet *m:* **— de toilette** half-bath; **— d'avocat** law office
cacher to hide; **se —** to keep out of sight
cachet *m* tablet; pill
cadeau *m* present, gift
cadre *m* executive; settings; **— supérieur** high-level executive
cafard *m:* **avoir le —** to be depressed
café *m* coffee; café; **— crème** coffee with cream; **— au lait** coffee with hot milk
cahier *m* notebook
caisse *f* cash register
caissier(-ère) cashier, teller
calculatrice *f* calculator
calendrier *m* calendar; **— voyageur** traveler's calendar
camarade m *f* friend; **— de classe** classmate; **— de chambre** roommate

cambrioler to rob
cambrioleur *m* thief, robber
camembert *m* type of French cheese
caméscope *m* camcorder
camion *m* truck
campagne *f* countryside
campus *m* campus
canadien(ne) Canadian
canapé *m* couch
canard *m* duck
candidature *f*: **poser sa —** to apply for a job; **lettre de —** application letter
canot *m* boat, fishing boat
cantine *f* cafeteria, school meals
caoutchouc *m* rubber
capitale *f* capital
car because, for
carafe *f* pitcher
caravane *f* trailer
carnet *m* booklet; **— (de dix)** a book of 10 (metro) tickets
carotte *f* carrot
carré(e) square
carrefour *m* intersection crossroads
carte *f* card; menu; **— de crédit** credit card; **— de débarquement** landing card; **— orange** full-month commuter ticket; **— postale** postcard
cas *m* case; **au — où...** in case . . . ; **dans ce —** in this case; **en tout —** in any case
casque *m* helmet
casse-pieds *m fam* a pain in the neck!
casser to break; **— les pieds** *fam* to bug someone
cathédrale *f* cathedral
cause *f* reason; **à — de** because of
cave *f* cellar; **— à vin** wine cellar
ce/cet/cette this, that
céder to give in
ceinture *f* belt; **— de sécurité** seat belt
cela that
célèbre famous
célibataire *m f* single, unmarried
cellule *f*: **— familiale** family unit
celui/celle the one, that/this one
cendres *f pl* ashes
cent hundred; **deux cents** two hundred
centaine *f* hundred
centrale *f* power plant
centre *m* center; **— commercial** shopping mall; **—-ville** downtown
centré(e) centered
cependant therefore
céréales *f pl* cereal
cerise *f* cherry
certainement undoubtedly
cerveau *m* brain
ces/cettes these
cesser to stop
c'est it's, that's (with sing. nouns); **ce sont** it's, that's (with plur. nouns); **—-à-dire** that is; **— ça** that's right; **— ça?** *fam* Is that right? That's it.; **—combien?** *fam* How much is it?; **— la barbe** *fam* it's a drag; **— la cata** *fam* it's catastrophic; **— super chouette** *fam* it's great; **—pour le fun** *fam* it's for fun

c'est-à-dire that is, this means
ceux/celles those
chacun(e) each one; everyone
chagrin *m* distress, sorrow
chaîne *f* chain; **— stéréo** stereo (system)
chaise *f* chair
chaleur *f* heat
chambre *f* room; **— à coucher** bedroom
champ *m* field
champagne *m* champagne
champignon *m* mushroom
chance *f* luck; **avoir de la —** to be lucky; **bonne —!** good luck!; **tenter votre —** to trust your luck
chandail *m* sweater
changement *m* change
changer to exchange; to change; **bureau de change** *m* foreign currency exchange
chanson *f* song
chanter to sing
chanteur(-euse) singer
chantiers *m pl* construction
chapeau *m* hat
chapitre *m* chapter
chaque each
charcuterie *f* delicatessen
chargé(e) busy; heavy; **peu —** fairly light (not heavy)
charges *f pl* utilities; **— comprises** utilities included
chariot *m* shopping cart
charitable: œuvres —s *f pl* charities
chat *m* cat
châtain chestnut, brown (hair)
château *m* castle
chaud(e) warm, hot; **avoir —** to be hot, warm; **il fait —** it's warm
chauffage *m* heating
chauffeur *m*: **— de taxi** taxi driver
chausser: je chausse (du 38) I take/have a size (38 [shoe])
chaussette *f* sock
chaussure *f* shoe
chauve bald
chef *m* leader, head; **—lieu** county town; **— de cuisine** chef
chef-d'œuvre *m* masterpiece
chemin *m* road, way
chemise *f* shirt
chemisier *m* blouse
cher expensive; **c'est —** it's expensive; **trop —** too expensive
cher(-ère) expensive; dear
chercher to look for; to search for; **— à** to try to
chercheur *m* researcher
cheval *m* horse; **faire du —** to go horseback riding
cheveux *m pl* hair
cheville *f* ankle
chez at, to; **— toi** at your house
chien *m* dog
chiffre *m* number, digit
chimie *f* chemistry
Chine *f* China
chinois(e) Chinese
choisir *(pp* **choisi***)* to choose

choix *m* choice
chômage *m* unemployment
chose *f* thing; **quelque —** something
chou *m* cabbage
chouette *fam* pretty neat; cute, nice; **C'est —!** *fam* Neat! It's great!
choux-fleurs *m pl* cauliflower
chuchoter to whisper
ci-joint enclosed
Ciao! Bye!
ciel *m* sky
cinéaste *m* movie director; filmmaker
cinéma *m* cinema, movie theater
cinq five
cinquante fifty
cinquième fifth
circonstance *f* circumstance
circulation *f* traffic
ciseaux *m pl* scissors
citadin(e) city dweller
citron *m* lemon; **— pressé** lemonade; **diabolo—** *m* lemonade mixed with lemon-flavored syrup
clavier *m* keyboard
clé *f* key; **mot—** *m* key word
client(e) customer
climat *m* climate
climatisé(e) air-conditioned
clou *m* nail
Coca *m* Coca-Cola
cochon *m* pig
cœur *m* heart; **avoir mal au —** to feel nauseated
coiffeur *m* barber
coiffeuse *f* hairdresser; dressing table
coin *m* corner; **au — de** at the corner of
col *m* collar
colère *f* anger
collège *m* middle-school; junior high school
collectionner to collect
coller to stick
collier *m* necklace
colon *m* settler
combat *m* fight, battle
combien how much; **C'est —?** How much does it cost? **— de...** how many . . . ; **— de temps** how long; **Le — nous sommes (aujourd'hui)?** *fam* What's the date (today)?; **pendant —de temps?** for how long?
commander to order
comme as, like; as well as; **— tout** as anything
comédie *f* comedy
commencer to start; to begin
comment how; **—?** *fam* What do you say? **— allez-vous?** How are you?; **— ça va?** How're you doing?; **— est-il?** How is he like?
commerçant(e) shopkeeper
commerce *m* business; trade
commercial *m* sales representative
commettre *(pp* **commis***)* to commit, to make
commissariat de police *m* police station
commode *f* dresser
commode convenient; **C'est très —!** *fam* That's neat!

complet *m* suit
complet(-ète) full
complètement completely, absolutely
comportement *m* behavior, conduct
composer to dial
composteur *m* machine for punching tickets
comprendre *(pp* **compris)** to include; to understand
comprimé *m* tablet
compris(e) included; understood
comptabilité *f* accounting
comptable *m f* accountant
compte *m* (bank) account
compter to count; to intend to
concentrer: se — sur to concentrate on
concessionnaire *m f* car dealer
concevoir *(pp* **conçu)** to conceive, to express
concombre *m* cucumber
concours *m* competitive exam
conduire *(pp* **conduit)** to drive; **permis de —** *m* driving license
conférence *f* lecture
confiance: faire — to trust
confiture *f* jam
confort *m* comfort
congé *m* time off, vacation; **—s payés** paid leave, paid vacation; **prendre —** to say good-bye
congélateur *m* freezer
congrès *m* meeting; **— mondial** international meeting
connaissance *f* acquaintance; knowledge
connaître *(pp* **connu)** to know (someone); **se —** to know each other
conseil *m* advice
conseiller(-ère) advisor
conséquent: par — consequently
conserves *f pl* canned food(s), preserves
consommation *f* consumption
consonne *f* consonant
constamment constantly
constater to notice
construire *(pp* **construit)** to build
conte *m* tale, story
contenir *(pp* **contenu)** to contain
content(e) happy; pleased
contenter to please; **se — de** to be satisfied with
continu(e) continuous; **journée —e** continuous workday
contraire *m* opposite
contre against
contrôleur *m* conductor
convenable appropriate
convivial(e) pleasant
copain (copine) pal, buddy
coq *m* rooster
corps *m* body
correspondance *f* changing point
costaud husky
costume *m* suit
côte *f* coast; rib
côté *m* side; **à —** next to, beside; next door; **à — de** next to; **du — maternel/paternel** on the mother's/father's side
Côte-d'Ivoire *f* Ivory Coast
côtelette *f:* **— de porc** pork chop
cou *m* neck
coucher *m:* **— du soleil** sunset
coucher to put to bed; **se —** to go to bed; to sleep
couchette *f* sleeping berth
coude *m* elbow
coudre *(pp* **cousu)** to sew
couffin *m* basket
couler to run; **le nez qui coule** a runny noise
couleur *f* color
couloir *m* passage, hallway
coup *m* hit; blow; **— de fil** a phone call; **— de soleil** sunburn; **donner un — de main** to give a hand, to help; **tout d'un —** all of the sudden
couper to cut; **se —** to cut oneself
cour *f* courtyard
courageux(-euse) courageous
couramment fluently
courant(e) common
courgette *f* squash, zucchini
courir *(pp* **couru)** to run
courrier *m* correspondance, mail
cours *m* course, class; **— magistraux** *m pl* lecture courses; **au — de** during; in the process of
course *f* race; shopping; **faire les —s** to do the shopping
court(e) short; **le plus —** the shortest
cousin(e) cousin
coussin *m* cushion
coût *m* price, cost
couteau *m* knife
coûter to cost; **combien coûte(nt)...** how much is/are . . .
coûteux(-euse) costly
coutume *f* habit
couture: faire de la — to sew; **haute —** high fashion
couvert(e) covered; **le ciel est —** it's cloudy
couverture *f* blanket; cover
craindre *(pp* **craint)** to fear
cravate *f* tie
crayon *m* pencil
crèche *f* child care center
crème *f* cream
crêpe *f* pancake
crevé: pneu — flat tire; **—(e)** *fam* dead, exhausted
crevette *f* shrimp
crier to shout
crise *f* crisis
croire *(pp* **cru)** to believe
croisé(e) crossed; **mots —s** crossword
croissance *f* growth
croissant *m* croissant
croque-monsieur *m* open-faced grilled ham and cheese
crudités *f pl* raw vegetables
cruel(le) cruel
crustacés *m pl* shellfish
cuillère *f* spoon
cuillerée *f* spoon (measure)
cuire *(pp* **cuit)** to cook
cuisine *f* kitchen; **chef de —** *f* chef
cuisinier *m* cook
cuisse *f* thigh
cuisson *f* cooking time
cure-dent *m* toothpick
curieux(-euse) curious; **C'est —.** *fam* That's odd.
curriculum vitae (cv) *m* résumé

D

d'abord first
d'accord okay; **être — avec** to agree with
dame *f* woman
dans in; from now
date *f* date; **— de naissance** date of birth
davantage more
de of, about, from; some; **— temps en temps** from time to time
débardeur *m* tank top
débarquement *m* landing; **carte de —** *f* landing card
débarrasser to clear (the table)
debout standing
débrouiller: se — to manage (to do something), to get along
début beginning; **au —** at the beginning; **dès le —** from the beginning
débutant(e) beginner
décédé(e) deceased, passed away
décembre December
décevant(e) disappointing
décidément clearly
décider: se — to make up one's mind
décision *f* decision; **prendre une —** to make a decision
décontracté(e) relaxed; **de façon —e** in a relaxed fashion
décor *m* setting
découper to cut
découvrir *(pp* **découvert)** to discover
décrire *(pp* **décrit)** to describe
décrocher to pick up (phone)
dedans inside
défaut *m* flaw, fault
défi *m* challenge
défilé *m* parade
déguster to taste; to sample, to savour
dehors outside; **en — de** beyond, outside of
déjà already
déjeuner *m* lunch; **petit —** breakfast
déjeuner to have lunch
délégué(e) representative
délimité(e): une région —e a defined area
demain tomorrow; **après-—** the day after tomorrow
demander (à) to ask; **— l'aide** to ask for help
déménager to move
demeurer to remain; to stay
demi(e) half (a glass of) draft beer; **—-frère (sœur)** stepbrother(sister); **— tarif** *m* half-price
démission *f* resignation
démissionner to resign
dent *f* tooth
dentifrice *m* toothpaste
dentiste *m f* dentist
dépannage *m:* **service de —** towing service
dépanneuse *f* tow truck
départ *m* departure
dépasser to pass, to go beyond

dépêcher: se — to hurry; **dépêchez-vous!** hurry up!
dépenser to spend (money)
déplier to unfold
déposer to drop off
déprimant(e) depressing
depuis since, for; **— des heures** for hours; **— combien de temps** for how long; **— (quand)** since (when)
déranger to bother; **Ça te dérange (pas)?** *fam* Does it bother you?
dernier(-ère) last; **au — moment** at the last moment; **la semaine —e** last week
dérober: se — to hide
dérouler to unfold; **se —** to take place
derrière behind; in back of
des some, any (*pl* of **un[e]**)
dès from; **— que** as soon as
désaccord *m* disagreement
désavantageux(-euse) disadvantageous, unfavorable
descendre (*pp* **descendu**) to go down, to get off (bus); **— à un hôtel** to stay at a hôtel
désir *m* wish; desire
désirer to want
désolé(e) sorry; **Je suis —.** I am sorry.
désormais from then on
dessert *m* dessert
desservir (*pp* **desservi**) to serve (an area)
dessin *m* drawing; **— animé** cartoons
dessous: ci— below
dessus above, on top; **ci—** above
destin *m* fate
détendre: se to relax
détester to dislike
deux two; **les —** both
deuxième second
devant in front (of)
devenir (*pp* **devenu**) to become
deviner to guess
devoir (*pp* **dû**) to have to; to owe
devoir *m* duty; **faire les —s** to do the homework
dévoué(e) devoted
d'habitude usually
diable *m* devil
diamant *m* diamond
dictionnaire *m* dictionary
Dieu *m* God; **Mon Dieu!** *fam* Good grief!
différent(e) different; **—s** various
difficile difficult
digne: — de worthy of, deserving
dimanche *m* Sunday; **le —** Sundays
diminuer to decrease, to reduce, to diminish
dinde *f* turkey
dîner *m* dinner
dingue *fam* mad; **C'est —!** *fam* That's crazy!
diplôme *m* diploma, degree
dire (*pp* **dit**) (à) to say, to tell; **c'est-à-—...** that is . . . ; **Dis donc!** *fam* Oh, come on! **Mais, dis donc!** *fam* Say!; **Que dites-vous?** *fam* What do you say?
direct(e) direct; **ligne —e** direct line (telephone)
directement directly
directeur(-trice) director, principal (of a school)
direction *f* direction, management
diriger to oversee
discipline *f* field of study, matière
discret(-ète) discreet
discuter (de) to talk about; **— de politique** to discuss politics
disparu(e) lost, vanished
disponible available
disposer de to have at one's disposal
disputer: se — to have a fight (an argument)
disque laser *m* also compact disc
distinguer to distinguish
distributeur *m*: **— automatique de billets** automatic teller machine (ATM)
divan *m* sofa
divers miscellaneous, various
divorcer to (get a) divorce
dix ten
dix-huit eighteen
dix-neuf nineteen
dix-sept seventeen
doctorat *m* doctorate degree
doigt *m* finger; **— de pied** toe
domaine *m* field
domicile *m* residence
dommage it's a shame; **C'est —.** *fam* Too bad.; It's a pity.; **il est — que...** it's unfortunate that . . .
donc therefore, then; **Dis donc!** *fam* Oh, come on!
donner (à) to give; **— sur** to overlook
dont about, whom; of which; whose
dorer to brown
dormir (*pp* **dormi**) to sleep; **s'endormir** to go to sleep
dos *m* back; **avoir plein le —** *fam* to have it
douane *f* customs
doublé(e) lined
doucement slowly; **—!** *fam* Slowly! Take it easy!
douche *f* shower
doué(e) talented
doute *m* doubt; **sans —** probably
doux(-ce) soft; sweet; mild (climate)
douzaine *f* dozen
douze twelve
drap *m* sheet
droit *m* law; (the) right
droit: tout — straight ahead
droit(e) straight
droite *f* right; **à —** to the right
drôle funny; **— de** strange
du some
dû (due) à due to
duquel = de + lequel (de laquelle) who, whom, which
dur(e) hard, difficult; **vachement —** *fam* very difficult
durant during
durée *f* length
durer to last
dynamique dynamic

E

eau *f* water; **— minérale** mineral water
ébauche *f* first draft
éboueur *m* garbage collector
écart *m* distance, space, difference
échange *m* exchange
écharpe *f* scarf
échec *m* failure
échecs *m pl* chess; **jouer aux —** to play chess
échelle *f* ladder
échouer: — (à un examen) to fail (a test)
éclairé(e) lighted
éclater to burst apart; to explode
école *f* school; **— d'ingénieurs** school of engineering; **— maternelle** pre-school
écolier(-ère) student (elementary school)
économie *f* economy; **faire des —s** to save money
écoute *f* listening; **exercice d'—** listening exercise
écouter to listen
écran *m* screen
écraser to crush
écrevisse *f* crawfish
écrire (*pp* **écrit**) to write; **machine à —** *f* typewriter
écriture *f* writing
écrivain *m* writer
éducation *f* upbringing; éducation
effet *m* effect; **en —** in fact
effectué(e) completed, done
efficace efficient
efforcer: s'— to try hard
égal(e) equal
également also, **aussi**
église *f* church
égoïste selfish
égoutter to strain; **s'—** to drain, to drip
égyptien(ne) Egyptian
élargir (*pp* **élargi**) to widen; to enhance
élastique *m* elastic; rubber band
électrique electric(al)
électroménager *m* houshold appliances
élève *m f* elementary or high school student
élevé(e) high; **Il est bien (mal) élevé.** He's a good kid (a brat).
elle she, it; her; **elle-même** herself
elles them (*f pl*)
éloigner to move away
embarquement *m* embarkation
embêter *fam* to annoy, to bug, to bother; **Tu m'embêtes!** *fam* You're bugging me!
embouchure *f* mouth (river)
embrasser to kiss
émerveiller to amaze
émincer to cut into thin slices
émission *f* broadcast
emmener to take (away, along)
émouvant(e) touching, mouving
emparer: s'— de to come over
empêchement *m* obstacle
empirer to get worse
emploi *m* job; employment; **— du temps** schedule
employé(e) employee; **— (de bureau)** clerk; **— de maison** housekeeper
employeur *m* employer
emporter to take, to bring

emprunter to borrow
en in, at, to; during; some; while; — **avion** by plane; — **bas** down below; — **(parlant)** while (talking); — **tant que** as; — **plus** in addition; — **train de** in the process of
enchanté(e) delighted
enchères *f pl*: **vente aux** — auction
encore again; more; still; — **une fois** once more; **pas** — not yet
encre *f* ink
endommagé(e) damaged
endormir *(pp* **endormi)** to put to sleep; **s'**— to fall asleep
endroit *m* place
énerver to upset
enfance *f* childhood
enfant *m f* child
enfer *m* hell
enfin well; finally
enfuir: s'— to run away
engagement *m* hiring
enlever to take off; to remove
ennui *m* problem, boredom, trouble
ennuyeux(-euse) boring
énormément (de) a lot (of)
enquête *f* survey
enregistrer to register; to record
enrhumé(e): être — to have a cold
enseignant *m* instructor, teacher
enseignement *m* teaching
ensemble *m* set; group; suit
ensemble together
ensoleillé(e) sunny
ensuite next, then
entendre *(pp* **entendu)** to hear; **bien entendu** of course; **s'**— to get along (with)
enthousiaste enthusiastic
entier(-ère) entire; whole; **tout** — the whole, all of it
entourer to surround
entraînement *m* training, practice
entre among, between
entrecôte *f* rib steak
entrée *f* entrance; first course (of meal)
entreprise *f* company, business
entretemps in the meantime, meanwhile
entretien *m* meeting, interview; maintenance
envie: avoir — **de** to want, to feel like
environ about, around; —**s** *m pl* surroundings
envisager to have in mind
envoyer to send
épais(se) thick
épanouir *(pp* **épanoui)** to blossom
épanouissement *m* blooming, coming out
épargner to save (money, time)
éparpiller to scatter
épaule *f* shoulder
épée *f* sword
épeler to spell out
épicerie *f* grocery store
épinards *m pl* spinach
époque *f*: **à cette** — **là** at that time
épouser to marry
épouvante: film d'— *m* horror movie
éprouver to feel
épuisé(e) exhausted
équilibré(e) balanced
équipage *m* crew
équipe *f* team
équipé(e) equipped
équitation *f* horseback riding
erreur *f* error; mistake
escalier *m* stairs; — **roulant** escalator
escalope *f* cuttlet; — **de veau** veal cuttlet
escargot *m* snail
espace *m* space; —**s verts** green spaces (landscaping)
Espagne *f* Spain
espagnol(e) Spanish
espèces *f pl*: **payer en** — to pay cash
espérer to hope
essayer to try
essence *f* gas; **faire le plein (d'—)** to fill up (at a gas station)
essuyer to dry; to wipe
est *m* East
est-ce: — **qu'il y a... ?** Is there . . . ?; **Qu'— que c'est?** What is it?
estomac *m* stomach
et and
étable *f* barn
établir *(pp* **établi)** to establish
étage *m* floor; **premier** — second floor; **deuxième** — third floor
étagère *f* shelf
étalage *m* display
état *m* state; condition
États-Unis *m pl* United States
été *m* summer
éteindre *(pp* **éteint)** to turn off, to extinguish
éternuer to sneeze
étiquette *f* label
étoffe *f* fabric
étoile *f* star
étonné(e) surprised
étranger(-ère) *(adj noun)* foreign; stranger; **à l'étranger** abroad
être *m* being; **bien-**— well-being
être *(pp* **été)** to be; **je suis né(e)...** I was born . . . ; **Nous sommes (aujourd'hui) le...** Today's date is . . .; — **en panne** to be out of order, to have a breakdown
étroit(e) narrow, tight
étude *f* study
étudiant(e) college student
étudier to study
euh... uh . . .
eux they *(m)*
éveiller to awake
évidemment evidently
évier *m* sink
éviter to avoid
évoluer to evolve
exact(e) right, true
exagérer: Tu exagères! *fam* You're going too far!
excursion *f*: **faire une** — to take a trip
exercice *m* exercise
exigeant(e) demanding
exiger to demand; — **que** to require that
expliquer (à) to explain
exploser to explode
exposer to show, to exhibit
exprès on purpose, intentionally
express *m* espresso **(café)**
exprimer to express
extrait *m* excerpt; — **de naissance** birth certificate

F

fabrication *f* manufacturing, manufacture
fabriqué(e) made
fac *f* = **faculté** division of a French university school (university)
face: en — **(de)** across from
fâché(e) angry
facile easy
facilement easily
faciliter to make easy
façon *f* way; **de la même** — in the same way/manner; **de toute** — in any event; **de** — **que** so that
facturation *f* billing
facture *f* invoice, bill
faculté *f*: — **de droit** school of law; — **des lettres** school of liberal arts
faible weak
faiblesse *f* weakness
faim *f* hunger; **j'ai** — I'm hungry
faire *(pp* **fait)** to do, to make; — **connaissance** to get to know each other; — **de son mieux** to do one's best; — **des achats** to go shopping; — **des études** to study; — **du sport** to participate in sports; — **du tennis** to play tennis; — **la grasse matinée** to stay late in bed; — **le plein (d'essence)** to fill up (gas); — **sa toilette** to wash up; — **(un mètre cinquante)** to be (5′0″); — **un plan** to draw a map; — **visiter** to show; — **voir** to let see; — **(x) degrés (dehors)** to be (x) degrees (outside); **il fait du soleil** it's sunny; **il fait beau** the weather is beautiful
fait *m* fact; **en** — in fact
falloir *(pp* **fallu)**: **il faut que...** I have to . . .
famille *f* family; — **nombreuse** large family
fana(tique) *m* amateur; crazy (about)
fantastique fantastic; **film** — *m* fantasy film
fantôme *m* ghost
farine *f* flour
fatigué(e): être — to be tired
faut: il me — I need; **il —...** it is necessary . . .
fauteuil *m* armchair
faux (fausse) false
femme *f* woman; wife; **pour** —**s** for women
fenaison *f* haymaking
fenêtre *f* window
fer *m* iron
férié(e) holiday; **jours** —**s** *m pl* official holidays
ferme *f* farm
fermer to close; — **à clé** to lock
fermeture *f* closing; **heure de** — *f* closing time
ferroviaire pertaining to railroads
fête *f* feast, party
fêter to celebrate
feu *m* traffic light; fire; —**x d'artifice** fireworks
feuillage *f* foliage
feuille *f* leaf; sheet (of paper)
feuilleton *m* soap opera
février February

fiancé(e) engaged
fiancer: se — to get engaged (to)
ficelle *f* string
fichu *fam*: **C'est fichu.** *fam* It's all over.
fidèle faithful
fier: se — à to trust, to rely on
fier(-ère) proud
fièvre *f* fever, temperature
figure *f* face
fil *m* thread
file *f* line, queue
filet *m* net, string bag; **— de sole** steak of sole (fish)
filiale *f* subsidiary
fille *f* daughter, girl; **— unique** only child; **jeune —** young woman; **petite-—** granddaughter
film *m* movie; **— policier** detective; **— d'épouvante** horror film
fils *m* son; **— unique** only child; **petit-—** grandson
fin *f* end
finalement finally
financier(-ère) financial
finir *(pp* **fini)** to end, to finish; **— par** to end up
firme *f* firm, company
fixer to set (a date)
flacon *m* bottle; **— de parfum** bottle of perfume
flèche *f* arrow; steeple
fleur *f* flower
fleuri(e) in bloom
fleuve *m* river
florissant(e) flourishing
foi *f* faith
fois *f* time; **à la —** at the same time; **des —** sometimes; **encore une —** again, another time; **une —** once
fonctionnaire *m f* civil servant
fond *m* background; bottom
fondé(e) founded
fondre *(pp* **fondu)**: **faire —** to melt
football *m* soccer; **— américain** football
force *f* strength, power; **regagner ses —s** to regain one's strength
forcément by necessity
forêt *f* forest
formation *f* education
forme: être en — to be in shape
formidable great, tremendous, terrific
fort loudly; **très —** very loudly
fort(e) strong
fou (folle) crazy; **C'est fou!** *fam* That's crazy!
foulard *m* scarf
foule *f* crowd
fouler: se — to sprain
four *m* oven; **— à micro-ondes** microwave oven
fourchette *f* fork
fournir *(pp* **fourni)** to put in
fourrure *f* fur
foyer *m* household, house; entrance way
fraîcheur *f* freshness
frais *m pl* expenses; **— d'inscription** registration fees; tuition
frais (fraîche) fresh, cool; **il fait frais** it's cool
fraise *f* strawberry
framboise *f* raspberry
franc(-che) frank
français(e) French
frappé(e) cooled
frapper to hit; to strike
fréquemment frequently (often)
frère *m* brother
fric *m fam* money, dough
frigo *m* refrigerator
frisé(e) curly
frissons *m pl* chills
frites *f pl* French fries
frivole frivolous
froid *m* cold; **il fait —** it's cold
fromage *m* cheese
front *m* forehead
frontière *f* border, limit
fruit *m* fruit; **—s de mer** seafood
fuir *(pp* **fui)** to flee, to escape; to avoid
fumée *f* smoke
fumer to smoke
fumeur smoking; **non-—** non smoking
funk *m* funk music
furieux(-euse) furious
fusée *f* rocket

G

gagner to win; **— sa vie** to earn a living
gai(e) cheerful
gamin(e) *fam* kid
gamme *f* scale; range; **haut de —** top of the line
gant *m* glove
garçon *m* boy; waiter
garder to keep; **— sa ligne** to keep one's figure
gare *f* train station; **— routière** bus station
garer to park
garni(e) garnished
gaspillage *m* waste
gâteau *m* cake; **— (au chocolat)** (chocolate) cake; **petits —x** cookies
gâter to spoil
gauche *f* left; **à —** to the left
gauchement clumsily
gelée *f* frost; jelly
geler to freeze
gendarmerie *f* police station
gendre *m* son-in-law
gêner to embarrass, to bother
général: en — usually
généralement generally
généreux(-euse) generous
génial great; **C'est génial!** *fam* It's great!
génie *m* genius
genou *m* knee
genre *m* kind, type
gens *m pl* people
gentil(le) nice, kind
gentillesse *f* kindness
gentiment nicely
géographie *f* geography
gérant(e) manager
gérer to administer, to manage
géologie *f* geology
geste *m* gesture
gestion *f* administration, management; business administration
gigot *m* leg; **— d'agneau** leg of lamb
gilet *m* vest, sweater
glace *f* mirror; ice cream
glissant(e) slippery
gomme *f* eraser
gonfler to blow up
gorge *f* throat
gosse *m f fam* child, kid
gourmand(e): être — to love to eat
gourmet *m* someone who appreciates good food
goût *m* taste
goûter *m* snack
goûter to taste
goutte *f* drop; **une petite —** a drop
grâce: — à thank(s) to
gramme *m* gram
grand great, big
grand(e) big; tall; **plus — que** taller/bigger than
grand-chose big deal; **Ça ne me dit pas —.** *fam* It means nothing to me.; **Ce n'est pas —!** *fam* It's not big deal!; **pas —** not much
grand-mère *f* grandmother
grand-père *m* grandfather
Grande-Bretagne *f* Great Britain
grandir *(pp* **grandi)** to get taller; to grow up
grange *f* barn
gras(-se) fat
gratter to scratch
gratuit(e) free
grave serious
graver to engrave
grec(-que) Greek
Grèce *f* Greece
grève *f* strike
grille *f* gate
grille-pain *m* toaster
griller to toast, to roast
grimper to climb
grippe *f* flu
gris(e) grey
gros(se) fat, greasy
grossir to gain weight, **prendre du poids**
grossiste *m f* wholesaler
groupement *m*: **— des mots** word groups
gruyère *m* Swiss cheese
guère: ne — hardly, scarcely
guérir *(pp* **guéri)** to cure
guerre *f* war; **Première — mondiale** World War I; **Seconde/Deuxième — mondiale** World War II
guichet *m* ticket window (theater, bank, train station)
gym: faire de la — to work out, to exercise

H

habile clever
habillement *m* clothing
habiller to dress; **s'—** to get dressed
habitant *m* inhabitant
habiter to live; **habité(e)** inhabited
habitude *f* habit; **d'—** usually
habituer: s'— to get used to

haché(e) chopped
haine *f* hatred
haricot *m* bean; **—s verts** green beans
hasard *m* chance; **au —** by chance
hâte *f* haste
hausse: en — increasing
haut up; **en —** upstairs
haut(e) high
hébergement *m* lodging
hein huh
hélas alas
héritier(-ère) heir
heure *f* hour; time; **être à l'—** to be on time; **de bonne —** early; **— de fermeture** closing time; **—s de pointe** rush hour; **—s supplémentaires** overtime; **il est une —** it's one o'clock; **Quelle — est-il?** What time is it?
heureusement fortunately, luckily
heureux(-euse) happy
hier yesterday; **avant-—** the day before yesterday
histoire *f* history; story
hiver *m* winter
homard *m* lobster
homme *m* man; **pour —s** for men
honnête honest
horaire *m* schedule (of a train); timetable; **—s d'ouverture** opening hours; **— de fermeture** closing hour
horloge *f* clock
horreur *f*: **avoir — de** to hate; **film d'—** horror movie
hors apart from; **— de** outside of; **— campus** off-campus
hors-d'œuvre *m* appetizer
hôtel *m* hotel; **— de ville** city hall
huile *f* oil
huileries *f pl* mills that produce oil
huit eight; **il y a — jours** a week ago
huître *f* oyster
humeur *f* mood; **être de bonne/mauvaise —** to be in a good/bad mood
humide: Il fait (un temps) —. It's muggy.

I

ici here
idéaliste idealistic
idée *f* idea; **C'est une bonne —.** It's a good idea.
il he, it
il faut (que) it's necessary (that)
il est nécessaire (que) it's necessary that
il vaut mieux (que) it's better (that)
il y a there is/are; **— un moment** a while ago
île *f* island
illisible unreadable
ils (elles) they
image *f* picture
imaginer: s'— to imagine oneself
immeuble *m* apartment building
impatient(e) eager; impatient
importe: n'— qui anyone
impôts *m pl* taxes
impressionnant(e) impressive
imprévu(e) unexpected, unpredictable
imprimé(e) printed (material)
inattendu(e) unexpected
incendie *m* fire
incertitude *f* uncertainty
inclure *(pp* **inclu)** to include
inconnu(e) unknown
inconvénient *m* disadvantage
indemnités *f pl* benefits
indépendant(e) independent
indicatif *m* area code; indicative
indiquer to show, to point out
indispensable essential
industrie *f*: **— alimentaire** food buisiness
infirme invalid
infirmier(-ère) nurse
informations *f pl* news
informatique *f* computer science
ingénieur (femme ingénieur) engineer
inoubliable unforgettable
inquiéter: s'— to worry
inscription *f* registration; **frais d'—** tuition; registration fees
inscrire: s'— to enroll; to enregister
isoler to cut off
installer: s'— to move, to get settled
instant *m* moment
instrument *m*: **—s à corde** stringed instruments
intellectuel(le) intelectual
intention: avoir l'— de to intend
interdit(e) forbidden
intéressant(e) interessant; attractive
intéresser: s'— à to care about
intérieur *m* inside
interlocuteur(-trice) speaker
interroger to question
interrompu(e) interrupted
investissement *m* investment
invité(e) guest
italien(ne) Italian
ivre drunk

J

jamais never, ever
jambe *f* shin (leg)
jambon *m* ham
janvier January
japonais(e) Japanese
jardin *m* garden; **— public** public garden
jardinage *m* gardening
jaune yellow
je I
jean *m* **= blue-jean** jeans
jeter to throw
jeu *m* game; **— vidéo** videogame
jeudi *m* Thursday; **le —** Thursdays
jeune young
jeunesse *f* youth
joie *f* joy
joli(e) pretty, nice
jouer to play; **— à** to play (a sport); **— à quelque chose** to play a game; **— de** to play (a musical instrument)
jouet *m* toy
joueur *m* player
jouir *(pp* **joui)** to enjoy
jour *m* day; **à —** updated; **de nos —s** nowadays; **huit —s** a week; **quinze —s** two weeks; **tous les —s** every day; **un —** some day
journal *m* newspaper
journaliste *m f* journalist
journée *f* day; **toute la —** all day
juge *m* **(une femme juge)** judge
juillet July
juin June
jumeaux (jumelles) twins
jupe *f* skirt
jus *m* juice; **— d'orange** orange juice
jusque (—'à [ce que]) to, until
juste right, just; only
justement exactly, precisely

K

kilo *m* kilo
kir *m* white wine with black currant syrup

L

la the
là there, here; **—-bas** over there
laboratoire *m* laboratory; **— de langues** language laboratory
lacet *m* (shoe)lace
lâcher to let go
laid(e) ugly
laine *f* wool
laisser to leave; to let; **— un message** to leave a message
lait *m* milk
laitier: produits —s *m pl* dairy products
laitue *f* lettuce
lampe *f* lamp
lancer to throw; **se —** *fam* to get into
langoustine *f* prawn
langue *f* tongue; language
lapin *m* rabbit
large wide
las(se) tired
lavabo *m* sink (bathroom)
laver to wash; **machine à —** *f* washing machine
lavoir *m* public wash house
le/la/les the; him/her/them
lèche-vitrines: faire du — to window-shop
leçon *f* lesson
lecteur de compact discs *m* CD player
lecture *f* reading
légende *f* caption
léger(ère) light
légèrement slightly
légumes *m pl* vegetables
lendemain *m* next day; **le — matin** next morning
lent(e) slow
lequel/laquelle/lesquels/lesquelles which one(s)
lessive *f* laundry; **faire la —** to do the laundry
Lettonie *f* Latvia
lettres *f pl* liberal arts
leur their; them; for them; to them
lever to raise; **se —** to get up
lever *m*: **— du soleil** sunrise
lèvre *f* lip
liberté *f* freedom
librairie *f* bookstore
librairie-papeterie *f* stationery
libre free, available; **—-service** *m* self-service (store); **temps —** *m* free time

license *f* equivalent of bachelor's degree or first year of master's degree
licenciement *m* firing (an employee)
licencier to fire
lien *m* bond, link
lier to tie together
lieu *m* place; **— de naissance** place of birth; **au — de** instead (of)
ligne *f* line; shape; **garder la —** to stay in shape
linge *m* laundry
linguistique *f* linguistics
lire *(pp* **lu)** to read
lit *m* bed; **grand — (deux lits)** double bed
litre *m* liter
littérature *f* literature
livraison *f*: **— des bagages** baggage claim area
livre *m* book; **— d'histoire** history book
livre *f* a (French) pound (500 grams)
location *f* rental
locuteur(-trice) speaker
logement *m* dwelling, housing
logiciel *m* software
logis *m* dwelling; **sans-—** homeless
loi *f* law
loin far; **— de** far away; **un peu plus —** a little farther on
loisir *m* leisure
Londres London
long (longue) long; **avoir les cheveux —s** to have long hair; **le — de** along
longtemps a long time
longueur *f* length
lorsque when
lot *m* set
louer to rent
loup *m* wolf
lourd(e) heavy
lui to him/to her
lui-/elle-même him/herself
lumière *f* light
lundi Monday; **le —** Mondays
lune *f* moon
lunettes *f pl* eyeglasses; **— de soleil** sunglasses
lutte *f* fight
luxe *m* luxury
lycée *m* high school
lycéen(ne) high school student

M

madame, Mme Mrs., ma'am
mademoiselle, Mlle Miss
magasin *m* store; **— de vêtements** clothing store; **— de sports** sporting goods store
mai May
maigre skinny
maigrir *(pp* **maigri)** to lose weight, **perdre du poids**
maillot *m*: **— de bain** bathing suit
main *f* hand; **—-d'œuvre** workforce; **donner un coup de —** to give a hand, to help
maintenant now
maire *m* mayor
mairie *f* city/town hall
mais but; **— dis donc!** *fam* hey!
maïs *m* corn
maison *f* house; **à la —** at home
maîtrise *f* master's degree
magnétoscope *m* videocassette recorder (VCR)
mal hurt, to injure; **avoir — à** to hurt, to ache; **avoir — à la tête** to have a headache; **avoir — (partout)** to hurt (everywhere); **pas —** not bad; **pas si — que ça** not that bad; **se faire — à** to hurt, to injure
mal *m* illness; pain; **avoir du — à dormir** to have trouble sleeping; **— de l'air** airsickness; **— de mer** seasickness
malade sick, ill
malgré in spite of; despite
malheur *m* misfortune
malheureusement unfortunately
malheureux: C'est —. That's unfortunate.
malhonnête dishonest
manche *f* sleeve; **sans —s** sleeveless
mandat *m* money order
manger to eat
manières *f pl* manners
manifestation *f* demonstration
mannequin *m* (fashion) model
manquer to miss; to lack; **Il me manque.** I miss him.
manteau *m* coat
manuel *m* textbook
manuscrit(e) handwritten
maquiller: se — to put on makeup
marché *m* market; **bon —** inexpensive; cheap; **— en plein air** open market
marcher to walk; to work
mardi Tuesday; **le —** Tuesdays
mari *m* husband
marié(e) married; **— avec** married to
Maroc *m* Morocco
marocain(e) Moroccan
marque *f* brand
marraine *f* stepmother
marrant(e) funny; **C'est pas —.** *fam* It's not funny.
marre: en avoir — de to be fed up with
marron brown
mars March
matelas *m* mattress
maternelle: école — nursery school
matière *f* discipline; material; subject
matin *m* morning; **du —** A.M., in the morning; **du — au soir** from morning till evening; **le —** mornings
matinée *f* morning; **faire la grasse —** to sleep (stay late in bed)
mauvais(e) bad; **il fait mauvais** the weather is bad
mécanicien(ne) mechanic
mécontent(e) (de) unhappy (about), dissatisfied (with)
médecin (femme médecin) doctor
médicament *m* medicine
meilleur(e) better; **le/la —** the best
mélange *m* mixture
mélanger to mix
même same; even; **de la — façon** in the same way; **le (la, les) —(s)** the same; **toi/vous-—** yourself
mémé *f* gramma
ménage *m* housework; **faire le —** to do housework
mener to lead
menthe: — à l'eau *f* peppermint cordial (drink)
mention *f* grade; class honours
mentir *(pp* **menti)** to lie
menton *m* chin
menuisier *m* carpenter
mépris *m* disdain
mer *f* sea; **bord de —** *m* seashore
merci thank you
mercredi Wednesday; **le —** Wednesdays
mère *f* mother
mesure *f* measure; **à — que** as
météo *f* weather forecast/report
métier *m* trade, occupation
mètre *m* meter
métro *m* subway
mettre *(pp* **mis)** to put (on); **— la table** (le couvert) to set the table; **Mets-toi à table!** Sit at the table!; **se — à table** to sit down
meublé(e) furnished
meubles *m pl* furniture
mexicain(e) Mexican
midi noon
Midi *m* South of France
miel *m* honey
mien(ne) mine
mieux better; **le —** the best; **faire de son —** to do one's best
migraine *f* migraine headache
milieu *m* middle; **au — de (du)** in the middle of
militaire (*adj*) military; (*noun*) soldier
mille one thousand; **deux mille** two thousands
mille-feuille *m* napoleon (pastry)
milliard *m* billion
millier *m* thousand
million: un — million
mince thin
mine *f*: **avoir bonne/mauvaise —** to look good/bad
minuit midnight
miroir *m* mirror
mise: — en scène *f* staging production
mi-temps *m*: **travail à —** half-time work
moche ghastly, ugly
mode *m* method, mean
mode *f* fashion; **à la —** in fashion
moi I, me
moindre least
moins less; **à — que** unless; **au —** at least; **(de) —... que** less . . . than; **— de...** fewer than . . .
mois *m* month
moitié *f* half
moment *m*: **en ce —** now; **à tout —** at any time
mon/ma/mes my
monde *m* world; **tout le —** everyone, everybody
monnaie *f* change (money); **pièce de —** *f* coin
monsieur, M. gentleman; mister, Mr.; Sir
montagne *f* mountain
monter to go up, to get in

monteur *m* assembler
montre *f* watch
montrer to show
monument *m* building
moquer: se — de to make fun of; **Je m'en moque!** *fam* I don't care!
morceau *m* piece
mordre *(pp* **mordu)** to bite
mort(e) dead
mortalité *f* death rate
mot *m* word; **— apparenté** cognate; **—s croisés** crossword
moto *f* motorcycle
mouchoir *m* handkerchief
moule *f* mussel
mourir *(pp* **mort)** to die; **c'est à —** *fam* it's to die for
mousseux(-euse) sparkling
mouton *m* sheep
moyen *m* mean; **—s de transport** means of transportation
moyen(ne) average
mur *m* wall
musculation *f* weightlifting; **faire de la —** to lift weights
musée *m* museum
musicien(ne) musician
musique *f* music; **jouer de la —** to play music
musulman(e) Moslem
mystérieux(-euse) mysterious

N

nager to swim
naguère formerly
naïf(-ïve) naive
naissance *f* birth; **lieu/date de —** place/date of birth
naître *(pp* **né)** to be born; **je suis né(e)...** I was born . . .
nappe *f*: **— de table** tablecloth
natalité *f* birthrate
natation *f* swimming
nationalité *f* nationality
nature plain
navré(e) very sorry
ne: ne... jamais never; **ne... pas** do not; **ne pas... du tout** not at all; **ne... plus** not any more; no longer; **ne... personne** nobody, no one; **ne... que** only; **ne... rien** nothing
néanmoins nevertheless
négliger to neglect
neige *f* snow
neiger to snow; **il neige** it is snowing
nerveux(-euse) nervous
n'est-ce pas? isn't it?
net(te) clean
nettoyer to clean
neuf nine
neuf(-ve) new; **quoi de —?** *fam* what's new?
neuvième ninth
neveu, nièce nephew, niece
nez *m* nose; **avoir le — bouché (pris)** to be stuffed up; **avoir le — qui coule** to have a runny nose
ni: ne...—...— neither . . . nor
niveau *m* level; **— de vie** standard of living
Noël *m* Christmas
noir(e) black
noix *f* nut
nom *m* name; noun; **— de famille** last name
nombre *m* number
nombreux(-euse) numerous; **famille —se** a large family
nommer to name
non no; **— plus** either
nord *m* North
note *f* grade
notre/nos our
nouilles *f pl* noodles
nourrir to feed; **se — bien** to eat well
nourriture *f* food
nous we, to us
nouveau/nouvel (nouvelle) new; **de —** again
nouvelles *f pl* news
Nouvelle-Angleterre *f* New England
Nouvelle-Zélande *f* New Zealand
Nouvelle-Orléans *f* New Orleans
novembre November
noyer: se — to drown
nu(e) naked
nuage *m* cloud
nuageux cloudy; **le temps est —** it's cloudy
nuit *f* night; **la —** per night
nul(le): je suis nul(le) en... I'm no good at . . .
numéro *m* number; **— de téléphone** telephone number

O

obéir *(pp* **obéi)** to obey
objet *m* thing; **—s trouvés** lost and found
obligé(e): être — to appreciate; **je vous serais —** I would appreciate it
obtenir *(pp* **obtenu)** to get, to obtain
occasion *f* chance, opportunity; **d'—** used
occupé(e) busy
occuper: s'— (de) (tout) to take care (of) (everything)
octobre October
odontologie *f* dentistry
œil *m* *(pl* **yeux)** eye
œuf *m* egg
œuvre *f* work; **chef-d'—** *m* masterpiece; **—s charitables** charities
offre *f* offer; **— d'emploi** want ad
offrir *(pp* **offert)** to offer
oie *f* goose
oignon *m* onion
ombre *f* shadow
omelette *f* omelet; **— aux fines herbes** mixed herb omelet
on one, you, we, they (people in general); **— y va!** Let's get going!, Let's go!
oncle *m* uncle
ondée *f* shower (of rain)
onze eleven
optimiste optimistic
option *f* elective
or now, thus
or *m* gold
orage *m* storm; **il y a un —** there's a storm
orange *f* orange
ordinateur *m* computer
ordures *f pl* garbage
oreille *f* ear
oreiller *m* pillow
ores: d'— et déjà already
origine *f* origin; **d'—** from
oser to dare
ou or; **— bien** or else
où where; **— est/sont...** where is/are . . . ; **— se trouve(nt)...** where is/are located . . .; **— sommes-nous?** Where are we?
oublier to forget
ouest *m* West
oui yes
ours *m* bear
outil *m* tool
outre: en — moreover, furthermore
ouvert(e) open
ouverture *f* opening
ouvrage *m* work
ouvrier(-ère) (factory) worker
ouvrir *(pp* **ouvert)** to open

P

pain *m* bread; **— de campagne** round country loaf; **petits —s** rolls
paix *f* peace
palais *m* palace; **— de justice** courthouse
palourde *f* clam
pamplemousse *m* grapefruit
panier *m* basket
panne *f* brakedown; **avoir une — d'essence** to run out of gas; **tomber/être en —** to have a breakdown; **voiture en —** broken down car
panneau *m* board
pansement *m* bandage
pantalon *m* trousers, (pair of) pants
papa *m* father
papeterie *f* stationery (store)
papier *m* paper; **feuille de —** *f* sheet of paper; **— de toilette/hygiénique** toilet paper
Pâques *f pl* Easter
paquet *m* package
par by; per; **— ici (là)** this (that) way
paraître *(pp* **paru)** to appear, to be published
parapluie *m* umbrella
parc *m* park
parce que because
pardessus *m* overcoat
pardon excuse me
pare-chocs *m pl* fenders, bumpers of car
pareil the same; **pas —** not the same
parents *m pl* parents; relatives; **grands-—** grandparents
paresseux(-euse) lazy
parfait(e) perfect
parfaitement pefectly
parfois sometimes
parfumerie *f* store that sells perfume
pari *m* bet
parier to bet
parisien(ne) Parisian
parking *m* parking lot
parler to speak, to talk; **— (espagnol)** to speak (Spanish); **se —** to talk (speak) to each other
parmi among
paroisse *f* parish

parole *f* word
parrain *m* godfather
part *f* piece; **de la — de qui** who is calling (telephone); **nulle —** nowhere; **quelque —** somewhere
partager to share
partenaire *m f* partner
participer (à) to take part in
particulier: en — in particular
particulièrement particularly
partie *f* part; game; **en —** in part
partir to leave (for); **to go; à — de** beginning (with, in); **— en vacances** to go on vacation
partout everywhere
paru(e) appeared
pas *m* step; **pas** *adv* no, not; **n'est-ce —?** right?, isn't it?; **— seulement** not only
passager(-ère) passenger
passé *m* past
passer to pass; to spend (time); to stop by; **bien se —** to go well/OK; **— son temps à...** to spend (time) doing . . .; **— un examen** to take a test; **— l'aspirateur** to vacuum; **Tu veux me — (le sel)!** Pass (the salt), please!
passionnant(e) exciting
passionner: se — pour to be fascinated by
pastille *f* lozenge
pastis *m* pastis (drink)
pâte *f* dough; **—s** pasta
pâté *m* meat spread
patiemment patiently
patinage *m*: **faire du —** to go skating
pâtisserie *f* pastry shop
patissier(-ère) pastry chef
patron(ne) boss
paupière *f* eyelid
pauvre poor
pauvreté *f* poverty
pavillon *m* house, lodge
payant(e) which must be paid for
payer to pay (for)
pays *m* country
Pays-Bas *m pl* Netherlands
paysage *m* landscape
paysan(ne) peasant, farmer
péage *m* toll; **autoroute à —** toll road
peau *f* skin
pêche *f* peach; fishing; **aller à la —** to go fishing
pêcheur *m* fisherman
peigne *m* comb
peignoir *m* bathrobe
peine *f* trouble; **Ce n'est pas la —.** *fam* Don't bother.
peinture *f* painting
pelouse *f* lawn
pendant during, for; **— que** while
pendre *(pp* **pendu**) to hang
pénible hard, difficult
penser to think; **— à** to think of; **Pensez-vous!** *fam* No way!
pente *f* slope
pépé *m* granpa
perdre *(pp* **perdu**) to lose; **— du temps** to waste time
père *m* father
perle *f* pearl
permettre *(pp* **permis**) to permit, to allow
persil *m* parsley
personnage *m* character
personne *f* person; **ne...—** nobody
personnel(le) personal
perte *f* loss
peser to weigh
petit déjeuner *m* breakfast
petit(e) small, short, little
petite-fille *f* granddaughter
petit-fils *m* grandson
petits-enfants *m pl* grandchildren
peu little; **à — près** nearby; **un —** a little bit; **un — de** a little, a little bit of; **très — de** very little, very few
peuple *m* people
peur: faire — to frighten; **avoir — (de)** to be afraid (of)
peut-être maybe, perhaps
pharmaceutique pharmaceutical
pharmacie *f* drug store
pharmacien(ne) pharmacist
philosophie *f* philosophy
photo *f* photograph; photography
phrase *f* sentence
physique *f* physics
pièce *f* room; **— de monnaie** *f* coin; **— (de théâtre)** play
pied *m* foot; leg; **à —** on (by) foot; **—-à-terre** apartment, a spot
piège *m* trap
pierre *f* stone
piéton(ne) pedestrian
pilule *f* pill
piment *m* pepper
pique-nique *m* picnic
piqûre *f* injection, shot
pire the worst
pis worse
piscine *f* swimming pool
placard *m* cupboard; closet
place *f* square; seat; place
plage *f* beach
plaie *f* wound
plaindre *(pp* **plaint**): **se —** to complain
plaire *(pp* **plu**) to be pleasant, liked; **Elle te plaît!** You like it!
plaisanter to be kidding; **Tu plaisantes!** *fam* You're kidding!
plaît: s'il te/vous — please
plan *m* map; floor plan
planche *f* board; **faire de la — à voile** to windsurf
plancher *m* floor
plaque *f* plate; **— d'immatriculation** license plate
plat *m* dish; **— principal (de résistance)** main dish
plateau *m* tray; serving platter
plein *m*: **faire le — (d'essence)** to fill up (with gas); **travail à — temps** *m* full-time work
plein(e) full
pleurer to cry
pleuvoir *(pp* **plu**) to be raining; **il pleut** it's raining; **il pleut à torrents** it's pouring
plier to fold
plomb *m* lead; **sans —** unleaded
plongée *f*: **faire de la — sous-marine** to go skin diving
pluie *f* rain; **sous la —** in the rain
plupart: la — de(s) most (of)
plus more; **en —** in addition; **ne —** no longer; **non —** neither; **— de... que** more . . . than; **—... plus...** more . . . the more . . . ; **— tard/tôt** later/earlier
plusieurs several
plutôt rather
pluvieux(-euse) rainy
pneu *m* tire; **— crevé** flat tire
poche *f* pocket
pochette *f* wallet
poêle *f* frying pan
poids *m* weight; **perdre/gagner du —** to lose/gain weight
poignet *m* wrist
pointure *f* (shoe) size
poire *f* pear
pois *m* pea; **petits —** green peas
poisson *m* fish
poitrine *f* chest
poivre *m* pepper
poivron *m* green pepper
poli(e) polite
policier: film — detective movie
politique *f* politics
polonais(e) Polish
pomme *f* apple; **— de terre** potato; **—s frites** French fries; **tarte aux —s** apple pie
pompier *m* **(une femme pompier)** firefighter
pont *m* bridge
porte *f* door; **mis(e) à la —** thrown out
portefeuille *m* wallet
porter to wear; to carry
portugais(e) Portuguese
poser to place; to ask (a question); **— sa candidature** to apply for a job
poste *f* post office
poste *m* job; target
postier(-ière) postal worker
potage *m* soup
potager *m* kitchen garden
poulet *m* chicken; **— rôti** roast chicken
poupée *f* doll
pour for; in order to; **— une fois** for once
pour cent percent
pourboire *m* tip
pourquoi why; **— pas?** why not?
pourtant nevertheless; yet
pouvoir *(pp* **pu**) can, to be able; **il se peut que...** it's possible . . .
pouvoir *m* power; ability
pratique practical
précaire precarious
préciser to give details
préféré(e) favorite
préférer to prefer
premier(-ère) first
premièrement first of all
prendre *(pp* **pris**) to take; to have; **— congé** to leave; **— quelque chose** to have something to eat; **— un coup de soleil** to have a sunburn
prénom *m* first name
préoccuper: se — de to worry about
préparatifs *m pl*: **faire des —** to make plans

préparer: se — (à/pour) to get ready (to/for)
près (de) near, close to; **tout —** very close
prescrire *(pp* **prescrit)** to prescribe
présentation *f* introduction
présenter to introduce
presque almost; nearly
pressé(e): être — to be in a hurry; **citron —** (squeezed) lemon juice
pression *f* pressure
prêt(e) ready; **c'est prêt** (it's) ready
prêter (à) to lend
prévenir *(pp* **prévenu)** to warn
prévision *f* prediction
prévoir *(pp* **prévu)** to anticipate, to foresee, to predict
prier: Je t'en (vous en) prie Please; You're welcome.
prière *f* prayer
principal(e) major
printemps *m* spring
privé(e) private
prix *m* price; prize; **c'est un bon —/c'est un — intéressant** it's an attractive price
probable: Il est peu — que... It is unlikely that . . .
probablement probably
prochain(e) next
proche close to; nearby
Proche-Orient *m* Near-East
produire *(pp* **produit): se —** to occur
produit *m* product; **— laitier** dairy product
prof = professeur (femme professeur) teacher
profession *f* occupation
programme *m*: **— d'études** major program of study
programmeur(-euse) computer programmer
progrès *m*: **faire des —** to make progress
projet(s) *m(pl)* plan(s)
promenade: faire une — to take a walk (ride)
promener: se — to go for/to take a walk; **— à vélo** to go for a bike ride
promettre *(pp* **promis)** to promise
promu(e) promoted
pronom *m* pronoun
propice favorable
propos *m pl* words, remarks; **à — de** about
proposer (à) to suggest
propre clean
propriétaire *m f* owner
protéger to protect
provenance: en — de coming from
provisoire temporary
prune *f* plum
pruneau *m* prune
psychologie *f* psychology
public *m* audience
public(-ique): travaux —s public works
publicité *f* advertising, commercial
puis then
puisque since
puissant(e) powerful
pull-over *m* sweater
punir *(pp* **puni)** to punish
punition *f* punishment

Q

quai *m* platform
qualifié(e) qualified
qualité *f* quality
quand when; **depuis —** since when, how long; **— même** nevertheless; anyway
quarante forty
quart *m* quarter; **midi et —** 12:15
quartier *m* neighborhood
quatorze forteen
quatrain *m* quatrain (four lines of verse)
quatre four
quatre-vingt-dix ninety
quatre-vingts eighty
quatrième fourth
que what; whom; which; that; **ne... —** only; **— fait-il?** What does he do?
quel(le) what, which; **— que soit...** whatever . . .; **— temps fait-il?** What's the weather like?
quelconque any; the slightest
quelqu'un(e) someone, somebody
quelque chose something; **— à boire/manger** something to drink/eat; **— de chaud/froid** something hot/cold
quelquefois sometimes
quelque part somewhere
quelques a few; some; about; a few; **— instants** a few moments; **—-un(e)s** some (of)
Qu'est-ce: — que c'est? What's that?/What is it?; (—) **qu'il est... !** *fam* Boy, is he (it) . . . ?; **— qu'il y a?** What's the matter?/What's wrong?; **— tu as?** *fam* What's the matter with you?
quête *f* search
queue *f* tail; **faire la —** to be on line
qui who, which, that, whom
quiconque anyone; who
quinzaine: une — two weeks
quinze fifteen; **il y a — jours** two weeks ago
quitter to leave; **Ne quittez pas.** Don't hang up (telephone)/Hold on.
quoi what; **Il n'y a pas de —.** You're welcome.; **—?** *fam* What do you say? **— d'autre?** what else?
quotidien(ne) daily

R

raccrocher to hang up
racine *f* root
raconter to tell; explain *fam*
radis *m* radish
raisin *m* grapes; **—s secs** raisins
raison *f* reason; **avoir —** to be right; **T'as —!** *fam* You're right!
rajouter to add more
ralentir *(pp* **ralenti)** to slow down
ramasser to pick up
ramener to take back
randonnée *f* hiking
rangée *f* row, line
ranger to pick up; to put away
rapidement quickly
rappeler to call again; to remind; to call again (telephone); **se —** to remember; **se — bien** to remember correctly
rapport *m* relationship; link; **par — à** against, in relation to
raquette *f* racket
rarement rarely
raser: se — to shave
rater: — (un examen) to fail (a test/an exam)
ravi(e) delighted
rayé(e) striped
rayer to cross out
rayon *m* department (store)
réagir *(pp* **réagi)** to react
réalisateur(-rice) movie/video producer
réaliser to complete, to accomplish; to realize
réaliste realistic
récemment recently
recensement *m* census
réception *f* reception; front dest (hotel)
recette *f* recipe
recevoir *(pp* **reçu)** to receive; to get
recherche *f* research; **faire des —s** to do research
rechercher to search for
récit *m* short novel
réclamer to claim
recoller to put up again
recommander to recommend
recommencer to start again
reconnaissance *f* recognition, gratefulness
reconnaître *(pp* **reconnu)** to recognize
récréation *f* recess
rédiger to write
réduire *(pp* **réduit)** to reduce
refaire *(pp* **refait)** to do again
réfléchir *(pp* **réfléchi)** to think
régaler: se — to enjoy oneself (eating)
regard *m* glance
regarder to look (at); to watch
régime *m* policy; diet; **être au —** to be on diet
règle *f* ruler; **—s** rules
régler to arrange; to pay
regretter to be sorry
régulièrement regularly
reine *f* queen
reins *m pl* kidneys
rejeter to reject
rejoindre *(pp* **rejoint)** to join
réjouir *(pp* **réjouit): se —** to be delighted
relier to connect
remerciement(s) *m (pl)* thanks, aknowledgment
remercier to thank
remettre: se — to get better
remplacer to replace
remplir *(pp* **rempli)** to fill (in)
rencontrer to meet, run into; **se —** to run into each other
rendez-vous *m* meet; appointment
rendre to give back, to return; **— visite** to pay visit; **se — à** to go
renommé(e) renowned, famous
renoncer à to give up
renouveler to renew
renseignements *m pl* information
renseigner: se — to get (find out) some information
rentrée *f*: **— des classes** first day of school
rentrer to come (go) home; to come back; **— chez soi** to go home

renvoyer to send back
réparation *f* repair
repas *m* meal
répéter to repeat
répondeur *m* answering machine
répondre *(pp* **répondu**) to answer
réponse *f* answer, response
repos *m* rest; **aire de —** *f* rest stop
reposer: se — to rest
représentant(e): — de commerce salesman(woman), sales representative
reproche *m*: **faire un — à quelqu'un** to blame someone
reproduire *(pp* **reproduit**) to reproduce
réputé(e) known
réseau *m* network
réserver to book; to make reservations
résidence *f*: **—s universitaires** dorms
résolu(e) determined
respirer to breathe
responsabilité *f* responsibility
restau (resto)(-U) *m* university restaurant
reste *m*: **du —** moreover
rester to stay; remain
résumé *m* summary
retard *m* delay; lateness; **être en —** to be late
retarder to dealy
retour *m* **de — à la maison** back at the house; **être de —** to be back home
retrait *m* withdrawal
retraite *f* retirement benefits
retrouver: se— to meet (each other)
réunion *f* meeting
réunir *(pp* **réuni**) to bring together; **se —** to meet
réussir to succeed; **— (à un examen)** to pass (a test)
réussite *f* success
rêve *m* dream
réveil *m* alarm (clock)
réveiller to wake up
révéler to reveal
revenir *(pp* **revenu**) to come back
revenu *m* income
rêver à (de) to dream about (of)
réviser to go over
révision *f* review
revoir *(pp* **revu**) to see again, to review
revouloir *(pp* **revoulu**) to want more
revue *f* magazine
rez-de-chaussée *m* ground (first) floor
rhume *m* cold; **— des foins** hayfever
richesse *f* wealth
rideau *m* curtain
rien nothing; **Ça ne fait rien.** It doesn't matter; **De —.** You're welcome.
rigoler: c'est pour — (le fun) *fam* it's for fun
rigoureux(-se) self-disciplined
rire *(pp* **ri**) to laugh; **Tu veux rire!** *fam* You're not serious!
rive *f* bank (of a river)
rivière *f* river
riz *m* rice
robe *f* dress
rôder to wander
roi *m* king
rôle *m* role; **à tour de —** in turn
roman *m* novel
roman(e) romanesque
romancier(-ère) novelist
rond(e) round
rosbif *m* roast beef
rose pink
rosé *m* rosé (wine)
rôtir *(pp* **rôti**) to roast
roue *f* wheel; **changer la —** to change the tire
rouge red
rougir *(pp* **rougi**) to blush
route *f* road; way; **en —** on the way; **— nationale** highway
routier(-ère) pertaining to roads
routine *f* routine
roux (rousse) red (hair)
Royaume-Uni *m* United Kingdom
rude harsh
rue *f* street
russe Russian

S

sabotier *m* shoemaker
sac *m* bag; **— à dos** *m* backpack; **— à main** handbag, purse; **— de couchage** sleeping bag
saignant(e) rare (meat)
sain(e) healthy
saison *f* season
salade *f*: **— de tomates/concombres** tomato/cucumber salad; **— niçoise** salad with tuna, tomatoes, olives, etc.; **— verte** green salad
salaire *m* salary
salarié(e) salaried employee
sale dirty
salé(e) salty
salle *f* room; **— à manger** dining room; **— de bains** bathroom; **— de classe** classroom; **— de séjour (le living)** living room; **—s de spectacles** concert halls
saluer to greet
salut hi, hello; good-bye
salutations *f pl* greeting
samedi *m* Saturday; **le —** Saturdays
sandales *f pl* sandals
sang *m* blood
sans-abri *m inv* homeless
sans without
santé *f* health; **À ta (votre) —!** To your (good) health!; **en bonne —** in good health
sapin *m* pine
satisfait(e) (de) satisfied (with)
saucière *f* saucebowl
saucisse *f* sausage
saucisson *m* salami
sauf except; but
saumon *m* salmon; **— fumé** smoked salmon
sauter to jump; to skip
sauver: se — to run away
savant *m* scientist
saveur *f* flavor
savoir *m* knowledge
savoir *(pp* **su**) to know (something); **Je le(l') sais.** *fam* I know.
savon *m* soap
scène *f* scene; **metteur en —** *m* (movie) producer/director
science *f*: **—s économiques** economics; **—s humaines** applied sciences; **—s naturelles** natural science; **—s politiques** political science
scolaire pertaining to school; **année —** *f* school year
sculpture *f* sculpture
séance *f* show (of a film)
seau *m* bucket, pail
sec (sèche) dry
sèche-cheveux *m* hairdryer
sécher to dry; to skip (a class)
sècheresse *f* dryness
séchoir *m* dryer
secours *m* help
secrétaire *m f* secretary
sécurité *f*: **— d'emploi** work safety
sein: au — de in, within
seize sixteen
séjour *m* stay
sel *m* salt
sélectionner to select
selon according to
semaine *f* week; **en —** during the week
sembler to seem
semelle *f* sole
semestre *m* semester; six-month period
sénégalais(e) Senegalese
sens *m* way, direction; sense; **bon —** common sense; **— dessus dessous** upside down; **— unique** one-way (street)
sensationel(le) sensass! *fam* sensational
sensible noticeable
sentiment *m* feeling
sentir *(pp* **senti**) to smell; **— bon** to smell good; **se — (bien)** to feel (well)
séparément separately
sept seven
septembre September
série *f* series
serpent *m* snake
serveur(-se) waiter (waitress)
service *m* service; **demander un —** to ask for a favor; **— compris** tip included
serviette *f* napkin; **— de toilette** towel
servir *(pp* **servi**) to serve; **Sers-toi (Servez-vous)!** Help yourself!
ses his/her (with plural noun)
seuil *m* doorstep
seul(e) alone; **tout(e) —** all by him/herself
seulement only
sévère strict
short *m* (pair of) shorts
si if; so; yes
sida *m* AIDS
siècle *m* century
siège *m* seat; **— social** (company) headquarters
signaler to point out
signalisation *f* sign; **— routière** road signs
signifier to mean
s'il te/vous plaît please
silencieux(-euse) silent
simple easy; **aller —** one way; **rien de plus —** nothing could be easier
simplement simply
sincère honest; sincere
situé(e) located

six six
ski: faire du — to go skiing; **— alpin/de piste** downwill; **— de fond** cross-country; **— nautique** waterskiing
SMIC *m Salaire minimum interprofessionnel de croissance* minimum wage
société *f* company
sociologie *f* sociology
sœur *f* sister; **belle-—** sister-in-law; **demi-—** stepsister
soi-même oneself
soie *f* silk
soif *f* thirst; **avoir —** to be thirsty
soigner to care for; **se —** to take care of one-self
soigneusement carefully
soin: avec — carefully
soir *m* evening; **du matin au —** from morning till evening; **du —** P.M.; **hier/demain —** yesterday/tomorrow night; **le —** evenings
soirée *f* party
soit: —... — either . . . or
soixante sixty
soixante-dix seventy
solde: en — in sale
soleil *m* sun; **coucher du —** *m* sunset; **il fait du —** it's sunny; **lever du —** sunrise; **prendre un coup de —** to have a sunburn
sombre dark
son *m* sound; **— et lumière** sight and sound
son/sa/ses his, her
sondage *m* survey
sonner to go off; to ring
sonorisation *f* sound
sorte *f* kind, type; **Quelle sorte de...** What kind of . . .
sortie *f* exit
sortir *(pp* **sorti**) to go out, to leave; to be published
souci *m* concern
soudain suddenly
souffrir *(pp* **souffert**) to welcome
souhaiter to wish; **— la bienvenue** to welcome
soulagement *m* relief
soulever to lift, to raise up
soulier *m* shoe
soupçonner to suspect
souper *m* dinner, supper
soupirer to sigh
sourd(e) deaf
sourire *m* smile
souris *f* mouse
sous under
sous-sol *m* basement
soutenir *(pp* **soutenu**) to support
souvenir: se — to remember
souvent often; **le plus —** the most often
spacieux(-euse) spacious
spécialisation *f* major (college)
spécialiser: se — (dans) to major (in)
spectacle *m* show
sport *m* sport(s); **faire du —** to participate in sports
sportif(-ive) sports-minded
stade *m* stadium
stage *m* internship
station *f* station; **— balnéaire** seaside resort; **— de métro** subway station; **—-service** gas station
stationnement *m* parking
stationner to park
statut *m* status
stress *m* stress
studieux(-euse) studious
stylo *m* pen
succès *m* success
succursale *f* branch office, branch
sucre *m* sugar
sucré(e) sweet
sucrier *m* sugar bowl
sud *m* South
Suède *f* Sweden
suédois(e) Swedish
sueur *f* sweat
suffire *(pp* **suffi**) to be enough
suffisamment enough
suisse Swiss
Suisse *f* Switzerland
suite: — à following; **tout de —** right away
suivant(e) next; **le jour —** the next (following) day
suivi *m* tracking
suivre *(pp* **suivi**) to follow (up); to track; to take (courses)
sujet *m* subject; **au — de** concerning
super great; **C'est —!** *fam* That's great!
supérieur(e): enseignement — higher education
supermarché *m* supermarket
supporter to bear, to stand
supposer to guess
sur on, about
sûr(e) sure; **bien sûr** of course
surgelés *m pl* frozen food
surmonter to overcome
surprenant(e) surprising
surtout especially
surveiller to look after; to watch over
sweat = sweatshirt *m*
syllabe *f* syllable
sympa(thique) nice
syndicat *m* union
système *m* system, policy

T

tabac *m* tobacco; **bureau de —** *m* tobacco store
table *f* table; **— de nuit/de chevet** bedside table; **— des matières** table of contents
tableau *m* painting; blackboard
tâche *f* work, task
taille *f* size; waist
tailleur *m* suit (woman's)
taire: se — to be quiet; **Tais-toi!** *fam* Shut up!
tandis: — que while
tant: en — que as
tante *f* aunt
taper to type
tapis *m* rug, carpet
tard late
tarif *m* fare
tarte *f* pie; **— aux pommes/fraises** apple/strawberry pie
tartelette *f* pie
tartine *f* slice of French bread; bread with butter and jam
tasse *f* cup
taux *m* rate
tchin-tchin! cheers!
tee-shirt (t-shirt) *m* T-shirt
tel(le) such; **— que** such as
télécommande *f* remote control
télécopieur *m* fax machine
téléphoner (à) to call; **se —** to call each other
téléviseur *m* TV set
tellement a lot; really, so much; **pas —** not a lot; not really
témoin *m* witness
temps *m* time; weather; **à — partiel** part-time work; **de — en —** from time to time; **emploi du —** *m* schedule; **en même —** at the same time; **le bon vieux —** the good old days; **passe-—** *m* leisure time; **Quel — fait-il?** What's the weather like?
tendance: avoir — à to tend to
tendre soft, tender
tendu(e) tense
tenir *(pp* **tenu**) to hold; to keep; **— à** to be anxious to; **— compte de** to take into consideration
tenter: — votre chance to trust your luck
tercet *m* tercet (three lines verse)
terminer to finish; **se —** to end
terrain *m* field; **— de foot** soccer court
terrasse *f* terrace; sidewalk in front of a café
terre *f* ground; land; mud
tête *f* head
thé *m* tea
théâtre *m* theater
théière *f* teapot
thon *m* tuna
Tiens! Hey!
tiers *m* third
timbre *m* stamp
timide shy, timid
tirer to pull, to draw
tiroir *m* drawer
tissu *m* meterial, fabric, cloth
titre *m* title
toi you; **à —** yours
toilette *f*: **—s** toilet only; **faire sa —** to have a wash
toit *m* roof
tomate *f* tomato
tombeau *m* coffin
tomber to fall; **— malade** to become sick; **— de sommeil** to fall asleep
ton/ta/tes your
tort: avoir — to be wrong
tôt early
toujours always
tour *f* tower
tour *m* turn
tourner to turn; **— à droite/gauche** to turn right/left
tournevis *m* screwdriver
tous (toutes) all; **— les jours** every day
tousser to cough

tout everything; **À — à l'heure!** See you soon!; **en — cas** in any case; **— de même** anyway; **— de suite** right away, immediately
tout(e) every; **— le monde** everybody, everyone; **à —e vitesse** very rapidly
toux *f* cough
traditionnel(le) traditional
traduction *f* translation
traduire *(pp* **traduit)** to translate
trahir *(pp* **trahi)** to betray
train *m* train; **en — de** in the process of
trait *m* feature
trajet *m* trip; journey; distance
tranche *f* slice
tranquille calm, quiet
transport *m* transportation
travail *m (pl* **travaux)** work; **travaux pratiques** lab work
travailler to work
travers: à — through; across
traverser to cross
treize thirteen
trente thirty
très very
tricher to cheat
tricot: faire du — to knit
trimestre *m* trimester
tringle *f* rail; curtain rod
triste sad
tristesse *f* sadness
trois three
troisième third
trombone *m* paper clip
tromper to deceive; to fool; **se — de route** to be lost
trop (de) too much, too many
trottoir *m* sidewalk
trou *m* hole
troué(e) with holes
trouvaille *f* a find; **Quelle —!** What a find!
trouver to find; **se —** to be located
truc *m fam* thingamajig, whatsit
truite *f* trout
tu you
tube *m* tube
tuer to kill
tutelle *f* supervision
tutorat *m* office hours
tuyau *m* pipe; **un petit —** a little trick
typiquement typically

U

un(e) a; one; **— (deux) fois (par jour/par semaine)** once (twice) (a day/week)
uni(e) one color
unique only; **fils/fille unique,** only child
unité *f* **— de valeur** course (of study) credit
université *f* university, college
urgence *f* emergency; **en cas d'—** in case of emergency
usine *f* factory
utile useful
utiliser to use

V

vacances *f pl* vacation; **pendant les —** during vacation
vacanciers *m pl* vacationers
vache *f* cow
vachement *fam* very; **— dur** *fam* very difficult
vague *f* wave
vaisselle *f* dishes; **faire la —** to do the dishes
valise *f* suitcase; **faire les —s** to pack
valoir *(pp* **valu)** to be worth; **Il vaut mieux (que)...** It's better to . . .
vapeur *f* steam
varier to vary
veau *m* veal, calf
vedette *f* star
veille *f* eve, day before
veine *f*: **avoir de la —** to be lucky
vélo *m* bike; **un — d'appartement** exercise bike
vélomoteur *m* moped
vendeur(-euse) salesperson
vendre *(pp* **vendu)** to sell; **à —** for sale
vendredi Friday; **le —** Fridays
vénézuélien(ne) Venezuelan
venir *(pp* **venu)** to come; **D'où venez-vous?** Where do you come from?; **Je viens de me réveiller.** I just woke up.; **— de** (+ infinitive) to have just; **— de** (+ noun) to come from
vent *m* wind; **il fait/il y a du —** it's windy
vente *f* sales
ventre *m* stomach
verglas *m* ice (on the road); **il y a du —** it's icy
vérifier to check, verify
véritable real
vérité *f* truth
verre *m* glass; **— de vin** glass of wine
vers *m* verse, line (of poetry)
vers around, toward; **— quelle heure?** around what time?
verser to pour
vert(e) green
vertige *m* dizziness; **avoir des —** to be dizzy
veste *f* jacket
vêtement *m* clothing
vêtir *(pp* **vêtu)** to dress
vêtu(e) dressed
veuf (veuve) widower (widow)
viande *f* meat
vide empty
vidéo-clip *m* music video
vie *f* life
vieillir to age, to grow old
vierge blank **(une cassette vierge)**
vietnamien(ne) Vietnamese
vieux (vieille) old; **vieux-jeu** *inv* old-fashioned
vif (vive) lively
vigne *f* vine
vignoble *m* vineyard
ville *f* city, town; **en —** downtown
vin *m* wine; **(—) blanc/rouge** white/red wine
vinaigrette *f* (oil and vinegar) dressing
vingt twenty
vingtaine *f* twenty or so
violet(te) purple
vis *m* screw
vis-à-vis towards, with regard to
visage *m* face
viser to aim
visite: rendre — à to visit (a person); **— éclair** *f* lightning-fast trip
visiter to visit (a place)
vite rapid, rapidly; fast; **pas si —** not so fast
vitesse *f* speed; **à toute —** very rapidly; **— maximale** maximum speed
vitraux *m pl* **(vitrail** *sing)* stained-glass windows
vitre *f* glass, windowpane
vitrine *f* window
vivant(e) alive, living
vivre *(pp* **vécu)** to live
vocabulaire *m* vocabulary
vœu *m* wish
voici here is/are
voie *f* track; lane
voilà there is/are; **Nous voilà!** *fam* Here we are!
voile *f*: **faire de la —** to go sailing
voilier *m* boat
voir *(pp* **vu)** to see; **faire —** to be showing; **se —** to see oneself; **On verra.** We'll see.; **Voyons!** Let's see!
voisin(e) neighbor
voisinage *m* neighborhood
voiture *f* car
voix *f* voice; **à haute —** aloud
vol *m* flight
volaille *f* poultry
voler to steal; to fly
volet *m* shutter
voleur(-euse) *m* robber; thief
volley(-ball) *m* volleyball
volonté *f* will; **bonne —** willingness
volontiers gladly, willingly
vomir *(pp* **vomi)** to vomit
votre/vos your
vouloir *(pp* **voulu)** to want; to try; **j'ai voulu...** I tried to . . . ; **je voudrais...** I would like . . .; **J'veux bien!** Gladly! (I'd love to., It's fine with me.); **— que** to want that
vous you
voyage *m* trip; **faire un —** to take a trip; **— d'affaires** business trip
voyager to travel
voyageur(-euse) traveler
voyelle *f* vowel
Voyons! Let's see!
vrai(e) true; **C'est pas —!** *fam* You're kidding!
vraiment really
vue *f* sight; **à première —** at first sight

W

W.-C. *m pl* toilet
wagon-lit *m* car with individual rooms with beds
western *m* western (film)
whisky *m* whisky

Y

y there
yaourt *m* yogurt

LEXIQUE: ANGLAIS – FRANÇAIS

A

a un(e)
able: to be — to pouvoir *(pp* pu)
about sur; environ; dont; de; à propos de; **— a hundred** une centaine; **to be —** s'agir de; porter sur
above dessus; ci-dessus
abroad à l'étranger
accident accident *m*
to accomplish réaliser
according: — to d'après, selon
account compte *m* (en banque)
accountant comptable *m*
accounting comptabilité *f*
to ache avoir mal à *(to hurt)*
acquaintance connaissance *f*
across: — from en face de
to act agir *(pp* agi)
active actif(-ive)
actor acteur(-rice)
ad annonce *f;* **classified —s** petites annonces; **want —** offre d'emploi *f*
to add ajouter; **— more** rajouter
addition: in — en plus
to administer gérer
administration gestion *f;* **business —** gestion
to adore adorer
advance in — à l'avance; **—d** avancé(e)
advantage avantage *m*
advertising publicité *f*
advice conseil *m*
advisor conseiller(-ère)
affected atteint(e)
afraid: to be — (of) avoir peur (de)
Africa Afrique *f;* **North —** Afrique du Nord; **South —** Afrique du Sud
after après
afternoon après-midi *m;* **in the — (P.M.)** de l'après-midi (du soir)
afterwards après
again encore; de nouveau
against contre
age âge *m;* **to —** vieillir *(pp* vieilli)
agent agent *m;* **real estate —** agent immobilier
to agree être d'accord; **— with** être d'accord avec
agreement accord *m*
aim but *m;* **to —** viser
airplane avion *m*
airport aéroport *m*
airsickness mal de l'air *m*
alarm: — clock réveil *m*
alcoholic (beverages) alcoolisé(e)
Algeria Algérie *f*
Algerian algérien(ne)
all tout(e); tous (toutes); **— day** toute la journée; **— of it** tout entier(-ère)
to allow permettre *(pp* permis)
almost presque
alone seul(e)
along le long de; **to get — (with)** s'entendre (avec)
already déjà
also aussi; également
always toujours
ambitious ambitieux(-euse)
America Amérique *f;* **North —** Amérique du Nord; **South —** Amérique du Sud
American américain(e)
amphitheater amphithéâtre *(fam* amphi) *m*
amusing amusant(e)
and et
anger colère *f*
angry fâché(e)
ankle cheville *f*
to announce annoncer
to annoy embêter
another autre; un(e) autre
answer réponse *f;* **to —** répondre *(pp* répondu); **—ing machine** répondeur *m*
anthropology anthropologie *f*
anticipate prévoir *(pp* prévu)
antihistamine antihistaminique *m*
anxious: to be — to tenir à
any some; quelconque; **—more: not —** ne... plus; **—one** quiconque; n'importe qui
apart: — from hors de
apartment appartement *m;* pied-à-terre *m;* **— building** immeuble *m*
to appear paraître *(pp* paru)
appetite appétit *m*
appetizer hors-d'œuvre *m*
apple pomme *f;* **—pie** tarte *f* aux pommes
appliance: household —s électroménager *m*
application: — letter lettre de candidature *f*
to apply: — for a job poser sa candidature
appointment rendez-vous *m*
to appreciate apprécier; être obligé(e); **I would — it** Je vous serais obligé(e)
apricot abricot *m*
April avril
arche arc *m;* **broken —** arc brisé/en ogive
architect architecte *m f*
architecture architecture *f*
area superficie *f;* **— code** indicatif *m*
arm bras *m*
armchair fauteuil *m*
around autour (de); vers; **— what time?** vers quelle heure?
to arrange arranger; régler
arrival arrivée *f*
art art *m;* **dramatic — (drama)** art dramatique; **fine —s** beaux-arts *m pl;* **liberal —s** lettres *f pl*
as comme; en tant que; à mesure que; au fur et à mesure; **—/— well —** ainsi que; **— anything** comme tout; **— much . . . —** autant de... que; **— such —** tel(le); **in—much —** pour autant que
to ask demander; poser (une question); **— for help** demander de l'aide
asleep endormi(e); **to fall —** s'endormir
assistant: teaching — assistant(e)
astronomy astronomie *f*
at à; au (à + le); en; chez; **— that time** à cette époque; **— your house** chez toi
atmosphere air *m;* ambiance *f*
to attend: — (a class) assister (à un cours)
attention: to pay — to faire attention à
attractive intéressant(e)
auction vente aux enchères *f*
audience public *m*
August août
aunt tante *f*
aussi également
autumn automne *m*
autonomous autonome
available disponible; libre
average moyen(ne)
to avoid éviter; fuir *(pp* fui)
to awake éveiller
aware: to become — of s'apercevoir
away: right — tout de suite

B

back dos *m;* **in — (of)** à l'arrière; derrière; **to be —** être de retour
backpack sac à dos *m*
bad mal; mauvais(e); **The weather is bad.** Il fait mauvais.; **not —** pas mal; **not that —** pas si mal que ça; **too —** (c'est) dommage *fam*
bag sac *m;* **hand—** sac à main; **sleeping —** sac de couchage; **string —** filet *m*
baggage bagages *m pl*
baker boulanger(-ère)
bakery boulangerie *f*
balanced équilibré(e)
bald chauve
ball balle *f;* ballon *m;* **soccer —** ballon de foot
banana banane *f*
bank banque *f;* **— (of a river)** rive *f*
banker banquier(-ère)
barber coiffeur *m*
barn étable *f*, grange *f*
basement sous-sol *m*
basket panier *m;* coufin *m;* **—ball** basket(-ball) *m*
bath: half-bath cabinet de toilette *m;* **—robe** peignoir *m;* **—room** salle de bains *f;* **—tub** baignoire *f*
battle combat *m*
to be être *(pp* été); **I was born** je suis né(e); **— out of order** être en panne; **— (5′0″)** faire (un mètre cinquante); **— (x) degrees (outside)** faire (x) degrés (dehors)
beach plage *f*
bean haricot *m;* **green —s** haricots verts *m pl*
bear ours *m;* **to —** supporter
beard barbe *f*
to beat battre *(pp* battu)
beautiful beau/bel (belle); **It's — weather.** Il fait beau.
because parce que; car; **— of** à cause de
to become devenir *(pp* devenu)

bed lit *m;* **double —** grand lit (deux lits); **to stay late in —** faire la grasse matinée; **to go to —** se coucher; **to put to —** coucher
bedroom chambre à coucher *f*
beef bœuf *m;* **roast beef** rosbif *m*
beer bière *f;* **glass of draft —** un demi
before avant; auparavant; **—dinner drink** apéritif *m;* **the day — yesterday** avant-hier *m*
to begin commencer
beginner débutant(e)
beginning début *m;* **at the —** au début; **— of the school year** la rentrée; **— (with, in)** à partir de
behavior comportement *m*
behind derrière; arrière
being être *m;* **well—** bien-être *m*
Belgian belge
Belgium Belgique *f*
to believe croire *(pp* cru)
to belong (to) appartenir *(pp* appartenu)
belongings affaires *f pl*
below dessous; ci-dessous
belt ceinture *f;* **seat belt** ceinture de sécurité
bench banc *m*
benefits avantages *m pl*; indemnités *f pl*; **retirement —** retraite *f*
bent penché(e)
beret béret *m*
besides — that à part cela
best: the — le mieux; le/la meilleur(e); **to do one's —** faire de son mieux
bet pari *m;* **to —** parier
betray trahir *(pp* trahi)
better mieux; meilleur(e); **it's better (that)** il vaut mieux (que)
between entre
beverage boisson *f*
big grand(e); **—ger than** plus grand que
bike vélo *m;* **exercise —** vélo d'appartement
bill facture *f;* **(restaurant)** addition *f;* **(money)** billet *m*
billion milliard *m*
biology biologie *f*
birth naissance *f;* **place/date of —** lieu *m*/date *f* de naissance
birthday anniversaire *m;* **Happy —!** Bon/Joyeux anniversaire!
black noir(e); **—board** tableau *m*
blank blanc(-che); vierge; **— tape** cassette vierge *f*
blanket couverture *f*
blond blond(e); avoir les cheveux blonds
blood sang *m*
to blossom épanouir *(pp* épanoui)
blouse chemisier *m*
blow coup *m;* **to — up** gonfler
blue bleu(e); **— jeans** (blue-)jean *m*
to blush rougir *(pp* rougi)
board panneau *m;* planche *f*
boat bateau *m;* voilier *m;* **fishing —** canot *m*
body corps *m*
bonus prime *f*
book livre *m;* bouqin *m fam;* **history —** livre d'histoire; **to —** réserver; **a — of 10 (metro) tickets** carnet *m*
booklet carnet *m*
bookstore librairie *f*
booth cabinet *m;* **telephone —** cabine téléphonique *f*
boots bottes *f pl*
bored ennuyé(e); agacé(e) *fam*
boredom ennui *m*
boring ennuyeux(-euse)
born: to be — naître *(pp* né); **I was born** je suis né(e)
to borrow emprunter
boss patron(ne)
botany botanique *f*
both (tous [toutes]) les deux
to bother embêter; déranger; gêner; **Does it — you?** Ça te dérange (pas)? *fam;* **Don't —.** Ce n'est pas la peine. *fam*
bottle bouteille *f;* flacon *m;* **— of perfume** flacon de parfum
bottom fond *m;* bas *m*
box boîte *f;* carton *m;* **mail —** boîte à lettres
boy garçon *m;* **—friend** petit ami *m*
brain cerveau *m*
brand marque *f*
Brazil Brésil *m*
Brazilian brésilien(ne)
bread pain *m;* **loaf of French —** baguette *f*
to break casser; **broken down car** voiture en panne
breakdown panne *f* (de voiture/de moteur); **to have a —** tomber/être en panne
breakfast petit déjeuner *m*
to breathe respirer
bridge pont *m*
brief bref(-ève)
to bring emporter; apporter; amener; **— together** réunir; rassembler
broadcast émission *f*
broccoli brocolis *m pl*
brother frère *m;* **—in-law** beau-frère *m*
brown marron; brun(e); châtain (cheveux)
brush brosse *f;* **tooth—** brosse à dents; **hair—** brosse à cheveux
bucket seau *m*
buddy (pal) copain (copine)
to bug embêter; **— someone** casser les pieds (à) *fam;* **You're bugging me!** Tu m'embêtes! *fam*
to build construire *(pp* construit)
building bâtiment *m;* monument *m*
burn brulûre *f;* **to —** brûler
bus autobus *m*
business affaires *f pl*; commerce *m;* entreprise *f;* **—man(woman)** homme/femme d'affaires; **— trip** voyage d'affaires *m*
busy chargé(e), occupé(e)
but mais; sauf
butcher boucher *m;* **—'s shop** boucherie *f*
butter beurre *m*
button bouton *m*
to buy acheter
by par; en; **— plane** en avion
Bye! Ciao!

C

cabbage choux *m*
cabinet buffet *m;* placard *m*
café café *m*
cafeteria cantine *f;* cafétéria *f*
cake gâteau *m;* **(chocolate) cake** gâteau (au chocolat)
calculator calculatrice *f*
calendar calendrier *m;* **traveler's —** calendrier voyageur
call appel *m;* **telephone —** appel téléphonique; **phone —** coup de fil *m;* **to —** appeler; téléphoner (à); **— again** rappeler; **— each other** se téléphoner
calm tranquille
camcorder caméscope *m*
camembert *kind of French cheese*
camera appareil-photo *m*
camping camping *m*
campus campus *m*
can pouvoir *(pp* pu); boîte *f*
Canadian canadien(ne)
to cancel annuler
canned: — food(s) conserves *f pl*
canoe: to go —ing faire du canoë
cap bonnet *m*
capital capitale *f*
car auto *f;* voiture *f;* wagon (train) *m;* **— dealer** concessionnaire *m f*
card carte *f;* **credit —** carte de crédit; **landing —** carte de débarquement
care: child — center crèche *f;* **to —: I don't —!** Je m'en moque!/Je m'enfiche. *fam;* **— about** s'intéresser à; **to — for** soigner; **to take — of oneself** se soigner
careful: to be — (of) faire attention (à)
carpenter menuisier *m*
carpet tapis *m*
carrot carotte *f*
to carry porter
cartoons dessin animé *m*
case cas *m;* **in —** au cas où; **in this —** dans ce cas; **in any —** en tout cas
cash: to pay — payer en espèces; **— register** caisse *f*
cashier caissier(-ère)
castle château *m*
cat chat *m*
cathedral cathédrale *f*
cauliflower choux-fleur *m*
CD player lecteur de compact discs *m*
to celebrate fêter; célébrer
cellar cave *f;* **wine —** cave à vin
cement béton *m*
census recensement *m*
center centre *m*
centered centré(e)
century siècle *m*
cereal céréales *f pl*
certificate certificat *m;* **birth —** extrait de naissance *m*
chain chaîne *f*
chair chaise *f*
champagne champagne *m*
chance occasion *f;* chance; hasard; **by —** au/par hasard
change changement *m;* **to —** changer; **to — one's mind** changer d'avis
changing: — point correspondance (métro) *f*
chapter chapitre *m*
character personnage *m*
cheap bon marché

to cheat tricher
check chèque *m;* **to —** vérifier
cheerful gai(e)
cheers! tchin-tchin!
cheese fromage *m;* **Swiss —** gruyère *m*
chemistry chimie *f*
cherry cerise *f*
chess échecs *m pl*; **to play —** jouer aux échecs
chest poitrine *f*
chestnut châtain (cheveux)
chicken poulet *m;* **roast —** poulet rôti
child enfant *m f;* gosse *m f fam*; **only —** fille/fils unique
childhood enfance *f*
chin menton *m*
China Chine *f*
Chinese chinois(e)
choice choix *m*
to choose choisir *(pp* choisi)
chop côtelette *f;* **pork —** côtelette de porc
Christmas Noël *m*
church église *f*
circumstance circonstance *f*
citizen citoyen(ne); **senior —** troisième âge *m*
city ville; **—/town hall** mairie *f*
civil servant fonctionnaire *m f*
class cours *m;* **middle-— person** bourgeois(e); **— honours** mention *f;* **—mate** camarade de classe *m f;* **—room** salle de classe *f*
clean propre; **to —** nettoyer
cleaner: vacuum — aspirateur *m*
cleaning: — out dégraissage *m*
to clear: — (the table) débarrasser
clerk employé(e) (de bureau)
clever habile
climate climat *m*
to climb grimper
clip: paper — trombone *m*
clock horloge *f;* **It's one o'—.** Il est une heure.; **— radio** radioréveil *m*
close près; **— to** proche; près (de); **to —** fermer
closet armoire *f;* placard *m*
closing fermeture *f;* **— time** heure de fermeture *f*
cloth tissu *m;* **—ing** vêtement *m*
cloud nuage *m;* **—y** nuageux; **It's cloudy.** Le temps est nuageux.
coast côte *f*
coat manteau *m*
Coca-Cola Coca *m*
coffee café *m;* **— with cream** café crème; **— with milk** café au lait
coin pièce de monnaie *f*
cold froid *m;* rhume *m;* **to have a —** être enrhumé(e); **it's cold** il fait froid
collar col *m*
college université *f*
color couleur *f*
comb peigne *m*
to come venir *(pp* venu); **— back** revenir; **— from** venir de; **Oh, — on!** Dis donc! *fam;* **— over** s'emparer de; **— to** aboutir à; **— home/back** rentrer
comedy comédie *f*
comics bande dessinée *f*
coming: — from en provenance de; **— out** épanouissement *m*
commercial publicité *f*
compact disc compact disc *m*, disque laser *m*
company firme *f;* entreprise *f;* société *f*
to complain se plaindre *(pp* plaint)
complaint plainte *f*
to complete réaliser
completed effectué(e)
completely complètement
computer ordinateur *m;* **— programmer** programmeur(-euse); **— science** informatique *f*
concern souci *m;* **—ning** au sujet de
concrete béton *m*
conduct comportement *m*
conductor contrôleur *m*
conference conférence *f*
to connect relier
construction chantiers *m pl*
contest compétition *f*
continuous continu(e); **— workday** journée continue *f*
convenient commode
cook cuisinier *m;* **to —** cuire *(pp* cuit)
cookies petits gâteaux *m pl*; buiscuits *m pl*
cooking: — time cuisson *f*
cool frais (fraîche); **—ed** frappé(e); **it's cool** il fait frais
corn maïs *m*
corner coin *m;* **at the — of** au coin de
correspondance courier *m*
cost coût *m;* **—ly** coûteux(-euse); **to —** coûter; **How much (does it cost) is/are . . .** Combien coûte(nt)...
couch canapé *m*
cough toux *f;* **to —** tousser
to count compter
country pays *m;* **—side** campagne *f*
county: — town chef-lieu *m*
courageous courageux(-euse)
course cours *m;* **first — (of meal)** entrée *f;* **lecture —s** cours magistraux *m pl;* **of —** bien entendu
court cour *f;* **soccer —** terrain de foot *m*
courthouse palais *m* de justice
courtyard cour *f*
cousin cousin(e)
cover couverture *f*
cow vache *f*
crazy fou (folle); **That's —!** C'est fou! *fam;* **— about** amateur(-rice), fana(tique)
cream crème *f*
to create créer
crisis crise *f*
croissant croissant *m*
cross-country (ski) ski de fond *m*
crossword mots croisés *m pl*
crowd foule *f;* **—ed** bondé(e)
cruel cruel(le)
to cry pleurer
cucumber concombre *m*
cup tasse *f*
cupboard placard *m*
curly frisé(e)
curtain rideau *m;* **— rod** tringle *f*
customer client(e)
customs douane *f*
to cut couper; découper; **— oneself** se couper; **— off** isoler
cute chouette *fam*
cutlet escalope *f;* **veal —** escalope de veau

D

dairy: — product produit laitier *m*
dance danse *f*, bal *m*
to dare oser
dark sombre; **— blue** bleu foncé
date date *f;* **— of birth** date de naissance; **What's the — (today)?** Le combien nous sommes (aujourd'hui)? *fam*; **to — (from)** dater (de/du)
daughter fille *f*
day jour *m;* journée *f;* **— before** veille *f;* **every —** tous les jours; **next —** lendemain *m;* **some —** un jour; **the — before yesterday** avant-hier *m;* **the good old —s** le bon vieux temps
dead mort(e); crevé(e) *fam*
deaf sourd(e)
deal: a great — of beaucoup (de); **big —** grand-chose; **It's not big —!** Ce n'est pas grand-chose! *fam*
dear cher(-ère)
December décembre
decision décision *f;* **to make a —** prendre une décision
degree diplôme *m*
delicatessen charcuterie *f*
delicious déliceux(-euse)
delighted ravi(e); enchanté(e)
to demand exiger
demanding exigeant(e)
dentist dentiste *m f;* **—ry** odontologie *f*
department: — (in a store) rayon *m*
departure départ *m*
to depend: that —s on . . . ça/cela dépend de...
depressed: to be — avoir le cafard
to describe décrire *(pp* décrit)
desire désir *m*
desk bureau *m;* **front —** réception **(hotel)** *f*
dessert dessert *m*
detail détail *m;* **to give —s** préciser
detective: — movie film policier *m*
to dial composer (un numéro de téléphone)
diamond diamant *m*
dictionary dictionnaire *m*
to die mourir *(pp* mort); **It's to die for.** C'est à mourir. *fam*
diet: to be on — être au régime
difference écart *m*
different différent(e)
difficult difficile; dur; pénible; **very —** vachement dur *fam*
to diminish diminuer
dinner dîner *m;* souper *m;* **to have —** dîner
diploma diplôme *m*
direct direct(e); **— line (telephone)** ligne directe *f;* **—ly** directement
direction direction *f;* sens *m*
director directeur(-rice)
dirty sale

disappointing décevant(e)
disastrous désastreux(-euse)
discipline matière *f;* **self—d** rigoureux(-euse)
to discover découvrir *(pp* découvert)
discreet discret(-ète)
to discuss discuter; **— politics** discuter de politique
dish plat *m;* **—es** vaisselle *f;* **main —** plat principal (de résistance); **to do the —es** faire la vaisselle
dishonest malhonnête
to dislike détester
to divide diviser
divorce: to get a — divorcer
dizziness vertige *m*
dizzy: to be — avoir des vertiges
to do faire *(pp* fait); **— again** refaire **— one's best** faire de son mieux; **— with** s'agir de
doctor médecin *m* (femme médecin)
dog chien *m*
doll poupée *f*
door porte
dorm résidence universitaire *f*
doubt doute *m*
down en bas; **—hill** en pente/descente *f;* **—town** centre-ville *m;* **to go —** descendre *(pp* descendu)
dozen douzaine *f*
drag: It's a —! C'est la barbe! *fam;* **What a —!** Quelle barbe! *fam*
to drain s'égoutter
drama art dramatique *m;* drame *m*
to draw dessiner; tirer; **— a map** faire un plan
drawer tiroir *m*
drawing dessin *m*
dream rêve *m;* **to — about (of)** rêver à (de)
dress robe *f;* **to —** habiller; vêtir *(pp* vêtu); **to get —ed** s'habiller; **—er** armoire *f;* commode *f;* **—ing: (oil and vinegar) —** vinaigrette *f*
drink boisson *f;* **before dinner —** apéritif *m;* **to —** boire *(pp* bu)
to drive conduire *(pp* conduit)
driver: taxi — chauffeur de taxi *m*
driving conduite *f;* **— license** permis *m* de conduire
drop goutte *f;* **a —** une petite goutte; **to — off** déposer
drug: — store pharmarcie *f*
drums batterie *f*
drunk ivre
dry sec (sèche); **—er** séchoir *m;* **—ness** sècheresse *f;* **to —** essuyer; sécher
duck canard *m*
during pendant; durant; en
duty devoir *m*
dwelling logement *m;* logis *m*
dynamic dynamique

E

each chaque; **— one** chacun(e); **with — other** l'un(e) (avec) l'autre
eager impatient(e)
ear oreille *f*
earlier plus tôt
early en avance; tôt; de bonne heure
to earn gagner; **— a living** gagner sa vie
earring boucle d'oreille *f*
easily facilement
east est *m*
Easter Pâques *f pl*
easy facile; simple; **to make —** faciliter; **Nothing could be easier.** Rien de plus simple.
to eat manger; **— well** se nourrir bien; bouffer *fam;* **to love —** être gourmand(e)
economics sciences économiques *f pl*
economy économie *f*
edge bord *m*
education formation *f;* éducation *f;* **higher —** éducation supérieure
egg œuf *m;* **—plant** aubergine *f*
Egypte Égypte *f*
Egyptian égyptien(ne)
eight huit; **—een** dix-huit; **—y** quatre-vingts
either non plus; **— . . . or** soit... soit
elbow coude *m*
electric électrique
elevator ascenseur *m*
eleven onze
else autre; **what —?** quoi d'autre?
to embarrass gêner
emergency urgence *f;* **in case of —** en cas d'urgence
employee employé(e)
employer employeur
empty vide
enclosed ci-joint
end bout *m;* fin *f;* **at the —** au bout; **to —** finir *(pp* fini); se terminer; **— up** finir par
engaged fiancé(e); **to get —** se fiancer
engineer ingénieur *m* (femme ingénieur)
England Angleterre *f*
English anglais(e)
to enjoy jouir *(pp* joui); **— oneself (eating)** se régaler; **Enjoy your meal!** Bon appétit!
enough assez (de); suffisamment; **not —** pas assez (de); **to be —** suffire *(pp* suffi)
to enregister s'inscrire
to enroll s'inscrire; entrer dans
enthusiastic enthousiaste
entire entier(-ère); **—ly** complètement; entièrement
entrance entrée *f;* **— way** foyer *m*
equal égal(e)
errand achat *m;* course *f*
escalator escalier roulant *m*
to escape fuir *(pp* fui); se sauver
especially surtout
espresso express *m*
essential essentiel(le); indispensable; **It's — that . . .** Il est essentiel que...
to establish établir *(pp* établi)
eve veille *f*
even même
evening soir *m;* **from morning till —** du matin au soir
event événement *m;* **in any —** de toute façon
ever jamais
every chaque; tout(e); **— one** tout le monde; **— day** tous les jours; **—body** tout le monde; **—thing** tout; **—where** partout
exactly justement
exam examen *m;* **competitive —** concours *m*
except sauf
excerpt extrait *m*
exchange échange *m;* **foreign currency —** bureau de change *m;* **Stock —** bourse *f;* **to —** échanger
to excite agiter
exciting passionnant(e)
excuse me pardon
executive cadre *m;* **high-level —** cadre supérieur
exercise exercice *m;* **to —** faire de la gym
exhausted épuisé(e); crevé(e) *fam*
exit sortie *f*
to expect attendre *(pp* attendu)
expectation attente *f*
expenses frais *m pl*
expensive cher; **to be —** coûter cher; **it's —** c'est cher; **too —** trop cher
to explain expliquer (à); raconter *fam*
to express exprimer; concevoir *(pp* conçu)
to extinguish éteindre *(pp* éteint)
eye œil *m* (*m pl* yeux)
eyeglasses lunettes *f pl*
eyelid paupière *f*

F

fabric étoffe *f;* tissu *m*
face figure *f;* visage *m*
fact fait *m;* **in —** en fait
factory usine *f*
to fail (a test/an exam) rater (un examen); échouer (à un examen)
failure échec *m*
fall automne *m;* **to —** tomber; **— asleep** s'endormir; tomber de sommeil
false faux (fausse)
family famille *f;* **large —** famille nombreuse
famous renommé(e); célèbre
fantastic fantastique
fantasy: — film film fantastique *m*
far loin; **— away** loin de; **You're going too —!** Tu exagères! *fam*
fare tarif *m*
farewell adieux *m pl*
farm ferme *f;* **—er** paysan(ne); fermier(-ère); agriculteur(-rice)
farther: a little — on un peu plus loin
fashion mode *f;* **high —** haute couture; **in —** à la mode
fast vite; **not so —** pas si rapide; **— food** fast-food *m*
fat gros(se); gras(se)
father papa; père *m;* **step—/—-in-law** beau-père *m*
favor service *m;* **to ask for a —** demander un service
favorable propice
favorite préféré(e)
fax (machine) télécopieur *m*
fear peur *f;* **to —** craindre *(pp* craint)
feast fête *f*
February février
fed up: to be — with en avoir marre *fam*
to feed nourrir *(pp* nourri)
to feel éprouver; sentir *(pp* senti); **— like** avoir envie de; **— (well)** se sentir (bien)
feeling sentiment *m*

fever fièvre *f;* **hay—** rhume des foins *m*
few: a — quelques; **— moments** quelques instants; **so —** si peu de; **very —** très peu de; **—er: — than . . .** moins de...
fifteen quinze
fifth cinquième
fifty cinquante
fight combat *m;* lutte *f;* **to have a — (an argument)** se disputer; **to — with one another** se battre
to fill: — (in) remplir *(pp* rempli); **— up (with gas)** faire le plein d'essence
film film *m;* **—maker** cinéaste *m;* **horror —** film d'épouvante
finally finalement; enfin
financial financier(-ère)
find trouvaille *f fam*; **to —** trouver; **to — out** se renseigner
fine: I'm fine. Je vais bien.
finger doigt *m*
to finish finir *(pp* fini)
fire feu *m;* incendie *m;* **—fighter** pompier *m* (une femme pompière); **—works** feux d'artifice; **to —** licencier
first d'abord; premier(-ère); **at —** d'abord; **— of all** tout d'abord; premièrement
fish poisson *m*
fishing pêche *f;* **to go —** aller à la pêche
five cinq
to fix fixer; **—ed up** aménagé(e)
to flee fuir *(pp* fui)
flight vol *m*
floor plancher *m;* étage *m;* **ground —/first —** rez-de-chaussée *m;* **second —** premier étage
flour farine *f*
flower fleur *f*
flu grippe *f*
to fly voler
fog brouillard *m;* **it's —gy** il fait/il y a du brouillard
to follow (up) suivre *(pp* suivi); **followed by** suivi(e) de
following suite à; suivant(e)
food alimentation *f;* nourriture *f;* **someone who appreciates —** un gourmet; **frozen —** surgelés *m pl*
foot pied *m*; **on (by) —** à pied
football football américain *m*
for pour; car; depuis; pendant; **— once** pour une fois; **— hours** depuis des heures; **— how long** depuis quand
forecast (weather) météo *f*
forehead front *m*
foreign/foreigner étranger(-ère)
to foresee prévoir *(pp* prévu)
forest forêt *f*
to forget oublier
fork fourchette *f*
form: registration — bulletin d'inscription *m*; **to —** former
forteen quatorze
fortunately heureusement
forty quarante
founded fondé(e)
four quatre
fourth quatrième
free gratuit(e); libre; **— time** temps libre *m*
freedom liberté *f*
to freeze geler
freezer congélateur *m*
French français(e); **— fries** frites *f pl*
frequently fréquemment
fresh frais (fraîche); **—ness** fraîcheur *f*
Friday vendredi *m*
friend ami(e); camarade *m f;* copain (copine)
friendly amical(e); **— greetings** amitiés *f pl*
fries: French — frites *f pl*
to frighten faire peur
from de; d'origine; dès; **— the beginning** dès le début; **— time to time** de temps en temps; **— then on** désormais; **. . . — now** dans...
front: in — (of) devant; à l'avant
frost gelée *f*, gel *m*
frozen surgelé(e)
frying pan poêle *f*
full plein(e); complet(ète); **—-time (work)** travail à plein temps *m*
fun: to make — of se moquer de; **it's for —** c'est pour le fun *fam;* **to have —** s'amuser, rigoler
funny amusant(e); marrant(e); **It's not —.** C'est pas marrant. *fam*
fur fourrure *f*
furious furieux(-euse)
furnished meublé(e)
furniture meubles *m pl*
future avenir *m;* **in the —** à l'avenir

G

to gain gagner; **— weight** prendre du poids
game jeu *m;* **videogame** jeu vidéo
garden jardin *m;* **public —** jardin public; **kitchen —** potager *m*
gardening jardinage *m*
garlic ail *m;* **with —** à l'ail
gas(oline) essence *f;* **to get a full tank of —** faire le plein
gate grille *f;* porte *f*
gender genre *m*
generally généralement
generous généreux(-euse)
genius génie *m*
gentleman monsieur *m*
geography géographie *f*
geology géologie *f*
German allemand(e)
Germany Allemagne *f*
to get obtenir *(pp* obtenu); **Do you — it (understand)?** Alors, tu y es? *fam*; **— along** s'entendre, se débrouiller; **— back** ravoir; **— better** se remettre *(pp* remis); **— in** monter; **— into** se lancer *fam*; **— off (bus, train)** descendre *(pp* descendu); **— some information** se renseigner; **— (somewhere)** aller; arriver; **— up** se lever; **— used to** s'habituer; **— worse** empirer
ghost fantôme *m*
gift cadeau *m*
girl fille *f;* **—friend** petite amie
to give donner (à); **— back** rendre; **— details** préciser; **— in** céder; **— up** renoncer
gladly volontiers; **—!** Je veux bien!
glass verre *m;* vitre *f;* **— of wine** un verre de vin
glove gant *m*
to go aller; se rendre (à); **— down** descendre *(pp* descendu); **— far** exagérer *fam*; **— home** rentrer chez soi; **— off** sonner; **— on foot** aller à pied; **— out** sortir; **— over** réviser; **— shopping** faire des achats; **— up** monter; **— well/OK** bien se passer; **to let —** lâcher; **Let's —/Let's get —ing!** On y va!
goal but *m*
God Dieu *m*
godfather parrain *m*
gold or *m*
good bon(ne); bien; **— morning** bonjour; **He's a — kid (a brat)** *fam* Il est bien (mal) élevé.; **I'm no — at . . .** Je suis nul(le) en...; **pretty —** assez bon; **that's a — idea** c'est une bonne idée; **very —** très bien
good-bye au revoir *m;* salut; **to say —** faire des adieux; prendre congé
goose oie *f*
grade note *f;* mention *f*
gram gramme *m*
grand: —children petits-enfants *m pl*; **— daughter** petite-fille *f;* **—father** grand-père *m;* **—mother** grand-mère *f;* **—parents** grands-parents *m pl*; **—son** petit-fils *m*
grapefruit pamplemousse *m*
grapes raisin *m*
greasy gros(se); gras(se)
great formidable; grand(e); super; génial; **It's —!** C'est génial! *fam*; **That's —!** C'est super/chouette/bon! *fam*
Great Britain Grande-Bretagne *f*
Greece Grèce *f*
Greek grec(que)
green vert(e)
to greet saluer; accueillir
greetings satuations *f pl*
grey gris(e)
grief: Good grief! Mon Dieu! *fam*
grocery: — store épicerie *f*
ground terre *f;* **— floor** rez-de-chaussée *m*
group ensemble *m;* groupe *m*
to grow up grandir *(pp* grandi) [*to get taller*]
to guess deviner; supposer; **I guess.** Je suppose. *fam*
guest invité(e)
guitar guitare *f*

H

hair cheveux *m pl*; **—brush** brosse à cheveux *f*; **—dresser** coiffeuse *f;* **—dryer** sèchoir (à cheveux) *m*
half moitié *f;* demi *m;* demi(e); **—-time (work)** travail à mi-temps *m*; **— draft beer** un demi; **—-price** demi tarif *m*
hall: city — hôtel de ville *m;* **—way** couloir *m;* **lecture —** amphi(théâtre) *m*
hand main *f;* **to give a —** donner un coup de main
handkerchief mouchoir *m*
handsome beau/bel (belle)
handywork: to do — bricoler
to hang pendre *(pp* pendu); **— up** raccrocher; **Don't — up!** Ne quittez pas! (telephone)
happy content(e); heureux(-euse)
happiness bonheur *m*

hard pénible; dur(e); **—ly** ne guère
hat bonnet *m;* chapeau *m*
to hate avoir horreur de
to have avoir *(pp* eu); prendre; **— it** avoir plein le dos *fam*; **— just + infinitive** venir de; **— something to eat** prendre quelque chose à manger; **— a sunburn** avoir un coup de soleil; **— to** devoir *(pp* dû); il faut que; **— trouble . . .** avoir du mal à...
hayfever rhume *m* des foins
he il
head tête *f;* chef *m*
headache mal de tête *m;* **to have a —** avoir mal à la tête; **migraine —** migraine *f*
headquarters siège social *m (company)*
health santé *f;* **(To) Your (good) health!** À la tienne/vôtre; **in good —** en bonne santé; **—thy** sain(e)
to hear entendre *(pp* entendu); **— about** entendre parler de
heart cœur *m*
heat chaleur *f*
heating chauffage *m*
heavy lourd(e); chargé(e); **not — (fairly light)** peu chargé(e)
heel talon *m*
hello salut
helmet casque *m*
help aide *f;* secours *m;* **to —** aider; **Can I — you?** Je peux vous aider?; **— yourself!** Sers-toi (Servez-vous)!
her she; son, sa, ses
here ici, là; **— is/are** voici; **Here we are!** Nous voilà! *fam*
herself elle; elle-même; **all by —** toute seule
hey mais dis donc! *fam*; **—!** Tiens!
hi bonjour, salut
to hide cacher; se dérober
hideous affreux(-se)
high élevé(e); haut(e); **— school** lycée; **—er education** éducation supérieure *f*
highway autoroute *f;* route nationale *f*
hiking randonnée *f*
him lui; le; **to —/her** (à) lui
himself (herself) lui (elle); **all by — (—)** tout(e) seul(e)
hire embaucher
hiring engagement *m*
his son, sa, ses
history histoire *f*
hit coup *m;* **to —** frapper; battre *(pp* battu)
to hold tenir *(pp* tenu); **— on!** Ne quittez pas!; Attendez! *fam*
home: at — à la maison; **to go —** rentrer
homework devoirs *m pl;* **to do the —** faire les devoirs
honest honnête; sincère
honey miel *m*
hope espoir *m;* **to —** espérer
horrible affreux(-se); **What — weather!** Quel temps affreux!
horror horreur *f*; **— movie** film d'épouvante/d'horreur *m*
horse cheval *m;* **to go —back riding** faire du cheval/de l'équitation
hot chaud(e); **to be —** avoir chaud
hotel hôtel *m*
hour heure *f;* **rush —** heures de points; **opening —** heures d'ouverture; **office —s** tutorat *m*
house maison *f;* pavillon *m;* **—hold** foyer *m;* **—keeper** employé(e) de maison; **—work** ménage *m;* **to do —work** faire le ménage
how combien; comment; **for — long?** pendant combien de temps?; **— are you?** Comment allez-vous?; **— is he like?** Comment est-il?; **—'s it going?** Ça va?; **— long** combien de temps; **— much** combien; **— much does it cost?** c'est combien?; **— many** combien de
huge immense
human humain(e)
hundred cent; centaine *f*
hunger faim *f*
hungry: to be — avoir faim
hurry: to be in a — être pressé(e); **to —** se dépêcher; **— up!** dépêchez-vous!
to hurt faire mal; se faire mal à; avoir mal à; **— (everywhere)** avoir mal (partout)
husband mari *m*
husky costaud

I

I je, moi
ice glace *f;* **— (on the road)** verglas *m;* **— cream** glace *f;* **It's icy.** Il y a du verglas.
idea idée *f;* **It's a good idea.** C'est une bonne idée.
to identify identifier
if si; **— possible** si possible
ill malade; **—ness** mal *m;* maladie *f*
to imagine imaginer; **— oneself** s'imaginer
immediately tout de suite
impatient impatient(e)
in à; dans; en; au sein de; **— addition** en plus; **— order to** pour; **— spite of** malgré; **— the process of** en train de
to include comprendre *(pp* compris); inclure *(pp* inclu)
independent indépendant(e)
inexpensive bon marché
information renseignements *m pl*; **to get —** se renseigner
injection piqûre *f*
to injure se blesser; se faire mal à
injury blessure *f*
ink encre *f*
inn auberge *f*
inside dedans; à l'intérieur
instead (of) au lieu de
instructor enseignant *m*
instrument instrument *m;* **stringed —s** instruments à corde
intellectual intellectuel(le)
intend: — to avoir l'intention de
intentionally exprès
interessant intéressant(e)
interest intérêt *m*
internship stage *m*
intersection carrefour *m*
interview interview *f;* entretien *m;* **to —** interviewer
to introduce présenter
introduction présentation *f*
iron fer *m*
island île *f*
isn't it? n'est-ce pas?
it il, elle; **—'s** c'est/ce sont; **—'s catastrophic.** C'est la cata. *fam*; **— great.** C'est super (chouette).; **—'s for fun** c'est pour le fun
Italian italien(ne)
Ivory Coast Côte-d'Ivoire *f*

J

jacket blouson *m;* veste *f*
jam confiture *f*
January janvier
Japanese japonais(e)
jeans (blue-)jean *m*
jelly gelée *f*
jewel bijou *m;* **—ry** bijouterie *f*
job poste *m;* emploi *m;* travail *m;* boulot *m fam*
to join rejoindre *(pp* rejoint)
journalist journaliste *m f*
judge juge *m*
juice jus *m;* **orange —** jus d'orange
July juillet
to jump sauter
June juin
just juste; **to have —** venir de

K

to keep garder; **— one's figure** garder sa ligne; **— out of sight** se cacher
key clé *f;* **—board** clavier *m;* **—word** mot-clé *m*
kid gamin(e) *fam;* gosse *m f fam*
kidding: You're kidding! C'est pas vrai!/Tu plaisantes! *fam*; **to be —** plaisanter
kidneys reins *m pl*
to kill tuer
kilo(gram) kilo *m*
kind gentil(le); genre *m;* sorte *f;* **what kind of . . .** quelle sorte de...
kindness gentillesse *f*
king roi *m*
kir *white wine with black currant syrup* kir *m*
kiss baiser *m;* **to —** embrasser; **— on the cheek** bise *f* (sur la joue)
kitchen cuisine *f;* **— dresser** buffet *m*
knee genou *m*
knife couteau *m*
to knit faire du tricot
to knock frapper (à la porte)
to know: — (someone) connaître *(pp* connu); savoir *(pp* su); **get — each other** faire connaissance; **What do you —!** Ça alors! *fam*; **I —.** J'sais. *fam*

L

laboratory laboratoire *m;* **language —** laboratoire de langues
ladder échelle *f*
lamb agneau *m*
lamp lampe *f*
land terre *f*
language langage *m;* langue *f*
large grande; **— family** famille nombreuse *f*
last dernier(-ère); **at the — moment** au dernier moment; **— week** la semaine dernière; **to —** durer

late tard; **to be —** être en retard
lateness retard *m*
later plus tard
Latvia Lettonie *f*
to laugh rire *(pp* ri)
laundry lessive *f;* linge; **— room** buanderie *f;* **to do the —** faire la lessive
law droit *m;* loi *f*
lawn pelouse *f*
lawyer avocat(e)
to lay: laid out (fixed up) aménagé(e); **well laid out** bien aménagé(e)
lazy paresseux(-euse)
lead plomb *m*; **to —** mener; diriger
leader chef *m*
to lean appuyer; **to — on** s'appuyer (sur)
to learn apprendre *(pp* appris)
least moindre; **at —** au moins; **the —** le (la) moins
leave congé *m*; **paid —** congés payés *m pl*; **to —** quitter; prendre congé; partir *(pp* parti); **to — a message** laisser un message
lecture conférence *f*
leek poireau *m*
left gauche *f;* **to the —** à gauche
leg jambe *f;* gigot *m;* pied *m;* **— of lamb** gigot d'agneau
leisure loisir *m*
lemon citron *m*
lemonade citron pressé *m;* **— mixed with lemon-flavored syrup** diabolo-citron *m*
to lend prêter
length durée *f;* longueur *f*
less moins; **— . . . than** moins que
lesson leçon *f*
to let laisser; **— go** lâcher; **— see** faire voir
letter lettre *f;* **application —** lettre de candidature
lettuce laitue *f*
library bibliothèque *f*
to lie mentir *(pp* menti)
life vie *f*
light léger(-ère); **fairly —** peu chargé(e); lumière *f;* léger(-ère); **—ed** éclairé(e); **—ly** légèrement; **traffic —** feu *m*
like as; **to —** aimer; **I — very much** j'aime beaucoup/bien; **to —** aimer; plaire; **You like it!** Elle te plaît!; **I would — . . .** je voudrais...
line rangée *f;* ligne *f;* file *f;* **to be on —** faire la queue; **—d** doublé(e); **—s (of poetry)** vers *m pl;* **top of the —** haut de gamme
linguistics linguistique *f*
lip lèvre *f*
to listen écouter
listening écoute *f;* **— exercise** exercice d'écoute *m*
liter litre *m*
literature littérature *f*
little petit(e); peu; **a — bit (of)** un peu (de); **so —** si peu (de); **very —** très peu de
to live habiter; vivre *(pp* vécu)
lively vif(-ive)
loafers mocassins *m pl*
lobster homard *m*
located situé(e); **to be —** se trouver
to lock fermer à clé
London Londres
long long (longue); **to have — hair** avoir les cheveux longs; **a — time** longtemps; **for how —?** pendant combien de temps?
longer: no — ne plus
look mine *f;* **to —** regarder; **— after** surveiller; **to — (at)** regarder; **to — good/bad** avoir bonne/mauvaise mine; **— for** chercher
to lose perdre *(pp* perdu); **— weight** perdre du poids, maigrir *(pp* maigri)
loss perte *f*
lost perdu(e); disparu(e); **— and found** objets trouvés *m pl*; **to be —** se tromper de route
lot: a — tellement; **a — (of)** énormément, beaucoup (de)
loudly fort; **very —** très fort
love amour *m;* **in — (with)** amoureux(-se); **to —** aimer, adorer
lover: — of amateur(-rice); **—s** amoureux *m pl*
low bas(se); **to —er** baisser
lozenge pastille *f*
luck chance *f;* **good —!** bonne chance!; **luckily** heureusement; **—y: to be —** avoir de la chance/de la veine; *fam;* **to trust your —** tenter votre chance
lunch déjeuner *m;* **to have —** déjeuner
luxury luxe *m*

M

ma'am madame
mad fou (folle); dingue *fam*; **That's mad!** C'est dingue! *fam*
magazine revue *f;* magazine *m*
mail courrier *m*
major principal(e); specialisation *f* (*in college*); **to — (in)** se spécialiser (dans/en)
to make faire *(pp* fait); commettre *(pp* commis); fabriquer
makeup: to put on — se maquiller
mall: shopping — centre commercial *m*
man homme *m;* **for men** pour hommes
to manage gérer; **— (to do something)** se débrouiller
management direction *f;* gestion *f*
manager gérant(e)
manners manières *f pl*
many beaucoup; **as — as** autant que; tant que; **so —** tellement
map carte *f;* plan *m*
March mars
market marché *m*; **open —** marché en plein air
married marié(e); **— to** marié(e) avec; **to get —** se marier
to marry épouser
master: —'s degree maîtrise *f*
material matière *f;* tissu *m*
math mathématiques (maths) *f pl*
matter: It doesn't matter. Ça ne fait rien.; **What's the —?** Qu'est-ce qui se passe? *fam*
mattress matelas *m*
May mai
maybe peut-être
mayor maire *m*
me moi
meal repas *m;* **Enjoy your meal!** Bon appétit!
mean mode *m;* moyen *m;* **—s of transportation** moyens de transports; **to —** signifier
meat viande *f*
mechanic mécanicien(ne)
medicine médicament *m*
to meet rencontrer; faire la connaissance de; **— (each other)** se retrouver; se réunir
meeting réunion *f;* congrès *m;* **international —** congrès mondial
menu carte *f;* menu *m*
message message *m;* **to leave a —** laisser un mot/message
method mode *m;* moyen *m*
meter mètre *m*
Mexican mexicain(e)
middle milieu *m;* **in the — of** au milieu de (du)
midnight minuit *m*
migraine (headache) migraine *f*
mild doux (douce)
military militaire
milk lait *m*
million million *m*
mind: to change one's — changer d'avis; **to make up one's —** se décider
mine mien(ne)
mint menthe *f*
mirror miroir *m;* glace *f*
misfortune malheur *m*
Miss mademoiselle, Mlle
to miss manquer; **I — him.** Il me manque.
mist brume *f*
mistake faute *f;* erreur *f;* **to make a —** se tromper
mister, Mr. monsieur, M.
mix mélange *m;* **—er** batteur *m;* **—ture** mélange; **to —** mélanger
model modèle *m;* **fashion —** mannequin *m*
moment instant *m;* moment *m*
Monday lundi *m;* **—s** le lundi
money argent *m;* fric *m fam*; **— order** mandat *m*
month mois *m*
mood humeur *f;* **to be in a good/bad —** être de bonne/mauvaise humeur
moon lune *f*
moped vélomoteur *m*
more encore; davantage; plus; **once —** encore une fois; **— . . . than** plus de... que; **— . . .the — . . .** plus... plus...; **—over** en outre; du reste; **no —** ne... plus
morning matin *m;* matinée *f;* **from — till evening** du matin au soir; **good —** bonjour; **—s** le matin; **next —** le lendemain; **in the —, A.M.** du matin;
Moroccan marocain(e)
Morocco Maroc *m*
most: — (of) la plupart de(s); **the —** le plus (de)
mother maman *f;* mère *f;* **step—/—-in-law** belle-mère *f*
motorcycle moto *f*
mountain montagne *f*
mouse souris *f*
mousse mousse *f;* **chocolate —** mousse au chocolat *f*
mouth bouche *f;* embouchure *f* (river)

to move déménager; s'installer; **— away** éloigner
movie film *m;* **horror —** film d'épouvante; **— director** cinéaste *m;* **— theater** cinéma *m*
Mr. monsieur, M.
Mrs. madame, Mme
much beaucoup; **how —** combien; **How — does it cost?** C'est combien?; **not very —** pas beaucoup; **as — as** autant de... que; **so —** tellement
muggy: It's muggy. Il fait un temps humide.
museum musée *m*
mushroom champignon *m*
music musique *f;* **to play —** jouer de la musique
musician musicien(ne)
mussel moule *f*
my mon/ma/mes
mysterious mystérieux(-euse)

N

nail clou *m;* ongle *m*
naive naïf(-ïve)
name nom *m;* **first —** prénom *m;* **last —** nom de famille *m;* **my — is . . .** je m'appelle...; **to —** nommer; appeler
napkin serviette *f*
narrow étroit(e)
nationality nationalité *f*
nature nature *f*
nauseated: to feel — avoir mal au cœur
near près (de); **—ly** à peu près; presque
neat chouette *fam*; **pretty —** chouette *fam*; **—!** C'est chouette! *fam*
necessary nécessaire; **it's —** il faut; **it's — (that)** il est nécesaire (que); il faut (que)
neck cou *m;* **—lace** collier *m*
need besoin *m;* **to —** avoir besoin de; **I —** il me faut, j'ai besoin de
neighbor voisin(e)
neighborhood quartier *m;* voisinage *m*
neither ne plus; **neither . . . nor** ne...ni...ni
nephew neveu *m*
nervous nerveux(-euse)
Netherlands Pays-Bas *m pl*
never jamais; ne... jamais
new nouveau(nouvelle); neuf(-ve); **—ly** nouvellement; **— Year's** Nouvel An *m*; **What's —?** Quoi de neuf? *fam*
New England Nouvelle-Angleterre *f*
New Orleans Nouvelle-Orléans *f*
New Zeland Nouvelle-Zélande *f*
news nouvelles *f pl*; informations *f pl*
newspaper journal *m*
next prochain(e); ensuite; suivant(e); **— (to)** auprès (de); à côté (de); **— door** à côté (de) **the — day** le jour suivant; **the — morning** le lendemain matin
nice joli(e); gentil(le); sympa(thique); **It's — (weather).** Il fait bon.; **it would be —** ce serait bien; **That seems —.** Ça a l'air bien.
niece niece *f*
night nuit *f;* **per —** la nuit
nine neuf; **—teen** dix-neuf; **—ty** quatre-vingts-dix
ninth neuvième
no non; **— longer** ne... plus; **— one** personne
nobody personne; ne... personne
noise bruit *m*
noodles nouilles *f pl*
noon midi
north nord *m*
nose nez *m;* **to have a runny —** avoir le nez qui coule
not non; **do —** ne... pas; **— at all** pas du tout; **— any more** ne... plus; **— much** pas grand-chose *fam*; **— yet** pas encore
notebook cahier *m*
nothing rien; ne... rien; **It means — to me.** Ça ne me dit pas grand-chose. *fam*
to notice apercevoir *(pp* aperçu); constater; s'apercevoir de
novel roman *m;* **short —** récit *m*
novelist romancier(-ère)
November novembre
now maintenant; en ce moment
nowehere nulle part
number chiffre *m;* nombre *m;* numéro *m;* **telephone —** numéro de téléphone *m*
numerous nombreux(-euse)
nurse infirmier(-ère)
nut noix *f*

O

to obey obéir *(pp* obéi) à
object objet *m*
to obtain obtenir *(pp* obtenu)
occupation métier *m;* profession *f*
to occur se produire *(pp* produit)
October octobre
odd curieux(-se); bizarre; **That's odd.** C'est curieux. *fam*
of de
offer offre *f;* **to —** offrir *(pp* offert)
office bureau *m;* boîte *f fam*; **post —** bureau de poste *m;* **law —** cabinet d'avocat *m*
often souvent; fréquemment; **the most —** plus souvent
oil huile *f;* **mills that produce —** huileries *f pl*
okay bon; d'accord
old ancien(ne); vieux/vieil (vieille); **How — are you?** Quel âge as-tu/avez-vous?; **to grow —** vieillir; **—fashion** vieux-jeu *inv*
older aîné(e)
omelet omelette *f;* **mixed herb —** omelette aux fines herbes
on à; au (à + le); sur; **— sale** en solde; **— Sundays** le dimanche; **— time** à l'heure
once un(e); une fois; **— (a day)** une fois par jour
one un(e); on (*people in general*); **each —/ everyone** chacun(e); **not a —/no one** aucun; **— color** uni(e); **—self** soi-même; **—way street** à sens unique; **— way** (ticket) aller-simple *m;* **the —** celui/celle
onion oignon *m*
only juste; seulement; ne... que; **not —** pas seulement; **— child** fils/fille unique
open ouvert(e); **to —** ouvrir *(pp* ouvert)
opening ouverture *f;* **— hours** heures d'ouverture *f pl*
opinion avis *m;* opinion *f;* **in my —** à mon avis
optimistic optimiste
or ou; **— else** ou bien
orange orange *f;* orange
order commande *f;* odre *m;* **in — to** afin de, pour; **money —** mandat *m;* **to —** commander
organize organiser; **to get —d** s'organiser
other autre
our notre/nos
outfit tenue *f*
outing sortie *f*
outside extérieur *m;* dehors; **— of** hors; en dehors
oven four *m;* **microwave —** four à micro-ondes
over sur; dessus; par-dessus; **It's all —.** C'est fichu. *fam*
overalls salopette *f*
overcoat pardessus *m*
overtime heures supplémentaires *f pl*
to owe devoir *(pp* dû)
own propre; **—er** propriétaire *m f*
oyster huître *f*

P

to pack faire les valises
package paquet *m*
pail seau *m*
pain mal *m;* **a — in the neck!** un casse-pieds *fam*
painting peinture *f;* tableau *m*
pal copain (copine)
pale pâle
palace palais *m*
pancake crêpe *f*
pants (pair of) pantalon *m*
paper papier *m;* **sheet of —** feuille de papier *f*
parade défilé *m*
parents parents *m pl*
park parc *m;* **to —** garer; stationner
parking stationnement *m;* **— lot** parking *m*
parsley persil *m*
part partie *f;* **in —** en partie; **to take — in** participer (à)
party fête *f;* soirée *f*
to pass passer; dépasser; **Pass (the salt) please!** Tu veux me passer (le sel)! *fam;* **— (a test/exam)** réussir; **—ed away** décédé(e)
passenger passager(-ère)
passerby passant(e)
passport passeport *m*
past passé *m;* **in the —** autrefois
pasta pâtes *f pl*
pastry: — shop pâtisserie *f;* **— chef** pâtissier(-ère)
path allée *f;* chemin *m*
to pay payer; régler; **— attention** faire attention; **— cash** payer en espèces; **— visit** rendre visite; **which must be paid for** payant(e)
pea pois *m;* **green —s** petits pois *m pl*
peace paix *f*
peach pêche *f*
pear poire *f*
pearl perle *f*
peasant paysan(ne)
pedestrian piéton(ne)
pen stylo *m*
pencil crayon *m*

people peuple *m;* gens *m pl*
pepper poivre *m;* **green —** poivron *m*
peppermint (cordial drink) menthe à l'eau *f*
per par
percent pour cent
perfect parfait(e); **—ly** parfaitement
perfume parfum *m;* **store that sells —** parfumerie *f*
perhaps peut-être
to permit permettre *(pp* permis)
person personne *f*
personal personnel(le); **—ly** personnellement
personnel personnel *m;* effectifs *m pl*
pessimistic pessimiste
pharmacist pharmacien(ne)
philosophy philosophie *f*
photograph photo *f;* **—phy** photo *f;* **to —** photographier
physics physique *f*
picnic pique-nique *m*
to pick: — up ranger; ramasser; **— up (phone)** décrocher
pie tarte *f;* **apple/strawberry pie** tarte aux pommes/fraises
piece bout *m;* morceau *m*
pig cochon *m*
pill pilule *f;* cachet *m*
pillow oreiller *m*
pimple bouton *m*
pink rose
pipe tuyau *m*
pity pitié *f;* **it's a —** c'est dommage *fam*
place endroit *m;* place *f;* lieu *m;* **— of birth** lieu de naissance; **to —** poser
plain nature
plan projet *m;* **floor —** plan *m;* **to make —s** faire des projets/préparatifs; **to —** aménager
plate assiette *f;* plaque *f;* **license —** plaque d'immatriculation *f*
platform quai *m*
platter: serving — plateau *m*
play pièce (de théâtre) *f;* **to —** s'amuser; jouer; **— (a musical instrument)** jouer de; **— (a sport)** jouer à; **to be —ing (movie)** passer
player joueur *m*
pleasant agréable; convivial(e); **to be —** plaire *(pp* plu)
please s'il te/vous plaît; **(You're welcome.)** Je t'en/vous en prie.; **to —** contenter; **—d** content(e)
plum prune *f*
pocket poche *f*
police: — station gendarmerie *f;* commissariat de police *m*
police officer agent de police *m*
policy régime *m;* système *m*
Polish polonai(e)
polite poli(e)
political politique; **— science** sciences politiques *f pl*
politics politique *f*
pool: swimming — piscine *f*
poor pauvre
pork porc *m;* **— chop** côtelette de porc *f*
Portuguese portugais(e)
position poste *m;* situation *f*
possible: It's — . . . Il se peut que...; **if —** si possible
post: — office bureau de poste *m* (la poste); **to —** afficher
postal worker postier(-ère)
postcard carte postale *f*
poster affiche *f;* poster *m*
potato pomme de terre *f*
poultry volaille *f*
pound (French) livre *f* (500 grams)
to pour verser; **it's pouring** il pleut à torrents
power pouvoir *m;* force *f;* **—ful** puissant(e); **— plant** centrale *f*
practical pratique
practice entraînement *m*
prawn langoustine *f*
to prefer préférer; aimer mieux
to prescribe prescrire *(pp* prescrit)
present: at — actuellement; **to —** présenter
preserves conserves *f pl*
pretty joli(e)
price prix *m;* coût *m;* **It's an attractive —.** C'est un bon prix/C'est un prix intéressant.
principal (of school) directeur(-rice)
private privé(e)
prize prix *m*
problem ennui *m;* problème *m*
process: in the — of en train de
producer: movie/video — réalisateur(-rice)
product produit *m*
profession métier *m;* profession *f*
programmer: computer — programmeur(-euse)
progress progrès *m;* **to make —** faire des progrès
to promise promettre *(pp* promis)
promotion avancement *m*
prosperous prospère
to protect protéger
proud fier(-ère)
prune pruneau *m*
psychology psychologie *f*
public: — works travaux publics *m pl*
to pull tirer
to punish punir *(pp* puni)
punishment punition *f*
purchase achat *m;* **to —** acheter
purple violet(te)
purpose but; **on —** exprès
purse sac à main *f*
to pursue poursuivre *(pp* poursuivi)
to put mettre *(pp* mis); **— away** ranger; **— in** fournir *(pp* fourni); **— on** mettre; **— to sleep** endormir *(pp* endormi); **— up again** recoller
putter faire du bricolage *fam*

Q

qualified qualifié(e)
quality qualité *f*
quarter quart *m*
queen reine *f*
question question *f;* **to —** interroger; questionner
queue file *f*
quickly rapidement; vite
quiet tranquille; **to be —** se taire
quite très; **— a bit of** pas mal de

R

rabbit lapin *m*
racket raquette *f*
radish radis *m*
rag chiffon *m*
rain pluie *f;* **in the —** sous la pluie; **—y** pluvieux(-euse); **to be —ing** pleuvoir; **it's —ing** il pleut
to raise lever; **— up** soulever
raisins: raisins secs *m pl*
rapid vite
rare rare; saignant(e) (*meat*); **—ly** rarement
raspberry framboise *f*
rate niveau *m;* taux *m;* **death —** mortalité *f*
rather plutôt
to reach atteindre *(pp* atteint); aboutir *(pp* abouti)
to read lire *(pp* lu); bouquiner *fam*
reading lecture *f*
ready prêt(e); **to get — (to/for)** se préparer (à/pour)
real véritable; **— estate agent** agent immobilier *m*
realistic réaliste
to realize réaliser; se rendre compte de
really tellement; vraiment; **not —** pas tellement
reason cause *f;* raison *f*
to receive recevoir *(pp* reçu)
recently récemment
recess récréation *f*
recipe recette *f*
recognition reconnaissance *f*
recognize reconnaître *(pp* reconnu)
record disque *m;* **to —** enregistrer
recorder: videocassette — (VCR) magnétoscope *m*
red rouge; **— (hair)** roux(rousse)
to reduce diminuer; réduire *(pp* réduit)
to reestablish rétablir *(pp* rétabli)
refrigerator frigo *m*
to refuse refuser
to register enregistrer
registration inscription *f;* **— fees** frais d'inscription *m pl*; tuition *f;* **— forms** bulletin d'inscription *m*
relatives parents *m pl*
to relax se détendre
relaxed décontracté(e)
to rely (on) compter (sur)
to remain rester; demeurer
to remember se rappeler; se souvenir *(pp* souvenu); **— correctly** se rappeler bien
to remind rappeler
remote control télécommande *f*
to remove enlever
to renew renouveler
to rent louer
rental location *f;* **— agency** agence de location *f*
repair réparation *f*
to repeat répéter
to replace remplacer
representative délégué(e); **sales —** commercial *m*
to require (that) exiger (que)
research: to do — faire des recherches

researcher chercheur *m*
reservations: make — réserver
residence domicile *m*
to resign démissionner
resignation démission *f*
response réponse *f*
responsibility responsabilité *f*
rest repos *m;* **— stop** aire de repos *f;* **to —** se reposer
restaurant restaurant *m;* **university —** restau (Resto-U)
result résultat *m;* **to — in** aboutir à
résumé curriculum vitae (cv) *m*
retired: to be — être à la retraite
retirement retraite *f*
to return retourner; rendre *(pp* rendu)
to review réviser
rib côte *f;* **— steak** entrecôte *f*
rice riz *m*
ride: to take a — faire une promenade
right juste; droit(e); exact(e); droit *m;* **—?** n'est-ce pas? (**Isn't it?**); **— away** tout de suite; **to be —** avoir raison; **to the —** à droite; **You're —!** T'as raison! *fam*
ring bague *f;* **to —** sonner
river fleuve *m;* rivière *f*
road chemin *m;* route *f;* **pertaining to —s** routier(-ère)
to roast griller; rôtir *(pp* rôti)
to rob cambrioler
robber cambrioleur *m;* voleur(-euse)
rock music rock *m*
role rôle *m*
roll petit pain *m*
roof toit *m*
room pièce *f;* chambre *f;* salle *f;* **class—** salle de classe; **dining —** salle à manger; **living —** salle de séjour/le living; **—mate** camarade de chambre *m f*
rooster coq *m*
rosé (wine) rosé *m*
round rond(e); **—-trip (ticket)** aller-retour *m*
routine routine *f*
rubber caoutchouc *m;* **— band** élastique *m*
rug tapis *m*
ruler règle *f*
rules règles *f pl*
to run courir *(pp* couru); couler; **— away** s'enfuir; se sauver; **— into** rencontrer; **— into each other** se rencontrer; **—ny noise** le nez qui coule; **— out of gas** avoir une panne d'essence
Russia Russie *f*
Russian russe

S

sad triste
sail: —boat bateau à voile; **to go —ing** faire de la voile
salad: tomato/cucumber — salade de tomates/concombres *f*; **green —** salade verte
salami saucisson *m*
salary salaire *m;* **salaried employee** salarié(e)
sale vente *f;* **for —** à vendre; **in —** en solde; **—(s)** vente(s) *f;* **—s representative** commercial *m;* **salesman(woman)** représentant(e) de commerce; **salesperson** vendeur(-euse)
salmon saumon *m;* **smoked —** saumon fumé
salt sel *m*
salty salé(e)
same même; **in the — way** de la même façon; **not the —** pas pareil(le); **the —** le (la, les) même(s)
sandals sandales *f pl*
sandwich sandwich *m;* **open-faced grilled ham and cheese —** croque-monsieur *m*
Saturday samedi *m*
saucebowl saucière *f*
sausage saucisse *f*
to save épargner (*money, time*); faire des économies (*money*)
to say dire *(pp* dit); déclarer; **—!** Mais, dis donc! *fam*; **— . . .** Dis/Dîtes...; **— good-bye** faire ses adieux; **What do you —?** Que dîtes-vous? *fam*
scallops coquilles St-Jacques *f pl*
scarcely ne guère
scarf écharpe *f;* foulard *m*
schedule emploi du temps *m;* horaire (of a train) *m*
scene scène *f*
scholarship bourse *f*
school école *f;* **high —** lycée *m;* **first day of —** la rentrée (des classes); **junior high —** collège *m*; **nursery —** école maternelle; **pertaining to —** scolaire; **pre—** école maternelle; **— of engineering** école d'ingénieurs; **school (university)** fac(ulté) *f;* **— of arts** faculté des lettres; **— of law** faculté de droit; **— year** année scolaire *f*
science science *f;* **applied —s** sciences humaines; **natural —** sciences naturelles; **— fiction** science-fiction
scientist savant *m*
scissors ciseaux *m pl*
scotch (whisky) scotch *m*
screen écran *m*
screw vis *m;* **—driver** tournevis *m*
sculpture sculpture *f*
sea mer *f;* **—food** fruits de mer *m pl;* **—shore** bord de mer *m;* **on the —shore** au bord de la mer; **—sickness** avoir le mal de mer; **—side resort** station balnéaire *f*
season saison *f*
seat place *f;* siège *m;* **front (back) —** siège avant (arrière); **— belt** ceinture de sécurité *f*
second deuxième; **— floor** premier étage
secretary secrétaire *m f*
to see voir *(pp* vu); **— again** revoir *(pp* revu); apercevoir *(pp* aperçu); **— oneself** se voir; **— you in a while.** À tout à l'heure.; **— you soon.** À bientôt.; **We'll —.** On verra.; **to let —** faire voir; **Let's —!** Voyons!
to seem sembler; avoir l'air
to select sélectionner
selfish égoïste
to sell vendre *(pp* vendu)
semester semestre *m*
to send envoyer; **— back** renvoyer
Senegalese sénégalais(e)
sens sens *m;* **common —** bon sens *m*
sensational sensationel(le), sensass *fam*
sentence phrase *f*
September septembre
serious grave; sérieux(-euse); **You're not —!** Tu veux rire! *fam*
to serve servir *(pp* servi); **— (an area)** desservir *(pp* desservi)
service service *m;* **self— (store)** libre-service *m;* **— station** station-service *f*
set ensemble *m;* lot *m;* **to — (a date)** fixer; **— the table** mettre la table/le couvert
settler colon *m*
seven sept; **—teen** dix-sept; **—ty** soixante-dix
several plusieurs
to sew coudre *(pp* cousu); faire de la couture
shadow ombre *f*
to shake agiter
shame honte *f;* **It's a shame.** (C'est) dommage.
shape ligne *f;* **to be in —** être en forme; **to stay in —** garder la ligne
to share partager
to shave se raser
she elle
sheep mouton *m*
sheet drap *m*
shelf étagère
shellfish custracés *m pl*
shin jambe *f*
shirt chemise *f*
shoe chaussure *f;* souliers *m pl;* **—lace** lacet *m;* **— size** pointure *f*
shop boutique *f;* magasin *m;* boîte *f fam*; **to —** faire du shopping/des achats/les courses
shopkeeper commerçant(e)
shopping shopping *m;* **— cart** chariot *m;* **— mall** centre *m* commercial; **to go —** faire des achats
short petit(e); bref(-ève); court(e); **—s** (*pair of*) short *m*
shot piqûre *f*
shoulder épaule *f*
to shout crier
show spectacle *m;* **—ing (of a film)** séance *f;* **to be —ing** faire voir; **to —** montrer; exposer; indiquer; montrer
shower douche *f;* **(rain)** averse *f,* ondée *f*
shrimp crevette *f*
to shut fermer; **Shut up!** Tais-toi! *fam*
shutter volet *m*
shy timide
sick malade
side côté *m*
sidewalk trottoir *m;* terrasse *f*
sight vue *f;* **at first —** à première vue
sign signalisation *f;* signe *m;* **road —s** signalisation routière; **to —** signer
silent silencieux(-euse)
silk soie *f*
since puisque; depuis; **— when** depuis quand
sincere sincère
to sing chanter
singer chanteur(-euse)
single célibataire *m f*
sink évier *m* (*kitchen*); **—** (*bathroom*) lavabo
Sir monsieur
sister sœur *f;* **—-in-law** belle-sœur; **step—** demi-sœur
to sit s'asseoir; **— at the table!** Mets-toi à table!; **— down** se mettre à table

six six; **—teen** seize; **—ty** soixante
size pointure *f* (chaussures); taille; **I take/ have a size (38 [shoe])** Je chausse (du 38)
skating: to go — faire du patinage
ski: to go —ing faire du ski; **to go (down-hill/cross-country/water) —ing** faire du ski (de piste[alpin]/de fond/nautique); **— resort** station de ski *f*
skin peau *f*
skin diving: to go — faire de la plongée sous-marine
skinny maigre
to skip sauter; sécher un cours (**a class**)
skirt jupe *f*
sky ciel
to sleep dormir (dormi); coucher; **to go —** s'endormir; **to put —** endormir *(pp* endormi)
sleeve manche *f;* **—less** sans manches
slice tranche *f;* —(*of bread*) tartine *f*
slightly légèrement
slippery glissant(e)
slope pente *f*
slot fente *f*
slow lent(e); **to — down** ralentir *(pp* ralenti)
slowly doucement
small petit(e)
to smell sentir *(pp* senti); **— good** sentir bon
smile sourire *m*
smoke fumée *f;* **to —** fumer
smoking fumeur; **non smoking** non-fumeur
snack goûter *m*
snail escargot *m*
snake serpent *m*
to sneeze éternuer
snow neige *f;* **to —** neiger; **it is —ing** il neige
so alors; si; **— that** de façon que; **—, What?** Et alors? *fam*
soap savon *m;* **— opera** feuilleton *m*
soccer football *m*
sociology sociologie *f*
sock chaussette *f*
sofa sofa *m;* divan *m*
soft doux(-ce); tendre
software logiciel *m*
some du; en; de; des; **— (of)** quelques-un(e)s; **—body** quelqu'un; **—one** quelqu'un(e); **—thing** quelque chose; **—times** parfois; des fois; quelquefois; **—where** quelque part
son his, her; fils *m;* **—in-law** gendre *m*
song chanson *f*
soon bientôt; **as — as** dès que; **See you —.** À bientôt.
sorry désolé(e); **very —** navré(e); **I am sorry** je suis désolé(e); **to be —** regretter
sound son *m;* sonorisation *f*
soup potage *m*
south sud *m;* **— of France** le Midi
space espace *m;* écart *m;* **green —s (landscape)** espaces verts
spacious spacieux(-euse)
Spain Espagne *f*
Spanish espagnol(e)
to speak parler; **— (Spanish)** parler (espagnol); **— to each other** se parler; **— to someone** s'adresser à quelqu'un
speaker interlocuteur(-trice); locuteur(-trice)
speed vitesse *f;* **maximum —** vitesse maximale
to spell out épeler
to spend passer; dépenser (argent); **— (time) doing . . .** passer son temps à...
spinach épinards *m pl*
spite: in — malgré
to spoil gâter
spoon cuillère *f;* (*measure*) cuillerée *f*
sport: —s-minded sportif(-ive); **to participate in —s** faire du sport
spot pied-à-terre *m*
to sprain se fouler
spread: meat — pâté *m*
spring printemps *m*
square place *f;* carré(e)
squash courgette *f*
squeezed pressé(e); **(—) lemon juice** citron pressé *m*
stadium stade *m*
staging: — production mise en scène *f*
stairs escalier *m*
stamp timbre *m*
star étoile *f;* vedette *f*
to start commencer; **— again** recommencer
state état *m;* United States États-Unis *m pl*
station station *f;* **bus —** gare routière *f*; **gas —** station-service*;* **police —** gendarmerie *f,* commissariat de police *m;* **subway —** station de métro; **train —** gare
stationery (store) papeterie *f;* librairie-papeterie *f*
stay séjour *m;* **to —** rester; demeurer; **— at a hotel** descendre à un hôtel
steak bifteck *m*
to steal voler
steel acier *m*
steam vapeur *f*
step pas *m;* **to — back** reculer; **—brother** demi-frère *m;* **—mother** marraine *f;* **—sister** demi-sœur *f*
stereo: — (system) chaîne stéréo *f*
still encore
stomach estomac *m;* ventre *m*
stone pierre *f*
stop arrêt *m;* **bus —** arrêt d'autobus; **non —** sans arrêt; **to —** cesser; s'arrêter; **to — by** passer
store boutique *f;* magasin *m;* **clothing —** magasin de vêtements; **grocery —** épicerie *f;* **sporting goods —** magasin de sports; **tobacco —** bureau de tabac *m*
storm orage *m;* **There's a storm.** Il y a un orage.
story conte *m;* histoire *f*
straight droit(e); raide *(hair);* **— ahead** tout droit
strange drôle
strawberry fraise *f*
street rue *f*
stress stress *m;* **—ed out** stressé(e)
strict sévèr(-ère)
strike grève *f;* **to —** frapper
striped rayé(e); à rayures
strong fort(e)
stubborn têtu(e)
student élève *m f (elementary school);* lycéen(ne) *(high school);* étudiant(e) *(college)*
studio atelier *m*
studious studieux(-euse)
study étude *f;* **to —** étudier; faire des études; bouquiner *fam;* **— for a test** préparer un examen; **— hard** bosser *fam*
stuffed: to be — up avoir le nez bouché (pris)
stupidity bêtise *f*
subject sujet *m;* **—s** matières *f pl,* disciplines *f pl*
subsidiary filiale *f*
suburbs banlieue *f*
subway métro *m;* **— station** station de métro *f*
to succeed réussir (à un examen)
success réussite *f;* succès *m*
such tel(le); **— as** tel(le) que
sudden: all of the — tout d'un coup
suddenly soudain
sugar sucre *m;* **— bowl** sucrier *m*
to suggest proposer; suggérer
suit costume *m;* ensemble *m;* complet; tailleur *m;* **bathing —** maillot de bain *m*
suitcase valise *f*
summer été *m*
sun soleil *m;* **it's sunny** il fait du soleil; **—burn: to have a —** prendre un coup de soleil; **—glasses** lunettes de soleil *f pl;* **—ny** ensoleillé(e); **—rise** lever du soleil *m;* **—set** coucher du soleil *m;* **—tan: to get a —** se faire bronzer
Sunday dimanche *m*
supermarket supermarché *m*
superior supérieur(-eure)
supper dinner
to support soutenir *(pp* soutenu)
sure sûr(e)
surprised étonné(e)
surprising surprenant(e)
to surround entourer
surroundings environs *m pl*
sweat sueur *f;* **—er** pull-over *m;* chandail *m;* gilet *m;* **—shirt** sweat *m*
Sweden Suède *f*
Swedish suédois(e)
sweet doux(-ce); sucré(e)
to swim nager; se baigner
Swiss suisse
Switzerland Suisse *f*
sword épée *f*
syrup sirop *m*
system système *m*

T

T-shirt t-shirt (tee-shirt) *m*
table table *f;* **bedside —** table de nuit/chevet; **dressing —** coiffeuse *f;* **—cloth** nappe de table *f;* **— of contents** table des matières
tablet cachet *m;* comprimé *m*
tail queue *f*
taille size *f*
to take amener; prendre *(pp* pris); **— (away, along)** emmener; emporter; **— back** ramener; **— (courses)** suivre (des cours); **— off** enlever; **— part in** participer à; **— place** se dérouler, avoir lieu; **— a stroll** se balader *fam;* **— a test/exam** passer un examen; **— a walk** faire une promenade

tale conte *m*
to talk parler; **— to each other** se parler; **— about** parler (de)
talkative bavard(e)
tall grand(e)
tank top débardeur *m*
tart tartelette *f*
task tâche *f*
taste goût *m;* **to —** goûter; déguster
taxes impôts *m pl*
tea thé *m*
to teach enseigner; **— (to)** apprendre *(pp* appris) (à)
teacher enseignant *m;* prof(esseur) *m*
teaching enseignement *m;* **— assistant** assistant(e)
team équipe *f*
technology technologie *f*
telephone telephone *m;* **— book** annuaire *m;* **— call** appel téléphonique *m*, coup de téléphone *m;* **— number** numéro de téléphone *m*
television téléviseur *m*
to tell dire (dit); raconter
teller caissier(-ère)
temperature fièvre *f;* température *f*
ten dix
terrace terrasse *f*
terrible affreux(-euse)
terrific formidable
thank: —s remerciements *m pl;* **—(s) to** grâce à; **to —** remercier; **— you** merci
that ça, cela; ce, cet, cette; qui; que; **so —, in order —** afin que; **—'s** c'est/ce sont; **— is/means** c'est-à-dire; **—'s all right/OK.** Ça ne fait rien., Ça va.; **—'s fine** Ça va.; **—'s it?** C'est ça? *fam*; **—'s it!** Ça y est! *fam*; **— one** celui/celle-là; **—'s right?** C'est ça.; **— looks** ça a l'air; **— way** par là
the la, le, les. l'
theater théâtre *m*
their leur
them eux (elles); **for/to —** pour eux (elles)
then puis; alors; ensuite; donc
there là; y; **over —** là-bas; **— is/are** il y a; **there's** voilà
therefore cependant; donc
these ces/cettes
they on *(people in general*); eux *m pl*; ils *m pl;* elles *f pl*
thick épais(se)
thief voleur(-euse), cambrioleur *m*
thigh cuisse *f*
thin mince
thing chose *f;* **—amajig** truc *m fam*; **—s** affaires *f pl*
to think réfléchir *(pp* réfléchi); penser; croire *(pp* cru); **— of** penser à
third troisième; tiers
thirst soif *f;* **to be —y** avoir soif
thirteen treize
thirty trente
this ce/cet/cette; **— one** celui/celle-ci
those ceux/celles
thousand mille *m;* **one —** mille; **—s of** des milliers de
three trois
throat gorge *f*
to throw jeter; lancer
Thursday jeudi *m*
thus or; ainsi
ticket billet; ticket
tie cravate *f;* **to — together** lier
tight étroit(e)
time heure *f;* temps *m;* fois *f;* **another — (again)** encore une fois; **at that —** à cette époque-là; **at the same —** à la fois; **be on —** être à l'heure; **closing —** heure de fermeture; **cooking —** cuisson; **from — to —** de temps en temps; **how many —s** combien de fois; **leisure —** passe-temps *m;* **a long time** longtemps; **on —** à l'heure; **part— work** à temps partiel; **— off** congé *m;* **to have good —** (bien) s'amuser; **--table** horaire *m;* **What — is it?** Quelle heure est-il?
timid timide
tip pourboire *m;* service *m;* **— included** service compris
tire pneu *m;* **flat —** pneu crevé; **to change the —** changer la roue
tired fatigué(e); las(se)
title titre *m*
to à; au (à + le); en; chez; **—, in order —** afin de
toast toast *m*, pain grillé *m;* **—er** grille-pain *m;* **to —** griller
tobacco tabac *m;* **— store** bureau de tabac *m*
today aujourd'hui *m*
toe doigt de pied *m*
together ensemble
toilet W.-C. *m pl;* toilettes *f pl;* **— paper** papier de toilette/hygiénique *m*
toll péage *m;* **— road** autoroute *f* à péage
tomato tomate *f*
tomorrow demain; **the day after —** après-demain *m;* le lendemain
tongue langue *f*
too aussi; trop (de); **(me) —** (moi) aussi; **— much (many)** trop de
tool outil *m*
tooth dent *f;* **—brush** brosse *f* à dents; **— paste** dentifrice *m;* **—picks** cure-dents *m pl*
top dessus *m;* **on —** dessus; **striped —** marinière; **tank —** débardeur *m*
tourist touriste *m f;* **— bureau** office du tourisme *m*
tow: — truck dépanneuse *f;* **—ing service** service *m* de dépannage
towel serviette de toilette *f*
tower tour *f*
town ville *f;* **—/city hall** mairie *f;* **down—** en ville
track voie *f;* **—ing** suivi *m;* **to —** suivre *(pp* suivi)
trade métier *m;* commerce *m*
traffic trafic *m;* circulation *f;* **— light** feu *m*
train train *m;* **— station** gare *f*
training entraînement *m*
to translate traduire *(pp* traduit)
translation traduction *f*
transportation transport *m*
travel voyage; **— bag** sac de voyage *m;* **—er** voyageur(-euse)
tray plateau *m*
tree arbre *m*
trick: a little — un petit tuyau *m fam*
trip voyage *m;* trajet *m;* **business —** voyage d'affaires; **round—** aller-retour *m;* **to take a —** faire un voyage/une excursion
trouble ennui *m;* peine *f;* **to have — sleeping** avoir du mal à dormir
trousers pantalon *m*
trout truite *f*
truck camion *m*
true exact(e); vrai(e); **That's true.** C'est vrai.; En effet.
trumpet trompette *f*
to try: — on essayer; **— to** chercher à; **— one's luck** tenter sa chance
Tuesday mardi *m*
tuna thon *m*
turkey dinde *f*
turn tour *m;* **in —** à tour de rôle; **to — tourner; to — off** éteindre *(pp* éteint); **to — right/left** tourner à doite/gauche
TV (set) téléviseur *m*
twelve douze
twenty vingt; **— or so** la vingtaine
twins jumeaux *m pl;* jumelles *f pl*
two deux
type genre *m;* **to —** taper
typewriter machine à écrire *f*

U

ugly moche; laid(e)
umbrella parapluie *m*
uncle oncle *m*
under sous
understand comprendre *(pp* compris)
unemployment chômage *m;* **to be unemployed** être au chômage
unfortunate: It's — that . . . Il est dommage que...; **That's —.** C'est malheureux.
unfortunately malheureusement
unhappy (about) mécontent(e) (de)
union syndicat *m*
unit unité *f;* **family —** cellule familiale *f*
United Kingdom Royaume-Uni *m*
unless à moins que
unlikely: It is — that . . . Il est peu probable que...
until jusque, jusqu'à ce que
up en haut; **to go —** monter
upbringing éducation *f*
upset énerver
upside down sens dessus dessous
upstairs en haut
us nous; **to —** nous
use emploi *m;* **—d** d'occasion; **to get —d to** s'habituer; **to —** utiliser; employer
useful utile
usually d'habitude; en général
utilities charges *f pl;* **— included** charges comprises *f pl*

V

vacation vacances *f pl*; congé *m;* **during —** pendant les vacances; **go on —** partir en vacances; **paid —** congés payés
vacuum: — cleaner aspirateur *m;* **to —** passer l'aspirateur

veau veal *m*
vegetables légumes *m pl*; **raw —** crudités *f pl*
Venezuelan vénézuélien(ne)
verb verbe *m*
Vermouth: sweet — martini *m*
very très; vachement *fam*; **— close** tout près; **— rapidely** à toute vitesse
vest gilet *m*
video: —cassette recorder (VCR) magnétoscope *m;* **—game** jeu vidéo *m;* **music —** vidéo-clip *m*
Vietnam Viêt-nam *m*
Vietnamese vietnamien(ne)
village village *m;* **(small) —** bourg *m*
vine vigne *f;* **—yard** vignoble *m*
to visit rendre visite *(a person);* visiter *(a place)*
voice voix *f*
volleyball volley(-ball) *m*

W

wage salaire *m;* **minimum —** SMIC (*Salaire minimum interprofessionnel de croissasnce*)
waist size *f*
to wait: — (for) attendre; **Wait a minute!** Attendez! *fam*
waiter garçon *m* (de café); **—/waitress** serveur(-se)
to wake up réveiller; se réveiller
to walk marcher; **to go for a —** se promener; **to walk** marcher; **to take a —** faire une promenade; **to go for a —** se promener
Walkman baladeur *m;* walkman *m*
wall mur *m*
wallet portefeuille *m;* pochette *f*
want vouloir *(pp* voulu); désirer; avoir envie de; **— ads** offres d'emploi *f pl*; **— more** revouloir
war guerre *f;* **World — I** Première Guerre mondiale; **World — II** Seconde (Deuxième) Guerre mondiale
warm chaud(e); **It's —** Il fait chaud; **to be —** avoir chaud
wash: to get —ed faire sa toilette; **to —** laver; **to — up** faire sa toilette
washing machine machine *f* à laver
to watch regarder; **to be —ing** guetter; **— over** surveiller; montre *f*
water eau *f;* **mineral —** eau minérale; **—skiing** ski nautique *m*
way chemin *m;* route *f;* sens *m;* façon *f;* **high—** route nationale; **in the same —/manner** de la même façon; **in what —** de quelle façon; **No —!** Pensez-vous! *fam;* **on the —** en route; **one —** aller simple *m;* **one— (street)** sens unique; **this (that) —** par ici (là)
we nous; on (*people in general*)
weak faible; **—ness** faiblesse *f;* **to —en** affaiblir *(pp* affaibli)
wealth richesse *f*
to wear porter
weather temps *m;* **— report/forecast** météo *f;* **What's the — like?** Quel temps fait-il?
Wednesday mercredi *m*
week semaine *f;* **a —** huit jours; **during the —** en semaine; **two —** quinze jours; **—end** week-end *m*
to weigh peser
weight poids *m;* **to gain —** grossir, prendre du poids; **to lift —s/weightlifting** faire de la musculation
to welcome souhaiter la bienvenue; **You're —.** Il n'y a pas de quoi.; Je vous en prie.
well enfin; bien; **as — as** aussi bien que; ainsi que
west ouest *m*
western western (film) *m*
what que; quel(le); ce que; ce qui; quoi; **So, —?** Et après (alors)? *fam;* **— are they like?** Comment sont-ils/elles?; **— else?** Quoi d'autre?; **— is it?** Q'est-ce qu'il y a?; **— comes with it** ce que ça donne fam; **—'s that?/— is it?** Qu'est-ce que c'est?; **—'s the matter?/What's wrong?** Qu'est-ce qu'il y a?/ Qu'est-ce qui ne va pas?
wheel roue *f*
when lorsque, quand; **since —** depuis quand; **the day — . . .** le jour où...
where où; **— is/are . . .** Où est/sont...; **— is/are located . . .** Où se trouve(nt); **— are we?** Où sommes-nous?
which qui; que; quel(le); **of —** dont; **to —** auquel/à laquelle; duquel (de + lequel); **— one(s)** lequel/laquelle/lesquels/lesquelles
while pendant que; en; tandis que; **a — ago** il y a un moment; **— (talking)** en (parlant); tandis que
whisky whisky *m*
white blanc(-che)
who qui; duquel (de + lequel); **—'s calling?** C'est de la part de qui?/Qui est à l'appareil?; **— is it?** Qui est-ce?
whole entier(-ère)
whom qui; que; duquel (de + lequel); dont; **to —** à qui
whose dont; **— is it?** À qui est-ce?
why pourquoi; **That's — . . .** C'est pour ça/cela que...; **— not?** pourquoi pas?
wide large; **—spread** répandu(e)
widower (widow) veuf (veuve)
wife femme *f*
will volonté *f;* **—ingly** volontiers; **—ingness** bonne volonté
to win gagner
wind vent *m;* **it's —y** il fait du vent
window fenêtre *f;* vitrine *f;* **ticket —** guichet; **to —shop** faire du lèche-vitrines; **— (stained-glass)** vitraux *m pl* (vitrail *sing.*); **—pane** vitre *f*
to windsurf faire de la planche à voile
wine vin *m;* **white/red —** (vin) blanc/rouge *m;* **— cellar** cave *f*
winter hiver *m*
to wipe essuyer
wish désir *m;* souhait *m;* vœu *m;* **to —** souhaiter
with avec; auprès (de)
without sans
woman dame *f;* femme *f;* **for women** pour femmes; **young —** jeune femme *f*
wool laine *f*
word mot *m;* parole *f;* **—s** propos *m pl*
work travail *m* (*pl* travaux); boulot *m fam;* œuvre *f;* ouvrage *m;* tâche *f;* **do-it-yourself —** bricolage *m fam;* **lab —** travaux pratiques *m pl;* **to —** travailler; marcher; **— out** faire de la gym; bosser *fam;* **to — part-time/full-time** travailler mi-temps (à temps partiel)/plein temps
worker ouvrier(-ère) **(in a factory)**; travailleur(-euse)
working travaillant(e), actif(-ive); **— population** population active *f*
workshop atelier *m*
world monde *m*
to worry s'inquiéter; **— about** se préoccuper; être préoccupé(e)
worse pis; **to get —** empirer; s'aggraver
worst: the — (le) pire
worth: to be — valoir *(pp* valu); **—y (of)** digne de
wound plaie *f;* blessure *f*
wrist poignet *m*
to write écrire *(pp* écrit); rédiger
writer écrivain *m*
writing écriture *f*
wrong: to be — avoir tort; **What's —?** Qu'est-ce qui ne va pas? *fam*

Y

year an *m;* année *f;* **I'm (15) —s old** j'ai (15) ans; **New —'s** Nouvel an; **school —** année scolaire; **the (70)s** les années 70
yellow jaune
yes oui; si
yesterday hier; **the day before —** avant-hier
yet déjà; pourtant; **not —** pas encore
yogurt yaourt *m*
you tu; toi; vous
young jeune; **— people** les jeunes *m f pl*
your ton, ta, tes; votre, vos; **—s** à toi/vous
yourself toi-même, vous-même
youth jeunesse *f*

Z

zucchini courgette *f*

INDEX

STRUCTURES ET EXPRESSIONS GRAMMATICALES

A

à + definite article (**à + la [l', le, les]**) MC 26, MP 23, 219
accent marks MP 7
acheter passé composé MC 98, 112, 113, MP 109, 145
adjectives descriptive MC 92, 93, 94, 112, 113, MP 45, 82, 92, 93, 95, 109; descriptive and **être** MC 112; position of, summary MC 314, MP 317; possessive MC 109, MP 102, 103; **beau, nouveau, vieux** MP 262
adverbs denoting past time MP 148; expressions with imperfect tense MP 262; **bien** MP 273
aller conditional MC 365, MP 371; future endings MP 200; + infinitive MC 196; passé composé MC 144, MP 146; present MC 22, MP 22; subjunctive MC 161, MP 166;
arriver conditional MC 365, MP 370; future MP 200
articles definite MC 21, 26, MP 19, 23, 45, 219; indefinite MC 21, MP 12; indefinite in a negative sentence MP 64; partitive MP 251
au/aux MC 217, MP 219
aussi... que MP 273
autant de MP 249
avoir and pronouns MC 156; common expressions with MC 69, MP 65; conditonal MC 365, MP 371; future endings MP 200; indefinite article with MP 64; present MC 69, MP 63, 64
avoir besoin de MC 69, MP 65
avoir faim MC 69, MP 65
avoir l'intention de + infinitive MC 196
avoir soif MC 69, MP 65

B

beau (belle, beaux, belles) MC 113, MP 109; adjective forms MP 318
beaucoup de MP 248
bien comparative of MP 273
bon comparative of MP 273

C

c'est, ce sont MP 13
chercher and other **-er** verbs, present MC 32, MP 30
combien MC 73, MP 71; — **de** MP 71; — **de... est-ce que** MC 73
comparative, the MC 267, MP 272, 273; and comparison of nouns MP 249; and the adjective **bon** MP 273; and the superlative MC 267, MP 272; of **bien** MP 273; of **bon** MP 273; with **plus... que, aussi... que, moins... que** MP 273
comparison of nouns MP 249
conditional MC 365, MP 370; **-er, -ir, -re** verbs MC 365; other verbs MC 365, MP 371

D

de (d')/du/des MC 217, MP 219; in negative sentence MP 64
definite article *see* articles
depuis MC 304, MP 312
depuis quand MC 304, MP 311, 315
depuis combien de temps MC 304, MP 311, 315
descendre future MP 200
descriptive adjectives *see* adjectives
direct object pronouns *see* object pronouns
du, de la, de l', des: the partitive MP 251

E

en MC 253, MP 219, 251, 252
en/au/aux MC 217, MP 219
-er verbs MC 32, MP 30, 31
espérer + infinitive MC 196
être and descriptive adjectives MC 112; conditional MC 365, MP 371; future endings MP 200; imperfect MC 259, MP 260, 261, 286; present MP 108, MC 112;
exiger que + subjunctive MC 161
expressions of quantity MP 251; *see* quantities
expressions of preference MC 13
expressions of sufficiency MC 253, MP 249

F

faire present MC 144, MP 144 and the passé composé MC 144, MP 146; conditional MC 365, MP 371; future endings MP 200; imperfect MC 259, MP 260, 261
falloir conditional MC 365, MP 365; future endings MP 200
feminine plural **les** MP 12, 19; object pronouns MC 158, 259; possessive adjectives, plural MP 27; possessive adjectives, singular MP 108; singular **la (l')** MP 12, 19
future tense MC 196, MP 199–200; verbs to indicate the MC 196, MP 200

G

geographical names and prepositions MC 217, MP 218, 219; and the pronoun **y** MP 222

H

hier matin/après-midi/soir adverbs denoting past time MP 148

I

il vaut mieux que MC 161
il est nécessaire que MC 161
il faut subjunctive and infinitive with MC 161; — **que** + subjunctive MC 161, MP 164; to express necessity MC 161, MP 164
imperative MP 356
imperfect, the MC 259, MP 260, 261; adverbs and expressions with MC 259, MP 262; and the passé composé MP 285; and the passé composé, summary of uses MC 259, 276, MP 286; the infinitive with MC 161; the use of the subjunctive with MC 161, MP 164; uses of the MC 259, MP 262; with habitual actions in the past MP 262
il y a (huit jours) (*a week ago*) adverbs MP 148
information questions MC 73, MP 70, 71
indefinite article *see* articles
indicative mood MP 165
infinitive and the subjunctive MP 159; object pronouns with, MP 159
-ir verbs MP 281

J

je, nous, tu, vous, il, elle, on, ils, elles: pronoun subject MC 109, MP 21, 103

K

kilo de, un quantities MP 248

L

le, la, l', les: and **y** object pronouns MC 156, MP 158, 159; definite articles MC 21, 26, MP 19, 23; direct object MC 156, MP 158; direct pronouns MC 156; masculine, feminine, and plural MP 19; with **voir** MC 156
leur object pronoun MC 352, MP 356, 357
leur, leurs: possessive adjectives MC 109
lever: se passé composé MC 144, MP 146; present, pronominal verbs MC 121, MP 120, 121
liaison, la MP 76
lire present, passé composé, subjunctive, future MP 257
lui object pronoun MC 352, MP 356, 357
lundi dernier adverbs MP 148

M

ma, mon, mes: possessive adjectives MC 109
maigrir, and other **-ir** verbs present, passé composé, future, subjunctive, imperfect MP 281
masculine singular **le (l')** MP 12, 19; direct object MC 156; possessive adjective MP 103; and feminine plural **les** MP 12, 19; object pronoun MC 156
me, te, nous, and **vous:** object pronouns MC 321, MP 323, 324
meilleur(e)... de, le/la MP 274
mettre and other verbs like MP 271; present, passé composé, subjunctive, future, imperfect MP 271
mieux... de, le MP 274
moi, toi, lui, elle, nous, vous, eux, elles: stress pronouns MP 249
moins de MP 249; **le/la,** MP 274

moins... que MP 273
mon, ton, son, notre, votre, leur possessive adjectives MP 103

N

names geographical MC 217, MP 218
ne... jamais negative expression MC 361
ne... pas MC 32, MP 33
ne... pas encore negative expression MC 361
ne... personne negative expression MC 361, MP 364, 365
ne... plus negative expression MP 365
ne... rien negative expression MC 361, MP 364, 365
negative expressions MC 361, MP 364, 365; **ne... pas** MC 32, MP 33
notre, nos: possessive adjectives MC 109
nouns MP 249
nouveau (nouvelle, nouveaux, nouvelles) MP 109, MC 113; adjective forms MP 318
numbers: **1–20** MC 9; **20–69** MC 28; **70–1 000 000** MC 59

O

object direct object MP 158; indirect object: verbs that take indirect object (noun or pronouns) MP 357; indirect object of place MC 156, MP 158; pronouns MP 158, MC 156; and auxiliary verb MP 159; and infinitive MP 159; and passé composé MP 159
où MC 73, MP 71
où est-ce que MC 73, MP 70

P

parce que MP 71
parler future MC 196; imperfect MC 259, MP 260, 261; subjunctive MC 161, MP 166
partir conditional MC 365, MP 370; future MC 207; present, passé composé, subjunctive MC 207, MP 213; (*to leave*) MC 207, MP 212, 213
partitive, the MP 251
passé composé MP 145–146, 260; and imperfect MP 285; the imperfect and the passé composé, summary of uses MC 276, 285, MP 286; negative form MP 146; object pronouns and MP 357; pronominal verbs MC 144, MP 146; with **avoir** and **être** MC 144
past participle MC 144, MP 146; verb **faire** and MC 144
penser + infinitive MC 196
plus de MP 249; **le/la,** MP 274
plus... que MP 273
possessive adjectives MC 109, MP 103
pourquoi est-ce que MC 73, MP 71
pouvoir conditional MC 365, MP 371; future endings MP 200; present, passé composé MC 170, MP 172
préférer que + subjunctive MC 161
prendre conditional MC 365, MP 370; forms of MP 60; future MC 196; present MC 64, MP 59, 60; subjunctive MC 161, MP 166
prepositions **à** + definite article MC 26; **à + la (l', le, les)** MP 23; with feminine and masculine countries MC 219; with geographical names, nouns MC 217, MP 218, 219
present **-er** verbs MC 32, MP 30, 31
pronominal verbs MC 121, MP 120, 121
pronoun(s) direct object MC 156, MP 158; indirect object of place MC 156, MP 158; **en,** before the infinitive MP 252; **en,** expression of quantity MC 253, MP 251–252; **en,** to replace a noun preceded by a partitive MP 251; **en,** with geographic names MP 219; **le, la, les, y,** object MP 158–159; **lui** and **leur** MC 352, MP 356; object, with **voir** MC 156; stress MP 249; subject MC 109, MP 21, 103; verbs that take indirect object MP 357; **y,** with geographical names MC 217, MP 222

Q

qu'est-ce que MC 73, MP 71
quantity, expressions of MC 253, MP 248–249; and the pronoun **en** MP 248, 251, MC 253; and the pronoun **y** MP 248; comparison of nouns MP 249, MC 253; expressions of sufficiency MP 249, MC 253; specific quantities MP 248, MC 253
question statement MC 156, MP 158
qui (*who*) MC 74, MP 70
quitter (*to leave*) future, present, passé composé MC 207, MP 212

R

reflexive verbs MP 121

S

savoir conditional MC 365, MP 371
semaine dernière, la adverbs MP 148
son, ses: possessive adjectives MC 109
sortir future MC 207; (*to leave*) MP 212, 213
stress pronouns MP 249
subjunctive MC 161, MP 166; the infinitive and MP 159; the uses of, with **il faut** and other expressions of necessity MC 161, MP 164, 165
superlative, the MC 267, MP 274; and the comparative MC 267, MP 272

T

ton, ta, tes: possessive adjectives MC 109
tranche de, une quantities MP 248

U

un, une, des: indefinite articles MC 21, MP 12

V

venir conditional MC 365, MP 371; future endings MP 200; present, passé composé, subjunctive MC 170, MP 173; **— de** MC 170, MP 172; **— de** + infinitive MC 170
verbs and expressions followed by MC 161; **-er,** MC 32, MP 30, 31; **-ir,** MP 281; other verbs *see individual listings*; passé composé with **avoir** and **être** MC 144; pronominal MC 121, 144, MP 120, 121; reflexives MP 121; reciprocals MP 121; that mean *to leave* MC 207, MP 214; that take indirect object pronouns MP 357; to indicate the future MC 194; with object pronouns MP 159
vieux (vieille, vieux, vieilles) adjective forms MP 318
voir present, passé ccomposé MC 156, MP 157; subjunctive MC 161, MP 166
votre, vos: possessive adjectives MC 109
vouloir conditional MC 365, MP 371; future endings MP 200; present, passé composé MC 161, MP 164; + infinitive MC 196; **— que** + subjunctive MC 161
vous/me MP 324

Y

y MC 217, MP 222, 248; indirect object of place pronoun MC 156; with geographical names MC 217, MP 222

POUR SE DÉBROUILLER

Comment accepter l'offre MC 252
On prend congé — Entre gens qui (ne) se connaissent (pas) MC 19
Pour accepter l'offre MC 168, MP 305
Pour acheter des vêtements MP 87
Pour décrire sa famille MP 137
Pour décrire une maison MP 137
Pour décrire une personne MC 111, MP 137
Pour demander et donner des renseignements MC 153, MP 194
Pour demander quelque chose MC 252, MP 305
Pour demander un médicament particulier MC 274, MP 306
Pour demander un médicament dans une pharmacie MC 274, MP 306
Pour demander une chambre d'hôtel MC 195, MP 243
Pour dire ce qu'on veut faire MC 364, MP 54, 387
Pour dire que vous aimez quelque chose MC 45
Pour dire que vous n'aimez pas quelque chose MC 45
Pour énumérer une suite d'actions MP 87
Pour évoquer le passé MP 194
Pour expliquer comment aller quelque part MC 159, MP 194
Pour expliquer comment prendre le métro MP 87
Pour exprimer la négation MP 387
Pour exprimer la volonté MP 194
Pour exprimer les quantités MP 305
Pour exprimer sa déception MC 168
Pour exprimer son indifférence MC 168
Pour exprimer son plaisir MC 168
Pour exprimer son plaisir, son déplaisir et sa déception MP 194
Pour exprimer une préférence MP 15
Pour faire des commentaires sur les plats MP 305
Pour fixer un rendez-vous MC 168, MP 195
Pour identifier les catégories d'emplois MC 301, MP 350
Pour identifier les disciplines et les matières (les beaux-arts; les études professionnelles; les lettres; les sciences exactes; les sciences humaines; les sciences naturelles) MC 317, MP 350, 351
Pour identifier les facultés MC 312, MP 350
Pour identifier les lieux de travail MC 301, MP 350
Pour identifier les parties d'un repas et les plats MC 246–247, MP 304
Pour identifier les repas MC 246, MP 304
Pour indiquer ce qu'on fait MP 15
Pour indiquer la date MP 184
Pour inviter quelqu'un à s'asseoir MC 252, MP 305
Pour offrir à boire ou à manger MC 252
Pour offrir de l'aide MC 252, MP 305
Pour parler d'une personne que vous connaissez MC 41
Pour parler d'une université MC 312, MP 350
Pour parler de l'avenir MP 243
Pour parler de l'heure MP 138
Pour parler de la fréquence MP 54
Pour parler de sa taille MC 275, MP 307
Pour parler des conditions de travail MC 351, MP 387
Pour parler des études MC 312, MP 350
Pour parler des examens MC 317
Pour parler des loisirs MC 257, MP 306
Pour parler des programmes MC 317
Pour parler des saisons et du temps MC 214, MP 243, 244
Pour parler des symptômes MC 274, MP 306
Pour parler du passé MP 307
Pour parler du travail MC 301, MP 350
Pour parler du travail de ménage MP 194
Pour poser une question MP 15
Pour parler de ce que vous mangez MC 41
Pour préciser le type de chambre [d'hôtel] MC 195, MP 243
Pour prendre congé MP 54
Pour présenter quelqu'un MP 54
Pour proposer une activité MC 168, MP 194
Pour refuser l'offre MC 168, MP 305
Pour réserver sa place dans le train MC 206
Pour saluer MP 15
Pour saluer quelqu'un MP 54
Pour se renseigner MP 87
Pour se renseigner à l'hôtel MC 195, MP 243
Pour se situer MC 96, MP 137
Pour trinquer MC 252, MP 305
Les présentations — Entre gens qui (ne) se connaissent (pas) MC 19
Les salutations et les réponses — Entre gens qui (ne) se connaissent (pas) MC 19
Verbes utiles MC 351, MP 387

THÈMES ET CONTEXTES

Les bâtiments et les lieux publics MP 195
Les boissons chaudes MP 56
Les boissons froides MP 56
Ce qu'on achète à la papeterie MP 55
Ce qu'on peut acheter au magasin de matériel électronique MP 88
Ce qu'on vend à la Fnac MP 15
Les couleurs MC 62, MP 88
La date MC 140
Des choses à manger MP 55
Les établissements commerciaux MP 195
Les films MP 55
Les jours de la semaine MC 139, MP 195
Les livres MP 15
Les loisirs MP 307
Les magasins MP 55
La maison MP 138
Les membres de la famille MP 138
Les mois de l'année MC 140, MP 195
La musique MP 15
Les nationalités MC 106, MP 139
Les parties du corps MC 270, MP 307
Les pays du monde MP 220
Les professions MC 106, MP 139
Quel temps fait-il en France? MP 217
Les restaurants MP 55
La routine MP 139
Les saisons MP 244
Les sports MP 55
Les trains MP 244
La ville MC 150
Les vêtements MP 88
La voiture MC 215, MP 244

PHOTO CREDITS

All photos © Stuart Cohen, except the following:

p. 22 (L) The Image Works, (R) © Lucas/The Image Works
p. 49 (TL) © Ulrike Welsch, (TR, ML, MR) © Dallas & John Heaton/Stock, Boston, (BR) © Jeffrey Sylvester/FPG International, (BL) © Dennis Hallinan 1991/FPG International
p. 53 (ML, MR, BL) © John Chiasson/GAMMA-LIAISON, (TR) © M. Corsetti 1991/ FPG International, (TL) © Haroldo Castro/FPG International, (BR) © Marco Corsetti 1991/FPG International
p. 65 (L) © Jean-Claude LeJeune
p. 77 (MR) © Steve Benbow, (T, BR) © MCMXCII Ulrike Welsch, (ML) © Ken Ross 1992/FPG International
p. 84 (B) © M. Antman/The Image Works
p. 86 (B) © SuperStock, Inc.
p. 87 (TL) © Thomas Croke/Liaison International, (TR, ML) © MCMXCII Ulrike Welsch, (MR, BL) © M. Antman/The Image Works, (BR) © Lee Snider/The Image Works
p. 88 (BL, BR) © Kathy Squires
p. 91 (B) S. Kanno/FPG International
p. 100 (TL, TR) © MCMXCII Ulrike Welsch
p. 114 (T) © Peter Menzel/Stock, Boston
p. 122 (BL) © Jacques Charlas, (BR) © P. Gontier/The Image Works
p. 123 (TR) © The Telegraph Colour Library/FPG International, (BL) © Ray Stott/The Image Works, (BR) © MCMXCII Ulrike Welsch
p. 126 (ML) © Stuart Cohen/Comstock, (MR) © Rosenthal/© SuperStock, (BR) © Peter Menzel/Stock, Boston
p. 127 (T) Owen Franken/Stock, Boston
p. 128 © FourByFive
p. 129 (TL) © M. Corsett 1991/FPG International, (TR) FourByFive, (ML, MR, BR) SuperStock, Inc., (BL) FPG International
p. 133 ©Donald Dietz/Stock, Boston
p. 134 Owen Franken/Stock, Boston
p. 135 (TR) © Tabuteau/The Image Works, (ML) Art Resource, (BR) © SuperStock
p. 147 (L & R) © Stuart Cohen/Comstock
p. 151 (No. 3, 4, 5, 6, 11) © Stuart Cohen/Comstock, (No. 7) © R. Lucas/The Image Works, (No. 8) © Tabuteau/The Image Works, (No. 9) © Richemond/The Image Works, (No. 13) © IPA/The Image Works, (No. 14) © Ch. Viojard/GAMMA LIAISON, (No. 15) © Jean-Claude LeJeune
p. 163 (TL) © Jean-Claude LeJeune, (TR) © MCMXCII, Ulrike Welsch
p. 164 © M. Antman/The Image Works
p. 180 © Stuart Cohen/Comstock
p. 181 (T) © SuperStock, (ML, B) John Elk III/Stock, Boston, (MR) Guy Marché, FPG International
p. 184 Haroldo de Faria/FPG International
p. 185 (TL, BL) © Philip Jon Bailey/Stock, Boston, (TR, M) © Comstock (BR) © GAMMA-LIAISON
p. 187 (TR, ML, M, MR) Photofest
p. 191 (BL) © Peter Menzel/Stock, Boston
p. 198 (TL) P. Gontier/The Image Works, (TR) © Stuart Cohen/Comstock, (B) Robert Fried 1992/Stock, Boston
p. 206 © Stuart Cohen/Comstock

p. 234 (T) © GAMMA-LIAISON, (TM) Comstock, (M) © Lee Snider/The Image Works, (B) © MCMXCII Ulrike Welsch

p. 239 (TL) D. and J. Heaton/Stock, Boston, (TR) © Gregg Gilman/FPG International, (ML) © Lee Snider/The Image Works, (BR) © Everton/The Image Works, (BL) © Robin Smith/FPG International

p. 286 Courtesy of the French West Indies Tourist Board

p. 287 (TL) © Margo Taussig/Pinkerton International, (TR) © Julie Houck/Stock, Boston, (M) Larry Greifer/French West Indies Tourist Board, (BL) French West Indies Tourist Board, (BR) Marc Garanger/French West Indies Tourist Board

p. 296 © MCMXCII Ulrike Welsch

p. 315 (No. 2) © Thomas Craig/FPG International,

p. 317 (BR) © MCMXCII Ulrike Welsch

p. 323 (L) © R. Lucas/The Image Works, (M) © MCMXCII Ulrike Welsch, (TR) © MCMXCII Ulrike Welsch, (BR) © Thomas Craig/ FPG International

p. 330 (L) © Charles Nes/Liaison International, (R) © Lee Snider/The Image Works

p. 331 (L) © Wendy Stone/The Gamma Liaison Network, (R) D.H. Hessell/Stock, Boston

p. 374 (L) © Dallas & John Heaton/Stock, Boston, (R) © Stuart Cohen/Comstock

p. 375 (L)© Guy Marché/FPG International, (R) © Janet Wishnetsky/Comstock

TEXT/REALIA CREDITS

p. 5 courtesy of FNAC
p. 9 *Billboard magazine*
p. 11 "Coeurs de Rockers?", INRP
pp. 14, 48 Magellan Geographix
p. 22 La Place des Halles
pp. 24, 25 Centre Commercial les 4 temps
p. 29 "Quel est le genre de film que vous préférez?", *Juniorscopie*, 1981 © Louis Harris
p. 37 Menus courtesy of La Croissanterie, La Pizza and Aubépain
p. 38 Menu from Quick
p. 44 Courtesy of Interdiscount
p. 50 Courtesy of Zap pizza
p. 54 Centre Commercial les 4 temps
p. 62 Courtesy of 3 Suisses
p. 62 "L'amie de la famille", Francoscopie, © INSEE
p. 71 Metro map of Paris, Régie Autonome de Transports Parisiens
p. 74 Go Sport
pp. 78, 79 Semvat
p. 89 Metro map, Société de Transports de la Communauté Urbaine de Montréal
p. 92 "Pour toi mon amour" Jacques Prévert, *Paroles*, © 1949 Editions Gallimard
p. 136 "Familiale" Jacques Prévert, *Paroles*, © 1946 Editions Gallimard
p. 150 Gilbert Quénelle, *La France j'aime,* © Hatier, Paris
p. 160 Michelin, *Hôtels et restaurants*, éditions 1993, Permission No. 93-744
p. 167 France Télécom
pp. 173-175 "Le 22 a Asnières" Fernand Raynaud, *Ses grandes histoires,* Editions Gallimard
p. 184 "Premier jour", Jacques Prévert, *Paroles*, © 1946 Editions Gallimard
p. 185 Michaud et Kimmel, *Le Nouveau Guide France*, Hachette 1990, pages 334-335
p. 188 Centre commerciale Les 4 temps
pp. 190, 191 Courtesy of Air France
p. 192, Hôtel Chaplain
pp. 200, 201 MICHELIN, Hôtels et restaurants, édition 1993, Permission No. 93-744
p. 202 Extrait de *Guide pratique du voyageur,* document SNCF
pp. 203, 205 Document SNCF
p. 210 MICHELIN, Map No. 243, édition 1993, Permission No. 93-744
p. 211 "La signalisation routière", *Petit Larousse illustré,* 1990
pp. 219, 220 "Le village de Calmoutier", Jean Cristophe Denard, *Le Guide de la Haute-Saône*, La Manufacture, 1991
p. 222 Document SNCF
p. 223 MICHELIN, Hôtels et restaurants, édition 1993, Permission No. 93-744
p. 226 Map of Franche-Comté, *Petit Larousse illustré,* 1990
pp. 227–229 *Haute-Saône–l'île verte,* ERTI 1993
pp. 230, 231 Julio Cortazar et Carol Dunlop, *Les Autonautes de la Cosmoroute.* Traduction Laure Guille-Bataillon, copyright Editions Gallimard
p. 232, Champlitte: Un terroir et ses traditions – guide touristique, 1992
p. 233 Magellan Geographix
p. 235 Ecomusée d'Alsace
p. 237 "L'homme qui te ressemble", René Philombe, Editions Nouvelles du Sud
p. 240 "Les trains de la Gare du Nord", extrait de *Paris des Enfants*, par Jacques Charpentreau, L'Ecole des loisirs
p. 243 Magellan Geographix
p. 258 "Loisirs et médias", CESP
p. 258 "Les outils du loisir", Ministère de la culture et de la Communication/Secodip

p. 258 "Quinze ans de loisirs", Ministère de la Culture et de la Communication
p. 258 "La Natation d'abord", Secodip/Openers
p. 259 "L'Age des loisirs", Ministère de la culture et de la Communication/Secodip
p. 261 An Rafting, S.I. de la moyenne Vallé du Var
p. 262 L'orée de Mercantour, Cacel Vallon des Fleurs
p. 263 "Bonnes relations avec les parents", IFOP-ETMAR 1992
p. 263 Sondage, "Qu'est-ce qui te plaît le plus chez tes parents?" *France-Soir* 29 septembre, 1981
p. 266 "La vie quotidienne...", Institut de l'enfant
p. 269 "La famille 'ouverte' bientôt majoritaire", Institut de l'enfant
p. 271 Courtesy of Go Sport
p. 278 "Les Français sont de plus en plus mal dans leur peau", CREDOC
p. 278 "La France sur le divan", Gérard Mermet, FRANCOSCOPIE, 1993, © Larousse 1992
p. 278 "5 millions de Français sont migraineux", Gérard Mermet, FRANCOSCOPIE 1993, © Larousse 1992
p. 278 "L'alcool et le tabac tuent 1000 000 personnes par an", Gérard Mermet, FRANCOSCOPIE 1993, © Larousse 1992
p. 278 "200 000 personnes sont atteintes du cancer...", Gérard Mermet, FRANCOSCOPIE 1993, © Larousse 1992
p. 278 "A fin décembre...", Gérard Mermet, FRANCOSCOPIE 1993, © Larousse 1992
p. 278 "20 000 sidéens", Inserm
p. 279 "La France championne d'Europe du sida", Gérard Mermet, FRANCOSCOPIE 1993, © Larousse 1992
p. 279 "Alcoolisme, tabac, drogue", Gérard Mermet, FRANCOSCOPIE 1993, © Larousse 1992
p. 279 "Alcool en baisse, tabac en hausse", INSEE
p. 279 "150 000 personnes se droguent régulièrement...", Gérard Mermet, FRANCOSCOPIE 1993, © Larousse 1992
p. 279 "Accidents", Gérard Mermet, FRANCOSCOPIE 1993, © Larousse 1992
p. 279 "La route moins dangereuse", Ministère des transports
p. 284 "La nuit la mère et l'enfant", André Verdet, reproduced in Rousselot, *Poètes d'aujourd'hui*, Editions Seghers, 1959
p. 284 "L'amoureuse", Paul Eluard, *Capitale de la douleur*, Editions Gallimard, 1926
pp. 288–290 Guide touristique, Editions la Goélette 294, "La Franche-Comté", Editions d'Art Daniel Derveaux
p. 302 "L'ère tertiaitre", INSEE, appeared in *Francoscopie*, 1993
pp. 302, 303 FRANCOSCOPIE 1993, © Larousse 1992
p. 309 Courtesy of Université Toulouse le Mirail
p. 322 "Page d'écriture", Jacques Prévert, *Paroles*, © 1949 Editions Gallimard
p. 324 *Quid*, Frémy, ©Editions Robert Laffont
p. 326 © Michelin
pp. 332, 333 "Le Bourgeois gentilhomme", Molière
pp. 334–335 Magellan Geographix
pp. 340–341 Université Toulouse le Mirail
p. 346 Carrere music
p. 346 Migros-Genève
pp. 346, 350 Staefa Control System
p. 347 LeClerc/MG Partenaires
p. 347 Broceliande
p. 351 Eurocable/Bernard Julhiet
p. 352 Egor
p. 357 Toshiba/Mercuri Urval
p. 360 "Le partage du Travail", FRANCOSCOPIE 1993, © INSEE
p. 360 "46% des femmes...", Gérard Mermet, FRANCOSCOPIE 1993, © Larousse 1992
pp. 367- 369 © L'Express/NYTSS
p. 376 Paul Verlaine
pp. 378, 379 © L'Express/NYTSS
p. 380 "46% des femmes...", Gérard Mermet, FRANCOSCOPIE 1993, © Larousse 1992
p. 380 CREDOC

France
MER DU NORD
Angleterre
Pays-Bas
Allemagne
Belgique
Luxembourg
LA MANCHE
Dunkerque
Calais
NORD-PAS-DE-CALAIS
Lille
Valenciennes
Cherbourg
Le Havre
HAUTE-NORMANDIE
Rouen
Amiens
PICARDIE
Caen
BASSE-NORMANDIE
Seine
Paris
ÎLE-DE-FRANCE
Versailles
Reims
CHAMPAGNE-ARDENNE
Meuse
Metz
LORRAINE
ALSACE
Rhin
Nancy
Strasbourg
Moselle
VOSGES
Saint-Malo
Brest
BRETAGNE
Fougères
Rennes
Le Mans
Orléans
Troyes
Mulhouse
PAYS DE LA LOIRE
Angers
Blois
Chambord
BOURGOGNE
Saône
St-Nazaire
Loire
Tours
Chenonceaux
Dijon
Besançon
Nantes
Chinon
Azay-le-Rideau
Bourges
Nevers
Chalon-sur-Saône
FRANCHE-COMTÉ
JURA
Suisse
CENTRE
Poitiers
La Rochelle
LIMOUSIN
Vichy
Clermont-Ferrand
Rhône
Annecy
Lyon
OCÉAN ATLANTIQUE
POITOU-CHARENTES
Limoges
Saint Étienne
RHÔNE-ALPES
Italie
Grenoble
Périgueux
AUVERGNE
ALPES
Bordeaux
MASSIF CENTRAL
PROVENCE-ALPES-CÔTE-D'AZUR
Rodez
AQUITAINE
Garonne
MIDI-PYRÉNÉES
Avignon
Nîmes
Monte-Carlo
Monaco
Tarascon
Grasse
Montpellier
Aix-en-Provence
Biarritz
Bayonne
Toulouse
Béziers
Nice
Pau
Marseille
Toulon
Cannes
Carcassonne
Narbonne
PYRÉNÉES
LANGUEDOC-ROUSSILLON
Perpignan
Espagne
Andorre
MER MÉDITERRANÉE
CORSE
Ajaccio
0 75 km
©1993 Magellan Geographix[SM] Santa Barbara CA